몰트만 신학 길라잡이

문답식으로 알아보는 몰트만 신학

이형기 지음

몰트만 신학 길라잡이
문답식으로 알아보는 몰트만 신학

초판인쇄 2017. 11. 25
지은이 이형기
펴낸이 민대홍
디자인 신별나(byul_na@naver.com)
펴낸곳 여울목
출판등록 2014.4.30
주소 서울시 마포구 마포대로173, 1805
전자우편 pfpub@naver.com
팩스 0303-0941-9484

Copyright ⓒ 여울목 2017

*이 책은 저작권법에 따라 보호받는 저작물이므로 무단 전재와 복제를 금합니다.
*잘못된 책은 바꾸어 드립니다.

ISBN 979-11-87254-18-8 (03230)
값 25,000

몰트만 신학 길라잡이

문답식으로 알아보는 몰트만 신학

목 차

들어가는 말　6

Ⅰ. 성경관과 성경해석의 패러다임 이동　13

Ⅱ. 몰트만에 있어서 성경의 중심내용과 신학　111

Ⅲ. 기독론　233

Ⅳ. 삼위일체론　321

Ⅴ. 성령론　383

Ⅵ. 교회론　469

부록   521

미래 세대를 위한 교리문답 시안

Ⅰ. 성경: 성경의 주된 메시지에 대하여

Ⅱ. 죄와 죽음에 에 대하여

Ⅲ. 하나님 나라의 복음에 대하여(사도신경)

Ⅳ. 하나님의 말씀과 성례전에 대하여

Ⅴ. 기도와 하나님 나라의 구현에 대하여(주기도문과 십계명)

Ⅵ. 교회의 연합과 일치, 전도와 선교, 그리고 공공의 영역에서의 책임

들어가는 말

　항해사나 조종사나 등산하는 사람은 망망대해에서, 높고 높은 하늘에서, 그리고 깊은 산속에서 나침판을 사용하여 갈 길을 찾는다. 기독교의 세례 후보자들을 위한 '교리문답'이나 325년 니케아 신조와 381년 니케아-콘스탄티노플 신조와 451년 칼케돈 신조와 같은 고대교회의 공의회들의 에큐메니칼 신조들은 기독교에 입문하는 사람들에게 성경의 세계를 찾아가게 하는 나침판이요, 길잡이요, 지도와 같은 것이었으리라. 2017년 6월 5일 기독교 서회는 몰트만 교수를 모시고, 17권으로 된 몰트만 전집 출판을 축하하였다. 본인도 이 축하연에 참석하였다. 그리고 그 밖의 10권 이상이 우리말로 번역되어 있다고 한다. 필자는 몰트만 저서들의 한국말 번역판들의 풍요를 진심으로 기뻐하고 축하하며 감사드린다. 하지만 한 가지 우려가 있다. 독자들이 그분의 책들을 어떻게 읽어야 하는가가 문제이다. 필자는 본 『몰트만 신학 길라잡이』야 말로, 항해자와 조종사와 등산가에게 꼭 필요한 나침판이요, 길잡가 될 것으로 여긴다. 예컨대, 『희망의 신학』을 읽을 때, 독자는 자신이 어디에 있는지 알아야 한다는 것이다. 시각장애인은 코끼리를 만지면서, 긴 코를 다리라고 할 수도 있을 것이다. 그리고 길잡이는 이미 그가 갔던 길을 그 길을 가지 않은 사람에게 소개한다. 1990년대 후반부터 2017년 까지 본인은 몰트만의 저서들의 세계를 여행하였기 때문에, 자신이 이미 갔던 길을 감히 소상히 안내할 수 있을 것이라고 생각한다.

　실은, 부록에 덧붙이고 있는, 『미래 세대를 위한 교리문답』을 작성하는 가운데, 필자는 몰트만 신학의 난해함을 극복하기 위하여, 그것을 문답식으로 접근하기로 마음먹었다. 그 동안 필자는 몰트만 신학에 대하여

4권의 책¹을 쓰는 동안 그의 신학의 본질적 요소들을 파악하였다고 감히 생각한다. 하여 그것을 '문답식'으로 소개하는 것이, 독자들에게 몰트만의 신학을 쉽게 이해할 수 있게 하는 데에 지름길이라고 생각하였다. 그도 그럴 것이 그의 신학의 각 주제가 그 방대한 글들 속에 계속적으로 보완되는 방식으로 흩어져 있기 때문에, 어떤 주제를 파악하려면, 그의 신학의 전체성 안에서 그 부분을 이해하여야 하기 때문에 그의 신학이 난해하다고 생각하였다. 그리고 더 중요한 것은, 그가 추구하는 성경의 중심내용(die Sache der Bibel)을 파악하지 못할 경우, 그의 신학적인 주제들의 자리와 방향과 비전을 제대로 알 수 없다고 여겨졌다.

하여 필자는 몰트만의 신학에 있어서 7가지 주제가 중요하다고 보면서, 각각을 성경의 '중심주제'(die Sache)²와 관련시켜 문답식으로 논하였다. Ⅰ. 성경관과 성경해석의 패러다임 이동. Ⅱ. 몰트만에 있어서 성경의 중심내용과 신학. Ⅲ. 기독론. Ⅳ. 삼위일체론. Ⅴ. 성령론. Ⅵ. 교회론. Ⅶ. 창조론에 대하여 그렇게 다루었는데, '창조론'에 대하여는 지면관계로 다룰 수 없었다. 첫째로 본 저서는 제1장에서 17세기 개신교 정통주의와 20세기 초 미국의 개신교 근본주의 전통의 문자주의적 성경 관과 그 해석으로부터 칼 바르트의 그것으로의 패러다임 전환에 주목하였고, 둘째로 몰트만에 있어서 성경의 중심내용(성경의 내러티브에 근거한, '약속사와 하나님의

---

1 『알기 쉽게 간추린 몰트만 신학』(기독교서회, 2001), 『모더니즘과 포스트모더니즘 논의에 비추어 본 몰트만 신학』(한들, 2006), 『알기 쉽게 간추린 몰트만의 후기저서들』(여울목, 2016), 그리고 『몰트만 신학의 여러 주제들』(여울목, 2017).

2 몰트만은 '중심'이란 말을 싫어한다. 그것은 닫혀 진 개념으로 귀결되기 때문이다. 하여 그는 성경의 '중심내용' 혹은 '중심주제'란 말을 사용하지 않는다. 그는 성경의 '빨간 줄'과 같은 선적인 개념을 선호한다. 그 이유는, 그것이 시작이 끝을 향하여 진행하고, 미래를 향하여 열려 있기 때문이다. 그의 '약속사'와 '하나님의 미래'라고 하는 성경의 내러티브들에 근거하는 프레임이 가장 중요한 예증이다.

미래')이 무엇이고 그에 따른 그의 신학적 주제들이 어떻게 전개되는가를 살펴보았으며, 셋째로 이를 프레임으로 하고 역시 내러티브에 근거하는 기독론과 삼위일체론과 성령론을 논한 다음, 이와 같은 성경의 '중심내용'을 전제하는, '교회론'을 논하였다. 필자는 본 저서를, '창조론'으로 끝내려고 하였으나, 지면제한으로 그것에 대하여 논할 수 없었다.[3] 독자는 필자의 길잡이를 따라서 몰트만 신학의 전체구도를 파악한 다음에, '창조론'이해를 시도하는 것도 괜찮을 것이다. 바라기는, 몰트만 신학의 세계를 항해하고 비행하며 등산하려는 모든 기독교인들과 교회에게 본 저서가 꼭 필요한 '길잡이'가 되기를 기원한다.

우리는 교리문답의 중요성을 세례후보자들을 위한 교리교육에서 엿볼 수 있다. 하여 필자는 문답식 교리교육 형식을 취하여 몰트만 신학의 전모를 밝히려고 한다. 교회사적으로 세례 후보자들을 위한 '교리문답'이나 공의회의 '교리'(Grunddogma)들은 기독교의 본질적 가르침들을 담고 있다. 오늘날 서방교회가 사용하고 있는 '사도신경'은 본디 주후 170-80년 즈음 로마에 있는 개 교회들에 의하여 사용되던 세례 후보자들을 위한 '교리문답서'(the Roman Symbol = the Roman Baptismal Creed)의 증보판이다. 215년 경 히폴리터스(Hippolytus)의 질문 형 세례신조는 다음과 같았다. "당신은 만유를 통치하시는 하나님 아버지를 믿는가? 당신은 성령에 의하여 동정녀 마리아에서 낳으시고, 본디오 빌라도에 의하여 십자가에 달려 죽으셨으며, 사흘 만에 죽은 자들로부터 부활하시어 하늘에 오르시어 아버지의 우편에 앉으셨고, 산자들과 죽은 자들을

---

[3] 참고: J. Moltmann, *God in Creation: An Ecological Doctrine of Creation*. The Gifford Lectures 1984-1985. trs. by Margaret Kohl(London: SCM Press, 1985); 이형기, 『알기 쉽게 간추린 몰트만 신학』(서울: 대한기독교서회, 2001), 265-356.

심판하러 오실, 하나님의 아들 예수 그리스도를 믿는가? 당신은 성령, 거룩한 교회, 그리고 몸의 부활(sarkos)을 믿습니까?"이다. 하여 세례후보자는 이 3질문 각각에 대하여 '예'라고 대답하여야 했다. 그리고 사도신경의 나머지 구절들이 첨가되는 과정을 거쳐서 700년 즈음에 긍정문으로서 공인 텍스트(text receptus)로 확정되었고, 서로마의 샬르마뉴 황제가 그것을 로마제국의 기독교세계전체로 확산시켰다고 한다.[4] 그런즉 삼위일체는 기독교의 근본교리에 해당한다.

그리고 16세기 루터와 칼빈으로 대표되는 16세기 종교개혁 시기와 17세기 개신교 정통주의 시기에서도 우리는 세례 후보자들을 위한 문답식 '교리문답들'을 발견한다. 예컨대, 루터의 『대소 교리문답』(1529), 칼빈의 『제네바 교리문답』(1541/42), 『하이델베르크 교리문답』(1563), 그리고 『웨스트민스터 대소 교리문답』(1647)이 그것이다. 그리고 20세기 미국 장로교회 역시 세례 후보자들을 위한 세례 교리문답(The Study Catechism: Full Version with Biblical References, 1998)이 그것이다. 그런즉 이와 같은 개신교의 신앙고백들은 개혁교회의 시각에서 보여 진, 고전적 기독교의 본질적 진리들일 것이다.

2017년 7월

이형기(Ph.D): 장신대명예교수(역사신학)

덕소에서

---

[4] *Creeds of the Churches*, ed. by John H. Leith(Atlanta: John Knox Press, 1977), 23-25.

약어 표

TH   Theology of Hope: On the Ground and the Implications of a Christian Eschatology. tr. J. W. Leitlich. London: SCM Press, 1967(독일어 초판, 1964)

CrG   The Crucified God: The Cross as the Foundation and Criticism of Christian Theology. tr. R. A. Wilson and J. Bowden. London: SCM Press, 1974(독일어 초판, 1972)

CPS   The Church in the Power of the Spirit. tr. M. Kohl. London: SCM Press, 1981(독일어 초판, 1975)

TK   The Trinity and the Kingdom of God: the Doctrine of God. tr. M. Kohl. London: SCM Press, 1981(독일어 초판, 1981)

GC   God in Creation: An Ecological Doctrine of Creation. tr. M. Kohl. London: SCM Press, 1985(독일어 초판, 1985)

WJC   The Way of Jesus Christ: Christology in messianic Dimensions. tr. M. Kohl. London: SCM Press, 1990(독일어 초판, 1989)

HTG   History and Triune God: Contributions to Trinitarian Theology. tr. J. Bowden. London: SCM Press, 1991(독일어 초판, 1991)

SL   The Spirit of Life: A Universal Affirmation. tr. M. Kohl. London: SCM Press, 1992(독일어 초판, 1991)

CoG   The Coming of God: Christian Eschatology. tr. M. Kohl. London: SCM Press, 1996)(독일어 초판, 1995)

SoL   The Source of Life: The Holy Spirit and The Theology of Life. tr. M. Kohl. London: SCM Press, 1997(독일어 초판, 1997)

I.
성경관과 성경해석의 패러다임 이동

I. 성경관과 성경해석의 패러다임 이동

아래에서 우리는 종교개혁 이래로 성경관이 어떻게 변했고, 성경해석이 어떻게 달라졌나를 살펴 볼 것입니다. 필자는 17세기 개신교 전통주의와 20세기 초 미국의 근본주의적 개신교의 성경 관과 성경해석으로부터 신 종교개혁 신학인 칼 바르트 신학, 이를 배경으로 나온 내러티브 신학, 그리고 몰트만 신학의 그것으로의 패러다임 전환을 제시할 것입니다.[5]

I-1. 17세기 개신교 정통주의와 20세기 초 미국의 개신교 근본주의로부터 칼 바르트와 벨커 까지

1. 문: 17세기 개신교 정통주의와 개신교 근본주의와 슐라이에르마허를 비롯한 19세기 독일을 중심으로 하는 자유주의 개신교신학의 성경관의 문제점과 그 해결책은 무엇입니까?

답

루터로 비롯되는 16세기 종교개혁은 '복음'을 성경의 중심 메시지로 보았으나, 루터주의와 개혁주의 17세기 개신교정통주의와 20세기 초 미국의 개신교 근본주의는 대체로 '축자 성경 영감 설'에 따라서 성경의 모든 명제들 하나하나를, 그 자체로서 직접적인 하나님의 말씀으로 보아, '명제주의'(propositionalism)로 고착되었고, 19세기 개신교 자유주의는 17세기 정통주의에 반대하여 성경을 다른 일반문헌들과 같은 것으로 보면서, 인간의 '종교경험의 여러 표현들'(experiential expressionism)로 보았습니다. 하여 이와 같은 배경에서 칼 바르트에게서 연원하는, 1970년대에 한스 프라이와 조지 린드벡 등의 '내러티브 신학'이 나왔는데,

---

5 18-19세기 복음주의 부흥운동의 맥락 속에 있는 복음주의 신학과 이 흐름과 무관하지 않는 미국의 '복음주의'신학과 '신복음주의', 그리고 오순절 하나님의 성회 등의 복음주의 신학 역시 그 신학의 패러다임에 관한한 17세기 개신교 정통주의와 20세기 초 미국의 개신교 근본주의와 크게 다르지 않다.

후자는 종교개혁의 복음전통을 매우 중요시하면서도 성경의 '내러티브'가 제시하는 신학적 논리를 출발점으로 하는 신학을 추구하여, '명제주의'와 '경험 표현주의'를 극복하였습니다. 하여 적어도 '내러티브 신학'은 성경에 대한 역사비평을 허용하면서, '각 텍스트'(intra-textuality)와 '텍스트 사이'(inter-textuality)의 신학적 논리를 신학 작업의 출발점으로 삼습니다. 허나 내러티브 신학은 역사적 다 상황을 염두에 두면서도 최종 텍스트의 신학적 논리를 존중합니다.

2. 문: 성경에 의하면, 성경은 어떤 책입니까?
답

"…성경은 능히 너로 하여금 그리스도 예수를 믿는 믿음으로 말미암아, 구원에 이르는 지혜를 그대에게 줄 수 있습니다. 모든 성경은 하나님의 영감으로 된 것으로, 교훈과 책망과 바르게 함과 의로 교육하기에 유익합니다."(딤후 3:16). "형제자매 여러분, 예수를 잡아간 사람들의 앞잡이가 된 유다에 대해서는 성령이 다윗의 입을 빌어 미리 말씀하신 그 성경말씀이 당연히 이루어 진 것뿐입니다."(행 1:16). "예언은 언제든지 사람의 뜻에서 나온 것이 아니라, 사람이 성령에 이끌려서, 하나님께로부터 받아서 한 것입니다."(벧후 1:21)

위의 성경구절들은 주로 구약이 성령의 영감으로 쓰여 진 책임을 증언합니다. 그러나 사도들은 부활 후 부활하신 주님의 위탁에 따라서 그리고 성령의 영감 가운데 복음을 선포하였고(눅 24등), 이 선포가 훗날(49-50년경에 기록된 데살로니가 전서가 제일 먼저 기록된 문서이고, 복음서는 60-70년경에 기록되었지만)기록되었고, 397년 카르타고 회의에서 구약 39권과 신약 27권이 정경으로 확정되었기에, '신약'성경 역시 성령으로 영감 된 책입니다. 대체로 개신교는 성경으로 대표되는 전승들만을 정경으로 인정하고, 로마가톨릭교회는 외경도 성경해석을 위하여 사용합니다.

3. 문: 그러면 성경은 예수 그리스도와 어떤 관계입니까?
답

구약을 자신들의 경전 안에 포함시키는, 유대인들은 구약을 예수 그리스도와의 관계에서 읽고 이해하지 않고, 야훼와의 관계에서만 읽고 이해할 것입니다. 허나, 그리스도인들은 구약을 예수 그리스도와 관련하여 읽고 이해하며, 방금 위에서 지적한 대로 신약이 성령의 역사 가운데 사도들의 '복음 선포'로 비롯되었다고 봅니다. 때문에 우리는 '예수 그리스도와 성경의 관계'에 대하여 묻고, 그것에 대한 신학적인 대답을 하지 않으면 안 될 것입니다. 뿐만 아니라 우리는 신약성경 안에서 실제로 예수 그리스도와 성경의 관계에 대한 증언들을 찾을 수 있습니다.

"하나님께서 옛날에는 예언자들을 시켜서, 여러 번에 걸쳐 여러 가지로 방법으로 우리 조상들에게 말씀하셨으나, 이 마지막 날에는 아들을 시켜서 우리에게 말씀하셨습니다. 하나님께서는 이 아들을 만물의 상속자로 세우시고, 그로 말미암아 온 세상을 지으셨습니다. 아들은 하나님의 영광의 광채이시오 하나님의 본바탕의 본보기이시오, 자기의 능력 있는 말씀으로 만물을 보전하시는 분이십니다. 그는 죄를 깨끗하게 하시고, 높은 곳에 계신 존엄하신 분의 오른쪽에 앉으셨습니다. … "(히 1:1-3).

위의 인용문들은 요한복음서 1장에서처럼 나사렛 예수님을 영원 전에 아버지 하나님과 공존하시던 하나님의 아들이시오 영원한 말씀(the eternal Word of God)으로서 성육신하시고, 십자가에 달려 인류의 죄를 깨끗하게 하시며, 부활하사 아버지 하나님 우편으로 귀향하신 분으로 증언하고 있습니다. 하여 요한은 "성경은 나를 증언하고 있다."(요 5:39)고 합니다. 즉, 성경은 성령을 통하여 이 성육신하신 아들과 이 아들의 아버지를 증언하고 있습니다. 이 하나님의 말씀은 "하나님의 지혜"(고전 2:4, 30)입니다.

하여 우리는 성경이 증언하고 있는 이 '하나님의 지혜'를 통하여 성령의 사역으로 성경을 이해하고 해석해야 합니다.

　루터는 구약을 아기예수가 누워계신 말구유로 비유하고, 그 안에 아기 예수가 계시다고 하여, 구약에서도 '하나님의 지혜'요 '하나님의 아들'이신 예수 그리스도를 만날 수 있다고 보았습니다. 그리고 칼 바르트와 몰트만의 제자 미하엘 벨커는 이와 같은 루터 전통을 따라서 "하나님께서는 그 자신을 예수 그리스도 안에서 계시하셨다."고 하였습니다. 바로 이 하나님의 아들 예수 그리스도를 통하여 아버지가 분명하게 계시되었고, 성령께서도 확실하게 계시되셨습니다. 하여 하나님의 계시이신 예수 그리스도의 위격과 사역(the Person and Work)은 성부 하나님과 성령 하나님이해와 해석 그리고 성경이해와 해석에 있어서 필수 불가결의 열쇠가 됩니다. 물론, 이 아들은 영원하신 삼위일체 하나님의 자기계시이시니, 우리는 아들을 파송하신 아버지와 이 파송된 아들과 함께 하시고 동역하신 성령을 생각할 때, 위로부터 아래로의 운동을 생각하고 동시에 아들로부터 아버지와 성령으로 올라가는 상승운동을 생각할 수 있습니다. 즉 우리는 내재적 삼위일체와 선재하시는 아들로부터 출발할 수 도 있고, 경세적 삼위일체와 역사의 예수 그리스도로부터 출발할 수 도 있습니다.

4. 문: 그러면 축자 영감론적 성서주의(bilbicism)의 문제점은 무엇입니까?

답

　만약에 우리가 성경이해와 해석에 있어서 17세기 정통주의와 미국의 개신교 근본주의의 '명제주의'를 따를 경우, 여러 가지 난관에 봉착합니다. 예컨대 복음서에서 발견되는 산상수훈과 바울의 복음에서 만나는 '이신칭의'의 관계, 예정과 자유의지의 관계, 그리고 이신칭의와 성화의 관계 등 우리는 성경본문들에서 신학적 작업을 요청받고 있기 때문입니다. 하여 모든 신학전통을 쓸데없는 것으로 여기고, 오직 성서주의에 호소하는 '명제주의'야 말로 큰 난관에 봉착합니다. 우리는 성경을 온전하게 이해하기 위하여, 예컨대 다음과 같은 주제들을 다루지 않으면 안 됩니다. 창조 - 계속적 창조 - 새 창조, 약속의 성취와 하나님 나라, 칭의와 성화와 하나님 나라, 신앙과 희망과 사랑, 종말과 전 종말, 개인과 공동체, 이스라엘의 구원과 열방들의 구원, 칭의와 성화의 원천으로서 성령과 우주만물의 조화와 질서로서 성령 및 모든 생명체들의 원천으로서의 성령, 영 그리스도론(Spirit-Christology)과 기독론적 성령론(Christological Pneumatology), 그리고 삼위일체론 등 조직신학의 주제들이야 말로 역사적으로 축적된 주제들로서 '성서주의'(biblicism)의 한계를 웅변적으로 말하고 있습니다. 성서주의는 이 모든 성경해석의 전통을 무시하고, 성경구절들에만 매달리게 하는 우를 범합니다.

5. 문: '내러티브 신학'은 어떤 식으로 '명제주주의'를 극복하고 있는가?
답

'성서주의'(혹은 '명제주의)에 입각한 성서 해석은 주로 루터로 비롯하는 종교개혁 전통의 성경이해와 해석을 거부할 것입니다. 성경의 모든 명제들이 동일한 무게의 계시라고 보기 때문입니다. 물론, 성경의 명제 하나하나가 중요합니다. 그러나 문단과 문맥과 한 내러티브와 더 큰 내러티브 안에서 그리고 해당 책 안에서 한 명제의 자리와 의미가 더 중요합니다. 그리고 이미 지적한대로 성경해석의 역사인 조직신학적 주제들에 대한 이해도 매우 중요합니다. 적어도 '내러티브 신학'은 앞에서 지적한 대로 명제주의를 극복합니다. 예컨대, 라이트(Christopher Wright)의 『하나님의 선교: 성경의 대서사를 풀어내는 열쇠』[6]는

---

6 『하나님의 선교: 성서의 거대담론을 푸는 열쇠』(*The Mission of God: Unlocking the Bible's Grand Narrative, 2006*). 참고: 이형기, 『기독교 관점에서 본, 역사해석의

최종본문으로서 아브라함에 대한 이야기를 중요시하면서 거기에서 시작된 신학과 그것의 맥을 찾습니다. 이 이야기의 역사적 배경과 역사 속에서 '실제로 무엇이 일어났는가?'에 몰두하여 최종본문 배후에 있는 역사적 사건과 사실을 추적하는 모더니즘이 아니라 이야기 자체에 나타난 그리고 대서사(大敍事) 전체에 나타난 신학을 추구합니다.

라이트는 아브라함 이야기 내지는 이스라엘의 특수성에서 보편주의적 종말론적 비전을 보고 있습니다. 이스라엘이 아브라함의 선택 안에서 전적인 은혜로 택함을 받아 하나님의 소유가 되고 하나님의 아들이 되며 하나님의 신부가 되고 하나님의 옷이 되었으니, 이 얼마가 큰 복입니까? 야훼께서는 아브라함 안에서 이스라엘을 택하시어, 구속하시며(출애굽), 시내 산에서 언약을 맺으시고, 예배 공동체와 윤리 공동체로서 은혜에 대한 응답을 받으시며, 이방세계를 심판하시는 그 표준으로 그의 백성 이스라엘을 심판하시지만, 심판에도 불구하고 항상 미래 지향적인 희망을 약속하셨습니다. 그리고 급기야 야훼께서는 이스라엘로부터 예수 그리스도 안에서 하나님의 아들로 성육신되어, 이스라엘의 정체성과 기능과 아울러 야훼의 정체성과 기능을 감당케 하심으로 인류와 창조세계를 구원하시니, 이 얼마나 놀라운 하나님의 경륜입니까? 야훼는 구약을 통하여 그의 택함을 받은 백성 이스라엘을 끝까지 사랑하신다고 하는 사실을 보여주셨으니, 로마서 11:26절과 29은 "온 이스라엘이 구원을 얻으리라."라고 하였습니다. 그리고 "조상을 인하여 사랑을 받은 자라 하나님의 은사와 부르심에는 후회하심이 없느니라."라고 하였습니다. 결국, 새 창조의 세계에서 열방들과 이스라엘이 새 창조를 배경으로 하나의 생명 공동체를 이룩할 것입니다.(『하나님의 선교』, 191-200)

그런즉 이야기의 신학적인 논리와 '텍스트 간' '신학적인 전후 관계'(theological coherences)를 강조하는 '내러티브 신학'은 '명제들'이

패러다임 이동』(서울: 북코리아, 2012), 91-174.

지향하는 '이야기'와 '이야기들'에 관심을 집중하여, '명제' 하나에 매몰되어 앞뒤를 보지 못하는 신학을 극복합니다. 헌데, 내러티브 신학의 약점은, 이미 지적한 대로 성경의 내러티브들을 성경해석의 역사로서 기독교신학의 역사를 크게 참조하지 않는데 있습니다.

5-1. 문: 내러티브 신학의 기원과 역사는?
답

대체로 우리는 이레네우스와 아우구스티누스를 비롯한 고대 교부들과 16세기 종교개혁자들 그리고 칼 바르트를 비롯한 현대 '신정통주의' 신학자들에게서 내러티브 신학을 발견합니다. 한스 프라이는 The Eclipse of Biblical Narrative[7]에서 중세와 17세기 그리고 미국의 구프린스턴 신학 및 20세기 초 근본주의 개신교 신학에서 성경적 내러티브가 일식 현상을 보였다고 말합니다. 대체로 한스 프라이와 조지 린드벡 '신 예일학파'의 내러티브 신학 원조들로 알려 졌으나, 헌징거는 칼 바르트와 발트아살(Hans Urs von Balthasar) 그리고 레슬리 뉴비긴을 '후기 자유주의 신학'(postliberalism)이라며, 내러티브 신학이 다만 '신 예일학파'에 국한 된 것이 아니라고 봅니다.

한스 큉은 칼 바르트의 『로마서 주석』(1921)을 비롯한 개신교의 신정통주의 신학을 포스트모더니즘에 대한 대응신학의 시작으로 봅니다. 데이비드 보쉬 역시 큉과 입장을 같이 합니다. 보쉬는 아인슈타인과 하이젠베르크와 같은 자연과학자들이 이미 자연과학 영역 내에서 모더니즘을 극복하였고, 이어서 인문사회과학 쪽에서도 이와 같은 새로운 패러다임이 움트게 되었다고 합니다. 데이비드 보쉬는 제1, 2차 세계대전(1914-1918, 1939-1945)이 옛 패러다임을 깨고 새 패러다임을 가져오기 시작한 시기로 봅니다. 그리고 신학에 있어서는 칼 바르트가

---

[7] 참고: Hans Frei, *The Eclipse of Biblical Narrative*(New Haven: Yale University Press, 1974).

모더니즘의 소산인 자유주의신학에 대응하여 새로운 신학적 패러다임을 제시하였으며,[8] 역사철학에 있어는 슈팽글러(Oswald Spengler)와 조로킨(Ptirim Sorokin)이 옛 패러다임의 몰락과 새 패러다임의 등장을 예고한 것으로 봅니다.[9] 그리고 그는 1928년 예루살렘 IMC 이후의 에큐메니칼 운동에 나타난 선교신학과 WCC의 신학전반이 대체로 포스트모던 신학이라고 판단됩니다.

세계 제1, 2차 대전 그리고 에큐메니칼 운동의 태동이 새로운 패러다임의 시대 혹은 포스트모더니즘의 시대를 등장시켰고, 그것이 1960년대와 1970년대에 본격화되었으며, 1980년에 획기적으로 발전했고(베스트와 케르너), 1989-1990년 이래의 지구화(globalizaton)에도 불구하고 오늘 우리가 살고 있는 시대를 힘차게 흐르고 있다. 시장경제의 세계화 혹은 신자유주의의 세계화 그리고 정보화 사회의 세계화라고 하는 모더니즘의 유산에도 불구하고, 오늘 우리 시대는 포스트모던 시대에 해당한다.

대체로 그렌츠, 미들톤과 월쉬, 나이트 등이 복음주의적인 포스트모던 신학을 펼쳤고, 한스 프라이와 조지 린드벡 등이 매킨타이어와 후기 비트겐슈타인과 같은 포스트모더니스트들의 사상을 배경으로 칼 바르트의 신학전통을 잇는 내러티브 신학을 형성하였습니다.

그렌츠는 포스트모던 신학의 공통분모로서 네 가지 원칙을 제시하였습니다. 개인주의 후기적인 복음(a post-individualistic Gospel), 합리주의 후기적인 복음(a post-rationalistic Gospel), 이원론 후기적인 복음(a post-dualistic Gospel), 주지주의적 인식론 후기적인 복음(a post-noeticentric Gospel)이 그것입니다. 적어도 이와 같은 신학적 입장은 예컨대 바르트, 라인홀드 니이버, 레슬리 뉴비긴(Lesslie Newbigin) 등

---

8 참고 : Huston Smith, *Beyond The Post-modern Mind*(Wheaton, Illinois : Quest Books, 1989년, 제2판), 12-13 : 스미스는 키에르케고르, 칼 바르트 및 미국의 라인홀드 니버를 모더니즘적 객관주의에 호소하지 않는 계시진리를 말하는 포스트모던 신학자로 보고 있다.

9 David Bosch, op. cit., 350-351.

신정통주의(neo-orthodox) 신학, 린드벡, 프라이, 하우어워즈 등 자유주의 후기(post-liberal) 신학 혹은 신예일학파 신학 등에 있어서 공통분모가 될 수 있습니다.[10] 그리고 그것은 에큐메니칼 운동의 세 흐름에 나타난 신학에도 적용될 수 있습니다. 아마도 그렌츠의 이와 같은 주장들은 우리가 지향하는 포스트모더니즘에 대응하는 신학으로 넘어오는데 있어서 교량 역할을 한다고 보입니다. 그렌츠가 모더니즘에 대응하여 포스트모던 시대의 신학의 특징으로서 제시하는 위의 네 가지 "복음"이해의 새로운 패러다임은 몰트만 신학에서도 발견됩니다.

하여 필자는 몰트만이 이상의 내러티브 신학과 많은 부분을 공유하면서, 그것을 넘어선다고 봅니다. 후론하겠거니와, 성경의 중심내용이 전적으로 성경의 내러티브에 근거하고 있고, 이를 프레임으로 하면서 성경의 내러티브들에 근거하는, '약속사와 하나님의 미래', 기독론적 종말론과 삼위일체론, 그리고 성령론이야 말로 몰트만의 신학의 초석을 나타내고 있으며, 이는 '내러티브 + 알파'[11]라고 보여 집니다. 하여 그의 '알파'는 기독교 신학의 역사를 포함합니다.

---

10 이 글은 '신예일학파'가 추구하는 '자유주의 후기 신학'인 '내러티브 신학'을 따르려고 한다. 필자는 그 동안 내러티브 신학에 오랫동안 관심하여 왔다.『역사 속의 내러티브 신학』(서울: 한들출판사, 2005)에서 이레니우스로부터 칼 바르트에 이르는 많은 신학자들의 내러티브 신학을,『포스트모던 시대의 성경읽기』(서울: 한들출판사, 2006)에서 포스트모더니즘을 배경으로 한스 프라이, 조지 린드벡, 미들톤과 월쉬, 나이트 등의 내러티브 신학을,『성경의 내러티브 신학과 교회의 공적책임』(서울: 한들출판사, 2010)에서 몰트만, 크리스 라이트, 보켐과 하르트, 그리고 그탠리 하우워아스의 내러티브 신학을,『하나님의 선교』(서울: 한들출판사, 2008)에선 크리스 라이트의『하나님의 선교: 그것은 성경의 거대담론을 푸는 열쇄이다』를 요약 정리하는 식으로 그의 내러티브 신학을, 그리고『기독교 관점에서 본 역사해석의 패러다임 이동』(서울: 북코리아, 2012)에서는 Lesslie Newbigin의 '내러티브 신학을 소개하였다. 레너드 스윗 역시 후기 비트겐슈타인과 맥긴타이어를 배경으로 하는 내러티브 신학전통에 서 있다(참고: Leonard Sweet, *Post-modern Pilgrims: First Century Passion for the 21ˢᵗ Century World*, Nashville, Tennesse: B&H Publishing Group, 2000, XIII-XXIII). 그리고 포스트모던 신학의 여러 유형들과 교의신학적 주제별 포스트모던 신학에 관하여는 참고: *The Cambridge Companion to Postmodern Theology*, ed. by Kevin J. Vanhoozer(England: Cambridge University Press, 2003).
11 참고: 이형기,『교회론의 패러다임 전환: 전통적인 교회론으로부터 몰트만의 메시아적 교회론으로』(서울: 여울목, 2016), 23-34.

6. 문: 성경이해와 해석에 있어서 왜 '하나님의 계시'로서 예수 그리스도(기독론)가 중요한가요?

답

그리스도께서는 부활하신 후 40일 동안 현현하셨고, 아버지 우편으로 높임을 받으시고 아버지 우편에 앉으시어 아버지께서 오순절 날에 약속하신 성령을 파송하셨으니, 사도들은 이 성령의 능력과 지혜로써 참 하나님의 아들이시요 다윗의 자손으로서 참 인간이신 주 그리스도 예수의 복음을 전파하였습니다. 이 분은 구약에 약속되었던 메시아이십니다. 하여 부활하신 주님을 만난 바울은 이렇게 이야기합니다.

> 그리스도 예수의 종인 나 바울은 사도로 부르심을 받아, 하나님의 복음을 전하라고 따로 세우심을 받았습니다. 이 복음은 하나님께서 예언자들을 시켜서 성경에 미리 약속하신 것으로 당신의 아들을 두고 하신 말씀입니다. 이 아들로 말하면, 육신으로는 다윗을 자속으로 나셨으며, 거룩한 영으로는 죽은 사람들 가운데서 부활하심으로, 권능으로 하나님의 아들로 확정되셨으니, 곧 우리 주 예수 그리스도이십니다. … "(롬 1:1-4)

그런데 바울은 그리스도 예수의 복음을 전적으로 성령을 통하여 하나님 아버지로부터 직접 받았습니다. "…내가 전한 그 복음은 사람에게서 비롯된 것이 아닙니다. 그 복음은, 내가 사람에게서 받은 것도 아니요, 배운 것도 아니요, 예수 그리스도께서 나타나심으로 받은 것입니다."(갈 1:11-12) 그리고 '예수 그리스도의 선재, 파송, 메시아적 선교, 고난, 십자가의 죽음, 부활승천'(몰트만)이라고 하는 사도적 복음은 4복음서의 역사의 예수님과 그의 메시아 선교에 대한 이야기를 포함하고 있으니, 우리가 예수 그리스도께서 '하나님의 계시'라고 할 때, 사도들의 복음에서뿐만 아니라 4복음서들 안에서도 그것을 찾아내야 합니다. 그리고 신약에서 구약의 약속들의 성취로서 예수 그리스도의 위격과 사역(the Person and Work of Jesus Christ)을 읽어내면서, 하나님의 계시를 분별해야 할 것입니다. 즉, 우리는 성경을 성령으로 영감 된 책(참고: 제2항)으로 보면서도 '하나님의 계시'를 그 안에서 읽어내야 할 것입니다. 하여 우리는 루터와 칼 바르트와 미하엘 벨커와 같이 예수 그리스도의 위격과 사역을 하나님의 말씀으로서 하나님의 자기 계시로 보아야 합니다. 그러니까, 우리가 신구약성경을 이해하고 해설할 때, '하나님의 말씀'이요, '하나님의 지혜'요, '하나님의 말씀'이요, '하나님의 복음'이신 예수 그리스도의 위격과 사역을 염두에 두어야 합니다. 하여 만약에 우리가 신약의 '이 예수 그리스도' 없이 구약을 읽을 경우, 우리는 유대교인으로서 혹은 여러 종교들의 문서들 가운데 하나로서 구약을 읽는 과오를 범하는 것이고, 만약에 구약을 배제하고, 4복음서와 사도들의 복음을 배타적으로 이해하고 해석할 때, 신약성경의 온전한 메시지를 놓칠 수도 있는 것입니다.

6-1. 문: 예수 그리스도께서 '하나님의 자기계시'라고 하는 것이 무엇을 뜻합니까?

답

첫째로 예수 그리스도께서는 성부 하나님과 성령 하나님을 계시하셨습니다. 그는 요단강 세례 시에 아버지께서 내려주신 성령을 받으셨고 이 아버지께로부터 사랑하는 내 아들이라고 칭함을 받으셨습니다. 예수님은 겟세마네 동산에서 이렇게 기도하셨습니다. "…아바, 아버지, 아버지께서 모든 일을 하실 수 있으시니, 내게서 이 잔을 거두어 주십시요."(막 14:36) "나의 하나님, 나의 하나님, 어찌하여 나를 버리셨나이까?(막 15: 34) 하고 부르짖으셨습니다. 진실로 그는 아버지를 보여 달라고 하는 빌립에게 자신을 본 자가 아버지를 본 자라 하셨고, "아버지 밖에는 아들을 아는 이가 없으며, 아들과 또 아들이 계시하여 주고자 하는 사람 밖에는 아버지를 아는 자가 없습니다."(마 11:27)

또한 성령께서는 동정녀 마리아에게 잉태되심부터, 광야에서 시험을 받으시며, 요단강에서 메시아 임직 식을 받으시고, 갈릴리에서 천국 복음의 사역을 하시며, 성문 밖에서 십자가에 달리시고 부활하심에 이르기까지 예수님과 공존하시고 동행하셨으며 함께 고난을 받으셨으며, 죽은 자들로부터 아버지의 아들을 다시 살리셨습니다. 그리고 부활하시어 아버지 우편으로 높임을 받으신 그리스도 예수께서는 아버지께서 약속하셨던 성령을 파송해 주시어, 사도들로 하나님 나라의 복음을 선포하게 하셨고, 하나님 나라의 역사를 선취케 하셨습니다. 하여 부활 이전 십자가에 이르는 메시아로서 예수님의 역사와 부활 후 예수 그리스도의 역사는 삼위일체 하나님의 자기계시의 역사요 이 삼위일체 하나님의 선교의 역사였습니다. 하여 예수 그리스도의 교회와 세상의 역사는 삼위일체 하나님의 선교의 역사입니다.

둘째로 이상과 같은 하나님의 자기계시의 역사와 하나님의 선교의 역사는 다름 아닌, 인류와 창조세계에 대한 구원의 계시요 구원역사였습니다. 이처럼 '하나님의 자기계시'와 '인류 및 창조세계의 죄 성과 무(無)성과 죽음에 대한 계시와 이로부터의 구원'은 상호 불가분리합니다. 우리는 여기에서 '하나님의 No'와 하나님의 Yes'를 발견합니다. 우리는 부활 전 죽음에 이르기까지의 예수님의 메시아적 삶과 메시아적 선교에서 뿐만 아니라 부활 후 40일 현현 동안에서도 하나님의 No와 하나님의 Yes를 발견합니다. 그 중에서도 부활 후 40일 동안에 사도들에게 위탁되었고 성령강림으로 진행되고 발전된 구원의 역사 속에서도 그것을 찾아 볼 수 있습니다. 헌데 '하나님의 자기계시'에서 가장 중요한 것은 부활 후 사도들이 전한 복음과 이 복음 선포 안에 포함된 사도들의 증언들에 따른, 부활하신 주 그리스도 예수의 십자가의 의미와 부활의 의미입니다. 우리는 부활과 십자가의 의미에서 신약성경은 물론 구약성경이해와 해석의 열쇠를 얻을 수 있습니다.

6-2. 문: '부활'과 '십자가'를 핵심으로 하는 '하나님의 계시'란 무엇인가요?

답

몰트만은 『희망의 신학』(1964)에서 '새 하늘 새 땅'에 대한 구약의 약속이 부활을 통하여 완성되는 희망에 대하여 주장하고, 『십자가에 달리신 하나님』(1972)에선 부활하신 주님의 십자가에 이르는 메시아적 삶과 선교에 대하여 논하였습니다. 하여 그에게 있어서 십자가는 부활과 그것이 약속하는 하나님 나라의 관점에서 이해되었습니다. 그리고 그의 제자 미하엘 벨커 역시 부활하신 그리스도의 십자가에 대한 신학적인 의미를 제시하였습니다. 이제 벨커의 주장을 소개한다. 우선 벨커는 그 동안 전통적으로 구속의 의미로 축소해 왔던 십자가의 의미를 다중적으로 이해한다. "하지만 부활의 빛과 부활 이전의 예수의 활동의 빛 안에서 십자가는 하나의 복합적인 계시사건이다."[12]라고 합니다. 하여 그는 바울의 글에서 "이 세상의 지배자들"이 "영광의 주를 십자가에 못 박았다."(고전 2:8)고 하여 저들이 주님을 알아보지 못하였다고 하고, 복음서에 근거하여 "이 영광의 주님은 다가오는 하나님 나라를 선포하셨다. 예수님은 가르침, 고침, 영접, 식탁공동체로 인간들에게 보인 온정을 통하여 하나님 나라가 상징적으로 효력을 발하게 만들었다. 그는 부활을 통해서 신적인 주님으로 계시되셨다."(벨커, Ibid.)고 주장합니다. 그래서 벨커는 "예수의 부활과 그의 부활 이전의 삶의 빛 안에서, 그리고 그를 처형하는데 협력했던 권력들의 그림자 안에서 십자가는 무엇을 의미하였는가?"(Ibid.)라고 질문합니다.

벨커는 이상과 같은 성서적이고 신학적 근거에서 십자가의 의미를

---

[12] 『하나님의 계시: 그리스도론』, 미하엘 벨커 지음/오성현 옮김(서울: 대한기독교서회, 2015)(독일어 초판, 2012), 255. 벨커는 그의 '계시론'에서 부활의 관점에서 십자가를 보는 등, 칼 바르트의 기독론을 공유하면서도(2장 부활) 십자가를 통한 삼위일체 하나님의 계시와 하나님의 Yes에 대한 계시를 더 강조하고, '4장 높여진 그리스도와 그의 나라'에서는 어느 정도로 몰트만의 미래 종말론을 공유하는 것으로 보입니다.

제시합니다. 하나는 "십자가는 고난당하시는 하나님뿐만 아니라 인류와 청조세계를 심판하시고 구출해 내시는 하나님을 계시한다."(벨커, 255) 둘째로 "십자가는 인간이 하나님으로부터 버림을 받았다고 하는 끔직한 상황을 계시한다. 하지만 인간은 이 상황을 그 자체로서 인식하지 못한다. …"(Ibid.) 셋째로 "십자가는 하나님과 인류, 하나님과 세상의 균열을 계시한다."(벨커, 256) 넷째로 "십자가는 심오한 형태의 세상 죄들을 계시한다. 십자가는 하나님의 현존과 계시에 대한 세상 권력과 종교의 무지와 불신앙을 계시한다."(벨커, 257) 다시 말하면, "세상의 권력이 행사하는 끔찍한 폭력이 십자가에서 계시되었다. 종교, 법률, 정치질서와 공적인 도덕과 여론이 십자가에서 계시되었다."(벨커, 257) 다섯째로 "십자가는 하나님의 인간과 관계를 끊으시고, 그의 계시가 인간들에게 도달하지 못하는 위험성을 계시한다."(벨커, 258) 여섯째로 "십자가에서 하나님의 고난이 계시된다. 십자가는, 예수 그리스도의 고난만이 아니라, 예수의 보냄에서 자신의 가까움을 계시하시려 했던 삼위일체 하나님의 고난도 계시하였다."(259) 일곱 번째로 "십자가는 하나님의 신성에 대한 심각한 의구심의 심연을 계시한다."(벨커, 260)

그런데 이상과 같은 십자가의 일곱 가지 의미에 더하여, 여덟 번째 의미가 결정적으로 중요합니다. 벨커는 이상과 같은 '하나님의 No'에 해당하는 십자가의 의미로 끝내는 것이 아니라 '하나님의 Yes'에 해당하는 그것의 의미를 지적하고 있기 때문입니다. 즉 부활에서 발견될 '하나님의 Yes'가 이미 십자가에서 발견되고 있다고 하는 점입니다. 첫째로 "십자가를 통하여 하나님께서 지옥으로 내려가신 것이다. … 또한 십자가에 달렸지만 부활했던 자의 형태 안에서 보인 신적인 생명은 지속적으로 이런 고난에 의해서 특징 지워져야 한다고 하는 하나님의 의도가 계시되었다."(벨커, 261) 둘째로 인간들은 부활 전 하나님 나라를 선포하시고 그 나라를 몸으로 사셨던 예수 그리스도에 대하여 저항하였고, 나아가서 창조주 아버지와 하나님의 영에 대하여도 불신함으로써 하나님으로부터 버림을 받았음에도 불구하고, "십자가는 예수가 아버지 하나님이라고 부르며 또한 성령의 권능과 친교 속에서 더불어 살고계신 하나님과 예수 사이의 깊은 공동체성을 계시하였다. 이런 상황에서 이것은 분열 안에서 일어나는 역설적 공동체성이다. 이것은 '나의 하나님, 나의 하나님 어찌하여 나를 버리셨나이까?'(막 15:34)라고 외치는, 십자가에 달린 자의 말씀에서 관찰되는 하나님에 대한 신뢰와 의심 사이의 긴장에서도 표현되고 있는 것과 마찬가지이다."(261)

하여 벨커는 십자가에서 뿐만 아니라 부활을 통해서도 하나님의 자기계시와 하나님의 인류 및 창조세계에 대한 보편적 구원에 대한 계시를 봅니다. 그는 십자가로부터 부활의 빛이 나온다며, 부활에 대하여 이렇게 주장합니다. "인간이 하나님으로부터 멀어져 있는 그 가운데서 창조주 하나님이 부활에서 계시된다. 인류가 죄악 가운데서 자신들을 폐쇄시킨, 그 가운데서 하나님은 부활한 예수 그리스도 안에서 자신을 인식할 수 있게 하신다. 부활은 인간적인 전제조건에 연계될 수 없다. 부활은 오로지 하나님의 창조행위이고 새 창조행위이다. 하나님은 분노하고 의심하시면서 불행에 빠져 있으면서도 교만하고 무심한 인간들을 받아들이시며, 그들을 하나님 존전에 서게 하심에 관여하신다. 하나님은 상실에 처한 인간들의 운명의 방향을 돌려놓으셨다. 하나님은 죄의 권세 아래에 있는 인간들과 창조세계를 불쌍히 여겨서 그들을 구하시고 높여 주신다."(벨커, 261-262) 하여 벨커에 있어서 십자가는 다면적 관점에서 계시의 사건이다. 즉, "부활, 그리고 십자가에 이르기까지의 부활 이전 예수님의 길의 빛 안에서 십자가는 죄, 심판, 세상의 갱신, 인간의 구원을 계시하는 사건으로 드러난다."(벨커, 262-263)

끝으로 벨커는 이상과 같은 보편 구원론적 사건은 하나님의 영과 성령 안에서 신망애의 기쁨으로 수용된다며, 우리를 신망애의 교회 공동체에 대한 이해로 인도한다. 즉, "창조의 영의 능력 안에서 그리고 십자가에 달리셨다가 부활하신 그리스도의 현존 안에서 절망으로부터 희망이, 의심으로부터 믿음이, 그리고 시험으로부터 확신이, 방향성이 없던 상태로부터 새로운 삶이 뒤따른다."(벨커, 262)

7. 문: 칼 바르트에게 있어서 위와 같은 '하나님의 계시'는 성경해석에 있어서 어떤 역할을 하나요?

답

이상과 같은 '하나님의 계시'는 성경을 읽는 사람으로 '명제주의'에 묶이지 않게 합니다. 그것은 성경의 명제들을 바르게 이해하고 해석하는 데에 있어서 꼭 필요합니다. 율법과 복음, 예정과 자유의지, 천국과 지옥, 그리고 신정(theodicy)의 문제를 예로 들 수 있습니다. 첫째로 성경에는 인간을 죄인으로 규정하고 그를 고발하고 저주하는 명제들이 허다한데, 이 경우 루터는 '율법'을 몽학선생으로 보았으니, 인간은 그것을 통하여 죄를 인식하고 복음으로 인도된다고 보았습니다. 그러나 칼뱅은 '율법과 복음' 이외에 '복음과 율법'(the Gospel and the Law)도 주장하였는데, 그것은 복음을 통하여 성령으로 자유와 해방을 받은 자들이 '하나님의 뜻'으로서의 하나님의 말씀을 지키고 순종하는 삶을 살아야 한다고 보았던 것입니다. 우리는 위의 '하나님의 계시'에서 이 둘 모두가 타당하다고 하는 사실을 확인합니다. 예수 그리스도의 십자가와 부활은 우리를 고발하고 저주하면서 동시에 우리를 해방시킴으로써, 부활의 삶을 살게 하기 때문입니다.

둘째로 어떤 일군의 사람들은 천국에 들어갈 것이 예정되고, 다른 일군의 사람들은 지옥에 떨어지도록 예정되었다고 하는 주장에 대한 명제적 진리들은 위와 같은 '하나님의 계시'로서 예수 그리스도의 위격과 사역 안에서 모든 인류에 대한 보편구원의 가능성을 발견하고, 믿음과 희망과 사랑의 공동체인 교회의 특수성을 만납니다. 셋째로 '천국과 지옥'에 관한 명제적 진리들 역시 '하나님의 계시'에서 밝혀진 십자가에서의 지옥극복의 의미에서 그것들의 양극화가 극복됩니다. 십자가는 지옥의 극복을, 부활은 새 하늘 새 땅을 약속하기 때문입니다. 끝으로 신정의 문제도 '하나님의 계시'에서 풀립니다. 그로 그럴 것이 예수 그리스도는 인간과 창조세계를 위하여 성육신하시고, 하나님 나라를 선포하시며, 그 나라를 위하여 십자가에 달려 죽으셨다가 부활하시며, 장차 다시 오셔서 인간과 나머지 모든 피조물들의 탄식과 신음 소리를 들어주실 것이기 때문입니다(롬 8:18-25). 우리는 하나님께서 우리의 상대적인 선과 정의를 무시하시고 상대적인 악과 부정의의 사람들에게 행복을 계속 베풀어 주신다고 불평할 것이 아니라 우리와 모든 인류와 온 피조물들의 탄식과 신음소리를 듣고 응답하실 것을 믿어야 할 것입니다. 결국 믿음의 길이, 신정의 길입니다.

루터는 일찍이 시편과 같은 구약을 읽다가 잘 풀리지 않으면 그것을 호두로 여기면서 그것을 '예수 그리스도'라고 하는 바위에 던져 깨트려 그 알맹이를 먹으라고 권합니다. 하여 우리는 위의 예증들 이외의 그 많은 명제들의 의미를 '하나님의 계시'에 비추어서 잘 이해하고 정말 풀리지 않는 명제들을 결코 억지로 풀지 말아야 할 것입니다. '하나님의 계시'는 부활 이전 십자가에 이르는 예수님의 삶과 선교, 부활 후 40일 동안의 선교, 그리고 오순절 성령강림 후 사도들의 복음 선포와 기타 사도적 사역들에 근거하여 구축된 주장이지만 그것이 또한 신약은 물론, 구약이해와 해석에 있어서 해석학적인 표준이 됩니다. 하여 정통 기독론과 정통 삼위일체론 역시 성경의 내러티브들과 명제들로부터 구축된 것이지만, 그것이 또한 성경이해와 해석에 길잡이가 된다고 하는 주장으로 발전할 수 있습니다.

8. 칼 바르트의 말씀론 혹은 계시론을 넘어서는, 위르겐 몰트만의 성경관과 성경해석

몰트만은 1960년대에 '위로부터 아래로'의 운동을 중요시하는 칼 바르트의 말씀론(1922년 『로마서 강해』 이래로)도 '아래로부터 위로'의 운동을 중요시하는 루돌프 불트만의 말씀론도 비판하면서, 폰라트의 『구약신학』을 따라서 '약속사'의 수평적 역사를 붙잡았고, 후기 불트만 신약신학자인 케제만의 신학을 따라서 미래 종말론을 포착하였습니다. 물론, 에른스트 블로흐의 마르크스주의와 아우슈비츠 및 세계 제2차 대전에 대한 그의 개인적인 경험 역시 몰트만으로 하여금 계시론에서 '역사'를 강조하게 하였습니다. 하여, 몰트만은 성경 안에 있는 내러티브들을 통하여 발견되는, '역사'(Geschichte)를 매우 존중하였습니다. 그런즉 아래에서 논할, 성경의 중심내용('약속사와 하나님의 미래'를 기본 프레임으로 하고 내러티브들에 근거하는 기독론적 종말론과 메시아적 기독론, 그리고 삼위일체론과 성령론)이야 말로 '역사' 혹은 내러티브들에 근거하는 신학적 주장들일입니다. 때문에, 몰트만은 '성경의 중심'이라고 하는 말은 성경을 닫혀 진 원으로 이해하는 것으로 귀결되기 때문에, 성경의 빨간 줄('약속사와 하나님의 미래')이란 말을 사용하여, 성경의 주된 내용을 선으로 보았습니다. 그에게 있어서, 이선은 과거로부터 미래로 열려있는 것이고, 미래로부터 과거로 소급하는 것이기도 합니다. 이와 같은 내러티브들에 근거한, '역사'의 사고패턴이 몰트만의 성경의 중심이해에 있어서 매우 중요합니다.

8-1. 문: 성경해석에 있어서 예수 그리스도와 하나님의 나라는 어떤 관계이며, 왜 중요한가요?
답
예수 그리스도를 하나님의 계시로 보는, 칼 바르트도 미하엘 벨커도 미래 지향적 하나님 나라에 대한 비전을 배제하고 있지 않으나, 몰트만은 성경의 중심 사를 '약속사와 하나님의 미래'라 하여, 미래 지향적 하나님 나라를 매우 강조합니다. 바로 이점이, 몰트만의 성경 관과 성경해석에 있어서 결정적인 특징입니다.

하나님의 말씀, 하나님의 지혜, 혹은 성육신 하신 하나님의 아들로서 복음(롬 1:1-4)은 하나님 나라를 계시하고 약속합니다. 이 하나님 나라의 복음은 부활 전 십자가에 이르는 예수님의 길과 부활 후 그의 길과 사도들의 길에 비추어서 이해되고 해석되어야 합니다. 구약의 잉여 약속들(몰트만)은 '하나님의 계시'가 약속하는, 동일한 하나님 나라를 지향합니다. 예컨대, 창세기 12:1-3(특히, '모든 족속이 너로 말미암아 복을 얻을 것이라 하신지라')과 이사야 65:17-25은 신약성서의 예수 그리스도를 통하여 전부 성취되어 진 것이 아니라 미래 지향적인 하나님 나라와 새 하늘 새 땅에서 이루어진다고 하는 의미에서 잉여약속입니다. 몰트만은 『희망의 신학』과 『십자가에 달리신 하나님』에서 부활과 십자가를 통하여, 곧 하나님의 계시이신 예수 그리스도의 부활과 십자가를 통하여 계시되고 약속된 미래 지향적 하나님 나라를 주장합니다. 하여 몰트만은 이를 가리켜 '기독론적 종말론'이라고 합니다. 앞에서 언급한 라이트의 『하나님의 선교: 성서의 대서사를 푸는 열쇠로서』와 아래에서 인용하는 트레보과 보캠(Trevor and Bauckham)의 주장에서는 이와 같은 '기독론적 종말론'이 결여되어 있습니다. 이들의 내러티브 신학은 성경전체의 서사를 발견함으로써 성경의 '명제주의'를 극복하는 대에는 기여하였으나, 하나님의 계시이신 예수 그리스도를 통하여 매개되어진 미래 지향적 하나님 나라를 좀 더 명료화할 수는 없었습니다. 트레보와 보캠의 주장을 소개하면 아래와 같습니다.

창세기의 처음 두 장은 "에덴동산"에 대해서, 계시록의 마지막 두 장은 "거룩한 도성 새 예루살렘"에 대해서 이야기합니다. 성서의 이야기는 에덴동산으로 시작하여 "거룩한 도성"인 "새 예루살렘"으로 끝맺음합니다. 성서는 얼핏 보면 "전원" 이야기로 시작하여 "도시" 이야기로 끝나는 것 같으나, 새 예루살렘은 에덴동산의 특징(계 22:1-2)을 가진 "전원도시"(a garden city)요, 에덴은 인간이 야생의 자연을 가꾸어 만든 전원이 아니라 하나님께서 가꾸시는 야생의 전원(겔 28:13) 혹은 하나님께서 본디 있기를 원하신 그 자연입니다. 아담이 에덴의 정원사가 된 것은 인간이 자연에게 질서를 부여하는 그런 것이 아니라 하나님께서 그것에게 이미 주신 질서를 존중하고 관리하기 위한 것이었습니다.

에덴동산은 생명이 충만한 공동체로서 인간과 자연 뿐만 아니라, 하나님과 인간, 그리고 하나님과 자연이 함께 어우러지는 하나의 조화로운 생명공동체였습니다. 이와 같은 에덴동산은 생명을 공급하는 자연의 심장으로서 이 세상의 생명이 그것으로부터 흘러나오고, 다시 공급을 받는 그와 같은 생명의 나라였습니다. 에덴동산으로부터 생명 수 강이 흘러 나와서, 네 개의 강줄기를 만들어 내는 바, 이는 상징적으로 땅의 사방팔방을 포함합니다(창 2:10-12). 에덴은 모든 동식물들을 살려내는 모든 땅의 비옥함의 원천입니다. 에덴에서 산다고 하는 것은 마르지 않는 생명의 원천으로부터 사는 것이다. 그것은 생명수를 마시는 것일 것이고, 생명나무의 열매를 먹는 것일 것입니다.[13]

그러나 몰트만은 『끝에 시작이 있다』(2004)에서 노아의 홍수 이야기를 '대홍수와 노아와의 언약: 세상의 끝에 대한 원형적 유형'이란 제목 하에서 아래와 같이 해석합니다. 몰트만은 창세기 6-9장을 역사

---

13 Richard Bauckham and Trevor Hart, *Hope against Hope: Christian Eschatology at the Turn of the Millennium*(Michigan, Grand Rapids: William B. Eerdmans, 1999), 147-149의 요약.

이전에 대한 이야기로서 saga라고 하는 장르에 속한다며, 이를 '세상의 끝에 대한 원형적 유형'으로 봅니다. 즉, 그는 대홍수에 의한 세상심판과 하나님과 노아의 언약 이야기를 단순히 계시록 21-22장으로 발전하는 구속사 이야기의 첫 단계가 아니라 예수 그리스도의 십자가와 부활을 핵심으로 하는 하나님의 계시에 입각한 의미를 갖고 있다고 하는 것입니다. 몰트만은 예수 그리스도께서 십자가를 통하여 '끝'을 보여주셨고, 부활을 통하여 '새로운 시작' 혹은 '새 창조의 시작'을 보여주신 것이라며, 이와 같은 구속역사의 특수성을 보편사의 보편적 사건들에도 적용합니다. 즉, 그는 종말 이전(the pen-ultimate)인 '역사'와 '창조'는 멸망하는 것처럼 보일 때에서도 항상 다시 새롭게 시작한다고 주장합니다. 물론, 궁극적으로 십자가는 옛 세상의 끝을 계시하고 부활은 새 하늘 새 땅이라고 하는 새로운 세계를 가리키고 있지만 말입니다. 그러니까, 결국 몰트만에게 있어서 구약의 구속 이야기 속에 들어 있는 '특수성들'이 '보편적 역사'와 '보편적 창조' 안에서도 그것의 흔적(비교: '유비와 비유')을 발견한다고 하는 것입니다. 어쨌거나 몰트만은 위에서 언급한 '하나님의 계시', 특히 그의 '기독론적 종말론'을 통하여 구속의 역사와 보편사를 통찰하고 있는 것으로 판단됩니다.

끝으로 몰트만은 약속과 해방의, 출애굽의 하나님의 역사적 행동을 구약의 중심사건으로 보고, 예수 그리스도의 십자가와 부활을 통한 하나님의 새로운 출애굽 사건을 신약의 중심사건으로 보면서, 이 둘의 불가분리한 관계를 역설합니다. 그러나 몰트만은 출애굽 이야기를, '기독론적인 종말론'에 입각하여 이해하였습니다.

출애굽 사건이 이스라엘의 하나님과의 역사를 개방시킨 것처럼 그리스도의 죽음과 부활은 열방들 가운데서 기독교인들의 공동체의 하나님과의 역사를 개방한다. 출애굽에서 하나님께서는 자신의 노예 된 백성을 이집트의 바로들의 종교적 정치적 권력들로부터 자유케 하시어 언약의 백성으로 삼으시고 약속의 자유의 땅으로 인도하심으로 그 자신을 주님으로 계시하신다. 그리고 하나님께서는 십자가와 부활을 통하여 예수님을 죽은 자들로부터 부활시키시어 그를 자신의 나라를 통치하는 주님과 열방들의 구속주로 삼으심으로 '아버지'로 그 자신을 계시하신다. 구약에서는 하나님의 권세가 하나의 역사적인 폭군으로부터의 해방이었다면, 신약에서는 역사 속에서 죽음의 권세의 폭군으로부터의 해방이다. 구약에서 출애굽이 자유의 약속된 땅으로 인도하며, 신약에서는 부활이 죽음이 더 이상 존재하지 않는 미래세계의 영원한 영생의 '드넓은 공간'으로 인도한다. 양자 사이에 병행하는 점들과 유사한 점들이 있다. 구약에서는 미래를 열기 때문에 역사를 개방시키는 사건이 유월절 축제에서 현재화되며, 이스라엘의 모든 새로운 세대가 이 역사 안에서 이 역사와 함께 살 수 있게 된다. 신약에서는 역사를 개방하며 미래를 열어 주는, 십자가에 달리신 그리스도의 부활사건이 그리스도의 만찬에서 현재화되며, 신자들은 '그들을 위하여' 죽었고 그들 앞에서 부활하신 그리스도 '안에서' 살 수 있게 된다.[14]

하여, 몰트만은 내러티브 신학전통을 추구하면서도, 기독론적 종말론에 준하여 구약의 내러티브들을 이해하고 해석합니다. 후론하겠거니와, 그는 성경해석에 있어서 '약속과 하나님의 미래'와 그것의 프레임 안에서 내러티브에 근거한 삼위일체론과 성령론을 필수 불가결한 것으로 봅니다. 이는, 몰트만의 성경해석을, 칼 바라트와 벨커의 그것으로부터 차별화합니다.

---

14   J. Moltmann, *Experiences in Theology*, tr. by Margaret Kohl(Minneapolis: Fortress Press, 2000)(독일어판, 2000), 36.

8-2. 문: 성경해석에 있어서 '하나님 나라'의 자리와 기능은 무엇입니까?
답

방금 위에서 제시한 대로 몰트만은 대홍수와 노아의 이야기와 출애굽 이야기에서 자신의 내러티브 신학을 추구하면서도 '기독론적 종말론'을 꼭 필요한 해석한적 열쇠로 사용합니다. 그가 1970년대 독일에서 일어난 성서비평학과 신학적인 해석 사이의 관계에 대하여 혼란을 경험했다며, 자신은 "크게 당황하여, 성서의 글들에 대하여 의심의 여지없이 나 자신의 비판 후기적이고 '순진한' 관계(my own post-critical and 'naive' relationship)를 발전시켰고 성서 본문들을 뚫고 나가는 나 자신의 길을 발견했다"[15]고 했을 때, 마치 루터가 성경의 중심내용(die Sache = the subject matter)을 예수 그리스도 혹은 복음으로 본 것처럼 그는 "하나님의 약속사와 하나님의 미래의 역사(歷史)(새 하늘 새 땅의 역사, 하나님의 영원한 나라의 역사, 장차 도래할 세계의 삶의 역사, 혹은 계시록 21:4의 '죽음이 다시없는 세계'의 역사: 필자 주)"를 성경의 중심사로 보았던 것입니다. 후론하겠거니와, 기독론적 종말론과 메시아적 기독론, 삼위일체론, 그리고 성령론이 이 '약속사'와 '하나님의 미래' 사이를 채우고 있지만 말입니다.

헌데, 몰트만에게 있어서, 이상과 같은 '하나님 나라의 신학'이야말로 전적으로 '공적인 신학'(a public theology)이라고 합니다. "하나님 나라의 신학은 하나의 주어진 사회의 공적인 일들에 비판적으로 그리고 예언자적으로 개입하고, 바르멘 선언 제 5명제가 선포하는 것처럼 교회 자체의 관심사들이 아니라 하나님의 나라, 하나님의 명령들과 그분의 정의에 공적인 주목을 돌린다. 그것은 저항적으로 그리고 생산적으로 온 지상적 창조세계 안에 있는 생명의 미래에 대하여 관심한다."[16] 하여 이상과 같은 의미에서 몰트만에게 있어서 신학이란 성서의 내러티브로 표현된 구속의 드라마에 나타난 하나님의 지혜에 동참하는 것인데,

---

15　Ibid., Preface, xx.
16　Ibid.

대부분의 내러티브 신학자들과는 달리 그 중심을 '인간구원'에 두지 않고, 세계와 창조세계와 그것의 공적인 문제로 관심을 확장시킵니다.(ET, 25)

그리고 몰트만은 기독교 신학이 유대교와 이슬람의 신학과 더불어 이상과 같은 내러티브 신학을 공유하고 있다고 하는 뜻에서 그것을 '역사의 신학'(ET, 28-42)에서 논하고 있지만, '기독교 신학'(43-63)에서는 믿음과 희망과 사랑 신학과 그것들의 이성추구를 주장합니다(ET, 45-61). 그리고 '자연신학'(ET, 64-83)에서는 '창조의 신학' 혹은 '자연의 신학'이 지배하는 미래의 영광의 하나님나라를 바라보면서, 성서의 내러티브 안에 있는 '특수'에서 출발하여 보편으로 그리고 역사에서 출발하여 보편적 하나님 나라로 확장해 나가는 신학을 추구합니다. '기독교적 신앙'을 예로 들면, 그것은 역사적이면서 초역사적인 것이라고 합니다. 몰트만에게 있어서 역사의 하나님으로부터 하나님의 오심으로, 구원의 역사로부터 역사의 구원으로, 한편 역사적인 신앙으로부터 메시아에 대한 신앙으로, 다른 한편 메시아에 대한 신앙으로부터 낯과 낯을 대하는 하나님의 대한 관상(contemplation)으로의 이동이 일어났으니, 여기에서 신앙은 교량의 역할을 한다고 합니다. 따라서 몰트만에겐 '신앙'이란 '역사적 신앙'이면서 동시에 '초역사적 신앙'입니다. 이로써 그는 자신의 내러티브 신학을 여타의 다른 내러티브 신학들과 차별화 합니다.

하여 몰트만은 '기독교 신학은 '계시된' 신학인가?'라고 하는 질문에 대하여, 칼 바르트의 '계시'개념을 비판하면서 마지막 때에 '영광의 빛' 속에서 일어날 하나님의 전적인 자기계시를 강조합니다. "한 인격의 '자기'계시는 항상 하나의 전적인 계시이다. 즉 자기를 계시하는 자는 그 자신을 전적으로 계시한다. 불연이면, 그는 그 자신을 계시하는 것이 아니다. 신학전통은 이와 같은 류의 하나님의 전적인 자기계시를 종말론에서 논한다. 하나님께서는 오직 그분의 영광의 계시와 내주 안에서 그 자신을 계시하실 것이고 그것도 전적으로 계시하시어, 모든 피조물이 그분을 계신 그대로 볼 것이고 인간들은 그를 낮과 낮을 대하여 볼 것이다."(ET, 62) 하여 몰트만에게 있어서 장차 하나님은 '영광의 빛' 안에서 그 자신의 위엄을 계시하실 것인데, 역사와 창조의 지평 속에서는 오직 '말씀과 신앙'의 빛 안에서만 그 자신을 계시하신다(ET, 62)고 합니다.

8-3. 문: 복음의 종말론적 목적(telos)과 성경해석의 관계는 무엇인가요?
답

루터와 칼뱅은 성경이해와 해석에 있어서 복음의 텔로스를 별로 부각시키지 않았으나, 칼 바르트는 『복음과 율법』(1935) 그리고 『칭의와 정의』(1938)에서 '보편적이고 객관적인 칭의'를 주장하였고, 후자에서는 '보편적 칭의'에 근거하여 미래지향적인, 이 땅 위에 도래할 '영원한 국가'(the eternal heavenly State)에 대하여 논하였습니다. 그리고 『그리스도인들의 공동체와 시민들의 공동체』(1946)[17]에서는 국가(세상)와 하나님 나라 사이의 '유비', '비유', 혹은 '상응'에 대하여 논합니다. 또한 그의 교의학 IV/에서는 보편적이고 객관적인 '화해'의 보편적 텔로스(새 하늘과 새 땅)를 언급합니다.

장차 나타날 예수 그리스도의 계시에서 밝히 밝혀질 것 혹은 교회와 이 교회 안에 있는 개개 기독교인이 예수 그리스도의 부활에 근거하여 기뻐하고 또 기뻐하고 있는 바는 "의( )의 거하는 새 하늘과 새 땅"(벧후 3:13)이다. 그것은 새 모습으로 변화되는 우주(cosmos)의 영화롭게 됨인데, 이것이 일어나는 것은 하나님께서 (예수 그리스도 사건에서: 필자 주) 이 우주와도 화해하셨기 때문이다. "모든 사람이 구원을 받으며 진리를 아는데"(딤전 2:4)이르러야 하는 것은 하나님의 뜻의 성취이다. 이와 같이 만유(萬有)를 포용하는 영화롭게 됨은 교회와

17　Karl Barth, *Community, State, and Church: Three Essays*(Gloucester, Mass.: Peter Smith, 1968).

각 기독교인의 영화롭게 됨을 포함한다. 그러나 이것이 교회와 이 교회 안에 있는 각 기독교인이 자기 자신들의 미래의 영화롭게 됨만을 바라보면서 살 수 있고 살아야 되는 것을 의미하는 것은 아니다. 그들은 세상의 소금으로, 언덕 위에 건설된 도성으로 살아야 한다.[18]

그리고 몰트만 역시 '복음'의 목적을 하나님 나라로 봅니다. 그는 "예수님의 선재, 파송, 메시아적 선교, 고난, 십자가, 그리고 부활"을, 바울을 비롯한 사도들의 복음 선포의 핵심내용으로 보면서 이것이 구약의 제2이사야서와 묵시서들의 종말론적 비전하에서 이해된 것이고, 이 사도적 복음 안에 내포된 사복음서 안에서 발견되는 예수님의 메시아 선교 역시 그와 같은 종말론적 비전하에서 기록되었다고 하여, 종교개혁자들과 달리 '복음'의 종말론적 텔로스를 크게 부각시켰습니다. 하여 몰트만은 바르트가 보편적 칭의와 화해의 종말론적 텔로스를 주장한 것처럼 '보편적 칭의'의 종말론적 텔로스'를 주장하였습니다. 비록 바르트는 '화해의 복음'의 '이미'를 강조하였고, 몰트만은 그것의 '아직 아님', 곧 미래 차원을 강조하였지만 말입니다. 하여 칼 바르트, 특히 몰트만의 경우, 성경이해와 해석에 있어서 종말론적 비전은 없어도 되는 것이 아니라 꼭 있어야 하는 요소입니다.

8-4. 문: 하면 성경의 목적은 무엇입니까?
답
성경의 목적은 개인 차원에서 영생, 역사 차원에서 하나님 나라, 그리고 우주 차원에서 새 하늘 새 땅입니다. 그 이유는, 성경의 '중심내용'(die Sache = the subject-matter)인 '복음' 혹은 '그리스도의 역사'(예수님의 선재, 파송, 메시아적 선교, 고난, 죽으심, 그리고 부활)가 영생과 하나님

---

18 Karth Barth, *The Christian Life(Fragment). Baptism as the Foundation of the Christian Life* (CD IV/4), 199.

나라와 새 하늘 새 땅을 추구하기 때문입니다. 하여 '사도들의 복음 선포'(='그리스도의 역사') 안에서 이야기되어 진 사복음서의 예수님의 메시아 선교와 바울의 보편적 칭의 역시 영생과 하나님 나라와 새 하늘 새 땅을 지향합니다.

8-5. 문: 몰트만에게 있어서 성경의 중심내용인 '약속사와 하나님의 미래'는 '기독론적 종말론'과 '메시아 기독론'과 어떤 관계를 가지고 있습니까?

답

하여 몰트만에게 있어서 '내러티브' 장르로 표현된 성경의 중심내용인 "약속사와 하나님의 미래(영생과 하나님 나라와 새 하늘 새 땅)"는 '기독론적 종말론'과 '메시아적 기독론'의 프레임입니다. 엄격한 의미에서 몰트만의 경우, '기독론적 종말론'과 '메시아적 기독론'의 출발점과 목적은 창세기의 창조 내러티브, 창세기 12장의 아브라함 내러티브, 출애굽 내러티브, 구약의 메시아에 관한 내러티브들, 이사야 65:17-25의 새 하늘과 새 땅에 대한 내러티브, 사복음서의 부활 내러티브와 십자가 내러티브와 같은 성서적 내러티브들입니다. 루터의 경우는, '복음'이 성서의 '중심내용'으로 여겨졌으나, 몰트만에게 있어서는 "약속사와 하나님의 미래'가 그 '중심사'(die Sache = the subject-matter)로서 '복음', 곧 '기독론적 종말론'과 '메시아 기독론'의 프레임이요, 출발점과 목표가 되어 있습니다. 『희망의 신학』, 『십자가에 달리신 하나님』, 그리고 『예수 그리스도의 길: 기독론에 있어서 메시아적 차원들』에서 주장되어 진, 몰트만의 '기독론적 종말론'과 '메시아적 기독론'에서 '약속사와 하나님의 미래'가 그것의 프레임이요 출발점이요 목표라고 하는 사실을 확인할 수 있다. 그리하여 삼위일체론 역시 성경의 중심내용을 구축한다고 보는 것입니다.

8-6. 문: 희망의 성경해석학이란 무엇을 말합니까?
답

'복음의 종말론적 텔로스'에 대한 주장은, 성경의 약속개념을 중요시하게 합니다. 몰트만은 『희망의 신학』에서 예수 그리스도의 부활에 근거하여 '옛 창조로부터의 새 창조', '죽은 자들의 부활', '하나님 나라', 혹은 '하나님의 의'를 약속 혹은 '예수 그리스도의 미래', '의의 미래', '생명의 미래', 그리고 '하나님 나라와 인간의 자유의 미래'를 주장하였습니다.[19] 이와 같은 부활신앙과 희망에 근거한 종말론적 비전으로부터 사도들의 복음과 사복음서들 그리고 소급하여 구약을 해석하였으니, 특히 그는 성경의 약속사에 크게 주목하였습니다. 하여 그는 "구약에 있어서 하나님의 계시에 대한 말씀들과 진술들이 전체적으로 '하나님의 약속'에 대한 진술들과 결합되어 있다"(TH, 42)고 하면서, 결국 구약의 약속사가 지향하는 종말론적 비전과 신약의 복음이 증언하는 종말론적 비전이 하나님 나라와 새 하늘 새 땅에서 합류하는 것을 주장합니다.

약속은 하나님의 미래를 현재가 되게 한다: 구약전승들의 약속사에서 몰트만은 아브리함과 같은 개인에게 주어지는 역사 속에서의 하나님의 약속은 '기억과 내러티브를 통하여 현존하고, 이와 같은 약속들은 그것들이 새로운 상황들에 대응하여 다시 기억되고 다시 이야기되어지면서 새롭게 해석되었다고 합니다.(ET, 98) 이 때에 우리는 우리의 경험으로는 믿기 어려운 하나님의 약속들(사라에게 주신 약속 같은 것)이 하나님 자신의 신실성에 의하여 역사 속에서 그리고 종말론적으로 실현될 것을 믿는 것입니다. 그리고 몰트만에게 있어서 그와 같은 하나님의 약속들은 "하나의 특수한 역사를 활짝 열어 준다. 그와 같은 약속들은 약속하시는 하나님의 가능성들 안에서 역사를 개방한다."(ET, 99)고 합니다. 이 특수 역사는 하나님의 약속과 하나님의 언약에의 헌신과 참여에 의하여

---
19 J. Moltmann, *Theology of Hope*(London: SCM Press, 1967)(독일어 초판, 1964), 202-224.

제한되는 역사입니다. 이 하나님의 약속사와 그것들에 대한 이스라엘과 교회의 신앙은 불가능한 것을 가능하게 하시는 희망의 하나님에 대한 신앙으로서, 바울은 "그가 믿는바 하나님은 죽은 자를 살리시며 없는 것을 있는 것으로 부르시는 이시니라."(롬 4:17)"하였고, 에스겔 선지자는 마른 뼈들의 부활을 이야기하였으며, 히브리서 11:1은 약속에 대한 믿음이란 그가 보지 못하는 것에 대하여 의심하지 않는 것이라 하였고, 바울은 그것을 희망이라 부르고(롬 8:24, 25), 이 희망을 '보는 것'과 구별하였습니다. "우리가 소망으로 구원을 얻었으매 보이는 소망이 아니니, 보는 것을 누가 바라리요. … 그러나 만일 우리가 보지 못하는 것을 바라면, 참음으로 기다려야 할지니."(ET, 99) 여기에서 몰트만은 '신앙'이 '희망'으로 이어지고 있음을 발견하였습니다.

약속은 하나님의 가능성들 안에서 역사를 개방시킨다: "성취의 관점에서 볼 때, 모든 약속[20]은 장차 성취될 것의 미리 보냄이다. 이것은 새벽여명이 새 날에 떠오르는 태양으로부터 그 빛을 받는 것과 같다. 새벽여명은 태양으로부터 미리 보냄을 받은 것이다. 이처럼 모든 약속은 약속되어 진 것의 성취를 지향한다. 하나님과의 모든 언약 역시 모든 것을 성취하시는 하나님의 현존을 지향한다."(ET, 102) 몰트만은 이와 같은 관점에서 신약성서의 복음을 모든 것이 성취될, 도래하는 하나님 나라의 약속(pro-missio - 미리 보냄)이라고 합니다. 몰트만은 구약의 약속사가 예수 그리스도 안에서 '예'가 된 것으로 볼 뿐만 아니라 이 복음 또한 '약속'(pro-missio)이라고 합니다. 구약의 약속사는 그리스도에게서 성취되었을 뿐만 아니라, 미래에 도래할 하나님 나라에서의 모든 것의 완성을 가리킵니다.

창조는 약속이다: 몰트만은 위에서 '특수한 약속의 신학'에 대하여 논한 다음에, 이제 '일반적 약속의 신학'을 논합니다. 전자는 '이스라엘의 역사와

---

20   pro-missio는 pro(미리)와 missio(보냄)의 합성어로서 '미리 보낸다'는 뜻을 지니고 있다.

기독교 신앙의 역사 속에 있는 특별한 약속의 역사를 논하는 것이라면, 후자는 '창조'에 대한 이야기입니다. 전자와 후자는 동일 귀속하는 바, 창조주와 구속주는 서로 다른 분이 아니십니다. 몰트만은 '태초의 창조'(창 1:1) 이야기를 종말론적으로 읽습니다. "여하튼 간에 이 '시작의 목적을 종말론이라 부를 수 있습니다. 끝은 시작에 상응하고, 완성은 창조에 상응하며, 저기에서 '영광스러움'은 여기에서 '매우 좋았더라'에 상응합니다."(ET, 109-110) 이와 관련하여 그는 '성서적 약속사에 대한 해석학'에서 일반역사의 해석학인 '미래의 역사해석학'을 제안하였습니다.

성서의, 약속사의 해석학: 몰트만은 종말론적 관점에서 구약과 신약의 관계, 그것의 중심주제(die Sache = the subject-matter), 그것의 해석의 문제, 그리고 여기에 더하여 카이로스와 맥락과 역사참여에 관련된 성서 해석학을 개진합니다. 그런즉, 몰트만은 방금 위에서 논한 '일반역사'의 역사해석학을 바른 길로 인도할 수 있는 '성서의, 약속사의 역사해석학'을 주장합니다. 그는 역사가 성서를 해석하는 것이 아니라 성서가 역사를 해석한다고 하는 입장을 표명합니다. '성서의 약속사'가 '역사'해석의 주체라는 뜻입니다. 몰트만에게 있어서 성경의 핵심주제는, 구약과 신약의 약속사와 장차 도래하는 하나님의 미래(하나님 나라)인데, 구약의 모든 약속들이 단순히 예수 그리스도 안에서 다 이루어졌다고 하는 입장이 아니라, 앞에서 인용한 대로 구약의 약속들과 신약의 약속들이 모두 장차 도래할 미래 종말론적인 하나님 나라를 지향한다고 하는 것입니다. 구약의 약속들은 기독교를 그것들의 성취로 보지 않고, 그것을 흘러넘쳐(잉여가치) 미래를 지향합니다. 구약의 약속들은 마치 구약의 언약이 이스라엘과 교회 모두를 위하여 여전히 유효한 것처럼 아직도 그들 모두에게 유효하며, 나아가서 "궁극적으로, 범세계적으로 유효합니다."(ET, 126)

몰트만에게 있어서 "구약의 잉여약속은 그리스도에 대한 이해와 성령의 경험을 하나님 나라의 미래로 인도합니다. 따라서 성서의 미래는 하나님 나라의 종말론적 상징으로 정식화되는 바, 구약과 신약의 통일성을 의미한다."(ET, 127) 하여 그는 성서의 중심내용(die Sache = the subject-matter)에 대하여 루터의 그것에서 출발하여 자신의 입장을 제시합니다. 루터는 신약, 그리고 구약도 '그리스도를 몰아가고 있다'(was Christum treibet)고 보았고, 구약의 약속사에 있어서 이미 복음이 나타나 있다고 하였습니다. 루터에게 있어서 "'그리스도를 몰아가고 있는 것'이란 죄인을 의롭다하는 하나님의 의요 그것의 반대급부인 의롭다함을 받는 신앙입니다. 이는 바울에게서 처음 등장한 것이 아니라 이미 아브라함에게 있었던 신앙입니다(창 15:6).(ET, 127)

그런데 몰트만은 성서의 '중심'이란 말을 꺼려합니다. 모든 중심은 닫혀 진 원의 중심이기 때문이라며, 성서적 전통들은 결코 닫혀 진 이론적 체계가 아니라고 합니다. 구약과 신약의 이중성은 도래 하는 하나님 나라를 향하여 열려있다고 하는 것입니다. 따라서 몰트만에 따르면, 우리는 성서를 해석함에 있어서 단순히 신약에 비추어 구약을 읽고 구약에 비추어 신약을 읽을 것이 아니라 성서적 신학의 빨간 줄과도 같은, 장차 그의 창조세계에 도래할 하나님의 오심(하나님 나라와 그의 의)에 비추어서 구약과 신약을 읽어야 한다고 주장합니다.(ET, 128)

그는 '성서는 그 자체의 해석자'(Scriptura sacra sui ipsius interpres)라고 하는 종교개혁의 해석원리를 따릅니다. 이는 성서가 해석의 대상이요 동시에 해석의 주체라는 말이라며, '교회가 성서를 해석하는 것이 아니라 성서가 교회를 해석한다.'는 것이고, 나아가서 계몽주의 이성이나 '성령론적 석의'도 성서해석의 주체가 될 수 없다는 것입니다. '성서가 그 자체의 해석자'란 말은, "성서독자가 성서로 하여금 자신에게 말씀하도록 허락하고 그로써 그것의 권위 혹은 주체로서의 성서의 성격을 인정한다고 가정한다면, 성서 그 자체가 스스로 그 자신을 독자에게 노출시킨다."(ET,

128)고 하는 뜻이라고 합니다. 하지만 몰트만은 17세기 개신교 정통주의와 20세기 초 미국의 개신교 근본주의 전통의 성서문자주의 혹은 명제주의(propositionalism) 혹은 성서주의(biblicism)에 함몰되지 않습니다. 그도 그럴 것이 마치 루터가 '성서의 중심내용'(die Sache)에 준하여 텍스트들에 대한 내용비평(die Sachkritik)을 감행한 것처럼 몰트만 역시 이미 지적한 '성서의 중심내용' 혹은 '성서의 통일성'을 표준으로 성서 텍스트들의 의미내용을 판가름하기 때문입니다.

그러면 우리가 성서에서 이 중심내용을 어떻게 만날 수 있는가에 대한 몰트만의 답변에 주목해야 합니다.

> 어떤 텍스트가 그 자체를 해석한다면, 나오고자하고 해석되어야 할 그 무엇이 그 안에서 충동을 일으키고 꿈틀거리고 있음에 틀림없다. 그것은 그 자신 속에 머물러 있을 수 없다. 그것은 끝났거나 처리되었거나 그 자체가 성취되어진 것이 아니다. 성서로부터 나와서 그것을 넘어서려고('will')하는 모종의 불안이 성서의 '주요내용'(die Sache) 안에 있는 것이다. 그렇지 않다면 어떻게 성서가 그 자체를 해석할 수 있단 말인가? 만약에 성서의 '중심내용'이 하나님의 약속사라면, 그것의 자기 해석은 자기설명에 다름 아니다. 그도 그럴 것이 '약속은 이미 과정 속에 있는 하나의 사건이요 성서는 이 사건에 있어서 하나의 필수 불가결한 요소이기 때문이다. (ET, 129)

그러면 그와 같은 과정 속에 있는 약속사건이 우리에게 어떻게 일어납니까? 이는 성서가 세대에서 세대로 이야기 되어 지고 청취되는 과정에서 일어납니다.

> …이리하여 이야기 가운데서 듣는 자들은 아직 끝나지 않은 사건 속으로 받아 들여 진다. 그 사건은 책으로 쓰여 지며 쓰여 진 것은 그 뒤에 다시 이야기되어, 듣는 자들은 '오는 것으로 파악된' 그 사건 속으로 받아 들여 진다. 이것은, 과거의 것을 이야기함에서 미래가 통고됨

으로, 선포된 것이 과거에 있어서 미래가 되는 사건이다. 따라서 왜 이미 도래의 과정 속에 있는, 기록이 증언하고 있는 그 사건이 신앙되어야 하고 이해되어야 하며, 또한 이해되고 행동되어져야 하는지가 이해될만 하다.(129)

그리하여 몰트만은 "성서의 '중심내용'이 하나님의 약속사라면, 성서는 그것의 일부요 그 자체를 넘어서 성취의 시간을 가리킨다."(ET, 130)고 하면서, '교회'의 정체성을 성서의 중심내용에 입각하여 정의합니다. "교회가 성서를 해석하는 것이 아니라 성서가 교회를 해석한다. 이 때에 교회는 도래하는 하나님 나라의 백성이 되고 '이미 도래의 과정 속에 있는' 하나님의 약속사건에 응답하여 행동한다."(130)고 합니다. 그리고 몰트만은, '도래의 과정 속에 있는 하나님의 약속사건'이 추구하는 미래 종말론적인 완성을 제시합니다.

만약에 '성서의 중심내용'이 세상을 새롭게 하는 하나님 나라에 대한 약속사라면, 그리스도께서는 성서해석의 문(門)이시다. 그분은 그 분 자신이 하나님 나라이시기 때문이다. 그리스도께서는 독자들의 눈을 뜨게 해 주실 것이다. 만약에 그 중심내용이 만유의 새 창조요 코스모스의 중생이라면, 우리의 해방경험 부활경험 새로운 삶으로의 탄생경험은 하나님의 약속을 증언하는 말씀들과 텍스트들에 대한 이해의 열쇄가 될 것이다. 그도 그럴 것이 그와 같은 경험들과 더불어 새 창조가 시작되고 그것과 더불어 옛적에 쓰여 진 것이 성취될 것이기 때문이다. 요엘서 2와 사도행전 2장이 말씀하는 대로.(ET, 130)

지금 까지 몰트만은 성서의 '중심내용'과 '성서해석방법'에 대하여 논함으로써, '미래의 역사해석학'의 초석을 마련한 셈입니다. 어떤 의미에서

'역사'의 해석에 있어서 그 해석의 주체가 단순히 인간이 아니라고 하는 뜻입니다. 교회가 성서해석의 주체가 아니라 성서가 교회를 해석한다고 하였듯이, 역사해석의 주체는 인간이 아니라 성서라고 하는 것입니다. 그러니까, 일반역사의 의미와 그 목적이 '성서의 중심내용'(die Sache)에 따라서 해석되는 성서 텍스트들 안에서 발견되어야 한다는 말이기도 합니다. 즉, 우리는 역사를, 하나님 나라를 추구하는 약속사 속에서 이해하고 해석해야 합니다. 아니, 이미 '약속사'와 '하나님의 미래'를 증언하는 성서 텍스트들이 인간의 역사와 창조를 해석하고 있다고 하는 말입니다. 하여 몰트만은 본 섹션에서 일반역사 해석학이 제기하는 물음들에 대하여 대답합니다. 예컨대, '하나님 나라를 향한 성서의 약속사'는 일종의 '거대담론'으로서 19세기 역사철학의 '거대담론'에 대한 대안이요, 약속사 속의 '참여'는 일반역사의 '해석'에 대한 대응이요, 미래 종말론적 하나님 나라는 역사관들의 다양성 속에서 통일성과 공동체성에 대한 응답일 것입니다. 특히, 몰트만은 '일반역사의 해석학'의 질문들에 대하여 '성서의 약속사와 하나님 나라'에 대한 참여로 응답합니다.

8-7. 문: '성서의 중심내용'(die Sache)과 성경에 대한 역사 비평적 해석의 문제 – 무엇을 통하여 기록물들이 '성서'('holy scripture')가 될 수 있나요?
답

기독교인들의 성서관에 관하여, 몰트만은 두 가지 견해를 소개합니다. 하나는 교회를 성서에 선행(先行)시키는 경우요, 다른 하나는 성서를 교회에 선행시키는 경우인데, 전자는 역사비평적 방법을 사용하여 "사도들과 복음서 기자들의 기록물들의 역사적 생성(the historical genesis)"(ET,135)으로부터 출발하고, 후자는 '성서의 중심내용'(die Sache = the subject-matter)으로부터 출발하여 그것이 구전 내용들과 그것들의 확정된 기록물들을 기원시켰다고 하는 경우입니다. "신적 계시의 인상(impression)은, 이것에 접촉된 사람들에 의한 표현에 선행(先行)합니다. 바울이 그의 편지들을 쓴 것과 복음서 기자들이 복음서들을 기록한 것은 선행(先行)하시는 '그리스도 때문입니다."(ET, 135) 하여 이 맥락에서 '성서의 중심주제'는 성경의 내러티브에도 선행할 것이 분명합니다. 헌데, 몰트만에게 있어서 '신적 계시'에 대한 모든 반응들은 성령의 사역에 의한 것일 것이고, '저 중심내용'에 대한 반응들로서 성경의 말씀들 역시 성령의 사역일 것입니다(ET, 143).

몰트만은 "여러 전승들을 비교함에 있어서, 우리는 그것들이 공유하고 있는 것을 어떻게 드러낼까하는 점을 감안하면서 성서구절들과 단락들을 검토하지 않으면 안 된다. 객관적 해석학은 성서의 '중심내용'과 성서텍스 사이의 차이와 이 둘의 내적인 순환을 전제하기 때문에, 그것은 기록된 것들에 대한 객관적 비평에 개방적이다."(ET, 135)라며, 구약의 '중심내용'과 신약의 그것을 소개합니다.

구약(히브리어)의 '중심내용'은 하나님의 이스라엘과의 언약이요 이 언약에서 주어진, 이스라엘을 넘어 모든 나라와 민족들 그리고 전(全) 창조세계의 평화를 가리키는 하나님의 약속들이다. 이 언약과 더불어 하나님의 위대한 약속들의 역사는 열렸다. 그래서 약속들이 생성된 것은 그와 같은 경험된, 이야기되어 진, 그리고 희망되어 진 약속들의 역사를 통해서요, 바로 이와 같은 역사 안에서 그와 같은 약속들은 하나님의 미래를 위한 '거룩한' 기능을 획득한 것이다.

신약에서 그 '중심내용'은 그리스도 안에서 그리고 그리스도를 통한 하나님의 약속들의 무조건적인 인정과 보편적인 실행이요, 하나님의 영에 대한 경험 속에서 그것들이 성취되기 시작하였다고 하는 사실이다. 기독교 성서기록들이 '거룩한' 것은, 그것들이 그리스도와 성령 안에서의 하나님의 약속 때문이다. 그런즉, 그와 같은 성서기록들은 나라와 민족들에 대한 복음 선포와 성령 안에서의 새로운 삶을 위한 그와 같은 약속들의 기능에 의하여 거룩하게 된 것이다. 성서기록물들은

교회를 기초시킨 기록물들이요 삶을 새롭게 하는 약속의 텍스트들이다.(ET, 135-136)

따라서 몰트만은 교회가 성서의 주체(the determining subject)가 아니라 '중심내용'(die Sache)을 빨간 줄로 하는 성서가 교회의 주체라고 합니다. 하여 그에게 있어서는 성서와 교회가 상호 변증법적 관계 속에 있습니다.(ET, 136) 그는 독립적으로 성서에게 우위를 두고 있는 축자영감적 성서관을 주장하는 개신교 근본주의를 비판합니다. 특히, 그는 성서가 성령 자신이 기자들을 영감 시켰기 때문에 성서가 '거룩하다'고 하는 근본주의 성서관을, 성령의 종말론적 역할과 기능에 입각하여 비판합니다.(136) 즉, "성서적 성령이해에 따르면, 성령은 '성서의 종말론적 성취와 하나님의 도래하는 영광의 성취의 시작이다."(ET, 136). 그래서 몰트만은 저 '중심내용'을 떠나서 성서를 교회에 선행시키는 입장과 거꾸로 교회를 성서에 선행시키는 두 입장 모두를 반대 합니다. 끝으로 그는 성서를 가감하려는 신학적 입장에 대하여도 반대합니다. 그래서 그는 '반셈족주의'를 말하는 성서구절이나 여성 비하적 성서구절(딤전 2:11-15)을, 저 '중심내용'에 준한 '내용비평'(die Sachkritik)을 통해서 해석합니다. 그는 경전으로서의 성서가 열려 있는 것으로 볼 수 있다고 할 때에도, 저 '중심내용'에 준하여 그 내용의 가치를 가늠해야 한다고 하는 입장입니다. 때문에, '저 '중심내용'을 떠나서, 성서의 어떤 구절을 인용하여 어떤 신학적인 주장을 펼치는 것도 잘 못된 것입니다.(ET, 138-139)

8-8. 문: 성서는 하나님의 말씀인가 혹은 인간의 신앙의 증언인가?
답

몰트만은 방금 위에서 언급한 '성서의 중심내용'에 대한 주장에 따라서 이미 지적한 17세기 '명제주의' 혹은 '축자 영감론'을 반대하고, 19세기

'경험 표현주의'(experience-expressionism)에 편승한 개신교 자유주의 신학을 비판합니다. 즉 전자는 로마가톨릭교회의 '성서와 전통'에 대한 주장에 반하여, '성서주의' 혹은 '명제주의적 축자 영감론'으로 선회하였으니, 이들은 교회가 서고 넘어지는 것이 '이신칭의'(마르틴 루터)의 복음이 아니라 '성서에 대한 신앙조항'이라 하였습니다. 그러니까, 성서의 중심내용으로부터 성서텍스트 그 자체로 이동하였던 것입니다. 하여 개신교 정통주의와 특히 개혁교회 전통은 성서의 권위를 하나님의 주권에 맞먹는 권위로 격상시켰습니다. "…성경은 기록되었기 때문에, 신적이다. 하여 하나님의 영원한 말씀의 성육신은 이 말씀의 '글자화'(inscripturization) 다음에 자리한다. 즉 성경은 '글자로서 실존하시는 예수 그리스도'에 다름 아니다."(ET, 139)

그리고 개혁주의 계통의 칼 바르트 역시 19세기 개신교 자유주의의 성서관에 반대하다가, '하나님의 주권과 성서'를 동등한 수준에 두었습니다.(ET, 139). 바르트는 1921년 『로마서 강해』 서설에서 칼뱅처럼 본문과 씨름하려는 그의 의도를 선언하였으니, 그에게 "초기 기독교 첫 세기로부터 16세기를 갈라놓는 벽들이 투명하게 되었고, 나아가서 본래의 기록과 독자 사이의 대화가 전적으로 성경의 중심내용에 집중되게 되었다. …"(139-140) 하여 그는 성경의 중심내용(복음)을 직시함으로써, 개신교 정통주의의 '축자 영감론'도, 역사 비평학적으로 성서텍스트와 독자 사이의 거리를 만들어 내는 개신교 자유주의의 '경험 표현주의'도 비판하였습니다.

그런즉, 몰트만에 따르면, 그는 성경이라고 하는 문서 앞에서가 아니라 저 '중심내용' 앞에서 수수께끼를 느낄 뿐이었다고 하였습니다(ET, 139) 바르트는 1927년 『기독교 교의학』과 1932년 이후 그의 『교회 교의학』에서는 저 '중심내용'을 '주권적 하나님'이라 하였습니다. "하여 바르트는 그를(= 예수 그리스도 =그 중심내용) 성경 안에서 우리 앞에 서 계신 하나님으로 보았고, 성경의 권위가 '하나님께서 말씀하셨다.'(예수 그리스도가 다름 아닌, 하나님의 계시로서 그 말씀이지만: 필자 주)고 하는 것에 근거한다고 하였습니다."(ET, 140) 다시 말하면, "'하나님께서 그 자신을 주님으로 계시하신다.'가 바르트에게 있어서 첫째로 하나님의 삼위일체적 계시의 신적 기원이 된 것이고, 둘째로 '계시-성경-선포'라고 하는 성경의 해석학적 순환의 기원이 되었다."(ET, 140)고 하는 것입니다. 즉, 성서의 권위가 '하나님이 말씀하셨다.'(하나님께서 말씀하신 말씀 = 예수 그리스도, 하나님의 아들: 필자 주)에 근거한다고 역설하였습니다. 이와 같은 의미에서, 바르트에게는 '바울이 말했다'와 '하나님께서 말씀하셨다'가 동일시 될 수 있다는 말입니다.[21]

때문에 이상과 같은 의미에서 바르트는 기록된 말씀도 설교된 말씀도 저 중심내용, 곧 계시이신 주 예수 그리스도 혹은 성육신하신 하나님의 영원하신 말씀을 떠나서는 결코 하나님의 말씀이 될 수(werden) 없다고 하였습니다. 하여 바르트는 17세기 정통주의와 20세기 초 개신교 근본주의 보다는 물론, 16세기 칼뱅의 신학보다도 좀 더 '복음' 혹은 '예수 그리스도'(기독론, 특히 종말론적 기독론(vs. 몰트만의 기독론적 종말론)을 초점으로 하는 말씀의 3중성을 주장한 것으로 보입니다. 오히려 그는 루터신학에 가깝습니다. 필자는 이 맥락에서 바르트의 『복음주의 신학입문』[22]에서 그의 말씀론의 핵심을 소개합니다.

> 하나님의 말씀이란 하나님께서 인간 속에 돌입해 오셔서(수용하든 말든) 모든 인간에게 말씀하셨고, 말씀하시며, 말씀하실 말씀이다. 이 말씀은 하나님의 행동이다. 이 하나님의 행동으로서의 말씀은 인간에게 행하여졌으며, 인간과 더불어 행하여졌다.… - 중략 -

---

21 참고: 후론하겠거니와, 기록된 성경말씀이 증언하고 있는, '하나님이 말씀하셨다.' 혹은 하나님은 주님으로서 자신을 계시하신다.'라고 하는 바르트의 계시개념과 달리, 몰트만은 성경의 내러티브들의 성부 성자 성령에 대한 이야기에 근거하여 삼위일체론을 주장한다.
22 『복음주의 신학입문』. 칼 바르트 지음/이형기 옮김(서울: 크리스챤 다이제스트, 1987)(독일어 초판, 1962).

하여 하나님의 말씀은 복음이다. 그것은 하나님의 좋으신 행동이기 때문에 좋으신 말씀이다. 하나님의 이 좋으신 행동은 이 하나님의 말씀 안에서 말(Sprach = speech)가 되었고, 인간에게 걸려온 말이 되었다.…(38) - 중략 -

이 하나님은 그의 말씀을 통하여 인간이 피조물이요, 하나님에게 도저히 갚을 수 없는 채무자요, 하나님의 심판을 받아 상실된 자인 동시에 하나님의 은혜로 말미암아 지탱 받은 자요, 구원받은 자요, 하나님을 위해서 자유케 된 자요, 하나님에 의하여 봉사와 의무에 말려 든 자로 계시하신다.(39)…[23]

그리하여 바르트는 이상과 같은 복음 혹은 하나님의 말씀이 구약의 언약 이야기에도 나타났다고 봅니다. 즉 "그것은 언약 사를 통하여 나타난 로고스이시다. 그것은 아브라함의 하나님, 야곱의 하나님, 이삭의 하나님의 말씀으로서 로고스이시다. 이 하나님은 다름 아니라 예수 그리스도의 아버지이시다.…"[24] 하여 이 하나님은 이스라엘의 구원자이실 뿐만 아니라 모든 인류의 구원자이시라고합니다. "예수 그리스도는 이스라엘의 메시아이시다. 아브라함, 이삭, 야곱과 체결된 언약은 모세에 의하여 선포되었고 다윗에 의하여 확인된 후 예수 그리스도 안에서 하나의 새 계약이 되었다. …"[25] 그리고 바르트는 다음과 같이 인류구원에 대하여 이야기합니다. "하나님이 이스라엘과 언약을 맺으셨다고 하는 것은, 이스라엘을 여러 민족들의 중보자로 파송하신 것을 의미한다. 하나님께서 그리스도 안에 계신다고 하는 것은 하나님께서 이스라엘의 그리스도이신 이 그리스도 안에서 이 세상을 자신과 화해케 하셨다고 하는 것이다.…"[26]

---

23 Ibid.,
24 Ibid., 40.
25 Ibid., 41.
26 Ibid., 42.

하여 칼 바르트는 만인구원을 향하여 개방적이면서도, 이스라엘 공동체의 특수성은 물론, 믿음과 사랑과 희망의 공동체인, 교회 공동체의 특수성을 주장합니다. 그러나 이상과 같은 바르트의 말씀론은, 몰트만이 주장하는 기독론적 종말론은 아닙니다. 바르트에게도 미래 지향적인 하나님 나라에서의 보편적인 화해에 대한 희망이 없지 않으나, 다분히 기독론에 치중하고, 몰트만은 기독론적 종말론과 삼위일체론과 성령론에 치중합니다.

8-9. 몰트만의 성서해석에 있어서 왜 삼위일체 하나님이 중요한가요?
답

몰트만에 의하면 향후 바르트는 '유일신론적 삼위일체론'에 따른, '하나님께서 말씀하셨다'를 주장하였으니, "하나님께서는 자신을 주님으로 계시하신다.'가 바르트에게 있어선 첫째로 하나님의 삼위일체적 자기계시의 신적 기원이 되었고 둘째로 계시-성서-선포라고 하는 성서의 해석학적 순환이 되었다."(ET, 140) 바르트는 "항상 자기를 계시하시고 말씀하시는 하나님의 한 인격의 주체(the unity of the subject of the self-revealing and speaking Person of God)가 세 신적 존재양태로 나타난다고 보았습니다. 아버지-아들-성령으로. 그리하여 성서는 영원하신 하나님을 통하여 '위로부터' 시간 속에 있는 모든 인간에게 주권적으로 말씀하여진 것입니다. 몰트만은 바르트의 이와 같은 성서관은, 구약과 신학을 동일한 하나님의 말씀으로 그리고 유대교와 교회를 하나로 보는 경향을 보였다(ET, 140-141)고 합니다.

그러나 몰트만은 성서에는 이미 그가 주장한바 저 '성서의 중심내용'(die Sache)만이 있는 것이 아니라 이 '중심내용'에 대한 아래로부터의 반응들도 있다고 보았습니다. 즉 그는 성령의 사역에 따른 '아래로부터의 해석'을 요청하는 '아래로부터의' 반응들이 있었다고 합니다. 이로써 몰트만은 바르트의 아버지-아들-성령으로 내려오는 군주신론적 삼위일체론적인 '하나님이 말씀하셨다' 혹은 '하나님께서 자신을 계시하셨다'에 근거한 말씀론과 성서해석이 아니라, 성령-아들-아버지로 올라가는 삼위일체론적 하나님의 말씀론과 성서해석을 주장합니다.

> 다른 한편, 성서의 문서들은 결코 '위로부터의' 해석학을 위한 설교 본문만을 포함하고 있는 것이 아니라, 이야기되어지는 할 많은 이야기들과 기도되어지는 기도들과 노래와 춤으로 표현되는 시들과 찬미들도 포함되어 있다. 이들은 물론 아래로부터 해석되어야 한다. 그와 같은 것들 안에서 인간은 하나님의 말씀(God's Word)을 들을 뿐만 아니라, 또한 하나님 앞에서 자신들의 마음을 개방라고 싶어 한다. … 우리는 또한 이를 삼위일체론적으로 이해할 수 있다. 그럴 경우, 그것들은 신앙의 증언들이요 인격들과 공동체들의 삶의 표현들이다. 그렇다면 성서의 전통들로 수집되었고 전승된, 사람들과 공동체들의 신앙의 증언들과 삶의 표현들은, '생명을 주시는 분으로서'(the life-giver) 성령의 삶의 표현들과 증언들이다. 하나님의 영의 은사들 소명들 그리고 에너지들의 풍요가 이런 식으로 표현되는 것이고, 뿐만 아니라 그것의 고통들과 슬픔들도 그렇게 표현되는 것이다. 여기에서 표현들이란, 표현을 초치하는, 밖으로부터 온 하나님의 인상(impression)의 흔적들의 결과일 것이다. '하나님의 지식의 길은 한 영으로부터 한 아들을 통하여 한 아버지에게로 올라간다.'고 바실리우스는 '성례전적 삼위일체'를 설명하였다. 그것은 감사와 찬양, 그리고 한탄과 의심의 활동이요, 이 활동은 내주하시는 영으로부터 아들/영원한 말씀/영원한 지혜를 통하여 아버지에게도 향한다.… (ET, 143)

위의 인용에서 몰트만은 칼 바르트의 '아버지-아들-성령'에서 발견되는

'군주신론적 삼위일체론에 반대하여 이렇게 주장한다.

> 군주신론적 삼위일체에 역행하는 이 성례전적 활동에서 우리는 '위로부터의' 동일화(Identifikationen)을 인지하는 것이 아니라, 오히려 '아래로부터의' 차이들, 하나님 앞에서 자신의 삶의 표현들의 적절치 못한 것, 우리들이 그 속에서 우리를 나타내는 은유들 안에서 비슷하지 않은 것, 우리가 찾는 하나님과의 일치들 속에 있는 일치하지 않는 것을 인지한다. 성례전적 삼위일체의 운동에서 차이의 경험은, 군주론적 삼위일체의 활동에서 하나님이 자기를 그의 말씀과 동일화시키는 것에 대한 경험에 상응한다. 후자에서는 하나님의 이름을 말하도록 하는 것이, 전자에서는 하나님의 비밀 앞에서 자기부정의 침묵(apophatic silence)으로 인도한다. 여기에서 제안된 '아래로부터의' 성서 해석학에 대한 삼위일체적 파악은 '성령의 내적 증언'(testimonium Spiritus Sancti internum)에 관한 칼뱅의 이론에 대한 새롭고 확대된 파악을 전제한다.(ET, 143)

그리고 몰트만은 신약성서 해석의 관건인 삼위일체에 대하여 신약으로부터 적극적으로 진술합니다. 아래의 인용에서 우리는 복음서의 '그리스도의 역사'가 삼위일체 하나님의 페리코레시스적 코이노니아와 예수님과 성령님의 공동체성속에서 일어났음을 알 수 있는데, 그는 서방교회의 유일신론적 삼위일체론이 아니라, 동방정교회 전통의 '영 그리스도론'(the Spirit-Christology)을 선호하고 있음을 알 수 있습니다. 이에 반하여 바르트는 전적으로 서방교회의 삼위일체론에 머물러 있는 것으로 보여 집니다.

그래서 나는 신약성서에 대하여 하나의 '삼위일체적 해석학'을 제안

한다. '신약성서의 증언에서 예수님은 '아들'로 나타난다. 그의 역사는 아버지와 아들과 성령의 공동 활동에서 생성된다. 예수께서 그 속에서 '아들'로 나타나는 역사는, 단지 단 하나의 주체(a single subject)에 의하여 수행되지 않는다. 그리스도의 역사는 이미 신약성서 자체에서 삼위일체적으로 이야기되어 진다. 신약성서에는 세상을 향하여 열려 있는 아버지와 아들과 성령의 교제의 관계를 이야기하면서 선포함으로써, 하나님에 관하여 진술한다. 이것을 우리는 예수님의 삶과 파송에 나타나는 예수님과 성령의 공동 활동에서, 그리고 그의 부활과 높임에 나타나는 예수와 성령의 공동 활동에서 쉽게 인식할 수 있다. 우리는 이것을 영 가운데 일어난 예수님의 아빠 기도에서, 그리고 그 아버지로부터 성령의 파송에서 인식할 수 있다. (ET, 144)

끝으로 몰트만은 이상과 같은 "성서에서 발견되는 하나님의 역사(history)에 대한 증언에 따른 신적 인격들의 공동 활동"의 반대급부인 인간의 참여에 대하여 언급합니다. 즉, 성서는, 인간이 세례와 중생을 통하여 살아있는 희망으로 하나님의 삼위일체 역사 속으로 통합되는 과정에서 그 역할을 한다고 합니다. 바로 여기에 그의 성령론의 자리가 있습니다. 물론, 그리스도의 죽음과 부활의 종말론적 최종성(궁극성)에 대한 전망에서 성서는 닫혀 진 것이고 완결된 것이며, 이와 같은 '유일회성'은 기독론적 증언들에도 적용됩니다. 하지만 성령의 종말론적 경험들의 오순절적 시작의 전망에서는 성서가 열려있다고 봅니다. 그는 성령론과 성서의 관계를 아래와 같이 주장합니다.

종말론적 성령경험이 성서의 미래이다. 이 미래를 위하여 그리고 이 미래를 향하여 성서의 전통들이 이야기되고 기록되며 읽혀지고 또 언제나 다시금 새롭게 해석된다. 종말론적 영의 경험과 함께 하나님 나라에서의 성서의 성취가 시작한다. 이런 입장에서 우리는 '기록되었으되'를, 영이신 하나님의 경세의 큰 틀 안에서 이해해야 할 것이다. '영적 성서해석'에 대한 요구는 결코 이보다 덜한 것을 뜻하지 않는다. 신학적으로 볼 때, 영이신 하나님께서 본연의 성서 해석자이시다.(ET, 144-145)

8-10. 문: 생명의 영이신 성령과 성서의 해석의 관계는 무엇입니까?
답

몰트만에게 있어서 성령은 성부와 성자로부터 나오셨습니다. 때문에 성령은 하나님의 영(the Spirit of God)이시요 또한 그리스도의 영(the Spirit of Christ)이십니다. 니케아-콘스탄티노플 신조(381)는 성령을, '아버지와 아들과 더불어 예배와 영광을 영원토록 받으시는 분으로서 생명의 부여자(the Lord and life-Giver)'라 하였습니다. 그러나 몰트만은 서방교회의 '그리고 성령은 성자로부터도 나오셨다'(filoque)를 따라서 성령을 기독론에 종속시키지 않습니다. 그는 삼위의 페리코레시스적 연합 속에 있는, 성령의 '상대적인 독립성'을 주장합니다. 그리고 그는 예수님의 세례, 시험 받으심, 갈릴리 사역, 십자가, 그리고 부활과 승천에서 하나님의 영과 하나님의 아들 예수님의 공동 활동을 강조하는, 정교회의 '영 그리스도론'(the Spirit-Christology)에 입각한 하나님의 영(루아흐 야훼)을 주장하면서도 이를, 그리스도께서 아버지 우편에 앉으신 후 파송해 주신, 아버지께서 약속하신 성령, 곧 그리스도의 영(the Christological Spirit)과 이분 화시키지 않습니다. 이 둘은 구별은 되지만 혼동이 되는 것은 아닙니다. 허나, 하나님의 영은 창조주의 영이시고 그리스도의 영은 구속주의 영이십니다.

첫째로 그는 성부와 성자와의 관계에서 성령의 특별한 자리와 역할과 기능에 대하여 주장합니다. 우리는 성령을 통하여 그리스도와, 그리스도를 부활시킨 하나님 아버지를 믿음으로 인식하고, 거룩한 삶으로 변화되며, 영원한 나라의 미래의 상속자가 됩니다.

  요한복음 14-16의 '고별사'에 보면, 보혜사가 오시도록하기 위하여 아들이 죽는다. 그는 보혜사를 보내 달라고 아버지께 간구한다. 보혜사는 감추어져 있는 것을 드러낼 진리의 영이시다. 그 안에서 인간은 그리스도와 그를 보내신 하나님을 인식한다. 보혜사는 '그가 들은 것을 말할 것'이며, '미래의 것을 선포할 것이다. 진리의 영이 전달하는 바는, 주님이신 그리스도와 그를 부활시키신 하나님의 인식이다. .. 그리스도께서는 삶을 거룩하게 변화시키고 영원한 나라의 미래를 개방하는, 성령을 파송하시기 위하여 이 세상에 오셨고 죽으셨으며 부활하셨다. … 우리는 오직 하나님을 통해서만 하나님을 인식한다. 우리는 성령의 빛 속에서만 빛을 볼 수 있기 때문이다. … 우리는 성령 안에서만 예수님을 주님으로 고백할 수 있다. … 그리스도를 인식하고 그를 죽은 자들로부터 부활시키신 하나님을 믿는 사람은, 영이신 하나님에 의하여 밝게 깨달음을 얻으며 영원한 빛 속으로 들어간다. 그리스도 인식은 미래세계의 여명이다. …(ET, 145-146)

둘째로 몰트만은 위와 같은 견해의 귀결을 설명하기 위하여 요한의 글에서 "그리스도의 오심의 목적을 '생명과 삶'이라고 합니다. 아버지 하나님, 아들 예수 그리스도, 그리고 성령은 모두 이 '생명과 삶'(Leben = life)의 원천이시요 그것을 위해서 존재하십니다. 특히, 성령은 '생명과 삶의 원천'입니다.

  하나님이 그리스도를 통하여 이 세계 속으로 가져오는 것은 '생명과 삶'이다. '내가 살아있고, 너희도 살아 있겠음이라.'(요 14:19) 영이신 하나님은 생명과 삶의 원천(fons vitae), 치료를 받은, 해방된, 충만한, 파괴될 수 없는, 영원한 생명과 삶의 원천이시다. 그리스도는 그 자신이 '부활이요 생명'이시다. … 이와 동시에 성령의 파송은 생명의 파송이다.(ET, 146)

몰트만은 딜타이의 '삶의 객관적 표현들'(die objektiven Lebensusserungen)이 '생명과 삶의 원천이신 성령'으로부터 나왔다고 보고, 이 '생명과 삶의 역사'(Lebensgeschichte)가 성서를 해석한다고 합니다. 그는 '삶의 표현들'을, "언어-논리적 표현, 생명을 장려하는 실천, 신체적 형태, 익살, 몸짓, 우리의 삶에 영향을 준 경험들과 회상들, 우리가 그 속에서 사는 공동체적 관계들 등"(146)이라고 합니다. 그런즉, "성서라는 책은 우리의 생명과 삶에 의하여 해석된다."고 보고, "성령의 파송(missio Dei)은 생명과 삶, 그리고 온갖 종류의 갱신과 치유를 일깨운다. 그래서 생명과 삶이 진정한 해석자이다."(146) 그런데 부언하고 싶은 것은, 이와 같은 '생명과 삶의 영'은 하나님의 영(루아흐 야훼 = the Lord and life-Giver)이십니다.

몰트만에게 있어선 성령이 그리스도의 영일뿐만 아니라 하나님의 영으로서 모든 생물들과 식물들과 동물들과 인간의 생명과 삶의 원천이십니다. 이런 관점에서 생명이란 희랍어로 bios와 zoe라 부르는데, 전자는 인간이 식물 및 동물과 공유하고 있는 식물학적인 생명과 삶이요, 후자는 의식적인 그리고 특히 인간적인 생명과 삶을 뜻한다고 봅니다. 그리고 '생명의 부여자'이신 하나님의 영은 창조세계 속에 있는 모든 생명체들에 도달하여 신적 생명력(루아흐)으로 채우시며 실존 속에서 땅의 기쁨으로 채우십니다. 하지만 몰트만은 이상과 같은 "하나님의 영은 또한 그리스도의 영으로서 예수 그리스도의 삶의 형태(Gestalt)와 사역으로 각인되어 있기 때문에 '부활의 능력'으로 힘을 발휘한다. 그리스도처럼 생명을 주시는 하나님의 영으로서 성령은 불멸의 생명과 삶, 그리고 영원한 사랑의 생동성으로서 zoe를 존재하게 하신다. 하나님의 사랑의 힘의 장(場) 안에서, 지상적이고 창조된, 인간의 생명과 삶은 살아계신 하나님에게 참여하는 영원한 생명과 삶이다."(ET, 147)라고 합니다.

하면, '생명의 부여자'이신 이 성령께서 어떻게 생명과 삶에 영향을 주십니까? 몰트만은 그리스도의 영으로서 '생명을 부여하는 영'(the life-giving Spirit = 하나님의 영 = 루아흐 야훼)이 상대적 독자성을 가지고 예수 그리스도의 사역을 계속 수행하시고 역으로 예수 그리스도께서도 성령을 통하여 그의 사역을 계속 수행하신다고 합니다.

  1. 성령은 신체와 영혼으로부터 카오스의 마귀를 추방함으로써, 병든 생명을 고치시며 그것을 건강하게 만든다. 성령이 예수의 활동에서 병든 자를 고치는 것처럼, 예수도 성령 가운데 계속 활동하며, 성령을 통하여 병든 자들을 고치신다. 이런 뜻에서 '생명'이란 원활하게 기능하는 신체기관들과 분명한 오성과 신체와 영혼의 건재함이 있는 건강함이다. 2. 성령은 죄를 용서하며 인간을 억누르는 죄책의 짐을 제거한다. 죄책은 인간을 과거에 묶어 버리고 생명의 호흡을 빼앗아 간다. … 3. 성령은 억압을 당하며 착취를 당하는 백성을 불의한 구조들과 폭력을 행하는 자들로부터 해방시킨다. 성령이 가난하게 되었고 아무 도움이 없는 백성(ochlos)을 예수의 활동 속에서 모으고 팔복의 백성으로 만드신 것처럼, 예수도… 4. 성령은 그리스도의 부활의 힘으로서 우리의 사멸할 몸을 생동시키며(롬 8:11), 무신적 죽음(godless death)을 창조세계로부터 추방할 것이다. 예수의 활동에서… 그리스도의 영은 부활의 힘이다. …(ET, 147-148)

끝으로 몰트만은 방금 위에서 지적한 부활의 힘으로서 성령(하나님의 영), 곧 '생명과 삶의 원천'이신 성령은, 이미 여기 '종말 이전 지평'에서 경험되는 하나님의 사랑에 다름 아니라며, 우리는 이와 같은 생명의 원천과 사랑에 의한 생명긍정의 힘이신 부활의 영으로 죽음이 아니라 생명을 긍정하고 보듬어야 한다고 합니다.

인간은 다른 생명체들과 달리 자신의 죽음을 의식한다. 인간의 생명은 부정되고 버림받을 수 있기 때문에, 그것은 긍정되고 수용되며 선택되어야 한다. 자기 증오 속에서 인간의 생명은 질식할 수 있기 때문에, 사랑을 받는 경험에서 생성하는 자기 사랑을 발전시켜야 한다. 인간의 생명은 생명에 대한 관심을 통하여 생동성을 유지한다. 생명에 대한 관심이 살아질 때, 그것은 그의 인간성을 버리며, 생물학적으로도 사멸한다. 인간의 생명은 사랑으로부터 오며, 사랑을 통하여 생동하게 되며, 사랑을 통하여 다른 생명을 생동토록 만들 수 있다. 사랑의 경험이 인간의 생명에서 사라질 때, 그것은 경직되고 생동하는 몸 가운데서 뻣뻣하게 굳어지고 죽는다.(ET, 148)

8-11. 문: "생명을 촉진시키는 성서본문들"은 무엇을 말하는가?
답

아래의 8가기 지침들은 '그리스도의 영'으로서 '하나님의 영'이 추동하는, "의미가 충만한 질적인 삶"입니다. 그것들은 성서 본문들을 근거로 한 은혜 충만한 삶입니다. 요한복음은 우리가 하나님의 충만으로부터 은혜 위에 은혜를 받고 생명을 얻고 더 풍성하게 얻는다고 하였습니다.

1.개인들과 공동체들 안에서 인간적인 삶의 온전성에 기여하는 것은 무엇이나 생명을 촉진하는 것이다. 2. 개인의 삶이 공동체의 삶에 통합되고, 인간의 공동체적 삶이 땅 위의 모든 생명체들과 함께 생명 망

으로 엮어 짜여 지는 것은 무엇이든지, 생명을 촉진하는 것이다. 3. 생명을 경외하고 생명사랑을 통하여 생명긍정을 확산시키는 것은 무엇이든지, 생명을 촉진시키는 것이다. 4. 깨어진 관계들을 치유하고 억압당하고 있는 삶을 해방시키는 것은 무엇이든지, 생명을 촉진시키는 것이다. 5. 희망 속에서 삶을 새롭게 시작하는 데로 인도하는 것은 무엇이든지, 생명을 촉진하는 것이다. 6. 하나님의 생명과의 언약에 기여하고 인간들의 죽음과의 언약을 깨는 것은 무엇이든지, 생명을 축진 하는 것이다. 7. 그 자신이 부활이요 생명이신 그리스도를 현존하게 하는 것은 무엇이든지, 첫째로 그리고 끝으로 생명을 촉진시키는 것이다. 그도 그럴 것이 그리스도 안에서 그리고 그리스도와 더불어 영생의 하나님 나라가 현존하고 이 나라야 말로 죽음의 파괴적인 권세를 극복하기 때문이다. 8. 하지만 생명의 신적 원천으로부터 사는 생명과 삶은 단순히 의미가 충만한 삶뿐만 아니라 '신성화된 삶'('deified' life)도 의미한다. 바울과 아타나시우스는 '하나님의 영으로 인도함을 받는 사람들 안에서 그와 같은 삶을 발견하였다. … (ET, 149-150)

몰트만은 위의 충만한 삶과 생명의 지침에서 기독교와 기독교 밖의 세계가 '생명과 삶'에 관하여 전적으로 공유하는 부분을 가지고 있음을 주장하고 있습니다. 6-8번은 기독교인들의 믿음의 전제를 명시적으로 언급하고 있으나, 1-5번은 교회 밖의 사람들과 공유하는 '생명과 삶'에 대한 지침입니다. 이와 같은 몰트만의 주장은 성령께서 이신칭의와 성화와 같은 생명촉진의 은사뿐만 아니라 정치 경제 사회 문화 다 종교 그리고 창조세계 안에서도 생명을 촉진하시기 때문입니다.

8-12. 문: '성령-아들-아버지'로 상향하는, 성례론적 삼위일체론에 따른 성경해석과 '생명의 영이신 성령'에 따른 성경해석이 지향하는 것은 무엇인가요?

답

성령의 사역 가운데 성경의 '중심내용'(die Sache)에 대하여 응답하는 신앙은 '성령-아들-아버지'로 상향하는 성경해석을 하여 삼위일체 하나님과의 사귐에 진입하고, '생명의 영이신 성령'에 따른 생명을 촉진하는 성경본문들을 통하여 정의 평화 생명의 나라를 풍요롭게 합니다.

성경이해와 해석의 목적은 궁극적으로 이와 같은 삼위일체 하나님과의 연합과 그의 나라에의 동참에 있는 것입니다. 성령을 통한 그리스도 예수에 대한 믿음과 사귐은 우리를 하나님의 미래로 인도할 것입니다.

9. 문: 성경과 신학은 어떤 관계에 있나요?

답

이미 성경 안에서부터 신학적인 것이 있습니다. 무엇보다도 성서적 내러티브들 안에서 우리는 창조신학의 규범이 되는 원초적 신학들을 발견합니다. 창세기는 창조자 하나님이 어떤 분이고 인간 및 그의 피조물들과 어떤 관계 속에 계신가를 이야기할 때, 그 자체가 신학적인 논리를 지니고 있고, 아브라함을 택하시고 부르시고 보내시며 이스라엘을 택하시고 부르시며 보내실 때, 그 자체 안에 신학적인 것을 포함하고 있습니다. 이사야 65:17-25과 계시록 21-22장은 종말론적 논리를 지니고 있고, 부활 내러티브와 십자가 내러티브 역시 그 자체 안에 신학적 논리를 지니고 있습니다. 하여 내러티브 신학은 적어도 내러티브 본문이 품고 있는 신학적인 전거를 중요시 여깁니다. 이런 의미에서 몰트만은 성경 안에 이미 신학의 기본문법들이 있다고 보았으니, 몰트만은 바르트처럼 '하나님의 말씀하셨다.' 혹은 '하나님이 자신을 주님으로 계시하셨다.'에서 출발하지 않고, 성경의 내러티브의 기본문법에서 출발합니다. 삼위일체론뿐만 아니라 기독론과 성령론도 그렇습니다.

하지만 몰트만은 다른 내러티브 신학자들과 달리, 내러티브 신학의 위와 같은 주장에 머무르지 않고, '신앙의 이성: 나는 알기 위하여 믿는다.'(Credo ut intellegam), '희망의 이성: 희망이 지혜롭게 되다.'(spes docta), 그리고 '사랑의 이성'(intellectus amoris)으로 나아갑니다. 반면에 다른 내러티브 신학자들은 신망애의 지성 추구와 아래에서 논할 신 인식론 전통에 아랑곳하지 않습니다. 하여 적어도 아래의 신망애와 신 인식론은 기독교적 신앙을 바탕으로 하는 지식추구일 것이다. 그러니까, 이상의 항목들에서 복음(칭의)의 보편성과 하나님 나라의 보편성에도 불구하고 이와 같은 지식추구는 '특수성'에서 출발하여 보편으로 이동할 수 있습니다. 적어도 이는 교회의 신앙의 지식추구입니다. 몰트만은 이를 '기독교 신학'이라 하였습니다(ET, 45 이하). 이것은 '기독교 신학'의 기본입니다.

9-1. 문: 그러면 '신앙의 이성: 나는 알기 위하여 믿는다.'란 무엇을 지향하나요?

답

몰트만은 첫 째로 믿음으로부터 앎으로 이동합니다. 신앙은 뜨여진 눈으로 그리스도를 봅니다. 신앙은 대상을 지니고 있습니다. 그는 성육신 하신 하나님의 아들을 통하여(특히, 요일 1:1), 장차 도래하실 미래의 하나님을 뵙는다고 합니다. 하여 예수 그리스도를 믿는 사람들은 하나님의 아들을 통하여 그와 같은 하나님의 미래로 끌려들어 간다는 것입니다. 몰트만의 신학적인 기여는 안셀름의 신앙에서 한 걸음 더 나아가 신앙을 미래 지향적인 하나님 뵙기(visio Dei)에 관련시킨 점입니다. 하여 몰트만에게 있어서 "신앙을 성찰하는 신학이란 신앙과 뵙기 사이의 중간매체이다."(ET, 49) 몰트만은 여기에서 아우구스티누스의 하나님 뵙기(visio Dei)(마 5:8)를 떠 올리면서, 우리 믿는 사람들은 "하나님 안에서 자기 자신들을 발견하고 하나님 안에서 서로 서로를 즐거워하는 축복으로 인도 된다"(50)며, 하나님 나라 비전에서 희망되어지는, 하나님과 인간 및 전(全) 창조세계의 페리코레시스를 주장합니다.

> 그러나 성서적 잠정적 개념들과 탐색 이미지들('preconceptions' and search images)에 따르면, '얼굴과 얼굴을 보는 것'은 하나님께서 그의 영광의 나라와 함께 우리에게 오실 때에 일어난다. 그 때 곧 마지막에 '하나님이 모든 것 안에 모든 것이 되실 것이다'(고전 15:28). 이 때에 하나님의 생동적 임재가 모든 사물들을 충만하게 할 것이며, 우리는 모든 사물들 속에서 하나님을 보고, 듣고, 냄새 맡고, 맛볼 것이다. 이 때에 창조 공동체 안에서 일어나는 하나님 향유와 자연의 향유는 함께 결합되어 있을 것이다. 새 창조는 하나님과 세계의 웅대한 페리코레시스이다.…(ET, 50)

하여 몰트만에게 있어서 이상과 같은 영광 중에서의 하나님 뵙기야말로 지식을 추구하는 기독교적 신앙의 목표입니다. 그런즉, 우리의 신학은 도상(a theologia viae이요 the theologia viatorum))에 있는 신학입니다. 고향의 신학(a theologia patriae)이 아니라 타향의 신학이는 것입니다. '우리가 어찌 남의 나라 땅에서 주의 노래를 부를 수 있으랴'(시 137:4)라고 하는 한탄은 하나님으로부터 소외된 이 세상 속의 신학에게도 해당한다고 합니다.(50) 끝으로 몰트만은 '하나님을 뵙는 것'을 최종 목표로 하는 '신앙'과 '기독교 신학'의 역사는 "남녀 제자들의 부활하신 그리스도의 부활현현에 대한 뵙기"에서 시발되었다고 합니다. 이는 하나님의 아들의 계시로 회심을 경험한 바울의 경우도 마찬가지라고 합니다.

그리스도의 부활현현과 함께 시작된 것은, 영광 가운데 오실 그리스도의 종말론적 현현을 추구한다. 그리스도 신앙의 파루시아 기대는 그리스도의 현현들에 대한 기억들에 근거하고 있다. 때문에 그것은 기독교 신앙에 속할 수밖에 없다. 그리스도의 현존에 대한 신앙은 '이는 우리가 믿음으로 행하고 보는 것으로 행하지 아니함이라.'(고후 5:7) - 첫 번째 것도 아니고 마지막 것도 아니다. 오히려 그것은 부활절 현현에 대해서는 뒤따른 것이요, 영광 가운데 있는 그리스도의 장차 올 현현을 보는 것에 관하여는 앞을 향한 것이다.(ET, 51)

9-2. 문: '희망의 이성'은 무엇을 말하나요?

답

"희망은 신앙보다 더 하나님의 약속성취에 대한 봄과 맛봄에 대한 통찰들에 맞추어져 있다."(51) 때문에 몰트만에게 있어서 '희망이 추구하는 지식'(intellectus spei), 곧 희망의 이유 혹은 희망에 대한 설명은 다름 아닌 '종말론'입니다. 종말론은 희망에 대한 가르침(doctrine)이요 지혜입니다.

몰트만은 신앙과 희망을 불가 분리한 것으로 생각합니다. 희망은 신앙의 덧붙이기가 아니라 그것의 다른 측면입니다. "기독교 신앙이란 남녀 인간을 살리는, 희망으로 거듭나게 하는 능력이다." "중생하지 않으면 그 누구도 하나님 나라를 볼 수가 없다.(요 3:3) 그런즉, 중생한 신자들을 붙들고 있는 것은, '예수 그리스도의 죽은 자들로부터의 부활'이요, 그들의 목표는 '하늘에 간직한 썩지 아니하고 더럽지 않고 쇠하지 아니하는 유업'이요, '말세에 나타나기로 예비 된 구원'(벧전 1:3-9)이다. 따라서 희망은 신앙의 목표이기도 한다." "죽은 자들로부터 다시 살아나신 그리스도의 부활로 말미암아 생명의 영을 통하여 희망의 사람들을 사로잡고 있는 것은, 그들의 죽음 너머에 있는, 거의 말할 수 없는 하나님의 미래일 것이다. '그 어떤 눈도 보지 못하였고 어떤 귀도 듣지 못한…'(고전 2:1). 하나님의 이 미래가 항상 은유적으로 설명되고 있지만, 그것은 이미 여기에서 우리를 살리는 희망의 중생에서 시작되고 있는 것이다."(ET, 52)

몰트만은 '희망의 로고스'에 대해서 묻습니다. 그는 성서적 내러티브에서 발견되는 하나님의 약속사에 근거하여 "희망의 로고스는 약속이다."(ET, 54)라고 합니다.

> …약속이란 문자적으로 장차 올 것을 현재 속으로 '미리 보냄'(pro-missio)이다. 약속은 현재로부터 미래로 던져 진 한 예언이 아니다. 오시는 하나님께서는 그분의 약속을 통하여 자신의 미래를 현재 속으로 미리 비추시고 그분의 약속이 일깨우는 희망에 의하여 현재를 규정한다. 약속은 성취에 대한 하나의 선행하는 이해를 일깨운다. 아니 그 이상이다. 하나님의 약속은 약속을 하시고 이 약속에 대한 그의 신실성을 주장할 수 있게 하는 하나님의 담보요 언약이다.… 성서의 본문들에 의하면 하나님의 모든 언설과 말씀은 약속의 성격을 지니고 있다. 그것들은 적극적인 바, 신뢰를 불러일으키고, 신뢰를 통하여 새로운, 아직 알려지지 않은 미래로의 출발을 야기 시킨다. 이에 대한 원형은 아브라함과 사라와 엑소더스이다. 이처럼 약속들을 통하여 인류역사를 규정하시는 하나님의 본질적 본성은 결코 무시간적 영원성이 아니다. 그것은 시간 속에 있는 정체성, 곧 그분의 신실성이다. 그것은 그분의 약속에 의하여 일깨워진 희망에 대한 확신이다. '하나님은 항상 미쁘시니 자기를 부인할 수 없느니라.'(딤후 2:13). (ET, 55)

이어서 몰트만은 장미 빛 미래에 대한 희망으로부터 역사의 지평으로 이동하여 그것의 현실에 주목합니다. 그는 '종말론적인 것'(the Ultimate)과 '전 종말론적인 것'(the Pen-Ultimate)의 긴장관계를 늘 생각합니다. 그도 그럴 것이 하나님의 미래의 앞을 향한 파송과 미리 맛봄은 그와 같은 미래를, 과거의 현재와 현재의 현재라고 하는 '현재'로 가져옴으로 사람들이 희망으로 일깨워지기 때문입니다.(ET, 55) 이와 같은 상황에서 '종말'과 '전종말' 사이에 갈등이 생기게 마련이라고 봅니다.

　　하나님의 약속된 미래는 상상력을 일깨우며, 기성현실에 대한 반대 이미지들과 반대 역사들(counter-images and counter-histories)을 불어 일으킨다. 예언자들의 평화의 비전은 폭력적인 이 세계에 대하여 반기를 든다.… 이전에는 억압들이 있었던 곳에 자유가 생성한다. 하나님의 새로운 세계에 대한 하나님의 자녀들의 상속권에 대한 신약성서의 말씀이 시사하는 바와 같이(롬 8:17; 갈 3:29; 딛 3:7; 약 2:5), 희망하는 사람들은 과거의 노예로부터 하나님의 미래의 자녀들이 된다.(ET, 55)

　이어서 몰트만은 다시 한번 '약속사'와 그것의 특징을 강조합니다. 그는 성서의 글들 전체를 통하여 마치 하나의 빨간 선이 있는데, 그것은 '하나님의 약속사'와 '하나님의 미래'라고 합니다. 그것이 성서의 '중심사'(die Sache = the subject-matter)입니다. 그것은 '하나의 역사요 동시에 행동 속의 역사'라고 합니다. "아브라함에 대한 하나님의 약속은 말씀이요 동시에 사건으로서 전해 내려오고, 이스라엘의 출애굽 역시 행동 속에 있는 하나의 역사로 이야기되어 온다. 그런데 하나님의 전능한 행동들에 대한 이야기는 완결되고 끝나버린 행동들에 대한 언어가 아니라, 미래를 약속하는 역사의 언어이다."(56) 구약의 약속사만 그런 것이 아니라 신약의 그것도 마찬가지입니다. 아브라함과 출애굽 이야기와 그 안에 있는 약속은 이스라엘을 넘어 예수 그리스도와 이방세계와 관계되어 있으며, 나아가서 새 하늘 새 땅에 대한 희망과도 관련이 되어 있다고 하는 말합니다.

죽음의 정복과 더불어 죽은 자들로부터의 그리스도의 부활사건은 더욱 그렇다. 그것은 미래를 개방해 주는 역사이다. 기독교 신앙의 희망은 기억된, 종말론적 희망이다. 그것은 죽음에 대한 반대 역사요 십자가의 폭력행동에 대한 하나의 반대 이미지이다.(ET, 56)

끝으로 몰트만은 예언자들과 사도들의 미래 비전들에서 두 가지 상이한 스타일을 발견합니다. 하나는 계시록 21장 4절에서 대표되는 '부정적인 것에 대한 단호한 부정'(the resolute negation of the negative)이요 다른 하나는 '적극적인 것에 대한 기대'입니다. 그러나 몰트만은 '부정적인 것에 대한 단호한 부정'은 "그것의 전제 조건으로서 적극적인 것에 대한 경험된 혹은 기억된 기대를 지녀야 한다."(56)고 합니다. 앞에 인용한 계시록은 부정의 부정과 아울러 긍정에 대하여도 이야기합니다. 몰트만은 "보라 하나님의 장막이 사람들과 함께 있으매 하나님이 그들과 함께 계시리니 그들은 하나님의 백성이 되고 하나님은 친히 그들과 함께 계셔서"를 인용함으로써, 인류와 창조세계 모두의 종말론적 구원을 희망하고 있습니다.

그것은 성서의 글들에 나오는, 모든 민족들로 확장된 약속과 언약의 전(全) 역사를 명쾌하게 요약한다. 하나님의 그의 백성 이스라엘 안에 내주(indwelling)(그의 쉐히나)와 우리 가운데 거하시는 하나님의 성육신하신 말씀의 내주(dwelling)는 구약과 신약의 하나님의 현존에 대한 중심적 진술들이다. 그것은 임마누엘, 곧 우리와 함께 하심의 구속적인 현존이지, 아직 그의 보편적인 무소부재는 아니다. 그런데 계시록의 그와 같은 비전은 새 창조 전체로 확장된다. 다른 식으로 말한다면, 새 창조는 만유를 이스라엘의 하나님의 친밀한 언약의 코이노니아로 회복시킨다.(56-57)

부정적인 것에 대한 단호한 부정은 고립되어 실존하는 것이 아니다. 그것은 적극적인 것에 대한 기대에 의존하고 있다. 하지만 만약에 적극적인 것에 대한 기대가 매 순간마다 부정적인 것에 대한 부정과 묶이지 않는다면, 적극적인 것에 대한 기대는 헛된 꿈이 될 것이다. 희망이 지혜로워 지는 것(spes docta)은 이상과 같은 둘의 지혜로운 연계를 통해서만 일어날 것이다.(ET, 57)

9-3. 문: '사랑의 이성'은 무엇을 의미하나요?
답

몰트만은 신앙과 희망을 긴밀하게 연결시킨 것처럼 사랑이란 신앙과 희망, 이 둘의 실천적 이성이라 합니다. 그에게 있어서 신앙의 이성과 희망의 역사적 이성은 사랑의 실천이성을 지향합니다. 몰트만은 소브리노와 더불어 "사랑의 내밀성과 개인적 구제활동"이 아니라 "억압당한 자들과 가난한 자들의 (정치 경제적)해방을 사랑"(ET, 57)으로 봅니다. 하지만 몰트만은 소브리노와 달리 이 사랑을 성령의 현존과 하나님의 실제적 현존이라 합니다. 몰트만에게 있어서 사랑이란 해방과 정의를 포함하는, 창조적이고 생명을 살리는 능력입니다.

해방을 위한 정치적 투쟁과 정의를 위한 경제적 투쟁이 '사랑'이라면, 그 '사랑'이란 하나의 창조적이고 생명을 부여하는 능력으로서 그 근원이 하나님이시다.… 사랑은 권리들을 박탈당한 사람들에게 정의로운 권리들을 회복시키고 죄인들(the guilty)을 일으켜 세우며 슬퍼하는 사람들을 위로하고 땅의 표면을 새롭게 하는, 성령의 또 다른 이름이다. 사랑이란 이 세상에 살아계신 하나님의 실제적인 현존에 다름 아니다. 장차 도래할 세상에서는 영광이 하나님의 실제적 현존이 될 것이지만.(ET, 57-58)

몰트만에게 있어서 사랑은 '같은 것은 같은 것을 끌어당긴다.' (아리스토텔레스)와 같은 성질의 것이 아닙니다. 그것은 비참한 상황에 놓여 있는 '타자'(the others)에 대한 과격하고 창조적이며 보편적인 사랑입니다. 우리의 사랑은 이와 같은 하나님의 인간 및 창조세계에 대한 사랑을 표준으로 해야 하는 사랑입니다.

> 사랑은 이 세상에서 하나님의 도래하는 나라와 그분의 공의와 정의 (his righteousness and justice)의 프락시스이다.… 하나님의 창조적 사랑은… 타자들, 곧 수고하고 무거운 짐 진 자들, 굴욕을 당하며 모욕을 당하는 자들, 죽어가는 자들과 슬퍼하는 자들을 향한다.… 이 점에서 그 사랑은 악한 자들과 선한 자들 위에 비추는 태양과 같으며, 의인들과 불의한 자들을 상쾌하게 하는 비와 같다. 이 창조적 사랑의 힘은 정치와 경제로부터 자신을 분리하지 않으며 사적인 것으로 자기를 제한하지 않는다.… 그와 같은 창조적 사랑의 신학의 자리는 절망의 비참과, 우리를 절망케 하는 불의이다.… 창조적인 사랑의 삶의 자리는 죽음이다.(ET, 58)

그런데 위와 같은 철저하고 창조적이며 보편적인 사랑은 '신앙'과 '희망'의 활동입니다. "공격당하시고 폭력의 피해자들 가운데 한 분으로 십자가에 달리신 그리스도를 다시 살리신 하나님께 대한 신앙은 내적 필연성으로부터 창조적 사랑으로 활동합니다. 부활과 장차 도래할 세상의 삶에 대한 희망은 역시 같은 내적 필연성으로부터 창조적 기대 속에서 활동합니다."(58) 그런즉, "창조적 사랑과 창조적 기대는 억압에 대한 단호한 부정의 원천이요 해방에 대한 개방된 비전들입니다."(ET, 58)

하면 이상과 같은 '사랑'을 위해서 '이성'이 요청되는지요? 보통 남녀 간의 에로스적 사랑에 있어서는 이성을 잃을 수 있으나, 이와 같은 창조적 사랑은 이성과 모든 감각들을 일깨움으로, 우리로 하여금 비참을 인식하고 이에 대한 익숙함을 깨뜨리게 합니다. 우리는 이와 같은 사랑의 이성으로 폭력의 구조를 분석하고 정치적 경제적 사회적 비평을 사용하여 점증하는 불평등과 치명적인 불의들을 파악해야 합니다. 몰트만은 억압의 원인들과 해방의 방법들이 다양하다며, "창조적 사랑으로 우리는 우리의 눈을 떠야 하고 다른 사람들의 눈을 뜨게 해야 한다고 합니다. 눈을 뜬 사랑이란 사태들을 어떻게 변화시키는가에 대한 지적인 지식이다."(59)라고 합니다.

끝으로 몰트만은 위와 같은 신앙과 희망이 추구하는 하나님의 창조적인 사랑 혹은 하나님 나라의 사랑 프락시스에 대한 이야기에 이어서 사랑으로 역사하는 믿음과 희망의 관점에서 신학의 다양한 실존이 무엇인가를 논합니다. 신학은 단순히 '지식을 추구하는 신앙'이 아닙니다.

한스 프라이와 조지 린드벡 등 내러티브 신학자들과는 달리, "이상과 같은 프락시스를 복음에 빛에 비추어 비판적으로 성찰하는 기독교 신학은 의식적으로 맥락적이고 그것의 카이로스에 의하여 규정되며 특정 집단들의 사람들에 집중하는 통찰력들을 지녀야 한다."(59) "사랑으로 역사하는 신앙이란 항상 맥락적이고 그것의 카이로스에 의하여 규정되며 그 자체의 공동체와 관련되어 있기 때문이다."(ET, 59) 그러니까, 모든 시대와 모든 장소의 기독교 신학들은 맥락적이고 그것의 카이로스에 의하여 결정되고 그것이 겨냥하는 공동체가 있는, 다양한 상대적인 신학들이라는 말입니다.

모든 신학이 특수하고 맥락적인 신학이요 그것의 상황과 그것의 특수 관심에 의하여 결정되지만, 이들 모두는 "모든 인간들과 모든 문화들과 모든 시대들의 한 영원하신 하나님에 대한 이야기, 곧 theo-logy이기 때문에, 통일성과 보편성을 지닌다고 하는 것을 뜻한다."(ET, 60)고 합니다. 그리고 그와 같은 신학의 모든 다양성과 특수성에도 불구하고, 그것들은 모두 맥락적이고 그때그때의 카이로스에 의하여 결정되며, 어떤 공동체를 겨냥하는, '성서의 글들'에 대한 해석이라는 점에서 통일성을 갖고 있습니다. 텍스트가 콘텍스트보다 우위에 있습니다. 물론, 몰트만에게 있어서 성서의 '중심내용'(dis Sache)은 '하나님의 약속사'와 '하나님의 미래의 역사'이지만. 따라서 몰트만에게 있어서 모든 신학들의 통일성은 하나님 나라를 지향하는 약속사를 배경으로 하는 '복음', '삼위일체 하나님', '성서 텍스트'에 다름 아닐 것입니다.

각 신학은 그것이 그것의 맥락과 카이로스와 문화에 의하여 어떻게 조건 지워 졌을지라도 그 각각은 하나님에 대하여 말하고 있는 것이기 때문에, 하나님을 믿는 모든 사람들에게 중요하다. 각 기독교 신학은 그것이 맥락과 카이로스와 문화에 의하여 어떻게 조건 지워 졌을지라도 성서의 글들의 본문을 따르고 있고 그것을 해석하고 있는 것이다. 그것은 그들이 어디에 살든지 언제 살고 있든지 그들이 누구든지 간에 성서가 해석되는 영역 안에서 실존하는 모든 사람들에게 중요하다. 그도 그럴 것이 텍스에 대하여 무엇이 콘텍스트인가를 결정하는 것이 다름 아닌 텍스트이기 때문이다. (ET, 60)

따라서 몰트만은 "시간, 공간, 문화들과 계층들을 가로 지르면서 논쟁하고 대화하며 종종 상호 영향과 상호 풍요를 위하여 상호 작용하는 '신학들의 공동체성'(a communio theologorum)"(61)을 주장합니다. 이것은 영구불변하는 추상적 신학이 아니라, "이 세계와 이 역사의 다양한 소외들 속에서 언젠가 모든 사람들에게 빛을 비추는, 장차 도래할 진리를 찾는 사람들의 신학, 곧 나그네들의 신학(theologia viatorum)입니다."(ET, 61)

9-4. 문: 신학적 인식론에는 어떤 것들이 있나요?

답

이상에서 몰트만은 기독교 신학의 기본인 '신망애'의 신학을 주장하였습니다. 우리는 이제 이와 같은 출발점을 가지고, 신학적 신 인식론을 논합니다. 그 이유는, 그것이 성경과 하나님과 하나님 나라에 대한 인식을 위해서 꼭 필요하기 때문입니다.

몰트만은 하나님에 대한 인식과 진술의 다양한 방법들을 제시합니다. 하나는, '같은 것(likeness)은 같은 것에 의하여 인식될 수 있다'고 하는 아리스토텔레스의 공리에 근거한 것이고, 둘은 하나님과 전혀 다른 인간이 하나님에 대한 앎과 진술에 있어서, 한편 '유비'(analogia)와 '은유'(metaphor)의 도움을 받고, 다른 한편 셋은 부정의 방법(vis negativa = apophatism)을 통한 길이며, 넷은 '다른 것(unlikeness) 끼리만 서로를 알 수 있다'고 하는 '반대로부터만'(e contrario) 하나님을 알 수 있다고 하는 '변증법적 하나님 인식과 진술입니다. 끝으로 다섯은 하나님에 대한 파괴적 인식과 진술에 해당하는 '반대 이미지들'(counter-images)에 대한 논리이다. 역시 이와 같은 신 인식을 위한 방법들은 신망애의 신학에게 도움을 줄 것입니다. 다른 내러티브 신학자들은 이에 대하여 논하지 않지만 말입니다.

9-4-1. 문: "같음의 공리(公理)"란 무엇입니까?

답

'같은 것은 같은 것에 의해서만 인식된다.'고 하는 인식원리(아리스토텔레스)는, "다른 것과 낯 설은 것은 전혀 인식될 수 없고, 모든 인식(cognition)은 이미 인식주체 안에서 인식되고 친숙해 진 것에 대한 재인식(re-cognition)에 불과하다."(151)고 합니다. 그리고 이 원리는 공동체 차원에서 '같은 사람 끼리'만 모이게 하고, 낯선 사람과 다른 사람을 배제합니다. 따라서 이 인식론에 따르면, 인식은 하나의 폐쇄된 영역 안에서만 일어납니다. 그러나 '비슷한 것'과 '상응하는 것'을 상정하는 인식론은 새로운 것이 흡수될 수 있고, 앎이 진전되게 하지만 동시에 '유비(類比)'(analogia)를 표준으로 할 경우에, 우리는 '타자' 안에서 단지 우리들 자신과 일치하는 것에 대해서만 묻고 낯선 것 안에서 우리들에게 상응하는 것만을 알게 됩니다. 하여 우리는 낯설고 다른 그 무엇에 대하여 자기 자신 안에서 인식된 것만을 인식할 수 있게 할 것입니다.(ET, 152) 이 인식원리를 신 인식에 적용하면 아래와 같습니다.

> 이 원리를 하나님 인식에 적용할 경우, 인식하는 인간의 신격화가 일어나든가, 아니면 하나님의 인간화가 일어난다. 우리 위에 있는, 신적인 것을 우리는 오직 우리 안에 있는 신적인 것을 가지고 인식할 수 있다. 이 원리에 의하면 '하나님은 오직 하나님을 통하여서만 인식된다.' … (153)
>
> 사람들은 그들의 신들, 거짓 신들과 우상들을 그들 자신의 형상을 따라 만든다. 남자들은 남성 신들을, 여성들은 여성 신들을, 백인들은 하얀 신들을 만든다. 하여 '타자', 혹은 청년 바르트가 루돌프 오토를 따라서 말한 바와 같이, 신적인 '전적 타자'는 우리에게 인식될 수 없으며, 그것은 생각조차 될 수 없기에, 인식 불가능성이 신의 속성일 수도 있다.(ET, 154)

이상과 같은 인식원리는 하나님과 하나님 나라 인식에 있어서 전적으로 인간과 피조물과 상응하는 차원에 머무르든가 아니면 전적인 인식불가능성에 머물러 있을 것입니다.

9-4-2. 문: '유비의 원리'란 무엇인가요?

답

개신교 사람들에게 로마가톨릭신학전통의 '존재의 유비'(analogia entis)는 '아래로부터 위로 올라가는 신 인식'으로 알려져 있습니다. 즉, 인간은 불신앙의 상태에서 인간과 기타 피조물로부터 인간과 피조물을 초월하는 하나님의 본질이해에 부분적으로 도달할 수 있다고 하는 입장입니다.(157) 그러나 몰트만은 이것은 로마가톨릭유비신학에 대한 잘못된 이해라고 합니다. 몰트만에 따르면, 제4 라테란 공의회(1215)의 선언("창조자와 피조물 사이에는 그들 사이의 더 큰 비유사성을 식별해야 할 필요성이 없다면, 그렇게 큰 유사성이 식별될 수 없다.")(155)은 "하나님께서 죄인들의 구속 주는 아니시더라도, 인간들의 초월적인 창조주에 다름 아니라고 하는"(ET, 155-156) 믿음과 인간을 하나님의 형상으로 보는 믿음을 전제한다고 합니다. 하여 몰트만은 로마가톨릭교회가 이와 같은 전제를 가지고, 창조자와 하나님의 형상으로서 인간 사이에 '존재의 유비'가 가능한 것으로 본 것으로 봅니다. 그러니까, 창조신앙과 하나님 형상론에 대한 신앙이, '존재의 유비'의 전제라고 하는 말입니다.

그러므로 창조자에 대한 피조물의 '유비'는 '존재의 유비'(analogia entis)라 불린다. 피조물은 하나님께 상응하지만, 그와 동일하지는 않다. 그러나 창조자와 창조는 비교될 수 없음에도 불구하고, 피조물은 그것의 창조자의 비유(Gleichnis = parable)이다. 그것은 그의 창조자와 다름에도 불구하고, 창조자에 대한 비유가 될 수 있고, 또한 그렇기 때문에 창조자를 위한 비유가 될 필요성을 갖는다. 이와 같은 피조물의 독특한 성격에 근거하여 피조 된 인간은 자기와 비교될 수 없는 하나님에 관하여 유비들, 은유들, 이미지들, 그리고 이야기들을 가지고

말할 수 있다. … (ET, 155)

따라서 몰트만은 개신교 역시, 인간의 죄 성에도 불구하고, 인간의 창조자에 대한 신앙과 인간의 하나님 형상됨에 대한 신앙을 전제로 로마가톨릭교회의 '존재의 유비'(예컨대, 아퀴나스의 5가지 우주론적 신 존재증명)[27]를 받아들여야 한다고 봅니다. 그러나 몰트만에겐, 이 유비의 완전한 기능은 종말론적 유보로 인하여 완전할 수 없습니다. 그는 하나님과 피조물의 유비(analogia)관계가 종말 때에 가능할, '전체의 바탕에서'만

---

27 1. 존재론적 신 증명(안셀름)(Anselm of Bec): 1033-1109 그는 삼위일체 하나님과 성육신에 대한 신앙을 전제하면서 아직 믿지 않는 사람들에게 이성을 사용한, 신 존재증명을 시도하였다. 그래서 그는 이와 같은 신학 방법론을 '지성을 추구하는 신앙'(faith seeking knowledge)이라 하였다. 그는 '어리석은 사람은 그 마음에 하나님이 없다'(시 13)고 한다고 하는 명제에를 반론한다. 그는 '그 자 보다 더 큰 자가 없는 그 자'가 실존하고 이 하나님의 본성에 대하여 이성이 말할 수 있다고 본다. 그는 이와 같이 정의되는 하나님이 인간의 마음 안에 계실뿐만 아니라 모든 실재 안에 실존한다고 보았고, 인간과 피조물의 최상의 질(via eminentiae)(e.g. 진 선 미 긍휼 정의 사랑 등))을 통하여 이 분의 본성을 기술할 수 있다고 하였다. 이처럼 안셀름은 믿지 않는 사람들에게 기독교의 삼위일체 하나님의 존재와 그 본성에 대하여 이성에 호소하는 설명을 펼친 것이다. Gaunilo는 Momologion에서 안셀름의 신 존재를 '상상의 섬'에 불과한 허상이라 하였으나, 안셀름은 그것을 삼위일체 하나님에 대한 신앙에 근거하여 '하나의 필연적인 존재' 혹은 '자명한 존재'라 하였다.   2. 우주론적 신 증명(토마스 아퀴나스)(Thomas Aquinas): 1225-1274: 아퀴나스는 계시를 통해서 믿는 삼위일체 하나님과 이성(특히, 아리스토텔레스 철학)을 통해서 알 수 있는 하나님이 양립 가능하다고 보고, 아우구스티누스적인 '알기 위하여 믿는다.'라고 하는 명제에서 출발하여 믿지 않는 사람들에게 하나님의 존재와 본성을 이성적으로 설명한다. 그러니까, 아퀴나스 역시 '지성을 추구하는 신앙'이라고 하는 방법론을 사용하지만, 그는 안셀름이 주장하는바 이성으로 증명되는 그 하나님의 자명성을 인정하지 않았다. 그래서 아퀴나스는 안셀름처럼 인간의 마음 속에 있는 하나님(vs. 어리석은 자는 그 마음 가운데 하나님이 없다고 한다.)으로부터 출발하지 않고, 창조주 하나님의 외향적인 사역들을 이성적으로 설명함으로써 하나님의 존재와 본성을 설명한다. 하지만 아퀴나스는 하나님께서 창조주라고 하는 것과 인간이 하나님의 형상이라고 하는 것을 전제하면서, '이 세상 혹은 자연의 우연적기고 원인 지워 졌으며 의존적인 본성으로부터 출발하여 하나님께로 올라간다.' 그는 5가지 길을 따라서 하나님의 존재와 그 본성으로 올라간다고 본다.   1. 운동들로부터 부동의 동작자로(the Unmoved Mover) 2. 결과를 가져오는 원인들로부터 제일 원인으로(the Causa Prima) 3. 우연으로부터 필연으로: 그 누구 혹은 그 무엇으로부터 존재를 부여 받은 만유는, 우연이지만, 그 스스로 존재하시는 하나님은 필연이시다. 4. 질적인 품등으로부터 가장 높은 정도의 완전한 존재 5. 만유에 대한 통치로부터 우리는 '지고의 선'으로 올라 갈 수 있다. 즉, 만유는 목적들을 지니고 있고, 이 모든 목적들은 지고의 목적이신 Summum Bonum을 지향한다. 이와 같은 방법론은 개별자들에 대한 감각적 인식으로부터 출발하는 아리스토텔레스의 형이상학에 빚지고 있다.

수립될 수 있다고 보기 때문입니다. 그러나 우리는 아직 "계속적 창조(creatio continua)의 전체와 하나님의 만유 안에 실체적 현존"(고전 15:28)을 경험하고 있는 것이 아니기 때문에, 완전한 '존재의 유비'는 유보되었다고 하는 말입니다. "바울은 이 둘이 희망의 약속들 안에서 종말론적으로 가능할 것이라며, 미래로 충일한 세상만이 하나님 나라를 비유할 수 있는 능력이 있다."(ET, 158)고 합니다.

그런즉, '존재의 유비'를 종말론적 가능성으로 보는 몰트만은 그것을 새 창조로서 하나님 나라를 미리 구현하는 종말론적 성령론(하나님 나라의 '담보' = 아라본) 안에서 이해하려고 합니다. 즉 우리는 성령을 통하여 '종말 이전 시기(the pen-Ultimate period)'에도 '존재에 유비'에 의한 신 인식을 할 수 있다고 하는 말입니다. 하여 종전의 '자연신학적 신 인식'에 속하는 '존재의 유비'는 몰트만에게 있어서 마지막 때에 일어날 종말론적 하나님 경험의 일부인데, 그것이 성령론 안에서 일어난다는 말이다. 그리고 기독교의 특수성에 해당하는 신 망 애 역시 성령론 안에서 일어나고 신 망 애의 이성추구도 그럴 것입니다.

"'우리 안에 계신 하나님과 우리 위에 계신 하나님'은, 이미 지금 여기에서 일어나는, 영광의 하나님 나라 안에서 일어날 전(全) 창조의 시작으로서 하나님과 인간자신에 대한 경험이다. 때문에, 신학적으로 존재유비의 이론에 따른 비유들'을, 창조자와 피조물에 대한 이론이 아니라 성령론적 에너지에 대한 이론에 소속시켜야 한다. 노예상태에 있는 창조세계의 고난과 신음 속에서, 새롭게 창조하는 하나님의 영은 이미 하나님 나라 안에서 일어날 창조의 첫 상응들과 비유들(correspondences and parables)을 촉발시키고 있다.… (ET, 158-159)

끝으로 몰트만은 이상과 같은 '비유사성(dissimilarity)에도 불구하고 유사성'(similarity)에 다름 아닌 '유비'는 하나님의 '신비'를 인식하는 바, "하나님 지식은 하나님에 대한 인지된 '유사성'과 인지 된 '비유사성'의 리듬으로 일어난다고 봅니다. 우리가 하나님에 대하여 더 많이 알면 알수록 우리가 하나님에 대하여 아무 것도 모른다고 하는 것을 더 많이 안다. 하나님에 대한 비유적 앎은 신적 신비에 대한 접근들에서 발생한다."(ET, 160)며, 몰트만은 로마가톨릭신학자 프리즈와라와 개신교 신학자 칼 바르트의 입장을 종합합니다. 헌데, 이미 바르트는 '신앙'으로 출발하는 '신앙의 유비'와 '신앙'으로 결론을 맺는 '존재의 유비'가 상호 오르락내리락 한다(야곱의 사다리 비유를 사용하여)고 주장하였습니다.

신적 신비에 대한 접근은 두 가지 서로 다른 강조점을 가질 수 있다. 한편, 프리즈와라가 강조하듯이, 그것은 하나님에 대한 여전히 더 큰 비유사성 속에서 유사성들을 아는 것이다. 이로써 하나님에 대한 지식이 '예'와 '아니다'로부터 구성된다. 점점 더 커지는 하나님의 비유사성은 모든 인식된 유사성들을 상대화시킨다. 다른 한편, 그것은 비유사성이 아무리 더 크다고 해도, 그와 같은 비유사성 속에서 하나님과 인간 사이의 점증하는 유사성을 인식하는 것이다(개신교신학자인 융겔). 그래서 더 큰 유사성은 그 비유사성이 아무리 커도 그것을 밝혀낸다. 이상 두 가지 강조점은 하나님에 대한 유비적 지식의 리듬에 있어서 모두 중요하다. 그것은 말씀(his Word) 안에서 하나님을 밝혀내는 것이고, 모든 우리 인간 자신의 말들을 상대화시키는 것이다.(ET, 160-161)

위 인용문 중 가장 끝 문장은, 결국 성서(특히, 신약)가 증언하는, 성육신하신 하나님의 말씀이 피조물과 하나님 사이의 가장 확실한 유비이고(참 하나님이시오 참 인간이신 예수 그리스도 안에서 하나님과 인간은 전적인

'비유사성'에도 불구하고, '유사성'이 가능하기 때문에: 필자 주), 이에 비하여 여타의 인간의 말들은 상대화되어야 한다고 하는 것을 의미하는 것으로 보입니다. 특히, 몰트만의 경우, '말씀'은 모든 약속들이 '예와 아멘'이 되는, 그리고 하나님 나라를 미리 밝혀주는 새벽 여명으로서 성육신 하신 하나님의 말씀일 것입니다.

9-4-3. 문: 메타포(은유)들의 놀이란 무엇을 뜻합니까?
답

몰트만은 "메타포란 이미지와 비교의 언어다. 메타포는 '…와 같이 그것도 그렇다'라는 형식을 취하는 축약된 비유이다."라며, 두 가지 예를 듭니다. 하나는 "아버지가 자식을 긍휼히 여김같이 여호와께서는 자기를 경외하는 자를 긍휼히 여기시나니"(시 103:13)이고, 다른 하나는 "어머니가 자식을 위로함과 같이 내가 너희를 위로 할 것인 즉 너희가 예루살렘에서 위로를 받으리라"(사 66:13)입니다.

이상과 같은 메타포에 대한 이해를 가지고, 몰트만은 그것을 '비유사성'(dissimilarity)에도 불구하고 '유사성'(similarity)을 말하는 '유비'(analogia)에 대한 이론을 주장합니다.

경험될 수 없는 신적인 실재를 인간이 경험하는 세계로부터 취해 진 메타포들의 도움으로 파악가능하게 하려고 노력하는 것이, 종교적 언어의 근본 특징이다. 이와 같은 종류의 언어는 메타포들을 가지고 기존의 실재를 넘어서 가능한 것의 영역(into the sphere of the possible) (예컨대, 장차 새 창조의 세계: 역자 주)에 도달한다. 다른 한편 메타포는 일상 언어이다.…시적인 언어는 예술형태의 메타포적 언어이다. 그런데 추상적 혹은 관념 지향적 개념(concepts)언어는 '비유사성 속에서… 유사한 것을 동일한 것으로 축소시키면서, 단지 유사성만을 일반

화시킨다. '하나의 개념이란 비유사성의 바다로부터 유사성만을 추상화하는 것이다.'… (ET, 161)

개념이란 명료하지만 역사를 넘어설 수 없는 뜻을, 그러나 메타포는 애매하지만 시적 상상력에 있어서처럼 개념이 가리킬 수 없는 실재를 말합니다. 개념들은 우상들이 되고 말지만, "메타포적 언어는 그와 같은 우상들을 해체시키고 유연하게 만드는 바, 그것은 미래를 향하여 열려 있다. 즉, 그것은 수정될 수 있고 실험적이며 간접적이고 성상파괴적이고 변혁적이다.… 반면에 개념들은 '무오류적이고 개혁 불가능한 도그마들이다."(ET, 162) 하여 앞의 성서구절에서 제시된 메타포는 상호 모순되지 않습니다. 그도 그럴 것이 하나님을 '아버지'와 '어머니'라고 부른 것은 각각 비유사성에도 불구하고 유사성을 제시하고 있는 바, 비록 그 메타포가 가부장적 사회 혹은 모계사회의 언어라고 할지라도, 그것은 초역사적이고 초문화적인 차원을 가리키고 있다고 하는 말이다.

그리고 몰트만은 메타포 이해의 두 가지 전통배경을 소개합니다. 하나는 '유비' 혹은 '메타포의 유희'에 의하여 낮은 단계 혹은 낮은 정도로부터 더 높은 단계 혹은 더 높은 정도로 상승하는 '상승적 존재질서'를 전제하는 경우요, 다른 하나는 '현재와 미래라고 하는 역사적 시간'을 전제하는 경우입니다. 후자에 대하여, "메타포들은 기존하고 있는 것을 넘어서 있을 수도 있는 것을 상상함으로써 가능한 것(the possible)에 대한 기대에 도달합니다.(ET, 163)

몰트만은 메타포와 비유(a parable)를 비교합니다. 메타포는 일종의 축약된 비유이고, 비유란 일종의 확장된 메타포로 이해 될 수 있고, 메타포에서는 단 하나의 이미지가 사용되지만 비유에선 드라마적 의향을 가지고 일련의 이미지들이나 하나의 짧은 이야기를 사용합니다. 그리고 비유가 제시하려고 의도하는 것은 사실들(facts)이 아니라 하나의 이야기(a story)입니다. 예컨대, 마태 18:23-35은 채권자인 왕과 채무자인 종 사이의 전적으로 비대칭적인 관계 혹은 전적인 비유사성의 관계에도 불구하고 '유비'(analogia)가 있다고 하는 이야기를 말 해 줍니다.(ET, 163) 그리고 씨 뿌리는 자의 비유, 어리석은 부자의 이야기, 나단 선자자의 이야기(삼후 12:7)등을 예거하면서, "비유들이란 '누구에게나 해당할 수 있는 우화들이 아니라, 그것들의 카이로스, 그것들의 컨텍스트, 그리고 서로간의 교제 가운데 말하는 자와 듣는 자의 무리에 속한다. 때문에 이 비유들로부터 하나의 보편적인 '은유적 신학'을 만드는 것은, 교회 공동체의 설교들로부터 하나의 '케뤼그마적 신학'을 만들고자 하는 것과 비슷한 추상이다."(ET, 165)라고 합니다.

끝으로 몰트만은, 예수께서 비유들을 많이 사용하신 이유가, 예수님 자신이 하나님 나라의 한 비유적 사건(L. Keck)이요, 그가 하나님 아버지의 인격적 비유(parable)(Jüngel)이기 때문이라고 하는 주장들에 대하여 이의를 제기합니다. 즉, 몰트만은 비유들로 말씀하시는 예수께서 '하나님 자신의 한 비유' 이상이시고 혹은 '하나님의 도래하는 나라의 한 비유적 사건'이상이라고 주장합니다. 그 이유를 들어 보겠습니다.

우리는 병자치유, 축귀, 소외 된 자들의 용납, 그리고 죄인들의 용서와 같은 공관복음서에서 발견되는 예수님의 다른 하나님 나라 행위들을 간과할 때에만 그와 같은 잘못된 결론에 도달한다. 이러한 하나님 나라에 대한 선취적 행위들이 없다면, 비유들은 공중에 떠 있는 것과 같은 상태에 있을 것이다. 하지만 비유들은 예수님의 행위들을 해석하기 위하여 자주 사용된다. 우리는 이와 같은 비유들을 이야기하신 예수님을 그의 운명으로부터 고립시킬 수 없다. 즉, 로마인들에 의하여 십자가에 달리심, 그 자신이 아빠 하나님이라 부르신 그 하나님에 의한 부활, 그리고 그 자신이 삶으로 옮기셨고 설교하셨던 하나님 나라의 근접도래로부터 말이다. 물론, 복음서들에서 예수님의 행위들은 비유들로 이야기 되었다. 허나 예수께서 행하심은 곧 바로 하나님께서 행하심이었다. (ET, 165)

그리고 예수께서 하나님의 한 비유 이상인 이유는, 그가 아빠라고 부른 그 하나님과의 관계와 예수님의 하나님께 대한 관계가 창조와 더불어 우리 인간에게 주어진 인간의 하나님과의 관계와 달리, 그는 '유일무이한 메시아적 아이로서 하나님 아들'이시오, 삼위일체론적 사고에서 그는 아버지와 유사하신 것이 아니라 동일본질이시기 때문입니다.(166) 몰트만은 예수님의 삶과 행위와 고난에 관련된 비유 같은 특징들, 그분의 예언자적 징표행위들, 그리고 그의 간접적인 하나님에 대한 시사들(pointers)을, '그분 자신의 하나님께 대한 관계와 하나님의 예수님에 대한 관계'로부터 구별합니다. 그리고 하나님 나라에 대한 비유들에 관하여는, 예수께서는 마땅히 '그 자신이 하나님 나라'이십니다.(ET, 166)

9-4-4. 문: 부정의 신학 혹은 아포파틱 신학(Negative or Apophatic Theology)이란?
답

'비유사성'에도 불구하고 '유사성'이 가능하다고 하는 것이 '유비의 신학'인데 반하여, 만약에 여기에서 '비유사성'이 극대화될 경우, 우리는 부정의 신학에 도달합니다. 하나님을 '아버지'와 '어머니'에 유사하다고 하는 부분이 극단적으로 거부될 경우에 우리는 부정의 신학을 만납니다. '유사성'을 극대화하는 것이 우상을 만드는 것이니, '긍정신학'(cataphatic theology)을 돕는 의미에서 '부정신학'(apophatice theology)이 필요하다고 몰트만은 주장합니다. 동방정통교회가 주장하는 부정의 신학은 두 뿌리를 갖습니다. 하나는 이미 소크라테스 전(前) 철학자들과 더불어 시작된,

하나님에 대한 신인동형론적 담론의 대한 철학적 비판이요, 다른 하나는 구약성서의 형상금지 명령입니다.

하여 몰트만은 살아계신 하나님에 대한 경험과 인식에 있어서 '개념들'(concepts)의 한계를 지적합니다. 살아계신 하나님께서는 인간의 개념으로 파악될 수 없다고 하는 것입니다. 생명을 주시는 하나님의 본성은 우리의 모든 이해를 초월하기 때문에, 이해된 그 무엇은 생명이 아니라고 합니다. 영위되어 진 삶이 개념적으로 파악된 삶 이상인 것처럼 살아계신 하나님은 인간의 개념들, 이미지들, 그리고 '같은 것들'(likenesses)을 벗어나십니다. "형상금지 명령은 살아계신 하나님과 함께 그리고 살아있고 사랑을 받고 있는 인간들과 함께 영위된 삶을 보호한다." '형상들과 같은 것들'에 대하여 타당한 이야기는 개념들에도 그대로 적용됩니다. 잡다한 경험의 세계로부터 추상된 무시간적 개념들은 역사를 초월하기 때문에, 이와 같은 개념들은 살아계신 하나님 인식에 적합하지 않다고 합니다.(ET, 168-169)

결론적으로 몰트만은 "그 어떤 긍정적인 것도 부정들(negations)로부터 추론될 수 없다."(169)며, 하나님에 대한 긍정적인 지식과 진술을 전적으로 거부하는 신학은 결코 진정한 부정신학도 긍정신학도 아니라고 봅니다. 하여 '부정의 신학'은 하나의 꼭 필요한 교정수단으로서 계속 '긍정신학'에 묶여 있는 것입니다. 마치 '부정신학'이 긍정신학에 필연적으로 묶여 있는 것처럼 말입니다. 하여 그것은 교정신학이지, 신학의 한 패러다임이 아니라고 하는 것입니다.

9-4-5. '변증법적 앎: 같지 않은 것이 같지 않은 것을 안다.'라고 하는 것은 무엇을 뜻하나요?

답

블로흐는, '같지 않은 것'(unlikeness)이 '같지 않은 것'을 더 잘 파악할 수 있다고 보았고, 몰트만 자신도 이미 다른 책에서 '모순 속에 있는 하나님의 계시'와 이에 상응하는 '변증법적 앎'에 대하여 언급하였거니와, 이와 같은 주장을 그리스 고대철학과 일상생활현상에서 추적하고(신앙의 지식추구: 필자 주), 이어서 '하나님의 아들의 인간되심'과 '십자가'에 대한 신앙으로 이를 기독교 신지식에 적용합니다.

그리스 고대철학은 타자는 오직 타자에 의해서만 인식된다고 하였습니다. 서로 반대되는 것이 여야 상호 인식이 가능하다고 하는 것입니다. 모든 생명체들은 투쟁으로부터 솟아납니다. 정반대되는 것들이 서로를 끌어 당깁니다. 우리의 인지기관들은 이미 알고 있는 것, 자신에게 친숙한 것, 혹은 '같은 것'(likeness)을 인지할 때는 편안하지만, 낯선 것, 다른 것 혹은 새 것을 만날 때는 고통을 느낍니다. 우리는 낯선 것, 타자의 모순, 새 것의 주장에 대하여 저항을 느낍니다. 하여 이와 같은 고통과 저항은 우리 자신이 우리와 정반대되는 것을 인지하고 받아들이려면 스스로 변화되어야 함을 말해 줍니다. 우리는 우리 안이 어두울수록 빛의 밝음을 더 분명히 인식하며, 우리는 추울수록 불의 따듯함을 더 분명히 느낍니다. 흑인 속에서 우리는 우리가 백인임을 알고, 백인 속에서 우리는 우리가 흑인임을 압니다. 어린이들 속에서 우리가 늙어간다고 하는 것을, 여자들 속에서 우리는 남자라는 것을, 혹은 남자들 속에서 우리가 여자라는 것을 알게 됩니다. 우리는 외국에 있을 때 조국이 무엇인가 더 잘 알게 되고, 죽음에 직면할 때에만 생명과 삶의 유일 무 이성을 깨닫습니다.(ET, 170-171)

그런즉, "인식을 유도하는 관심은 연합 혹은 에로스인 바, 지식이 성립되려면, 획일성을 통한 통일성이 아니라, 다양성 속에서 일치(연합)가 있어야 한다.… 모순적인 그 무엇이 쟁투를 통하여 새로운 삶을 만들어 낼 수 있다.… 이로써 상이하고 모순되는 공동체들의 역동적이고 변증법적인 연합, 곧 다양성 속에서 통일, 통일성 속에서 다양성, 그리고 '분열과

통일'의 연합이라고 하는 통일성(젊은 헤겔)이 생성된다."(172)

몰트만은 이상과 같은 인식원리를 '모순 속에 있는 하나님의 계시'와 이에 상응하는 '변증법적 앎'에 적용합니다. '같은 것 끼리 서로 인식한다'는 원리는 '하나님은 하나님을 통해서만 인식될 수 있다'고 하는 것이고, '유비의 원리는 하나님의 비유사성(dissimilarity) 속에서 하나님에 대한 우리의 유사성(similarity)을 인식 한다'고 하는 것인데 반하여, 몰트만은 "변증법적 인식원리에서는, 하나님께서 인간과 본질 적으로 다른 그 무엇의 영역에서만 하나님으로 인식 된다. 곧 피조적이고 유한하며 무상한 것의 영역 그리고 하나님과 모순되는 인간들의 영역에서 말이다. 인간들에게 하나님은 전적 타자일 뿐이다. … 이 하나님 앞에서 인간이 전적으로 참 인간, 곧 자신들의 연약성과 비참을 인식하는 인간 이외에 아무 것도 아닐 때, … 인간들이 모든 신격화와 교만한 하나님 유사성을 버린다는 의미에서 '하나님 없이'(godless) 될 때에만, 그들은 참 하나님의 전혀 다른 현실을 인식 할 수 있다."(ET, 172)고 주장합니다.

그런즉 위와 같은 상황은 모순 속에서의 하나님의 계시의 기적과 이에 상응하는 변증법적 앎에서 일어나는 것으로서, 우리 인간은 그와 같은 '계시'에 대한 변증법적 앎에 동참해야 합니다.

이상과 같은 것이 일어나는 것은 오직 다음과 같은 경우이다. 즉, 하나님 자신이 인간이 되시어, 우리가 버린 인간성을 우리들에게 되돌려 주심으로 우리의 우리 자신에 대한 신격화를 없애버리셨을 때 말이다. 이는 그리스도 안에서 일어난 하나님과 우리 자신에 대한 계시이다. 계시란 하나님께서 '타자'에 속하는 인간실존 속으로 그리고 하나님께 모순되는 인간의 죄의 비참 속으로 도래하시는 경계 넘으심이다. 이 때문에, 아버지만이 아들을 알 수 있고 아들과 '또 아들이 계시하여 주고자 하는' 사람만이 아버지를 안다고 하는 마태의 내재적 삼위일체의 같음의 원리(the inner-trinitarian principle of likeness)는 '수고하고 무거운 짐 진 자들을 다 내게로 오라'(마 11:28)고 하는 예수님의 부르심으로 끝난다. 수고하고 무거운 짐 진 자들이 하나님을 안다.(ET, 172-173)

끝으로 몰트만은 그리스 철학을 따라서 "하나님을 안다고 하는 것은 그분으로 인한 고통을 감내하는 것이다."(173)이라고 합니다. 다음의 인용은 '계시'를 통한 변증법적 하나님 지식에의 동참이 우리에게 고통을 준다고 하는 사실을 말합니다.

> 성서의 내러티브들에 나타난 하나님에 대한 인식들은 전적으로 그와 같은 하나님 지식에 상응한다. 남녀 인간들이 자신들이 해후하는 하나님의 전적으로 타자적인 현실을 처음 인식하는 것은 고통을 동반한다. 그것은 그들이 겪는 변화의 고통이다. 기독교적 경험에 따르면, 그와 같은 경험들은 하나님으로부터 죽어가는 고통이요 하나님의 영으로부터의 중생의 기쁨이다. 기독교의 세례는 그리스도와 더불어 죽고 그리스도 안에서 새로운 생명과 삶으로 거듭나는 것을 뜻한다. 오직 우리의 실존에 있어서 근본적인 변혁이 일어나야만, 우리는 하나님의 전적으로 타자적인 현실을 인식한다.… (ET, 173)

9-4-6. 문: 체제 와해적 하나님 담론에서 발견되는, 반대 이미지들, 반대 이야기들, 그리고 반대 세계들
답
"하나님께 대한 더 큰 비유사성 속에서 유사성들 그리고 하늘나라에 대한 지상적 메타포와 비유들(parables)은, 갈등과 지배가 없는 공간에서도 정식화될 수 있는 하나님 지식이다."(173). 그러나 "실제로 우리는 그와 같은 종류의 세계들 속에서 실존하지 않는다. 만약에 우리들이 다른 주들(other lords)에 의하여 지배를 받을 경우, 오직 우리는 그와 같은 것들에 반하여 저항하고 항거하는 경우에만, '주 하나님'(God the Lord)께 순응하고 있을 수 있는 것이다."(ET, 174) 몰트만은 "여호와여 우리 하나님이시여 주 외에 다른 주들이 우리를 관할하였사오나 우리는 주 만 의지하고 주의 이름을 부르나이다."(사 26:13)를 인용합니다. 몰트만은 이 죄악 세상에 대한 인간의 태도가 선과 악, 하나님과 사단과 같은 이원론에서 비롯되는 것이 아니라, 하나님과 하나님 나라에 대한 반대되는 것으로 보았고, 또한 '체제 전복적 언어' 역시 그와 같은 죄악 세상에 대한 '반대 이미지, 반대 이야기, 반대 세계'를 제시함으로 생겨난다고 보았습니다. "…하나님과의 평화는, 우리를 그와 같은 평화가 없는 세상의 하나님 없는 권세들과의 지속적인 갈등으로 인도한다. 우리들이 '주 하나님'께 순응할 수 있는 것은 그와 같은 '하나님 없는 권세들에게 저항할 경우이다."(ET, 174)

히틀러와 스탈린 등 독재 하에서 백성들은 체제 전복적 언어를 사용하고 이에 반하여 독재자들은 그들을 제어하기 위한 언어를 사용합니다. 그리고 이와 더불어 "이스라엘과 기독교의 성서적 전통들과 묵시적인 전통들 속에서 우리는 결코 단순히 아름답고 하나님께 상응하는, 유비들, 메타포들, 이미지들, 그리고 비유들만을 발견하는 것이 결코 아닙니다. 오히려 우리는 억압받는 자들, 노예가 된 자들, 박해 받는 자들, 저항하는 자들이 '이 세상의 권세자들과, 자신의 백성과 그들 자신의 종교 속에 있는 협력자들에 대항하여 말하는, 체제 와해적 지하 언어들을 더 많이 발견합니다.… 구약에서 최선의 예증은, 이스라엘이 그들의 하나님과 그분의 존재로 말미암아 얻게 된 출애굽 이야기입니다. 그것이 약속의 땅과 자유로운 삶 속에서 읽혀지는 것과 바벨론 포로와 바벨론 강가에서 읽혀지는 것은 다릅니다. 시편에서도 상황은 동일합니다. 시편이 고향에서 읽혀질 때와 낯선 땅에서 읽혀 질 때 그 느낌이 다릅니다. 신약에서 가장 좋은 예는 예수님의 십자가 형벌에 관한 이야기입니다. 기독교인들이 평화롭게 사는 나라들과 군락군도와 또 다른 박해 장소들에서 그와 같은 이야기는 각각 다르게 읽혀집니다. 그것은 가해자들에게 이야기하는 방식과는 다르게 피해자들에게 이야기할 것입니다.(174-175)

몰트만은 성서 이야기들로부터 몇 가지 예증을 더 기술합니다.

> 에스겔 37장의 부활의 이야기는 인간의 폭력적 역사의 끝없고 편재하는 죽은 자들의 광야에 대한 신적 반대 이야기이다. 신약성서에서 부활하신 그리스도의 부활현현에 관한 이야기는 해당하는 사람들의 회상 속에 현존하는 그의 골고다의 죽음 이야기에 대한 반대 이야기이다. 이집트의 신정 하에서 당하던 노예 생활로부터의 해방에 대한 회상들은, 바벨론의 유배생활 속에서, 바벨론의 신정의 지배 하에서 하나의 다른 양자택일로서 이야기되며, 제2 이사야가 말 한 '새로운 출애굽'에 대한 희망을 일으킨다.…. 결국, 하나님이 '사람들 가운데 거하시며' '그들의 눈에서 모든 눈물을 닦아 주실' '하늘의 예루살렘에 관한 이미지는, 기독교 묵시문학사상에서 자신의 국가 신들과 독재 군주들을 가진 소위 '영원한 도시' 로마에 대한 반대 이미지들이다. … (176)

그래서 몰트만은 그와 같은 반대 이미지들, 반대 이야기들, 그리고 반대 세계들을 하나님 나라에 대한 바람과 연결시킵니다. "그런 식으로, 반대 이미지들, 반대 이야기들, 그리고 반대 세계들은 미래를 사로잡기 때문에, 현재의 고통이 과거가 되어 버린다. 그리고 이와 같은 대안들이 도래하는 하나님 나라에 대한 희망과 연결될진대, 그것들은 비현실적 가능성들이기를 멈추고 진정으로 현실적인 가능성들이 되고 신비적인 꿈의 세계들은 '이 세상' 안에서 변혁의 대안들이 되는 것이다."(176-177)

끝으로 그는 '신비주의'와 '반란'(revolt)의 연합을 주장하면서, 혁명적 기독교를 제안합니다. "인류는 세상을 악하다고 부르고 그것의 변혁을 가져오는, 하나의 혁명적 기독교를 기다리고 있다."(라우센부쉬). 하여 "이 세상을, 십자가에 달리신 예수님께 조명하여 있는 그대로를 보려는 참 기독교는 하나의 저항운동이 될 것이다. 하여 외형적으로 체제 순응적으로 되지 않고 내적으로는 체제로부터 독립적으로 남아 있을 것이지만 말이다."(ET, 177)

9-4-7. 문: 성례적 언어: 신앙을 창조하는 말씀(the faith-creating word)이란 무엇을 말하나요?

답

몰트만은 제자들이 부활하신 그리스도로부터 위탁받은 말씀을 성례적 언어라 하고, 이 제자들이 성령의 능력 가운데 그리스도께서 성령의 능력 가운데 행한 것처럼 행한 것(예컨대, 죄의 용서)은 '유비'이상이라고 합니다. 이는 제자들이 교회의 처음 모습이라고 여겨지는 한, 교회가 예수 그리스도의 단순한 '유비' 그 이상이라고 하는 것을 뜻합니다. 그는 '신앙을 창조하는 말씀'이 교회의 '성례적 언어'라고 합니다. 몰트만은 부활하신 그리스도께서 제자들에게 맡기신 위탁임무야 말로 '성례적 언어'의 한 예라고 합니다.

'너희가 누구의 죄든지 사하면 사하여 질 것이요 누구의 죄든지 그대로 두면 그대로 있으리라.'(요 20:23) 이스라엘적 견해에 의하면, 오직 하나님만이 죄를 사하실 수 있다. 기독교 견해에 따르면, 예수님은 하나님의 이름과 하나님의 영의 능력으로 죄들을 사하셨다. 여기에서 우리는 그와 같은 위탁과 그것과 더불어 그와 같은 권위가 제자들에게 넘겨지는 것을 발견한다. 부활하신 그리스도께서는 '아버지께서 나를 보내신 것 같이 나도 너희를 보내노라'(21)고 말씀하신다. 이는 사실상 '위로부터'의 한 유비(analogia), 곧 진정한 '유비'이다.(ET, 177)

허나, 예수님의 사명을 물려받은 제자들의 사명은 '유비' 이상의 것이었다고 합니다. 이는 교회의 하나님 담론 혹은 설교 사명이 예수 그리스도의 사역에 대한 '유비' 이상이라고 하는 것을 말하는 것이나 마찬가지입니다. 왜 그럴까요?

예수님의 신적인 선교는 제자들에게 넘겨졌다. 제자들은 예수님의 메시아적 사명 속으로 편입되었다. 부활하신 그리스도께서는 '생명의 부여자'이신 성령을 제자들에게 '불어 넣으신다'. 마치 창조자가 일찍이 아담에게 생기를 불어 넣으시어, 그를 한 살아있는 존재'로 만드신 것처럼 말이다. 그리하여 제자들이 성령의 능력으로 행하는 것은, 예수께서 성령의 능력으로 행하신 것과 '상응'한다. 이것은 단순한 '유비' 이상의 것, 곧 더 큰 비유사성 가운데 하나의 '유사성' 이상의 것이다. 그들이 죄들을 용서할 때, 그와 같은 죄들은 용서되기 때문이다. 그들이 말하는 바가 실제로 일어나기 때문이다. 그래서 그것은 일어 날 가능성이 있는 그 무엇을 위한 하나의 유비나 메타포가 아니다. 말들이 사실들에 상응하는 것이 아니라 사실이 말에 상응하기 때문이다. 만약에 누구의 죄가 사함을 받으면, 자기의 죄가 정말 그리고 하나님 자신에 의하여 '사함'을 받았는지 물을 경우, 우리는 다음과 같이 대답할 수 없을 것이다. 그것은 하나의 유비였다. 또한 가능할 것이다. 그것은 하나의 메타포였다. 아마 그럴 수도 있고 그렇지 않을 수도 있을 것이다. 왜냐하면 모든 진술은 참일 수 있고 동시에 거짓일 수 있기 때문이다. 하지만 우리는 아멘이라고 말하지 않으면 안 된다. 그것은 시간과 영원 모두에 있어서 참이기 때문이다.(ET, 178)

따라서 "하나님의 말씀이 인간의 말 속에서 들릴 수 있고 그것을 위한 권위가 성령의 내주에서 발견되는 까닭에, 신앙과 확신을 창조하는, 제자들, 곧 교회의 하나님 담론이나 케뤼그만적 담론은 성례적이다."(ET, 178)라고 한다. 그리고 이와 같은 '성례적 언어'에 대하여 좀 더 설명을 덧붙인다.

이 경우에, 하나(하나님의 말씀)가 다른 하나(인간의 하나님 담론 혹은 케뤼그만)와 같지 않고 하나가 다른 하나 속에 있다. 루터는 하나님 담론의 이와 같은 성례적 이해를 위하여 수사학적 용어인 '제유(提)'(synekdoche)를 사용하였으니, 그것은 부분이 전체를 대표하고 특수가 보편을 대표하는, 하나의 존재가 다른 존재 안에 있음을 뜻한다. 같음과 다름 사이에는 단순히 유비들, 메타포들, 그리고 유사성의 비유들이 있는 것이 아니라 하나가 다른 하나와 동일시됨이 있는 것이다. 그렇다고 그것이 하나의 동일성을 창조하는 것은 아니다. 인간의 말은 그냥 인간의 말로 남아있고 하나님의 말씀은 어디 까지나 하나님의 말씀으로 남아 있다. 그러나 하나님께서는 자신의 말씀을 인간의 말 속에 두시고 그 자신을 인간의 말이 말하고 있는 바와 동일시하신다. 즉, '너희가 누구의 죄든지 사하면 사하여 질 것이요'. 케뤼그만적 하나님 담론이 있을 수 있는 것은 오직 그와 같은 확신 때문이다. 이로써 교회의 케뤼그마적 하나님 담론은 일반종교 언어와 다르다. 그리고 그런 이유로, 설교는 성례전적 행동에 있어서처럼 성령초대의 기도로 시작되어야 하는 것이다. '너의 죄가 용서받았다. 너는 자유하다. 성례적 하나님 담론은 절대적이다. 그것이 그 중심부에 생명주시는 성령 안에서 새롭고 자유로운 삶을 위한 용서, 곧 자유케 함이기 때문에 그렇다. 때문에, 요한은 '성령을 받으라.'고 하였고, '성령의 부으심'은 모든 육체위로 확장된다.(178)

때문에 기독교적 하나님 담론은 그 핵심에 있어서 성례전적 담론이기 때문에, 그것은 하나님께 대한 유비적 담론(analogous talk about God) 및 비유적 언설의 메타포적 언어와 다릅니다. 그러나 그와 같은 하나님 담론은 적절한 유비들, 일상의 회화에서 오는 적절한 메타포들, 그리고 체제와해적 지하 언어를 사용하여 핵심을 드러낼 수 있습니다.(ET, 179) 하여 몰트만은 세례와 성만찬과 같은 성례는 물론이거니와, 교회의 설교말씀 역시 하나님과 하나님 나라의 성례라고 보았으니, 한 걸음 더 나가면 그에게 있어서 하나님 나라의 전위대로서 교회의 세상(정치 경제 사회 문화 등) 참여 역시 성례전적으로 봅니다. 무한자(하나님과 하나님 나라)가 유한자들 안에서 그 실체를 미리 나타내 보이기 때문입니다. 그에게 있어서 성령 역시 하나님과 하나님 나라의 성례로서 말씀과 성례들, 그리고 교회의 사역과 사역들(ministry and ministries)을 종말론적이게 만듭니다.(CPS) 그런즉 몰트만은 기독교인들과 교회의 성례전적 사회참여의 사건을 논할 수 있습니다.

10. 문: 삼위일체 하나님의 넓은 공간이란 무엇인가요?

답

몰트만은 앞에서 '성서해석에 있어서 왜 삼위일체가 중요한가?'에 대하여, '신학적 인식론'에 대하여, 그리고 "백인을 위한 흑인신학, 제1세계를 위한 라틴아메리카의 해방신학, 지배계급을 위한 민중신학, 남성을 위한 여성신학"(ET, 189-292) 등에 대하여 논한 다음에, "삼위일체의 넓은 공간 안에서"(303-333)를 논합니다. 하여 우리는 여기에서 몰트만의 삼위일체론의 자리가 성경해석과 신 인식론과 "해방시키는 신학의 반사 이미지들" 다음에 오고 있음을 확인하는 바, 그에겐 성경해석의 출발에서부터 삼위일체 하나님 신앙은 필수적이고, 그것은 모든 신 인식론들보다 더 중요하며, 그것이 '해방시키는 신학들'

까지 포괄하고 있다고 보고 있습니다. 하여 장차 도래할 하나님 나라는 자체 내의 페리코레시스적 연합 속에 계신 '삼위일체 하나님'의 나라로서 이 하나님께서는 '만유의 주로서 만유 안에 계시려 하심이라'(고전 15:28)에서처럼 모든 것의 모든 것이 되실 것입니다. 그리고 '역사'와 '창조세계'는 이 삼위일체 하나님의 선교(missio trinitatis)에 의하여 '계속적인 창조'(creatio continua)의 역사 속에 있는 것입니다. 때문에 '삼위일체 하나님의 넓은 공간'이란 초월적 하나님의 무소 부재한 편재만큼이나 넓다 하겠습니다. 즉 삼위일체 하나님의 페리코레시스적 공동체야 말로 교회의 원형이요, 인류사회의 원형이요, 창조 공동체의 원형으로서 모든 것을 포괄하기에 충분히 넓은 공간입니다.[28]

10-1. 문: 몰트만에게 있어서 삼위일체론의 접근방법은 무엇인가요?
답

세 가지입니다. 하나는 그가 새로운 정치신학을 생각하고 있던 중 에릭 패터슨의 『정치적 문제로서 유일신주의』에 영향을 받았으니, 그는 히틀러의 "민족 – 나라 – 하나의 지도자"라고 하는 히틀러의 이념에 반대하여 정치신학을 유일신주의(monotheism)가 아니라 삼위일체 하나님께 대한 신앙에서 찾았습니다. 둘은 그의 '십자가의 신학'인데, 그가 1972년에 출판한 『십자가에 달리신 하나님』은 그의 삼위일체론을, 역사와 창조세계를 위하여 십자가에 달려 죽으신 아들의 고난과 고통에 동참하신 하나님 자신의 고난과 고통에 근거시켰습니다. 여기에서 몰트만은 "십자가가 우리 남녀인간들의 구속을 위하여 무슨 의미가 있는가?"라고 하는 전통적인 신학적 질문이 아니라 내재적

---

28   참고: 필자는 본 섹션에서, 성서해석과 관련하여, '신학적 인식론'과 관련하여, 그리고 '백인을 위한 흑인신학, 제1세계를 위한 라틴아메리카의 해방신학, 지배계급을 위한 민중신학, 남성을 위한 여성신학'과 관련하여 *Experiences in Theology*에서 발견되는 삼위일체 신학에 대하여 소개한다. 허나, 본격적인 삼위일체론은 '제Ⅲ장 삼위일체론'에서 논의될 것임을 밝힌다.

삼위일체 하나님 자체 내에서 아들의 고난과 고통이 아버지의 그것과 무슨 관계가 있는가라고 질문하였습니다. 이에 대하여 그는 '성부 수난설'(patripassionism)이 아니라 '성부의 동반 수난설'(patricompassionism)을 주장하였습니다. 그리고 성령께서는 그와 같은 십자가에 달리시는 아들의 절규(막 15:34)에 동참하셨고, 이아들을 죽음으로부터 부활시키셨습니다.

그리고 셋은 루마니아 정교회의 신학자로서, 5년 동안 투옥되었던 스테니로에(Dumitru Staniloae)의 삼위일체론으로부터 크게 영향을 받았습니다. 그테니로에는 1978-1979년 클링겐탈에서 열린 '신앙과 직제 위원회'에서 '피리오케'(filioque: '성령이 아버지께로 부터만이 아니라 아들에게서도 발출하셨다'고 하는 'and also from the Son'의 라틴어: 필자 주) 문제해결을 위해서 크기 기여하였고, 적어도 성령론 문제에 부심하던 몰트만은 스테니로에의 영향 하에 1980년 『삼위일체와 하나님 나라』를 저술하였습니다. 하여 몰트만은 그의 영향 하에 아버지 하나님은 성자와 성령의 기원(unoriginate Origin)이시고 다르지만 동등한 3 주체인 성 삼위는 페리코레시스 속에서 현존하시고 사역하신다고 하였습니다. 따라서 성령은 아들의 아버지로부터 나오시고 동시에 아들은 아버지로부터, 그리고 성령으로부터 나오신다는 것입니다. 그래서 복음서들에서 발견되는 아들의 탄생과 세례와 시험받으심과 기타 모든 그의 지상사역은 성령으로부터 나오신 아들의 사역입니다. 그리고 부활하신 그리스도께서 아버지께서 약속하신 성령을 파송하심에 있어서 성령은 아들로부터 나오신 성령입니다.

10-2. 문: "삼위일체 하나님의 단 하나의 이름"은 무엇인가요?
답
몰트만은 삼위(성부 성자 성령)에 대한 신앙적 경험에서 출발하여, 그 '셋의 하나 됨'(Dreieinigkeit)을 삼위일체 하나님이라고 믿습니다. 성부 성자 성령은 그렇게 다르기 때문에, 삼위는 차례로 각각 불리며 삼위가 '그리고'를 언급함으로 서로 연결되어 있는 것입니다. 몰트만에 따르면, 우리는 삼위일체를 개념 안에 담는 것이 아니라, 그분의 영원한 역사를 이야기할 뿐이라고 합니다. 성서는 삼위일체 하나님에 대한 이야기를 담고 있고, 세상과 함께 하시는 하나님의 삼위일체적 역사는 삼위일체 하나님의 영원한 역사입니다. 하여 몰트만은 '하나님의 하나의 본질'에서 출발하여 '삼위'로 나가는 서방교회의 삼위일체론보다 '삼위로부터' 출발하여 이 '셋의 하나 됨'으로 나가는 동방정교회의 삼위일체론을 선호합니다. 그래서 그는 "한 하나님의 3번 반복 혹은 3면 성 혹은 3중성'이 아니라, 삼위의 코이노니아를 통한 '셋이 하나 됨'의 삼위일체론을 주장합니다. 하여 몰트만은 이미 언급한 대로 '하나님이 말씀하셨다.' 혹은 하나님께서 자신을 주님으로 계시하신다.'라고 하는 바르트의 삼위일체론의 뿌리로서 기독론이 아니라 삼위에 대한 성경의 내러티브적 기본문법을 삼위일체론의 결정적인 뿌리로 보는 것입니다. 물론, 몰트만은 성부 하나님께서 아들과 성령의 기원(unoriginate Origin)이심을 주장하지만, 이 삼위일체 하나님은 고독한 신이 아니라 사랑의 코이노니아 속에 계신 혹은 공동체를 형성하고 계신 하나님이시라고 합니다.(ET, 309-310)

10-3. 문: "하나님의 삼위일체적 역사(歷史)"란 무엇인가요?
답

몰트만은 '역사'와 '창조'에 관여하시는, 경세적 삼위일체 하나님의 역사(God's history with the world)에 대하여 주장합니다.

> 세상과 함께 하시는 하나님의 역사는 삼위일체적 역사이다. 삼위일체의 삼위 모두가 항상 개입하신다. 아버지께서 성령의 에너지들로 아들을 통하여 이 세상(역사와 창조: 역자 주)을 창조하시고 하나님 나

라의 도래를 위하여 그것을 보존하시든지, 아들이 성령을 통하여 아버지에 의하여 이 세상 속으로 파송 받으시고, 그 다음에 아들이 아버지로부터 이 세상 속으로 성령을 보내시든지, 혹은 성령께서 아들과 아버지를 영화롭게 하시고 이 세상을 삼위일체 하나님의 영원한 생명으로 인도하시든지 간에 말이다.(ET, 310)

그런데 위의 인용이 보여 주듯이, 성부 성자 성령은 각 사역에 있어서 각각 독특한 방법으로 동참하고 계십니다. 삼위 각각이 상대적 독립성(relative independence)을 유지하면서도 사랑의 코이노니아 속에서 사역하신다고 하는 것입니다. 삼위일체 하나님의 자체 내의 페리코레시스적 코이노니아는 삼위의 조화로운 공동사역을 통하여 자신을 역사와 창조세계를 향하여 개방하시고, 종국적으로는 만유 안에 모든 것이 되실 것입니다(Shekinah).

…삼위는 각각의 경우 이 세상의 역사에 다른 방식으로 참여하신다. 행동의 주체가 아버지로부터 아들로 그리고 성령으로 바뀌기 때문에, 삼위의 상호 작용은 변화하고 있는 것이다. 하지만 삼위일체 하나님의 영원한 사귐이 창조의 시간을 위하여 개방되고 삼위일체 하나님의 '넓은 공간'이 창조의 자유로운 발전과 종국적 영화롭게 됨을 위하여 개방되는 것은, 항상 삼위의 조화로운 공동사역을 통해서 가능한 것이다.(ET, 310)

그리고 몰트만은 위의 내용으로부터 이중적인 전망이 부각된다고 봅니다. 하나는, 하나님께서 자기를 비우심으로, 창조하셨고 보전하시며 구원하시니, 그 목적은 하나님께서 영원한 영광으로 그의 창조세계 안에 마치 성전 안에서처럼 거하시려는 것(Shekinah)입니다. 바울은 이를 마지막 때에 '하나님이 만유의 주로서 만유 안에 계시려 하심이니라.'(고전 15:28)라고 하였습니다. 그리고 다른 하나는, 다음과 같습니다.

> 하나님의 세상과 함께 하시는 역사가 삼위 사이에서 전개된다고 하는 것이다. 즉, 아버지께서는 아들/로고스(그는 동시에 딸/지혜이시지만)에 대한 사랑으로부터 그분에게 상응하도록 의도되어 있는 모든 생명체들의 세계를 창조하시고, 아들은 인간과 모든 생명체들을 구원하시기 위하여 아버지에 대한 사랑으로부터 인간이 되시고 지혜는 육신이 되시며, 반면에 성령께서는 존재하는 모든 것을 생명으로 충만하게 채우시고 모든 피조 된 존재를 붙드신다. … 세상 구원의 목적은 삼위일체 하나님께서 우리 안에 계시려 하심이다.(요 17:21)(ET, 310)

이상과 같은 두 가지 전망은 그 어느 하나도 없으면 안 되는 것인데, 결국 그 둘은 상호 간에 엮어 짜여 저 있기 때문에, 우리는 삼위일체 하나님께서 하나의 신적인 방법으로(in His own way) 이 세상에 내주하실 것이고 이 세상은 하나의 피조물적인 방법으로 하나님 안에 내주하게 될 것이라고 말할 수 있다.

그리고 몰트만은 "신적 삼위의 변화하는 사역들로 나타나는 하나님의 세상과 함께 하심의 삼위일체적 역사의 핵심"을 '그리스도의 역사'에서 파악하면서 '영 그리스도론'과 '기독론적 성령'에 대하여 언급합니다.

> 그것은 무엇보다도 성령 안에서의 예수님의 역사이다. 예수께서는 수세 시에 자신이 그리스도로서 이 세상 속으로 아버지로부터 성령을 통하여 파송 받으셨다고 하는 것을 아신다. 그가 그 자신을 메시아적 아이로 이해하기 위하여 아빠라 부른 그 하나님과의 코이노니아의 주체는 성령이시다. 그리고 이 성령께서는 예수님의 선포와 치유행위들

의 결의주체(the determining subject)이시다. 물론, 성령께서는 십자가의 죽음에 자신을 복종시키게 하신 주체이시다. 그리하여 아버지께서는 성령을 통하여 이 그리스도를 죽은 자들로부터 부활시키셨다. 그후에, 결의주체는 바뀐다. 부활하신 그리스도께서 아버지로부터 성령을 파송하시고 친히 이 생명 살리시는 영으로 현존하신다. 아버지 하나님의 영이 그리스도의 영이 되시고 성령 안에서의 그리스도의 역사는 그리스도의 영의 역사가 된다. 이와 같은 구원역사에 있어서의 주체의 변화는, 요한복음에 나오는 그리스도의 고별사 혹은 보혜사 성령의 도래 사(the advent discourses of the Paraclete)에서 잘 묘사되어 있다.(ET, 311)

그리고 몰트만은 성령 하나님을, 아버지 하나님의 영과 그리스도 영으로부터 구별합니다. 이미 언급한 대로 그는 성령이 아버지께 종속하든가 아니면 아들에게 종속하는 것이 아니라 그것의 상대적 독립성을 유지하려고 하기 때문이라고 합니다. 즉, 창조와 보존, 그리고 그리스도를 통한 화해의 삼위일체적 역사에서 결의주체는 하나님 아버지이시지만, 이제 하나님께 감사드림과 찬양드림, 종국적으로 부활을 통한 구원, 그리고 화해되고 구원된 창조의 영화롭게 됨에 있어서 그 주체는 성령 하나님(God the Spirit)이십니다.(ET, 311-312)

끝으로 몰트만은 삼위일체 하나님의 이름으로 받는 세례를 통한 삼위일체 하나님 신앙으로 "우리는 세상과 함께 하시는 하나님의 삼위일체적 역사 속으로 이끌려 들어간다. 즉, 그것(세상)의 창조, 그것의 구원, 그리고 그것의 영화롭게 됨과 함께 하시는 하나님의 삼위일체적 역사 속으로 끌려들어 간다."(312)고 주장합니다. 하여 몰트만에 있어서 이와 같은 삼위일체 하나님의 자체 내의 코이노니아와 선교에 동참함이 다름 아닌 하나님 나라 운동에의 동참이라 판단됩니다.

10-4. 문: "삼위일체의 통일성으로서 페리코레시스 개념"이란?
답

몰트만은 삼위일체 이론에 있어서 두 가지 출발점이 있다고 합니다. 하나는 형이상학적 접근인데, 이는 "하나님이 존재 한다 그리고 그분은 한 분이다."(ET, 321)를 전제하는 것입니다. 고대 교부들 가운데 테르툴리아누스는 '하나의 본질 세 위격'(una substantia-tres personae)을 주장했으니, '삼위'의 통일성이 '하나의 본질' 곧 '세 신적 위격들이 공유하고 있는 동질적인 본질에 있다고 하였습니다.(ET, 321) 그리고 근대 주체성의 형이상학 전통을 배경으로 하여, 칼 라너와 칼 바르트는 삼위의 통일성이 '하나님의 인격성과 주체성' 안에 있다고 보았습니다. 즉, 바르트는 '존재의 3양태를 지닌 하나의 신적 인격'을, 그리고 라너는 '세 가지로 구분되는 존립방식(Subsistenzweisen) 안에 있는 하나의 신적 주체"라 하였습니다. 그리하여 이 두 현대 신학자는 결국 삼위일체의 통일성이 '한 하나님의 주권' 안에 있다고 본 것입니다. 이들은 삼위일체의 통일성이 신적 위격들의 셋에 선행(先行)한다고 본 것이죠. 이들은 삼위의 통일성이 세 위격에 의하여 구축된다고 보지 않았다는 말입니다. 그래서 삼중적 하나님 안에는 '한 본성, 한 의식, 한 의지'만이 있으며, 이것이 세 가지 존재양태 혹은 세 가지 존속방식으로 나타난다고 하는 말이었습니다.(ET, 321)

둘은 성서의 내러티브에 대한 해석을 출발점으로 하는 것입니다. 몰트만은 "교의적 구성들의 시금석은 성서역사의 해석학이다."(321)라고 하는 내러티브 신학과 입장을 공유하면서, 성서 이야기로부터 출발하여 삼위일체 이론을 이해하고 끌어냅니다. 우선 몰트만은 겟세마네 동산에서 하신 예수님의 기도를 예로 들어 칼 라너와 칼 바르트의 '세 존재양태를 가진 한 신적 인격(주체)' 혹은 '세 존속양태를 지닌 한 주체'라고 하는 주장의 한계를 지적합니다. 그러니까, 과연 예수님께서 삼위 중 다른 양태의 신에게 기도를 하셨을까하는 것이고, '나의 뜻이 아니라 당신의 뜻이 이루어지이다.'라고 하는 기도가 과연 삼위일체 하나님이 공유하고 있는, '하나의 의'와 '하나의 의식'이라고 볼 수 있겠는가라고 하는 말입니다.(321-322) 이에 반하여 몰트만은 성서의 이야기에 근거한 삼위일체 하나님을 아래와 같이 명쾌하게 제시합니다.

> …신적 역사 속에는 성부 성자 성령이라고 하는 세 다른 행동자들이 있다. 그리고 이 삼위의 통일성의 문제가 결과한다. 바울과 공관 복음서들이 항상 예수 그리스도의 아버지를 의미할 경우, 그것은 '하나님'이라고 말한다. 그리고 요한복음에선 삼위일체적 언어가 명시적으로 발견될 수 있다. '내가 아버지 안에 거하고 아버지는 내 안에 계신 것을 네가 믿지 아니하느냐'(요 14:10; 10:30; 14:11). '나'와 '당신', '우리가', '우리들' 등의 표현들이 시사하는 바와 같이, 예수님과 아버지 하나님은 인격적으로 서로 관계되어 있다. 삼위의 통일성은 전제되어 있는 것이 아니라 상호 내주하시는 세 위격들 자체에 의하여 구축되는 것이다. (ET, 322)

라너와 바르트는 세 존재양태 혹은 세 존속방법으로 실존하는 한 인격의 '한 본성', '한 의식', '한 의지'를 주장하였으나, 몰트만은 "삼위의 공유된 본성, 공유된 의식, 그리고 공유된 의지는 각각의 경우 삼위의 특수한 위격성을 통하여, 각각의 경우 삼위의 특수한 의식을 통하여, 그리고 각각의 경우 삼위의 특수 위격성을 통하여 간 주체적으로 형성된다고 하였습니다. 아버지는 아들에 대하여 의식하심으로 그 자신에 대하여 의식하게 되는 등."(ET, 322)이라고 주장합니다.

끝으로 몰트만은 페리코레시스적 삼위의 통일성은 "하나의 폐쇄적이고 배타적인 통일성이 아니라 타자(삼위처럼 동류의 타자들과의 코이노니아 그리고 삼위와 인간 및 창조세계와 같은 다른 종류의 타자들과의 코이노니아)에게 개방적이고 초대하며 통합하는 통일성"(322)이라고 주장하며, 요한복음 17:21과 14:23 그리고 요한일서 4:16을 사용하여 그것의 의미를 설명합니다.

페리코레시스란 동류(同類)의 타자들을 연결시킬 뿐만 아니라 다른 종류의 타자들을 연결시킨다. 요한의 신학에 따르면, 하나님과 인간이 사랑 가운데 상호 내주한다. '사랑 안에 거하는 자는 하나님 안에 거하고 하나님도 그 안에 거하시느니라.'(요일 4:16) 바울은 '하나님이 만유의 주로서 만유 안에 계시려 하심이라'(고전 15:28)고 하여, 하나님의 우주적 쉐히나로서 궁극적인 종말론적 비전을 정식화하였다. 정교회 신학이 아타시우스의 말을 따라 말하는 것처럼, 모든 피조물들이 삼위일체 하나님의 영원한 임재 속에서 '신성화'될 것이다. 즉, 모든 피조물들이 그들의 '넓은 공간'을, 더 이상 비좁음이 없는(욥 36:16), 하나님의 개방된 영생 안에서 발견할 것이다. 반면에 삼위일체 하나님께서는 영화롭게 된 새 창조 안에서 그의 영원한 내주와 그의 영원한 복락에 도달하실 것이다.

…삼위일체는 결핍이나 불완전성 때문에가 아니라 피조 된 존재들에게 그들의 생동성을 위한 삶의 공간과 그것들의 발전을 위한 자유 공간을 주시는 사랑의 넘쳐흐름 가운데 개방되어 있는 것이다.…(ET, 323)

10-5. 문: "하나님에 대한 삼위일체적 경험"이란?
답
몰트만은 본 주제에 관련하여 3가지 점을, 삼위일체 하나님 경험에 대한 출발점으로 삼고 있습니다. 1. 그리스도와의 만남과 그분과의 사귐에서, 2. 예수 그리스도의 아버지께서 우리의 아버지가 되심에서, 그리고 3. 성령의 코이노니아에서 입니다.

첫째는 그리스도에 대한 우리의 경험입니다.

하나님에 대한 삼위일체적 경험은, 그리스도와의 해후(encounter)와 그분과의 사귐 속에서 전적으로 우리의 공로를 배제한 그리고 전적으로 기대 밖의 은혜로부터 오는 경험들로 시작된다. 그리스도 안에서 삼위일체의 한 분이 인간이 되시고 육체로 고난을 당하신다. 그래서 그리스도는 남녀인간들에게 하나님에 대한 삼위일체적 경험으로의 문( )이시다. 그리스도에 대한 신앙을 통하여 삼위일체 안에서의 그들의 삶은 시작한다. … 그리스도와의 사귐 속에서 새롭고 해방된 삶이 시작되면서, 이들은 하나님께서 창조하신 모든 인간과 창조물에 대한 하나님의 거대한 '긍정(Yes)'을 긍정한다. (325)

둘째는 아버지 하나님에 대한 경험입니다.

그리스도와의 사귐 속에서 예수 그리스도의 아버지께서는 우리의 아버지도 되신다. 그래서 우리는 그리스도 덕분에 하나님을 믿기 시작하는 것이다. 예수께서 하나님을 배타적으로 '아빠', 나의 사랑하는 아버지라고 불렀던 것처럼, 신자들도 성령에 이끌리어 하나님을 예수께서 말씀하신 것과 동일한 '아빠'라는 내밀한 말로 하나님을 부르는, 하나님의 자녀들이 된다. 예수께서 추측컨대 그가 세례를 받으실 때 현존하시는 하나님의 이 내밀한 비밀을 발견하셨을 때, 그는 그의 가족을 버렸으며, 갈릴리에 사는 가난하고 버림받은 민중 속에서 그의 '가족'을 발견하신다. 그의 뒤를 따르며 하나님을 '아빠', 사랑하는 아버지라 부르는 사람들도 이와 동일한 일을 행한다.… 바울은 항상 '예수 그리스도의 아버지이신, 하나님'과 '그리스도 우리 주님'(고전 1:13)을 구별하였다. 하나님은 예수 그리스도의 아버지이시고, 그리스도는 우리의 주님이시오 해방자이시다. 우리는 이 그리스도를 통하여 하나님의 자녀들의 하나님께 대한 관계 속에서 하나님의 자녀들로서 하늘에 계신 아버지께 나아간다.(325)

셋째는 성령에 대한 경험입니다.

성령의 코이노니아는 물론 무엇보다도 성령의 신자들과의 코이노니아이다. 그러나 분명하게도, 서로 다른 사람들 사이서 발견되는 코이노니아 선물은 특별한 방식으로 성령의 창조적 에너지들을 통하여 성령으로부터 주어지는 것이다. 그도 그럴 것이 성부와 성자의 코이노니아가 주어지는 것은, 성령의 영원한 현존을 통해서 이고, 다른 한편 인간들 사이의 분열과 적대관계의 전선이 무너지니, 성령께서는 '하나님 사이의 하나님' 그리고 '사회적 하나님'(헤겔의 Gemeingeist)으로 불릴 수 있는 것이다. 성령경험은 유대인들과 이방인들, 그리스인들과 야만인들, 남자들과 여자들, 노인들과 어린아이들을 평등한 자들과 자유로운 자들의 공동체로 만든다. 성령경험은 이를 넘어 '모든 육체' 위로, 다시 말하여 모든 생명체들로 확대되고, 모든 사물들의 새 창조의 봄기운 속에서, 자연을 활짝 꽃 피어나게 한다. 그래서 인간들이 새 생명으로 깨어 날 때, 성령께서는 그와 같은 깨어남을, '신음하는' 자연의 기다림과 연결시킨다. '공동체'는 성령과 그의 에너지들의 특수한 본성인 것 같다. 마치 '은혜'는 성자의 본성과 특수한 행동을 규정하고, '사랑'은 성부의 본성과 사역을 규정하는 것처럼 말이다.… 결국 성령께서는 우리를 모든 생명체들과의 코이노니아로 인도하신다. 삼위는 각기 다른 방법으로 행동하시지만, 그들 모두는 일치하여, 새롭고 그것의 새롬에 있어서 영원한 생명과 삶을 창조하는 하나의 통일된 운동을 추구하는

것이다.(326-327)

10-6. 문: 삼위일체적 코이노니아 경험이란?
답

여기에서 몰트만은 교회 공동체의 코이노니아의 근원을 말합니다. 그는 대제사장으로서 예수님의 기도인, 요한복음 17:21을 교회들의 코이노니아의 삼위일체적 근거라고 합니다. "예수께서 위하여 기도하신, 제자들 상호 간의 코이노니아는 성령 안에서 성부와 성자가 상호 내주하시는 것에 상응하도록 의도되었다."(ET, 328) 즉, "하나님의 삼위일체적 코이노이아가 원형이고, 교회는 그것의 반사체라는 것이다."(328) 몰트만은 '그들도 다 하나가 되어 우리 안에 있게 하사'라고 하는 예수님 기도의 첫 번째 차원은, 교회의 가시적 일치를 향한 에큐메니칼 운동의 모토라고 주장합니다. 몰트만에게 중요한 것은, 교회의 일치가 삼위 안에 그 어떤 단 하나의 위격이 아니라 세 신적 위격들의 페리코레시스적 일치에 상응한다고 하는 사실이다. 그는 이미 예수님의 기도는 아버지께 들려졌기 때문에, 모든 분열된 교회들과 기독교인들이 이미 하나가 되었다고 한다.(328)

그리고 몰트만은 위의 요한복음 17:21에 대한 삼위일체론적 해석에 근거하여, '하나님 아버지의 왕정(王政)'(the monarchy of God the Father)에 따른 교황 중심의 감독체제의 교직구조를 가지고 있는 로마가톨릭교회, '그리스도, 곧 하나님의 아들'을 중심에 두고 이 맏형을 머리로 하는 형제자매와 같은 기독교인들의 공동체를 형성하는 16세기 종교개혁과 그 전통들, 그리고 '한 성령과 은사들의 다양성'(고전 12:4)을 강조하는 카리스마적 오순절 교회가, 각각 삼위일체적 페리코레시스적 코이노니아에 이르지 못했다고 비판합니다. 즉, 이들 모두는 예수님의 대제사장적 기도에 일치하지 않는다고 하는 것입니다. (ET, 328-329)

그러면 예수님 기도의 두 번째 차원은 무엇인가요?

오직 우리가 세 신적 위격들의 페리코레시스적 공동사역들 안에서 삼위일체 하나님의 페리코레시스적 일치를 볼 때에만, 우리는 '그들도 다 하나가 되어 우리 안에 있게 하사'라고 하는 '예수님 기도의 두 번째 차원'을 이해할 수 있다. 그것은 교회의 코이노니아의 신비적 차원이다. 그것(교회의 코이노니아)은 하나님의 삼위일체적 일치에 '상응'할 뿐만 아니라 또한 이 세상을 향하여 개방되어 있는, 하나님의 삼위일체(the Tri-unity) 안에 '실존한다'고 하는 것이다. 그도 그럴 것이 아버지 아들 성령의 사역을 통하여 그것은 하나님의 가장 내밀한 신비 속으로 받아들여졌기 때문이다. 삼위일체 하나님의 페리코레시스적 공동체의 개방된 공간은 교회의 삶의 신적 생명 공간이다. 그리스도와 코아노니아 속에서 그리고 생명 살리는 성령의 에너지들 안에서 우리는 하나님을, 사방팔방으로 우리를 둘러쌓고 있고 우리로 하여금 새로운 삶을 자유롭게 펼치도록 하는, 넓은 공간으로 경험한다. 교회는 단순히 성령의 내주를 위한 공간만이 아니라 전(全) 삼위일체 하나님의 내주공간이다. 전 삼위일체가 교회의 생명공간이다. 단순히 성령만이 교회의 생명공간이 아닌 것이다.(ET, 330)

끝으로 몰트만은 교회 공동체가 삼위일체 하나님에게 상응하고 이 삼위일체 하나님 안에서의 삶에 일치한다고 하면서, 사도행전 4:32-37이 그와 같은 모습을 잘 보여 주고 있다고 한다.

소위 말하는 '초기 기독교 공산주의'는 하나의 사회적 프로그램은 아니었다. 그것은 공동체의 새로운 삼위일체적 경험이었다. 초기 기독교인들은 공동체를, 개인과 개인들의 소유 위에 놓았다. 그들은 그들의 삶을 보장하기 위하여 재산을 필요로 하지 않았다. 부활의 영(靈) 안에서 죽음의 불안과 함께 삶의 탐욕이 살아졌다. 그러므로 그들은 '충분히', '충분한 것 이상'을 가질 수 있었다. 이와 같은 코이노니아 속에선 고독한 개인들로 만드는 경쟁의 투쟁이 끝나며, 무정한 세계의 사회적 냉정함이 끝난다.… (ET, 331)

10-7. "삼위일체는 우리의 사회적 프로그램"이란 말의 뜻은?

답

몰트만은 삼위일체론의 결론에 해당하는 본 섹션에서 "이상과 같은 몇 가지 지적은, 오늘의 개인주의화된 남녀인간들의 해방을 위한, 하나님의 삼위일체적 개념의 공적 적실성(the public relevance)과, 하나의 새로운 사회성의 발전을 위한, 삼위일체적 경험의 공동체에 대한 적실성을 보여주기에 충분하다."(333)고 합니다. 다시 말하면, 몰트만은 삼위일체 하나님 자체의 공적 적실성과 삼위일체 하나님의 코이노니아에 근거하고 그것을 경험하며 그것 안으로 이끌려 들어가는 교회 공동체의 적실성을 논하려고 합니다. 적어도 몰트만은 삼위일체 하나님의 공동체를 장차 도래하는 하나님 나라의 공동체성에 상응하고 이에 근거한 교회의 공동체성을 그와 같은 하나님 나라에 대한 선취로 보는 것입니다. 하지만 몰트만은 교회의 공동체성 이야기에 머무르지 않습니다. 그는 삼위일체 하나님의 코이노니아가 역사와 사회와 창조세계와도 적실성을 갖는다고 보는 것입니다.

몰트만은 도스토에프스키의 친구 페도로프의 이야기로 시작합니다. 제정 러시아의 짜르들과 크로포트킨의 무정부주의(無政府主義) 사이에서 고민하고 있었던 그에게, "진정으로 자유와 평등 속의 참으로 인간다운 사회란, 하나님 안에 있는 성 삼위일체와 정교회의 소보르노스트(코이노니아)에 반영된 삼위일체 하나님의 반사체였다."(332)고 합니다. 몰트만에 의하면, '자유'(자유민주주의 진영)와 '평등'(사회주의 진영)의 문제는 프랑스 혁명 이래로 아직도 풀리지 않는, 서유럽 사회들의 문제들입니다. 그러나 몰트만은 페도로프와 더불어, 삼위일체 하나님이야 말로 '인격들과 공동체의 통일성'으로서 그 삼위일체 안에서는 세 위격이 위격들의 속성들과 다름들과 관계들을 빼놓고는 모든 것을 공유하고 있으니, 이는 "특권들이 배제된 공동체요 자유가 침해를 받지 않는 공동체이다."(ET, 332)라는 것입니다. 따라서 몰트만은 '자유'와 평등'이 보장되고, 인격들과 공동체들이 조화를 이루는 사회의 원형을 삼위일체 하나님 자체 내의 코이노니아에서 발견하였으니, 이로써 그는 삼위일체 신앙에서 개인주의적 '자유민주주의'와 전체주의적 '사회주의'를 비판하였고, 나아가서 그것의 조화를 희망하였던 것입니다.

그러나 페도로프의 주장은 200년 동안 서양의 산업사회와 일반적으로 근대사회 전반 그리고 그것과의 연속성 속에 있는 포스트모던 시대의 거듭되는 개인주의화에도 불구하고, 결코 실현될 수 없었다고 하는 것입니다. 몰트만은 '개인주의적 개인(individual)'과 '공동체 안의 인격(person)'을 다음과 같이 구별하면서, 삼위일체 하나님만이 가장 바람직한 공동체와 인격들의 조화를 보여주고 있다고 역설합니다.

> 개체화된 인간의 선택가능성은 말할 수 없을 정도로 상승하고 있다.… 라틴어로 '개인'(Individuum)은 인격(Persona)아 아니라, 더 이상 나뉠 수 없는 것을 뜻하고, 그리스어의 '원자'(Atom)와 동의어이다. 분리의 마지막 산물로서 개인은 아무런 관계들도, 속성들도, 회상들도, 이름들도 갖고 있지 않다. 그것은 말로써 진술될 수 없다. 이와 같은 개인에 반하여 '인격'은 인간의 사회적 관계들과 그의 역사적 장(　) 안에 있는 인간현존이다. 그것은 자기의 정체성을 나타낼 수 있는 이름을 가진다. … 그러나 인격의 인간 존엄성을 보호하기 위한 유일한 저

항은, 사람들이 공동체들로 엮어 짜여 짐으로써 자신들의 삶을 사회적으로 스스로 결정할 경우에만 가능하다. (ET, 333)

II.
몰트만에 있어서
성경의 중심내용과 신학

II. 몰트만에 있어서 성경의 '중심내용'과 신학

지금 까지 우리는 'I. 성경 관과 성경해석'에 대하여 알아보았습니다. 몰트만 신학에 있어서 성경의 중심주제는 구약으로부터 신약에 이르는 '약속사와 하나님의 미래'(영생과 하나님 나라와 새 하늘 새 땅)였습니다. 이미 지적한 대로 그와 같은 '중심주제'는 성경의 내러티브들에 근거한 것인 바, '기독론적 종말론'과 '메시아적 기독론'과 '삼위일체론'의 프레임입니다. 하여 이 셋은 동일 귀속하는 성경의 '중심내용'입니다. 필자는 몰트만이 '성경의 중심내용'과의 등거리에서 모든 신학적 주제들을 논하는 것으로 보고, 다음과 같은 주제들을 논하려고 합니다. 1. 약속사와 하나님 나라, 2. 기독론적 종말론과 메시아 기독론, 3. 삼위일체론, 4. 성령론, 5. 교회론, 6. 창조론.[29] 물론, 1번과 더불어 2-4번이 저 '중심내용'을 구축한다고 지적하였거니와, 5번과 6번 역시 1번으로부터 출발하고 그것을 목표로 하고 있고, 여타 다른 주제들도 그러할 것으로 생각합니다. 마치 루터와 칼 바르트가 각각 '복음'을 모든 신학적인 주제들의 본문으로 삼았던 것처럼 말입니다. 이와 같은 방법론에 따른 신학은 단순히 성경의 명제적 진리에 근거하는 신학적 명제와는 다릅니다. 몰트만에게 있어서 이와 같은 '성경의 중심내용'(die Sache)는 성경의 명제적 진리들 혹은 이것들에 근거하는 그 어떤 신학적 명제들보다 더 크고 더 근원적입니다. 그래서 몰트만은 이를 '전체'(das Ganze)로 보고, 이것이야 말로 부분들의

29　전통적으로 사도신경과 니케아-콘스탄티노플 신조는 전체의 틀을 삼위일체에 대한 신앙으로 하고, 창조론, 기독론, 성령론, 그리고 교회론과 종말론을 다루었으며, 칼뱅 역시 이와 같은 고대교부들의 신조의 내용구조를 따라서, 신론, 기독론, 성령론, 그리고 교회와 국가론을 논하였다. 그리고 칼 바르트는 그의 『교회 교의학 I』에서 말씀론, 제II권에서 신론, 제III권에서 창조론, 제IV권에서 화해론을 논하였고, 구속론(Erl sungslehre)을 쓰지 못하고 생을 마감하였다. 그런데 칼 바르트의 경우, 제I권 의 '서설'은 19세기 자유주의적 개신교 신학의 그것과 달리 그 다음으로 이어지는 주제들의 필연성을 규정하고 있다. 헌데, 필자가 본 저서에서 성경의 '중심내용'에 가장 가까운 주제부터 순차적으로 논하였으니, 이는 몰트만의 신학적 주장을 따른 것이다.

총회보다 크다고 하였습니다. 즉 성경의 명제들이나 명제적 진리들에 근거한 신학적 명제들이 그와 같은 '전체'로부터 이해되고 조직되어야 한다(Organisationsprinzip)고 합니다.[30]

하여 몰트만의 모든 신학적 주제들은(5-6번뿐만 아니라 기타 다른 주제들도) 대체로 저 성경의 '중심내용'에서 출발하고 그것을 목표로 하는 것으로 판단됩니다. 아래에서 필자는 성경의 중신내용 중, 주로 '하나님의 약속과 하나님의 미래'에 대하여 논합니다. 그리고 그 다음에 기독론, 삼위일체론, 성령론, 교회론, 그리고 창조론[31]을 논하려고 합니다.

II-1. 『희망의 신학』[32]에서 말하는 '약속사와 하나님의 미래'

1. 문: '약속사와 하나님 나라'란 무엇을 말합니까?
답

'약속사와 하나님 나라'란 구약으로부터 시작하는 하나님의 약속들이 예수 그리스도 안에서 긍정되고(고후 1:20) 성취되며, 장차 도래하는 하나님 나라에서 완전히 성취된다고 하는 것을 뜻합니다. 이는 성경에서 우리가 읽을 수 있는 '거대서사'(the grand Narrative)입니다. 예컨대, 창세기 12:1-4, 출애굽 6:2-7, 이사야 11:1-9, 이사야 65:17-25 등은 예수 그리스도를 통하여 이루어 졌고, 나아가서 메시아 왕국과 하나님 나라에서 완전히 성취될 것입니다. 몰트만은 『신학에 있어서 경험들』(2,000)에 와서 비로소 자신의 신학방법론을 밝히면서, 바로 이 '약속사와 하나님의 미래'를 성경의 중심내용이라 하였습니다. 하여 필자는 우선 『희망의

---

[30] 참고: '성령론'의 끝 문장(몰트만의 2017년 장신대 강연).

[31] 참고: 헌데 지면제한으로 '창조론'에 대하여는 논할 수 없었습니다. 이에 대하여 몰트만의 『창조 안에 계신 하나님』(1985)과 이형기의 『알기 쉽게 간추린 몰트만 신학』(기독교서회, 2001), 265-356.

[32] J. Moltmann, *The Theology of Hope*(London: Harper & Row, 1967(독일어 초판, 1964).

신학』(1964)에서 그것을 소급확인하려고 합니다.

1-2. 문: "약속"이란 무엇입니까?:
답

"이스라엘의 역사들 – 족장들의 역사, 광야의 역사, 다윗의 역사 – 은 미래로 가득 찬 주제들을 포함하고 있다."(TH, 108) 하여 몰트만은 구약의 이스라엘 백성들이야 말로 역사를, 하나님의 미래 지향적 약속에 대한 신앙에 근거하여 역사를 기술하였다고 봅니다. 그런데 몰트만에게 있어서 약속과 명령은 동일 귀속합니다. 그 이유는, "약속은 목표를 지향하고, 명령은 도상의 과정을 가리키기 때문입니다.(TH, 120) 예컨대, 하나님의 아브라함에 대한 약속은 그에 대한 명령(순종)과 불가 분리하다고 하는 것입니다.

> 명령들이 요구하는 순종은 약속들에 대한 확고한 확신으로부터 나오는 자연적 결과다. 하나님께서 맺어 주신 언약을 '지킨다'고 하는 것은 약속의 말씀들을 '지키는 것'이요, '그 분의 명령을 지키는 것이다.' 우리는 명령들을 순종으로 '지킨다.' (121)

몰트만은 바울에게서 '율법'의 문제(갈 3:15 이하)를 '복음의 형태로서의 약속'과 맞먹는 '율법의 형태로서의 약속'으로 이해합니다. '복음의 형태로서의 약속'은 약속과 결부된 명령들로서의 율법에 대한 근원적인 의미를 다시 한번 밝혀줍니다.(TH, 124)

1-3. 문: "예언자들의 종말론에 있어서 약속"이란 무엇입니까?
답

몰트만에게 있어서 이스라엘이 경험한 약속들과 기대들은 궁극적인 지평을 향하여, 곧 하나의 역사적인 미래를 향하여 방향 잡혀 있다고 하는 뜻에서 종말론적입니다. 이스라엘의 하나님 신앙은 하나의 미래적 내용을 지니고 있는 것입니다. 그들에게 하나님은 약속의 하나님이십니다. 예언자들의 종말론은 이 약속에 대한 이스라엘의 신앙의 토양에서 자랐고, 예언자들의 종말론에 있어서 하나님의 약속에 대한 이 신앙은 하나님에 대한 새로운 경험들, 역사에 대한 심판경험들, 그리고 새롭고 심오한 변화들을 겪었습니다. 하지만, "…그들에게 자신의 요구들을 가지고 마주해 오시는 하나님은 희망의 하나님 이외에 그 어떤 다른 하나님도 아니십니다."(TH, 126)

그런데 몰트만은 예언자들의 종말론이야 말로 초기 야훼의 종교를 말하던 사람들과 훗날의 묵시주의자들과도 구별되는, 특수성을 지니고 있다고 합니다. 즉 몰트만은 고전적인 예언자들은 아수르, 바벨론, 그리고 페르시아에 의한 정복 시기 동안에 겪은, 역사적 경험들과 심판에 대한 경험들로부터 예언자적 종말론을 발전시켰다고 하는 것입니다.(TH, 127) 이 시기 동안에 이스라엘은 야훼께서는 이스라엘의 불신앙과 불순종에 대해서 뿐만 아니라 열방들의 그것에 대하여도 심판하신다고 하는 사실을 깨달았습니다. 이와 같은 모든 열방들에 대한 보편적 심판은 아모스 때부터 시작되었습니다. 즉 하나님은 열방들을 사용하시어 이스라엘을 심판하시기도 하신다고 하는 말입니다. 하여 이와 같은 보편적 심판은 보편적 구원을 내대보았으니, 이것이 다름 아닌 종말론의 의미였습니다.

물론, 예언자들의 심판의 메시지는 야훼의 날이라고 하는 하나의 새로운 미래를 가리키게 되었지만, 그것은 이 세계와 우주에 대한 멸절(annihilation)이 아니라 새로운 미래에 대한 약속이었습니다. "그러므로 그것은 궁극적으로 새로운 그 무엇을 위한 길 준비로서 그리고 더 큰 완전을 위한 멸절로 이해될 수 있다."(TH, 129) 즉 예언자들에겐 끝에 대한, 금시초문의 구원에 대한, 그리고 온 땅을 주관하시는 야훼의 도래하는 영광에 대한 비전들이 있었다고 합니다. 하여 예언자들은 이미 일어났던 하나님의 구원행동들에 유비(analogia)하여 새로운 "약속의 땅의 정복, 새로운 다윗과 새로운 시온의 수립, 새로운 출애굽, 새 언약 등과 같은 용어를 사용하였습니다.(129) 이는 하나님께서 자신의 선택된 백성 이스라엘의 심판과 구원에 유비하여 장차 모든 인류의 심판과 구원을 실행하신다고 하는 것을 내다보게 하였습니다.(TH, 130) 그러므로 이스라엘은 이와 같은 하나님의 미래에 대한 희망 속에서 열방들에 대하여 빛이 되어야 하고 열방들의 신들과 대면하여 야훼를 증언해야 하는 선교적 사명을 지녔습니다.(130)

그러므로 "우리가 진짜로 종말론에 대하여 말 할 수 있는 것은, 약속된 미래가 역사의 한계들과 전망들에도 불구하고 끝(eschaton)에서 전(全)창조의 시작(proton)을 포괄한다고 하는 점들에서 가능합니다.…"(130) 그런데 몰트만은 "고대의 약속에 대한 신앙이 약속의 하나님의 근접과 현존으로부터 기대한 바는, 인도하심, 보존, 보호, 축복, 삶의 풍요 등이었고, 이와 같은 기대들이 박탈과 굶주림과 목마름과 비참과 적들의 억압과 위협으로부터 그 구체적인 내용을 가지게 되었다."(131)고 하면서, 하나님의 약속들과 이것들에 대한 기대들이 그와 같은 정반대의 상황들에 대한 경험들로부터 풍요로워졌다고 보는 것입니다. "기대들의 적극적인 내용은 모두가 부정적인 것에 대한 부정으로부터 채워진다."(TH, 131)

> 같은 방법으로 예언자적 약속들에 대한 비전의 사상들(the visionary ideas)은 야훼의 심판에 대한 부정적 경험들로부터 채워진다.… 신학적으로 말하면, 그것이 나타나는 것은, 하나님에 의한 하나님 극복에서 이다. 즉 심판하시고 진멸하시는 하나님은 구원하시고 생명주시는 하나님에 의하여 그리고 하나님의 진로는 하나님의 사랑과 자비에 의하여 극복된다.…(131)

예언자들의 종말론은 이상과 같은 맥락에서 죽음이 "생명과 삶의 자연적 경계선"임에도 불구하고, 하나님을 '살아있는 자들의 하나님'으로 보았다고 하는 것입니다. 그리고 그들은 "심판으로서의 죽음을 극복하시는 하나님의 생명 살리는 영광"(TH, 131-132)을 주장하였다고 합니다. 하여 그들은 심판으로서 죽음을 없애는 메시아적 구원을 희망하였습니다. 즉 살아있는 자들의 하나님의 능력은 죽음 저편으로 까지 확장되었습니다. 하여

그런즉 죽은 자들 역시 하나님의 약속과 영광의 영역 안에 포함되는 것이었고, 죽음 그 차체도 하나님의 손 안에서 변혁될 수 있는 가능성으로 그리고 더 이상 하나님의 사역을 제한하는, 하나의 고정된 실체로서 보여 지지 않았다. 하여 '종말론적'이란 용어는 이제 하나님의 전체적 심팜에 대한 모든 경험들을 넘어서고 극복하는 기대지평에 대한 약속으로 사용되어야 했을 것이다. 하여 이와 같은 기대지평에 대한 약속은 하나의 종말(eschaton)이요 하나의 종극적 새로움(a novum ultimum)에 도달한다. (132)

약속의 보편화는 모든 만민들에 대한 야훼의 주권에 대한 약속에서 그것을 종말을 발견한다.
약속의 강화는 죽음에 대한 부정에서 종말론적인 것에로의 접근을 발견한다.(TH, 132)

1-4. 문: "묵시적 종말론에 있어서 우주의 역사화"란 무엇입니까?:
답
"미래적 종말론적 전망은 예언자들과 묵시주의자들 모두에게 공통적이다."(134) 몰트만은 묵시주의 전통의 약점을 여섯 가지[33]나

---

33 1. 묵시주의는 하나의 종교적이고, 결정론적인 역사관을 가지고 있다. 2. 예언자들에게

지적하면서도, "묵시적 역사관은 이스라엘의 역사적 사고에 뿌리를 내리고 있고, 예언자들의 종말론과 연계되어 있다."(134)고 하면서, 다니엘이야 말로 예언자들의 뒤를 이어서 최초로 세계사를 보편사로 보았으니(135), 묵시주의자들은 역사의 종말로 만족하지 않고 우주적 차원으로 넘어간다고 합니다.(TH, 137-138)

1-5. 문: "부활과 예수 그리스도의 미래"란 무엇을 말합니까?
답

몰트만은 '복음'의 종말론적 이해에서 출발하여, 구약의 '약속과 역사'로 소급한 다음, 다시 '복음'의 종말론적 이해를 본격적으로 논합니다. 그러므로 이 부분은 몰트만의 본 저서의 본론이라 생각됩니다. 그래서인지 그는 이 부분에 110쪽 가량이나 할애하였습니다. 몰트만은 복음의 핵심인 그리스도의 십자가와 부활사건을 종말론적으로 이해합니다.

> 그리스도의 십자가와 부활과 더불어, 하나님의 한 계시, 곧 의와 생명과 자유를 포함하는 하나님의 주권의 영광이 인간을 향하여 다가오기 시작하였다. 그리스도의 사건이라고 하는 복음에서, 이 미래가 이미 그리스도의 약속들 안에서 현존한다. 그것은 이 미래의 현재적 돌입을 선포하고, 역으로 이 미래가 복음의 약속들 안에서 고지(告知)된다. 그리스도에 대한 선포는 인간을, 오시는 주님의 근접성을 포함하는 계시사건 한 가운데 갖다 놓는다. 이로써, 그것은 인간의 현실을 '역

있어선 '이스라엘과 열방들'이 등장하지만, 묵시주의에 있어서는 악의 권세 하에 놓여있는 '세상'이, 역사 안에서 행동하시는 하나님께 대립하고 있다. 3. 묵시주의는 선과 악을 분리하고 '악의 권세 하에 있는 세상'을 도래하는 '의인들의 세계'에 의하여 대체시키는 것을 지향하지만, 예언자들은 악을 선으로 극복함으로써 창조세계의 완성을 지향한다. 4. 묵시주의는 심판을, 하나님의 자유 안에서 취소될 수 있고, 회피될 수도 있는 것으로 이해한 것이 아니라, 어찌할 수 없는 운명으로 여긴다. 5. 예언자들은 이스라엘 백성들, 곧 이스라엘 역사의 한 복판에 서 있었으나, 묵시주의자들은 야훼의 의인들로 구성된, 포로 후기적 공동체 안에 서 있다. 6. 예언자들은 자신들의 역사적 현재 안에서 예언적 입장을 취하였으나, 묵시주의자들은 역사 속에서의 자신들의 자리를 숨긴다.(133-134)

사적'이 되게 하고, 이 인간의 현실을 역사에 붙들어 맨다.(139)

그런데 몰트만은 "예수님을 죽은 자들로부터 부활시키신 하나님은 약속의 하나님이신, 아브라함과 이삭과 야곱의 하나님, 곧 야훼이시다."(141)라고 하여, 예수 그리스도의 부활이 야훼의 약속과 그것의 성취를 담고 있다고 본 것입니다. 그는 "…신약성서에서 하나님은 '약속의 하나님'으로 알려져 있고, 묘사되고 있다."(히 10:23; 11:11)(143)고 합니다. 그는 바울에게서 아브라함에게 주어진 하나님의 약속은 땅을 소유하고 생육하고 번성하는 것에 관한 것이 아니라 '죽은 자를 살리시고 없는 것을 있는 것으로 부르시는 것'에 관한 것이라(145)고 하여, 이미 아브라함에게 주어진 약속이 그리스도의 미래, 곧 의의 미래, 생명의 미래, 그리고 자유의 미래를 품고 있었다고 보는 것입니다. 그러니까, 아브라함 내러티브(창 12:1-3)는 이스라엘과 이방인들의 구원(특수성)과 인류 전체 및 우주만물의 구원을 내다보고 있는 것으로 본 것이나 마찬가지입니다. 즉 구약의 하나님은 예수 그리스도를 죽은 자들로부터 부활시키심으로써, 그의 종말론적 세계를 약속하셨고, 이미 그것을 시작하셨다고 하는 말입니다.

몰트만은 믿는 자들은 성령을 통하여 믿음으로 구원을 담보 받았고, 장차 하나님께서 우리의 죽을 몸을 부활시키실 것이라고 믿고 희망합니다. 하여 믿는 자들을 이와 같은 진리로 인도하는 것은, '말씀'(복음)인데, 믿는 자들은 아직 영생 그 자체를 지닌 것이 아니라, '영생'을 약속받은 것입니다. 이것이 교회 공동체의 특수성에 해당하는 믿음과 희망과 사랑에 대한 것입니다. 몰트만은 이와 같이 교회 공동체의 특수성과 함께 보편적인 하나님의 미래를 희망합니다. 그는 고린도전서 15장에 근거하여, 이 미래적 종말론을 제시하고 있기 때문입니다. 비록 죽음의 지배가 십자가상에서 완전히 극복되고 만 것이 아니라 아직 다가올 미래에 극복되고, 하나님을 적대하는 모든 권세에 대한 극복이 '하나님께서 모든 것의 모든 것이 되시는' 미래에 일어난다고 하지만(163), "하나님은 피안 저편에 계신 것이 아니라 오고 계시고, 오시는 분으로서 현존하신다고 하는 것입니다. 그는 만유를 포괄하는 생명의 새로운 세계, 곧 의와 진리의 새로운 세계를 약속하십니다."(164)

몰트만은 기독교의 생사가, 하나님께서 예수님을 죽은 자들로부터 부활시키셨다고 하는 사실에 달렸다고 합니다. 신약성서에서 선험적으로 예수님의 부활에서 출발하지 않는 신앙은 없다고 보고, 원시 기독교의 신앙고백에 근거하여 부활신앙을 다음과 같이 강조합니다.

> 부활신앙이 아닌 기독교 신앙은 기독교적이지도 않고, 신앙도 아니다. 예수님의 생애, 사역, 고난들과 죽음에 대한 기억이 계속 살아 있고, 복음서에 제시된 바, 이것의 기초를 형성하는 것은 부활하신 주님에 대한 지식이요, 그를 다시 살리신 분에 대한 고백이다. 교회의, 나라들과 민족들에 대한 선교적 위임에 대한 인식 역시 부활하신 주님에 대한 인식에서 온 것이다. 그리스도의 우주적 미래에서 포괄적인 희망의 근거가 되는 것도 그리스도의 부활에 대한 기억이다.(166)

이상과 같은 주장에서 우리는 몰트만의 '기독론적 종말론'을 발견하는데, 이 기독교적 종말론은 구약의 약속신앙과 예언자와 묵시적 종말론을 배경으로 하면서도 후자와의 다름을 유지합니다. 그 이유는, 기독교적 종말론은 그 중심에서 종말론적 전망을 가진 기독론이기 때문입니다.(TH, 192) 즉 몰트만은 부활절 현현들에서 십자가에 달리셨던 그리스도의 주권의 보편적 미래를 주목하기 때문입니다.(193) 하지만 "만물 안에 나타날, 하나의 보편적 계시와 영광에 대한 구약의 예언자적, 묵시적 기대들"은 여전히 유지되고 있습니다.

몰트만은 본 저서에서 부활과 부활에 나타난 미래적 종말론을 강조하고 있는 것이 사실이지만, 부활하신 분은 분명히 십자가에 달리셨던 분으로서 이 양자의 동일성은 "모순을 통해서만 존재하는 변증법적 동일성이요, 동일성 속에 존재하는 변증법"(200)이라고 합니다. 이것은 종말론적 동일성이라고 불리기도 합니다. 그리하여 십자가와 부활에 대한 대립적 경험은 다음과 같은데, 이 대립적 모순이 변증법적 동일성을 갖는다고 하는 말입니다.

> 예수님의 십자가에 대한 제자들의 경험은 하나님의 대사인 예수 그리스도께서 하나님께 버림을 받으셨다(god-forsakenness)고 하는 것에 대한 경험이었다. 그 버림받음은 하나님 까지도 포함하는 절대 무다(예수께서 하나님의 아들로서 하나님이신데, 십자가에 달려 죽으심으로 '절대 무' 안에 포함되었다고 하는 것: 필자 주). 따라서 십자가에 달리셨던 분이 살아 계신 주님으로 나타나신 것은 … 전적인 무를 멸절시키는 하나의 새로운 전체성(a new totality)이다. 이 두 경험은 죽음과 생명, 아무것도 없음과 모든 것, 하나님 없음과 하나님의 하나님 되심이라고 하는 과격한 모순 속에 있다. (TH, 198)

끝으로 몰트만은 부활하신 그리스도께서는 말씀하시는 분으로서 십자가에 달리셨던 분이 이제 부활하신 분이라고 하는 자기 동일시뿐만 아니라 사도적 사명을 사도들에게 위임하셨습니다. 누가복음(24:46)은 모든 족속들에게 죄 사함을 받게 하는 복음 선포를, 요한복음(21:15-17)은 양의 양육을, 마태복음(18:19-20)은 삼위일체 하나님의 이름으로 하는 세례를, 그리고 사도행전(2:42-46)은 사도적 가르침과 떡 뗌과 코이노니아를 사도들에게 위임하였습니다. 하여 이와 같은 사도적 사명은 십자가에 달리셨다가 부활하신 분에 의하여 사도들에게 위임되었습니다.

뿐만 아니라 이 사도들은 예수님의 선교적 사명과 그의 미래에 의하여 규정된 역사 한 가운데 노여지게 되었습니다.(TH, 203)

1-6. 문: "예수 그리스도의 미래"란 무엇을 뜻합니까?
답

몰트만은 성경의 중심내용을, '약속사와 하나님의 미래'로 보고 있는데, 아래의 주장에서 우리는 그가 기독론적 종말론, 곧 십자가와 부활 그리고 부활 전 예수님의 선교가 예기(豫期)하는 그리스도의 미래를 통한 하나님의 미래를 제시합니다. 물론, 이와 같은 기독론적 종말론 역시 그리스도의 수난 내러티브와 부활 내러티브 그리고 복음서의 예수님 이야기에서 발견되는 그의 선교에 근거하면서, '약속사와 하나님의 미래'라고 하는 거대서사 안에 있다고 하겠습니다.

부활하신 그리스도의 미래가 약속과 기대 차원에서 무엇을 포함하고 있는가라고 누가 묻는다면, 그는 구약의 예언자들의 기대들(사 65:17-25: 필자 주)에 의하여 그 약속들의 내용이 대략적으로 밝혀졌음을 발견할 것이지만, 그것들의 형식이 그리스도의 말씀들과 고난과 죽음에 의하여 결정되었다고 하는 사실을 알 수 있을 것이다. 하여 기대되는 그리스도의 미래는, 그리스도 안에서 그리고 그리스도의 역사 안에 감추어져 있고 준비되어 진 전조(前兆)적이고 예상적인 형태로 나타내고 밝히는 약속들에 의해서만 진술될 수 있습니다. … 하여 약속에 의하여 불붙여 지는 미래에 대한 지식은 희망 안에 있는 지식으로서 때문에 임시적이고 파편적이며 열려있고 그 자체를 넘어선다. 그것은 십자가와 부활이라고 하는 그리스도 사건의 경향들과 잠재성들을 표출시키려는 노력 속에서 그리고 이 사건에 의하여 개방된 가능성들에 대한 평가 속에서 그 미래를 안다. 여기에서 십자가에 달리셨던 그리스도의 부활 현현들은 희망하고 기대하지만, 또한 고난을 당하고 실존에 대하여 비판하는, 의식에 대한 하나의 항구적인 자극이다. 그도 그럴 것이 이와 같은 '현현들'은 그리스도 사건의 종말론적 미래에 대하여 무엇인가를 가시적이게 하기 때문이다. 하여 그것은 우리로 하여금 이 사건의 미래적 계시를 추구하고 찾게 한다. …(203)

하여 우리가 십자가 밑에 감추어진 잠재성을, 그리고 부활에서 계시된 경향성을 취하고, 하나님의 의도를 예수님의 선교(복음서 이야기 속에 있는 예수: 역자 주)에서 탐구할 경우에, 우리는 약속되어 진내용을 미리 만난다. 그런데 예수님의 선교는 오직 약속에 의해서만 이해 가능하게 된다. 그의 미래는, 하나님의 의에 대한 약속, 죽은 자들로부터 부활의 결과로서 생명의 약속, 그리고 존재의 새로운 전체성 안에 있는 하나님 나라에 대한 약속에 의하여 미래에 대한 조명을 받는다. 심지어 그리스도가 현재 어떤 분인가도, 이 미래에 비추어서 인식될 수 있다.(TH, 203)

"의의 미래": 방금 위에서 몰트만은 '기독론적 종말론'에 근거하여 '그리스도의 미래'를 3가지로 보았습니다. 하나는 '의의 미래'요, 둘은 '생명의 미래'요, 셋은 '모든 존재가 새롭게 되는 하나님 나라'의 미래를 언급하였습니다.

첫째로 '의의 미래'란 무엇인가요? 우선 그는 '의'의 개념을 정의합니다. "의란 바른 관계 속에 서 있는 질서 확립을 의미한다. 그것은 상응과 조화를 의미하고 그런 차원에서 '진리'에 유사하다. 그러나 의란 또한 '스스로 설 수 있음', 곧 존립할 수 있고 실존의 바탕을 갖는다고 하는 것을 의미하는 바, 그런 차원에서 실존 그 자체와 유사하다. 구약에서 의란 이상적인 규범 혹은 영원한 존재의 로고스와의 일치가 아니라 약속과 신실성에 근거하는 역사적 공동체적 관계를 의미한다."(204) 하여 몰트만은 이스라엘이 하나님의 의를 찬양할 경우, 그것은 이스라엘의 역사 속에서 실천적으로 형태를 취한 하나님의 언약약속에 대한 하나님의 신실성을 감사하는 마음으로 기억하는 것이다. 그리하여 몰트만은 이스라엘이 "미래를 위해서 이와 같은 하나님의 언약약속을 신뢰하였고 하나님의 의로부터 구원을 기대하였다."(204)고 하였습니다. 야훼는 그분 자신의 언약과 약속에 대하여 철저하게 신실하신 바(204), 이스라엘 백성은 이와 같은 하나님으로부터 미래구원을 기대했다고 합니다.

> 하나님의 의와 신실하심이 없다면, 아무 것도 존재할 수 없고, 모든 것이 무(無) 속에 삼킨바 될 것이다. 이 때문에 하나님의 의는 보편적이다. 그것은 생명에 대한 칭의와 만유의 존재근거에 관한 것이다. 만약에 우리들이 하나님의 의가 인간을 그 자신과 그의 동료들과 창조세계 전체와 올바른 관계 속에 있게 한다는 것을 기대한다면, 그것은 의의 미래로부터 만유의 새 창조를 기대하는, 우주적이고 만유를 포함하는 종말론에 대한 총체적 표현일 것이다. 하나님의 의는 기존 세계를 위한 새로운 질서를 가리키는 것이 아니고, 창조세계 전체에 새로운 존재근거와 생명에 대한 새로운 권한을 부여하는 것이다. 이 때문에 우리는 하나님의 의의 도래와 함께 또한 새 창조를 기대할 수 있다.(TH, 204-205)

몰트만은 위의 인용에서 보편적이고 객관적이며 종말론적인 '하나님의 의'에 대하여 주장하고, 이스라엘 백성은 다름 아닌, 그와 같은 의에 대하여 철저히 신실하신 하나님을 믿고 희망하면서 구원을 기대했다고 합니다.

그리고 몰트만은 위에서 제시한, '보편적이고 객관적이며 종말론적인 하나님의 의'를 바울에게서도 발견합니다.

따라서 신약성경에서 신적인 의란 바울의 의하여 공동체적 관계성에 대한 하나님의 신실성으로서, 하나님에 의하여 초래되는 사건으로서, 그리고 새 창조와 새 생명을 일으키는 한 사건으로 이해됩니다. 바울은 이 신적 의가 복음에 계시되었고(롬 1:17) 신앙으로 파악된다고 한다. 그것은 하나님에 의한 그리스도의 십자가와 부활의 기독론적 복음이다. 이 사건에서 신적 의는 불의한 사람들을 위하여 그리고 법적으로 그리고 존재론적으로 하나님의 진노 앞에 설 수 없는 사람들을 위한 생명의 칭의(롬 5:18)를 위하여 계시되었다. 그것은 종말론적 복음인데, 이 복음은 '희망되어져야 할'(갈 5:5) 이와 같은 신적 의가 이미 현존하고 있고 지금 계시되어 지고 있는 하나님의 진노 속에서 구원을 일으키는 것으로 여긴다. 결국, 그것은 만유를 완성시키고 만유를 하나님과 바른 관계 속에 있게 하며, 만유에게 신분과 존재를 부여하는, 보편적인 복음이다.(TH, 205)

끝으로 몰트만은 루터의 주장에 호소하여 위와 같은 보편적이고 객관적이며 종말론적인 하나님의 의의 복음이, 역사 속에 있는 우리 인간들에게 어떻게 적용되는가를 설명합니다. 말하자면 루터가 주장하는 '믿음으로 의롭게 된다.'라고 하는 구원의 의미는 장차 도래할 하나님 나라의 보편적인 의에 대한 담보요, 그것을 대표하는 부분인 것입니다. 몰트만은 1515년 루터의 로마서강해에서 칭의를, "하나님의 적극적인 의와 인간의 수동적인 의의 상호적 사건"으로 이해하는 바, 이것은 "하나님께서 인간을 은혜로 의롭다하시고, 인간이 자신의 죄를 고백하면서 하나님의 의를 인정하는 것"(TH, 207)을 뜻한다고 합니다. 하여 몰트만은 위의 루터의 저서에서 인간의 자기 의를 타나내는 '겸손 기독론'(the humilitas Christology: 초기 루터에게서 발견되는, 수도원전통의 경건의 근거로서 기독론: 필자 주)을 비판하면서도 루터의 기본적인 주장을 인정합니다.

…신적 의는 선물이요 능력이고 그리스도와의 신앙의 교제는 그리스도와 함께 죄에 대하여 죽은 것이고 동시에 그리스도의 미래를 내다보는 그리스도의 주권하의 삶이기 때문에, 칭의 사건이란 하나님 편에서 완성되는 만유를 바로잡을 것이라고 하는 약속이다. … 의롭다함을 받은 사람들은 몸 적인 순종으로 복음에 계시된 하나님의 의를 따라서 살아야 한다. 하나님 없는 세상 속에서 순종해야 하고 고난을 받아야 하는 투쟁은 그 목표를, 전체의 의의 미래에 두고 있다. 하여 이 투쟁은 도래하는 신적 의의 파편이요 전주곡이다. 이미 하나님께서는 자신의 세계에 대한 그의 권리들에 도달하고 있는 것이다.(TH, 207)

하여 신약성경에서도 우리는 신적 의를 약속으로 이해해야 할 것이다. 이 약속 안에서 약속되어 진 것이 현재에 제공되지만, 아직 그것은 믿는 희망으로 파악되어 지는 것인데, 이로써 인간은 만유 안에 있게 될 신적 의의 미래를 섬길 수 있게 된다. (207)

하여 교회 공동체는 바울의 복음에 나타난 보편적이고 객관적이며 종말론적인 하나님의 의를 믿고 수용하여(사랑과 은총) 믿음으로 의롭다함을 받은 신망애의 특수 공동체입니다. 이스라엘 백성의 특수성과 교회의 특수성은 하나님의 의의 보편성과 함께 간다고 하는 진리입니다. 하지만 몰트만은 이신칭의 받은 사람들은 고통 속에 있다고 봅니다. "믿음으로 의롭다함을 받은 사람은 그가 몸 적으로 연대하고 있는 이 세상과 모순 속에서 충돌함으로 고민한다. 그도 그럴 것이 믿는 자들은 그의 몸과 땅과 모든 피조물들 안에서 순종적으로 신적 의를 추구해야 하기 때문이다."(206) 하여 몰트만은 '하나님의 종말론적 의의 미래'의 관점에서 루타와 칼뱅으로 대표되는 종교개혁자들의 '이신칭의'와

'순종'(성화)을 이해합니다. 몰트만은 복음에 대한 믿음으로 받는 구원을, 희망 속에 있는 '하나님의 종말론적 의의 미래'로부터 이해하였습니다.

"생명의 미래": 몰트만은 이 주제에 대하여도 구약에서 출발합니다. 구약의 이스라엘 백성은 희랍 사람들만큼 이 세상 적 이지만, "이들의 삶은 미래 목표들에 의하여 결정되었다."(TH, 208)고 하면서, 기독교인들 역시 "그리스도의 부활을 영혼불멸에 대한 희망의 상징으로서가 아니라 십자가에 달리신 분의 부활로 이해한다."(TH, 208)고 하면서, 몰트만은 이스라엘 백성에게 죽음이란 하나님과 하나님과의 살아있는 관계로부터 단절되는 것을 뜻하고 삶이란 하나님 존전에서 감사와 찬양의 삶이었는데, 그럼에도 불구하고 에스겔 37:5, 11은 생명의 새 약속을 이스라엘에게 주셨다며("주 여호와께서 이 뼈들에게 이같이 말씀하시기를 내가 생기를 너희에게 들어가게 하리니 너희가 살리라."), 후기 유대교에 이르면 '무로부터의 창조 행위'에 근거한 죽은 자들로부터의 생명의 약속을 약속하셨다(209)고 합니다. "그런 식으로 '죽은 자들로부터의 부활에 대한 생각'은 약속의 종교의 프레임 안에서 정식화되었다. … 이것이 보편적인 의미로 확정된 것은, 묵시주의에 의해서 였다. … 이와 같은 희망은 창조주 하나님과 창조주로서 그분의 신실성에 대한 이스라엘 백성의 신앙고백과 전적으로 어우러진다."(209) 하여 몰트만은 예수님의 십자가의 죽음을 가현설적 기독론으로 혹은 유토피아적 저 세상에 대한 환상으로부터 이해하지 않고, 진지하고 처절한 현생의 삶에서 일어난 것으로 이해합니다.

하여 십자가는 위와 같은 종말론적 기대들의 맥락 안에서, "그가 사랑했고, 그 속에서 희망하셨던 삶의 끝장이었다."(210) 동시에 "그것은 아버지로부터 파송 받으신 메시아의 죽음이요, 하나님 자신의 죽음이었다. 따라서 그의 죽음은 하나님으로부터 버림받음, 심판, 저주, 약속된 사람으로부터의 배제, 유기와 정죄로 경험되었다. 이런 맥락에서 그의 부활은 단순히 생명을 되찾는 것이 아니라, 죽음의 무시무시함에 대한 정복으로 이해된다. 다시 말하면, 그것은 하나님의 버림받음에 대한 정복, 심판과 저주에 대한 정복, 약속된 삶의 성취의 시작, 죽음 가운데 있는 죽어있는 모든 것에 대한 정복과 하나님의 부정에 대한 부정인, 부정성에 대한 부정(the negation of the negative)(헤겔)으로 이해되어야 한다."(211) 따라서 부활은 우주적 성금요일에 상응하는 우주적 새 생명의 창조를 가리킵니다. 진실로 "그리스도의 부활은 단순히 죽은 자들의 보편적 부활의 첫 예증이나 비존재 속에서 일어나는 하나님의 신성의 계시의 시작으로서 뿐만 아니라 모든 믿는 사람들의 부활한 삶의 원천이요 만유 안에서 완성될 것이고 죽음의 죽음 성(the deadliness) 그 자체 안에서 불가항력적으로 나타나게 될 약속에 대한 하나의 확인으로 이해되었다."(211)

그런데 몰트만은 위와 같은 이해는 성령의 사역으로 가능하다고 합니다. 성령은 부활사건을 통하여 영생을 경험하게 합니다. 바울에 따르면, '성령'은 "생명을 부여하시는 영으로서 그리스도를 죽은 자들로부터 다시 살리시고", "그리스도와 그의 미래를 인정하는 사람들 안에 거하시며", "그들의 죽을 육체를 살리실 영이시다(롬 8:11)."(211) 성령은 그리스도의 부활사건으로부터 나오신 분으로서, 그분의 미래에 대한 보증이시며, 약속이시오 보편적 부활과 삶에 대한 보증이시오 약속이십니다. 이 성령은 죽음의 권세와는 달리 믿는 자를 자유케 하시고, 이들에게 미래를 향한 길을 열어 주시며, 이들을 영원한 세계와 영생으로 인도하십니다.(TH, 212) 몰트만에 따르면, 이 성령은 예수 그리스도를 생각나게 하시는 분으로서 그분의 미래를 약속하십니다.(212) 성령은 복음과 복음의 종말론적 차원들을 인식하게 하시고, 희망 가운데 사랑으로 행하게 하십니다.

이 때문에 성령께서는 우리를 그리스도의 고난들을 함께 나누도록 인도하시고, 그분의 죽음에 순응하도록 인도하시며, 그의 죽음에 노출된 사랑으로 인도하신다. 이와 같은 것들이 희망에 의해서 지탱되기 때문이다. 이 때문에 또한 성령은 우리를, 인류와 만유의 미래와 영화롭게 됨이 거기에 달려 있는 예수 그리스도의 영화롭게 되심의 미래로 인도하신다.

…이처럼 성령은 예수 그리스도의 선교와 사랑에 동참하여 고난당할 수 있게 하는 능력이다. …부활과 영생은 약속된 미래이기 때문에 우리 몸으로 순종하는 것을 가능하게 하신다. 우리는 우리의 모든 행동에서 희망 가운데 씨를 뿌리는 것이다. 하여 우리는 또한 몸의 부활의 미래를 위해서 사랑과 순종으로 씨를 뿌리고 있다. 성령에 의해서 살아난 사람은 순종 가운데 죽을 몸의 살아남을 향하여 가는 도상에 있는 것이다.(212-213)

몰트만은 동시에 창조세계의 새롭게 됨에 대하여도 역설합니다.(롬 8:18-30) 그는 몸의 구속과 모든 창조세계의 구속을 하나의 희망으로 봅니다.(214) 그는 모든 피조물의 '새 창조'(creatio nova)를 주장합니다(215). 그리고 그는 이와 같은 미래 지향적 종말론적 삶은 역사 속에서 이것에 대립하는 모든 세력을 능가하는 것으로 봅니다. 하여 이와 같은 모든 피조물들의 갱신에 대한 희망에 있어서 전면에 크로즈업 되는, 육체성(corporeality)이야 말로 믿는 사람들이 창조세계 전체와 가져야 하는 연대성입니다. 이는 믿는 사람들 역시 나머지 창조세계와 더불어 새 창조를 희망하고 있기 때문입니다. 그리고 믿는 자들은 '부정적인 것에 대한 부정'이 십자가와 부활사건에서 모두 일어난 것이 아니라 종말론적 미래에서 일어날 것으로 희망하기 때문입니다.(벧후 3:13; 계 21:4; 고후 2:18; 고전 15:35이하) 이와 같은 성경구절들은 부정적인 현재에 대한 경험들과 대조를 이루는 표현들과 그림들로 미래를 앞당겨 표현하고 미리 보내진 것들을 포함하고 있는데, 이는 모든 희망에 의하여 백일하에 들어난 삶으로부터 온 파편들이여서, 고난 속의 삶을 말합니다. "계시록은 순교자들의 책이다. 하여 그와 같은 표현들과 그림들은 그 시대에 의하여 조건 지워졌지만, 그와 같은 표현들과 그림들은 완전히 현상유지 저편으로 넘어가고 앞을 향하여 뭔가를 작동시키는 그 무엇을 표현하려는 의도를 가지고 사용되었다."(TH, 215) 하여 몰트만은 성령의 사역 가운데 하나님 나라를 지향하는 예수 그리스도 안에 잠재한 십자가와 부활의 능력으로 하나님의 나라가, 이 땅 위에서 하나님의 은혜의 진전과 진행 속에서 이루어져 간다고 봅니다.

그런 식으로 그리스도의 부활을 통한 생명에 대한 약속은 또한 우리를 성령의 흐름 안에 있게 한다. 하여 이 성령께서는 고통 가운데서 사람들에게 생기를 불어 넣으시고, 새 창조를 찬양하는 방향으로 사람들을 인도하신다. 이것은 '점진적 계시' 혹은 '자기를 실현하는 종말론'과도 같은 그 무엇이다. 다만 그것은 '은총의 진보' 그 자체이다. 허나 그 진보를 가져오는 것은 객관적 시간이 아니다. 미래를 만드는 것은 인간적 활동이 아니다. 그것은 그리스도 사건 그 자체의 내적인 필연성인 바, 이 그리스도 사건의 경향은 종국적으로 그분 안에 잠재하는 영생과 그분 안에 잠재하는 하나님의 의를 만유 안에서 나타낼 것이다.(TH, 216)

"하나님 나라와 인간의 자유의 미래": 이미 지적한 대로 앞에서 논한 '의의 미래', '생명의 미래'와 더불어 '하나님 나라의 미래'는 성경의 중심주제(die Sache)에 속합니다. 그도 그럴 것이 몰트만은 '약속사와 하나님의 미래'를 성경내용의 주된 흐름(빨간 줄)으로 보기 때문입니다.

몰트만에게 있어서 "종말론의 핵심은… '하나님 나라'와 '하나님의 주권'에 대한 약속과 기대에서 발견된다."(216). 이스라엘 역사 초기부터 "약속에 근거하는 희망이란 야훼의 주권을 향하여 정향되었다고 합니다. 헌데 이미 논한 '의의 미래'와 '생명의 미래'가 개인의 종말론뿐만 아니라 역사적이고 우주적인 차원의 종말론을 지향하고 있는 것처럼 '하나님의 나라'와 '하나님의 주권' 역시 개인과 역사를 넘어, 우주를 포함하고 있습니다. 하여 그는 "하나님의 백성, 인류, 그리고 그가 지으신 만유가 구원, 평화, 행복, 생명에 도달하는 것은, 하나님의 주권에 대한 기대와 연계되었다. …하나님의 주권에 대한 신앙은 야훼는 왕이시라(삿 8:23)고 하는 고백으로 표현되었다."(TH, 216)고 합니다. 그리고 그는 "이스라엘 족속들의 유목민시대로 소급하면, 야훼는 그의 백성들 앞에 선행(   )하시는 지도자이셨고, 한 목자로서 명령을 발하시며 충언을 하시고, 미래를 향한 그의 뜻을 선언하시는 분으로서 저들을 인도하심으로 통치하셨다."(TH, 216)고 하면서, 이와 같은 하나님의 주권은 훗날에 "보편적이 되었고 이와 같은 한분 하나님의 주권의 보편성은 동시에 종말론적으로 이해되었다."(TH, 217)고 합니다. 그런데 몰트만에 따르면, "이와 같은 하나님의 주권에 대한 생각에는, 두 가지 요소들이 포함되었으니, 하나는 역사적 주권에 대한 기억과 그것에 대한 확신이고, 다른 하나는 세상과 천하만국들과 만유가 그분의 세계(His universe), 그분의 나라, 그리고 그분의 찬양이 되는 그와 같은 하나님의 보편적 주권에 대한 기대입니다."(217) 전자는 이스라엘에 대한 야훼의 주권의 특수성을, 그리고 후자는 온 세상과 온 우주에 대한 야훼의 주권의 보편성을 말합니다.

역시 몰트만은 본 주제에 관하여도 구약으로부터 신약으로 이동합니다. "신약에서 나라(바실레이아)가 중심개념이다. 특히 공관복음서 전승과 이 전승의 모든 차원들에서 그렇다. 특히, 부활 전 예수님의 메시지와 행동들과 기적들과 비유들에선 그것이 '하나님 나라'로 묘사되었다. 그리고 예수님은 메시아 왕국을 선포하셨다. 그런데 이 하나님 나라에 대한 예수의 선포의 특징은, 이 하나님 나라의 접근과 입국과 유업이 예수님에 의하여 그 선포를 듣는 자들의 결단과 예수님의 위격에 대한 이들의 태도에 묶였다고 하는 사실에 있었다. 즉 신적 주권의 미래는 직접적으로 예수님 자신의 현존의 신비와 직결되었다."(TH, 218) 그리고 마지막 예언자로서 세례 요한의 경우도, 이와 같은 예수님의 경우처럼 사람들에게 어떤 종말론적 결단을 촉구하였던 것입니다.

하여 예수님은 묵시문학적 종말론을 변형시키셨습니다. 그는 하나님 나라의 선포가 인간실존을 위하여 무엇을 의미하는가에 집중함으로써, 장차 도래하는 하나님 나라의 지정된 시간들과 역사적 격변들을 도외시 하셨습니다. "예수님은 자신의 시간을 결단의 마지막 시간으로 선포하심으로 실존적 실현을 위하여 하나님 나라에 대한 묵시문학적 그림들을 비 신화 화시키셨다. 종말론적 선포와 윤리적 요구는 모두 인간에게 인간이 하나님 존전에 인도되었고 하나님은 임박하셨다고 하는 사실을 알리는 것이었다. 이 둘은 다 예수님의 현재를 하나님을 위한 결단의 시간이라고 말한다."(TH, 218)

그런데 교회 역시 위의 예수님의 하나님 나라에 대한 이해를 또 다시 변형시켰습니다. 몰트만은 교회가 예수님의 선포를 수용하고 자기 쪽에서 그것을 변형시켜야 했던 이유와 권리는, 부활하신 주님의 부활현현들 안에서 예수님의 말씀들과 행동들을 기억하고 예수님을 주님으로 선포하는 사건에서 그렇게 되었다고 합니다. 하여 "교회는 부활현현들을 묵시적 기대의 지평에서 인식하고 선포하였으니, 부활은 하나의 종말론적인 사건으로 이해되었다. 예수님이 부활의 첫 열매이셨다고 하는 것이었다."(218) 십자가에 달리셨던 분의 부활사건으로부터 결과한 예수님에 대한 교회의 이해는 예수님의 말씀과 행동들로부터 결과한 하나님과 하나님의 나라에 대한 기억과 연결되었으니, 예수님의 경우,

임박한 하나님 나라에 대한 예수님의 선포에서 종말론적 결단이, 교회의 경우, 십자가에 달리셨다 부활하신 주님의 메시지에서 종말론적 결단으로 이월하였습니다. 하여 이와 더불어 신적 주권에 대한 선포는 하나의 새로운 묵시주의적 성격을 지니게 되었고, 묵시서에서 발견되는, 인자(   )와 같은 그리스도의 메시아적 명칭들과 연결되게 되었습니다. 하여 이 둘(원시 기독교의 기독론과 예수님 자신의 메시지) 사이의 불연속성은 하나님 자신에 의하여 변증법적 연속성이 될 수 있기 때문에 타당하다고 봅니다.

이상 몰트만에게 있어서, 결국 십자가와 부활을 핵심으로 하는 사도적 선포(복음)에 나타난 하나님 나라와 그 윤리, 그리고 복음서들 안에서 발견된 예수님의 하나님 나라선포와 그의 윤리적 요구들이 이분 화되어 버리는 것이 아니라 그 다름이 인정되면서도 통전되어 지고 있습니다. 다시 한번 정리하면 아래와 같습니다.

종말론적 기대의 지평에서 인식된, 예수님의 부활현현들이 예수님의 하나님 나라 메시지에 대한 기억과 수용의 기회였다면, 그것들은 또한 동시에 하나님 나라에 대한 예수의 메시지를 변형시킨 계기였다. 예수님의 하나님 나라 메시지에서 열려있는 미래는 예수의 부활현현들에 의하여 확인된 것인데, 이는 그분의 파루시아로서 확실한 기대로 보증을 받은 것이고 이제 그분의 미래라 불릴 수 있는 것이다. 하여 복음서 전승의 후기 자료들에선 하나님 나라에 대한 기독론적 사상이 메시아 왕국에 대한 유대교적 아이디어들의 노선을 따르고 있다. '그리스도의 나라' 혹은 '인자의 나라'가 그 예증이다. 헌데 이것 역시 하나님 나라 그 자체에 대한 사상에 변화를 가져왔다. 새로운 순종을 위한 결단은 계속 유효하였지만 말이다. 하여 이 순종은 하나님의 부활케 하시는 행동과 결부되었다. 하나님 나라의 유일한 주님은 예수님을 죽은 자들로부터 부활시키신 하나님이시다. 이 점에서 그는 자신을 '무로부터의 창조자'(creator ex nihilo)라고 주장하신 것이다. … 하여 그분의 통치는 죽은 자들을 부활시키심이요 없는 것을 있게 하심이요 있는 것을 없게 하심이다(거전 1:28). (221)

그리고 몰트만은 헬라문화 권 안에선 부활현현들이 그리스도의 '승귀'(exaltation)로 이해되어 예수님이 예배의 대상으로서 승귀하신 주님으로 간주되었고, 그의 감추어진 주권으로서 하나님 나라를 찬양했다고 합니다.

끝으로 몰트만은 이상과 같이 형성된 대단히 서로 다른 견해들과 관련하여 두 가지 특징들에 주목합니다.

1. 예수님의 십자가와 부활에 대한 경험들은 하나님 나라에 대한 메시지에 새로운 특징을 각인시켰다.… 예수께서 죽은 자들로부터 부활하셨다면, 하나님 나라는 새 창조(creatio nova) 이외에 다른 그 무엇이 아니다. 부활하신 주님이 십자가에 달리셨던 분이시라면, 이 하나님 나라는 십자가 밑에 숨겨졌던 것이다(tectum sub cruce). 하여 하나님의 주권이 기독교인들의 고난 속에서 새로운 형태를 취한 것이다. 이들 기독교인들은 그들의 희망 때문에 세상에 순응할 수 없었고, 그리스도의 선교와 사랑에 의하여 제자의 도와 그리스도의 고난들에 순응하도록 이끌렸다. …(221-222)

2. 예수님의 십자가와 부활에 대한 경험이 '하나님 나라'에 대한 기독론적 이해를 가져왔을 뿐만 아니라 새로운 의미에서 하나님 나라에 대한 종말론적 이해를 가져왔다. …확실히 부활절과 성령경험은 종말이 성령 안에서 성취되는 계기가 되었고, 이것의 결과로 십자가의 경험들과 현실의 모순에 대한 경험들은 성령에 의하여 극복되는 것으로 보

였다.…성령 그 자신이 아직 도래하지 않은 미래에 대한 '담보'가 되셨고 '육체의 행실들'에 제동을 거시는 분이 되신 것이다.… …그러나 하나님 나라의 메시지에 대한 기독론적 이해가, 예수님의 하나님 나라 메시지를 왜곡시킨 것이 아니라 그것을 보편적이게 하였고 새로운 존재의 전체성을 향하여 개방적이 된 것이다. 하여 부활절 경험들은 죽음에 대한 하나님의 주권을 기대케 하는 계기였고 모든 무상한 것들 안에서 하나님의 의를 기대하게 하는 계기가 되었다. 만약에 하나님 나라가 새로운 창조행위(새 창조: 역자 주)로 시작된다면, 궁극적으로 화해자는 창조주이시고, 화해에 대한 종말론적 전망은 전 창조세계의 화해를 의미함에 틀림없고, 만유의 종말론으로 발전함에 틀림없다. … 이리하여 하나님의 나라는 부활과 새 창조에 다름 아니고 하나님 나라에 대한 희망은 이것보다 못한 것으로는 만족될 수 없다. 하여 하나님 나라에 대한 새 희망은 이와 같은 보편성 때문에 우리를 만유의 버림받음과 비구속적 상태와 만유의 허무한 것에의 굴복 속에서 고통을 겪는다. 그것은 하나님의 자녀들의 자유를 고대하는 창조세계 전체의 안타까운 기대와 연대하게 하시고(롬 8:22), 만유 안에서 하나님의 미래에 대한 열망과 해산의 고통과 성취되지 못한 개방성을 파악하게 한다.… 하여 하나님 나라는 만유의 미래 지평을 위한 약속과 희망으로서만 여기에 현존한다. 그것들은 아직 그것들 자체 안에 그것들의 진리를 아직 포함하고 있지 않기 때문에, 역사적 성격을 지닌 것들로 나타난다.… (TH, 222-223)

2. 문: "종말론과 역사"는 어떤 관계에 있습니까?
답

몰트만은 본 저서 '제Ⅳ장: 종말론과 역사'에서 1-7 까지는 역사를 해석하는 역사철학들을 소개하면서, 잘못된 종말론을 제시하고, 그 다음에

'8. 기독교적 선교의 해석학'을 논하는데, 필자는 이 '8'번만을 소개하려고 합니다. 그 이유는, 그가 이 섹션에서 기독교의 역사적 사명을 종말과의 관계에서 논하기 때문입니다. 그리고 '제Ⅴ장: 출애굽 교회'에서 몰트만은 1-4까지 근대주의 시기 동안의 기독교에 대한 잘못된 종말론적 이해를 소개한 후, '5. 하나님 나라에 대한 기대의 지평 안에 있는, 기독교'와 '6. 사회 안에서 기독교인들의 소명'에 대하여 논하는 바, 몰트만은 역시 에 섹션들에서도 기독교의 역사적 사명을 논합니다. 확실한 것은 몰트만이 그의 '하나님의 미래' 혹은 하나님 나라에 대한 희망의 비전하에서 '역사'에 대한 인간의 책임을 논한다고 하는 점입니다. 이미 아들 블름하르트와 본회퍼 등이 '종말"(the Ultimate)과의 긴장관계에서 '종말 이전 것'(the pen-Ultimate)을 이해하였던 것처럼 몰트만 역시 여기에서 그의 종말론적 비전에서 '종말 이전 것'을 해석해 내는 것으로 보입니다. 그러니까, '종말론과 역사'와 같은 주제 안에서 논해지는 내용들 역시, 저 성경의 '중심내용'과 직결되어 있다 하겠습니다.

2-1. 문: "8. 기독교적 선교의 해석학"이란?
답

ㄱ. **신 존재증명들과 해석학:** 몰트만은 종전의 자연신학(theologia naturalis)이, 오늘날엔 성경의 하나님의 특수성과 성경적 본문들에 대한 이해와 "하나님과 하나님의 행동들에 대한 성경적 증언들에 대한 석의와 설교"(272)와 무관한 것이 되었다며, 기독교의 선교를 위하여 '하나님의 존재와 본성에 대한 증명들'의 가치와 기능을 되찾으려고 합니다. 그는 3가지 유형의 전통적인 신 존재증명을 소개합니다. 하나는 세계로부터의 증명, 둘은 인간실존, 영혼 혹은 인간의 자의식으로부터의 증명, 셋은 신으로부터의 신 증명(존재론적 신증명)인데, 첫째로 신은 실재 전체에 대한 물음에 대한 것, 곧 그것의 통일성, 기원, 그리고 그것의 전체성에 대한

물음에 대한 것으로 이해되고, 둘째로 인간실존의 물음에 대한 것으로 이해되며, 셋째로 신의 개념과 신의 이름과 신의 자기계시에 대한 물음으로 이해된다고 합니다. 하여 이 세 가지 가능성들은, 우리가 성경의 역사와 역사적 증언들을 다룰 때에 유용하다고 하는 것입니다. 즉 그는 "이와 같은 3가지 가능성들은 보편적 신학적 개념들을 정식화하기 위하여 제공되기 때문에, 이를 수단으로 성경의 하나님은 모든 인간들의 하나님으로 이해될 수 있고 증명될 수 있으며 선포될 수 있다."(273)고 합니다. 구약의 야훼는 이스라엘의 특수한 하나님이신데, 바로 이 특수한 하나님께서 보편적인 주님과 하나님으로 계시되어 졌지만, 이 하나님의 보편성은 또 한번 "모든 인간들"의 보편적 하나님이시지 않으면 안 된다고 하는 의미에서 저 '자연신학'의 가치와 기능이 있다고 하겠습니다. 그런즉 이와 같은 하나님의 보편성추구는 기독교적 선교 혹은 사명추구의 보편성과 맞물려 있는 것으로 보입니다.

ㄴ. 문: 선교와 석의(exposition)의 관계는 무엇입니까?

그러면 왜 몰트만은 기독교적 선교를 언급하는 자리에서 '자연신학'을 언급할까요? 아마도 그는 모든 기독교적 선교가 믿지 않는 사람들 안에 이미 현존하고 사역하고 있는 하나님을 전제해야 한다고 보아야 한다고 보는 것 같습니다. 그는 역시 이 주제도, 성경의 '중심내용'('약속사와 하나님의 미래')에 비추어서 이해하고 설명합니다. 그는 예레미아 31:33 이하에서처럼 장차 모든 사람들이 하나님을 알게 될 것이고 그의 뜻을 따라 살 것이라고 하는 종말론적 전망 하에서 이미 '종말 이전'(the pen-Ultimate)에서 그와 같은 '자연신학'의 3가지 가능성들이 타당하고 유효하다고 주장하는 것으로 보입니다. 몰트만은 나름 '자연신학'을 인정하는 입장입니다. 그것은 그것대로 하나님 나라에서 밝히 계시될 하나님을 지향한다고 본 것입니다. "신에 대한 모든 논증들은 그 근저에 있어서 하나님께서 모든 것들 안에서 모든 인간들에게 계시되어진다고 하는, 종말론적인 실재에 대한 선취(Vorwegnahme = anticipation)들이다. 하여 자연신학자들은 그와 같은 실재가 이미 만유 안에 현존하고 모든 인간들에게 직접적으로 지각된다고 하는 사실을 받아들인다. 이들의 해석학적 원리들은 … 이를, 성경의 역사적 증언에 대한 석의와 수용을 위한 전거로 삼는다."(TH, 281-282)

그럼에도 불구하고 몰트만은 기독교 신학의 출발점과 목표의 특수성을 힘주어 언급합니다. 이미 논했거니와, 그는 기독교적 신학을 기독교 신앙과 희망과 사랑의 신학이라 불렀습니다(Experiences in Theology). 하여 그는 종말론적 전망 안에서 안셀름과 칼 바르트의 '지식을 추구하는 신앙'(fides quaerens intellectum)의 원리를 받아들인 셈입니다.

그러나 하나님께서 모든 인간에게 현시하시고 증시되시는, 이런 유의 '자연신학'은 기독교적 신앙을 전제하는 것이 아니라 기독교적 희망의 미래 목표이다. 하나님의 보편적이고 직접적인 현존은 기독교 신앙으로부터 기원한 것이 아니다. 그것은 기독교 신앙이 추구해 가고 있는 그 목표이다. 기독교 신앙이 만유 안에 그리고 모든 인간들을 위한 하나님의 보편적이고 직접적인 계시를 찾고 탐구하지 않으면 안 되는 것은, 십자가에 달리신 그리스도의 부활에 의하여 구축된 약속사건 안에 있는 하나님의 계시에 근거한 것이다. …자연신학(theologia naturalis)은 그 근저에 있어서 '순례자들의 신학'(theologia viatorum) 이니, 이와 같은 '순례자들의 신학'은 파편적 스케치의 형태로써 스스로 미래의 영광의 신학(theologia gloriae)에 관심한다.(TH, 282)

결국 몰트만은 선교의 대상들인 모든 불신자들이, 그들의 '자연신학'을 적극적으로 수행하기를 바라면서, 특수 공동체인 교회 공동체에 속하는 우리 기독교인들이 정치 경제 사회 문화 다 종교들 안에서 하나님 나라의 선취들을 발견하고 만들어 가야 하듯이, '자연신학'으로부터도 하나님에 대한 선취들을 찾고 만들어가면서 삼위일체 하나님의 선교활동(missio trinitatis)에 참여해야 할 것을 주장할 것입니다. 그런, 필자가 보기에는 삼위일체 하나님께서 모든 것의 모든 것이 되시는(고전 15:28), 새 하늘 새 땅의 하나님이 실 진데, 결국 '순례자들의 신학'으로서 자연신학의 파편적 하나님지식이란 저 '삼위일체 하나님' 안으로 통합되는 것이 아닌가 생각됩니다.

1. 사도직의 해석학: 몰트만은 '약속사와 하나님의 미래'라고 하는 성경의 '중심내용'을 기본 전거의 틀로 하여 사도직(세상 속으로 그리고 하나님의 미래를 위하여 파송 받은 직분: 필자 주)을 정의합니다. 하여 그에게 있어서 선교는 약속과 하나님의 미래 사이에서 일어납니다. "역사적인 성경증언에 대한 석의와 수용 그리고 그 증언의 동기와 추동력은, 현 기독교의 선교와 이 선교가 지향하는, 세상과 모든 인간을 향한 하나님의 보편적 미래를 전거의 틀로 삼는다."(TH, 283) "성경의 역사적 증언에 대한 해석학의 열쇄는 '성경의 미래'이기 때문이다."(283). 하여 그는 성경해석에 있어서 '성경의 심장' 혹은 '한 중심을 가진 하나의 폐쇄된 원'과 같은 이미지는 틀렸다고 봅니다. "반대로 모든 성경은 그것이 이야기하고 있는 신적 약속의 미래 성취를 향하여 열려있다. 하여 신약성경의 중심은 그것이 선포하고 가리키며 약속하는 부활하신 그리스도의 미래(의의 미래, 생명의 미래, 그리고 하나님 나라와 인간의 자유의 미래: 필자 주)이다. 그런즉 만약에 우리가 성경의 선포와 실존이해와 세상이해에 대한 성경의 의미를 이해하려면, 우리는 성경이 지향하는 것과 꼭 같은 방향을 바라보아야 한다."(283)고 합니다.

하여 성경의 사건들 혹은 역사적 인물들 역시 그와 같은 미래와의 관계에서 만 의미가 있다고 합니다. 그런 의미에서 성경은 그것의 역사와 미래와의 관계에서만 진리입니다. 때문에 "이와 같은 성경의 미래는 몇몇 독자들 자신의 현재 안에 있는 것이 아니라 순간적 현재에게 하나의 보편적이고 종말론적인 미래를 향한 그것의 정향을 부여하는 데에 있다. 이리하여 '성경의 미래'에 대한 현재적인 지각(present perception)은 역사 속에서 그것의 몫을 하는 선교와 역사를 변혁시키는 가능성들 안에서 일어난다. 성경적 증언은, 과거에 있어서 전진하는 선교에 대한 증언이고 그 증언은 현재적 선교의 빛에서 이해될 수 있다."(TH, 283) 그러나 "성서적 증언에 대한 해석에 있어서 전거의 틀과 목적은 막연한 보편적인 그 무엇이 아니라 "세상을 위한 그리스도의 미래를 향한 기독교의 구체적이고 현재적인 선교이다."(283)

몰트만은 하나님 없는 자들의 화해를, 이방인들로 기독교의 역사적 선교에의 참여로 부르는 것으로 이해하고, 성경의 진정하고 역사적이며 종말론적인 석의(釋義)에 있어서 전거의 틀을, 하나님 없는 자들의 화해라고 봅니다. 그리고 그는 "도래하는 역사와 과거 역사의 연결이 가능한 것은, 이와 같은 미래지향적인 역사적 선교에 비추어서라고 한다."(284) 하여 그는 "선교적 방향만이 역사 속에 있는 유일한 불변수이다."라고 합니다. 그도 그럴 것이 현재적 선교의 전선에서 역사를 위한 새로운 가능성들이 포착되고, 역사 속에 있는 부적합한 것들은 무용지물로 폐기되어 지기 때문입니다. 하여 종말론적 희망과 선교는 인간들의 현실을 '역사적'이게 한다는 것입니다. 다음의 인용은 인간이 역사적 선교를 통하여 역사적이 된다고 하는 주장입니다.

> 인간의 본성은 인간에 대한 규정이 역사적 선교에서 밝히 들어나는 만큼 역사적이 된다.
> 이 세상의 현실 역시 이 선교에서 선교적 책임의 현장으로 이해되는

만큼 역사적이 되는 것이고, 이 세상이 세상을 변혁시키는 선교적 희망을 위한 진정한 가능성들을 추구하면서 검토되는 만큼 역사적이 되는 것이다.(284)

그러니 만큼 이 선교에서 하나님은 부르시고 약속하시는 하나님으로 계시된다. 하나님은 … (자연신학적 가능성들에 의해서가 아니라: 필자 주)선교의 역사적이고 종말론적인 가능성들을 가능하게 하심에 의하여 그의 실존과 그의 신성을 증명하신다.(284-285)

2. 선교적 희망 안에서 인간의 인간화: 성경의 내러티브들은 일반 인간론에서처럼 인간을 동물들이나 이 세상의 사물들과의 비교론에서 인간이 누구고 인간이 무엇인가를 규정하지 않습니다. "오히려 그것은 인간적으로 가능한 것의 한계를 초월하는 하나의 신적인 사명과 책무와 임직으로부터 인간을 규정합니다."(285)라며, 모세의 소명(출 3:11)과 이사야의 소명(사 6:5)을 인용하면서, 하나님의 사람들의 경우, 인간이 자신을 인식하는 것은 하나님의 소명과 사명에 달렸다고 합니다.

여기에서 인간의 자기지식은 인간의 불가능성들을 요구하는 하나님의 사명과 소명 앞에서 주어진다. 그것은 자기에 대한 지식, 인간들의 지식과 죄책에 대한 지식, 신적 사명에 의하여 요청된 가능성들 앞에서 자기 자신의 실존의 불가능성에 대한 지식이다. 인간은 신적 사명과 그 자신의 존재 사이의 균열을 발견함으로써 그 자신에 대한 지식에 도달한다.…(285)

하여 인간은 하나님의 사명과 소명 앞에서 자신의 무능을 깨닫고, 미래의 가능성들 앞에서 새로운 인간으로 변할 수 있다고 하는 하나님께 대한 신뢰에 의하여 미래 지향적인 자신을 봅니다.

사명과 소명은 그에게 새로운 가능성들을 개방시켜 줌으로써, 그가 아직 아닌 사람 그리고 그가 아직 되어보지 못한 그런 사람으로 바뀔 수 있다고 하는 확신에 도달하게 한다. 이런 이유로, 구약과 신약의 용례로서 인간들은 자신들의 소명과 함께 하나의 새로운 이름을 갖게 되고 이 새 이름과 함께 하나의 새로운 본성과 하나의 새로운 미래를 받는다.(TH, 286)

그런데 구약에서는 그와 같은 소명들과 위탁들이 특수하고 우발적이었으니, 그것이 단 하나의 민족이나 몇몇 예언자들이나 왕들에게 주어진 것이었습니다. 허나 신약에서는 그 사명과 소명이 유대인들과 이방인들에게 '차별 없이' 주어졌습니다. 이들에겐 희망에 대한 부름과 선교에의 참여가 보편적이 되었습니다. 하여 몰트만은 종말론적 희망의 지평 안에서 수행되는 종말론적 선교적 희망이 인간을 인간답게 만들었다고 봅니다.

복음소명(the gospel call)은 종국적이고 보편적인 구원에 대한 종말론적 희망으로의 호출들을 포함한다. 복음소명은 여기에서 하나님 없는 자들의 화해(보편적 화해: 필자 주) 및 모든 인간들 가운데 믿음의 순종을 세우는 것과 동일시된다. 그러나 만약에 복음소명이 모든 인간들을 그리스도에 대한 희망과 그리스도의 미래의 선교로 호출하는 것이라면, 이 특수한 사건('믿음의 순종': 필자 주)에 비추어서 또한 인간본성의 일반적인 구조들을 숙고할 수 있다.(286)

그런데 믿는 자('믿음의 순종'의 사람들: 필자 주)는 여러 종교들 가운데 한 종교에 귀의하고 있는 것이 아니라 모든 인간들을 위하여 주어진 '참 인간성'(true humanity)을 향한 도상에 있기에 그는 다른 사람들에게 '그의 진리'('his' truth)를 전달하는 것이 아니라 '그 진리'('the truth')를 제시해야 한다고 합니다. 그런즉 '믿는 자'는 그의 믿음의 미래가 모든 인간들의 미래를 미리 비추는 빛으로, 인간본성의 일반적 특징들을 대략적으로 제시할 수 있습니다. "복음소명이란 모든 인간들에게 주어지고 그들에게 하나의 보편적인 종말론적 미래를 약속하기 때문이다. … 인간은 그 자신 안에 그 어떤 존립근거를 갖고 있지 않고, 항상 그 무엇을 향하여 나아가는 도상에 있으며, 어떤 기대되어진 미래 전체에 비추어서 그 자신을 실현한다. …하나님에 의하여 약속된 새 창조를 희망하는 가운데 인간은 새 생명으로 탄생하여 하나님의 부르시고 구슬리시며 강권하시는 말씀에 의하여 계속하여 성장과정 속으로 이끌린다."(TH, 287)

이상 몰트만의 주장에서 우리는 진정한 인간의 정체성이 미래에 있음을 알 수 있습니다. 일찍이 에르스트 블로흐는 마르크스적 미래세계를, 인간의 정체성의 고향(Heimat der Identität)으로 보았지만 말이다.

2-2. 기독교적 선교에 있어서 세상의 역사화: 몰트만은 희랍의 고대철학 등에서처럼 우주론적 세상이해가 아니라 세상의 역사화와 세상의 변혁가능성에 관심합니다. 그는 하나님의 미래와의 긴장 속에서 현 세상, 곧 '종말 이전' 차원의 선교적 변혁을 말합니다. "그도 그럴 것이 종말론적 희망은 세상 안에서 가능하고 변혁 가능한 것이 의미가 있음을 보여주고, 실천적 선교는 세상 안에 있는 한계들 안에 있는 것을 포용하기 때문이다."(288) 하여 변혁시키는 선교는 희랍적인 세계관이 아니라 실천적으로 어떤 기독교적 세계관, 곧 세상에 대한 확신과 세상에 대한 하나의 희망을 요청한다고 합니다. 즉 "실천적 선교는, 하나님의 의와 생명과 나라에 대한 약속된 미래를 향하여 이 세상을 파악하고 실현하기 위하여 이 세상 안에서 실제로 그리고 객관적으로 가능한 것을

추구한다. 하여 그것은 세상을, 세상의 구원과 파괴, 의와 무화(無化)가 일어나는 하나의 열린 과정으로 여긴다. 인간만이 아니라 이 세상 역시 온갖 종류의 가능성들에 대하여 열려 있으니, 이 세상도 미래로 충만한 컨테이너이고 선과 악을 위한 한 없는 가능성들로 가득 차 있다. 이런 식으로 실천적 선교는, 세상현실을, 전망을 열어주는 미래에 근거하여 역사로 이해하려고 계속적으로 분투한다. 그러므로 그것은 희랍인들처럼 … 하지 않는다."(288-289)

종말론적 희망 그리고 이 희망을 바라보는 소명과 선교는 우리로 이 세상과 우주를 변혁 가능한 역사적 실제로 보고 대하게 만듭니다.

> 희망만이 정말 피조물의 자유와 진리를 향한 '진지하고 열렬한 기대'를 고려한다. 희망과 선교로부터 오는 순종은 약속되고 희망되어 진 것과 세상 현실의 실질적 가능성들 사이에 교량을 형성한다. '희망의 하나님'의 소명과 선교는 인간으로 하여금 자연과 세상을 자신의 집으로 삼고 그 안에서 안일하게 살 것을 허용하지 않고, 그로 하여금 역사의 지평 속에서 실존하도록 강권한다. 이 지평은 인간을, 희망적 기대로 충만하게 하고 동시에 그로부터 역사의 세상을 위한 책임과 결단을 요청한다.(289)

2-3. 종말론적 희망의 전통: 몰트만은 서구의 모더니즘이 이성에 의한, 전통으로부터의 해방을 추구하면서 빗나간 메시아주의에 의하여 서구세계를 세속화시켰지만, 그럼에도 불구하고 나름 역사 화시켰다고 보면서, 기독교의 전통과 역사와 미래에 대한 신학을 유대교(구약)에서 찾습니다. 역시 몰트만은 성경의 '주된 내용', 곧 '약속사와 하나님의 미래'에서 '약속사'에 집중하면서 '전통'의 진정한 의미를 찾고 있습니다. 우선 그는 구약이 말하는 전통개념을 기술합니다.

…이스라엘에게 있어서 최초로 전수되어 지고 회상되어 진 것은 하나의 원초적 신화적 사건이 아니라 하나의 역사적 사건인데, 그것은 이스라엘의 본성과 삶과 길과 역사를 결정하는 사건이었다. …그것은 야훼에 의하여 성취된 출애굽과 가나안 정복의 사건이었다. 야훼의 약속을 받고 역사 속에서 그분의 신실한 행동들을 경험한 것은 원시시대의 옛 사람들이 아니라 아브라함과 이삭과 야곱과 같은 사람들이었다. …이스라엘을 구축하는, 전통의 내용은 유일회적이고 반복 불가능한, 야훼의 큰 행동들과 약속들이었는데, 이는 동시에 이스라엘의 미래를 결정하였다. …이스라엘이 과거의 역사적 경험들을 다시 회상하고 이야기한 목적은 야훼의 미래에 대한 신실성에 대한 확신을 일깨우기 위한 것이었다. …그런 식으로 이와 같은 전통은 역사로부터 왔고, 그것의 목표는 미래 역사였다. (TH, 297)

약속들은 전수되었고, 하나님의 신실성 넘치는 사건들은 다시 하나하나 이야기 되어졌으며, 이 모든 것들은 아직 일어나지 않은 미래를 가리켰다. 이와 같은 전통개념에 있어서는 고지되고 약속된 미래가 현재를 지배하였다. 이와 같은 약속개념은 우리의 눈길을, 어떤 원초적 근원적 사건이 아니라 미래 그리고 종국적으로는 성취될 종말(eschaton)을 향하여 방향 잡혀 있었다.…(298)

그리고 몰트만은 고전적인 전통개념과 비교하여 기독교적 선포의 기독교적 전통개념은 많은 부분에서 구약의 그것을 공유하고 있다고 봅니다.

1. 기독교에서 역시 전통은 하나의 유일회적이고 반복 불가능한 역사적 사건, 곧 십자가에 달리신 그리스도의 부활과 묶여 있고 우리를

이 부활로 인도한다.

  2. 기독교적 전통의 과정은 이 '역사적 사건'에 의하여 '유일회적으로' 우리 앞에 던져진 미래지평에 의해서 수반되었고 동기 지워 졌다. 그런즉 그리스도의 유일회적 사건도 기독교적 선교의 종말론적 미래지평도 고대 혹은 고전적인 전통개념에 의하여는 파악될 수 없다.…(TH, 298-299)

끝으로 몰트만은 두 가지를 더 언급합니다. 하나는 사도들의 복음 선포에 대한 것이고 다른 하나는 복음 선포의 성격이 구약으로부터 왔다고 하는 것입니다. 첫째로 사도들의 복음 선포에 대하여 알아봅니다.

기독교적 선포는 십자가에 달리신 그리스도께서 부활하시고 하나님 우편으로 높임을 받으시어 하나님의 도래할 세계의 주님이 되셨다고 하는 것으로부터 시작한다. '하여 기독교 전통은 부활절로부터 그리고 부활하신 주님에 대한 신앙고백이 있었고 교회가 있었던 때 이래로 시작되었다. … 하여 기독교적 전통은 선포였고, 선포로 전승되었다고 말해 질 수 있다.…(299)

하여 기독교 전통은 "교리적 원칙들로 된 지혜와 진리의 전통"이 아니고, "율법에 따른 삶의 방법들과 수단들의 전통"(299)도 아닙니다. 그것은 "종말론적 사건을 알리고 나타내며 공포하는 것이다. 그것은 세상에 대한 그리스도의 주권을 계시하고 인간들을 자유롭게 하여 장차 신앙과 희망으로 구원받게 하는 것이다. 선포로서 복음은 그리스도의 도래하는 주권의 도래에 관한 것이다. 하여 그 자체가 이와 같은 재림(advent) 안에 있는 한 요소이다.… 따라서 바울의 복음은 예수에 의한 혹은 예수에 관한 교리적 진술들을 전수시키려 하지 않고, 높임을 받으시고 다시

오시는 주님의 현존을 노정(露呈)시키는 것이다.… "(TH, 299) 그리고 이 복음은 역사의 예수님과 연속성을 갖는다고 합니다. 하여 "예수님에 대한 역사적 지식은 예수님의 이름으로 하나님의 현존과 미래를 고대하는 신앙을 구축하지 않으면 안 되었다. 바로 높아지신 그리스도와 이 지상적 예수님과의 동일시야 말로 복음과 복음 선포의 과정에 있어서 종말론적인 것을, 과거에 대한 기억을 가지고 역사적인 것, 곧 미래의 묵시와 연결시켰다.… "(300) 환언하면, 초기 사도들의 그리스도 신앙과 그것이 열어 보여주는 희망은 자신들의 복음 선포 안에서 역사의 예수님을 회상하고 이야기하였으니, 이들은 '역사의 예수님'을 미래 종말론적 전망에서 바라보았다고 하는 것입니다.

둘째로 복음 선포의 성격에 대하여 알아봅니다. 그리스도의 사건이 선포의 과정을 시발시킨 것이 사실인데, 그 과정의 성격은 무엇이었습니까? 몰트만은, 무엇보다도 그것의 성격은 구약에서처럼 미래 지향적이요 앞을 향하여 전진하는 선교요, 약속된 미래의 새로운 상황에 의하여 결정되었다고 합니다. 하여 이와 같은 기독교적 선포는 만인을 위한 보편적 선교였기에, 바울에게 있어서 복음을 선포했다고 하는 것과 이방인들에게 갔다고 하는 것은 하나였습니다. 복음은 앞을 향하였고, 밖을 향하여 나갔습니다. 무엇보다도 사도들의 복음은 보편적이고 객관적이며 종말론적 의미를 가졌습니다. "죽은 자들로부터 예수님을 부활시키신 하나님은 하나님 없는 자들을 의롭다하시는 하나님이시다. 모든 인간들이 죄에 종노릇하고 있는 것처럼 그리스도는 온 세상을 하나님께 화해시켰다. 바울은 그리스도의 주권을 보편적인 것으로 그리고 그 어떤 선(先)조건들 없이, 도래하시는 것으로 이해하였으니, 이와 같은 이해에 비추어 보면, 우리는 바울의 선포의 보편적으로 포용적인 성격과 그것의 특수한, 종말론적으로 선취적인 오리엔테이션을 이해할 수 있다."(TH, 301-302)

방금 위에서 몰트만은 사도들(특히, 바울)의 복음 선포가 미래에 도래하는 하나님 나라를 바라보는, 보편적이고 객관적인 구원을 의미하였다고 할 때, 구약적인 틀 안에서 그것을 해석합니다. 즉, 이방인들에게 일어난 '신앙의 순종'이란 구약이 바라보았던 바, 이스라엘이 구원을 받은 후에 일어날 보편적인 만인구원의 전조라고 하는 뜻입니다.(TH, 302) "거기에서 종말론적 영화롭게 됨이 세상 안에서 일어나기 시작한다."고 하였으니, 그것은 마지막 때에 일어날 보편구원이 이방인들의 '신앙의 순종'에서 이미 시작되었다고 하는 말입니다. 하여 몰트만은 역사의 예수님의 메시아 선교에서 이스라엘의 협소했던 희망이 이와 같은 미래 종말론적 보편구원으로 바뀐 사실을 통찰하고 있습니다.

    가까이 도래한 신적 주권은, 예수님의 세리와 죄인들과의 은혜로운 사귐에서 생생하게 나타났고, 십자가에 달리신 그리스도의 부활에서 도달한 것이며, 하나님 없는 자들에 대한 칭의에서 효과를 나타내었다. 하면 이것이 기독교적 선포와 그것의 전통에 어떤 결과를 일으켰는가? 기독교 전통은 보전되어야 할 그 무엇의 전수가 아니라, 죽은 자들과 불신과 불순종의 사람들을 생명으로 호출하는 사건이었다. 기독교적 선포의 과정과 진행발전은 이방인들을 부르고, 불신과 불순종의 사람들을 의롭다고 하는 것이며, 살아있는 희망에로의 부름이다. 이는, 허망 되고 버림받았으며 상실되었고 불신과 불순종 속에 있으며 죽은 것을 살리는, 하나의 창조적 사건이었다. 그러므로 그것은 '무로부터의 새 창조'라고 지적될 수 있는 바, 그것의 연속성은 오직 하나님의 보장된 신실성에 달렸다.(TH, 302)

그런데 몰트만은 위와 같은 복음의 종말론적 이해를, 전적으로 기독론적 종말론에 근거시킵니다. "기독교적 전통은 불신자와 불순종자들을 의롭다고 하는 복음 선포이다. 그것은 십자가에 달리신 그리스도의 부활에 의해서만 가능하게 되고 필연적이게 된다. 그것 안에는, 세상에 대한 보편적인 미래구원에 대한 희망이 보장되어 있기 때문이다. 하여 그것은 종말론적 선교와 동일시된다."(302). 그런즉 오늘날 우리 교회는 사도들의 복음과 그것 안에서 기억되고 이야기되어 진 역사의 예수님에 대한 이야기가 저 '보편적인 미래구원의 희망에로 정향되었다고 보고, 사람들에게 그와 같은 보편적이고 객관적이며 종말론적인 구원의 기쁜 소식을 '신앙과 희망과 사랑'으로 받아들이게 하지 않으면 안 될 것입니다.

2-4. 문: "출애굽의 교회"란 무엇을 뜻하나요?
답

그러면 사도들의 복음 선포와 그 안에서 기억되고 이야기되어 진 역사의 예수님이 추구하는, 보편적이고 객관적이며 종말론적 미래구원과 교회의 관계를 알아보자. 몰트만은 교회를 이 세상과 꼭 같은 실재로 보는지 알아보아야 합니다. 적어도 우리는 앞에서 제시된 몰트만의 '종말론과 역사'에서 교회의 자리매김이, 일반역사에 대한 이해 및 기독교적 선교에 대한 이해의 그것과 같음을 확인할 있었습니다. 즉 '교회'역시 '역사와 선교'나 마찬가지로 종말론적 전망과의 관계에서 '종말 이전'(the pen-Ultimate)에 자리 매김하고 있다고 한 것입니다. 몰트만은 기독교의 본질과 그것의 목적을 그 자체 안에서 혹은 그것 자체의 실존 안에서가 아니라 그것 밖(도래하는 하나님 나라: 필자 주)에서 찾습니다. 하여 그는 그것의 '선교'에서 그것의 본질을 탐구하려면, "그 선교가 지향하는 미래 희망들과 기대들"을 파악해야 한다고 합니다. 특히, 기독교가 현실에 대한 적실성을 상실했다고 보이는 오늘의 상황에서, 이와 같은 탐구는 꼭 필요하다고 합니다.

2-4-1. 문: "하나님 나라에 대한 기대의 지평 안에서 기독교"란 무엇인가요?
답

몰트만은 이와 같은 미래 지향적 하나님 나라에 대한 희망이야 말로 교회를, 타자를 위한 존재로 만든다고 합니다. 즉 신약성경은 교회를 종말론적 공동체로 보고, 종말론적 기대의 지평 안에서 공동체의 회집과 파송의 의미를 해석합니다. "부활하신 그리스도는 사람들을 부르시고 보내시며 의롭다하시고 거룩하게 하시며 그렇게 하심으로써 이 세상을 위한 그의 종말론적 미래로 부르시고 보내신다. 그런데 이 부활하신 그리스도는 항상 교회에 의하여 기대되는 주님이신데, 교회는 그 자신을 위해서만이 아니라 이 세상을 위하여 이 주님을 기대한다. 그런즉 기독교 공동체는 그 자체로부터 그리고 그 자체를 위하여 사는 것이 아니라 부활하신 그리스도의 주권으로부터 그리고 죽음을 극복하셨고 하나님의 생명과 의와 나라를 가져오시는 주님의 도래하는 주권을 위하여 산다."(TH, 325)

몰트만은 교회의 모든 것을 종말론적으로 재규정하는 바, 말씀(복음)과, 세례 및 성만찬과 같은 주요 성례와 같은 교회의 본질적 요소들을 하나님의 미래로부터 재규정합니다. 첫째로 그는, 종말론적이고 보편적인 복음인, 말씀선포에 대하여 이렇게 주장합니다. "…교회는 하나님의 말씀으로, 특히 선포된 말씀으로 살고, 선언하고 파송한다. …말씀은 모든 측면에서 그것에 앞에 놓여있는 것을 향하여 방향 잡혀 있다. 그것은 '미래'를 향하여 열려있다. 그 미래는 이 말씀 안에서 일어나지만, 그것은 아직 밖에 있다. …그 말씀은 종말론적이고 보편적인 미래의 약속으로서 그 자신을 초월하여 앞을 향하여는 도래하는 사건들을 가리키고, 밖을 향하여는 약속된 미래가 가져 올 세계의 넓이를 지향한다. … 하나님의 말씀은 그 자체가 하나의 종말론적인 선물이다. 그 안에는 세상을 위한 하나님의 은폐된 미래가 이미 현존한다. 그러나 그것은 약속의 형태와 일깨워 진 희망의 형태로 현존한다. 말씀은 그 자체로서 아직 종말론적 구원은 아니다. 그것이 종말론적 적실성을 갖게 되는 것은, 도래하는 구원으로부터 이다. 하나님의 영에 대하여 참인 것이 말씀에 대하여도 참이다(엡 1:14).

즉 말씀은 도래하는 일들에 대한 담보요 우리를 우리들에게 더 큰 일들을 지시하려고 우리를 그 자신에게 묶는다."(TH, 325-326)

둘째로 그는 세례의 종말론적 성격에 대하여 이렇게 말합니다. "세례 역시 그것 앞에 있다. 세례는 사람들을 그리스도의 과거 죽음 속으로 세례를 줌으로써, 그들을 부활하신 그리스도에 의하여 진행되어 지고 있는, 하나님 나라의 미래 속으로 인(印)친다. 세례를 주는 교회는 오직 하나의 종말론적 교회로서 세례행동을 수행한다.…" 셋째로 성만찬에 대하여 이렇게 주장한다. "주님의 만찬 역시 신비와 제의로가 아니라 종말론적으로 이해되어야 한다. 식탁 앞에 둘러앉은 공동체는 절대자의 성스러운 현존을 소유하고 있는 것이 아니라 도래하고 계시는 하나님과의 코이노니아를 추구하는, 기다리고 기대하는 공동체이다. 이런 식으로 기독교는 그리스도의 부활에 근거하여 하나님 나라를 기다리고 자신들의 삶을 이와 같은 기대에 의하여 규정 지우려는 사람들의 공동체로 이해되어야 한다."(326)

하여 교회의 성격이 이상과 같이 종말론적으로 규정되기 때문에, "세상 안에서 그리고 이 세상을 향한 그것의 삶과 고난, 그것의 사역과 행동은, 이 세상을 위한, 희망으로 가득 찬, 열려있는 미래 세계에 의하여 결정되지 않으면 안 된다. 의미 있는 행동이란 항상 기대의 지평 안에서만 가능하다. …"(TH, 327) 그리고 몰트만에 의하면, 교회는 십자가에 달리셨다가 부활하신 그리스도의 몸이기 때문에 교회의 세상에 대한 섬김의 표준은 그리스도로서 역사적 예수님의 세상 섬김이고, 사도들의 사도직이라고 봅니다. "하나님의 뜻과 기대는 그리스도의 선교와 사도직에서 식별된다."(327). 그러나 "교회는 선교에 있어서 인류 전체에 대한 하나님의 요구와 권리를 주장한다."(327)고 하면서, 이것이 구현되는 것은 사회가 교회에게 부여하는 역할 안에서가 아니라 "도래하는 하나님 나라, 도래하는 의와 도래하는 평화, 그리고 도래하는 인간의 자유와 존엄성에 대한 종말론적 기대라고 하는 그것의 독특한 지평 안에서 가능하다."(327) 결국 몰트만은 '세상을 위한 교회'라고 하는 것이야 말로, '하나님 나라를 위한 교회'요 세상을 새롭게 하는 교회'(328) 라고 역설한다.

끝으로 몰트만은 교회의 존재목적들 가운에 하나인, 선교에 대하여 언급하면서, 오직 이스라엘이 구원을 받고 시온이 건설된 후에야 실현된다고 하는, 구약의 이사야서와 제2 이사야서의 하나님의 약속들에 대한(이방인들에 대한: 필자 주) 선교적 선포가 이미 일어나고 있다고 합니다. "그리스도의 부활과 더불어 가까이 도래한 신적 주권은, 실현되는 과정으로 접어들었다. 즉, 유대인들과 헬라인들, 그리스인들과 야만인들, 노예들과 주인들이 신앙의 순종의 삶을 살므로 종말론적 자유와 인간적 존엄성을 획득하였다. 하여, 만약에 우리가 예언자들에게서 기독교의 복음 선포의 배경인 종말론적 배경을 진지하게 받아들인다면, 기독교적 선교의 목표 역시 분명하게 되지 않으면 안 된다."(328-329) 그런즉, 그는 기독교적 선교의 종말론적 목표를 다음과 같이 말합니다.

그것은 하나님과의 화해, 죄들의 용서와 믿음 없음의 말살을 목표로 한다(고후 5:1 이하). 그런데 구원(soteria)은 구약적인 의미로 샬롬으로 이해되지 않으면 안 된다, 이것은 단순히 영혼의 구원, 세상의 악으로부터의 개인적인 구출, 괴로운 양심에 대한 위로일 뿐만 아니라 정의, 인간의 인간화, 인류의 사회화, 모든 피조물들을 위한 평화에 대한 종말론적 희망의 실현이지 않으면 안 된다. … 그런데 화해의 이와 같은 다른 면들은 사회를 위하여 하지 않으면 안 된다고 기대되는 종교적 구제기능들을 넘어설 수 있고 인간의 공적이고 사회적이며 정치적인 삶을 형성하기 위한 새로운 충동들을 얻을 수 있다. (TH, 329)

하여 몰트만은 "만약에 모든 인간에게 신앙에 의한 의를 갖다 주는 기독교적 선교가 아브라함에게 주신 야훼문서의 약속(창 12:3)과 이사야의 예언적 종말론(사 2:1-4; 25:6-8; 45:18-25; 60: 1-22)을 배경으로 일어난다고 하면, 그리고 이와 같은 기대들을 현재적인 활동으로 바꾼다면, 그것의 지평은 이방인들 사이에 일어나는 신앙의 순종(Glaubensgehorsam)의 확립뿐만 아니라 구약이 희망하는 것들, 곧 축복과 평화와 의와 생명의 충만(비교: 롬 15:8-13) 까지를 포함하지 않으면 안 될 것이다. 이것은 강한 자와 약한 자, 노예와 자유인, 유대인과 이방인, 그리스인과 야만인을 새로운 공동체 안에서 연합시키는, 사랑의 권능 안에서 선취된다.(TH, 329)

2-4-2. 문: 사회 안에서 기독교인들의 소명이란 어떠해야 합니까?
답

몰트만은 '하나님 나라에 대한 기대지평에서 교회를 본 것처럼 기독교인들의 소명(직업들) 역시 그와 같은 종말론적 지평에서 봅니다. 교회와 사회 안에서의 하나님의 부르심에 따른 직업 활동은 '종말 이전'(the pen-Ultimate)으로서 종말(the Ultimate)과의 긴장관계에서 의미를 지닌다고 하는 것입니다. 다음의 인용에서 우리는 기독교인의 개인적인 삶뿐만 아니라 모든 공적인 삶도 하나님 나라에 대한 희망과의 관계에서 의미와 가치가 있다고 하는 것을 알 수 있습니다.

부활하신 그리스도의 도래하는 주권은 단순히 희망되어 지고 기다려 질 수 없다. 이와 같은 희망과 기대는 또한 사회의 역사 안에서 삶과 행동과 고통을 각인시킨다. 이런 이유로 선교란 신앙과 희망의 선전뿐만 아니라 삶의 역사적인 변혁이다. 사회적이고 공적인 삶을 포함하는 몸의 삶은 매일 매일의 순종으로 드려지는, 하나의 희생제사로 기대되어 지는 것이다(롬 12:1 이하).… 하여 하나님 나라가 단지 개인사에만 관계되는 것이 아니다. 약속된 하나님 나라의 의와 평화는 관계에 관한 것이니, 따라서 인간들 상호간에 그리고 인간의 사물들과의 관계인 것이다.… (TH, 329-330)

그리고 몰트만은 그의 종말론적 비전을, 종교개혁자들의 '소명'개념과 연계시켜 이해합니다. 종교개혁자들에게 있어서도 "믿고 희망하는 모든 사람들은 부름 받은 것이고(vocatus), 그들의 삶을 하나님 섬김, 하나님의 나라의 사역, 그리고 신앙의 자유를 위하여 하나님께 바치고 있습니다."(330) "개혁자들에게 있어서 우리의 지상적 삶에 있어서의 이와 같은 소명(call)은 구체적으로 우리들의 '직업들'(callings)로 나타납니다. 말하자면 기독교회의 선교와 소명은 세상 속으로 펼쳐집니다. 즉 땅과 인간사회를 향한 섬김들과 위탁들과 은사들에 있어서 그렇게 펼쳐진다."(330-331)

헌데 몰트만은 루터파의 '두 왕국론'에서 기독교인들은 소명과 직업들을 개개 기독교인의 개인적 사랑실천 차원에서 이해하였고, 국가권력의 지배아래 있는 세상질서에 순응하면서 '현상유지' 차원에서 소명을 수행하였다고 비판하면서, 하나님 나라를 지향하는 '제자의 도' 실천 차원에서의 소명과 직업들을 수행해야 한다고 합니다.(331-332) "반대로 이 소명은 그 자체의 목적을 지니고 있다. 그것은 장차 도래하는 하나님 나라를 위한 사역에 동참하라고 하는 소명이다. 개혁자들은 소명과 직업들을 동일시하였으나, 그렇다고 하나를 다른 하나 속으로 용해시키는 의도를 가진 것이 아니고 일자를 타자 안에 통합시키고 변혁시키려는 의도였다. 신약성경에 따른 소명(call)이란 유일회적이고 돌이킬 수 없으며 불 가변적이고 그것의 종말론적 목표를, 하나님께서 우리를 부르신 그 희망에 두고 있다."(333)

끝으로 몰트만은 이 세상은 소명과 직업들이 하나님 나라를 부분적으로 나타내고 있다고 봅니다.

> 관념론이 주장하듯이 이 세상은 자기실현들의 하늘이 아니고 낭만주의와 실존주의자가 주장하듯이 자기소외의 지옥도 아니다. 세상은 아직 완성된 것이 아니라 역사에 참여하고 있는 것으로 이해되는 것이다. 하여 세상은 가능성들의 세상이니, 그 안에서 우리는 미래, 약속된 진리, 의와 평화를 섬길 수 있다. … 교회의 사명과 과제는 십자가에 달리신 그리스도의 미래지평을 세상에 나타내는 것이다.(TH, 338)

II-2. 『오시는 하나님』(1995)[34]에서 말하는 '하나님의 미래'

본 저서는 주로 개인 차원의 종말론에서 영생을, 역사 차원의 종말론에서 하나님 나라를, 그리고 우주 차원의 종말론에서는 새 하늘 새 땅에 대하여 논합니다. 몰트만은 『희망의 신학』에 이어서 본 저서에서도 그의 미래지향적 종말론을 명쾌하게 제시합니다. 우리가 이 저서의 중심내용을 소개하려고 하는 이유는, 역시 몰트만이 전제하고 있는 성경의 중심내용과의 관계 때문입니다. 즉 몰트만은 '약속사와 하나님의 미래'를 성경의 중심사로 보았거니와, 『오시는 하나님』은 '영생', '하나님 나라' 그리고 '새 하늘 새 땅'과 같은 하나님의 미래를 주장하고 있습니다. 몰트만은 '약속사'에 대하여는 『희망의 신학』에서 많이 언급하였기로 여기에서는 주로 '하나님의 미래'에 대하여만 주장하는 것으로 보입니다.

1. 개인적 종말론
1-1. 문: '영생'이란 무엇인가요? 영혼불멸인가 혹은 몸의 부활인가요?
답

---

[34] J. Moltmann, *The Coming God: Christian Eschatology*, tr.by Margaret Kohl(Minneapolis: Fortress Press, 1996)(독일어 초편, 1995).

우리는 '영혼불멸'(the immortality of the soul)을 믿는 것이 아니라 '몸의 부활'을 믿습니다. 전자는 헬라사상이고, 후자는 기독교사상입니다. 첫 번째 것은 인간 안에 있는 불멸하는 그 무엇을 신뢰하는 것이요, 두 번째 것은 없는 것을 있게 하시고 죽은 자들을 다시 살리시는 하나님을 신뢰하는 것입니다. 전자의 경우, 우리는 영혼불멸을 신뢰하는 가운데 죽음을 받아들이고 후자의 경우엔 생명을 창조하시는 하나님을 신뢰하면서 죽음이 승리 가운데 삼킨바 되었고(고전 15:4), 죽음이 정복되었으며, 죽음이 더 이상 없는 영생(계 21:4)을 기다립니다.(CoG, 65-66)

헌데 죽음이 단순히 우리의 삶의 끝이 아니라 우리의 삶 전체 속에 있는 것처럼 부활 역시 죽음 후의 삶으로 축소될 수 없습니다. 부활은 삶 전체의 변화입니다. 즉 죽음 후의 희망인 '죽은 자들의 부활'은 지금 여기에서 사랑 가운데 영위되는 삶입니다. "우리가 형제를 사랑함으로 사망에서 옮겨 생명으로 들어간 줄을 알거니와 사랑치 아니하는 자는 사망에 거하느니라."(요일 3:14). 참된 삶이 여기에서는 사랑이고, 거기에서는 영광입니다. 부활희망은 사람들로 하여금 자신들의 삶을 전적으로 사랑 가운데 영위하도록 준비시키고, 죽음으로 인도하는 삶에 대한 전적인 긍정(Yes)을 말하게 합니다. 그리고 그것은 인간의 영혼을 몸적이고 감성적인 삶으로부터 퇴거시키지 않습니다. 오히려 그것은 지금 여기에서의 삶을 무한한 기쁨으로 충만하게 합니다.(CoG, 66) 하여 몰트만은 '지금 여기에서의 삶의 헌신'과 '죽은 자들의 부활' 사이의 관계를 고린도전서 15:42-44에 근거시킴으로써(비교: 요 12:24; 마 10:39; 눅 17:33), 몸 적인 삶, 감성적인 경험들, 그리고 정서적인 것들을 긍정적으로 봅니다.

1-2. 문: '영생'의 근거는 무엇입니까?
답
몰트만은 이상과 같은 개인적 종말론을, 구약의 출애굽의 하나님과 연속성을 갖는, 기독론적 종말론에 근거시키고 있습니다.

기독교적 신앙은 그리스도의 죽어감과 죽음에 대한 경험 그리고 다시 살리심을 받은 그리스도의 부활현현에 의하여 형성된다. … 이스라엘 백성에게 주어진 십계명 중, 제1계명에서 하나님은 자신이 이스라엘을 출애굽 시키신 분으로 여긴다. 여기에 유비(analogia)하여 신약성경의 하나님은 예수님을 죽은 자들로부터 부활시키신 분이시다.(롬 10:9) 죽은 자들을 부활시키신 하나님은 없는 것을 있게 하시고, 역사 속에서 자신의 약속에 신실하신 분이시다.(롬 4:7) 그리스도께서 다시 살리심을 받으셨으니, 그는 모든 죽은 자들의 부활을 위한 선취(先取)적이고 대표적인 의미를 지니신다.… 그는 '죽은 자들 가운데서 먼저 나신 자'(골 1:18)이시다. 따라서 그분 자신이 '부활이요 생명'(요 11:25)이시다. 죽은 자들의 부활과정은 그분 안에서 시작되었고, 생명의 부여자이신 성령님 안에서 지속되고, 그의 백성과 모든 죽은 자들의 부활에서 완성된다. 따라서 죽은 자들의 미래에 대한 종말론적인 문제는 기독론적으로 대답된다..(CoG, 69)

1-3. 문: '영생의 범위'는 무엇입니까?
답

몰트만은 하나님께서 성령을 통하여 죽은 그리스도를 부활시키신 것처럼 죽은 자의 부활이란 전인에 관련된 육체적 사건이라고 합니다.(롬 8:11) 그리고 '죽음의 멸절'(고전 15:26; 계 21:4)은 우주적 차원을 갖기 때문에, 몰트만에게 있어서 "죽음이 더는 없는 새 땅이 없이는 죽은 자들의 부활도 없다"(CoG, 69)고 합니다. 그는 구약의 '모든 육체'(창 9:11; 시 65:3; 145:21)가 모든 생물을 포함하는 것으로 보기 때문에, 부활은 모든 육체를 포함한다고 합니다. 종말론적으로는, 성령은 모든 육체 위에 부은바 될 것이기 때문입니다. 하여 영생이란 개인, 교회 공동체, 그리고 인류 공동체와 창조 공동체 전체를 포함합니다.

결과적으로 영생은 이 인격, 곧 몸과 영혼 전부를 의미하는 이 인격을 포함하고, 그것을 넘어서서 모든 생명체들에게로 확장됨으로서, 종말론적 미래세계에서는 허무 성 아래에서 신음하고 탄식하는 모든 창조세계가 구출된다고 하는 것입니다.(롬 8:19-21) 거기에서는 죽음이 더 이상 없을 것이기 때문입니다. 하여 죽은 자들의 부활에 대한 희망은 만유의 우주적 새 창조에 대한 희망의 시작일 뿐입니다. 그것은 개인적 종말론으로 축소될 수 없습니다. 그것은 점점 더 넓은 원을 그리면서, 끝내는 우주의 종말론을 향해 밀고 나갈 수 밖에 없게 됩니다.(CoG, 70) 하여 몰트만은 "신약성경에서 '일으키심' 혹은 '부활'에 가장 가까운 표현들은 변혁(고전 15:52)이여 변형(빌 3:21)이다. 그래서 '일으키심'(raising)은 한 인격이 치유와 화해와 완성을 발견하는 것을 의미한다."(70)라며, 만유 구원론적인 전( ) 역사의 구원을 주장합니다.

영생에로의 부활('raising')은 하나님에게는 아무 것도 상실되어지지 않음을 말한다. 현 생의 고통과 행복의 순간들도 그렇다는 것이다. 남녀인간은 또다시 하나님과 더불어 마지막 순간을 발견할 뿐만 아니라 자신들의 삶 전체가 화해되고, 바로잡히며, 치유되며, 완전하게 된 삶 전체의 역사임을 발견할 것이다. 이 생에서 은혜로 경험되는 것이 그때에는 영광 가운데 완성되는 이다.(CoG, 71)

1-4. 문: 모든 인간들 안에 그리고 기독교인들 안에서 '생명의 영'(하나님의 영 혹은 성령)은 어떤 사역을 하시나요?
답
몰트만은 인간들 안에 있는 '생명의 영'을 다섯 가지로 이해합니다.

ㄱ. 첫째로 인간은 죄를 범하여 하나님께로부터 떠났으나, 하나님께서는 그럼에도 불구하고 이 생과 저 생에서 그와 같은 인간을 끝 까지 붙들고 계시면서 관계를 맺으신다고 하는 뜻에서, 하나님의 영은 인간들 안에 계신다고 하는 것입니다. 하여 '하나님의 형상'(Imago Dei)란 그것의 타락에도 불구하고 하나님의 영이 그것 안에 계심으로써 그것은 이 하나님의 영 안에 있는 인간을 뜻합니다. 헌데 몰트만은 인간을 'soul' 혹은 'spirit'이라 부르는데, 'God's Spirit'과 'human spirit'을 구별합니다. 전자는 하나님의 인간에 대한 관계 맺음에 관한 것이고, 후자는 하나님께 대한 인간의 관계 맺음에 대한 것입니다. 후자는 전자에 의존하지만, 동류에 속합니다. 인간정신은 하나님의 영의 내재요, 하나님의 영은 인간의 영의 초월이시기 때문입니다.(CoG, 73) 이상과 같은 하나님의 영과 인간의 정신의 관계상황은 모든 인간들에게서 그렇다고 하는 말입니다.

ㄴ. 둘째로 시간 속에 있는 우리의 삶은 단회적이고 가시적이지만, 우리는 성령 안에서 일어나는 쌍방적 관계로 하나님 안에서 영원한 현재를 가지고 있습니다.(시 139:5) 우리가 죽으면 인생이라는 책은 끝납니다. 허나 그것은 파괴되는 것이 아닙니다. 그것은 현재의 하나님의 기억 속에 영원히 남아 있을 것입니다.(73)

ㄷ. 셋째로 성서적 전통에 따르면, 하나님의 인간에 대한 관계는 대화의 형식을 취합니다. 하나님께서 자신의 언약의 파트너로 삼으신 백성은, 하나님께서 원하시는 한, 그들이 살아있든 죽든지 간에 하나님의 대화의 파트너로 남아있습니다.

ㄹ. 넷째로 몰트만은 성령을 통하여 예수 그리스도와 관계를 맺고 있는 기독교인의 경우, 다음과 같다고 합니다. 즉 "그리스도와의 연합 속에서 사는 사람은 누구나 죽은 자들을 일으키신 하나님을 믿습니다. 로마서 10:9에 의하면, 그리스도에 대한 인정과 부활신앙은 불가분리하게 동일 귀속한다. 이 두 경우에, 우리는 생명의 영을 경험하고 있는 것입니다.

그것은 부활의 능력입니다. 이 능력 안에서 우리는 우리 자신이 '하나님의 자녀'(롬 8:14)이기 때문에 아버지의 신적 성품에 참여하고 있다(벧후 1:4)고 하는 사실을 확신합니다. 이 성령은 부활의 신적 능력으로서 죽음에 의해서도 파멸될 수 없습니다. 이 능력은 우리가 죽더라도 생명을 주십니다.(요 11:25, 26) 따라서 성령께서 우리에게 확신시키시는, 하나님께 대한 관계는 영원불멸하는 관계입니다.(CoG, 74)

ㅁ. 다섯째로 죽은 자들의 부활이란 죽음을 전제하지만, 죽은 자들의 정체성을 멸절하는 것을 뜻하는 것은 아닙니다. 첫 창조는 무(無)로부터의 창조(creatio ex nihilo)이지만, 부활에 의한 재창조는 옛 것으로부터의 새 창조(creatio nova ex vetere)입니다. 하여 우리의 죽을 생명이 하나님의 생명 안에서 수용되고 변형됩니다. 그것도 전인적으로, 전 삶의 역사에서 그렇습니다.(CoG, 75)

헌데 몰트만은 하나님의 영을 통하여 모든 인간들에게 있어서 무엇이 일어나는가에 대하여 이렇게 말합니다. 즉 하나님의 영은 하나님을, 몸과 영혼을 포함하는 우리의 전인격과 관계시키시고, 우리 인격의 사회적 관계들과 자연적 관계들의 교차지점에서 우리의 인격을 하나님께 관계시키십니다. 생명의 영은 우리 안에서 몸과 영혼, 과거와 현재, 그리고 우리의 삶의 역사에서 모든 사회관계를 상호 연결시키신다.(75) 그리고 모든 인간의 죽음의 의미를 이렇게 언급합니다. 즉 죽음이란 영혼이 몸으로부터 분리되는 것도 아니요, 인간이 하나님으로부터 분리되는 것도 아닙니다. 지금까지 언급한 것에 근거하여, 그는 "죽음이란 한 인격의 정신의 변화 혹은 그의 형태(Gestalt)와 삶의 역사의 변형, 곧 전인격의 변형을 의미한다고 합니다. 인간의 인격은 죽음을 통해서 제약받는 삶으로부터 불멸의 삶으로 변형되고, 제약받는 실존으로부터 무제약적인 실존으로 변형되는 것이다. 죽음은 시간과 공간적으로 인간의 정신의

제약을 해체시킨다."(CoG, 76-77)

끝으로 몰트만에 따르면, 기독교인들은, 하나님의 영을 통한 예수님의 부활에 의한 변형(metamorphosis)에 유비하여, 이 영을 통하여 전인적인 영광의 변혁을 경험할 것입니다. "그것에 유비하여, 믿는 사람들은 자신들의 죽음들을, 이와 같은 가사적(mortal) 창조세계 전체가 변형될 것이고 영광의 나라가 되기 위하여 중생하게 되는 그와 같은 과정의 일부로 볼 것입니다. 하여 '몸의 부활'은 이와 같은 무상한 창조세계가 영원한 하나님 나라로 변형(metamorphosis)되고 이와 같은 가사적 삶이 영원한 생명(영생)으로 변형되는 것을 의미할 것이다."(77) 하여 생은 멸절되는 것이 아니라 변형되는 것입니다.

1-5. 문: 죽음은 죄의 결과인가, 아니면 생명의 자연적 끝인가요?
답

몰트만은 "성경은 살아계신 하나님과 생명에 대한 증언들의 모음이지, 생명과 죽음에 대한 개념들을 정의하려는, 하나의 신학적인 교본이 아니다."라며, 죽음에 대한 기독교 신학의 성장을 통하여 우리가 만나는 것은 주로 두 가지라고 합니다. 하나는 "죽음이 죄의 값이라."고 하는 것이고 다른 하나는 "죽음은 인간의 자연적 끝이다."라고 하는 것인데, 몰트만은 이 두 명제는 "기독교 신학의 틀에서 보면 상호 양립할 수가 없는 명제들이다."라고 믿고(CoG, 78), 그 대안으로서 죽음을, 만유의 새 창조를 통하여 극복되어 질, 취약하고 시간적인 창조세계의 한 특징으로 소개하려고 합니다. 우선 몰트만에 의하면, 신약성경의 압도적 증언은 죽음의 세력이 아니라, 생명의 세력에 관한 것입니다. 그는 구약의 생명에 대한 증언들을 배경으로 신약의 증언들을 제시합니다. 첫째로 그는 복음서에서 발견되는 역사의 예수님의 메시아 사역에 타나난 생명운동을 소개합니다.

신약성경에서는 모두가 죽음을 하나님과 반대되고, 삶에 적대적인 파괴적 세력으로 본다. …거기에서는 늙어서 죽거나 자연적인 삶을 넌더리나게 살다가 죽은 죽음에 대한 이야기는 없다.

공관복음서에 따르면, 예수님은 하나님 나라가 이 땅에서 동터 오름을 선포하셨다(막 1:15). 하나님의 나라는 병든 자들에게 치유로, 문둥병자들에게는 용납으로, 죄인들에게는 은혜로, 죽은 자들에게는 부활로 임했다. 죽은 자들의 부활은 예수님의 메시아적 사명의 징표들과 기적들 가운데 하나였다(마 10:8: 11:5). 그도 그럴 것이 살아계신 하나님께서 오실 때에, 죽음은 퇴거할 수 밖에 없기 때문이다(사 25:8). 그러나 예수께서는 죽은 자들을, 그들을 죽음으로 인도하는 이 생으로부터 부활시키셨다. 하지만 이것은 이런 정도로 죽음을 창조세계로부터 몰아낼, 장차 임할 영생의 징표요 알림이다. … 예수님의 메시아적 사명을 묘사하고 있는 공관복음서들의 경우, 죽음은 하나님께 반대되는 세력으로서, 메시아의 오심으로 그것의 끝이 임박했다고 한다.(CoG, 81)

둘째로 바울의 글에서 그것을 제시합니다. 바울은 랍비로서 죽음을 인간의 죄에 대한 형벌로 이해하였습니다. '죄의 값은 사망이니라.'(롬 6:23) 기독교인으로서 바울은 하나님께서 '예수는 우리가 범죄 한 것 때문에 내줌이 되고 또한 우리를 의롭다 하시기 위하여 살아나셨느니라.'(롬 4:25)를 종말론적 구원사건으로 봅니다. 그리스도께서 죄의 권세로부터의 해방자로 경험된다면, 그는 또한 죽음의 정복자로 기대되어야 합니다. 그리스도께서 하나님 없는 자들을 칭의 하실 진데 그는 또한 죽은 자들을 살리시는 분이심에 틀림없다(고전 15)고 합니다.(CoG, 82)

바울은 로마서 5장에서 아담-그리스도 모형으로 설명합니다. 그리스도와의 연합과 성령의 능력 안에서 영원한 새 생명이 이미 죽음으로 특징 지워진, 이 생에서 시작되었으니, 우선은 새로운 영생은 그리스도의 재림과 그분에게 속한 자들에게 보편적으로 나타날 것입니다(골 3:3이하). 하여 데살로니가전서 4:13-14은 그리스도의 재림 시에 우선 죽은 믿는 자들이 부활할 것이라고 합니다. 고린도전서 15:51에 의하면, 믿는 자들이 영원히 죽어 버린 것이 아니라, 살아있는 자들과 죽은 자들이 모두 '변화'를 받을 것이라고 합니다.

셋째로 요한의 신학에서, 죽음은 멸망 받을 세상의 특징이라며, 생명은 하나님으로부터 파송 받으신 그리스도께서 세상 속으로 가져오신 새 것입니다. 요한은 바로 예수 그리스도를, '부활이요 생명'으로 보았습니다. 하여 그리스도를 믿는 사람은 이미 죽음으로부터 생명으로 옮겨졌고(요 5:24), 죽어도 살 것이라 하였습니다. 헌데 요한에 있어서는 죽음을 극복하는 영생이 현재적인 경험인데 반하여 바울에게선 미래를 지향하는 희망입니다. 요한과 바울 모두에게서 영생은 생명의 영 안에서 경험되고 사랑 가운데 실천됩니다.

넷째로 요한계시록은 첫 번째 죽음과 두 번째 죽음을 말합니다(계 2:11' 2-0:6; 21:8). 첫 번째는 육체적 죽음으로서 몸이 죽어서 영혼이 몸으로부터 분리되는 것이요, 두 번째는 최후심판 다음에 오는 영원한 저주입니다. 이는 저주받을 남녀인간들의 하나님으로부터의 마지막 분리입니다. 그럼에도 불구하고 계시록은 죽음의 신비적 차원을 말합니다. 그것은 하나님을 대적하는 의인화(擬人化)된 힘으로 상상되고 있는데, 마지막 때에 죽음은 부활을 위하여 죽은 자들을 사망의 권세로부터 해방시킬 수밖에 없게 된 후, 죽음 그 자체가 그것의 나라(지옥?)와 함께 종국적으로 파괴되고(고전 15:26; 계 20:14), 바야흐로 새 창조의 세계는 더 이상 죽음에 대하여 알지 못할 것입니다. 이 죽음의 멸절은, '사망을 삼키고 이기리라… 우리 주 예수 그리스도로 말미암아 우리에게 승리를 주시는 하나님께 감사하노니'(고전 15:54, 57)라고 하는, 기독교인들의 부활절 환희에서 선취됩니다.(CoG, 83) 즉 몰트만은 만인이 모두 그리고 창조세계 까지도 죽음과 무(無)성의 위협으로부터 완전하게 해방되어, 새 생명을 누릴 것을 희망하고 있습니다.

그리고 몰트만은 죽음의 두 가지 의미에 대한 칼 바르트의 주장으로 자신의 입장을 보완합니다. 대체로 칼 바르트는 '원칙적으로'(de iure) 모든 인간은 피조물로서 가사적이고, 죽음이란 '실질적으로'(de facto) 밖으로부터 인간의 역사 안으로 들어온 죄로 인한 것이니, 죽음은 없던 것인데 생겼다고 하는 것입니다. 하여 예수 그리스도의 십자가는 인간을 죄와 죽음으로부터 해방시켰음으로 인간은 자연적 죽음을 죽을 뿐이라고 하는 것입니다.

> 죽음 그 자체가 심판이 아니다. 죽음은 그것 자체에서 그리고 그것으로서 하나님의 심판의 징표가 아니다. 죽음 '그 자체'는 유한한 실존의 한계선의 성격을 갖는다. 그것은 그 자체로서 인간본성에 속한다. 인간이 탄생을 통하여 무실존(non-existence)으로부터 실존으로 옮겨오듯이, 인간은 죽음을 통하여 무실존으로부터 실존으로 옮겨간다. 유한자는 가사성을 의미하기 때문이다. 그래서 죽음 '그 자체'는 유한한 인간존재의 제한된 생애에 속하기에, 그것은 자연스럽다. 그런데 바르트는 이와 같은 de iure(원칙상)의 죽음 그자체와 de facto(실질적으로)의 죽음을 구별한다. 후자는 진실로 죄인의 죽음이다. 죄인은 죽음을 저주로 두려와 하고 형벌로 여긴다. 그리스도와 신앙이 없다면, 그 죽음 그 자체와 de facto의 죽음이 일치한다. 그러나 그리스도와 신앙으로 우리는 죽음의 저주로부터 해방되어, 자연적인 죽음을 죽을 뿐이다.(CoG, 89)

헌데 몰트만은 "만약에 자연적 죽음이 우리에게 남아있다면, 구속의 내용이 무엇인가?"라고 질문하면서 그것에 대하여 그의 종말론적인 비전을 제시합니다. "구속은 하나님 자신이 인류의 '저편'이고 이 인간들은 미래의 어느 날에 존재할 사람들로서 하나님의 영생에 동참할 것이고, 그들의 유한한 삶이 하나님 안에서 영원하게 되고 그분 안에서 영광스럽게 될 것을 의미한다."(89)고 하여, 몰트만은 '자연적 죽음에 대한 기독론적 정당화'에 대한 바르트의 주장에 있어서 부족함을 발견합니다. 즉 몰트만은 종말론적 비전을 강조합니다. 그의 기독론적 주장은 아래와 같습니다. "… 그리스도는 십자가상에서 죄인들을 위하여 대속을 위한 저주받은 죽음을 죽으셨다. 그는 그 자신이 '죄가 없으신' 한 인간이셔야 했으나 동시에 죽으셔야 하셨다. 육체적 죽음이 그 자체로 죄의 값이었다면, 죄 없으신 그리스도께서는 또한 영원불멸하실 수 있었다. 그런즉 그리스도는 죄인의 저주 받은 죽음을 죽으셨을 뿐만 아니라 그 자신의 자연적 죽음도 죽으신 것이다. … "(89) 즉, 그리스도께서는 인류의 모든 죄와 죽음, 그리고 그들의 자연적 죽음 까지도 그리고 창조세계 전체에 대한 무( )성의 위협 까지도 극복하신, 승리자라고 하는 것으로 보입니다.

하여 몰트만은 하나님과 인류의 현재적인 화해, 곧 인간중심주의에 집중하는, 바르트와는 달리 다음과 같은 9가지 내용에서 피조물 전체의 가사성과 예수 그리스도의 화해를 통한 모든 피조물의 종말론적 갱신을 주장합니다. 그것을 요약합니다.

ㄱ. 유한자라고 하여 모두가 죽는 것은 아니다. 천사나 돌은 예외이다. 오직 성적인 재생을 지닌 생명의 세계에서만 이와 같은 죽음이 있다.

ㄴ. 죽음이 죄의 값이라고 하는 것은, 인간에게만 해당한다. 천사는 예외이다. 죄를 짓지 않는 인간 이외의 모든 생물체는 자신들의 의지와 관계없이 무상성(허무)에 굴복하고 있다(롬 8:20)

따라서 창조세계는 죽음 없는 죄가 있고(천사), 죄 없는 죽음이 있다(인간 이외의 생명체들).

ㄷ. 인간들에게는, 죽음으로 인도되는, 다른 사람들에 대해서 짓는 죄가 있고, 자기 자신에 대한 죄들이 있다. 그런데 인간을 통해서 죽음이 끊임없이 인간 이외의 창조세계로 들어온다. 지구의 생태학적 죽음은 인간의 행위이다. 성경의 이야기들에 의하면, 죄는 하나님께 대한 반역일 뿐만 아니라 또한 생명에 대한 해침이다.(CoG, 90)

ㄹ. "창세기의 제사장 전통의 글에 따르면, '생육하고 번성하라'는 하나님의 명령은 인간이 처음부터 죽는 존재임을 말한다. …반면에 야훼의 원 역사(창 3)는 죽음이 하나님의 명령에 대한 불순종의 결과로 오는 형벌로 본다. 헌데 우리는 만유의 새 창조에서 세계의 기원에 관한 성경의 이야기를 읽어야 한다." "…다시는 사망이 없고 애통하는 것이나 곡하는 것이나 아픈 것이 다시 있지 아니하리니 처음 것들이 다 지나갔음이러라.)(계 21:4)고 하는 종말의 시각에서 말이다. 이것은 새 하늘과 새 땅이기 때문에, 우리는 모든 죽음이 하나님의 새롭고 변형된 영원한 창조로부터 축출될 것을 가정해도 좋다. …하지만 이는 영원한 창조가 시간 속에 있는 창조를 완전케 할 것을 뜻함에 틀림없다. 죄와 죄의 결과들을 극복하시는 하나님의 은혜는 처음 창조세계로의 회귀가 아니라, 이 첫 창조세계가 무엇을 위하여 창조되고 목적되었든 간에, 그것을 완전케 하고 완성한다. 하나님께서는 첫 창조를 '대단히 좋다'고 판단하셨으나, 영광의 새 창조를 더 좋다고 하실 것이다."(CoG, 90-91)

ㅁ. "죽음 일반이 시간 속에 있는 창조세계의 부분이라면, 특수한 '죄인의 죽음'은 죄를 통해서 이 세상 속으로 들어왔다. 이 둘 사이에는 인간관계가 없다. 하지만 우리는 이 둘 사이의 상관관계를 말할 수 있다. 인간의 시간적 창조의 취약성은 하나님과 같아지기를 원하고 이 취약성을 극복하기를 원하는 죄를 범하게 하는 뇌관이나 마찬가지이다. 우리는 가사성(mortality)를 견딜 수 없다. 하여 우리는 우리가 살기 위하여 다른

사람들을 죽일 수도 있다."(91)

ㅂ. 또한 우리는 우리의 죄에 대한 혹은 아담의 죄에 대한 형벌로 죽은 것이 아니라, 우리는 또한 하나님의 인격적인 심판으로 죽는 것도 아니다. 우리는 사실상 '자연적' 죽음을 죽는다. 태어나는 모든 것은 죽는다. 허나 우리는 몸의 구속을 기다리기 때문에(롬 8:23), 구속을 기다리는 모든 생명체의 탄식하며 신음하는 공동체와 연대하여 죽는다. (91)

ㅅ. 몰트만은 인격과 자연을 분리시키는 입장(슐라이에르마허)과, 언약과 창조세계를 분리시키는 입장(칼 바르트)을 비판한다. 즉 그는 그것이 자연을 파괴하는 인간중심주의라고 한다. "인간은 인격으로 땅의 자연에 참여하고 있고, 또한 그들은 자연적 존재들로서 인격들이다.… 오늘날 그것은 생태학적 구속교리를 요청한다."(CoG, 92)

ㅇ. 예수 그리스도께서는 '우리를 위해서' 우리의 대표로서 죄인의 죽음을 죽으셨다. 하여 우리는 하나님과 화해된 것이다. 하지만 그는 하나님과의 교제를, 살아있는 자들에게 뿐만 아니라 죽은 자들에게도 베풀어 주시기 위하여 죽으셨다.(롬 14:9) 그리고 그리스도께서는 모든 생명공동체를 하나님께 화해시키셨다(골 1:20). 이것들에게 영생의 전망을 충만케 하시기 위하여 죽으셨다. … 그래서 그의 부활은 몸과 땅의 변형의 시작이다.(CoG, 92-93)

ㅈ. 신앙은, 죽음이 심판에 대한 두려움이라는 의미에서 죽음에 대한 종교적 두려움으로부터 우리를 자유케 한다. 헌데 사랑은, 우리들로 하여금 슬퍼하며 탄식하는 모든 창조세계와의 유대관계를 갖게 한다.(CoG, 93)

이상과 같은 몰트만의 주장들을 다시 정리하면, 'ㄹ'은 창조를 새 창조에 대한 희망으로부터 보면서 보편적인 의미에서 죽음이 생명으로 넉넉히 극복된다고 하였고, 'ㅁ'과 'ㅂ'은 칼 바르트의 주장대로 모든 인간들과 모든 생명체들의 죽음은 자연스러운 것인데, 죄가 인간세계 안으로 들어옴으로 죽음이 생겼다고 하며, 'ㅅ'은 그의 생태학적이고 온전한 신학의 면모를 보여주고, 'ㅈ'은 예수 그리스도의 십자가가 죽은 자들을 포함하는 모든 인간들과 나머지 여타의 생명체들도 모두 하나님께 화해시킨 사건으로 보며, 'ㅊ'은 비록 신앙인들이 신앙으로 죄의 형벌로서 죽음에 대한 두려움을 면제받았지만, 사랑으로 창조세계의 신음과 탄식에도 동참해야 한다고 합니다. 끝으로 몰트만은 창세기 3장에서 죄가 죽음에 대한 두려움으로 시작되었고, 창세기 4장에서 가인의 형제살인과 더불어 폭력적 죄가 시작되었으며, 창세기 6장에서와 다니엘 7장에서는 폭력적 구조 악이 시작된 것으로 봅니다. 그러나 몰트만은 앞부분에서 구약을 배경으로 하여 복음서 내러티브와 바울과 요한과 요한 계시록의 말씀들에서 생명의 세력이 죄와 죽음의 그것보다 압도적으로 강하고 승리적이라 하였습니다.

1-6. 문: 예수님의 재림(adventus) 때 까지, 죽은 자들은 어디에 있나요?
답

본 질문은 '중감상태'(the intermediate state)에 대한 것입니다. 본 질문은 개인 종말론에 포함된 것으로서, 여기에서 몰트만은 세 가지 질문을 합니다. 첫째로 죽음 직후부터 죽은 자들의 부활 때까지 죽은 사람들의 영혼과 몸은 잠을 자고 있는가? 둘째로 몸과 분리된, 죽은 자들의 영혼들이 '연옥'이라고 하는 '중간상태의 기간' 안에 있는가? 셋째로 죽은 자들은 죽음 즉시 영혼과 몸 모두에 있어서 부활하는 가입니다.

첫째 질문에 대하여 몰트만은 루터의 예를 들면서, 죽음 직후 영혼이 잠을 잔다고 하는 그의 입장에 반대하면서도 인정할 만한 부분들을 인정하고 있습니다. 즉, 루터의 경우, 영혼이 잠을 자고 있다고 하는 것은 죽음이 그것의 권세를 상실했다고 하는 것이요, 죽음 그 자체가 끝이 아니라고 하는 것을 의미한다는 것입니다. 그리고 루터는 죽은 자들이 잠자는 시간은 보통의 달력상의 시간이 아니라, 눈 깜짝할 사이(고전 15:52)라고 합니다. 따라서 죽음의 시점으로부터 마지막 때의 부활까지의 시간은 순간에 불과하다는 것입니다.(CoG, 101-102) 그런데 후론하겠거니와, 몰트만은 메시아 왕국의 도래가 이스라엘과 교회의 부활로 시작된다고 하고(그러니까, 루터에 의하면, 이 부활의 시점까지가 그렇게 지루한 것이 아니라 눈 감 짝할 사이라고 하는 것입니다.), 불신자들의 부활은 메사아 왕국(천년왕국 후) 후 모두 부활하여 최후심판을 받고 새 하늘 새 땅으로 인도함을 받는다고 합니다.

두 번째 질문에 대하여 몰트만은 연옥교리는 "그리스도 안에서 우리를 발견하시고, 우리를 용납하시며, 우리와 화해하시고, 우리를 영화롭게 하시는 무조건적인 하나님의 사랑에 위배 된다"고 합니다. 그리고 하나님은 결코 몸을 벗은 영혼과 관계하시지 않는다고 하는 것입니다. 그 이유는 산 자들과 죽은 자들이 전인(몸과 영혼)적으로 그리스도 안에서 항구적인 교제를 누리고 있고, 그리스도의 공동체란 산 자들과 죽은 자들의 공동체이기 때문입니다. 이 공동체 안에서 하나님은 전인으로서 인간과 관계하시는 것이지, 죽은 자의 영혼과만 관계하시는 것이 아니라고 하는 것입니다. 무엇보다도 연옥교리는 영세(세례)를 통해서 원죄와 자 범죄의 문제를 해결한 신자가 나머지 자 범죄들의 문제를 고해성사에서 해결을 할 수 없는 경우에 연옥에서 해결해야 한다고 하는 도덕적 완전주의를 지향하기 때문입니다. 몰트만은 몸과 영혼의 통일성이 인간이지, 영혼만으로는 인간이 아니라고 보기 때문입니다.(CoG, 97-101)

세 번째 질문에 대한 몰트만의 주장을 알아봅니다. 몰트만은 오늘의 로마가톨릭신학자들(Karl Rahner, Gisbert Greshake, Gerhard Lohfink 등)의 주장을 소개합니다. "장차 하나님께서 화해시키시고, 구속하시며, 변용시키실 것은 영혼만의 삶(the unlived life)이 아니라 한 인격의 실재적인 생애(a person's real lived life), 곧 그의 몸과 영혼 안에서 모든 감각들을 가지고 구현된 삶이다."(102) 즉 개인의 온전한 구원은 마지막 때에 모든 죽은 자들의 부활과 더불어 주어질 새 땅과 더불어 일어날 것이라는 말입니다. "그런즉 구원에 대한 희망은 세상을 포함하지 않으면 안 됩니다. 구원을 통전적으로 이해한다고 하는 것은 그것을 '영혼의 축복받은 상태'로만 보는 것이 아니라 '죽은 자들의 부활'로 보는 것입니다. 그도 그럴 것이 죽은 자들의 부활은, 죽음이 더 이상 없는 하나님의 새 땅에 속하기 때문입니다. 보편적 종말론은 개인의 종말론으로 축소될 수 없습니다. 거꾸로 두 번째 것을 포함하는 것은 첫 번째 것입니다."(CoG, 102)

그런데 위에서 가톨릭신학자들은 영혼불멸사상에 따른 개인주의적 영혼구원론을 비판하면서 그렇게 주장하였는데, 몰트만은 개인구원과 그들의 만유 회복적 종말론(죽은 자들의 부활과 최후심판 후에 등장하는 새 하늘 새 땅)을 중재하기 위하여, 1966년의 '네덜란드 교리문답의 주장과 1973년의 The Common Catechism(Das Neue Glaubensbuch,ed. by J. Feiner and L. Vischer)의 주장을 사용합니다. 즉 전자는 '죽음 직후의 삶은 새 몸으로의 부활과 같다.'고 하였고, 후자는 "죽은 자들로부터의 개인의 부활이 죽음과 더불어 그리고 죽음즉시 일어난다."고 하였다며, 몰트만은 이 두 주장들과 미래 종말론적 만유회복 속에 개인의 종말론을 포함시키는, 칼 라너와 로핑크 등 오늘날의 가톨릭신학자들의 주장 사이의 중재를 모색합니다. 결국 몰트만은 '죽음 즉시 (전인적)부활을 인정하는 셈인데, 그 근거는 만유 회복이 일어날 마직 날에 대한 이해에 있습니다. 그는 아래와 같이 주장합니다.

'마지막 날'이란 달력상으로 이해된 끝 날이 아니다. 그것은 종말론적으로 주님의 날, 그러므로 '날들 중의 날'(the Day of Days)이다. 이는 모든 죽은 자들이 부활하는 날인데, 그 때에 그것은 한 순간에' 모든 죽은 자들에게 동시적으로 나타난다. 그것은 인간들이 언제 죽었는가에 상관없이 통시적으로 일어난다. 이것이 맞는 말일 진데, 우리는 거꾸로 이렇게 말할 수 있지 않으면 안 된다. 즉 이 현제 시간 속에서

> 모든 개인의 죽음의 시간은 직접적으로 '주님의 날'로 인도된다고 하는 사실 말이다.(CoG, 103)

그러니까 신 불신 간에 모든 개인들은 전인적으로 죽음 즉시 하나님의 시간 안에서, 곧 시간으로부터 시간으로 승계되는 지상적 시간이 아닌, 영원의 현존 안에서 하나님을 만나는 바(103), 주님의 도래(재림, adventus) 때 까지 이와 같은 '주님 안에 있음'을 누리며 기다리고 있다고 하는 주장입니다. 이 기다림의 중간시기가 지루하지 않은 이유는, 지상의 무상한 시간의 시간성과는 전혀 다른 행복한 시간이기 때문입니다.

그러나 1979년 로마가톨릭의 공식입장(the Congregation of the Doctrine of Faith)은 '죽음 즉시 (개인의) 부활에 대한 신학을 배격하였으나, 칼 라너는, 죽음 즉시 '몸'과 '영혼'의 단독적이고 전적인 완전케 됨(the single and total perfecting of man in 'body' and 'soul')이 일어난다고 하는 주장은 이단이 아니라 하였습니다. 그럼에도 불구하고 몰트만은 마지막 때의 육체부활과 최후심판을 인정합니다. "마지막 때에 육체의 부활과 최후심판이 세상의 시간적 역사와 평행하여 일어날 것이고 이 둘은 개인으로서 남자들과 개인으로서 여자들에 대한 특수한 심판들의 총화와 일치한다."(103)고 합니다. 그리고 이어서 몰트만은 죽음 즉시 부활에서의 개인의 perfecting이 전부가 아니고, 이것은 미래 종말론적인 땅의 회복을 포함하는, 만유 회복과 불가분리하게 묶여있다고 합니다.

> 우리가 만약에 이미 죽음 즉시 부활한다면, 우리는 '구속받지 못한 세상'으로부터도 구속되어야 한다. … 그러나 모든 무덤들은 인류와 땅이 함께 속해 있다고 하는 징표가 아니겠는가? 이 둘은 오직 함께 구속될 것이 아니겠는가? '새 땅'이 없이는 그 어떤 '몸의 부활'도 없다. … 만약에 '죽음 즉시'의 개인적 부활이 모든 죽은 자들의 보편적 부활

에 대한 역사적 선취(anticipation = Vorwegnahme)라 불릴 진데, 그리고 보편적 부활이 죽음 즉시의 개인적 부활의 완성이라고 말해진다면, 이상과 같은 까다로운 구별이 결국 다시 한번 확인되는 샘이다.(CoG, 103-104)

이어서 몰트만은 종말론적 유보조건(the eschatological proviso)을 말합니다. 즉, 그것은 그리스도께서는 이미 부활하셨으나, 우리는 아직 부활하지 않았고, 그리스도께서 은총의 권세로 죽음의 권세를 깨뜨리셨으나, 죽음의 통치의 끝은 아직 오지 않았으며, 우리가 이미 그리스도 안에서 하나님과 화해를 했으나, 우리는 여전히 구속받지 못한 세상에서 살고 있으면서, 이 세상과 더불어 새 창조의 세계를 갈망하고 동경하고 있는 것이라고 주장합니다.(CoG, 104)

따라서 중간상태의 기간의 문제가 제기됩니다. 그리스도의 부활과 죽은 자들의 보편적 부활 사이의 중간상태의 기간 말입니다. 몰트만은 이 기간이 죽은 자들과 산 자들에 대한 주님이신, 그리스도의 주권에 의해서 그리고 생명의 시여자이신 하나님의 영(the Spirit)에 대한 경험에 의해서 채워져 있다고 합니다. 그리스도의 주권은 그분의 죽음과 부활로 시작되어, 그가 죽음을 멸절시키고 죽은 자들을 부활시키시사, 결국 하나님 나라를 아버지께 양도하실 때에 완성된다고 하는 것입니다.(고전15:28) 여기에서 믿지 않는 자들 역시 그리스도의 주권 아래 있다고 하는 것이 발견됩니다. 허나 그리스도와 연합한 기독교인은 다가오는 하나님 나라를 위해서 길을 준비하시는 그리스도와 연합한 것입니다. 이와 같은 그리스도의 통치는 하나님 나라에 대한 약속에 불과하며, 하나님 나라는 이와 같은 그리스도의 통치의 목표요 완성인 것이다. 기독교인들은 자신들이 이 세상 만민들을 위한 '소망의 지참자요 주체'(the bearer or subject of hope)이신 그리스도 안에 안전하게 감추어져 있으나, 아직은 미래의 새로운 세계 안에

있는 것이 아닌 것을 알고 있습니다. (CoG, 104-105)

그러나 몰트만에 의하면, 바울에게 있어서 소망의 주체이신 그리스도와의 연합은 산 자들에게 뿐만 아니라 죽은 자들에게도 해당됩니다. "이를 위하여 그리스도께서 죽었다가 다시 살으셨으니 곧 죽은 자와 산 자의 주가 되려하심이라(롬14:9)." 몰트만은 이것을 그리스도께서 죽으시면서 죽어가는 사람의 형제가 되셨고, 죽으심으로써 죽은 자의 형제가 되셨다고 이해합니다. 그리스도께서는 부활하신 분으로서 죽은 자들과 산 자들을 그의 부활에 포함시키셨고, 이들을 자신과 함께 하나님 나라의 완성에로 인도하신다고 하는 것입니다. 여기에는 불신자로서 죽은 자들도 포함되어 있다는 말입니다. 그리스도께서 영광 가운데 나타나실 때 이들 죽은 자들이 부활하여 함께 할 것입니다. 그래서 바울은 "죽음이나 생명도" 이 그리스도 예수 안에 있는 하나님의 무조건적 사랑에서 분리시킬 수 없다고 하였습니다.(CoG, 105)

따라서 몰트만은 그리스도의 공동체 안에 있는 죽은 자들의 중간상태의 기간을 이렇게 말합니다. 그들은 죽은 자들로부터 부활한 것이 아니라 다만 그리스도 안에 있을 뿐이라고 합니다. 다시 말하면, 믿는 자들로서 '그리스도 안에 있는 죽은 자들'은 주님의 도래와 더불어 부활하여(resurrection from the dead) 메시아왕국의 구성원들이 되고, 불신자들로서 그리스도 안에 있는 자들은 메시아왕국 이후 부활하여(resurrrection of the dead) '최후심판을 받을 것이라고 하는 사실입니다. 그래서 바울은 "그리스도와 함께 있을 욕망을 가진 이것이 더욱 좋으나(빌1:23)"라고 하였습니다. 물론, 바울은 죽어서 주님 곁으로 가고 싶다고 하는 심정을 토로하였지만('중간 상태'), 생명의 영이신 성령을 통하여 그리스도의 선교에 계속 동참하였습니다. 죽은 자들은 하나님으로부터 분리된 것도 아니고, 잠을 자고 있는 것도 아니며, 부활한 것도 아닙니다. 그들은 "그리스도와 함께" 있습니다.(CoG, 105) 불신자들 역시 그리스도의 주권 하에 있다고 하는 것입니다.

몰트만에게 있어서 불신자들의 운명은 어떻게 되나요? 몰트만은 그리스도께서 복음 설교와 성만찬을 통해서 그의 형제자매의 공동체 안에 현존하시고, 라틴 아메리카의 기초 공동체와 그 순교자들 안에 현존하시며, 나아가서 작은 자들, 가난한 자들, 배고픈 자들 및 갇힌 자들 안에 현존하신다고 하십니다. 그러나 몰트만은 인간의 구원이 하나님의 결단이 아니라 인간의 결단(신앙)에 달렸다고 하는 복음주의자들의 로잔 언약(1974)의 주장에 대하여 반대하고, 믿는 자들은 영생을 얻을 것이며 나머지 불신자들은 죽은 상태로만 있을 것이라고 하는 입장에 대하여도 반대합니다. 몰트만은 불신자들의 심판과 아울러 불신자들의 구원을 활짝 열어 놓고 있습니다. 그리고 불신자들은 멸절될 것이라고 주장하는 입장(annihilationists)도 거부합니다.(CoG, 109)

결론적으로 몰트만은 믿는 자들이 그리스도의 재림 시에 먼저 부활하여(계20:6), 그분과 함께 나타날 것이고, 불신자들은 메시아왕국 후에 부활하여 하나님의 영원한 형벌의 심판을 받을 것이라고 하는 전천년왕국설도 거부합니다. 이 입장은 이 세계의 우주적 종말 이전에 펼쳐질 천년왕국을 전제하기 때문입니다. 이 입장은 나머지 인류 모두와 그리스도 이전에 죽은 모든 인류가 하나님의 영원한 형벌의 심판을 받을 것으로 봅니다. 몰트만의 입장은 확실합니다. 그는 첫 번째 부활은 '죽은 자들의 보편적 부활의 시작'이요, 두 번째 부활은 첫 번째 부활의 목표라고 합니다. 몰트만에게 있어서, 첫째는 '죽은 자들로부터의 부활(the resurrection from the dead)'이요 둘째는 '죽은 자들의 부활(the resurrection of the dead)'인데, 전자는 믿는 자들의 부활이요 후자는 불신자들의 부활입니다. 이것을 뒷받침하는 결정적인 성경구절은 고전15:23-26절이라고 합니다. 부활의 순서에 있어서, "먼저는 첫 열매인 그리스도요, …다음에는 그에게 붙은 자(이스라엘과 교회)요, 그 후에는 마지막이니 그가 모든 통치자와 모든 권세와 능력을 멸하시고 나라를 아버지 하나님께 바칠 때라 …맨 나중에 멸망 받을 원수는 사망이니라." 즉 몰트만은 그리스도께서 모든 것을 완성하시어 아버지께 넘겨주시기 직전에, 곧 메시아 왕국 후 곡과 마곡과의 전쟁에서 모든 사단마귀와 죽음과 무(無)를 멸절하시고, 나머지 모근 인류를 부활시키시어 최흐심판하시니, 여기서 죽음 자체의 멸절은 모든 불신자들의 구원에 대한 약속으로 이해합니다.(CoG, 109-110). 헌데 몰트만은 이 죽음의 권세에 대한 극복이, 생명의 영에 대한 경험에 의하여 이미 역사 속에 있는 예수 그리스도에게 속한 자들(몸을 지닌)에게서 일어난다고 합니다.(CoG, 110)

2. 역사의 종말론으로서 하나님 나라

2-1. 문: 예수님의 재림과 메시아 왕국이란 무엇인가요?

답

앞에서 우리는 개인적 종말론으로서 '영생'에 대하여 알아보았는데, 본 섹션은 '역사의 종말론으로서 하나님 나라'에 대한 이야기입니다. 몰트만에게 있어서 예수님의 재림은 단지 개인들만을 위한 것이 아니라 이스라엘 공동체와 기독교 공동체를 위한 것이고, 후론 하겠거니와, 메시아 왕국 혹은 평화의 왕국을 세우는 것인데, 그것의 목적과 완성은 하나님 나라요 새 하늘과 새 땅입니다.

2-2. 문: 몰트만은, "역사적 천년왕국론이 아니라 종말론적 천년왕국론"을 주장하는데, 그것이 무엇을 말하나요?

답

몰트만은 자신의 천년왕국론이 단순한 역사의 연장선상에 있는 것이 아니라 예수님의 도래(adventus)에 의해서 건설되는 것임을 말합니다. 그래서 그는 '역사적 천년왕국론이 아니라 종말론적 천년왕국론'이라

하였습니다. 다시 말하면 전자는 "그것의 정치적 혹은 교회적인 측면에서 혹은 보편사의 맥락에서 현재를 천년왕국적으로 해석한다."고 하는 뜻에서 역사적 천년왕국론이고, 후자는 "역사의 끝에 대한 종말론적 맥락(주님의 재림으로 천년왕국이 실현되고, 비문자적인 1,000년이 경과한 다음에 모든 인간들이 부활하여 예수 그리스도의 최후심판으로 이어지는 종말론적 상황: 역자 주)과 심판 후에 도래하는 인류와 세계의 새 창조를 감안하는 미래에 대한 한 해석이다. … 다른 한편, 이 종말론적 천년왕국은 세상의 저항과 고난과 추방당함 안에 있는 희망에 대한 하나의 꼭 필요한 그림이다. … "(CoG, 192) 몰트만은 새 창조과정의 일부로서 천년왕국(= 메시아 왕국 = 평화의 나라)을 '종말적인 것'(the Ultimate)로 보고, 역사 속에서 현재적 윤리를 '종말 이전의 것'(the pen-Ultimate)으로 봄으로써, 전자가 없이는 후자가 있을 수 없다고 주장합니다. 즉 그는 "천년왕국이 없다면, 더 이상 윤리는 없다. … "(CoG, 193)고 말한 젊은 칼 바르트를 떠올리면서, "비천년왕국적 종말론은 현재적 윤리와 전혀 관계를 가질 수 없는 바, 역사의 파괴에 대해서만 이야기할 뿐이다."(193)라고 합니다.

2-3. 문: "그리스도의 고난과 미래"란 무엇을 말하나요?
답

그런데 몰트만은 종말론 일반은 물론, 신빙할만한 천년왕국적 종말론이야 말로 기독론에 근거하고 있다고 말합니다. 그것은 단순히 성서의 명제적 진리들에 근거한 것이 아니라는 말이기도 합니다.

기독론이라고 할 때, 그것은 단지 지상적 예수님의 환상적인 종말에 대한 예언들을 뜻하는 것이 아니다. 우리가 의미하는 것은 그리스도의 도래, 십자가에서 그분의 죽음에 내어주심, 그리고 죽은 자들로부터 그분의 부활에 근거하는 기독교적 희망이다. 그리스도께서 십자가에 달리셨다가 부활하신 분으로서 예수님 안에서 이 세상에 오셨고, 나타나셨다고 하는 사실은 기독교 신앙 전체의 종말론적 전제이다. 그러나 이렇게 말하는 것은 그리스도의 오심과 더불어 새롭고 영원한 시간(eternal aeon)이 무상하게 지나가는 옛 시간의 한 복판에 동터 올랐다고 말하는 것 이외에 아무 것도 아니다. '밤이 깊고 낮이 가까웠으니 그러므로 우리가 어둠의 일을 벗고 빛의 갑옷을 입자.'(롬 13:12) 즉 믿고, '장차 도래하는 세계의 권세'로써 이 세상의 권세에 대항하여 싸우며, 그런 식으로 그리스도의 투쟁 속으로 진입한 사람들은 이와 같은 죄와 죽음의 세상시간의 끝을 내다 볼 수 있다. 그러나 부활하신 그리스도의 '주권'은 지금 여기에선 아직도 논란의 여지가 있다. 그도 그럴 것이 '지금 우리가 만물이 아직 그에게 복종하고 있는 것을 보지 못하고'(히 2:8)이기 때문이다. 그런즉 그리스도의 공동체 안에 있는 삶은 역시 그리스도의 투쟁에 참여하는 것이라고 불리지 않으면 안 된다.(CoG, 194)

특히 몰트만은 교회(믿는 자들)가 두 가지 측면에서 그리스도의 투쟁에 참여한다고 봅니다. 하나는 제자들과 사도들이 그랬던 것처럼 믿는 사람들이 '그리스도의 메시아적 선교'에 동참하는 것이고, 다른 하나는 이와 같은 참여로 말미암아 '그리스도의 고난들' 속으로 인도되는데, 후자는 그리스도의 순교자들의 경험이기도 하다고 합니다.(194). 이때에 믿는 사람들은 자신들의 몸에 '예수님의 죽음'과 '예수님의 생명'의 징표들을 지니는데, 후자는 예수님의 지상적인 생명이 아니라 부활하신 분의 영원한 생명살림의 생명 그것입니다(CoG, 194-195). 하여 이와 같이 그리스도의 선교에 참여하고 그리스도의 고난에 동참하는 사람들은, 그리스도의 부활과 그리스도의 생명에 동참하게 되는데, 후자는 결국 이스라엘과 교회의 부활과 이들의 그리스도의 생명에의 참여를 말합니다.

"그것은 특별하고도 메시아적인, '죽은 자들로부터의 부활'(resurrection from the dead)입니다. 이것이 다름 아닌 '메시아 왕국'(= 평화의 왕국)인 바, 이는, 이 '메시아 왕국'이 끝난 후 그리고 풀려난 사단의 발호와 곡과 마곡과의 전쟁이 있은 다음에(몰트만은 고전 15:28, 곧 '맨 나중에 멸망 받을 원수는 사망이니라'가 바로 이시점에 해당하는 것으로 봅니다.), 심판을 위하여 부활하게 되는 '모든 (믿지 않는)사람들의 부활'(resurrection of the dead)과 구별되어야 합니다.

몰트만은 고린도 전서 15장에 근거하여 주님의 재림으로 새 창조가 시작되는데, 첫째로 예수님의 부활에 뒤이어서 그분의 재림과 더불어 이스라엘과 예수 믿는 사람들이 부활하여, 이 주님과 함께 살며(메시아 왕국 = 평화의 왕국), 그 다음엔 나머지 모든 사람들이 부활하여 심판을 받고, 바로 잡히며, 의롭다 하심을 받으며, 영화롭게 된다고 하는 것입니다(196). 이런 뜻에서 "죽은 자들의 일반적 부활은 그리스도의 오심과 더불어 시작된 새 창조의 과정의 최종적인 결과입니다."(196) 그런데 요한 계시록에서, 그리스도의 부활과 믿는 자들의 부활은 단순히 최후심판 때에(마지막 날) 죽은 자들의 보편적 부활에 대한 '선취'로 보이고 최후심판이 마지막 말인 것으로 보일 수도 있는데, 이 경우는, 역사의 끝이 최후 심판의 이중적 결과(영생과 영원한 저주)로 끝장난다고 하는 주장입니다. 하지만 몰트만은 '메사아 왕국'이 끝나고, 사단마귀가 풀려나, 곡과 마곡과의 전쟁을 치르고 난 다음에(모든 인류와 창조세계의 마지막 원수인 사망이 극복되고)(고전 15:28), 죽은 자들의 보편적 부활과 더불어 최후 심판이 이어지고 새 창조의 세계가 전개된다고 합니다. 하여 "그리스도의 죽은 자들로부터의 부활에 근거한 천년 왕국론은 그 결과 영생의 보편주의로 이어집니다. '보라 내가 만물을 새롭게 하노라.'(계 21:5)."(CoG, 196)

2-4. 문: "이스라엘을 위한 희망"에서 몰트만은 무엇을 말합니까?
답

방금 위에서 논한 천년왕국은 몰트만에게 있어서 이스라엘[35]의 희망이요, 교회의 희망이요, 모든 나라들과 민족들의 희망이요, 자연과 모든 생명체들의 희망으로서, 새 하늘 새 땅의 전(前) 단계입니다. 물론, 그것은 새 창조의 전 과정의 일부입니다. 따라서 교회의 희망은 보편적 영생에 대한 희망이요 보편적인 새 하늘과 새 땅에 대한 희망입니다. 따라서 그것은 이스라엘의 희망을 배제하지 않고, 모든 불신자들의 희망을 포함하고, 모든 생명체들의 희망을 제외시키지 않습니다. 하여 몰트만은 '교회의 희망'과 '이스라엘의 희망' 그리고 '천년왕국론'과 '종말론'의 관계를 아래와 같이 말합니다.

> 이것은 적극적으로 말하면 하나님 나라에 대한 메시아적 희망이 없이는 교회와 이스라엘 사이에 그 어떤 긍정적인 공동체도 없다고 하는 사실을 의미한다. 그리고 그럴 경우 그것은 천년왕국론이 없이는 그 어떤 적절한 종말론도 없다고 하는 것을 말한다. 종말론은 천년왕국보다 크다. 그러나 천년왕국은 종말론의 역사적 적실성(relevance)이다. 교회와 이스라엘을 위한 하나의 지상적이고 역사적인 미래를 전개하는 것은 오직 천년왕국론적인 희망뿐이다.… (CoG, 197)

2-5. "천년왕국의 시간성의 문제"에서 몰트만은 무엇을 주장하나요?
답

몰트만은 "마지 막 날과 새로운 영원한 창조의 동터 오름 전(前)에 일어날 역사 안에서의 역사적 시간의 완성"(CG, 199)에 대하여 논합니다. 이것이 다름 아닌, '천년왕국의 시간성'에 대한 것인데, 몰트만은 "그 동안

---

[35] 몰트만에 따르면, "이스라엘이란 오늘날 회당들과 이스라엘의 땅 안에 있는 종교적 유대주의를 통하여 오늘날 표현되는 바, 유대인들에 대한 성서적이고 신학적인 견해이다."(CoG, 196-197)

성서에 대한 예어자적 해석들과 구원역사의 개념에 근거하는 성서해석들에 따른 이와 같은 천년왕국적 희망은 선(線)적인 달력상의 시간(a linear calendar time)으로 생각되어 왔다."(CoG, 199)고 보고, 이에 반대하여 '천년왕국'은 새 창조 과정의 일부요 '영광의 나라'로서 '그리스도의 왕국'에 의하여 결정되는 시간성을 갖게 될 것이라고 해석합니다. 상론하면, 그 시간성은 신학적으로 하나님의 현존과 부재에 의하여 결정되는 바, 이 '천년왕국'이야 말로 '그리스도 통치'(Christocracy) 하에 성령을 통한 그리스도의 현존으로 충만할 그런 시간성이라는 것입니다. 몰트만은 새 창조의 전(全) 과정을 염두에 두면서, 메시아 왕국의 시간성을 아래와 같이 규정합니다.

> 신학적으로 하나님께서 창조자와 보존자로 현존하시는 '자연의 나라'가 있고, 하나님께서 그의 언약으로 이스라엘 안에 그리고 그리스도를 통하여 교회 안에 현존하시는 '은혜의 나라'가 있으며, 하나님 자신이 마치 성전 안에 내주하시듯 그의 창조세계 안에 내주하실 '영광의 나라'가 있을 것이다. 기독교 신앙에게, 현재는 생명을 살리는 성령 안에서의 그리스도의 현존에 의하여 결정된다. 때문에 기독교 신앙은 죽은 자들로부터 우리를(믿는 자들과 이스라엘) 부활시키고, 우리의 죽을 몸들을 다시 살리는(롬 8:11) 그리스도의 미래를 기대한다. 하여 이 미래는 그리스도의 투쟁이 아니라 그리스도의 왕국으로 각인될 것이다. 그런즉 이 천년왕국의 시간은 무상(無常)성이 아니라 행복한 순간 안에 머무름과 거함에 의하여 특징 지워질 것이다.··· (CoG, 200)

그리고 몰트만은 이상과 같은 '천년왕국'에 대한 희망으로부터 '역사'와 '윤리'를 이해합니다. 헌데, 전자는 '종말'(the Ultimate)이고, 후자는 '종말 전'(the pen-Ultimate)인데, 이 둘은 긴장관계에 있다고 합니다.

그에게 있어서 기독교 신학은 보편사에 대한 한 신학이 아니라, 희망을 바라보는, 투쟁의 한 역사적 신학입니다. 따라서 그의 종말론은 원칙적으로 근대주의적 진보의 난관주의와 모든 것이 점점 더 나빠진다고 하는, 이에 못지않게 천진난만한 근대의 묵시주의의 비관주의 모두를 거부합니다. 하지만 몰트만에 따르면 역사의 비극들과 자연파괴 속에서 역사의 미래가 점점 더 캄캄할 수 있음을 인정합니다. "나는 이로부터 역사의 최종적 끝 이전에 인류가 더욱 더 건설적인 방향으로 집중할 수도 있고 파괴적으로 나갈 수도 있다고 하는 사실을 추론한다."(CoG, 201)라고 합니다.

이 맥락에서 몰트만은 '종말'(the Ultimate)과 '전 종말'의 긴장관계를 염두에 두면서 악한 세상에 맞서 싸우면서 대안적 세계를 창출해 내기 위하여 '천년왕국'과 '윤리'(제자의 도 + 알파)의 긴장관계가가 꼭 있어야 할 것이라고 주장합니다. "그리스도의 천년의 통치, 곧 '평화의 나라'는 불에 의한 적그리스도의 세상파괴에 대응하는 희망의 적극적인 반대급부이니, 그것은 지금 여기에서 일어나는 세상의 노략질들에 저항할 모든 대안적인 형태의 삶과 행동을 위하여 꼭 필요하다고 합니다. 천년왕국적 희망이 없다면, 기독교적 저항의 윤리와 그리스도의 철저한 '제자의 도'는 그것들의 가장 강력한 동기부여를 상실할 것이기 때문이다. 하나의 대안적 그리스도의 왕국에 대한 기대가 없다면, 그리스도의 공동체는 사회에 대한 하나의 '대안 공동체'로서의 성격을 상실할 것이다.…"(201)

끝으로 몰트만은 천년왕국적 기대는 여기에 있는 세상역사와 저기에 있을 세상의 끝과 새 창조의 세계 사이를 매개한다며, 결국 그것은 세상의 현 상태로부터 그것의 도래하는 완성으로의 전이(   )로서 '그리스도의 통치'(J. T. Beck)가 그 초점이라고 주장합니다. 그리스도께서는 생명의 영 안에서 만유를 회복하신 후, 그것을 아버지께 양도하실 것이기 때문입니다. 그리하여 새 하늘과 새 땅이야 말로 삼위일체 하나님께서 새롭게 거듭난 창조의 세계 안에 편안히 내주하시는 세계일 것입니다. 그런데 몰트만은

'세상역사'는 '천년왕국'을 통하여 '새 창조의 세계'로 연착륙할 것을 주장합니다. 세상의 기원도 그리고 세상의 종국도 결코 빅뱅이론으로 설명될 수 없다고 보기 때문입니다. "기독교적 종말론 치유하고 구원하시는 메시아적 종말론 은 천년왕국적 종말론이다."(201)

2-6. "묵시적 종말론은 꼭 필요한가?"
답

몰트만은 역사와 창조세계에서 일어나는 암담한 현실과 비극들을 보면서 세상역사와 창조세계의 절망적 끝만을 내다보는 오늘날의 거짓 예언자들 혹은 자칭 자기 스타일의 예언자들과 달리, "유대교적이고 기독교적인 묵시주의의 미래"는 궁극적으로 하나님의 No가 아니라 하나님의 Yes를 말한다고 합니다. 즉 세상의 끝은 희망이라고 하는 말입니다. 묵시주의자들은 역사와 창조세계의 부정성에도 불구하고, 하나님의 긍정(Yes)이 끝에 온다고 가르칩니다. "그들은 신앙의 저항과 희망의 인내를 일깨운다. 그들은 위험 속에서 희망을 퍼트린다. 그들은 인간과 우주의 끝을 마주하여 하나님의 새로운 미래를 선포하기 때문이다. … 그들은 하나님의 창조적 말씀과 성령의 예언자들이다. 그들은 역사적이고 우주적인 테러들에 대한 경험들 한 가운데서 하나님의 미래, 하나님의 심판, 그리고 하나님의 영원한 나라를 선포한다."(CoG, 203)

이와 같은 몰트만의 주장은, 메시아 왕국의 끝에 일어나는 곡과 마곡과의 전쟁과 마지막 심판의 사건을 가리키는 표지판들로서 이런 상황에서 우리는 깨어 기도하면서 삼위일체 하나님의 선교에 응답하여 교회의 메시아적이고 사도적인 사명을 다해야 하는 바, 결국 우리들은 새 하늘 새 땅에 대한 희망으로 인도되어야 한다고 보는 것입니다. 물론, 역사와 창조 세계 안에서 메시아 왕국과 새 하늘 새 땅에 대한 수많은 역사적 선취(先取, Vorwegnahme)들도 함께 발견됩니다고 봅니다.

환언하면, 몰트만은 "역사적 천년왕국과 종말론적 천년왕국" 사이의 차이가 "역사적 묵시주의와 종말론적 묵시주의"(CoG, 226)사이의 차이와 유사하다며, "세계역사의 대제난들 혹은 우주적 재난들에 대한 묵시적 해석들"과 "새로운 세계의 탄생을 목표로 하는, 하나님의 심판 안에서 일어나는 이 세상의 권력들에 대한 종말론적 묵시"(226)를 구별합니다. 즉 그는 역사적이고 우주적인 재난들 안에서 하나님의 심판을 읽어냅니다. 그에게 있어서 그리스도의 죽은 자들로부터의 부활"과 마지막 심판과 새 창조는 옛 것의 죽음을 전제하는 바, 역사와 창조세계 속에서의 모든 불행들과 비극들을 묵시적 종말로 봅니다. "묵시주의는 역사가 아니라 종말론에 속한다. 그러나 종말론은 묵시주의로 시작됩니다. 이 옛 것의 끝이 없이는 새로운 세상의 시작이 없다. 불신앙에 대한 심판이 없이는 하나님의 나라가 없다. '마지막 때의 해산의 고통'이 없이는 우주의 중생이 없다. 그리스도의 죽은 자들로부터의 부활은 그분의 진짜 전적인 죽음을 전제한다. 기독교적 묵시는 이와 같은 사실로부터 거동을 취한다. 그분의 진짜 끝은 그분의 진정한 시작이다."(CoG, 227)

그리고 몰트만은 예언자들과 "묵시적 작가들"을 구별합니다. 후자는 "전례 없이 세상역사 전체와 우주의 역사 전체에게 가해지는 하나님의 심판의 위기"(227)에 대하여 말합니다. 하지만 다니엘서와 에녹서의 묵시주의는, "하나님의 약속은 새로운 세계의 시간 혹은 만유의 새 창조를 구축한다."(227)고 하였습니다. 즉

> 이스라엘의 묵시들과 기독교의 묵시들 모두는 아직 경험되지 않는 불가사의한 테러들로 끝날 것을 내다본다. 그럼에도 불구하고 그들은 이와 같은 도래하는 테러들을 통하여 만유의 새 창조의 시작을 내다본다. 그래서 이들의 묵시들은 모두 '마지막 때의 해산의 고통'이라고 하는 이미지에 도달한다. … 이 세상의 파멸은 이미 이 세상구원의 제

1막이다: '세상은 구원받기 위하여 부서져야 한다.' 바울(롬 8:19 이하)에 의하면, 이와 같이 구속받지 못한 세상에서 노예 된 창조의 세계는 구속을 위하여 탄식하고 성령의 첫 열매들을 받은 믿는 자들도 이 탄식에 동참한다. 그러나 이 탄식들은 어느 날 우주의 중생에서 영원한 기쁨으로 변형될(요 16:20) 해산의 고통의 신음들이요 신적 영의 해산의 절규이다. 그리하여 여기에서 사용된 메파포들은 분명히 '우주의 중생'(마 19:28)을, 어머니로서 하나님이신(사 66): 루아흐 야훼, 곧 성령 하나님께 돌린다. (CoG, 229)

세상의 파멸에도 불구하고 묵시적 희망에 대한 이유는, 하나님의 신실성에 대한 순수 신앙이다. 그것은 낙관주의가 아니다. 비록 그가 지으신 세상이 그 자신의 사악함으로 무너진다고 해도 하나님께서는 계속해서 그분의 창조의 결단(his creative resolve)에 신실하실 것이다. 하나님의 생명에 대한 의지는 그분의 심판의지보다 더 크다. 하나님의 긍정(Yes)는 그의 부정(No)을 압도하고 능가한다. '하나님은 신실하시다. 그분은 그 자신을 부정하실 수 없다.'(딤후 2:13: '우리는 미쁨이 없을지라도 주는 항상 미쁘시니 자기를 부인하실 수 없으시리라'). 결과적으로 믿는 사람들은 하나님의 부정 속에서 그분의 긍정을 분별하고, 심판 속에서 그분의 은총을 감지하며, 이 세상의 끝에서 하나님께서 새롭게 창조하실 세계의 시작을 본다.(CoG, 229)

그래서 몰트만은 역사와 창조세계가 캄캄해 질 때에도 경성하여 기도하면서 머리를 들어 위를 바라보라보라고 합니다(눅 21:25, 28). "진정한 묵시는 이 세상체제의 붕괴에도 불구하고 사람들로 '머리를 들고' 두 팔을 벌려 하나님의 새로운 시작을 맞이할 준비를 하도록 한다."(230)고 한다는 것입니다. 간단히 말하면, "세상의 묵시적 끝에 대한 이미지들은 반듯이 하나님의 도래하는 왕국(천년왕국: 역자 주)과 만유의 새 창조에 대한 희망의 비전들에 속한다…. 하나님의 미래에 대한 희망의 비전들은 경험되어 지고 공포의 대상인 이 세상의 위험들로부터의 구출에 대한 비전들이다. 두려움이 없이는 희망은 없다. … "(CoG, 233-234) "우리가 없는 것들로부터 존재를 만드시고 죽음으로부터 새 생명을 창조하시는 하나님을 신뢰할진대, 우리는 세상의 끝도 하나의 새로운 시작을 은폐시키고 있다고 하는 사실을 신뢰할 수 있다."(234) 결국, 십자가에도 불구하고 그리스도의 부활이야 말로 모든 종말론적 주장들의 척도입니다.

세상을 위협하는 끔직한 위엄들에 직면하여 그리스도적인 기억은 묵시적 차원들을 가진 그리스도의 죽음을 현재화시킨다. 그 목적은, 그분의 죽은 자들로부터의 부활로부터 '장차 도래할 세상의 삶'에 대한 희망을 끌어내려는 것이고, 그분의 영생으로의 중생으로부터 우주의 중생에 대한 희망을 가져오기 위함이다. …

그래서 이 희망으로부터의 삶은 이미 여기 오늘에 정의와 공의와 평화의 저 세계와 상응하여 행동하는 것을 의미한다. 비록 그렇지 않게 보이고 모든 역사적 성공의 기회들과는 다를지라도 말이다. 그것은 우리들로 하여금 오늘의 핵 억제 시스템과 모든 다른 대량파괴의 시스템들의 정신과 논리와 실천을 엄숙히 포기하도록 한다. 그것은 모든 살아있는 생명체들이 당하고 있는 불가피한 죽음에 직면하여 하나의 무조건적인 예스를 의미한다.… (CoG, 234-235)

끝으로 몰트만은 예수님의 메시아적 선교와 그의 말씀 그리고 신약의 사도적 복음은 묵시적 종말론을 모태(케제만)로 하고 있다고 봅니다. 비록 예수님의 설교가 묵시문학적 이미지들을 사용하기지 않았지만, 그것은 기본적으로 그분의 시대의 억압받는 이스라엘의 일반적인 묵시주의를 전제하고 (CG, 230), 신약성서 역시 그렇다고 합니다. 헌데 예수님의 사역과 말씀 그리고 신약의 사도적 복음의 묵시적 종말론은 유대교의 그것과 다른 점을 가지고 있다고 합니다. 즉, 예수님의 사역과 말씀 그리고 사도들의 복음은 기대된 시대의 변혁이, 유대교의 묵시주의자들의 경우처럼 먼 훗날에 비로소 도래하는 것이 아니라 "그것은 '이미 지금 이 세상적 시간 한 가운데서 일어나고 있다합니다. 그런 이유로 이방인들에 대한 사도들의 복음 선포는 이중적인 의미에서 종말론적이니, "첫째로 예수님이 '죽은 자들로부터' '부활하심과 더불어 '죽은 자들의 일반적인 부활'이 시작되었고, '장차 도래할 세상의 삶이 이미 시작된 것이다. 그리고 예수님은 잠자는 자들의 첫 열매로 믿어지고 '생명의 지도자'로 경험된 것이다. 둘째로 예수님은 승귀(exaltation)하시어 도래하는 신적인 왕국의 주님으로 즉위하셨으니, 하나님께서는 그분의 죽음을 통하여 이미 죄의 권세를 정복하신 것이고, 그의 부활을 통하여 이미 죽음의 권세를 깨 부신 것이다."(CoG, 230)

그런즉 장차 도래할 새 하늘과 새 땅은 예수님의 성육신과 메시아 사역, 그리고 사도들의 복음 선포를 통하여 성령의 사역으로 시간과 공간 속에서 이미 시작되었고, 그 선취적인 모습을 드러내고 있다고 하는 것입니다. 허나, 예수님은 당시 유대인들의 미래지향적 종말론 일변도에 반대하여 "나는 부활이요 생명이니 나를 믿는 자는 죽어도 살겠고, 무릇 살아서 믿는 자는 영원히 죽지 아니하리니 이것을 네가 믿느냐"(요 11:25-26)라고 부활과 영생의 현재적 의미를 강조하셨습니다.

2-7. 문: "예수님의 재림과 믿지 않는 사람들의 부활, 심판, 그리고 새 창조"라고 하는 종말론적 과정에서 불신자들은 영원히 멸망을 받는가? 답:

2-7-1. "최후 심판과 그것의 상극적인 결과": 중세교회는 천국과 연옥과 지옥에 대한 교리로 사람들에게 공포를 주었습니다. 종교개혁자들도 천국과 지옥의 종말구조 속에서 복음을 통한 이신칭의의 신앙에 의한 구원을 강조하였습니다. 이들은 모두 '최후심판의 이중적 결과'(the double Outcome of the Last Judgment)이상을 몰랐습니다. 즉 마지막 심판에서 심판을 받아 믿는 자들은 천국으로 그리고 불신자들은 지옥으로 간다고 하는 것 이상을 생각하지 않았습니다. 몰트만은 그와 같은 '이중적 결과'에 반대하는 뜻에서 이렇게 질문한다. "… 혹은 모든 사람들이 구속을 받고 모두가 구원을 받으며, 만유가 새 창조로 편입되는 것이 아닌가? 이 질문 뒤에는 하나님이 어떤 분이신가에 대한 질문이 있다. 그들의 창조자로서 하나님께서는 그분의 모든 피조물들과 함께 생명과 죽음과 부활로 진입하셨는가 아니면 하나님께서는 그분이 창조하신 모든 것들에 대립하여 분열되어 계시며 개입을 피하고 계시는가? 자신이 창조하신 모든 것을 사랑하시는 하나님께서 피조 된 모든 것들 안에 있는 악하고 파괴적이며 불신앙적인 모든 것들을 정죄하시는 것이 아니라 이와 같은 존재들 자체를 정죄하실 수 없는 것이 아닌가?"(CoG, 236)

그리고 이어서 계속 질문을 던집니다. 심판 주는 어떤 분이신가? 심판의 표준인 정의와 공의는 어떤 것인가? 그는 예수님을 심판주로 보고, 이 예수님은 자신이 나타내 보여주신 공의에 따라 심판하실 것이라며, 그것은 "우리의 원수들에 대한 사랑의 법과 가난한 자들과 병든 자들과 죄인들에 대한 용납이 아니었던가? 최후심판이 사용할 공의는 정의를 창조하시고 구속하시는 하나님의 공의 혹은 율법과 선지자들이 증언한 공의 혹은 사도 바울이 선포한, 인간을 의롭다 하시는 공의가 아닌 그 어떤 다른 의(義)겠는가? 신학으로 인하여 기독교인들의 신앙은 최후심판에 대하여 이스라엘의 역사와 예수 그리스도의 역사 안에서 하나님께서 계시하신 것과는 다른 그 무엇을 기대하게 하여 자체 모순에 빠진 것이 아닌가?

최후심판은 최후의 사건'인가? 혹은 그것이 모든 사람들과 만유 안에서 하나님의 공의와 정의를 계시하고 수립하는, 새 창조의 전 단계가 아닌가? 그리하여 그 목적이, 하나님께서 그분의 지속적인 정의(正義) 위에 그분의 새로운 세계를 세우시고, 영원한 평화를 위하여 새 창조를 감행하시는 데에 있는 것이 아닌가?…"(CG, 236-237) 즉 몰트만은 '최후심판'을 '최후 이전 것'('the last but one' = the pen-Ultimate)으로 봅니다. "마지막 것(the last = the Ultimate)은 그분의 나라요 만유의 새 창조의 세계이다. 하나님께서는 창조세계에게 복을 먼저 주신 것이기에, 심판이 창조세계의 최후의 것이 아니라고 합니다. "마지막으로 오는 복은 공의와 정의가 거하는 새 창조의 축복이다."(CoG, 237)

2-7-2. "보편주의를 찬성하기도 하고 그것을 거부하기도 하는 성서": 몰트만에 의하면, 브룬너와 에벨링, 그리고 근본주의 신학자들은 "순수하고 단순하게 성서의 기록"에 호소함으로써, "보편적 구원을 사변적 신학"(CoG, 240)이라고 비판합니다. 이에 대응하여 몰트만은 먼저 '보편구원'을 말씀하는 성서구절들과 그 다음 '최후심판의 이중적 결과'를 옹호하는 성서구절을 제시합니다. 전자에 관하여는, 에베소서 1장과 골로새서 1장, 빌립보서 2장과 고린도전서 15장, 그리고 로마서 5장을 인용하고, 후자에 관하여는 마태 7장과 12장과 25장, 마가 9장과 16장, 누가 16:23, 요한 3:36, 3:16, 빌립보 3:19, 고린도전서 1:18, 그리고 고린도후서 2:15을 인용한다. 그런데 성서적 증언들에만 의존할 경우, 우리는 그 어느 한 입장을 취할 수 없다면서, 만약에 누가 성서의 무오성을 주장하면서 자신의 구원론적 입장을 세우려고 한다면, 그는 '보편적 구원'이든지 혹은 '이중적 결과' 둘 중에 하나를 택해야 할 것이라고 합니다. 성경의 많은 본문들이 그와 같은 두 입장을 말씀하고 있기 때문입니다.

몰트만은 두 가지 이유로 두 번째 입장을 비판한다. 즉 첫째로 저주와 지옥의 시간성을 나타내는 aionios는 히브리어의 olam은, 하나님 자신의 '영원성' 혹은 그분의 질적인 의미에서의 '끝 없음'과 같은 절대적인 의미의 영원성을 의미하는 것이 아니라 세상이 끝날 때 까지만 계속되는 시간을 말한다고 보고, 둘째로 마가 9:49에 나오는 지옥불은 더러운 것을 태우고 교정하는 불이고, 마태 25장에 의하면 구원과 저주는 대칭적이 아니라 비대칭적이라고 봅니다. 그도 그럴 것이 하나님 나라는 '창세부터 예비 된 것'이고 불은 저주받을 자들을 위하여 결코 '창세부터 예비 된 것'이 아니라고 하는 것입니다. 그리고 몰트만은, 바울과 요한은 '상실 됨'에 관하여 '현재'에 국한시키고, 미래로 확장시키지 않는다고 합니다. "그런즉 불신자들은 영원히 그런 것이 아니라 잠정적으로 그리고 마지막 때에 한하여 '상실 됨'을 위하여 포기되었다."(CG, 242)고 하는 것입니다. 그런즉 몰트만은 '보라 내가 만물을 새롭게 하노라'(계 21:5)를 '궁극적인 것'(the Ultimate)으로 그리고 저주와 지옥과 '최후심판의 이중적 결과'는 '궁극 이전 것'(the pen-Ultimate)이라고 결론 내리고 있습니다.(CoG, 242-243)

2-7-3. "보편구원에 대한 혹은 최후심판의 이중적 결과에 대한 신학적인 논증": 몰트만은 성서의 여러 명제들에 근거하여 양쪽의 입장을 개진하면서, 그와 같은 명제들로서 하나님 말씀은 일관성을 보장하기 어렵다고 봅니다. 그리고 그는 내러티브 신학이 제시하는 '본문내재성'(intratextuality)에 따른 성서적 통일성을 중요시여기면서도, 그것으로 만족하지 않고 '약속사와 하나님 나라', '기독론적 종말론', '메시아적 기독론', 그리고 '구속사적 삼위일체론'에 근거한 '구속사에 대한 삼위일체론적 개념'을 통하여 내러티브를 뚫고 나갔다고 보입니다.

그리하여 몰트만은 앞에서 지적한 두 입장 모두의 신학적 논증을 소개하고 '보편구원론'을 선호하면서, 그것을 신학적으로 논증합니다.

…하나님의 은혜가 인간의 죄보다 더 큰 권세를 가지고 있다. '율법이 들어온 것은 범죄를 더 하게 하려함이라 죄가 더한 곳에 은혜가 더욱 넘쳤나니.'(롬 5:20) 하나님 안에선 사랑이 진노(the wrath of God)를 능가한다. 하나님은 인간의 죄에 의하여 진노하시지만 이는 그가 인간을 사랑하심에도 불구하고 그런 것이 아니라 인간을 사랑하시기 때문에 그런 것이다. 하나님은 죄인에 대하여는 'Yes'를 말씀하시기 때문에 죄에 대하여 'No'를 말씀하신다. 그는 그가 창조하시고 그분의 형상인 인간에게 영원의 차원에서 Yes를 말씀하셨기 때문에 시간 차원에서 No를 말씀하신다. 그는 세상을 구원하시기 위하여 세상의 죄들을 심판하신다. '여호와는 죽이기도 하시고 살리기도 하시며 스올에 내리게도 하시고 거기에서 올리기도 하신다.'(삼상 2:6). 그의 진노는 잠시잠깐이지만 그의 은혜는 영원하다. '그의 노염은 잠깐이요 그의 은총은 평생이로다.'(시편 30:5). … (CoG, 243)

하여 몰트만은 이스라엘과 교회에 대한 하나님의 선택과 나머지 인간들에 대한 유기는 구원의 보편주의 차원으로 통전된다고 봅니다. "그의 '최후심판'은 '이중적 결과'를 갖는 것이 아니라 만유의 새 창조를 위한 신적 공의와 정의의 보편적 수립을 섬기지 않으면 안 되게 되어 있습니다. 그래서 우리가 신앙으로 경험하는 그의 진노에 대한 그의 은총의 압도적 지배는 최후심판과 온 세상과 창조세계의 화해가 동일한 비중을 가지고 있는 것이 아님을 말합니다. 만유의 화해는 하나님께서 만민들과 만유를 그의 영광의 영역으로 모으시기 위하여 의를 창조하고 모든 일들을 바르게 하는 공의를 계시하시는 심판을 통하여 일어난다."(CoG, 243-244) 그런즉, 몰트만은 '이중적 결과'를 주장하는 사람들은 하나님의 은혜에 대응하는 신앙결단을 강조하다가, "구원이 신앙에 달린 것"(244)으로 보게 되어, "결국 보편주의는 신적 구원의 모든 것을 포괄하는 전체성을 강조하고, '이중적 결과의 교리'는 하나님의 구원과 인간의 신앙의 상호성'을 강조한다."(244)고 하는 것입니다.

2-7-4. "이중 예정론인가 하나님의 보편적인 선택인가?": 몰트만은 '선택'교리가 칼뱅에 뒤이어 개혁신학 전통을 타고 내려온다고 보고, 먼저 '피택과 유기'라고 하는 '이중 예정론'의 여러 종류를 제시한 다음에, 슐라이에르마허의 택정교리와 칼 바르트의 그것으로 이동합니다. 우선 전자의 '보편주의'를 소개하면 아래와 같다.

> 그는 전혀 정반대의 선택교리를 주장하였다. 조건적인 것이란 믿는 사람들에 대한 신적 선택의 특수성이고 무조건적인 것은 구원의 보편주의이다. 구원으로의 역사적 여정은 신적인 선택과 유기에 의하여 진행되고, 종말론적 목표는 보편구원이다. 하나님께서는 모든 사람들을 구원하시기를 원하신다. 그것은 하나님의 결의(決議)이다. 역사적 경험을 보면, 하나님께서는 선택하시기 위하여 버리시고 구원하시기 위하여 지옥으로 떨어트리신다. 그는 사람들을 모으시기 위하여 상실되도록 포기하신다. 그는 불신앙을 잠정적으로 허락하시지만, 끝에 가서 그의 은혜는 불가항력적이다. 인간은 하나님의 사랑에 저항하는 자신의 불신앙을 영원히 유지할 수 없다.(CoG, 248)

끝으로 칼 바르트의 선택교리를 소개한다.

> …하나님께서는 인간들을 선택하시거나 유기하시기 전에 스스로 이 인간을 위하여 이들의 창조자, 화해자, 그리고 구속자가 되시기로 결의(決意)하셨다(immanent Trinity: 역자 주). 예정론은 우선 그것이 인간들의 결정이기 전에 하나님 자신의 결정이다. 따라서 하나님의 '영

원한 결의'는 보편적이다. 그것은 그리스도 안에서 나타났으니, '자유로운 은혜의 하나님께서는 이 그리스도 안에서 죄인을 위하여 스스로 결정하신 것이고 죄인(예수 그리스도께서 vere Deus et vere Homo로서 모든 인간을 대리하시는 죄인이시다: 역자 주)은 하나님을 위하여 결정하신 것이다. 그러므로 그리스도께서는 인간의 유기와 그것에 따른 모든 나쁜 결과들을 스스로 짊어지셨고, 인간을 선택하시어 하나님의 자신의 영광에 참여케 하신 것이다. 이와 같은 신적 선택은 영원한 차원에서 일어난 것이기 때문에 이 예정론은 타락 전예정론(supralapsarian)으로 이해되지 않으면 안 된다. 하나님께서는 십자가에 달리신 그리스도 안에서 남녀인간들에게 그의 은혜를 베풀어 주시기 위하여 이들 죄인들의 유기를 스스로 걸머지신 것이다(economic Trinity). 때문에 이것은 '이중 예정론'이다. 유기가 있고 유기되신 분이 있다. 우리를 구원하시기 위하여 십자가상에서 우리를 위하여 죄가 되시고 저주가 되신 그리스도께서 다름 아닌 유기되신 자이셨다. 그리스도의 부활은 모든 인간들에게 적용되는 보편적 유기가 선택에 의하여 극복되었다고 하는 사실을 나타낸다. …그리스도께서 '세상 죄들'을 걸머지시고 십자가상에서 모든 유기를 극복하셨기 때문에, 모든 인간들은 그리스도 안에서 객관적으로 화해되었다. 인간들이 알든 모르든 간에 말이다. 인간들은 신앙을 통하여 자신들이 화해되었음을 주관적으로 경험한다.… (CoG, 248-249)

몰트만은 이상과 같은 보편적 선택 교리의 맹아가 아들 불름하르트에게 있었다며, 바르트의 선택론을 '열린 보편주의'라 부릅니다. 즉 "바르트의 새로운 버전의 예정론은 구원에 대한 열린 보편주의를 지향한다. "원칙상 특수주의는 없고 자동적인 보편주의도 없다. 믿는 자들은 '택정함을 입은 자들의 열린 다중성'(an open multiplicity of the elect)이 있을 것을 기대하고 '희망의 고백' 안에서 그리스도로 인한 보편적 구원을 기대한다. 믿는 자들의 희망의 확신은 그들의 신앙의 확신보다 결코 작은 것이 아니다. 그것은 믿는 사람들의 그리스도 신앙의 다른 측면이다."(249)

2-7-5. "지옥에 내려가신 그리스도와 만유의 회복": 방금 위에서 몰트만은 보편적 '화해의 복음'의 '이미'(already)를 강조하는 바르트와는 달리 만유구원에 대한 종말론적 비전(not yet)을 강조합니다. 바르트가 내재적 삼위일체 하나님의 영원한 결의에 근거하여 경세적 삼위일체 하나님의 경세에 따른 예수 그리스도의 보편적 화해를 그의 '선택'교리의 뿌리로 보았다면, 몰트만은 "골고다에서 일어난 그리스도의 죽으심의 심연"(CoG, 250)에 초점을 맞추어 미래지향적인 종말론적 보편구원론을 개진합니다. 그러니까, 몰트만은 보편구원론의 '이미'가 아니라 '아직 아님'에 무게를 둡니다.

> …우리는 오직 이 예수님의 죽음에서만 제약이 없는 화해에 대한 확신, 만유회복에 대한 희망의 근거, 보편적 구원에 대한 희망의 근거, 그리고 영원한 하나님 나라가 되기 위하여 새롭게 창조되는 세상에 대한 희망의 근거를 발견한다. 그런즉 그리스도의 부활 덕분에 그분의 현재적 통치와 '산자들과 죽은 자들을 심판하시는' 그의 미래 통치에서 무엇이 계시되어 지는가를 이해하는 사람은 오직 그리스도께서 하나님께 버림받으심으로 당하신 고난을 이해하는 사람만이다.…(250)

그리고 장차 도래하는 '최후심판'에서 인간과 창조세계를 심판하실 심판주가 다름 아닌 예수 그리스도라고 합니다. 이 심판 주는 불의를 행한 사람들을 모두 칼과 불로 진멸시키시는 하나님이 아니라, 인간과 우주를 위하여 십자가에 달려 죽으셨다가 인간과 우주의 부활을 위하여 부활하신 분이십니다.

우리는 십자가에 달리신 그리스도가 최후심판의 심판자이심을 인식할 것인데, 그분은 고발당한 자들을 위하여 그들을 대신하여 그리고 그들의 구원을 위하여 고발 받고 정죄되었으며 처형당하셨다. 그런즉 우리는 마지막 심판의 보좌 앞에서 다른 심판자가 아니라 세상의 화해를 위하여 십자가에 달리신 분을 기다린다.(250)

하여, 몰트만은 향후 도래하는 메시아 왕국과 새 하늘 새 땅의 '의'에 대하여 주장할 때, 그것은 단순히 선한 사람들에게 상주고 악한 사람들에게 벌을 주며, '각자에게 마땅한 것을 돌리는 의'(suam cuique)가 아니라, "정의를 창조하시고 모든 것들을 바로잡으시며 칭의하시는 예수 그리스도의 아버지, 곧 아브라함의 하나님의 공의와 정의이다."(250)라고 합니다. 그는 예수 그리스도를 통하여 계시되고 약속된 '공의와 정의'의 나라가 무엇인가를 제시합니다.

…그리스도의 역사 속에서 불의를 당하는 자들을 위하여 정의를 창조하시고 신앙이 없는 사람들을 의롭다하시는 하나님의 공의를 경험한 사람은 최후심판에서 이 파괴된 세상을 회복하시고 모든 것을 바로잡을 정의가 무엇인가를 안다. 그것은 보복적이고 보응적인 정의가 아니다. …(250)

하여 몰트만에게 있어서 '마지막 심판'은 나라들과 제국들의 법정의 판결과 같은 것이 아닙니다. 장차 마지막 심판 때, 십자가에 달리신 그리스도의 법정에선 그 어떤 보상적 형법도 적용되지 않을 것이기 때문입니다. 그 때엔 그 어떤 영원한 죽음의 형벌도 부과되지 않을 것입니다. "최후심판이란 예수 그리스도의 보편적 계시(the universal revelation of Jesus Christ)와 그분의 구속사역의 완성 이외에 그 어떤 다른 것이 아닐 것이다.… 의를 창조하는 신적 공의의 최종적 확산은 침범당한 신적 세계질서의 종국적인 회복이 아니라 영원한 하나님의 나라를 섬긴다. 세상 끝에 있을 심판은 전혀 끝이 아니라 시작이다. 그것의 목적은 하나님의 영원한 나라의 건설을 위한 만유의 회복이다."(CoG, 250-251)

몰트만의 만유회복 교리는 저주나 지옥을 부인하지 않습니다. 그는 그것이 예수 그리스도의 십자가 사건에서 모두 극복되었으니, 이것이 만유회복의 근거라고 합니다. 그에게 있어서 십자가에 달리신 예수님은 지옥에 내려가시어, 만유회복의 근거가 되셨기에, 그는 부활하신 그리스도의 십자가 사건을 만유회복의 근거로 봅니다. "…그리스도께서는 고난당하시고 죽으심으로 세상의 화해를 위하여 하나님께 버림받으심의 진정하고 전적인 지옥을 맛보시고 우리를 위하여 죄의 진정하고 전적인 저주를 경험하신 것이다. …아무 것도 상실되지 않을 것이고 만유가 하나님의 영원한 나라 안으로 가져가 지고 모여질 것이라고 하는 확신의 근거는 그리스도의 지옥에 내려가심이다. 십자가의 신학이야 말로 보편적 구원에 대한 희망의 진정한 기독교적 초석이요 이 십자가 신학의 실제적 결과는 오직 만유의 회복일 수 밖에 없다."(CoG, 251)

몰트만은 루터와 칼뱅의 지옥에 대한 기독론적 실존적 이해를 추적하면서 칼 바라트와 판넨베르크의 지옥에 대한 기독론적 실존적 이해를 소개하고, 그 자신 역시 『십자가에 달리신 하나님』에서 이미 삼위일체의 경세 안에서 예수 그리스도를 통하여 지옥이 극복되었다고 하였음을 상기시킵니다. "오직 파멸, 하나님에 의한 버림받음, 절대적 죽음, 무한한 저주, 그리고 무(nothingness)가 하나님 자신 안으로 회수되었기 때문에만, 이 하나님과의 코이노니아야 말로 영원한 구원이요, 무한한 기쁨이요, 철회될 수 없는 선택(indestructible election)이요 신적 생명이다."

그런즉 그는 이 진술과의 연장선상에서 다음과 같이 언급합니다.

> 그러므로 그리스도의 지옥에 내려가심은 '내가 하늘에 올라갈지라도 거기에 계시며 스올에 내 자리를 펼지라도 거기에 계시나이다.'(시 139:8)을 뜻한다.
> 그리스도의 지옥에 내려가심은 당신이야말로 우리의 지옥경험 속에서도 우리의 곁에 계시기 위하여 우리를 위하여 지옥을 경험하셨음을 의미한다.
> 그리스도의 지옥에 내려가심은 결국 지옥과 죽음이 하나님 안으로 회수되었고 그분 안에서 끝났다고 하는 것을 의미 한다: '이 썩을 것이 반드시 썩지 아니함을 입고 이 죽을 것이 죽지 아니함을 입을 때에는 사망을 삼키고 이기리라고 기록된 말씀이 이루어지리라 … 사망아 너의 승리가 어디 있느냐 사망이 네가 쏘는 것이 어디 있느냐 …우리 주 예수 그리스도로 말미암아 우리에게 승리를 주시는 하나님께 감사하노라(고전 15:54 이하; 15:57).(CoG, 252-253)

그리고 몰트만은 지옥을 십자가와 관련하여 다시 한번 더 언급하고 그것을 그분의 부활과 관련하여 주장합니다. "그리스도께서는 잃어버린 모든 사람들을 찾아 집으로 데려오시려고 잃어버려진 자들을 위하여 그 자신을 십자가에 내어주셨다. 그는 지옥의 문을 활짝 열어버리시려고 지옥의 고통들을 감수하셨으니, 그 결과 이와 같은 고통들은 더 이상 끝의 희망이 없는 것이 아니다. 단테가 말한 대로, 그가 지옥을 감당하셨기에, 전적으로 절망 속에 있을 번한 사람들에게 희망을 주셨다. 그리스도께서 지옥으로부터 꺼내지셨기 때문에(was brought out of hell), 지옥의 문들은 열린 것이고 지옥의 담들은 깨 부서진 것이다. 그리스도는 그의 고난들을 통하여 지옥을 파멸시키셨다. 그분이 십자가에서 지옥 같은 죽음을 죽으심으로부터 부활하셨기 때문에, 더 이상 그 어떤 '영원히 저주 당함'과 같은 것이 있을 수가 없는 것이다."(CG, 253-254) 바로 이것이 복음(십자가와 부활)인데, 몰트만은 역시 이것을 예수 그리스도의 영광스러운 재림(adventus/parousia)에 대한 기대와 관련시킵니다. "그리스도께서 죽으심과 다시 사심을 통하여 성취하신 것은, 그의 복음을 통하여 모든 인류에게 선포되고 모든 인간들과 모든 것들에게 그분의 현현으로 계시되어 지실 것이다. 그런즉 십자가의 심연에서 고난으로 경험된 것과 이 고난을 통하여 극복된 바는, 영광가운데 오시는 그리스도의 재림을 통하여 밝히 들어나게 될 것이다.…"(CoG, 254)

끝으로 몰트만은 "'최후심판'에 대한 선포의 종말론적 포인트는 하나님의 구속하시는 나라이다."(255)라며, '최후심판에서 척결될 것에 대하여 다음과 같이 언급하는데, 물론 몰트만에게 있어서 이것은 '메시아 왕국' 후 풀려난 사단마귀로 인한 '곡과 마곡'과의 전쟁 후 모든 불신자들의 부활 후에 일어날 것입니다(천년왕국은 마지막 새 하늘 새 땅의 등장과 함께 모두 하나님의 새 창조의 과정으로서 그 시간개념에 있어서 전혀 달력상의 선적인 시간이 아니다. 필자 주).

…심판은 역사를 향하여 있는, 영원한 나라의 측면이다. 이 심판에서 모든 죄들, 모든 사악함과 모든 폭력행위, 그리고 이처럼 살인적이고 고통을 안겨주는 세상의 부정의(不正義) 전체가 정죄될 것이고 무화(無化)될 것이다. 하나님의 판결이 그것이 선언한 바를 실제로 발효시키기 때문이다. 신적 심판에서 모든 죄인들, 사악한 자들과 폭력 자들, 살인자들과 사단의 자녀들, 마귀(the Devil)과 타락한 천사들 역시 그것들의 끔직한 파멸로부터 해방되고 구원을 받아, 그것들의 진정한, 창조된 대로의 존재로 변혁될 것이다. 하나님께서는 그 자신에 대하여 신실하시고 그분이 일단 창조하시고 긍정하신 바를 포기하지 않으시

고 그것이 상실되는 것을 허락하시지 않으신다.(255)

…따라서 만유회복에 대한 종말론은 다음과 같은 두 측면을 갖는다. 하나는 모든 것을 바로잡는 하나님의 심판이요, 다른 하나는 모든 생명체들을 새 생명으로 일깨우는 하나님 나라이다.(CoG, 255)

결론적으로 몰트만은 '보편주의'와 '특수주의' 모두 붙들고 있습니다. 즉 그는 '만유구원'이라고 하는 보편주의에 대하여 열려있으면서 동시에 '교회의 특수성'을 결코 양보하지 않습니다.[36] 몰트만은 불름하르트 부자[37]와 칼 바르트의 신학에서처럼, 미래 지향적 하나님 나라의 보편성에 대하여 열려 있고, 그럼에도 불구하고 '교회의 특수성'을 주장합니다. 하여 기독론적 종말론에 중심에 두고, 구약의 '약속사(잉여약속들)와 하나님 나라의 미래'를 성서의 중심(die Sache = the subject-matter)으로 보는, 몰트만은 결코 칼뱅의 이중예정론이나 17세기 개혁주의 정통주의의 '제한속죄론'에 자신을 묶지 않습니다. 지적한 대로 칼 바르트가 보편주의적 화해론의 '이미'를 강조하였다면, 몰트만은 그것의 미래에 무게를 두는 바, 전자의 화해론을 나름 수용하고 있는 것으로 보입니다. 물론, 몰트만은 '화해론'보다는 '새 창조'에 무게를 둡니다.

3. 우주적 종말론: 새 하늘과 새 땅
3-1. 문: '새 하늘과 새 땅'이란 무엇인가요?
답

---

36 참고: 이형기,『교회론의 패러다임 전환』, 58-316.
37 아버지 불름하르트는 Johann Christoph Blumhardt(1805-1880)요 아들은 Christoph Friedrich Blumhardt(1842-1919)인데, *The Gospel of God's Reign: Living for the Kingdom of God: Christoph Friedrich Blumhardt*. ed. by Christian T. Collins Winn and Charles E. Moore and tr. by Peter Rutherford, Eillen Robertshaw, and Marism Mathis(Oregon: Plough Publishing, 2014)는 보편적 하나님 나라에 대한 희망과 믿음의 특수성에 대한 주장으로 가득 차 있다. 필자 생각엔, 칼 바라트와 몰트만 역시 이와 같은 보편성과 특수성이 함께 가야한다고 보는 바, 이들은 불름하르트의 신학으로부터 영향을 받은 것으로 추정된다.

본 주제는 모든 불신자들의 부활과 이들에 대한 최후심판 후에 일어날 '새 창조'에 따른 새 하늘 새 땅에 대한 이야기입니다. 하여 이는 '우주적 종말론'입니다. 물론, 몰트만은 '메시아 왕국'의 시작부터 본 주제의 시점까지를 '새 창조의 한 과정'(CG, 196)으로 봅니다. 그리고 그는 본 주제의 부제를 '우주적 종말론'이라 하였으니, 그의 메시아 왕국에 있어서처럼 새 하늘과 새 땅은 '영지주의'(Gnosticism)와는 거리가 멉니다. 그는 "세상으로부터의 구원"이 아니라 "세상의 구원"을, 그리고 "몸으로부터 영혼의 구원"이 아니라 "몸의 구원"을 주장합니다. 하여 "기독교의 종말론적 미래는 한 인간적이고 지상적인 미래, 곧 니케아-콘스탄티노플 신조(381)가 고백하는, "죽은 자들의 부활과 장차 도래할 세상의 삶"the life of the world to come)(259)입니다. 기독교적 이해에 따르면, 구속주는 창조자 이외에 다른 분이 아니십니다. 창조자가 자신이 지으신 만유를 구속하시지 않으신다면 자체 모순일 것입니다. 우주를 창조하신 하나님은 장차 만유 안에서 모든 것이 될 것입니다(고전 15:28).(259) "…인간실존은 몸 적인 실존이기 때문에 모든 감각들과 함께 그것이 의존하고 있는 자연세계에 연계되어 있다. 인간의 생명과 삶은 자연에의 참여이다. …"(CoG, 260)

3-1-1. "창조의 미래 안식과 쉐키나": 몰트만은 구속이 창조의 빛에서 이해되어야 하는가 아니면 창조가 구속에 비추어서 이해되어야 하는가라고 하는 질문의 맥락에서 우주적 종말론의 향방이 결정된다며, 첫 번째 경우는 전통적인 서방교회의 이해로서, 발트아사르의 "두 드라마"로 예증된다고 합니다. 하나는 머나먼 나라로 추방당한 죄인의 길, 곧 '실낙원'이고, 다른 하나는 용서받은 사람들의 귀가, 곧 '복 낙원'입니다. 죄가 좋은 창조를 더럽혔고 은총은 그것을 회복시킨다는 말이고, 끝에 가서는 본래의 모습 그 대로의 창조, 곧 '보기에 참 좋았더라.'의 창조로

되돌려 진다고 하는 말입니다.(262) 이 경우는, "죄와 그것의 결과 때문에만 속죄(redemption)에 대한 종말론적 희망이 있다고 하는 것입니다. 그런데 이에 반하여 두 번째 경우, "…태초의 창조는 만유의 새 창조와 이 새 창조세계 안의 하나님의 내주에서 그 목표에 도달하게 되는 하나님의 역사의 일부로서 창조이다. …이 두 번째 경우 창조에 대한 종말론적 완성에 대한 희망은 죄와 그것의 결과로부터의 구속 너머로 우리를 인도한다. …이 두 번째 경우, 우리는 창조에 대한 종말론적 해석에 도달한다: '여기에서 새로운 생명과 삶이 시작된다.'(incipit vita nova)."(CoG, 262)고 하는 것입니다.

이상의 두 경우에서 몰트만은 물론 두 번째 경우의 입장을 지향하는데, 우리 인간들과 우주는 모두 죄로부터 해방뿐만 아니라, 여기에 더하여 '부가가치'(added value)(비교: the surplus of the promise 혹은 the promissory surplus)(263)를 얻는다고 보아, 서방교회의 전통적인 입장을 극복합니다. "죄가 많은 곳에 '은혜가 더욱 넘친다.'(롬 5:20)면, 이 '부가가치'란 단순한 실제적인 죄뿐만 아니라 죄를 범할 가능성과 죽을 가능성 까지도 끝낸다."(아우구스티누스)고 하는 것입니다. 그런즉 "…해방이 바라보는 것은 창조의 종국적인 완성이다. 죄의 권세로부터의 해방경험은 영광 가운데 일어날 창조의 완성에 대한 희망으로 인도한다. …그러나 끝은 훨씬 시작 이상이다. …태초의 창조 기사는 아직 영광 가운데 있는 창조에 대하여 말하고 있지 않다. 오직 창조의 안식만이 '대단히 좋다' 그 이상이다. …사실상 안식은 미래 완성에 대한 약속으로서 이미 처음 창조 안에 내장되어 있다."(CoG, 264)

그 동안 신학전통이 '무로부터의 창조'(creatio ex nihilo) 교리는, 주로 "창조의 우연성"의 의미로 이해되어 왔으나, 몰트만은 이것이 "시간 속에 있는 창조" 혹은 "시간의 맥락 속에 있는 창조"로 이해하여, 첫 번째 경우는 "역사가 타락과 더불어 시작한다. 타락과 더불어 시간이 시작되고 첫 창조가 회복될 때에 시간은 끝나버린다."(264)고 하는 입장인데, 아우구스티누스는 창조가 시간과 함께 시작되었으니, "창조는 시간적 창조로서 영원한 창조가 될 수 있는 하나의 미래를 향하여 투영된다. 그것의 시간성은 그 자체가 그것의 영원성에 대한 약속이다. 영원이란 시간의 충만이지, 무시간성이 아니기 때문이다."(CoG, 264) 따라서 몰트만은 개인적 종말론(영생), 역사적 종말론(하나님 나라), 그리고 우주적 종말론(새 하늘 새 땅) 모두에 있어서 종말론이 가능한 것이라 합니다.(CoG, 265) "개인적 종말론에 있어서 시간적인 것이 영생으로, 역사적 종말론에 있어서 시간적 역사가 영원한 나라로, 그리고 우주적 종말론에 있어서는 시간적 창조가 '하나의 영원한 '신성화된' 세상으로 변한다고 하는 말입니다. 하여 이와 같은 영원한 창조 안에서의 시간적인 것의 완성(consummation)은 죄, 죽음, 그리고 멸절로부터의 구속(redemption)을 포함하지만…창조의 완성은 영광을 위한 것이라고 하는 것입니다. 은총은 죄의 파괴적인 권세로부터 해방시키기 때문이다."(CoG, 265)

'처음 것들이 다 지나갔음이라'(계 21:4). '처음 하늘과 처음 땅이 없어졌고'(21:1). 분명히 새 하늘과 새 땅은 처음의 그것과 다릅니다. 새로운 생명과 삶이 시작합니다. 하지만 새 창조의 세계는 옛 것을 없애고, 또 하나의 다른 세계가 아닙니다. '보라 내가 만물을 새롭게 하노라'(21:5)고 하였으니, 첫 창조는 '무로부터의 창조'요 새 창조는 '옛 것으로부터의 창조'(creatio ex vetere)입니다. 그런즉 새 창조는 '온전 성으로의 회귀'(a restitutio in integrum)가 아니라 '만유를 새롭게 함'(renovatio omnium)입니다. 그러면 처음 창조 혹은 처음 하늘과 처음 땅과 새 창조 혹은 새 하늘과 새 땅이 어떻게 다른가요? 물론, 후자가 완전하게 되고 새롭 된 것인데, 이에 더하여 몰트만은 "창조자가, 그가 창조하신 창조의 공동체 안에서 다른 현존양식을 갖는다."(265)고 합니다. 주로 안식(Sabbath)과 쉐키나가 그 주안점입니다.

첫 창조는 하나님의 안식 안에서 '완료 된다.'(창 2:2). 하나님께서는 창조 안에서의 안식하시는 현존을 통하여 그의 창조의 모든 사역들에 복을 내려 주신다. 6날 모두는 제7일을 가리키고 창조된 모든 것은 창조자의 이 축제를 위하여 창조되고 그것 안에서 복을 받는다. 그러나 창조는 새롭게 창조되어, 그 결과 그것은 '새 예루살렘'('거룩한 성 새 예루살렘' = 새 하늘과 새 땅의 상징이요 그 중심이요 그 축소판임: 역자 주)을 포함하고 하나님의 쉐키나(내주)의 집이 된다(사 65; 겔 37; 계 21). 첫 창조의 시간에 있어서 안식일은 이 세상과 장차 도래할 세상을 잇는다. 그리하여 기억과 희망을 일깨움으로써 시작과 끝을 연결하는 것은, 하나님께서 자신이 창조하신 모근 것들의 시간 속에 현존하심이니, 이는 곧 영원이 시간 속에 역동적으로 현존하신다고 하는 것이다. '새 하늘과 새 땅'에의 하나님의 종말론적 내주(쉐키나)는 그분의 피조 된 존재들의 공간 안에서의 하나님의 현존이다. …(CoG, 266)

그런즉 출애굽 과정에서, 시온 산 위의 예루살렘에서, 그리고 바벨론 포로에서 장소적으로 현존하신 하나님의 현존이 "'하늘과 땅'이라고 하는 창조세계의 큰 공간들을 채우고 침투하고 모든 하늘과 땅의 피조물들에게 영생과 완전한 정의와 공의를 가져다주실 것이니, 그것이 곧 하나님의 쉐키나입니다."(CoG, 266) 그리고 몰트만은 이와 같은 하나님의 쉐키나와 사바트(안식일)의 차이와 관계에 대하여 이렇게 언급합니다.

…7년마다 오는 안식년과 함께 매주 돌아오는 안식일은, 예루살렘으로부터 포로로 잡혀간 시간 동안 그리고 하나님으로부터 소외되어 하나님으로부터 멀리 떨어진 이 세상에서 하나님의 집 없는 쉐키나이다. 반면에 종말론적 쉐키나는 세상의 공간들 안에서 완성된 사바트이다. 사바트와 쉐키나는 약속과 성취로서 그리고 시작과 완성으로서 상

호 관계 속에 있다. 사바트에서 창조의 세계는 처음부터 자체 안에 그것의 완성(consummation)에 대한 약속을 품고 있다. 그러나 종말론적 쉐키나에선 새 창조의 세계가 첫 창조의 전부를 자체 안으로 취하고 그것을 완성한다. 이 경우 첫 창조는 새 창조의 선구자요 전주곡이다. 창조는 시간으로 시작하여 공간으로 완성된다. 첫 창조의 시간성은 그 자체로서 새 창조, 곧 영원한 창조를 향한 약속이요 개방이다.(CoG, 266)

3-1-2. "세상의 멸절 혹은 그것의 완성?": 여기에서 몰트만은 여러 기독교 전통들에 따른, '세상의 종말론', 특히 "세상의 완성"(consummatio mundi)에 대한 여러 입장들을 소개하면서, "새 땅의 이미지들"에 대하여 논합니다. 그래서 몰트만은 세상의 전적인 멸절(루터교 정통주의), 세상의 전적인 변혁(transformation)(교부들과 칼뱅주의 전통), 그리고 세상의 영광스러운 신성화(deification, 동방정통교회의 신학)를 소개하면서, "그리스도의 십자가와 부활에 근거하는, 기독론적 해석(기독론적 종말론)의 틀에 충실한, '세상의 종말론'을 개진합니다.

3-1-3. "세상의 멸절"(무화 = annihilation): 이레네우스로부터 아우구스티누스와 위대한 그레고리와 아퀴나스와 중세신학전체를 통하여 오늘날의 로마가톨릭교의학에 이르기 까지, 이 세상이 마지막 때에 '멸절'이 아니라 '변혁'을 맞이할 것 것이라고 하는 주장이 대세를 이루고 있습니다. 비록 이와 같은 전통이 '최후심판의 이중적 결과'를 주장하지만 말입니다. 헌데 유독 루터교 정통주의만이 이 세상의 종국적 운명은 '변혁'이 아니고 '멸절'이라고 합니다. 이들은 베드로후서 3:12('… 그날에 하늘이 불에 타서 풀어지고 물질이 뜨거운 불에 녹아지리라.')에 근거하여 "천사들과 인간들을 제외한 이 세상의 모든 것은 불로 타서 무(nothingness)로 해체될

것이다. … 신학적인 정당화로 설명하면, 그것은 축복받는 천사들과 하나님의 형상으로서 믿음을 가진 인간들만이 하나님을 낯과 낯을 대하여 뵙고 하나님에 대한 인식에 있어서 피조물들의 매개와 감각적 인식을 통한 비유와 이미지를 더 이상 필요로 하지 않는, 지복의 비전 속으로(into the beatific vision) 전적으로 흡수되어 질 것이다. 따라서 이들은 하나님 자신이 그들의 환경이 되었기 때문에 더 이상 하늘과 땅이라고 하는 환경은 필요로 하지 않는다. … 축복은 오직 하나님께 대한 영원한 명상에만 있다. 그것의 장소는 하늘이다. 이 '복 받은 자들의 하늘은 인간들을 위한 새로운 환경이 될 것이다. 그리고 이 하늘은 하나님께서 계신 곳이다."(CoG, 268)

'세상의 외형은 지나감이다'(고전 7:31)에서 저들은 '이 세상(시간)의 외형'을 묵시문학적으로 이해하지 않고(묵시문학에 따르면, 역사와 창조세계 속의 온갖 부정성들에도 불구하고 결국 하나님의 긍정이 미래를 지배한다고 하는데)[38], 문자적으로 이해함으로써, "복음과 신앙이, '이 세상(시간)의 외형'의 권세와 강제력에 의하여 옥에 갇힌 사람들을 탈옥시키고 자유케 한다."(269)고 이해한다. 즉, 하나님의 창조세계, 곧 하늘과 땅이 모두 불로 멸절되고 천사들과 잘 믿는 자들만이 하나님이 거하시는 하늘에서 영원한 복을 누릴 것이라고 보는 것이다. 하여 몰트만은 17세기 루터교 정통주의의 세상멸절에 대한 교리에 대하여 3가지로 비판합니다. 그것을 요약하면 아래와 같습니다. 첫째로 루터교 신학의 구원론적 신중심주의는 세계와 몸을 배제하는 인간중심주의적 구원론입니다. 그럴 경우, 하나님은 더 이상 창조자가 아닐 것이기 때문입니다.(CoG, 269-270)

둘째로 '이 세상의 외형'에 대한 묵시문학적 이해의 시각에서, "'이 세상(시간)'의 불신앙적 권세들과 강제력들의 진멸이란 세상의 진멸(annihilation)을 의미하는 것이 아니라 하나님께 상응하는 공의와

38　참고: 『오시는 하나님』, 226-235('Is Apocalyptic Eschatology Necessary?')

정의로써의 세상의 새 창조를 의미한다고 하는 뜻입니다. 하나님의 No는 하나님의 Yes를 위한 것이라고 하는 말입니다. 셋째로 저들이 탈신체적 영혼의 지복의 비전을 구원으로 볼 경우, '몸의 부활'에 대한 신앙은 전혀 무용지물입니다. 종말론에서 부활희망이 빠지면, 성육신 역시 기독론 안에서 유지되기 어렵습니다. 이럴 경우, 기독교 신앙은 "반세상적 혹은 세상 경멸적 영지주의"가 되고 말 것입니다. 허나 이 세상은 더 이상 파괴되지 않을 것입니다(창 9:11).

3-1-4. "세상의 변혁": 같은 17세기에 칼뱅주의 신학은 루터교와 달리 "창조와 그것의 법칙들에 대한 하나님의 꾸준한 신실성"을 확고하게 붙들었습니다. 따라서 이들에겐 세상 끝에 세상의 '진멸'이 아니라 '변혁'이 있을 뿐이라 하였습니다. 물론, 방금 위에서 지적한 대로 이 전통 역시 '최후심판의 이중적 결과'를 따르고 있습니다. 몰트만에게 있어서, 마지막 심판 후 하나님께서는 동일한 세상의 현 상태를 불로써 파괴하시지만 그것은 세계의 진멸이 아니라 "옛 것으로부터 새로운 세계, 곧 그것의 본성이 멸망하지 않을 새 하늘과 새 땅을 만드실 것을 의미한다."(270) 따라서 영화롭게 되는 것은 믿는 사람들의 영혼들뿐만 아니라 그들의 몸도 포함합니다. 하나님께서 자신의 은혜의 언약 속으로 받아들이신 것은 영혼들만이 아니라 전인으로서 몸들이기 때문이다. 그리하여 몰트만은 루터보다 부활을 더 강조하는 칼뱅주의의 '변혁주의' 입장을 아래와 같이 신학적으로 정리하였습니다.

…그리스도의 '재림 시'에 죽은 자들이 부활할 것인데, 이는 죽은 자들 안에서 그리고 죽은 자들을 위한 하나님의 새로운 창조행동이다. 이로써 죽은 자들의 모든 영혼은 땅 위에서 영원히 살아갈 몸과 '재 연합'할 것이다. 개혁전통은 이와 같은 혁신과 정체성의 통일을 '세상의

변혁'(transformatio mundi)이라 부른다. 그런데 이 전통은 이 용어를 종말론적 의미로 사용하지 않는다. 이 변혁에는 세상의 진멸이 내포는 바, 새 하늘과 새 땅은 현 세상의 현 상태의 진멸을 전제하기 때문이다. 그러나 변혁은 하나님의 창조세계로서 세계의 정체성을 전제한다. … 이에 따라서 죽은 자들의 부활은 죽은 자들 안에서 그리고 죽은 자들을 위한 하나님의 새로운 창조행위로 이해되어야 하고 동시에 죽은 자들의 영생으로의 변혁으로 이해되지 않으면 안 된다.(CoG, 271)

그런즉 몰트만에 의하면 칼뱅주의 전통은 교부신학들과 같이 "종말론적인 변혁의 적극적인 측면을 '세상의 변용'(transfiguratio mundi)로 봅니다. 이는, 모든 믿는 사람들이 '그리스도의 영광스러운 몸'(빌 3:21)과 같이 될 것이라고 하는 바울의 주장에서 입증됩니다. 이는 믿는 사람 개인의 변용뿐만 아니라 '세상의 변용'을 의미합니다. 여기에서 몰트만은 계시록 21:5에서 요한은 '내가 만물을 새롭게 하노라'에서 '무로부터의 창조'을 함축하는 'barah'(create)가 아니라 '유로부터 유를 만들어 내는 'asah'(make)를 사용하였다고 논증합니다.(271)

허나, 몰트만은 '세상의 변혁'에 대한 칼뱅주의 교리를 비판합니다. 몰트만에 의하면, 칼뱅주의 역시 옛 세상의 죄와 죄의 결과로 일그러진 '이 세상의 외형'의 진멸 또는 무화(annihilated)를 말하지만, 옛 창조세계의 새 창조에 따른 좀 더 철저한 변용에는 이르지 못하는 것이라고 비판합니다.

…만약에 새 창조가 불멸하고 영원한 창조일진대, 그것은 죄와 죽음의 세상에 반대하여 새롭게 되는 것일 뿐만 아니라 첫 번째 시간적 창조세계에 반대하여도 새롭게 되는 것이 되지 않으면 안 될 것이다. 변혁이란 표현은 세상의 기초들의 이 변화(this change in the foundations of the world)가 파악되기에는 충분히 깊이 침투하지 못한

다. 세상의 종말론적 변혁이란 하나의 근본적인 변혁, 곧 세상 그 자체와 그것의 기초들 자체의 초월적 조건들의 변혁이라고 하는 점을 밝히는 것이 꼭 필요하다. … (CoG, 272)

3-1-5. "세상의 신성화"(deification): 이 교리는 동방정통교회의 구원론의 핵심으로서, 서방교회와 칼뱅주의적인 "세상의 변용적 변혁"(the world's transfiguring transfomation) 차원을 넘어섭니다. 몰트만에 의하면, "(정교회의 '신성화의)발단은 교부들의 '육체적 구속 교리'를 우주 전체로 확장하는 데에 있다."(272)며, 신성화란 인간이 신이 되는 것이 아니라, "하나님이 성육신 하신 것은 인간들이 신성화되기 위함이다."(아타나시우스)에 근거한 것으로서, "그것은 인간들이 신인적 존재인 그리스도와의 연합(their community with Christ)하여, 신적 본성의 특징들과 권리들에 동참하는 것을 의미한다. 그리하여 비 무상성과 불멸성의 신적 특성들이 구원받은 인간들의 것이 된다고 하는 것이다. 죄와 죽음에 대한 정복이 교부들의 교회의 구원론의 중심에 있다."(CoG, 272)

이제 몰트만은 정교회의 '신성화' 교리에 있어서 과연 어떻게 이와 같은 인간론적 교리가 우주적 신성화 교리로 확장되는가를 상세히 설명합니다. 요점은, 모든 인간의 인격들의 각각은 "우주적 자연 전체의 한 휴포스타시스(a hypostasis: 성부 성자 성령의 각 휴포스타시스(a Person)로부터 유래한 개념: 필자 주)로서 다른 피조 된 존재들과의 긴밀한 관계 속에 있다."는 것이고, 이로부터 이중적인 연결이 일어난다고 하는 것입니다. 하나는, 모든 인격들은 동일한 우주적 자연을 나누고 있고, 동시에 인간의 휴포스타시시들은 모든 다른 피조물들의 공동체 안에서 실존한다고 하는 것입니다. 하여 이와 같은 인격과 자연 사이의 휴포스타시스적 결속으로부터 결과하는 것은, "… 한 인격이 구속을 받고 변용되며 신성화되는 경우에 자연 역시 구속을 받고 변용되며 신성화된다.

자연 전체가 영화롭게 된다. 인간들의 구속은 그 결과로 자연의 구속을 끌어 온다. 핵심은 신성화된 사람의 몸에 있으니, 이 몸은 인간의 자연과 우주적 자연을 연결시킨다. … "(CoG, 273)고 하는 것입니다. 즉 몰트만은 정교회의 '신성화'교리에서 위와 같이 인정할 부분을 인정합니다.

그런즉, 정교회는 서방교회의 약점들을 보완하였습니다. 즉, "자연과 인격의 위격적 연합(a hypostatic union)은 주체로서 인격과 객체로서 자연의, 근대주의적 분리에 대한 해결책을 보여주었다. 한 인격에게 일어나는 것은 무엇이든지 자연에게도 영향을 미친다. 인격을 구속하는 것은 무엇이든지 자연을 구속한다. 우주적 자연의 구속이 없는 인간에 대한 그 어떤 구속도 생각되어 질 수 없다."(CoG, 274) 그러나 몰트만은 정교회 교리의 약점을 보완합니다. 몰트만은 정교회가 부활을 강조하고 성령의 사역을 강조하는 의미에서 인간들과 우주의 신성화를 주장하지만, 그리고 그것이 인간들과 우주적 자연의 신성화 혹은 영성 화에는 도달하지만 최후심판 후에 일어날 '새 창조'를 주장하는 것은 아니라고 비판한다. 이상은 몰트만의 정교회의 신성화에 대한 교리에 대한 비판적 보완입니다.

끝으로 몰트만은 이상과 같은 3입장들에 대하여 상호 보완적이면서도 비판적인 입장을 취합니다. 즉 그는 루터교 신학은 너무 일면적인 십자가의 신학을, 그리고 정교회 신학은 너무 일면적인 부활의 신학을, 그리고 "칼뱅주의의 변혁이론은 '이 세상'의 끝을 향한 여러 가지 전망들과 하나님과 상응하고 그렇게 하여 신성화된 '하나의 새로운 세계'의 탄생 사이의 매개가 될 수 있다. 그러나 칼뱅주의 신학은 그것의 역사에 있어서 루터교 신학의 깊이에도 혹은 정교회의 신성화의 높이에도 도달할 수 없었다. 그럼에도 불구하고 무(無)로의 환원과 하나님으로의 고양(高揚)은 동일 귀속하고 상호 보완적이다."(CoG, 274) 헌데 이 맥락에서 몰트만의 재창조로서 '새 창조'에 대한 주장이 중요한 것으로 보입니다.

3-1-6. "좋은 땅: 에코 페미니즘": 이상에서 몰트만이 이 세상의 끝에 대한 큰 그림들을 그렸다면, 이제는 '새 땅'에 대한 작은 그림을 그립니다. 땅을 빼 놓은 구원은 없기 때문입니다. '땅을 기업으로 물려받을 온유한 사람들'(마 5:5)은 '하늘나라'(the kingdom of heaven)와 상응할 것으로 여겨지는 이 땅에 대하여 무엇을 기대할 것인가요? 여기에서 몰트만은 류터(Rosemary Radford Ruether)의 입장과 요한 토비아 베크의 유기체적 종말론을 소개합니다. 전자는 종말론을 포기하고 이스라엘의 예언자들에 의하여 제공된 지상적 미래(an earthly future)에 대한 약속으로 돌아가고(에코페미니즘), 후자는 '이 세상'이 끝난 후 이 멸망 될 수 있고, 구속되지 못한 땅을 위한 미래를 추구합니다.(CoG, 274)

몰트만은 류터의 신학을 비판하기 위하여 땅에 대한 자신의 종말론적 입장을 제시합니다. 물론, 계시록 21장의 '새 하늘과 새 땅'에 대한 종말론적 그림이 이사야 65장에서 온 것이긴 하지만, 류터는 이 세상의 끝에 올 미래에 대하여 이야기하지 않는다. 즉 그것은 '최후심판' 후 새 창조에 의한 '새 하늘과 땅'이 아니라고 하는 말이다. 그것은 "이 세상 너머의 세상을 말하는 것이 아니라 인류 역사 속에 있는 그리고 이 땅 위에 도래할 황금의 샬롬의 시기이다. 그러나 이것은 이 땅이 좋다고 하는 사실을 전제하면서, …멸절 되거나 새롭게 창조되는 것이 아니라는 것을 의미한다. 묵시문학 전(前) 예언자들은 이스라엘의 삶과 실존에 대한 위협은 보았으나, 우주에 대한 위협을 보지는 못했다. 허나, 축복 받은 삶에 대한 그들의 비전은 땅에 대한 깊은 신뢰를 전제한다."(CoG, 275) 물론, 인류 역사와 우주전체에 대한 심판과 새 창조에 대한 비전은 이사야, 예레미야, 에스겔, 다니엘 등 '대성지자들'에게서 발견됩니다.

류터는 바로 위와 같은 땅에 대한 신뢰를 전제하면서 남성적 종말론에 대한 반제로 그녀의 근대적 에코페미니즘을 전개합니다. 그녀에게 있어서 땅의 유기체는 선하고, 생명과 죽음의 과정입니다. 부활이나 불멸 같은 것은 그녀의 이론에게 낯 설을 것입니다. 그녀는 땅을 "물질/에너지의 우주적 자궁으로 보면서, 개인은 이로부터 나오고 이것으로 돌아간다. 뿐만 아니라 이 생명의 자궁은 '영원하고' 개별화된 존재들과 지구 안의 세계들의 생성과 죽음의 기초로서 그러하다. …우리의 개별적 자아와 그것의 조직체는 해체되고 그 구성요소들은 상실되지 않는다. 그것들은 우리의 뼈들로부터 자라나는 타 생명체들을 위한 영양분이 된다. …그러나 땅은 우리의 어머니이고 땅 위의 모든 생명체들은 우리의 친족들이다. 우리는 땅으로부터 오고 이 땅으로 돌아간다. 이 선한 땅은 큰 유기체이고, '거룩한 지혜'라고도 불리는 거룩한 존재의 복사판이다."(275-276) 허나 몰트만은 그녀의 주장을 범신론이라 비판합니다. 즉 "이 에코페미니즘에서 신약성서가 말하는 종말론적 희망에 대한 것들이 '영원한' 생명의 모태라고 하는 범신론적 무소부재로 바뀐다."(CoG, 276)고 합니다.

하여 몰트만은 창세기 해석에 따른 '땅'의 자리와 의미를 제시합니다.

그러나 이와 같은 좋은 땅에 대한 그녀의 찬사는 땅의 유기체의 연약성과 파괴 가능성과 땅 자체의 구속에 대한 필요성을 무시한다. 허나, 땅은 하나의 특별한 창조물이다. 창세기 1:11과 1:24에 의하면 그것은 식물들과 동물들을 생산하는 피조물이다. 그러므로 땅은 '모든 생명체의 어머니'요 또한 '모든 인류의 어머니이다. 그 자체로서 이것은 범신론과 무관하다. 그것은 단순히 창조물로서 땅의 특수한 '특징과 지정'(characteristic and designation)을 존중하는 것이다. '땅을 관리하라(창 1:28)고 하는, 하나님의 형상으로서 인간들에게 주어진 지정(desigination)은 '식물들과 동물들'을 생산하라고 하는 땅에 대한 지정에 한계를 정하고 있다. 땅은 하나의 살아있는 창조물이 아니지만, 그것은 생명을 낳는 창조물이기도 하다. 그러나 땅은 여전히 우연적인 창조물이다. 결코 그것은 영원한 여신인 가이야(Gaia)로 변신될 수 없

다.(CoG, 276)

끝으로 몰트만은 바울의 로마서 8:19이하를 해석함으로써, 땅의 구속의 필요성을 논증합니다. 즉 "모든 땅의 생명체들은 무상성의 강요 하에 탄식하고 영광의 계시를 기다리기 때문에, 땅 그 자체는 그것의 구속을 기다리고 있으니, 이 구속을 통하여 이 땅은 영원한 창조세계 안에서 '새 땅'이 될 것이다.…"(276)라고 합니다.

3-1-7. "새 땅: 종말론적인 생태학": 몰트만은 튜빙겐에서 자신을 가르쳤던 스승 토비아 베크(1804-1878)을 소개합니다. 그는 성서에 충실하고 "낭만주의의 유기체적 사고로부터 크게 영향을 받았습니다. "그런즉 그는 하나의 새로운 세계유기체의 떠오름으로서(as the rise of a new world organism) 하나의 새로운 세계체계에 대한 종말론적 수립을 보았다. 다시 말하면, 이 세상의 모든 부분들과 분야들에 있어서 죄와 그것의 끔찍한 결과들에 뿌리를 둔 모순들이 제거되면, 지속적인 공의와 정의에 의하여 특징 지워진 하나의 새로운 선한 질서가 도래할 것이다."(CoG, 277)라고 하는 것이었습니다. 즉, 베크는 실낙원으로의 회귀가 아니라 새로운 미래의 세계를 바라보았으니, "새로운 '유기적 전체'는 하늘의 것과 땅의 것, 그리고 신적인 것과 인간적인 것을 상호 연합시키어, 하나의 '신성화 된 우주'(a 'deified universe')(고전 15:28)가 될 것이다."(277)라고 하였던 것입니다. 즉 그와 같은 미래세계는 결코 "…'비육체적(non-corporeal)이 아니고', 자연과 인류 안에서 하나의 천상적으로 변용된 몸 적인 삶과 생명이다. 그것은 하나님의 영에 의하여 침투되어 진 하나의 '자연적 유기체'이다."(277) 하여 "신적인 현존이 완성됨으로써, 인류와의 영속적인 사귐에 도달하여 하나님과 구원 받은 자들 사이의 상호 내재 안에서 자아(the self)는 무진장 발전한다."(CoG,

277-278)는 것이었습니다.

몰트만에 의하면, 신학적으로 볼 때 베크는 그리스도의 두 본성의 페리코레시스[39]에 근거하여 둘 사이의 상호침투와 상호 내주를 주장하는 것으로 보입니다. "…인간들은 하나님의 '성전'이 되고 하나님은 그들의 '성전'이 된다. 인간들은 하나님 안에서 상호침투 속에서 거주한다. 그것은 우리가 그리스도 안에 있는 패턴에서 발견하는 '생명의 연합된 상호침투이다. …결국 이로부터 귀결되는 것은, 신적 영을 가지고 침투되어진 '몸 적인 것'(bodiliness)이 '그 자체 안에 인격과 자연적 생명과 삶을 연합시킨다."(278) 그리하여 하나님께서 만유 안에서 모든 것이 되시는 그 때(고전 15:28)에는 하나님께 대한 관상과 하나님과의 합체가 아닌 세상의 감각적이고 몸 적인 관상과 즐김은 없을 것이라고 봅니다. 몰트만은 그리스도의 두 본성뿐만 아니라 삼위일체의 자체 내의 페리코레시스와 삼위일체와 창조세계의 페리코레시스를 염두에 두면서 "종류에 있어서 다양한 것들의 차이와 연합(the unity and the difference of what is diverse in kind)"을 주장합니다. 즉 "하나님과 인간, 하늘과 땅, 인격과 자연, 영적인 것과 감성적인 것 사이의 차이와 연합/통일성 말이다."(CoG, 278)

하지만 베크와 달리 몰트만은 자신의 논지를 따라서 '죽은 자들의 부활'과 관련하여 논하면서, '장차 도래할 세상의 삶에서는 부활된 사람들이 함께 살게 될 것이라 주장합니다.

> 니케아-콘스탄티노플 신조가 고백하는 대로, "장차 도래하는 세상의 삶'에 대한 기대가 '죽은 자들의 부활'에 대한 희망에 속한다면, 이 미래의 삶은 죽은 자들의 부활에 상응하지 않으면 안 되고, 그것은 부활된 사람들이 살게 될 세상 이외에 아무 것도 아니다.… (278)

---

[39] John of Damascus(c.675-c.749)는 451년 칼케돈 정통 기독론 전통에 따른 예수 그리스도의 '두 본성의 교류'(communicatio idiomatum)을 '두 본성의 페리코레시스'라고도 하면서, 이를 삼위일체론에도 적용합니다.

그리고 몰트만은 '땅'과 '새 땅'에 대하여 논합니다. 몰트만은 크리스토프 불름하르트와 더불어 '새 땅'이란 "오직 위로부터 혹은 밖으로부터만 기대되는 것이 아니라 이 시간 속의 땅이 그 자체 안에 영생의 새 땅에 대한 약속을 내포하고 있다고 주장한다." 몰트만은 기독론, 곧 우주적 그리스도 혹은 "이런 땅 속에 감추어진 그리스도의 현존"에 근거하면서 이사야 45:8과 이사야 53:2를 사용합니다. "'하늘이여 위로부터 공의를 뿌리며 구름이여 의를 부을지어다. 땅이여 열려서 구원을 싹트게 하고 공의도 함께 움돋게 할지어다. 나 여호와가 이 일을 창조하였느니라.' '그는 주 앞에서 …마른 땅에서 나온 뿌리 같아서… '. 즉 "하늘과 땅이 미래 샬롬의 세계를 위하여 서로 협력한다고 하는 이 생각은 종종 기독론적으로 해석된다.…"(278-279) 그런즉 몰트만은 "이와 같은 잠재성이 땅 안에 본유적으로 존재하고 있을 진대, 그리고 이런 류의 땅에의 그리스도의 현존이 있을 진대, 영광의 그리스도의 도래를 고대함에 있어서 우리의 시선은 다만 하늘로 향해져서는 안 된다고 합니다. '저리로서 산자와 죽은 자를 심판하러 오시리라'에서처럼 말입니다.

몰트만에 따르면 불름하르트와 더불어 '땅'으로부터도 그리스도의 도래를 기대해야 한다고 하는 것은, 인간들과 땅의 자연과의 협합과 치유를 가져 온다고 하는 것이라고 하면서 불름하르트의 글을 인용합니다.

> 자연은 하나님의 자궁이다. 하나님은 우리를 만나시기 위하여 땅으로부터 오실 것이다. 그러나 아직은 우리가 자연과의 사귐을 가지고 있는 것이 아니다. …그러나 전혀 다른 것이 도래해야 한다. …우리는 인간들과 자연의 조화에 도달하지 않으면 안 된다. 그 때에는 둘이 다 만족할 것이다. 이것은 다름 아닌 사회적 문제에 대한 해결책일 것이다.(Ansprachen, Predigten, Reden, Briefe Ⅱ)(CoG, 279)

결론적으로 이상과 같은 종말론적 주장에 따르면, 땅이란 죽은 물질이 아니고 소비 가능한 물질도 아닙니다. 물론 그것은 가이야 여신도 아닙니다. 그리스도께서 은폐된 상태로 현존하시는 이 땅은 '새 하늘 새 땅'의 '새 땅'에 대한 약속입니다. 그런즉 땅과의 사귐이 없이는 그리스도와의 사귐도 없다는 것입니다.

> … 이 땅은 그것의 생명체들의 세계와 함께 새 땅에 대한 실제적이고 감성적으로 경험될 수 있는 약속이다. 마치 여기 이 땅의 가사(可死)적인 삶이 영원하고 불멸하는 새 땅의 삶에 대한 경험 가능한 약속인 것처럼 말이다. 신적 구속 주께서 감추어진 모습으로 이 땅 안에 스스로 현존하실 진대, 이 땅은 그분의 미래와 우리의 미래의 운반자요 전달 수단이다. 하지만 그 경우, 땅과의 사귐이 없이는 그리스도와의 사귐도 없다. 그리스도에 대한 사랑과 그분에 대한 희망은 땅에 대한 사랑과 희망을 포용한다. 기독론적으로 뿌리를 내리고 생태학적 차원에서 책임을 주장하는 종말론에 있어서, 땅에의 그리스도 현존과 이 그리스도에 대한 사랑과 희망보다 땅을 위하여 더 좋은 개념은 없을 것이다.(CoG, 279)

3-1-8. "하나님의 영원성 안에서 시간의 끝": 몰트만은 "시간의 끝이 무엇을 의미하는가에 관하여 바울은 고린도전서 15:52에서 '종말론적 순간' 혹은 영원의 한 원자(元子)라고 한다."(279)고 합니다. 몰트만은 바로 이 영원의 순간에 모든 죽은 자들이 통시적으로 부활될 것이라고 봅니다. 그리고 이와 같은 미래 종말론적 비전을 가지고, 창조와 역사의 시간의 의미를 주장합니다. 즉 "시간 속에서 이 마지막 날은 모든 시간 안에 동시적으로 현존하는 영원이다. …내용상 그것은 모든 시간들이 동시적이 되는 '주님의 날' 그것이다." 그리고 계시록 1:6은 "하늘과 그

안에 있는 것들과 땅과 그 안에 있는 것들과 바다와 그 안에 있는 것들을 창조하시고, 영원무궁 하도록 살아계신 분을 두고, 이렇게 맹세하였습니다. '시간이 더 이상 없다.…'"라고 하였는데, 몰트만에 따르면, 바울이 '마지막 나팔 소리'라 하였듯이 계시록 역시 일곱 번째 천사의 나팔 소리와 함께 하나님의 신비가 온전히 드러날 것이 바, 하나님께서는 이를 그의 종들인 선지자들에게 이미 말씀하셨고 합니다. 그리고 "이 맥락에서 시간을 말하는 크로노스(chronos)는 예언자들이 그 안에서 하나님의 신비를 선포한 역사의 모든 시간들일 뿐만 아니라 창조자의 영원성으로부터 기원한 '창조의 시간'이다."(CoG, 280)라고 합니다.

하여 몰트만은 '하나님의 신비'란 "온 세상에 대한 하나님의 통치의 실현과 확장"(280)이라고 합니다. "그것은 다름 아니라 역사와 창조의 완성으로서 하나님 자신이 그의 창조 안에 내주하시는 영광의 하나님 나라로의 완성이다."(280) 그런즉 몰트만은 하나님 자신이 역사와 창조라고 하는 '전 종말론적(penultimate)(역사와 창조) 시간들 안에 나타신다고 보는 것입니다. 그리고 종말론적으로는 시간적 창조가 영원한 창조로 변혁될 것이고 공간적 창조가 하나님께서 무소부재하시는 창조로 바뀔 것이라고 합니다. "만약에 영원히 살아계신 하나님께서 그의 실질적인 현존을 통하여 영원히 죽음을 삼켜버릴 그 때에(사 25:8), 시간 속에 있는 썩어질 모든 것 역시 살아질 것이다(II Esd. 7:31). 따라서 시간은 더 이상 없을 것이니, 그것은 새 창조의 영원성을 통하여 수거되고 완성되며 변혁될 것이다."(280) 몰트만은 이를 aeon 혹은 aevum이라며, 하나님 자신의 영원성과 구별합니다.

몰트만은 The Living God and The Fullness of Life(2014) 에서 사랑의 운동인 삼위일체 하나님의 선교가 새 창조의 세계에 있어서 성령을 통한 신성과 인성의 연합(칼케돈 기독론)을 바라본다고 합니다. 그리고 새 창조의 세계에 있어서 영원과 시간의 관계에 관련하여 그는 골로새서

2:9을 사용합니다. "그리스도 안에서는 하나님의 모든 신성이 몸이 되어서, 충만하게 머물러 있습니다."에서 그는 영원한 하나님의 영원성이 시간 안에 충만하게 거할 것을 내다보았다. 그 때 시간은 새롭게 변혁된 시간, 곧 aeon일 것인데, 그것은 '시간적 영원'(temporal eternity 혹은 eternal temporality)입니다.

사랑이란 하나님 안에 있고 하나님의 삼위일체적 삶을 결정하는 큰 운동이다. 다시 말하면, 이 운동이란 하나님께서 비신적인 세계를 창조하시고 그것과 화해하시며 영화롭게 하시기 위하여 그 자신으로부터 나오시는 운동이다. 이 운동은 아들의 성육신에서 신성과 인성을 함께 엮는데, 성령의 내주와 능력 안에서 신적인 삶과 인간적인 삶을 연합시킨다.(CG, 149)[40]

하여, 기독론에서 보여 진 페리코레시스가 새 하늘 새 땅에서 삼위일체 하나님과 인간 세계 우주 사이에서 일어난다고 하는 것입니다.

3-1-9. "손으로 짓지 아니한 우주적 성전: 하늘의 예루살렘":
몰트만은 계시록 21:1-22:5 까지 에서 발견되는 "하늘의 예루살렘" 혹은 "하나님의 도성"을 "새 창조의 중심"이고, "이와 같은 비전은 이 세상(바벨론/로마제국)의 박해상황에서 저항하는 남녀인간들에게 주는 예언자적 격려"(CoG, 308)였다고 합니다. 그것은 지리적이고 지상적인 '예루살렘'과는 관계가 없습니다. 밧모 섬의 요한은 로마의 정치적 마귀 섬김에 저항하며 '제자의 도'를 따라 살면서 순교에 노출되었던 기독교인들을 위하여 계시록을 섰는데, 이상하게도 '새 예루살렘에 대한 그의 비전'에는 유대인들의 저항도 포함시키고 있다고 몰트만은 봅니다.

---

[40] J rgen Moltmann, *The Living God and The Fullness of Life*, trs. by Margaret Kohl(Geneva: WCC, 2014), 149.

물론, 몰트만은 모든 이스라엘과 교회가 부활하여 메시아 왕국의 구성원이 될 것으로 주장하지만 말입니다.

3-1-10. "지상적 예루살렘과 하늘의 예루살렘": 몰트만은 예루살렘에 대한 두 가지 상극적인 모습을 소개합니다. 한편, 예루살렘은 테러가 일어난 장소요 불신앙의 사람들이 하나님의 메시아를 죽인 장소입니다.(CoG, 308) 초기 기독교인들에겐 '예루살렘'과 '로마'(빌라도)는 그리스도를 대적한 장소였습니다. '그러므로 예수도 자기 피로써 백성을 거룩하게 하시려고 성문 밖에서 고난을 받으셨느니라.'(히 13:12) 다른 한편, 예루살렘은 또한 희망의 장소였습니다. 부활하신 주님이 여인들에게 나타셨고('그가 여기 계시지 않고 … 살아나셨느니라.'(마 28:6)), "부활현현은 메시아에 대한 확실한 징표였으니"(309), 그런 이유 때문에, 도망쳤던 제자들은 예루살렘으로 돌아와 여인들의 부활소식에 접하였습니다. 몰트만은 이와 같은 제자들의 행동을 귀하게 봅니다. 즉 "예수부활에 대한 역사적으로 강한 증거는 빈 무덤이 아니라 죽음을 두려워하지 않고 예루살렘으로 귀환한 제자들의 행동이었다."고 하면서, 몰트만은 제자들이 구약의 메시아 약속에 따른, 이방나라들을 포함하는 예루살렘 중심의 메시아 왕국에 대한 기대를 가지고 있었다고 보았습니다.

> 그들은 왜 예루살렘으로 귀환하였는가? 예언자들의 약속에 따르면 장차 메시아가 예루살렘에 나타나시어, 시온을 중심으로 이스라엘을 세우시고, 나아가서 모든 이방나라들 사이에서 그리고 이 땅 위에 평화와 정의를 구현하시기 위하여 나타나실 장소는 예루살렘이었기 때문이다. '구원자가 시온에서 오사 야곱에게서 경건치 않은 것을 돌이키시겠고'(롬 11:26). 그런즉 바로 이 예루살렘에서 첫 기독교 공동체는 메시아 왕국을 기다렸으니, 이스라엘의 12지파를 대표하는 12사도

들을 그들의 중심에 두었다.(CoG, 309)

하여 기원후 65년 까지, 이 첫 유대인들 출신 예루살렘 공동체(eine Gemeinde vs. die Kirche = a congregation)는 지중해세계 시대에 성장했던 기독교 공동체들의 영적 센터였으니, 몰트만은 바로 이들이 메시아 왕국에 대한 비전을 가지고 복음을 전했다고 봅니다. "그들은 분명히 이스라엘의 종극적인 회심을 기대하면서 이방인들에 대한 하나의 메시아적 선교를 내다보았다. …교회는 복음이 증언하는 하나님의 공의와 평화를 받기 위하여 시온으로 순례할, 이방나라들의 전위대였다. … 초기 기독교 공동체들의 대부분은 자신들을, 예언자들의 약속이 성취되는(사 2:4; 미 4:1-3) 메시아적 평화운동으로 이해하였다."(309) 즉 초기 교회 공동체들은 철저한 메시아 왕국에 대한 종말론적 기대 속에서 복음 선포와 그로 인하여 야기되어 진 모든 박해에 저항하였다는 말입니다.

하지만 주후 70년 티토장군에 의하여 예루살렘이 멸망하자, 기독교 교회공동체들의 초기 센터가 살아져 버린 것인데, 이와 같은 지상적 예루살렘의 파괴에 대한 슬픔은 "하늘의 예루살렘이라고 하는 희망에 대한 고대 묵시적 이미지에 의하여 극복되었다."(슥 12:1-14; Tob. 1:4-7; 2Esd. 8:52 등)(CoG, 310)고 합니다. 몰트만은 바울의 갈라디아서 4:26에 나오는 '오직 위에 있는 예루살렘은 자유자니 곧 우리의 어머니라.'를 플라톤적으로가 아니라 종말론적으로 이해하였습니다. 즉 그는 "바울이 예루살렘을 어머니로 볼 때, 그는 '성령 안에 있는' 어머니로 이해하였으니, 그리스도의 공동체들 안에서 이미 시간 안에서의 이 어머니의 잠정적 실현을 보고 있는 것이다. 이사야 54:1 역시 하나님의 새 백성(the renewed people of God)을 가리키고 있다."… (310) 결국,

기독교인들은 '하늘의 예루살렘'과 '도래하는 도성'(계 21:2: '거룩한

성 새 예루살렘': 역자 주)으로 상징되는 도래하는 하나님 나라의 시민들이다. 때문에 그들은 이 세상의 모든 나라들에서 낯선 이방인들이다. 그들은 도래하는 영원한 나라 안에서 이 사악한 온 세상의 구속을 기다리고 있기 때문에, 하나님으로부터 소외된 이 세상 안에서 소외를 느낀다. 그래서 '하늘의 예루살렘'은 그들에겐 희망되어 진, 이 세상의 새 창조, 곧 하나님의 거주 처요 또한 바벨론과 로마와 같은 세상의 불신앙적인 대도시들에 대한 반대상징인 것이다. …그 결과 기독교인들에겐 더 이상 방문하고 소중히 여겨야 할 '거룩한 장소들'은 없다(하여 예루살렘의 지리적 의미가 초월되어 진 것이다; 필자 주). 그를 예배하는 자들은 '신령과 진리'로 예배해야 할 것이다(요 4:24). …기독교인들은 그 어떤 나라에도 속하지 않는다. 즉 모든 나라들의 출신들이다. 로마제국 안에서 기독교인들은 자신들을 아무데도 소속되지 않고 있는 '제3의 인류'로 생각하였다.(CoG, 310-311)

하여, 몰트만은 이스라엘과 교회의 '특수성'을 주장하면서 동시에 인류와 창조의 보편적 구원을 내다보고 있습니다.

3-1-11. "예루살렘과 바벨론/로마": 여기에서 몰트만은 '새 예루살렘'(거룩한 성 새 예루살렘)과 그것의 반제(antithesis)인 세상의 도성을 대조시켜 설명합니다. 새 예루살렘의 과거 유형은 성전을 시온에 가지고 있는 지상의 예루살렘이고, 그것의 반제는 '바벨론'인데, 이것은 로마제국 안에 있는 수도인 로마에 대한 코드를 말합니다. 하여 계시록은 로마를 "땅의 임금들을 지배하는 '큰 음녀'(17:1)로, …그리고 그녀는 성도들과 예수님의 증인들의 피를 마셔 취했다(17:6)(311)고 하였다. 그런데 몰트만이 계시록이 두 도성들(지상의 예루살렘 도성과 '바벨론')로부터 온 것들을 가지고 장차 도래하는 하나님의 도성"(CoG, 311)을 그렸다고 할

때, 이는 새 창조(creatio ex vetere vs. creatio ex nihilo)로 인하여 새롭게 된 도성의 특징을 의미하고 있다 하겠습니다. 물론, 몰트만은 이 도성(거룩한 성 새 예루살렘)을 '전원도시'(the Garden City)라 부르고 있습니다.

그런데 몰트만에 따르면, "새 예루살렘, 곧 하나님의 도성 역시 한 여성으로 상징된다. 그녀는 '어린양의 신부'(19:7; 21:2)이다. 이 새 예루살렘의 선구자는 메시아를 탄생시키고 그를 광야의 용으로부터 보호한 하늘의 여성(12:2이하)이다. 이 여성은 '태양으로 옷을 입고, 그녀의 발로 달을 밟으며, 그녀의 머리엔 12별의 왕관을 썼다. 그녀는 예수님과 기독교인들의 어머니요, 지상적 이스라엘의 어머니요, 성령의 상징, 곧 '위에 있는 예루살렘'이다. 이 여성 인물은 거룩한 도성의 선구자이다."(311) 하여 결국엔 "하나님의 도성, 곧 새 예루살렘이 그 자리를 차지하기 위하여 로마는 멸망되지 않으면 안 된다. 계시록은 '바벨론'과 '예루살렘'의 반제들과 상응들을 통하여 이와 같은 사실을 분명하게 한다."(CoG, 312) 예컨대, 여기에는 어린양의 청순한 신부가, 저기엔 큰 음녀인 로마가, 여기에는 '생명과 치유'가 저기에는 피와 죽음이, 여기에는 보석들과 진주들이, 저기엔 세상영광이, 그리고 여기엔 이마에 하나님의 이름이, 저기에선 이마에 음녀의 이름이 적혀 있다고 하는 것이다. 그리고 여기엔 믿는 자들의 이름이 생명책에 적혀있습니다. 그런즉 "새 예루살렘은 참된 하나님의 거처이고 바벨론/로마는 마귀들의 거처이다"(18:1-3).

끝으로 몰트만은 바벨론/로마와 하나님의 도성의 차이를 다시 한번 주장합니다. "바벨탑은 불신앙의 인간들이 하늘을 강탈하려는 시도였다. 그 반대로 하나님의 도성은 하늘로부터 땅으로 내려오심이요 은혜로부터 이루어지는 하나님의 현존에 대한 인간들의 소원의 성취이다. 그래서 계시록에 보면, 하늘의 예루살렘은 많은 차원들에 있어서 모든 것이 바로잡힌 로마로 나타난다."(CoG, 312) 그리고 몰트만은 이 도성의 구성원들은, 하나님의 현존을 갈망하는 모든 사람들인데, 여기에는 그리스도를 위하여 수모를 당한 모든 사람들이 포함된다고 봅니다. "도래하는 하나님의 도성의 현재적 시민들이란 기독교인 순교자들뿐만이 아니다." '선지자들과 성도들 및 땅 위에서 죽임을 당한 모든 자의 피가 그 성중에서 발견되었느니라.'(계 18:24)라고 하기 때문입니다. 그리고 히브리서 11장은 기독교인들의 그리스도를 위한 수모로부터 유대인들의 그것으로 확장되고, 백성들의 저항들도 있었다고 하기 때문에, 이는 하늘의 예루살렘백성의 비전을 위하여 매우 중요하다고 합니다.(CoG, 313)

3-1-12. "하나님의 도성: 수정 같은 성전과 전원도시": 몰트만은 '최후심판' 후에 전개되는 새 창조의 세계 혹은 새 하늘과 새 땅의 특징들을 말합니다. 첫째로 새 하늘과 새 땅을 상징하는 '하나님의 거룩한 도성'으로서 새 예루살렘(거룩한 성 새 예루살렘)은 "거룩한 도시인 동시에 사람의 손으로 짓지 아니한 우주적 성전"입니다. 둘째로 그것은 "생명수"와 "생명의 나무"를 가지고 있고, 무상으로 영생을 주는 낙원입니다. 셋째로 고대도시의 이상에서처럼 그것은 거룩한 도성으로서 땅의 중심에서 하늘과 땅이 만나는 지점인데, 하나님께서는 이 지점으로부터 이 세상과 그의 인류를 힘으로가 아니라 매력으로 다스리십니다. 넷째로 "성전은 하나님의 내주하시는 현존의 장소, 곧 그것으로부터 하나님의 얼굴이 보일 수 있는 그런 장소이다. 그것으로부터 하나님의 영광이 온 우주를 밝히고 비추일 것이다. 그런데 '하나님의 보좌'는 더 이상 하늘에 있을 것이 아니라 하늘과 땅을 하나로 묶는 이 우주적 성전 안에 위치하고 있을 것이다."(CoG, 313)

몰트만에 의하면 계시록 21-22장에서 "하늘의 예루살렘"을 그리기 위하여 사용된 재료는 에스겔 37-48장으로부터 온 것입니다. 그런데 요한은 이와 같은 에스겔의 비전을, "새 예루살렘에 대한 묵시적 아이디어들에 대한 이사야서의 이야기로 보완하고 있다고 합니다.

그리고 요한은 또한 도시, 곧 도시국가의 고대 전통을 따라서 그것을 묘사하는 데, 에스겔과는 달리 "도시의 성곽들(walls)과 문들"을 덧붙여 묘사하였습니다. 그리고 에스겔이 성전에 대해서만 말하고 있고 도시에 대해서는 말하지 않고 있으나, 요한은 도성에 대해서만 이야기하고 성전에 대하여는 이야기하지 않습니다. 끝으로 "요한은 그 도성의 중심에 "하나님의 보좌와 어린양의 보좌"가 있다고 하면서, '이 어린양은 십자가에 달리신 그리스도의 이름인데, 에스겔서에서는 발견되지 않습니다. "이 하나님의 도성은 고대도시의 아이디어를 따라서 새로운 세계의 중심에 놓였다."(CoG, 313)고 합니다.

그리고 하나님의 도성은 우주적 차원들을 가진 것으로 묘사되지만, 도시의 문들을 가진 도시의 성곽들은 유대인들과 이방인들로 구성된 하나님의 백성을 상징하는 바, "도시의 문들에는 이스라엘의 12지파가 끌로 각인되었고(21:12), 성곽들은 그리스도의 12사도들의 초석들 위에서 있다."(313) 그런데 몰트만은 도시 그 자체와 그 도시의 성곽들의 사이즈가 걸맞지 않게 차이가 나는 것으로 보고, 이는 "세상의 우주적 새 창조가 하나님의 유대적 기독교적 백성의 사이즈를 훨씬 능가하는 것이라 합니다. 물론, 기독교적 공동체는 다 종교들 가운에 하나의 특별한 종교 공동체가 아닙니다. 그것은 유대교 공동체와 마찬가지로 현재의 세계체계 전체의 도래하는 재형성(the coming reshaping of the whole present world system)에 대한 한 작은, 저항하면서 꾸준히 지속하는 증인입니다.(CoG, 314)

그리고 하나님의 도성은 벽옥같이 빛나고 수정같이 맑다고 합니다. "그리고 하늘 보좌에 앉으신 분은 벽옥같이 빛났고(4:3) 하늘 보좌 앞에 있는 수정 같은 바다는 하나님의 영광을 반사한다."고 합니다. 그리고 이 수정 같은 도시는 '빛의 참 도시'이고, 금으로 된 길로 보아 '금으로 된 도시'라고 합니다. 이는 하나님의 무소 부재한 빛의 투명성과 공간적 경계들과 거리감들이 폐기되었음을 상징합니다.(314) 하지만 몰트만은 또한 이 하나님의 도성을 전원도시로 보고, 인간들의 문화와 문명의 완성으로 상상합니다. 즉 거기에선 인간들이 더 이상 문화와 문명을 발전시킬 필요가 없다고 합니다.

> 하나님의 도성은 완벽한 '전원도시'(the perfect garden city)이다. 이는 에덴동산의 풍성한 생명과 아름다움으로의 회귀인데, 그것은 단순히 '복 낙원'(paradise regained) 이상의 것이다. 그것은 도시로서 하나의 삶의 터전을 건축하려는 남녀인간들의 필요와 열망을 성취하고, 하나의 완벽한 도시로서 그것은, 성서적 사가(saga)에 따르면 도시건축가인 가인(창 4:17)이 유목민 목자였던 그의 형 아벨을 죽였을 때에 시작된 인류의 문명사를 성취한다. 새 예루살렘은 그 자체 안에 에덴동산을 품고 있고(22:1이하), 문명과 자연 사이의 완전한 조화에 대한 이미지이다. 때문에 그것은 인간들과 함께하는 땅 적인 자연의 역사(the history of earthly nature)를 완성한다. 하나님의 도성이 자연 안에 살고 자연은 하나님의 도성 안에 산다. '전원도시'야 말로 많은 종족들에게 고대 도시국가의 이념이었다. 그리고 그것은 또한 생태적 도시문명의 이상이기도 한데, 근대 뭇 도시들은 자연을 죽임으로써 그와 같은 문명에 역주행하고 이로써 훗날엔 인간들 까지도 죽일 것이다.(CoG, 314-315)

끝으로 몰트만은 도시의 한 부분이 아니라 그 전체가 성전이라 봅니다. "…새 예루살렘은 하나님의 특별한 집으로서 하나의 성전을 필요로 하지 않는다. 그도 그럴 것이 도시 전체가 하나님과 그리스도의 직접적인 현존으로 충만해 있기 때문이다. 그것은 종교의 성취요 끝이기 때문에 종교가 없는 하나님의 나라의 도시(the city of God's kingdom)이다.

하나님의 도성은 그 자체가 하나님의 영광의 내주를 위한 성전도시(the temple city)이다. …하나님의 쉐키나는 모든 공간적 경계들 안에 무소부재하시고 그 모든 경계들을 가로 질러 현존하시기 때문이다. …이 점에서 그 도성은 그 어떤 땅의 도성이나 땅의 성전을 닮은 것이 아니다. 그러나 그것은 이스라엘의 성전 안에 있는 '지성소'(the Holy of Holies)를 닮았다(왕상 6:17-20). 새 예루살렘과 하늘과 땅의 새 창조의 세계는 하나님과 그리스도의 직접적이고 무소부제하시며 영원하신 내주 외에 다른 것이 아니기 때문이다."(CoG, 315)

3-1-13. "하나님의 백성들": 몰트만은 하늘로부터 내려올 '거룩한 성 새 예루살렘', 곧 새 창조에서 불신앙의 인간들(laoi)(단수는 laos)과 새로운 언약맺음이 있을 것이라 합니다. '하나님의 장막이 사람들과 함께 있으매 하나님이 그들과 함께 계시리니 그들은 하나님의 백성이 되고 하나님은 친히 그들과 함께 계셔서.'(계 21:3). 그는 이 구절이 에스겔 37:27에서 새로운 성전과 연관된, 이스라엘의 옛 언약정식에 다름 아니라고 봅니다. "그러나 여기에서 이스라엘과의 언약은 모든 인간들(anthropoi)과의 언약으로 확장된다. 모든 나라들(ethne)이 하나님의 백성들(laoi)이 될 것이다. 요한은 새 예루살렘에서 하나님과 인간들 사이에 맺어질 언약에 대하여 말한다. 즉 그는 하나님의 백성을 표현하기 위해서만 사용되는 laos란 말을 열방들이 하나님의 백성이 된다고 하는 것을 표현하기 위하여 사용하였다. 이것이 의미하는 것은, '이제 언약백성이 열방들에게 빛이 되는 역할을 성취해 냈으니, 모든 열방들 역시 이 언약백성의 특권들과 약속들을 함께 나눌 것이다.'(R. Bauchkam, The Theology of the Book of Revelation, 137)"(CoG, 315-316)라고 하는 것입니다.

결국, 몰트만은, 구원사의 특수성의 종말론적 보편화는 두 가지 전망으로부터 이해될 수 있다고 봅니다. 바야흐로 이스라엘의 특수성이 하나님 나라와 새 창조의 세계의 보편성으로 통합되었으니, 첫째로 열방들은 이스라엘과 교회의 언약관계 속으로 합류되고, 둘째로 하나님의 이스라엘 및 교회와의 언약관계는 확장될 것입니다. 환언하면, 첫째로 이스라엘의 역사적 특권은 유지되고, 둘째로는 이스라엘이 자신의 역사적 사명/선교를 성취한 후 자신(이스라엘)의 하나님과 인류 사이의 종말론적 언약 안으로 진입합니다. 물론, 이미 지적한 대로 이스라엘과 교회는 거룩한 도성의 문들과 성곽들의 기초 석들이지만 우주적 차원들로 뻗어나간 도성 그 자체를 위한 초석들은 아닙니다.(CoG, 316)

그리고 몰트만은 교회뿐만 아니라 불신앙의 이방나라들과의 언약범위의 확장의 맥락에서 이스라엘 자체의 특수성을 인정한 것처럼 순교자들의 특수성도 그와 같은 보편적 언약범위 안에서 인정합니다. 이는 예수 그리스도 안에서의 하나님과 인류 및 창조세계와의 보편적 화해 안에서 이스라엘과 교회의 특수성을 인정하는 것이나 마찬 가지이다. 하여 몰트만은 환란을 극복한 순교자들을 뽑아내기 위하여 21:7에서 언약정식이 다시 반복되었다고 합니다. "그들은 하나님과 어린양을 예배할 것이고, 그의 얼굴을 볼 것이며, 그들의 이마에 그분의 이름을 가질 것이고(22:3, 4), 그분과 더불어 영원히 다스릴 것이다(22:5). 유대 제사장들이 1년에 1회씩만 '지성소'에 들어갔지만 그들은(순교자들) 항상 그 안에서 살 것이고, 모세는 하나님의 얼굴을 딱 한번 보았으나, 그들은 그것을 항상 볼 것이다. 새 예루살렘에서 순교자들은 남성 사제들과 여성 사제들 그리고 왕들과 왕비들이 될 것이다."(316) 그리고 모든 불신앙의 인간들과의 언약 이후, 이제 요한은 열방들과 땅의 임금들에 대하여도 언급합니다. 즉 "열방들은 거룩한 도성 안에서 하나님의 빛 안에서 살 것이고, 바벨론/로마에 의하여 굴복 당했던 '땅의 왕들'은 그들의 자유의지로 그들의 영광을 가지고 그(거룩한 도성) 안으로 들어갈 것이다. 그들의 문화적 다양성은 끝난 것이 아니라 갈망되어 진다."(316)

끝으로 몰트만은 '언약백성의 특수성'(이스라엘과 교회)과 '언약백성들(모든 이방사람들)의 종말론적 보편주의'의 관계에 대하여 언급합니다. 몰트만은 여기에서 '이스라엘과 교회'라고 하는 특수한 언약백성, 그 중에 특출한 순교자들, 하나님의 언약백성들(God's covenant peoples)이 된 불신앙의 이방나라사람들(the nations of humanity), 그리고 하나님의 은혜의 종말론적 보편주의에도 불구하고 '회개하지 않는 사람들'에 대하여도 주목합니다.

첫째로 요한은 로마제국에 대하여 저항한 사람들과 박해를 당한 자들과 순교자들을 위하여 그의 계시록을 썼기 때문에, 이스라엘과 사람들 사이에(between Israel and the peoples) 남녀의 한 무리를 보았으니, 이들은 이스라엘과 그리스도교 교회 공동체들 출신의 박해를 당했던 사람들이었다(참고: 계 7:)고 합니다. 이들은 이스라엘 12지파들로부터 인침을 받은 자들이었고, 모든 열방들 가운데 저항하는 사람들과 구속함을 받은 자들이었으며, 하나님을 영원히 섬기는 자들이었습니다. 하나님께서는 이들 위에 거하실 것이고, 이들에게 생명수를 주실 것이며, 하나님께서 이들의 눈에서 눈물을 씻어 주실 것입니다.(7:15, 17) 하지만 이들은 도시의 문들과 성곽들을 구축하였던 이스라엘의 12지파와 12사도들과는 달리, 거룩한 도성의 왕 같은 제사장 무리가 되었다고 합니다. 하여 '하나님의 백성들' 가운데 이처럼 순교자들이 최상의 존귀와 가치를 누린다고 하는 것입니다. 둘째로 "이스라엘의 12지파와 신약의 12사도들은 거룩한 도성의 문들과 벽들을 형성하고 있는 반면, 인침을 받은 남녀 순교자들은 그 도성의 왕의 제사장 무리를 구축할 것으로 보인다. 인류의 열방들은 하나님의 언약백성들이 될 것이고 거룩한 도성 안으로 자유롭게 들어 갈 수 있을 것이다. 하여 역사적 이스라엘과 역사적 교회가 특별한 주목을 받지 않는다." 셋째로 이스라엘과 교회에 대하여는 "언약의 백성(이스라엘과 교회)은 도성 안에 살고, 이방나라사람 혹은 인류의 열방들은 성 밖에서 살면서 그들의 선물들을 도성 안으로 가져오고 그들의 빛을 가지고 나가는 그런 것이 아니다. 그렇다고 이제 이스라엘이 새로운 하나님의 언약백성들(인류의 열방들)에 소속하고 그렇기 때문에 도성 밖으로부터 그 안으로 들어가는 것도 아니다. … 결국, 언약 백성(유대적이고 기독교적인)의 역사적 과제들과 특권들은 그것들의 성취와 끝에 도달함으로써, 종말론적 예루살렘 안으로 모일 것이다. 하나님과의 종말론적 언약은 모든 열방들을 언약 백성들로 만들고 이들 모두에게 하나님의 근접성을 허용할 것이니, '주의 의로운 일이 나타났으매 만국이 와서 주께 경배하리이다.'(계 15:4)"(CoG, 317)

넷째로 몰트만은, 하나님의 '은혜의 종말론적 보편주의에도 불구하고 계속 믿지 않는 사람들에 관하여는, "오직 회개치 않는 사람들은 새 예루살렘에 들어 갈 수 없다고 합니다. 바벨론의 불 신앙적 권세를 함께 나누고 그것에 집착했던 사람들은 그 누구도 하나님의 거룩한 도성에 들어 갈 수 없다. 이것은 단순히 로마의 도덕성 결여를 말하는 것이 아니다. 오히려 그것은 정치적 차원과 경제적 차원에서 도시들의 악마적 성격을 가리킬 것이다. 바로 이것의 결과가 도덕성의 결여이기 때문이다."(CG, 317) 그러니까, 몰트만은 예수 그리스도를 심판주로 하는 하나님의 '최후심판'에서 만인구원론과 만유 회복 론을 주장한 바 있는데, 하나님의 보편적인 은혜의 언약에 따른, 이방나라들과의 새 언약 사건에 있어서는 그것에 대한 반응에 따라서 '하나님의 도성' 혹은 '새 예루살렘'으로 들어갈 수 있고 들어가지 못할 수도 있다고 하는 것입니다.

3-1-14. "하나님의 우주적 쉐키나": 하나님의 자기제한(withdrawal, self-limitation, Zur cknahme)을 전제하는 창조는 새 창조에서 탈자기제한(de-selflimitation)으로 끝납니다. 전자는 인간의 역사와 창조의 역사 속에서 하나님의 쉐키나(내주)를 제약하였으나, 후자는 새 창조에서 실현되는 제한이 없는 쉐키나의 실현을 말합니다. 하나님께서는 인간과 창조세계를 사랑하신 나머지 이 피조물들에게 시간과 공간을 주셨습니다. 특히 인간들에겐 자유의지를 주시어, 자신을 사랑하고 만물을 관리하고

다스리게 하셨습니다. 이는 하나님의 사랑의 의지였으니, 하나님께서는 타자들을 위하여 자기의 편재를 제한(制限)하신 것입니다.

그러나 몰트만에 의하면, 새 창조의 세계에서는 하나님의 자기제약이 없어진다고 합니다. 즉 "그의 매개되지 않고 직접적인 영광의 내주를 말하는 하나님의 새로운 현존이야 말로 새 예루살렘과 하나님의 새 언약백성들에게서 발견되는 가장 중요한 것이다. 내주하시는 현존은 하늘과 땅을 새롭게 하고, 또한 그것은 새 예루살렘에 있어서 정말로 새로운 것이다. 하나님께서는 그들 가운데 '거주 하신다.' 그것이 우주적 쉐키나이다."(CoG, 317). 몰트만에 따르면, "이와 같은 우주적 쉐키나는 역사 안에서 경험되어 지는 것으로서, 하나님의 백성(이스라엘) 안에서, 그리고 그리스도와 성령 안에(교회 안에)서 경험되고, 하나님의 미래로부터 기대되어 지는 것인 바, 이것은 '거기에서'(거룩한 성 새 예루살렘) 성취된다. 즉 하나님의 직접적인 현존이 만유 안으로 침투한다. 그런 이유로 우리는 하나님을 집적 뵙고도 죽지 아니한다. 그런 이유로 하나님의 보좌는 땅 위의 하늘로부터 하늘과 땅을 융합시킬, 거룩한 도성으로 내려 올 것이다. …"(CoG, 317-318).

몰트만은 만유 안에 구현되는, 하나님의 종말론적 내주의 특징을, '거룩성'과 '영광'으로 봅니다. 하지만 그는 '거룩한 성 새 예루살렘'으로부터 거룩하지 못한 것이 배제되고, 하나님의 도성의 아름다움으로부터 모든 추한 것들이 제외될 것이라고 합니다. 비록 이미 지적 한 대로 하나님의 'Yes'가 하나님의 'No'를 전적으로 압도하지만 말입니다(CoG, 243).

　…거룩하지 않은 모든 것이 그것으로부터 배제되지 않으면 안 된다. 신앙 없고 살인적인 바벨론/로마 도성들은 거룩하지 않다. 이 음녀에게 속하는 것과 이 음녀로부터 살고 이 음녀를 예배하는 것은 무엇이나 하나님의 도성에서 설 자리가 없다. 그것은 신적인 빛의 그릇이 될 수 없기 때문이다. 거룩성과 비거룩성의 상반 됨(antithesis)은 하나의

포괄적인 것(a comprehensive one)이 여서, 정치적으로, 경제적으로, 그리고 도덕적으로 이해되지 않으면 안 된다.(CoG, 318)

그럼에도 불구하고 몰트만은 하나님의 현존과 그의 페리코레시스에 의하여 피조 된 만유가 하나님의 현존하는 영광에 동참하여 자신들을 완성시킬 것이라고 말합니다. "…만유를 꿰뚫고 비추는 빛은 하나님의 피조 된 존재들을 파괴하는 것이 아니라 완성시키는, 하남님의 만유를 침투하는 현존의 징표요 페리코레시스의 가시적 징표이다. 신적인 빛의 수없이 많고, 다채롭게 빛나는 반사는 피조 된 존재들의 풍요로움과 하나님의 현존하는 영광에의 영원한 참여를 보여준다."(318) 그리고 이렇게 결론을 내린다. "하나님의 영원한 내주의 거룩성과 영광은 창조세계 전체와 모든 피조 된 개별자들로서 창조의 종말론적 목표이다. 이로써 우주적 종말론은, 하나의 신학적인 차원과 심미적인 차원을 갖는다."(CoG, 318)

끝으로 몰트만에 따르면 새 예루살렘의 이미지 가운데 '하나님의 보좌'는 역사 속에 이미 있었던 지배형식들과 관련이 있는 '정치적인 이미지'인데, 그것은 제국들의 '황제들의 보좌'와는 달리 "모든 사람들이 접근 가능한 그런 것이다. …거룩한 도성에 들어가는 사람은 누구나 하나님께 집적 나아갈 수 있다. 이 하나님과 더불어 다스리는, 그 어떤 제사장들이나 왕들도 없다. 하나님을 섬기는 모든 사람들은 그분과 함께 영원히 다스린다(22:3, 5). 그들에 대한 하나님의 통치는 동시적으로 그들의 그분의 통치에 대한 참여이다. 그것은 하나님의 주권과 인간의 자유의 화해로 여겨진다. …그것은 세상 임금들과 신복들 및 백성들과의 관계와는 전혀 다르다. 그것은 '생명수의 강과 생명나무'(22:1-2)의 특징을 갖는다. 신적 생명의 현존은 피조물들의 생명의 무한한 원천이니, 그것은 그로써 영원한 생명이 된다."(CoG, 318-319) 그리고 몰트만은 새 하늘 새 땅에서 '땅'의 중요성과 하나님의 쉐키나의 안식의 의미를 아래와 같이 말한다.

계시록의 마지막 비전에 있어서 하늘은 땅으로 내려온다. 그리하여 땅은 그 자체 안에 낙원을 포함하는, 도성이 된다. 이 도성은 만유에게 열려있다. 결국, 이 장소에서 하나님의 쉐키나는 안식에 이른다. 모은 피조 된 존재들은 이 하나님의 쉐키나의 안식 안에서 그들의 영원한 행복을 발견한다. 이와 같은 행복을 위하여 역사의 불안과 현생의 고난들로부터 '성령과 신부가 말씀하시기를 오라 하시는 도다 듣는 자도 오라할 것이요 목마른 자도 올 것이요 또 원하는 자는 값없이 생명수를 받으리라 하시더라.'(계 22:17). (CoG, 319)

3-1-15. "**영광: 하나님의 종말론**": 몰트만은 『오시는 하나님』의 끝부분에서 '영광: 신적 종말론'에 대하여 논하였습니다. 그는 '천상천하 유아독존'식의 토마스 아퀴나스 등의 '유일신 전통'을 비판하면서, '사회적 삼위일체론'과 하나님 안에서 '본성'과 '의지'의 일치를 주장합니다. 즉 그는 하나님의 자기충족적인 본성이 하나님의 타자를 향한 사랑의 의지(意志)를 결코 배제하는 것이 아니라고 합니다. 그리고 그는 헤겔을 비판하면서, 간접적으로 칼 바르트를 비판하는데, 바르트의 화해론이 종말론적 차원을 충분히 열어 놓고 있지 않다고 봅니다. 그는 헤겔적인 "단 하나의 신적 주체"(a single divine Subject)는 "그 어떤 신적인 종말론"도 가질 수 없다며, 바울의 빌립보서 2장을 비롯하여 성경의 내러티브에 근거하는 삼위일체론만이 진정한 의미에서 신적 종말론을 가진다고 봅니다. 삼위일체로서 하나님께서는 타자(피조물)와의 사랑의 관계를 맺으시기 위하여 그리고 이 관계를 완성하시기 위하여 자기발전을 하신다고 보기 때문입니다. 하여 몰트만의 삼위일체론은 자연히 '하나님의 활동과 인간의 활동의 상호작용'으로 인도하였으니, 그는 '과정신학'의 배경인 화이트헤드의 '유일신주의'를 비판하고, 유대교의 zimzum사상과 쉐키나 사상을 사용하여 성경적 내러티브에 입각한 그의 삼위일체론을 제시합니다. 그는 "분명히 바울 역시 하나님의 종말론을 하나의 삼위일체적 과정으로 이해한다."고 보았습니다.

끝으로 그는 부활과 성령이 보여주고 약속하는 은혜와 생명과 빛의 세계는, 단순한 속죄와 죽음의 극복에 불과한 세계가 아니라고 합니다. 그 세계는 '잉여약속'(the promissory surplus 혹은 the surplus of the promise)과 '부가가치'(added vlaue)의 새로운 세계일 것이라고 합니다. 생명과 에너지가 충만한 부활의 세계는 삼위일체 하나님의 페리코레시스에 참여하는 '은혜와 생명과 빛의 세계'이기 때문입니다. 이 세계야 말로, 하나님의 활동과 인간 및 나머지 피조물의 활동이 상호작용하는, 사랑과 자유의 새 창조의 세계입니다.

4. 문: 「오시는 하나님」이 이상과 같이 제시하는, 영생과 하나님 나라와 새 하늘 새 땅에 대한 희망은 우리의 삶에 어떤 영향을 주나요?
답

이상과 같은 본문에서 몰트만은 인류역사와 창조세계가 '최후심판의 이중적 결과'로 끝나는 것이 아니라 말할 수 없이 장엄하고 아름다운 '새 창조의 세계' 혹은 '새 하늘 새 땅'으로 마무리된다고 봅니다. 이사야 65:17-25 등을 배경으로 하여 계시록 21-22장을 '기독론적 종말론'에 입각하여 해석하는 몰트만의 새 창조의 세계는 플라톤과 영지주의에 의해서는 결코 받아들여 질 수 없는 세계입니다. 루터교 정통주의를 비롯하여 많은 기독교 전통들은 아직도 영혼구원만을 주장합니다. 즉 이들은 마지막 때에 인류역사와 창조세계는 하나님의 심판의 불로 멸절되고, 구원받은 영혼들만이 하늘로 올라간다고 보는 바, 결과적으로 나머지 인류와 창조세계에 대하여 경멸하고 증오합니다. 몰트만은 '세상'의 종말론적 변혁과 '신성화'(변용), 그리고 '새 창조'와 '새 땅'을 역설하여, 종말론적 역사와 문화 그리고 종말론적 생태학을 주장하였습니다. 하여 이와 같은 그의 희망의 신학은 역사와 창조 지평 속에서 인류역사와 사회와 문화 그리고 생태계에 대한 적극적인 태도를 갖게 합니다. '종말'이 '종말 이전'의 차원을 결정한다고 하는 말입니다. 특히 그의 '우주적 생태학'개념과 '우주적 성전'개념과 '하나님의 우주적 쉐키나'개념은 파괴되고 오염되고 남용되고 있는 생태계를 살리는, 매우 중요한 신학적인 근거입니다.

Ⅲ.
기독론

III. 기독론

우리는 앞부분에서 성경의 핵심주제를, '약속사와 하나님의 미래'라 하였고, 방금 위에서 '하나님의 미래'에 대한 이야기를 상세히 소개한 셈입니다. 즉 우리는 개인적 종말론 차원에서 '영생', 역사적 종말론 차원에서 '하나님의 나라', 그리고 우주적 종말론 차원에서 '새 하늘과 새 땅'에 대하여 논하였습니다. 그리고 우리는 이미 기독론적 종말론과 성령론, 그리고 삼위일체론이 성경의 핵심주제(die Sache = the subject-matter)를 구축한다고 보았고, 구원론은 물론 교회론과 창조론 역시 그것과 매우 가까운, 불가 분리한 관계 속에 있다고 하였습니다. 하여 이제 우리는 성경을 통하여 흐르고 있는, 빨간 줄과도 같은 '약속사와 하나님의 미래'의 프레임 안에 있고, 역시 내러티브에 근거하고 있는 '기독론'(기독론적 종말론)에 대하여 논할 것입니다. 몰트만에게 있어서 '기독론'은 주로 『십자가에 달리신 하나님』과 『예수 그리스도의 길: 기독론에 있어서 메시아적 차원들』에서 발견되는데, 『희망의 신학』 역시 예수 그리스도의 부활을 통하여 '하나님의 미래'를 조명하기 때문에 '기독론적 종말론'에 속하는 것으로 보입니다. 그에게 있어서 '십자가'는 부활과의 변증법적 관계 속에서 '부활'과 그것이 보여주는 '하나님의 미래'에 기여합니다.

III-1. 『십자가에 달리신 하나님』[41]에 나타난 기독론: 이 부분은 기독론으로서 그 중요성 때문에 좀 더 상세히 논해질 것입니다.

1. 문: 하면 『십자가에 달리신 하나님』과 『희망의 신학』은 어떤 관계를 가지고 있나요?
답

41　J. Moltmann, *The Crucified God*(New York: Harper & Row, 1974).

우리는 이에 대한 대답을 『십자가에 달리신 하나님』의 서론에서 찾을 수 있습니다. 물론, 몰트만은 다른 신학적인 주제들에 관하여도 그렇거니와, '십자가 신학'에 관하여도, 종말론적 모티프를 가지고 논합니다. 즉 그는 '십자가의 종말론'(eschatologia crucis)을 추구합니다. 그런데 "왜 부활절의 승리들로부터 성금요일의 비애(悲哀)로 후퇴하였나?"라고 질문하는 신학자들이 많다며, 이에 대하여 그는 다음과 같이 대답합니다.

> 본인이 보여주려고 하는 의도는, 십자가의 신학이란 기독교적 희망의 신학의 이면 이외에 그 어떤 것도 아니다. 그것의 출발점이 십자가에 달리신 그리스도의 부활에 놓여있기 때문이다. 『희망의 신학』에서 본인이 언급한 대로, '희망의 신학'은 '십자가의 종말론'으로 전개되었습니다. …『희망의 신학』은 십자가에 달리신 그리스도의 부활로 시작하였고, 이제 나는 부활하신 그리스도의 십자가를 논하려고 방향 전환을 한 것입니다. 나는 그 때에 그리스도의 미래에 대한 희망의 형태로 그리스도를 기억하는 일에 관심한 것이었고, 이제는 그분의 죽음에 대한 기억의 형태로 희망에 관심하고 있는 것입니다. 그 당시의 지배적인 주제는 약속들과 희망들의 형태로의 하나님의 미래에 대한 선취들에 대한 것이었고, 이제는 세상의 고난들 속에서 일어난 그리스도의 고난들에 의한, 그와 같은 미래의 육화(incarnation of that future)에 대한 이해입니다. …만약에 기독교적 희망이 부정성의 고통을 파악하지 못한다면, 그것은 현실적일 수 없고, 우리를 자유케할 수 없습니다. …하여 십자가의 신학은 희망의 신학을 좀 더 구체적이게 하는 것을 의도합니다.…(CrG, 5)

위의 인용에서 두 가지가 중요합니다. 하나는, 『십자가에 달리신 하나님』이 '부활하신 그리스도의 십자가'에 대한 논구요, 『희망의 신학』은 '십자가에 달리신 그리스도의 부활'을 논하였다고 하는 것입니다. 하여 비록 몰트만이 십자가로 집중하는 서방교회의 신학전통을 부활에 집중하는 동방교회의 전통으로 보완하고 있지만, 우리는 그에게 있어서 십자가의 신학이 부활의 신학 못 지 않게 중요하다고 하는 사실을 확인합니다. 둘은 『십자가에 달리신 하나님』이 '저 미래의 육화'라고 하는 주장입니다. 즉 이는 '그리스도의 미래', 나아가서 '하나님의 미래'('의의 미래, 생명의 미래, 하나님 나라의 미래'와 '영생, 하나님 나라, 새 하늘 새 땅')가 예수 그리스도의 역사, 그 중에서도 부활 이전 십자가에 이르는 예수님의 메시아 선교와 부활 후 그리스도의 역사를 통하여 역사적으로 육화되었다고 하는 것을 뜻하는 것입니다. 하여 『희망의 신학』과 『오시는 하나님』에서 혹 발견될 수도 있을, 장미 빛 '하나님의 미래'란 철저하게도 '기독론적 종말론을 전제로 해야 한다고 하는 것입니다. 그래서 '하나님의 미래'는 결코 값싼 은혜의 선물이 아니라, 구약에서 시작된 그리고 신약에서 확인되며 미래로 던져 진, 약속 사를 배경으로 한 '그리스도의 미래'의 완성인, '하나님의 미래'입니다.

사실 몰트만은 처음 신학을 시작할 때, 십자가에 신학에 관심하였다고 합니다. 그는 이와 같은 십자가에 대한 관심이, 전쟁포로 시절로 소급한다고 하며, 종교개혁 전통의 괴팅겐의 스승들(Hans Joachim Iwand, Ernst Wolf, Otto Weber)에 빚지고 있다고 합니다. 그리고 역사적으로는 1960년대 유럽과 미국의 희망의 운동들(체코의 인간적 얼굴을 한 사회주의 운동, 마리틴 루터 킹 목사로 대표되는 미국의 민권운동, 에큐메키칼 운동, 그리고 제2 바티칸 공의회 운동 등)이 중단되고 있었던 사실들로부터도 영향을 받았다고 합니다. 그리고 그는 1960년대에 이미 마르크스주의자들과의 대화에서 십자가의 정치적 메시지도 감지하고 있었습니다. 하여 "희망과 저항, 곧 그리스도의 십자가야 말로 사회와 교회 안에서 새로운 지평들을 개방시키는 모든 시도들의 추동력이 되었다."(((CrG, 2)고 합니다.

2. 문: 본 저서의 중심주제는 무엇입니까?
답

고전적으로 그것은 예수님의 위격과 사역입니다. 즉 예수가 누구시고 무엇을 행하셨냐고 하는 것입니다. 즉, 부활하신 그리스도에 대한 신앙에서 보여 진 복음서의 역사의 예수님이 누구시고 무엇을 하셨는가에 있습니다. 하여 본 저서에서 중요한 장( )들은, 제3장 예수님에 대한 질문들(복음서의 역사의 예수님의 종말론적 위격에 대한 것), 제4장 예수님의 역사적 재판(역사적 예수님의 역사적 사역에 대한 것), 제5장 예수 그리스도의 종말론적 재판(그리스도로서 예수님에 대한 종말론적 재판에 대한 것), 그리고 제6장 '십자가에 달리신' 하나님(십자가 사건은 삼위일체 하나님의 사역이라고 하는 것)입니다. 그리고 끝으로 제7장 '인간의 심리적 해방을 향한 길들'과 제8장 '인간의 정치적 해방을 향한 길들'은 십자가에 대한 개인적이고 사회적인 반응에 해당합니다.

3. 문: "예수님에 대한 질문들"에서 예수님은 누구신가요?
답

몰트만은 신약성경에서 고유명사인 예수님이 주어(主語, subject))이시고, '인자', '하나님의 아들', '주님', 혹은 '로고스'와 같은 존엄성과 기능에 관한 명칭들은 서술어들(predicates)로 되어 있다고 하면서, 이와 같은 칭호들이 역사적 상황과도 관계가 있지만, 무엇보다도 "그분의 고유한 이름인 예수와 그분의 십자가에 달리심과 부활로 끝나는 그분의 역사"(CrG, 85)를 "전거 점과 표준"(a point of reference and a criterion)(CrG, 85)으로 한다고 합니다. 달리 말하면, 전자('칭호들')는 변수들이고 후자('전거 점과 표준')는 불변수라고 하는 것입니다. 다시 말하면, 몰트만에게 있어서 기독론적 칭호들과 서술들과 하나님과 세상과 인간에 대한 기독교적 서술들은, 비록 부활 후 성령을 통하여 사도들에 의하여 주어진 것들이지만, 그것이 역사의 예수님과 십자가와 부활로 끝맺는 그분의 역사를 '전거 점과 표준'으로 한다고 하는 뜻입니다. 물론, 이 예수 그리스도의 역사(선재, 성육신, 메시아 선교, 고난, 십자가에 달리심, 그리고 부활)는 사도들의 복음 선포인 바, 역사의 예수님의 위격과 사역은 다름 아니라 바로 이 사도들의 복음 안에 포함된 것으로서 네 복음서로 우리에게 전해져 오고 있는 것입니다.

3-1. 문: 예수님은 참 하나님이신가요?
답

무한하고 절대적이며 보편적이고, 그리고 영원불멸하며 고난을 당할 수 없는 하나님을 주장하는, 희랍의 신관은 예수께서 십자가에 달리신 그리스도로서 하나님의 아들이시라고 하는 것과 아버지 하나님이 이 아들의 고난에 동참하셨다고 하는 것을 믿지 못합니다. 몰트만은 예수께서 십자가에 달리신 하나님이시라고 주장합니다. 아들의 죽음에 아버지 하나님도 함께 고통을 당하셨다(patricompassionism vs. patripassionism)고 하는 뜻에서 그리고 아들이 곧바로 하나님이시라는 뜻에서 말입니다.(CrG, 88) 하여 몰트만은 예수께서 하나님 아버지와 '동일본질'이라고 하는 325년 '니케아 신조'와 '참 하나님이시오 참 인간'(vere Deus et vere Homo)이시라고 하는 451년 칼케돈 정통 기독론을 받아들이지만, 그 초점을 하나님의 '수난 가능성'(passibility)과 죽음에 두고 있습니다.

3-2. 문: 예수님은 참 인간인가요?
답

몰트만에게 있어서 예수님은 인류 가운데 한 이상적인 사람이거나 인간이 자신으로부터 출발하여 찾아낸 참 인간이 아니라 인간이 되신 하나님의 아들로서 십자가에 달리신 그리스도이십니다. 물론, 이 예수님은 단순한 역사적 예수탐구에 의해서 재구성된 인간이 아니고, 종교적 천재로서 원초적인 종교인으로서 도덕적인 모범으로서 혹은 기타 철학적 인간론에 의하여 재구성된 인간이 아니라, 삼위일체 하나님의의 제2 위격이신 아들 하나님의 성육신에 따른, 인간이 되신 하나님이십니다. 이 인간이 되신 하나님(하나님의 아들)에 있어서 하나님과 인간은 구별은 되지만, 분리는 될 수 없는 존재입니다. 고대 정통 기독론은 이를 '위격적 연합'(hypostatic union)이라 하여 예수 그리스도의 위격과 사역의 진정한 주체는 인간이 아니라 인간이 되신 하나님이셨다고 고백하였습니다. 그러니까, 사도들의 복음 선포를 동기로 하여 기록된 네 복음서들 안에 묘사된 예수 그리스도께서 다름 아닌 바로 이 인간이 되신 하나님이시라고 하는 말입니다.

3-3. 문: '오실 그이가 당신이오니이까?'의 대답은 무엇일까요?
답

몰트만은 예수 그리스도에 대한 미래 종말론적인 이해를 강조합니다. 하여 3-3과 3-4가 그의 기독론적 종말론에 있어서 매우 중요합니다. 위 질문은 세례자 요한이 던진 질문으로서 메시아 도래에 대한 질문입니다. 마태복음 11:2이하('소경이 보며 앉은뱅이가 걸으며 …')는 메시아 시대의 징표들입니다. 몰트만은 구약의 약속 사에 근거하여, 초림의 예수님께서 재림의 메시아로 도래하실 것이라고 하는 점을 강조합니다. 이는 그의 메시아 왕국(혹은 평화의 왕국)에 대한 희망 때문입니다.[42]

헌데 몰트만은 영혼구원과 교회구원과 같은 기독교인들의 값싼 구원론으로부터, 이 세계가 결코 구속되지 않은 상태에 있다고 하면서

---

42 참고: 후론 할, J. Moltmann, *The Way of Jesus Christ* (London: SCM Press, 1990)

미래에 있을 실질적(물질적인 것을 포함하는)이고, 보편적인 구속을 기다리는 유대교의 구원론을 구별하면서(CrG, 101), 고전적인 예언서들은 모든 인류의 구속을, 그리고 포로 후 묵시문학서들은 온 우주의 구속까지를 포함하는 구속론을 선포하였다고 합니다. 다음의 인용은 '기독론적 종말론'에 근거한, 몰트만의 보편적이고 우주적인 종말론을 주장합니다.

기독교 신앙이란 구속되지 못한 세계를 아직도 무관심하게 여기면서, 하나의 구속받은 영혼에만 관심하는 그런 것이 아니다. 그것은, 구속에 대한 종말론적 기대, 곧 축출당하시고 버림받으시며 십자가에 달리신분을 통하여 그리고 이 분 안에서 가능한 세계에 대한 기대이다. … 바울은 '이 현세의 고난들'과 노예 된 창조세계의 '신음' 그리고 이스라엘에 대한 경험(롬 9-11)으로부터 십자가에 달리신 예수님의 종말론적 기독론을 발전시킨 것이 아닐까? 바울은 복음을, 하나님 없는 자들을 위해서 주어진 것으로 그리고 성령과 신앙, 세례와 성만찬을, 열망하고 있는 전 창조세계의 구속에 대한 기대들로 이해한 것이 아닐까? 바울은 십자가에 달리신 그리스도를 하나님께서 모든 것의 모든 것이 되시는(고전 15:28), 보편적 미래의 대표자요, 중심인물로 이해하는 것이 아닌지? (CrG, 101)

3-4. 문: '너희는 나를 누구라 하느냐?'
답

몰트만은 '하나님의 성육신하신 아들', '구속자', '그리스도'와 '모범적인 인간' 등 보편적인 적실성(relevance)을 지니는, 기독론적 개념들이 진정으로 기독교적이 되려면, 예수님의 유일무이한 인격과 역사 혹은 예수님의 개별성과 그의 구체적인 십자가 죽음과 부활에 의하여 규정되어야 한다고 하면서, 이 후자는 '하나님 나라'를 지향하고 있다고 합니다. 하여 몰트만은 위의 질문에 대하여, 예수님은 베드로처럼 모세, 예언자들, 세례자 요한, 그리고 이스라엘의 회복과 관련된 메시아, 인자, 다윗의 아들과 같은 구약에서 발견되는 과거의 구속사에 근거하여 대답하지 아니하고, 하나님의 미래에 근거하여 답변하셨다고 합니다.

…공관복음서에 나타난, 예수님의 생애와 말씀들과 행동들은 그분 자신에게로 집중되어 있는 것이 아니라 '하나님 나라'라고 불리는 미래로 집중되어 있다. 그는 과연 그의 하나님 아버지께서 어떤 분이신가를 계시하실 뿐만 아니라, 예수께서 임박한 것으로 선포하시고, 실천적으로 실현시키신 하나님 나라가 과연 무엇인가를 계시하고 있다.(CrG, 104)

그러나 그가 위하여 사신 미래와 그가 말씀하시는 미래는 전혀 새로운 특성을 갖는다. 그것은 율법 안에서 더 영화롭게 되는 하나님의 의가 아니라 선행(先行)하는 은총 안에서 자신을 계시하시는 하나님의 의이다. …제자들이 십자가에 달리신 예수님의 부활을 선포하였을 때, 그들은 십자가에 달리신 그리스도의 미래를 선포하고 있었다. …하여 '인자' 혹은 '그리스도'가 무엇을 의미하는가가 더는 이스라엘의 고난들과 기대들에 근거할 수 없고, 예수님의 인격과 역사에서 그것들의 실현을 발견하였다. …'너희는 나를 누구라 하느냐'라고 하는 형식의 그리스도가 누구냐에 대한 질문이 예수님 자신에 의해서 제기되었고, 그분의 생애의 이중적 결론인 십자가와 부활에 의하여 제기된 것이다.(CrG, 105)

하여 몰트만에 따르면, 예수님은 자신에 의하여 제기된 그리고 그의 십자가와 부활에 의하여 제기된 질문에 대하여 이렇게 대답하셨습니다.

> 이와 같은 질문은 새 창조에 의하여 대답되어 진다. 그 때에는 예수께서는 더는 진기함(novelty)이 아니고 그의 십자가도 더는 걸림돌도 아니며 오히려 예수님과 그의 십자가는 하나님 나라의 초석과 빛이 되어있을 것이다. 신앙은 예수님을 그리스도로 고백함으로써 그분의 미래가 실재하는 것을 기대하는 것이다. 예수님에 대한 바른 신앙고백은 그것이 그가 위하여 사시고 죽으시며 부활하신 그 미래를 기대하는 것이다. … 그도 그럴 것이 그 신앙은 '죽임을 당하신 어린양이 능력과 부와 지혜와 존귀와 영광과 찬송을 받으시기에 합당하도다.'(계 5:12)와 '하나님께서 저희의 눈에서 눈물을 씻어 주실 것이니라.'(계 7:17)고 말해지는 미래를 기다린다. 이 신앙고백은 하나의 선취적 송영론(an anticipatory doxology)의 형식을 취한다. 그것은 '구속받지 못한 세계' 속에서 이미 구속에 대한 환희를 강하게 표현한 것이요, 바로 이 사실에 의해서 '구속받지 못한 세계'로 인한 고난을 의식적인 고통으로 받아들이는 것이다.(CrG, 106)

4. 문: "예수님의 역사적 재판"에서 몰트만은 무엇을 말합니까?
답
몰트만은 '십자가에 달리신 그리스도'를 두 가지 시각에서 이해합니다. 하나는 그를 십자가에 못 박는 데 이르게 하는 그분의 삶과 사역활동에 비추어서이고, 다른 하나는 그리스도께서 죽은 자들로부터 부활하셨다고 선포하면서 그분을 그리스도로 선포하는 종말론적인 신앙에 비추어서입니다. 물론, 전자(예수님의 위격과 사역)는 후자(사도들의 부활신앙)에 근거하여 소급 기억된 것으로서 네 복음서 안에서 발견됩니다. 헌데 몰트만은 전자를 신학적 과제로, 그리고 후자는 역사적 과제로 접근합니다.(CrG, 113) 그 이유는, 몰트만이 신약성경을 주로 케뤼그마로 보는 불트만의 주장보다는 케제만 등 후기 불트만 신약학자들과 더불어 케뤼그마적 모티프에 의하여 소급 기억된 기록으로서 네 복음서 안에 있는 역사의 예수님의 위격과 사역을 강조하는 입장을 취하고 있기 때문입니다. 하여 이상과 같은 전제를 가지고, 몰트만은 우선 예수님의 삶과 사역활동 안에서 혹은 당시의 역사적 상황 속에서, 십자가를 지셔야 했던 이유를 추적하고 있습니다. 즉 그는 '1. 예수님과 율법: 불경스러운 자', '2, 예수님과 권위: 반역자', '3. 예수님과 하나님께 버림받은 자'에 대하여 논하면서, 역사를 신학의 관점에서도 봅니다.

4-1. 문: 예수님은 왜 불경스러운 자입니까?
답

갈릴리에서 예루살렘에 이르는 길목에서 일어난 예수님의 행적은 '비범하고 전례가 없는 것이었습니다.'(128) 왜 그랬을까요? 두 가지 점에서 그러하였습니다. 첫째로는 그 당시 율법주의에 반대하여 그는 불경스러운 자로 여김을 받았습니다. 그의 설교에 타나난 하나님은 종말론적으로 낮아지셔서 잃어버린 자들을 찾으시면서 인간을 율법주의로부터 자유케 하셨고, 선행(先行)하는 사랑으로 사람들에게 은혜로운 자비를 베풀어 주셨기 때문입니다. 그는 하나님과 하나님 나라에 대한 설교를, 모세와 토라의 권위를 훨씬 능가하는 것으로 보았습니다. 예수님은 죄의 용서를 통해서 율법 없는 자들과 율법을 어긴 자들을 향하여 하나님의 종말론적 은혜의 법을 선포하신 것이니(CrG, 128), 이는 하나님을 저주하는 불경죄 정도가 아니라 자기를 신격화한 불경죄를 범한 것으로 여겨진 것입니다. 하여 바울에게서 발견되는, 선행하는 보편적 화해와 칭의와 속량은 다름 아닌 나사렛 예수님의 선포에서도 확인됩니다.

둘째로 묵시문학 전통에서 보아도 예수님은 전적으로 예외적인 사람이었습니다. 인자가 마지막 심판에 임하여 죄인을 심판하고, 의인을 구속(救贖)한다고 하는 묵시문학전통에 반하여, 예수님은 죄인들과 잃어버린 자들, 그리고 가난한 자들과 세리들에게 하나님의 무조건적이고 무상의 은혜를 베푸셨습니다.(129) 이것은 예수님에 의하여 약속되고 증명된, 전혀 생소하고 새로운 하나님의 의(義)였습니다.(CrG, 130) 그가 설교하고 외친 하나님은 그의 아버지였습니다. 하여 예수님의 처형은 그분과 율법 사이의 갈등에 기인하는 필연적 결과요, 율법준수자들에 의한 그분의 재판은 넓은 의미에서 하나님의 뜻 위반에 대한 재판이었습니다.(CrG, 132) 그는 결코 우연한 죽음을 죽으신 것이 아니라 '불법자의 동류로 여김을 받은'(눅 22:37) 자로 율법에 의하여 죽임을 당하신 것입니다.(133)

하여 예수님의 십자가 죽음의 이유에 대한 이상과 같은 주장은, 하나님의 종말론적인 의와 은혜, 곧 종말론적인 하나님 나라와 하나님의 인간에 대한 무조건적인 사랑을 말하고 있는 것입니다. 이는, 예수님의 십자가에서 계시된 하나님의 종말론적 의와 은혜, 그리고 종말론적인 사랑을 가리키고 있습니다. 하여 몰트만에게 있어서 역사와 신학은 구별될 수 있으면서도 엮어 짜여져 있습니다.

4-2. 문: 예수님은 왜 반역자입니까?
답

예수께서는 로마 당국의 권세에 의하여 십자가에 처형되셨습니다. 그것은 로마제국(Imperium Romannum)에 반역한 자들에게 내리는 처형이었습니다. 예수님은 빌라도에 의하여 한 정치적 반역자와 한 열심당원으로 오해를 받아, 정죄를 받았습니다.(136) 예수님의 지상 사역은 로마제국의 정치적 반응을 불러일으키는, 정치적이 아닌 정치적 행동이었습니다. 즉, 확실히 빌라도에게, 예수님은 열심당원으로 추정되는 바라바와 '동류의 정치범'(막 15:7)이었을 것입니다. 당시 유대당국이 예수님을 로마제국에 고발했던 것도 그의 지상사역이 단순히 인간의 내면세계를 추구하는 것이 아니었기 때문이었을 것입니다.(CrG, 136)

이상 예수님의 처형은 역사적인 이유로 인한 것이었으나, 몰트만에 따르면, 그것은 신학적인 해석을 허용하는 것으로 봅니다. 그것을 요약정리하면 아래와 같습니다.

1. 예수님은 열심당원들처럼 '현상유지'(staus quo)를 깨뜨렸다. 하여 그는 그들처럼 정치적 소요를 일으키는 자가 된 것이다. 허나 예수님은 "하나님의 은혜의 의안에서 기쁨을 통하여 도래하는 자유의 나라를 선포하시고, 이를 예증함으로써 이를 기대하는"(CrG, 143) 점에서, 당시 유대인들보다 좀 더 철저하려 했고, 당시 이방인들의 율법 없음을 극복하여했던 율법주의적 열심당원들과도 달랐다.

2. 따라서 예수님은 열심당원들과 세리들을 그들의 율법주의적 적대관계로부터 해방시키기 위하여, 의로운 자들과 불의한 자들에게 임하는 은혜의 법으로서 하나님의 의를 전파한 것이다.

3. 예수님은 열심당원들과 로마인들과 같은 인간들이 자신들의 명분에 따라 심판을 하거나 보복을 하려는 권한을 가지고 있다고 하는 사실을 부인하셨다. 예수님은 하나님을, "심판을 내리시는 의로운 보복자로 계시하신 것이 아니라 헤 아리기 어려울 정도로 은혜로우시고 의로우신 하나님과 하나님 나라로 계시하셨다.

4. 따라서 예수님은 바리세인들에게는 이스라엘의 거룩한 목표를 배반한 자요, 로마당국에게는 열심당원들 지도자들처럼 정치적 소요를 일으킨 선동자였다.

5. 비록 빌라도가 반로마적 열심당 지도자와 비열심당원인 예수님을 구별하지 못하고, 오해 때문에 예수님을 처형판결을 하였으나, 결국

예수님의 자유와 그의 하나님의 은혜의 법에 대한 선포는, 바리새인들과 열심당원들뿐만 아니라 Pax Romana의 종교적이고 정치 종교적인 기반과 모든 사람에 의해서 주장된 고전적인 의(義) 개념을 뒤흔들어 놓았다(CrG, 143-145)

결론적으로 물론 예수님이 역사적 이유로 로마제국에 대한 반역자로 처형을 당했지만, 결국 예수님은 사랑과 은혜의 하나님 아버지를 선포하셨다고 하는 것입니다. 이처럼 예수님의 십자가에 이르는 길과 십자가 지심은 모두가 하나님의 인류사랑을 말한다고 하는 것입니다. 부활을 통하여 예수님의 밝은 비래를 보여 주신 하나님 아버지께서는, 예수님의 집자가를 통하여도 결국 인류사랑의 밝은 측면을 보여 주신 것입니다. 하여 이와 같은 하나님의 인류사랑은 공적이고 보편적이고 종말론적이었습니다. 예수님 처형의 역사에 대한 신학적 해석은 사도들의 복음 선포에서도 진리입니다.

4-3. 문: 예수님은 왜 '하나님께 버림받은 자'이십니까?
답
비록 예수께서 유대인들과의 관계에서 '불경스러운 자'로, 로마당국과의 관계에서 '반역자'라고 하는, 역사적 이유에서 십자가에 처형되셨으나, 이와 같은 사실은 아직도 "그분의 고난과 죽음의 참된 내적 고통"을 설명해 주지 못한다고 합니다. 하여 마가복음 15:34이 보여주는 심오한 신학적인 예수님의 죽음에 대한 경험은 소크라테스, 열심당원 순교자들, 스토아학파의 현자들, 심지어 기독교인 순교자들의 그것과도 비교될 수 없습니다.(CrG, 145-146) 즉, 예수님은 그분의 처형당하심의 역사적 이유들에서보다도 아버지 하나님께로부터 버림받으심의 경험 때문에, 그의 고난과 죽음에서 말할 수 없는 고통(막 14:33이하; 히 5:7)을 경험했다고 하는 것입니다. '나의 하나님 나의 하나님 어찌하여 나를 버리셨나이까?'(막 15:34)의 절규는 예수님의 수난과 죽음의 고통이 하나님께 버림받은 인류를 대신하는 버림받으심의 고통의 절규였다고 하는 것입니다.(146)

진실로 예수님의 죽음에서 하나님의 아들로서 하나님이신 예수님과 하나님이신 아버지가 관계하셨다고 하는 것이니(CrG,151), 이로써 아들의 십자가는 하나님과 하나님 사이의 적대 관계와 차별을 극대화시켰습니다. 하지만 하나님께 버림받으신 아들의 하나님에 의한 부활은 하나님과 하나님 사이를 가장 친밀하게 연합시키신 것이었으니, 하나님께 버림받으시어 십자가에 달리신 예수님 안에서 하나님을 이해한다고 하는 것은 하나님개념에서 혁명을 요구한다고 합니다.(152) 하여 몰트만은 이상과 같은 하나님의 아들로서 예수님의 십자가에서의 고통의 절규야 말로 모든 기독교적 신학의 시금석이라고 주장합니다.(CrG, 153)

하여 몰트만에게 있어서, '하나님께 버림받으심'의 경험은, '불경스러운 자'와 '반역자'라고 하는, 그의 죽음의 역사적 이유들을 능가하는 신학적 이해에 따른 것입니다. 신학적으로, 이미 '불경스러운 자'와 '반역자'로서의 그의 죽음이 하나님의 인류사랑을 잘 드러내고 있으나, 그의 '하나님께 버림받으심'의 경험이야 말로 확실히 그분의 죽음의 의미를 심화시키고 있다하겠습니다. 그는 '하나님께 버림받은 인류'를 위하여 하나님께 버림을 받으신 것입니다. 아직 그의 버림받으심'이 버림받은 창조세계와는 적극적으로 현실상부된 것(relevance)이 아니지만 말입니다.

5. 문: "예수 그리스도의 종말론적 재판"에서 몰트만은 무엇을 주장합니까?
답

몰트만은 예수님에게 있어서 '종말론과 역사'의 관계를 논하였는데, 이는 이미 지적한 대로 '신학과 역사'의 관계 혹은 '역사와 신학'의 관계입니다. 즉 역사의 예수님과 신학의 관계말입니다. 여기에서 몰트만은 예수님의 죽음과 삶, 곧 그분의 역사적 현현 전체를 그분의 '죽은 자들로부터의 부활'(the resurrection from the dead)과 종말론적 신앙의 맥락 안에서 이해하려고 합니다. 헌데 몰트만은 "성령의 선물"과 "종말론적 신앙"이, "그분의 인격과 삶과 죽음을 '죽은 자들로부터의 부활'의 빛 안에서 종말론적으로 이해하게 만들었다고."(CrG, 161)합니다. 그는 이 둘의 상호 비판적이고 상호 보완적인 기능을 주장합니다. 즉 원시기독교의 부활신앙은 십자가에 달리신 그리스도의 역사, 곧 예수님의 삶과 죽음에 비추어서 이해되어야 하고, 후자 역시 전자에 비추어서 이해되어야 한다고 봅니다. 기독교 신앙은 예수님의 사역(역사의 예수님 사역)을 뒤로부터 앞으로 읽습니다. 즉 그의 십자가는 부활에 비추어서 이해되고, 그분의 십자가에 이르는 길은 십자가의 구원하는 의미에 비추어서 이해되며, 그분의 말씀들과 기적들은 예수님을 승귀하신 주님이 되게 하는 부활에 비추어서 이해되어야 한다고 하는 것입니다.

하여 그는 부활의 종말론적인 혹은 신학적인 의미를 제시합니다. 즉, 이 부활은 죽은 자들의 보편적 부활의 시작으로, 역사 속에 있는 역사의 끝의 시작으로, 그리고 창조자에 의한 창조세계의 종말론적 변혁의 시작으로 봅니다.(CrG, 162) 이것이 신약성경이 말하는 종말론적 신앙입니다. '잠자는 자들의 첫 열매', '죽은 다들의 부활의 첫 열매', '생명의 개척자'(히 2:10)와 같은 부활하신 주님의 현현의 영향 아래 형성된 그리스도에 대한 칭호들은 예수님의 십자가를 부활의 관점에서 이해하게 할 뿐만 아니라 그분의 부활을 장차 임할 하나님과 하나님의 영광 속에 있는 그분의 미래에 비추어서 이해하게 합니다.(163) 하여 그는 예수 그리스도의 십자가와 부활의 종말론적 의미를 아래와 같이 언급합니다.

하여 역사적인 십자가에 달리심은 종말론적 심판사건으로, 그리고 부활은 죽은 자들이 다시 살아날, 종말론적 영광의 나라에 대한 은폐된 기대로 이해되었다. …'부활절'은 고난의 세상 역사의 한복판에 있는 하나님의 질적으로 새로운 미래와 새 창조에 대한 서곡이요, 진정한 기대였다. …그도 그럴 것이 부활절 희망은 그것이 개방시키는 역사의 전대미문의 새로움을 미래 지향적으로 조명할 뿐만 아니라 과거 지향적으로는 역사의 묘지를 조명하되, 그 가운데서 첫째로 십자가에 달리신 분의 무덤을 조명한다.(CrG, 163)

이상에서 우리는 예수 그리스도의 종말론적 재판이 무엇을 의미하는가를 알았습니다. 즉 예수님의 삶과 사역, 특히 그의 십자가와 부활은 '성령의 선물'과 '종말론적 신앙'을 통하여 하나님의 미래('의의 미래, 생명의 미래, 그리고 하나님 나라와 자유의 미래' + '영생, 하나님 나라, 그리고 새 하늘 새 땅')에 조명하여 해석되고 있는 바, 이는 그분의 죽음 혹은 그분의 재판의 역사적 이유('불경스러운 자'와 '반역자'와 '하나님께 버림받은 자')와 그것의 신학적 의미를 깨닫게 합니다. 하여 예수님의 역사적이고 신학적인 재판은 종말론적인 재판에서 그것의 미래적인 전망을 향하여 열립니다. 예수 그리스도는 모든 인류와 전 창조세계의 구속을 위하여 역사적이고 신학적이며 종말론적 재판 혹은 심판을 받으신 것입니다. 예수님은 종말론적으로 모든 버림받은 자들을 위하여 죽으셨고, 부활을 통하여 모든 버림받은 자들에게 하나님의 영광의 세계를 활짝 열어 주셨다고 하는 뜻에서, 종말론적 재판을 받으신 것입니다. 이는 다름 아닌 '성령의 선물'과 '종말론적 신앙'에 따른 희망입니다.

5-1. 문: 예수님은 왜 죽은 자들로부터 부활하셨나요?
답
몰트만에 의하면, 사도시대의 '부활증인들'(부활에 대한 첫 목격자들은 여성 목격자들을 포함하는 사도들이다: 필자 주)은 3가지 점에서 역사적으로 그리고 신학적으로 조건 지워 졌습니다. 하나는 예수님의 설교와 '제자의 도', 둘은 십자가 사건으로 인한, 제자들의 깨어진 신앙, 셋은 로마제국 하에서 당시 유대교가 지니고 있었던 보편적인 묵시적 기대의 주제들과 상징들입니다.(CrG, 166) 그런데 이들 중에서 부활신앙을 주로 기독교적이게 만든 것은, 묵시적 의(義)의 패턴과 구별되는 은혜로 도래하는 하나님 나라의 은혜의 의(義)에 대한 예수님의 선포였다고 합니다.(166) 진실로 그 당시의 부활신앙은 '불경스러운 자'로서, '반역자'로서, 그리고 '하나님께 버림받은 자'로서 예수님의 죽음에 의해서 결정되었습니다. 적어도 예수 그리스도는 버림받은 인류를 위해서 죽으셨다(버림받으셨다)가 부활하신 것입니다.(166) 이는 불의한 세상의 끝에 분명하게 나타날, 새로운 세계를 위한 초석이었습니다.(167) 하여 몰트만은 부활을 사망권세의 멸절로 봅니다.

> …'죽은 자들로부터의 부활이라고 하는 상징은 더는 죽음을 모르고, 그렇게 때문에 이 죽을 생명의 연장일 수 없는, 하나의 질적으로 새로운 생명을 뜻한다. '죽은 자들로부터 다시 사신 그리스도는 결코 다시 죽지 아니하신다.'(롬 6:9)고 바울은 말한다. 부활은 '죽은 자들로부터의 삶'(롬 9:15)을 의미하기에, 그것 자체가 사망권세의 멸절과 관계가 있다.(CrG, 169-170)

헌데 몰트만은 예수님의 부활에서 보인 죽음의 멸절이 마지막 때에 새 창조를 위하여 완전하게 일어날 것으로 보았습니다.

> 세상 끝 날에 하나님께서는 죽은 자들을 부활시키실 것이고, 그렇게 하심으로써 죽음의 권세를 멸하시는 그의 능력을 나타내실 것이다. 이

세상의 종말과 새 창조의 시작은 죽은 자들의 보편적 부활과 함께 동터 오를 것이다. 이제 하나님께서는 죽은 예수를 '죽은 자들로부터 다시 살리셨다고 하는 부활증인들의 선포는 하나님의 의와 현존으로 충만한 새로운 세계의 미래가 이미 우리의 죽음의 역사 속에 이 한 인격 안에서 동터 올랐다고 하는 주장이나 마찬가지이다.(CrG, 170-171)

헌데, 몰트만은 예수 그리스도 안에 나타난 하나님의 구원하시는 의는, 징벌적 의나 분배적 의와 같은 당시의 율법주의의 의를 훨씬 능가하는 의, 곧 죄인을 의롭다 하시는 의(iustitia iustificans)라고 하였습니다. 다시 말하면, 이와 같은 의(義)는 하나님 나라의 의요, 불의한 자들과 율법 밖에 있는 자들을 의롭다 하시는 그런 의였다고 합니다.(CrG, 177) 하여 악인과 선인, 불의한 자의 의로운 자를 구별하는 묵시문학전통의 의와 달랐습니다. 복음서는 하나님이 그 해를 악인과 선인에게 비추시며 비를 의로운 자와 불의한 자에게 내려주심이라'(마 6:45)고 말씀합니다. 몰트만은 이상과 같은 종말신앙이야 말로 형 집행인들과 이들의 처형대상자들 모두를 넘어선 의를 알고 있다고 합니다. 그도 그럴 것이 처형 대상 자을 위해서 죽으셨고, 그 다음으로 형 집행인들을 위해서도 죽으신 예수 그리스도께는 증오와 앙갚음의 악순환을 없애 버리는 새로운 의를 계시하셨기 때문입니다.(CrG, 178) 하여 이와 같은 놀라운 하나님의 은혜의 의는 보편사 차원에서 신정(神正, theodicy)을 인정하고, 구원역사 속에서 믿는 자들을 의롭다 함입니다(이신칭의). 하여 이와 같은 사랑과 은혜의 하나님은 선하시고 의로우신 하나님이신데, 왜 이 세상에는 비극들과 불행들이 엄존하고 있는가라고 질문하는 사람들과 자신의 선함과 의로움을 구원의 공로로 생각하는 모든 사람들에게 적절한 대답을 하고 계신 것입니다.

5-2. 문: 부활하신 그리스도의 십자가의 의미는 무엇인가요?
답

몰트만은 부활에 대해서 먼저 논하고, 이에 비추어서 십자가를 이해합니다. "초기 공동체는 부활사건들의 빛 안에서 우선 미래를 바라보았다. 영광의 광채로 그들에게 나타나신 분은, 하나님의 영광과 하나님의 새 창조가 멀리 떨어져 있는 것이 아니라 근접하고 있다고 하는 보증이었다."(CrG, 178) 예수님은 이제 성령 안에 계신 주님이시라고 하는 말입니다. 그리고 나서 몰트만은 이제 이 부활하신 주님이 걸머지신 십자가의 의미를 추구합니다. 즉, 몰트만은 하나님께서는 부활을 통하여 예수님을 '그리스도, 하나님의 아들, 주님'으로 세우셨다고 하는 것입니다. 몰트만에게 있어서 이런 명칭들은 모두 '그분의 기능, 소명, 하나님께로부터 위임받은 과제와 그의 선교'를 뜻하는 것으로 보고, 장차 새 하늘 새 땅에선 이와 같은 기독론적 '칭호들'은 무용지물이 되고, 삼위일체 하나님의 맥락 안에 계시는 '하나님이 아들'이라고 하는 '칭호'만이 남을 것인 바, 몰트만은 부활하신 예수님의 이와 같은 칭호들에 비추어서 십자가를 이해합니다.

> …하나님의 그리스도는 아직도 구속되지 않은 세상 속에서 하나님 자신을 대리한다. 하나님의 아들은 불신과 버림받은 세상 속에서 아버지를 대리하신다. 주님은 꺼져가는 인간과 장차 도래하는 하나님 사이의 중보자이시다. … 예수님은 지상에서 하나님의 보좌관이요, 인간들 앞에서 하나님을 대표하는 하나님의 대표자이다. … 부활하신 예수님의 현현으로 만들어진 칭호들은 이처럼 철저하게 '종말론적 종속론'(an eschatological subordinationism)을 나타낸다. 기독론은 장차 임할 하나님의 종말론과 만물을 새롭게 할 그분의 의( )에 봉사한다. (CrG, 179)

하여 몰트만은 이상과 같은 부활에 대한 종말론적 비전을 가지고 부활하신 그리스도의 십자가의 종말론적 의미를 추구합니다. 바울에게서 예수님의 고난과 십자가는 부활이전에도 '죄를 위한 화목제' 혹은 '하나님과 세상의 화해'로 이해되었으나, "예수님은 부활을 통해서 그분의 위격에 관하여 하나님의 그리스도로 규정된다. 그래서 그분의 고난과 죽음은 하나님의 그리스도의 고난과 죽음으로 이해되어야 한다."(CrG, 182)

바로 이 부활사건으로부터 예수님의 죽음은 "특별하고 유일무이한 구원의 의미"를 갖는다고 하는 것입니다. 그러니까 부활은 십자가에 달리신 분에게 '그리스도'라는 자격을 부여하고, 그분의 고난과 죽음을 많은 사람들을 위한 구원사건으로 규정합니다. 부활은 십자가를 헛되게 하는 것(고전 1:17)이 아니라 이 십자가를 종말론과 구원의미로 채운다고 하는 것입니다. 이와 같이 부활의 시각에서 십자가의 의미를 들여다 볼 때, 몰트만은 십자가가 단순히 죄를 범한 인류를 위한 희생제사일뿐만 아니라 부활에서 보여 진 우주적 종말과 새 창조의 시각에서 보여 져야 한다고 합니다.(CrG, 184) 역사적으로 그분은 그의 죽은 자들로부터의 부활에 근거하는, 오시는 하나님에 대한 기대요, 종말론적으로 보면, 그분은 오시는 하나님의 성육신이십니다.(184)

하여 몰트만은 십자가를 부활의 빛에 비추어서 볼 때에만, 그것이 "그의 부활에서 밝히 드러난 생명과 구원이라고 하는 새로운 요소를 전달 할 수 있게 된다."(186)고 합니다. 예수 그리스도는 단순히 속죄를 통해서 상실된 낙원을 회복하신 분이 아니라, "죽은 자들인 우리에게" 부활의 새 생명과 영생의 미래에 참여케 하신 분으로서, 죽으셨다가 부활하신 그리스도 자신이 바로 십자가에 달리신 분이시기 때문에, 그분의 부활은 "우리를 위한"(186) 그분의 십자가 죽음의 내용입니다.

5-3. 문: "'십자가에 달리신 그리스도'라고 하는 징표에서 보여 진 하나님의 미래"는 무엇입니까?

답

여기에서 몰트만은 '십자가에 달리셨던 그리스도의 부활'과 '부활하신 그리스도의 십자가'에 비추어서 '하나님' 개념을 규정합니다. 하면 예수님의 십자가 죽음이 어떻게 해서 하나님의 행동으로 혹은 하나님의 고난으로 이해될 수 있는지요? 이 맥락에서 몰트만은 아버지 하나님과 아들 예수 그리스도의 관계에 비추어서 아버지가 아들을 십자가에 목 박았다는 뜻에서 그리고 하나님이신 아들이 십자가에 자발적으로 못 박혔다는 뜻에서 하나님자신의 종말론적 고난과 죽음을 이야기합니다.

몰트만은 여기에서 고린도 전서 5:19에 나오는 "하나님께서 그리스도 안에 계셔"를 인용하고, 갈라디아 4:4 이하에 나오는, "하나님이 그 아들을 보내사"를 인용합니다. 바울은 항상 아버지께서 파송하신 아들의 고난과 죽음을 말합니다. 그리고 바울은 아들을 내어주신 아버지와 아들 스스로의 자기희생에 대한 성경구절을 많이 인용합니다(롬 4:25; 8:32; 갈 2:20; 요 3:16).(192) 우리를 살리시기 위하여 하나님 자신이 죽으신 것입니다. 이것이 하나님 안에서 혹은 '하나님의 세 위격 안에서' 일어났다고 합니다. 그것은 "하나님과 하나님 사이에서 일어난 사건이요, 삼위일체 하나님 자체 내에서 일어난 사건이다."(CrG, 249). "창조와 새 창조와 부활은 혼돈과 무성과 죽음에 저항하는 하나님의 외적인 사역들(경세적 사역들: 필자 주)인데, 이 하나님 자신이 혼돈과 무성과 죽음을 십자가에서 걸머지신 것입니다. 마가는 15:34에서 십자가의 죽음을 하나님의 아들이 아버지로부터 버림받으심의 죽음을 죽으신 것으로 이해합니다. 하여 몰트만은 우리가 지금 논하고 있는 것을, 다음과 같이 줄여서 말합니다.

부활하신 그리스도는 십자가에 달리신 그리스도로서 '모든 사람을 위하여 존재 하신다'. '십자가에 달리신 하나님'은 하나님의 아들의 죽음, 곧 아들이 하나님께로부터 버림받으심을 통해서 모든 불신앙의 인간들과 하나님께 버림받은 인간들의 인간적 하나님이 되신 것이다.(CrG, 195)

6. 문: '십자가에 달리신 하나님'과 삼위일체 하나님은 어떤 관계가 있나요?
답
몰트만은 앞 항목에서 언급한, '십자가에 달리신 그리스도'와 '부활하신 그리스도의 십자가'(복음의 핵심: 필자 주)를 모든 신학적 진술의 시금석으로 봅니다.

…하나님, 창조세계, 죄와 죽음에 대한 모든 기독교적 진술은 십자가에 달리신 그리스도에 초점이 맞추어져 있다. 역사, 교회, 신앙과 성화, 미래와 희망에 대한 모든 기독교적 진술은 십자가에 달리신 그리스도로부터 발원한다. 신약성경의 다양성은 모두 예수님의 십자가와 부활사건으로 합류하고, 다시 그것으로부터 넘쳐 흘러나간다. 그것은 하나의 사건이요, 하나의 인격이다. … 따라서 중심은 '십자가와 부활'이 아니라 '십자가에 달리셨던 그리스도의 부활'이다.(CrG, 204)

하여 몰트만은 종말론 역시 위의 인용에서처럼 '십자가에 달리셨던 그리스도의 부활'에 근거시킵니다. 즉 "십자가에 달리셨던 그리스도의 부활 사건 때문에, 우리는 이 세상의 멸절과 모든 존재의 무로부터의 새 창조를 생각할 수밖에 없다."(CrG, 218)고 합니다.
그리고 몰트만은 삼위일체론 역시 위와 같은 '복음' 사건으로부터 나 온 것이라고 합니다. 하여 몰트만은 『십자가에 달리신 하나님』에서 『희망의 신학』의 종말론적 복음이해로부터 종말론적 복음 중심의 종말론적 삼위일체 신학으로 패러다임 이동을 보이고 있습니다. 초기 개신교 신학은 그리스도의 죽음을 구속의 죽음으로만 이해하고, 십자가 사건에서 일어난, 아들의 아버지와 성령에 대한 관계, 곧 십자가의 삼위일체론적 연관에 대하는 소홀이 여겼으나, 몰트만은 이 십자가에 달리신 하나님의 아들의 아버지와의 관계를 역설합니다. 성부 하나님께서, 하나님께 버림받고 믿음이 없는 인류의 모든 저주와 죄와 죽음을 대신 걸머지시고 십자가에서 죽으신 성자 예수 그리스도의 고난과 죽음에 전적으로 동참하셨다(patricompassionism)고 하는 것입니다. 즉, 아버지 하나님께서 아들의 고통과 죽음을 함께 경험하셨다고 하는 말입니다. 그래서 그는 그의 책 제목을 『십자가에 달리신 하나님』이라 하였습니다. 몰트만은 복음서의 복음 이야기 속에서 십자가에 대한 내러티브에 집중하면서, 그 십자가의 신학적인 의미가 삼위일체론적인 사건에 있다고 보았던 것이다.[43] 하여 몰트만은 종말론적 만유구원론의 근거를 십자가의 삼위일체론적 이해에서 찾았습니다. 몰트만에게 있어서 십자가 사건은 삼위일체 하나님의 경세 차원과 동시에 내재적 삼위일체 하나님 안에서 일어난 것이다. 하여 몰트만은 경세적이고 내재적인 삼위일체 하나님 안에서 일어난 부활하신 그리스도의 십자가 사건을, 하나님 나라 혹은 새 하늘과 새 땅에서 약속된 보편구원론의 담보로 보았습니다.

> 모든 파멸, 절대적인 죽음, 무한한 저주 및 무성(無性)에로의 침몰이 하나님 자신 안에 있었다고 하면, 이 하나님과의 교제는 영원한 구원, 무한한 기쁨, 파기될 수 없는 선택 및 신적 생명이다.(CG, 246)

---

43 참고: Ibid., "The Doctrine of Two Natures and the Suffering of Christ"(227-235)와 "Trinitarian Theology of the Cross"(235-249).

인류와 만유를 구원하시는 십자가의 삼위일체 하나님은 사랑이시다.(요일4:16) 이 사랑은 사랑 없고 율법적인 세상 속에서 일어난 사랑의 사건이다. 그것은 인간을 만나기 위해서 오신 무조건적이고 한량없는 사랑의 사건이다. 그것은 사랑받지 못하고 버림받은 자들 그리고 의롭지 못하고 율법 밖에 있는 사람들을 붙잡아, 이들에게 정체성을 부여하는 사건이다. (CrG, 248)

그러나 몰트만에게서 인간과 만유의 구원은, 미래적 종말에 가서 완성됩니다. 따라서 몰트만은 주님, 메시아, 예언자, 제사장, 왕과 같은 기독론적 칭호들은 마지막 때 가서 완성된 하나님 나라를 아버지 하나님께 넘겨주시는(고전 15:28) 아들의 기능적 명칭들입니다. 하여 '아들'을 제외한, 여타의 기독론적 칭호들은 장차 도래하는 하나님 나라에서는 폐기되고 말 것입니다. 하나님 나라에서는 전(全) 삼위일체 하나님께서 새 창조의 세계 안에 직접적으로 거주하실 것이고, 이로써 창조세계 전체가 삼위일체 하나님의 영광을 직접적으로 포용할 것입니다.(CrG, 258)(참고: 264-265)

끝으로 그는 이상과 같은 '복음'에 근거한 삼위일체론은, 창조, 성육신, 은총론, 기독교 윤리학, 종말론 등에 있어서도 없어서는 안 되는 부분입니다.(CrG, 241)

6-1. 문: 삼위일체 하나님은 왜 파토스[44]의 하나님이시고, 이것에 응답하는, 파토스적 인간이란 무엇인가?
답
몰트만에게 있어서 부활하신 그리스도의 십자가를 핵심으로 하는 삼위일체 하나님은 창조세계, 그의 백성과 역사와 자유로운 관계를

---

44 참고: 파토스가 독일 말로 Leiden(passion = '수난')인데, 이는 '고통'과 '열정'(Leidenschaft) 모두를 의미합니다.

맺으시는 파토스의 하나님이십니다.(270) 하나님께서 인간과 창조를 그렇게나 사랑하셔서, 인간의 행동들 아래서 고통을 받으시고, 이 행동들에 의하여 손상을 받으십니다.(CrG, 271) 하나님께서는 자기 백성과 언약을 맺으심으로 그의 심장을 여셨기에, 그의 백성의 불순종으로 고통을 경험하셨습니다. 자기 백성에 대한 하나님의 진노(震怒)는 그의 사랑의 표현입니다.(271-272) 하여 이 파토스의 하나님과의 이에 응답하는 인간 역시 '파토스적 인간'(homo sympatheticus)이 됩니다.(272) 따라서 그리스도의 파토스와 연합하는 삶은 삼위일체 하나님의 파토스에 참여하는 삶입니다. 신앙인들이 이 세상 속에서 특수한 고통에 동참하는 것은 하나님께서 그의 아들의 십자가에서 그것을 그분 자신의 고통으로 만드셨음을 전제합니다. 아버지 하나님은 그의 아들의 십자가상에서 인간의 모든 저주와 버림받음, 그리고 고독과 자기 파괴적 자기 고발을 없애 버리셨습니다.(CrG, 277)

7. 문: 십자가에 달리신 하나님과 "인간의 심리적 해방을 향한 길들"의 관계는?

답

몰트만은 "하나님의 자유 안에서 다시 살리심을 받으신, 허나 버림받으셨던 인자에 비추어 볼 때, 인간이 누구인가? 인간은 십자가에 달리신 하나님의 파토스라고 하는 세력권 안에서 자신의 삶을 어떻게 전개할 것인가? 바울이 말하는(그리스도는 모든 믿는 자에게 의를 이루시기 위하여), 율법의 마침이 되시느니라.'는, 과연 인간의 해방을 위하여 무엇을 뜻하는가?"(CrG, 191)라고 묻고 있습니다. 다시 풀어서 말하면, 모든 버림받은 인류를 대신하여 버림받으신 그리고 율법(하나님의 뜻)을 이루시기 위하여 십자가에 달리신 그리스도의 부활이야 말로 인간의 해방을 가져올 것이라고 하는 뜻일 것입니다. 하여 몰트만은 이를 믿음으로 받아들인 사람들, 곧 "그리스도에 대한 신앙 안에서 하나님의 자녀들의 자유를 주장함에 있어서 바울을 따르는 자들은 이와 같은 자유를 특별한 심리적이고 정치적인 용어로써 찾고 제시하지 않으면 안 된다."(291)고 합니다. 즉 몰트만은 가장 기본적인 기독교인들의 믿음으로 말미암는 자유를, 신학 외적인 용어들로 번역할 것을 요청받고 있습니다. 이는 모든 기독교적 행동들의 근본인 '믿음'에 대한 이야기입니다. 믿음은 삶의 모든 차원들에서 자유케 하는 행동의 기본추동력이라고 하는 말이나 마찬가지입니다.

특히 몰트만은 위와 같은 방법론을, 바울과 종교개혁 전통에서 발견되는 "율법과 자유"의 변증법적 관계를 병리적 현상들과 치유과정들에 적용시킵니다. 즉 정신적으로 병든 사람을, "십자가에 달리신 하나님의 상황에 비추어서 보고, 이 하나님에 의하여 개방된 자유영역 안에서 그의 치유와 그의 해방을 찾는 것입니다."(CrG, 292) "바울과 종교개혁의 신학은 행위강박관념으로부터 믿음에 의한 인간해방을 말합니다."(292) 하여 몰트만은 이 둘 사이의 구조적 유비를 주장합니다. "바울과 그를 뒤 따르는, 아우구스티누스와 루터 등 많은 신학자들이 말한 죄와 율법과 죽음, 그리고 죽어가는 자들과 옥에 갇힌 자들과 착취당하는 자들과 억눌린 자들에서 일어나는 부정적인 피드백 사이의 구조적인 유비"(CrG, 293) 말입니다. 하여 몰트만은 결국 부활과 부활 신앙을 그와 같은 심리적이고 사회적인 해방의 근원이라고 주장함으로써, '율법과 자유'의 변증법을 부활신앙으로 풀어냅니다.

부활에 대한 신앙은 우리를 다시 살리는 신앙이 된다. 즉 그것은 심리적이고 사회적인 체계들을 변혁시킨다. 하여 그것들은 죽음을 향하여 정향되는 대신에 생명을 향하여 정향된다. 하여 이와 같은 인간들이 악순환들로부터 해방되고 살려는 의지가 회복되며, 인간이 무감각의 죽음으로부터 벗어나서 다시 한번 그의 생명을 얻는 경우에 '다만 우리를 악에서 구 하옵소서'라고 하는 예수님의 기도가 경험되고 실천되는 것이다. (CrG, 294)

8. 문: 십자가에 달리신 하나님과 "인간의 정치적 해방을 향한 길들"의 관계는?

답

하여 몰트만은 기독교의 복음신앙이, 경제 정치 사회 문화를 해방시킨다고 봅니다. 그는 '반역자'로 십자가에 처형된, 즉 정치적 이유로 처형된, 인자의 복음과 그것에 대한 신앙이 그와 같은 해방시키는 영향을 준다고 합니다. 그는 종교개혁 때에 교회비평의 표준이 되었던 '십자가의 신학'이 사회비평을 위해서도 적용가능하다고 봅니다. "신앙의 자유는, 인간을 자유케 하는 행동으로 내몬다. 신앙은 인간에게 착취와 억압, 소외와 포로 됨의 상황에서 일어나는 고통에 대하여 뼈아픈 자각으로 인도한다."(CrG, 317) 그리고 이와 같은 사회적, 경제적, 정치적 해방을 향한 신앙의 자유는, '하나님의 역사 속에 있는 다른 운동들'과 연대하게 만든다(CrG, 318)고 합니다.

하여 몰트만은 '교회와 신앙'이 '정치'와 맺는 관계에 대하여 두 가지 유형을 제시하고 나서 자신의 하나님 나라에 대한 희망의 입장에서 논합니다. 하나는 루터교 전통으로서 '서로 간에 짐을 벗겨주는 모델'인데, 이는 결국 교회의 국가에 대한 특별한 책임을 내세우지 못하는 입장입니다. 후자는 '지식을 추구하는 신앙'을 주장하는, 칼 바르트의 입장으로서 교회와 정치의 구별을 명확히 하면서도, '교회와 신앙'의 입장에서, '정치'(국가와 사회)영역으로부터 '상응점들, 반사들, 유비들, 혹은 이미지들'을 추구하는 입장입니다(참고: 바르트의 『기독교 공동체와 시민 공동체』, 1946). 말하자면, '복음'으로 말미암는 죄와 율법과 죽음으로부터의 해방은, 정치적 영역에서의 해방, 예컨대 '자본주의, 인종주의, 기술문명 지배사회로부터의 해방'에 상응하고, '복음'의 '큰 희망'은 역사 속에 있는 '작은 희망들'에 상응한다고 보는 것입니다.(320) 하여 이와 같은 논리는, '그리스도의 자유와 하나님 나라의 자유에 대한 유비(analogia)를 자기 자신의 프로그램과 행동들에서뿐만 아니라 역사 속에 있는 다른 운동들에서도 발견합니다. 예컨대, 사회주의와 민주주의 같은 것이 하나님 나라를 반사시키고 있다고 하는 것입니다. 이와 같은 유비관계는, 양자 사이의 '비유사성'(dissimilarity)에도 불구하고 '유사성'(similarity)이 있다고 하는 믿음입니다.

허나 몰트만은 방금 지적한 칼 바르트의 '유비론'을 반대하지 않으면서, 그것을 종말론적 비전에서 다시 보았습니다. 그는 '상응점들, 반사들, 유비들, 혹은 이미지들'을 하나님 나라에서 완성될 것들에 대한 '기대들(선취들)과 약속들'로 봅니다. 즉 몰트만은, '새 창조에서 하나님께서 완전하게 거주하시는 하나님 나라', 곧 "역사 안에 있는 하나님의 삼위일체적 과정이 종말론적으로 완성된다."(CrG, 321)고 주장하였던 것입니다. 하여 기독교인들은 이러한 종말론적 비전을 가지고, "비인간적 비참함들 한복판에서 '폭발적이고' 자유케 하시는 하나님의 현존들을 발견하는데, 이것들은 종말론적 전체성을 부분적으로 나타내 보이는 것이라고 합니다.(CrG, 321) 이와 같은 것들은 "하나님의 변혁의 역사 속에서 발견되는 하나님의 현존에 대한 육화들(incarnations)과 선취들(anticipations)"(321)입니다. 십자가에 달리신 그리스도께서 하나님이시기 때문에, 이 하나님은 역사 속에서 일하시는 하나님이십니다. 하여 몰트만은 교회의 정치 사회 경제적 적실성(relevance)을 '교회와 신앙'을 출발점으로 하여 논하는 것이 아니라 '하나님의 미래'루부터 논함으로써, 바르트의 입장을 보완하였습니다.

하여 몰트만은 '죽음의 악순환'과 '해방을 향한 길들'에 대하여 다섯 가지를 언급합니다. 1. 삶의 경제적 차원에서 일어나는 '빈곤의 악순환', 2. 정치적 차원에서 일어나는 '힘의 악순환', 3. '인종적, 문화적 소외의 악순환', 4. 과학기술 그리고 산업화에 따른 '자연파괴와 오염', 그리고 5. '무감각성과 무의미성 그리고 하나님께 버림받음의 악순환'을 제시하면서, 하나가 다른 하나와 연쇄적으로 고리를 물고 있는 것으로 보았습니다. 그는 "해방을 향한 길들"에서 이 다섯 가지 차원들 모두에서 해방이 일어나야만, 삶 전체가 억압의 굴레로부터 자유케 될 수 있다고 하였습니다. 그런즉 믿음과 희망만이 그와 같은 해방의 출발점이 되어야 한다고 본 것입니다.

끝으로 그는 위의 다섯 가지를 상징으로 봅니다. 그도 그럴 것이 그것들이 부분(parts)으로서 종말론적 전체(the whole)를 가리키기 때문이라고 합니다. 그것들은 그것들을 넘어서서 새 하늘 새 땅을 지향하다고 하는 것입니다. 그런데 하나님께서는 이 다섯 가지 상황 속에 현존하시어, 해방을 일으키시는 과정 중에 계십니다.(CrG, 337) 이 과정은 삼위일체 하나님의 선교에 의한 생명운동입니다. 바로 이 역사과정 속에서 하나님의 실질적 현존은 '폭발적 현존'(praesentia explosiva)으로 나타납니다. 하여 그것들은 삼위일체 하나님 나라에서 완성을 볼 것입니다.

III-2. 『예수 그리스도의 길: 기독론에 있어서 메시아적 차원들』[45]에 나타난 메시아적 기독론: 이 부분은 위의 저서에 비하여 간단히 논해질 것입니다.

1. 문: 본 저서의 중심내용은 무엇인가요?
답
몰트만은 처음 두 저서들(『희망의 신학』과 『십자가에 달리신 하나님』)에선 '신앙의 그리스도'를, 그리고 세 번째 저서(『성령의

45　J. Moltmann, *The Way of Jesus Christ: Christology in messianic dimensions*(London: SCM Press, 1990).

능력 안에 있는 교회: 메시아적 교회론』) 이래로는 사도들의 복음 이야기(내러티브)로서 4복음서에 자리매김한 메시아로서 예수 이야기에 따른 '메시아적 기독론'('예수님의 메시아적 선포'와 '지상의 예수님의 말씀들')을 논하였는데, 본 저서에서는 『성령의 능력 안에 있는 교회』와는 달리, '교회론'과의 '적실성'(relevancy)과 무관하게 '메시아적 차원들을 지닌 기독론'이란 부제를 붙여 『예수 그리스도의 길』이라고 하는 '메시아적 기독론'을 집중적으로 논하고 있습니다. 즉 본 저서는 '역사의 예수님의 메시아 되심과 메시아적 사역'에 집중합니다.

몰트만은 '메시아 기독론'의 기원을 구약에 두고 있습니다. "이스라엘과 유대교의 미래 희망은 이미 메시아적이다. 기독교적 신학은 이로부터 나왔다. 그도 그럴 것이 만약에 우리가 '기독교적'('Christian')이란 말을 문자적으로 이해할 경우, 기독교적 신앙은 하나의 메시아적 신앙이다. 메시아적 희망은 기독교와 유대교를 묶고 동시에 그들을 나눈다."(WJC, xⅲ) 이와 같은 큰 틀 안에서 그는 『예수 그리스도의 길』의 내용은 3가지로 요약합니다. 첫 번째로 길이란 상징은 그것의 목적을 지향하는 기독론으로서 '영 그리스도론'(the Spirit-Christology)에 따른 그리스도의 길을 가리키고, 부활로부터 도래(his parousia)에 이르는 길을 가리킵니다. 이는 곧 이스라엘에 대하여, 열방들에 대하여, 그리고 우주의 너비와 깊이에 대하여 취하신 그 길 에서예수 그리스도는 성령으로 인도하심을 받았다고 하는 것입니다. 두 번째로 길이란 모든 기독론들이 역사적으로 조건 지워졌고, 제약성을 지녔기기 때문에 기독론은 종말론의 시작에 불과한 것이요, 기독교 신앙이 이해하는 대로의 종말론은 항상 기독론의 완성이라고 합니다. 따라서 모든 인간들의 기독론은 본향의 기독론이 아니라 '도상의 기독론'이요, 신앙의 기독론이지 낯과 낯을 대하는 기독론이 아니라고 하는 것입니다.

세 번째로 몰트만은 '예수 그리스도의 길'은 단순히 하나의 기독론적 범주가 아니라 우리가 따라가야 할 윤리적 범주이기도 하다고 합니다. "누구든지 그리스도의 길로 진입한 사람은 예수가 누구신가를 발견하고, 참으로 예수님을 하나님의 그리스도(메시아)로 믿는 사람은 누구나 그분 자신이 걸어가신 그 길을 따를 것이다. 기독론과 기독교 프락시스는 그리스도에 대한 충만하고 완전한 지식에서 서로가 서로를 발견할 것이고 본 기독론에서 나는 이전 저서들에서보다 교의학과 윤리를 자세한 부분들에서 연결시킬 것이다."(ⅹⅳ)라고 하였습니다. 특히 몰트만은 본 저서의 메시아적 기독론에서 전통적인 교부들의 기독론에 아니라 "성서전통의 이야기들"에 근거하는, "내러티브 기독론"을 추구하면서, "그리스도에 대한 과거기억들과 그분에 대한 기대를 연결시키려고 하는 이미지 사고"(ⅹⅴ)를 수행할 것이라고 합니다.

몰트만은 "그리스도의 길의 기독론은 항상 그것의 목표에 비추어서 그의 길을 해석할 것이다. 이는 이미 유대교적 메시아주의에 뿌리를 둔 기독론이기 때문에, 종말론적 지평에서 보여 지는 '한 기독론'이다."(Ibid.)라고 하면서, 자신의 종말론을 다양한 다른 종말론과 구별하기 위하여 제3장에서 역사 속에서의 메시아적 희망이라고 하는 큰 틀 안에서 그리스도의 역사적 선교(사명)를, 제4장에서 마지막 때에 대한 묵시적 기대의 지평을 배경으로 하는 그리스도의 고난들을, 그리고 제5장에선 만유의 새 창조에 대한 종말론적 비전에 비추어서 그리스도의 부활을 논합니다. 그리고 그는 본 저서에서 "그리스도의 현존'에 대하여 제6장에서 논하려 하였으나, 이미 그가 『성령의 능력 안에 있는 교회』에서 "교회 안에 그리스도의 사도적 현존"과 "가난한 자들 안에 그리스도의 은폐된 현존"을 자세히 논하였기로 그것을 생략하였다고 합니다.(Ibid.)

끝으로 몰트만은 '신앙의 그리스도'와 '역사의 예수님'에 대한 구별과 융합을 주장하려는 의도에서, 처음 두 저서는 '신앙의 그리스도'를, 그러나 본 저서('예수 그리스도의 길')에서는 "좀 더 땅으로 내려오신, 그러니까 '체현된 예수님'을 부각시킨다고 합니다. 결국, 본 저서가 부각시키려 하는 것은 유대교적 예수님과 기독교적 예수님의 관계일 것입니다.

> 문제는 유대교적 예수님으로부터 기독교적 예수님으로 이어지는 길이요 기독교적 예수님 안에서 유대교적 예수님의 재발견이다. 그러므로 나는 이 기독론에서 기독교와 유대교의 대화가 지속될 것을 원했다. …기독교적 신앙을 '역사적 예수님' 혹은 좀 더 최근으로 오면 – '랍비적 예수님'에 국한시킴으로써 바울과 요한과 고대교회의 '긍정적 기독론'('high christology')을 제외시키려는 사람들은 부활에 대한 기독교적 신앙을 상실할 뿐만 아니라 특수하게 기독교적인 하나님 신앙을 버리는 것이다.… (WJC, xvi-xvii)

그런즉 위와 같은 '서설'은 그가 '교회론'(CPS) 등 지금까지의 다른 저서들에서 소홀히 여겼던 측면들을 크게 보완하면서, 새롭게 쓰고 있다 하겠습니다. 특히, 몰트만은 '교회론'(CPS, 1975)과 『새 창조의 미래』(1977)와 『열린 교회』(1983)에서 '예수님의 메시아적 선교'와 '지상적 예수님의 말씀들'에 근거한 '메시아적 기독론과 이에 따른 '메시아적 교회론'을 제시하였는데, 이제 본 저서에서는 그 이전 저서들에서 부분적이었던 메시아 기독론을 보완하고 완성시키고 있는 것으로 보입니다. 필자가 보기에, 결국 그의 메시아 기독론의 종말론적 목표는 '메시아 왕국, 천년왕국, 혹은 평화의 왕국'(참고: 『오시는 하나님』, 192-202)에 있다 하겠습니다. 하여 본 저서는 『희망의 신학』에서 부분적으로 제시된 기독론을 보완하고, 『십자가에 달리신 하나님』의 기독론을 보완하는 바, 이 두 저서의 기독론에 있어서 메시아적 차원을 보완하고 있다고 하겠습니다.

2. '역사의 예수님'과 '신앙의 그리스도'의 불가 분리한 관계: 본 필자는 메시아 개념의 구약적 기원을 알아보기 위하여 '메시아적 전망'을 소개하고, 그리스도의 메시아적 선교를 제시하기 위하여 '그리스도의 메시아적 선교'(19세기적인 의미에서가 아닌, 역사적 예수)를 논하며, 이것이 사도들의 선포로서 그리스도의 종말론적 부활과 불가분리하게 연결되어 있다고 하는 사실을 밝히기 위하여 '그리스도의 종말론적 부활'(신앙의 그리스도)을 다루고, 마지막으로 장차 오실 분으로서 '메시아의 자리'를 확인하기 위하여 '그리스도의 파루시아'를 논할 것입니다.

2-1. 문: 메시아적 전망이란 무엇인가요?

몰트만은 '교회론'(CPS, 1974)에서 4복음서의 내러티브 안에서 발견되는, '예수님의 메시아적 선교'와 '지상적 예수님의 말씀'에 근거하는 교회론을 논했는데, 이제 여기에서 그와 같은 기독교의 '메시아론'의 뿌리를 추적합니다. 기독교의 기독론의 역사적 전제는 구약의 메시아적 약속이요 히브리 성서에 근거된 유대교적 희망입니다. 우리는 이것에 근거하여 예수님을 이해할 때, 그를 바르게 이해합니다. 기독론은 이와 같은 메시아론이 아닌가요? 그리스도는 이스라엘의 메시아요 이스라엘의 메시아는 '야훼의 기름부음을 받은 자이며, 이 메시아를 생각한다고 하는 것은 그분을 향한 희망이고 그분의 구속하시는 통치입니다. 물론, 기독교적 메시아론은 예수님이라고 하는 유일무이한 인물로부터, 그분의 메시지로부터, 그리고 그분의 특별한 신적 역사(   )로부터 그것의 각인을 받았지만 말입니다. 그래서 몰트만은 그리스도를 고유명사로 생각하지 않고, 구속받아야 할 남녀 인간들을 위한 기능과 도래하시는 하나님을 위한 기능을 나타내는 칭호로 이해합니다. 즉 예수님은 메시아이시고, 교회는 메시아적 공동체이며, 한 기독교인이 된다고 하는 것은 메시아적

의미에서 인간됨을 의미합니다.(WJC, 1)

몰트만은 '메시아적'이라고 하는 말이, 한 인격으로서 메시아와, 메시아 왕국, 메시아 시대와 메시아 땅, 역사 속에 있는 메시아적 징표들과 메시아적 백성을 포함하는 것으로 사용되었지만, 유대교적 희망을 존중하고 유대종교철학자들과의 지속적인 대화를 통하여 그것의 개념을 전개시켰습니다. 그런즉 몰트만은 구약의 메시아적 희망이 나사렛 예수님에게서 다 이루어졌으니, 그것이 더 이상 기독교적 메시아론과 아무 관계가 없다고 하는 뜻에서 단순히 예수님을 가리킨다고 생각하지 않고, "이 예수님께서 그분 자신과 그분의 메시지를 이와 같은 메시아적 희망의 기대범주들 안에서 이해하였고 그를 따른 자들 역시 그분을 이와 같은 범주들 안에서 보았기 때문에, 그 결과 예수님은 하나의 원초적이고 분리가 불가능한 의미에서 메시아적 희망과 연결되어 있다고 하는 사실을 전제한다. 따라서 예수님의 메시아 되심과 그의 메시아 선교와 메시지가 이스라엘의 메시아주의를 끝내고 그것을 대체하여 이스라엘의 메시아주의를 폐기 처분시키는 것이 아니라고 하는 것이다.""메시아에 대한 이스라엘의 희망을 버린다면, 기독교는 이교도 화되고 말 것입니다. 그것은 무관심으로 반 유대교적이 되고 말 것이다. 기독교적 기독론은 메시아에 대한 이스라엘의 희망의 한 특수 형태이다. 그것은 아직도 기독교에 선행(先行)하고 기독교와 나란히 동행하는 메시아적 희망의 유대교적 형태들과 관계를 지니고, 이것들에 의존한다."(WJC, 2)

몰트만은 부활을 초점으로 논한 『희망의 신학』과 십자가를 초점으로 논한 『십자가에 달리신 하나님』과는 달리, 본 저서에서는 "온전한 기독론 안에서 예수님의 종말론적 역사"를 다루었다며, '온전한 기독론의 그리스도를 참 하나님과 참 인간에서 찾지 아니하고, '장차 도래하실 분'에게서 찾았다고 합니다. 이는 세례자 요한의 질문에 대한 예수님의 대답에서 발견되는 바, 예수님의 선포와 사역전체가 '도래하실 하나님을 메시아적으로 현존케 한다.'고 하는 표징 아래 있었다고 하는 사실입니다. 하여 예수님의 십자가와 부활은 종말론적으로 이해되었으니, "예수님의 십자가 죽음은 죽은 자들로부터의 부활을 통하여 도래하는 심판의 묵시적 빛 속으로 옮겨지고, '생명의 지도자'가 되게 하는, 그분의 부활은 그분으로 하여금 본질적으로 그리고 그 자체로서 종말론적 미래를 향한 희망의 부대자로 만든다. 따라서 구약과 신약의 증언들에 의하여 형성되는 기독론은 하나의 종말론적 특징을 지닐 것이다. 이 부활과 십자가의 기독론은 이미 오신 분의 신비를 성서적 증언들의 중심에 두면서도 그것이 보는 모든 것에서 불가피하게도 도래하실 분을 가리킬 것이다. 하지만 장차 도래하실 분은 단순히 그리고 오직 '도래하시는 하나님의 길을 예비하는 메시아를 가리키는 코드일 것이다."(WJC, 4)

그러나 불행하게도, 아주 초기부터 기독교 신학은 구약의 메시아론의 통일성을, 한편 기독론으로 다른 한편 종말론으로 갈라놓았습니다. 그 결과 많은 기독교인들은 이 둘 사이의 내적인 연결을 상실하였습니다. 무엇보다도 독일의 루터교와 교부들의 기독론이 '영 그리스도론'을 상실하여, 성령의 수평적 역사를 동반하는 기독론의 종말론적 의미를 상실했다고 합니다. 즉 "니케아-콘스탄티노플 신조가 '예언자를 통하여 말씀하신' 그리고 지상적 예수님의 선포와 사역을 형성한 루아흐 성령 의 수평적 역사가 주목받지 못하게 되었다는 말이다. 그 결과로 기독론 역시 그리스도의 파루시아에 대한 종말론적 미래 지평을 상실하였다. … 이런 식으로 메시아에 대한 구약의 희망은 기독론과 종말론 모두로부터 축출되었다. 우리가 만약에 이 둘의 본질적 연결을 다시 찾으려면, 우리는 이 둘의 공통 뿌리인 구약의 메시아론으로 되돌아가야 할 것이다."(WJC, 4)

2-1-1. 문: 메시아적 희망은 언제 어떻게 시작되었는가?
답
몰트만은 메시아 희망의 역사적 기원을 이스라엘 백성에게서 찾습니다. 그것의 뿌리는 정치적입니다. 그것은 이스라엘의 세습왕조의 흥망성쇠(興亡盛衰)에서 발견됩니다. 사무엘상 8장은 야훼를 왕으로 하는 신정(神政)(a theocracy)을 말합니다. 종종 야훼의 입김(ruach)(성령)이 카리스마적 통치자들에게 내렸습니다(이로써 우리는 복음서의 예수님과 성령의 관계, 곧 '영 그리스도론'과 사도들의 글들의 '기독론적 성령론'을 떠 올려야 합니다: 필자 준). 그리고 전쟁에서 언약궤가 앞섰습니다. 야훼는 사무엘이 왕을 세우자고 하는 백성들의 요구를 꺼려했고, 세습왕조를 비판한 이유는 신정을 원했기 때문이었습니다. 그래서 야훼께서 왕을 허락하신 것은 하나의 심판이었습니다. 이처럼 아주 초기의 신정은 하나님의 직접적인 신정이었습니다.(WJC, 5)

그런데 다윗에게서 우리는 간접적 신정을 발견합니다. 두 번째 왕 다윗은 '야곱의 하나님에게 기름 부음 받은 자'(삼하23:1)였기 때문이었습니다. 다윗의 왕 직은 이미 메시아적 특징들을 보이고 있습니다. '야훼의 신'이 그를 통하여 말씀하셨듯이, 그는 '사람을 공의로 다스리는 자, 하나님을 경외함으로 다스리는 자'입니다. 그는 "돋는 해 아침 빛 같고 구름 없는 아침 같고 비 후의 광선으로 땅에서 움이 돋는 새 풀 같으니라". 야훼께서 왕과 '영원한 언약을 세우셨습니다.'. 그의 '구원과 소원'은 성장합니다. "그러나 사악한 자는 다 내어버릴 가시나무 같으니"(삼하23:2-6).(WJC, 6)라 하였습니다.

다윗이 언약궤를 시온으로 옮김으로써, 이제 약속의 땅은 하나님께서 그의 백성과 함께 거하시는 장소(Shekinah)가 되었습니다. 시온성은 다윗 왕조의 세습의 땅이 되었습니다. 하나님께서 시온을 택하신 것은 다윗 왕가를 택 하사 그 나라를 주신 것이나 마찬가지입니다. 언약궤가 옮겨진 후 하나님이 시온의 참 주님이 되셨습니다(장차 하나님께서는 '거룩한 성 새 예루살렘'의 참 주님이 되실 것입니다: 필자 주). 다윗 왕은 하나님을 위해서 통치하고, 하나님의 왕권을 대신하였습니다.(시110:1; 고전15:25)

그리고 멜기세덱의 전승에 따르면, 이 시온산은 우주의 중심으로서 가장 높으신 하나님의 보좌입니다. 시온에서 통치하는 자는 누구나 가장 높은 하나님의 이름으로 통치하는 것이기에, 우주적 주권을 행사합니다. 하여 사무엘하 7장 3-16절은 메시아이신 하나님의 아들이 이 다윗의 후손에서 나올 것이라고 하였던 것입니다(WJC, 6).

허나, 야훼의 신(ruach = 루아흐)으로 기름 부음을 받은 다윗 왕조는 그 초기부터 왕이요 동시에 제사장이었습니다. 사무엘과 나단이 초기부터 이 제사장적 왕들에 맞섰기 때문에, 이스라엘의 왕조는 예언자의 인정과 비판을 받은 셈입니다. 야훼께서 이스라엘의 참 왕이시고 시온을 다스릴 왕들의 원형이시요 심판자이시기 때문에, 예언자들은 초기의 직접적이고, 카리스마적인 신정을 거부하였습니다.(삼상2:10) 시편 72편과 이사야 11장 4절에서 야훼는 애급에서 종살이하는 그의 백성에 대하여 애정을 베푸시는 분이시기 때문에, 그의 공의와 의는 항상 '가난한 자들에 대한 구원'을 뜻하였습니다. 따라서 이러한 하나님의 이름으로 다스리는 왕들은 가난한 자들의 권익을 옹호하고, 비천한 자들에게 자비를 베풀며, 약한 자들을 보호하고, 압제받는 자들을 자유 케 해야 했습니다. 이런 왕은 폭군적 왕의 이미지하고는 너무 다릅니다.(삼상8)(WJC, 6)(우리는 예수님의 재림으로 시작될, 주 예수 그리스도의 '메시아 왕국'을 떠올립니다.(필자 주)

여기에서 우리는 직접적인 신정이, 제사장적 왕을 통하여 매개된 신정으로 이동하는 것을 봅니다. 이처럼 매개된 신정은 카리스마적 지도자들이 아니라 세습왕조에 의해서 대행되었으니, 이들은 직접적 신정(神政)의 요구들을 충족시킬 수 없었습니다. 하여 이스라엘의 왕조사는 기름 부음 받음의 표준과 요구에 걸 맞는, 통치를 할 수 없었습니다. 바로 이것이 메시아주의를 낳게 되었고, 야훼의 기름부음의 요구들을 만족시킬 기름 부음 받은 자에 대한 신앙을 일으켰습니다.(WJC, 7) 야훼의 통치는 단순히 '카리스마적'이 아닙니다. 십계명 중,

제1계명에서처럼 그의 통치는 노예 됨으로부터의 해방과 자유를 위한 신적 언약의 해방에 근거하고 있습니다. 성령 부음을 받은, 야훼 이름으로의 왕정은 가난한 자들의 권익을 옹호하고, 비천한 자들에 대해서 애정을 베풀며, 압제당하는 자들을 해방시키는 것을 의미하였습니다.(WJC, 7)(역시 우리는 '메시아 왕국' 혹은 '평화의 왕국'을 기대합니다.: 필자 주)

그런데 이스라엘의 왕들은 앗수르의 큰 힘 앞에 너무나 무력하였고, 너무나 부패하였으며, 너무나도 무능하였습니다. 패배의 쓴잔을 마신 이스라엘 백성이 이와 같은 역사의 고난을 경험하면서, 그리고 이 고난에 대응하는 동안, 왕은 메시아의 이미지로 바뀌었다고 합니다. 주전 8세기 중엽의 예언자들은 이스라엘 백성으로 하여금 과거의 정치적인 환란을 하나님의 심판으로 인식하게 하였고, 비록 이들이 나라는 잃었지만, 종교적인 정체성을 붙들게 하였습니다. 그러나 이 메시아 이미지는 전혀 절망적인 상황에서 나온 것이 아니라, 초기 신정적 왕정과 특히 다윗/시온 전승에서 경험된, 어떤 적극적인 기억을 바탕으로 한 것이기도 합니다. 역사의 하나님으로서 하나님에 대한 이스라엘 백성의 독특한 경험이야말로 종말론의 뿌리입니다(Siegmund Mowinckel).(WJC, 8)

정리하면, 우리는 이상과 같은 이스라엘의 초기 역사 속에서, 특히 정치적 상황들을 배경으로 메시아 이미지의 맹아가 싹튼 사실을 확인하면서, 장차 하나님께서 성령의 현존과 사역 안에서 메시아이신 예수 그리스도를 통하여 인류역사를 통치하실 것이라고 하는 전조를 봅니다. 거꾸로 말하면, 이스라엘의 왕들과 제사장들과 예언자들 그리고 이스라엘 공동체는 제한 된 역사적 조건들 속에서 메시아를 대망하면서 그를 증언했다고 하는 뜻으로 보이기도 합니다.

2-1-2. 문: 메시아적 인물은 어떻게 성장하는가?
답

메시아: 몰트만은 이사야 7장 10절 이하, 9장 2절 이하 및 11장 1절

이하에 나타난 메시아 사상에 이어, 미가 4장과 스가랴 9장에 나타난 메시아사상을 다룹니다.

앗수르 전쟁 때, 패배하고 있었던 아하스 왕은 예언적 징조를 받았습니다. "보라 처녀가 잉태하여 아들을 낳을 것이요 이름을 임마누엘이라 하리라 그가 악을 버리며 선을 택할 줄 알 때가 되면 엉긴 젖과 꿀을 먹을 것이라(사7:14-15)." 이사야는 하나님의 불신실하고 무능한 대표(이스라엘 백성)에게 하나님의 기름 부으심의 요구들을 충족시키실 신실하고 참된 왕의 도래를 '임마누엘'로써 알리십니다. 여기에서 임마누엘은 다윗 혈통에서 나오고, 이 임마누엘은 의심의 여지없이 아하스 왕의 반대유형입니다. 그런데 이 반대 유형은 영적인 의미뿐만 아니라 참으로 온전한 신정(神政)적 메시아 왕국을 뜻하기도 합니다.(WJC, 9)

이사야 9장 2-7절은 이 '임마누엘'이 나타내고 있는 희망에 대한 그림을 발전시키고 있습니다. 이 임마누엘은 참된 다윗이요, "돋는 해 아침 빛 같고 구름 없는 아침 같고 비 후의 광선으로 땅에서 움이 돋는 새 풀 같다(삼하23:4)". 이제 '흑암에 행하던 백성'이 그분 안에서 '큰 빛'을 봅니다. 그는 평화의 왕국을 가져오고 전쟁의 무기를 태워버리십니다. 그분은 공의와 정의의 나라를 가져오십니다. 그분의 나라는 영원무궁할 것입니다. 이사야 8장 17절과 21절 이하에 따르면, 흑암에 행하던 백성은 나라를 잃고, 하나님의 심판을 경험하고 견디는 이스라엘 백성입니다. 임마누엘은 구원자 왕이십니다. 시편 72편 4절이 "저가 백성의 가난한 자를 신원하며 궁핍한 자의 자손을 구원하며 압박하는 자를 꺾으리로다"라고 하기 때문입니다.(9)

이사야 11장 1-9절은 이와 같은 메시아상의 의미를 한층 더 심화시킵니다. 이새의 줄기에서 나올, 장차 오실 메시아는 참으로 '기름부음을 받은 분'이시라고 합니다. "야훼의 신 곧 지혜와 총명의 신이요 모략과 재능의 신이요 지식과 야훼를 경외하는 신이 그 위에 강림하시리니(사11:2)"라고 기록되어 있습니다. 여기에서 야훼에 대한 경외는 이미 사무엘하 23장 2절에도 나옵니다. "그는 공의로 빈핍한 자를 심판하며 정직으로 세상의 겸손한 자를 판단할 것이며 그 입의 막대기로 세상을 치며 입술의 기운으로 악인을 죽일 것이며(사11:4)"라고 합니다. 그는 창조세계 전체에 평화를 가져올 것이고, 야수들 사이에도 평화를 가져올 것입니다.(사11:6-8) 이 왕국은 그의 거룩한 산 시온으로부터 확장되어, "야훼를 아는 지식이 세상에 충만할 것입니다(사11:9)". 이 비전은 "그 영광이 온 땅에 충만하도다"라고 하는, 이사야가 소명을 받을 때 받았던 비전과 같습니다.(WJC, 10)

따라서 메시아 인물은 다윗에 대한 기억에서 발전하나, 앗수르의 침략에 대한 예언자들의 반응에 따른 메시야 인물은 역사적 다윗의 기억을 훨씬 능가합니다. 이사야가 예언한 메시아는 성령으로 충만케 되실 미래의 왕이십니다. 그는 원형적 신적 통치를 대표하시기 때문에, 하나님과 같습니다. 그러나 그는 하나님의 파트너입니다. 아들이 아버지의 파트너이듯이 말입니다. 그러나 그는 초인(a superman)이 아니라 '메시아적 인간(the messianic human being)'이실 것입니다.(10)

가난한 자의 메시아상과 평화의 메시아왕국은 메시아의 예루살렘 입성에 의하여 보충됩니다. "보라 네 왕이 네게 임하나니 그는 공의로우시며 구원을 베풀고 겸손하여서 나귀를 나타니 나귀의 작은 것 곧 나귀새끼니라 그가 에브라임의 병거와 예루살렘의 말을 끊겠고 전쟁하는 활도 끊으리니 그가 이방 사람에게 화평을 전할 것이요 그의 정권은 바다에서 바다에 이르고 강에서 땅 끝까지 이르리라(스9:9-10)". 미가 4장 1-4절 역시 비슷한 메시아 상을 그리고 있습니다. 즉, 시온의 평화의 메시아가 통치하는 나라에서는, 열방이 "그 칼을 쳐서 보습을 만들고 창을 쳐서 낫을 만들 것이며 이 나라와 저 나라가 다시는 칼을 들고 서로 치지 아니하며 다시는 전쟁을 연습하지 아니하고 각 사람이 자기 포도나무 아래와 자기 무화과나무 아래 앉을 것이라". 이와 같은 사건은 '마지막 때에(in the last days)' 일어날 것입니다. 즉, 메시아의 날에 말입니다. 그런데 이것은 우리가 지금 이스라엘의 하나님의 성령의 이름으로 살고 있는 바(미4:5), 이 하나님의 성령의 역사로 일어날 것입니다. 따라서 이것은 역사의 지평을 넘어선, 세계에 대한 종말론적 비전이 아닙니다. 이것은 미래 역사에 대한 메시아적 비전입니다. 이 비전은 현재의 삶, 즉 현재의 정치에 빛을 던져줍니다.(WJC, 11)

정리하면, 몰트만은 영생, 하나님 나라 및 새 하늘과 새 땅 이전에 전개될 메시아 왕국을 말하고 있습니다. 메시아이신 예수님께서는 그의 재림(adventus)과 더불어 이스라엘 백성과 교회의 부활을 통한 회복, 그리고 모든 이방세계의 평화를 이룩할 것입니다. 몰트만은 이것을 "오시는 하나님"(CoG, 129-199)(1995)에서는, '역사적 종말론'이라고 하는 개념 안에 포함되는 다양한 '천년왕국론들'과 구별되는, '종말론적 천년왕국'이라 일컫습니다. '종말론적 천년왕국'에서 '종말론적'이란 말은, "끝의 종말론적 맥락과 세계의 새 창조 안에 있는 미래에 대한 기대"(WJC, 192)를 뜻합니다. 그리고 '역사적 천년왕국론들'에서 '역사적'이란 말은 "정치적 차원이나 교회적 차원 혹은 보편사의 맥락에서의 현재에 대한 천년왕국론적 해석"(Ibid.)을 의미한다. 그런데 몰트만은 전자를 취합니다.

'종말론적 천녕왕국'이란 메시아이신 예수 그리스도의 신정(神政, Christocracy)인데, 이것에 뒤이어서 예수 그리스도는 성령을 통하여 나머지 모든 인류를 부활시키시며 심판(인자의 심판)하시고, 세계를 새롭게 창조하시어 아버지 하나님께 바치실 것입니다(고전 15:24). 그런즉 몰트만은 구약의 메시아에 대한 예언들에서 이와 같은 미래 종말론적 메시아 왕국을 확약 받고 있다고 하는 것입니다. 그는 다음 섹션에서 '인자'에 대하여 논할 때, 그것은 이스라엘의 미래 종말론적 메시아 왕국을 넘어서 좀 더 보편적인 온 인류의 희망을 의미합니다. 하여 메시아와 인자는, 오시는 하나님 나라를 지향하면서, 이 새 하늘과 새 땅을 반사시키고 매개시키며 그것을 기다립니다. 그러니까, 구약의 모든 메시에 대한 약속말씀들은 단순히 초림하신 예수 그리스도에게서 다 이루어진 것이 아니라 종말론적 하나님의 미래를 가리킨다고 하는 말입니다.

인자(人子): 인자에 대한 기대는 예언자 다니엘과 관련이 있는 유대교적 묵시에 속합니다. 메시아에 대한 희망과 인자에 대한 기대는 미래에 대한 단 하나의 통일된 비전으로 합류합니다. 몰트만은 다니엘을 대(大)선지자들의 전통에 서 있는 것으로 봅니다. 여기에서 몰트만은 주전 제2세기에 속하는 본문인 다니엘서 7장에 나타나는 인자(人子) 상(像)에 대해서 말합니다. 첫 번째 비전은 네 짐승이 혼돈의 권세를 상징하는 바, 이는 보편적 권력을 위해서 싸우는 제국들에 관한 것입니다.(단7:1-8). 그리고 두 번째 비전(단7:9-14)은 하나님의 최후 심판을 말합니다. 심판자는 마지막의 야수의 나라를 그의 불로써 심판하십니다. 그리고 세 번째 비전은 '인자 같은 이'가 하늘구름으로부터 나타난다고 하는 것에 관한 것입니다.(단7:13)(13) 하나님께서는 이 인자 같은 이에게 나라와 권세와 영광을 주십니다. 그리고 나라들은 그를 섬길 것이고, 그의 나라는 영원무궁할 것입니다. 하여 다니엘 7장 15절은 이 비전들을 해석하기 시작합니다. 그런데 여기에서 '지극히 높으신 자의 성민'이 심판자와 통치자로서 인자의 자리를 대신하고 있습니다. 인자를 대신하여 이 성민이 나라와 주권과 권세를 수여받습니다.(단7:27)(WJC, 13-14)

그러면 인자는 누구인가? 그는 '인간의 아들'로서 인류의 한 예요, 전체를 위한 그리고 전체를 대표하는 부분이십니다(pars pro toto). 그는 인류의 목표를 성취하는 개인입니다. 그는 하나님의 형상이요, 인간의 얼굴을 가지신 하나님을 계시합니다.(겔1:26) 따라서 이 인자의 나라는 짐승 같은 제국들과 대조를 이룹니다. 이 나라는 '참 인류의 인간다운 나라'로서, 의와 보편적 평화의 나라로서 참 인간다운 나라입니다. 이 나라는 전적으로 새로운 무엇으로서 초월적 차원으로부터 인간의 권력투쟁의 역사 속으로 돌입해 들어오는 바, 이 인자는 인간을 해방시키는 종말론적 성격의 사건들을 동반하십니다. 이것은, 혼돈의 권력으로부터 진화되는 역사 내재적 역사의 목표가 아닙니다. 그것은 인류를 위해서 하나님이 예정하신 목표입니다.(14)

우리가 이스라엘의 메시아-왕(a messiah-king)을 메시아적 인간이라 부른다면, 인자야말로 이 세상의 짐승 같은 제국들에 의하여 방해를 받으면서 오랫동안 기다려졌던 참 인간입니다. 그는 하나님의 공의와 의를 이 세상에 가져오십니다. 그의 나라는 평화의 나라요, 무궁한 나라이다. 모든 권세가 그에게 주어질 때, 그는 하나님의 세상 통치를 대리하는 지상의 대리자가 될 것입니다. 모든 나라가 그를 섬기리니, 이 보편성은 이사야 9장과 11장에 나타난 메시아적 희망을 생각나게 한다.(14)

그런데 다니엘 7장 1-14절에 나오는 '지극히 높으신 이의 성민'은 역사적 이스라엘이든 참 이스라엘이든, 이스라엘이 아닙니다. 그것은 인자의 초월적인 나라요, 종말론적인 나라입니다. (15) 그 나라는 참으로 인간다운 인간의 나라입니다. 따라서 이스라엘의 메시아에 대한 특수한 희망은 인류가 대망하는 보편적 희망 속으로 인도됩니다.(WJC, 15) 이스라엘 중심의 메시아적 희망은 인류의 인자에 대한 희망을 위한 준비단계입니다. 메시아는 초월적 인자의 내재적 측면이요, 인자는 이스라엘의 특수 메시아의 보편적 측면입니다. 메시아 왕국은 하나님의 나라가 아닙니다. 그것은 이 하나님 나라의 역사적 준비에 불과합니다.(16) 메시아왕국은 이 역사(aeon)의 마지막 날(in the last days)에 세워질 것이요, 하나님 나라는 영원의 차원에 세워질 것입니다. 여기에서 우리는 메시아의 신정적 성격(a theopolitical character)을 인정해야 합니다. 그것을 영성화하거나 종말 속에 흡수되게 해서는 안 됩니다. 묵시적 보편주의야말로 메시아의 역사개입에 의미를 부여하는 지평입니다. 이 두 층은 이스라엘 백성의 역사적 사명과 이스라엘 백성에게 주어진 메시아에 대한 약속을 보존하고, 동시에 이와 같은 이스라엘의 특수한 사명과 희망으로 하여금 보편적 지평을 향하게 합니다.(17)

따라서 메시아는 민족과 공간과 시간에 속하는 희망의 역사적 인물이요 인자는 모든 나라들이 기대하는 인물로서 세상을 극복하시기 때문에 세상 위에 계십니다. 이 두 인물은, 직접적 영광 가운데 있는 하나님의 나라를 투명하게 반사하며, 역사 속에서 이 하나님의 나라를 매개시킵니다. 메시아와 인자는 모두 오시는 하나님을 지향합니다.(사35:4) 이 둘은 임시적이고 지나가 버리고 마는 것입니다. 이 둘의 목적은 사람들로 하여금 하나님의 미래를 위해서 개방하게 하는 데 있습니다.(17) 우리는 만유의 새 창조(사25:8; 계21:5)를 하나님 자신의 오심으로 보아야 합니다. 허나, 메시아와 인자는 하나님의 창조세계 속의 내주(shekinah)를 위한 단계들입니다. 하나님께서는 이 단계들을 지나서 급기야 완전한 내주의 행복 속에서 그의 영원한 안식(sabbath rest)에 도달하실 것이다.(WJC, 18)

정리하면, 메시아, 인자, 하나님의 고난의 종 등 이스라엘의 구속사에 나오는 인물들은 단순히 초림 예수를 가리키는 것이 아니라, 미래 종말론적 예수 그리스도, 곧 이스라엘과 교회의 메시아, 인류의 인자, 그리고 이스라엘과 교회와 인류의 고난의 종을 말합니다.

2-1-3. 문: 메시아적 범주들이란 무엇인가요?
답

구약에서 메시아적 희망은 역사적으로 이해됩니다. 우리는 그것을 역사적 핵심으로부터 격리시키거나 그것의 역사적 주체로부터 눈길을 떼서는 안 될 것입니다. 메시야주의의 중심은 정치적 경험들에서 발견될 수 있는데, 중요한 것은 하나님의 백성의 생존에 관련된 신학적 해석입니다. 메시아적 희망의 주체는 이 포위당한 백성입니다. 따라서 메시야의 미래 역시 메시야의 미래 역사에서 찾아져야 합니다. 비록 그것이 오직 '마지막 때'에 해당하지만 말입니다. 몰트만은 여기에서 역사 안에 있을 메시야적 미래(the messianic future in history or at the end of history)와 역사전체의 종말론적 미래(the eschatological future of this whole history)를 구별합니다. 전자는 '마지막 때(the Last Days)'요, 후자는 새로운 영원한 시간(the new eternal aeon)입니다.(WJC, 21) 그런데 전자와 후자 모두가 메시아의 '도래'(adventus)로 말미암는데, 몰트만에 따르면, 이 주님의 도래로 '마지막 때'에 메시아 시대로 돌입하고, 이스라엘과 교회가 부활하여(고전 15:23) 평화의 메시아 왕국을 누릴 것입니다. 이는 주님이신 예수 그리스도(메시아)에 의하여 완성될 새 창조의 전단계이며, 그 다음엔 만인의 부활과 마지막 심판을 거쳐 메시아이신 예수께서 그의 아버지께 넘겨주실 새 하늘과 새 땅이 전개될 것으로 봅니다.(고전 15:24) 물론, 그의 메시아 왕국에 대한 비전에는 이스라엘의 메시아 왕국에 대한 희망의 성취도 포함됩니다.[46]

구약의 메시아주의의 역사적 핵심은 큰 정치적 재앙에 관한 것입니다. 그것은 특히 앗수르 제국이 이스라엘을 정복하고, 자신에게 종속시키며, 노예로 만드는데서 나왔습니다. 옛 것의 멸절은 새 것의 전제 조건입니다. 예언자시기에 메시아적 희망이 나타났다는 말입니다. 예언자적으로 새로운 것은 종말론적입니다. 그런데 이스라엘 백성의 정치적 재앙은 하나님에 대한 신뢰에 관련된 것이요, 그것은 그들의 하나님 자신이 겪는 재앙이기도 했습니다. 그리고 그들의 선민신앙이 재앙에도 불구하고 그들의 정체성을 지키게 하였습니다. 선택하시는 하나님께서 그의 메시아를 통하여 그의 백성에게 주실, 새로운 시작에 대한 희망 덕분에, 옛 전통들은 미래를

---

46 J. Moltmann, *The Coming God*(독일어 초판, 1995), trs. by Margaret Kohl(Minneapolis: Fortress Press, 1996), 192-204.

가리키는 기억들이 되었습니다. 따라서 과거 역사가 야훼의 기름부음을 받은 자와 다윗에 대하여 말씀하지 않으면 안 되었던 바를 비로소 분명하게 만드는 것은 메시아 희망입니다. 새 예루살렘에 대한 희망은 옛 예루살렘이 과연 어떠했나에 대한 현재적 깨달음을 줍니다.(WJC, 22-23) 이와 관련하여 몰트만은 그러면 메시아가 언제 오실 것인가를 질문합니다.

(1) 묵시적이라고 불리 울 수 있는, 재앙이 극에 달할 때, 메시아가 오시고, 메시아적 구속이 일어날 것이라고 하는 주장은, 가장 적절할 때에 오시는 메시아 자신의 자유를 무시하는 것입니다. 오늘날 핵무기 전쟁 시대에 이와 같은 잘못된 주장이 나올 수 있습니다.

(2) 메시아는 길 준비가 되어 진 후, 가능할 때 오십니다. 이는 예언자들의 충고입니다.(사40장) 그는 그의 복음을 앞세워 그의 길을 준비하십니다. 메시아의 오심에 대한 희망은 지금 여기에서 이미 메시아적으로 활발하게 행동하게 합니다. 메시아가 오실 길을 준비한다고 하는 것은 그의 오심에 빛 아래에서 사는 것이요, 이 세계와 함께 그의 오심에 대하여 개방하는 것입니다. 만물의 구속이 지금 여기에서 가시화되도록, 우리의 모든 힘을 모아 경주해야 합니다. (WJC, 25) 역사적으로 보면, 타보르파와 재세례파, 그리고 청교도들은 메시아의 오심에 대해서 조급하게 기다렸고, 콘스탄틴 대제 이후 기독교 제국들과 중세의 성직 신정체제는 현세를 천국처럼 여겼습니다.

특히 몰트만이 여기에서 유의하는 것은, 메시아 희망을 가지고 역사적 재앙에도 불구하고 살아남은 이스라엘 백성의 메시아 희망에 대한 것입니다. 노예요, 갇힌 자요, 착취당하는 자요, 압제받는 자인, '흑암에 행하던 자'에게, 이 메시아 희망은 민족적 자존심과 인간적 존엄성을 지켜주는 현재적 실재였습니다.(WJC, 26)

끝으로 몰트만은 안식일(Sabbath)을 메시야 희망에 관련시킵니다.

제7일, 안식일에는 창조세계에 대한 축제가 하나님의 안식 안에서 현재화하는 바, 인간과 동물 역시 이 안식에 참여합니다. 뿐만 아니라 해방과 구속(출애굽: 필자 주)의 축제가 함께 축하됩니다. 이 안식일은 메시아 시대를 예기(豫期)합니다(이로써 우리는 그리스도의 도래에 의하여 시작되는 메시아 왕국을 떠 올립니다: 필자 주). 그것은 메시아 시대에 대한 예기적 담보입니다. 제7일 안식일은 안식년을 가리키고, 안식년은 희년을 가리키며, 희년은 메시야 시대의 안식일(the Sabbath of the messianic era)을 지향합니다. 그리고 메시야 시대의 안식은 하나님 자신의 영원한 안식을 가리킵니다. '장차 오실 그 분'은 바로 이와 같은 안식일들을 통해서 역사적 시간을 메시야 기대의 리듬으로 인도하십니다.(27)

따라서 정리하면, 교회와 기독교인들은, 이상과 같은 메시아의 도래와 메시아 왕국에 대한 희망 속에서 선민신앙을 가지고 메시아와 그의 왕국을 기대하면서 안식일 등 토라를 지키면서 살아야 할 이스라엘과 나란히, 역사 안에 혹은 역사의 끝에 도래할 메시아 시대와 메시아이신 예수님의 도래를 통한 메시아 왕국과 이어지는 새 하늘 새 땅을 희망하면서 기독교적 신망애의 메시아적 스타일[47]의 삶을 살아야 할 것입니다.

2-2. 문: 그리스도의 메시아적 선교란 무엇인가요?
답

필자는 이 부분에 대하여 본인의 『교회론의 패러다임 전환: 전통적인 교회론으로부터 몰트만의 메시아적 교회론으로』에서 충분히 논했습니다. 몰트만에게 있어서 '예수님의 메시아선교'와 '지상적 예수님의 말씀들'은 사도들의 복음 선포와 함께 교회의 '특수성' 혹은 '타자 성'을 규정하는, 매우 중요한 주장이었습니다. 이제 몰트만은 이 부분을 보완함으로써, 새롭게 쓰고 있습니다.

---

[47] 참고: 이형기, 『교회론의 패러다임 전환』, 639-662. *The Open Church*(1983)는 전적으로 '메시아적 삶의 스타일'에 대해서 논한다.

우선 몰트만은 '영 그리스도론'(the Spirit-Christology)을 논합니다. 대체로 서방교회는 부활하시고 승천 승귀하신 그리스도께서 아버지의 약속을 따라 파송해 주신 성령(a christological Spirit)을 강조한다면, 동방정교회는 메시아로서 예수님의 인격과 사역에 선행(先行)하시고 동행하시며 내주하시는 성령(a pneumatological Christ = the Spirit-Christology)을 강조하는데, 몰트만은 서방교회의 신학자로서 후자를 크게 부상시키는 데에 기여하였습니다.

우선 몰트만은 4복음서들의 복음 내러티브에서 발견되는, '영 그리스도론'에 대하여 대략적인 내용을 아래와 같이 기술합니다. 그것은 성령과 예수님의 관계에 대한 이야기이다.

그리스도로서 예수님의 역사는 예수님 자신으로 시작하는 것이 아니라 루아흐 혹은 성령으로 시작한다. 그것은 성령, 곧 하나님의 창조적 영으로 오심이니, 예수님은 이 성령 안에서 '기름부음을 받은 자'(메시아, 곧 christos)로 등장하시어 능력으로 하나님 나라의 복음을 선포하시며, 많은 사람들에게 새 창조의 징표들로서 확신을 심어주신다. 그것은 창조적 영의 능력이다. 예수님은 이 영을 통하여 이 병든 세상에 노예 된 남녀를 위하여 건강과 자유를 갖다 주신다. 하나님께서 '아바'라는 이름으로 그 자신을 예수님에게 계시하시어, 예수께서 자신이 아버지의 아들이시며, 나아가서 그 자신이 하나님과 이와 같은 친밀한 관계를 하나님과의 기도공동체 안에서 삶으로 살아가신 것 역시 이 성령의 현존 안에서 이다. 이 성령은 그를 광야의 시험으로 인도하시고 그를 갈릴리로부터 예루살렘으로 몰고 가신다. 이 예수님은 '영원한 영'(히 9:14)을 통하여 그 자신을 로마의 십자가 위에서 죽음에 내어주신다. 새로운 탄생과 새 창조를 주시는 성령의 능력에 의하여, 하나님께서는 그를 죽은 자들로부터 부활시키신다. 말씀과 식탁, 공동체와 세례를 통하여 그는 '많은 사람들을 위하여' 성령 안에서 '신적인 큐리오스'로서 현존하신다.… : 예수님 안에서, 그분을 통하여, 그리고 그분과 함께 성령의 오심과 현존과 효력은 세상에 대한 새 창조의 은폐된 시작이다.(WJC, 73)

몰트만이 위와 같은 '성령론적 기독론' 혹은 '영 그리스도론'을 논하는 이유는, 신적 영(루아흐 야훼)의 효과가 예수 신비의 첫 국면이기 때문이고, 그가 이미 논한 구약 내러티브에서 발견되는, 이스라엘의 메시아적 약속사를 모든 신약적인 기독론의 전제로 취하고 기독론을 메시아 약속에 대한 유대교적 윤곽으로부터 발전시키려고 하기 때문입니다. 몰트만은 바로 이와 같은 근거를 가지고 451년 칼케돈 기독론에서 무시되었으나, 복음서들 안에서 탁월하게 우리들에게 전해 내려오는 지상적 예수님의 메시아적 선교를 이해할 수 있다고 봅니다. 그리고 몰트만에게 있어서 구약에 근거하는, "영 그리스도론과 지혜 기독론은 '모든 하나님의 아들 기독론'의 전제이다. 그 이유는 메시아 전통에 따르면 하나님의 영으로 기름부음을 받은 메시아는 '하나님의 아들'이기 때문이다. … 그리고 영 그리스도론이 성육신 기독론과 대립되지 않는 이유는, 성육신 교리가 '성령으로 잉태되었다'고 하는 진술로써 시작하기 때문이다."(WJC, 74)

이로써 몰트만은 복음서들의 예수님 이야기를 '그리스도 유일주의'로 읽지 아니하고, 성령론적으로 그리고 성부와 성자의 관계로 읽습니다. 바로 여기에서 그는 삼위일체론적 기독론(the fulness of trinitarian christology)을 찾아냅니다. 따라서 몰트만은 "우리가 예수님의 신학적 역사(歷史)에 대한 신약의 증언을 생각할 경우에, 예수님 안에서 사역하시는 성령의 역사들과 그가 '아바, 나의 아버지'라 부르신 하나님과의 관계를 언급하지 않고는 예수님에 대하여 이야기하는 것이 불가능하다. …그의 삶의 역사는 그 핵심에 있어서 '하나님의 삼위일체적 역사'이다."(74)라고 하면서, 이와 같은 '삼위일체적 기독론'에 있어서 예수 그리스도의 존재는 처음부터 관계 속에 있는 존재요, 처음부터 상호작용 속에 있고 상호 영향 속에 있다고 봅니다.

물론, 몰트만은 무엇보다도 이상과 같은 '영 그리스도론'에 입각하여, 예수님의 생애에 대한 초기 전통들, 곧 예수님의 어록자료(Q), 마가복음의 원형(Urmarkus), 공관 복음서들 그리고 요한복음을 다루려고 하지만, 그렇다고 19세기적인 역사적 예수탐구를 추구하는 것이 아니라, 후기 불트만 신학자인 에른스트 케제만의 입장에 동의하면서, 부활의 관점으로부터 기억에 의하여 이야기되어 진 내러티브 안에서 역사적 예수님의 모든 것을 추적합니다. 그는 이미 그의 '교회론'(CPS, 1975)에서 '예수님의 메시아적 선교'와 '지상적 예수님의 말씀들'이 복음서 내러티브로 되어 있는, 사도적 복음 선포 안에 자리매김하고 있는 것으로 보았습니다. 아래의 인용은 그와 같은 몰트만의 입장을 한결 명료하게 설명해 설명 해줍니다.

그러나 복음서들은 부활과, 하나님의 영 안에 있는 그의 현존에 비추어서 그의 삶에 대한 이야기를 하고 있다. 내가 믿기로 이는 부활절에 대하여 전혀 언급하지 않고는 예수님의 죽음조차 언급하지 않는 (물론, 그것의 전제는 예수님께서 죽지 않으셨다고 하는 것이 아니지만) Q에 대하여도 참이다. 예수님의 역사는 죽은 자들로부터 예수님의 부활에 비추어진 내러티브를 통하여 현존하게 된 것이 사실일진데, 중요한 것은 근대주의적 의미의 역사가 아니라 아주 새로운 그 무엇, 곧 '예수 그리스도의 부활'이다. 여기에서 가난한 자들에게 하나님 나라의 복음을 선포하신 인격의 역사 그 자체가 실제로 복음이 되는 것이다. 예수님의 역사와 그분의 선포는 그리스도 예수의 선포로 전환되었다. 즉 예수님의 하나님 나라 설교는 그리스도에 대한 사도적 설교

안에 모아지고 현존케 된 것이다.(75)

반대로, 복음서들이 예수님의 삶의 역사를 이야기할 때, 그들은 그리스도에 대한 이 사도적 설교를 펼치고 있는 것이다. 그들은 단순히 선포의 역사를 이야기하고 있는 것이 아니라 이 역사 그 자체로서 선포를 이야기하고 있는 것이다. 공관 복음서의 예수님은 골고다 이래로 죽은 과거의 예수님이 아니다. 죽은 자들로부터의 종말론적 부활 덕분으로, 예수님은 현재 살아계시고 오늘에도 현존하시는 그런 분이시다.(75)

그러므로 복음서들은 진정으로 '하나의 살아계신 인격의 역사'를 이야기한다. 그도 그럴 것이 그것들은 이미 도래하신 분의 과거적 존재와 미래적 존재의 현존을 부각시키기 때문이다. 이것은, 그의 생애에 대한 모든 역사화들과 비교하여 복음서들 안에 있는 예수님의 역사들(histories)의 유일무이한 성격을 구축한다.(WJC, 75)

이어서 몰트만은 "과거역사가 이와 같이 현재화될 때, 그 핵심내용은 십자가 위에서의 예수님의 죽음사건과 성령 안에서의 부활사신 분의 현존에 대한 경험이다."(75)라며, 이 둘의 관계를 말합니다. 즉 그는 이와 같은 둘의 관계 때문에, '예수님의 메시아선교'와 '그의 말씀'이 불가 분리한 것으로 봅니다.

십자가는 예수님과 그의 무리를, 부활 후의 예수 따른 자들과 이들의 선포와 구별한다. 그러나 부활사건은 또한 부활 후 초기 회중을 예수님과 그의 역사와 연결시킨다. …때문에 우리는 부활절 현현들에서 부활하신 분은 십자가에 달리신 분으로 나타나셨다고 하는 전제로 출발한다. 그리하여 부활증인들은 산 자를 죽은 자와, 현존하시는 분을 과거 분과, 그리고 장차 도래하실 분을 이미 오신 분과 동일시할 수 있었다. '예수는 하나님의 그리스도(the Christ of God)이시다'라고 하는 신앙고백을 가능하게 한 것은 바로 부활절 사건이었다. 이 사건은 '죽은 자들로부터의 부활'이다. 죽은 자들로부터의 부활은 하나의 종말론적 상징으로서 십자가에 달리신 그리스도 안에서 미래가 이미 시작되었다고 하는 것을 뜻한다. 그것은 영생의 부활이요 죽음의 멸절이요 새 창조이다.… (WJC, 75-76)

끝으로 그는 "성령 안에서의 전(全) 그리스도의 현존에 대한 기억은 분명히 그분의 삶 전체, 그분의 모든 말씀들과 행동들에 대한 기억들을 일깨웠다."(76)면서, 이 둘의 관계를 좀 더 부연 설명한다.

…지금 그리스도께서 하나님의 영원한 영 안에 현존하실 진대, 그분의 역사는 처음부터 바로 이 성령에 의하여 결정되었음에 틀림없을 것이다. 가장 오래된 고백적 단편들 가운데 하나인 롬 1:3이하는 이렇게 말씀한다. '그의 아들에 관하여 말하면 육신으로는 다윗의 혈통에서 나셨고 성결의 영으로는 죽은 자들 가운데 부활하시는 능력으로 하나님의 아들로 선포되셨으니 곧 우리 주 예수 그리스도니라.' 딤전 3:16 역시 이와 같은 두 단계를 가리킨다. 즉 '크도다 경건의 비밀이여, 그렇지 않다 하는 이 없도다. 그는 육신으로 나타 난 바 되시고 영으로 의롭다 하심을 받으시고 천사들에게 보이시고 만국에서 전파되시고 세상에서 믿은바 되시고 영광 가운데 올려 지셨느니라.' 이에 따르면 부활하신 그리스도에 대한 경험은 성령의 경험이다. 그런즉 전통의 역사에서는, 그리스도의 역사를 현재화시키는 기억이란 분명히 한 한계 한 단계 소급하여 추적하는 것을 뜻한다.… (77-78)

부활하신 그리스도의 성령(서방교회가 강조하는 그리스도의 영: 필자 주)의 현존에 대한 경험은 예수님의 전 역사를 그분과 함께하신 성령(동방교회의 '영 그리스도론': 필자 주)의 역사로 제시하는 것을 목적으로 한다. 바로 이것이 예수 그리스도의 지상적 삶, 사역과 길에 대한 성령론적 기독론을 위한 접근방법이니, 예수님의 삶의 역사(the life-history of Jesus)에 대한 기억은 예수께서 성령을 부여 받으심과 그분 자신 안에 있는 성령의 사역들을 분별한다(discern). 이것이 다름 아닌 성령론적 기독론의 영역이다. 즉 예수께서는 그분과 함께 그리고 그분을 통하여 사역하시는 하나님의 영(루아흐 야훼)의 역사 안에 있는 메시아적 인간존재(the messianic human being)이시다.(WJC, 78)

몰트만은 이상과 같이 '예수님의 죽은 자들로부터의 부활'과 '영 그리스도론'의 관점에서 '메시아적 인간존재'의 역사가 성령의 현존을 통한 그리스도의 현존 안에서 일깨워 진 기억에 의하여 기록되어 그것이 오늘날 우리에게 4복음서의 내러티브들로 전해진다고 보았습니다. 물론, 방금 인용한 본문의 끝 부분에서 지적된 대로, 부활 후 강림하신 그리스도의 영(서방교회의 기독론적 영)과 이 그리스도의 영에 의하여 일깨워 진 기억으로 기록된 복음서들의 '영 그리스도론'은 결국 동일한 그리스도의 영이시오 하나님의 영이시지만 말입니다.

하여 몰트만은 이상과 같은 '영 그리스도론'(Spirit Christology)에 대한 주장에 이어서, '성령 안에서 그리스도의 탄생', '성령 안에서의 그리스도의 수세', '가난한 자들에 대한 하나님 나라의 복음 선포', '치유와 축귀', '버림받은 자들에 대한 용납과 굴욕당한 자들의 부활', '메시아적 삶의 스타일' 등을 논합니다. 필자는 아래에서 '영 그리스도론'에 속한 처음 두 섹션을 제외한, 나머지 부분들을 소개하기로 합니다.

2-2-1. 문: '가난한 자들에 대한 하나님 나라의 복음 선포'
답
자유의 복음: "복음서들은, 그리스도의 부활과 하나님의 영 안에 있는

그리스도의 현존에 비추어서 그의 삶에 대한 이야기를 하고 있다."(WJC, 75) 하여 우리는 복음서들의 내러티브들이, 십자가에 달리셨던 분의 부활을 계기로 부활의 관점에서, 하여 하나님의 영 안에 계신 그리스도에 대한 경험에서, 복음을 선포하는 사도들(부활의 첫 증인들)에 의하여 이야기되어 진 것이라고 하는 사실을 밝혔고, 이와 같은 '복음 내러티브' 안에서 발견되는 예수님의 메시아적 인격과 선교의 역사가 성령의 내주와 동행('the Spirit-Christology)에 의하여 전개되었다고 하는 점을 살펴보았습니다.

"복음서들은 예수님의 요단강 세례를 통하여 공적으로 시작된 그분의 메시아적 선교에 비추어서 예수님의 역사(歷史)를 제시하고 있다."(WJC, 94)고 하는 몰트만의 주장에서, 우리는 복음서들의 내러티브 안에 '예수님의 역사'가 포함된 것을 다시 확인합니다. 그는 이미 '교회론'(CPS)에서 '예수님의 메시아적 선교'가 사도적 선포의 전제인 '그리스도의 역사', 곧 '선재, 성육신, 선교, 수난, 십자가, 그리고 부활과 승귀' 안에 포함되었다고 하였습니다. 그런데 본 저서에서 몰트만은 '예수님의 메시아적 선교'에 있어서 '선교'가 무엇을 의미하는가를 밝힘으로써, '역사적 예수님'(물론, 19세기의 예수 생애연구 Leben Jesu Forschung 전통에 따른 '역사적 예수'는 아니지만)의 복음이 무엇이었나를 논합니다. 물론, 그것은 하나님 나라의 복음입니다. "예수님의 선교는 그의 선포와 행동들, 그의 행동들과 그의 고난, 그의 삶과 죽음을 포함한다. 임박한 하나님 나라에 대한 그의 선포는 그분의 가장포괄적인 의미의 선교에 속한다. 그것은 그의 행동들의 의미를 부각시킨다. 반대로 그의 행동들은 그의 선포와 동행한다."(WJC, 94-95)

그런데 몰트만은 예수님의 선포('하나님 나라의 복음')에 있어서 하나님 나라 개념을 논하기 전에 '복음'개념을 먼저 소개합니다. 그 이유는, 이사야 61:1의 약속을 따르는 공관복음서들이, 선포하시는 예수님을 하나님의 기쁨의 메시아적 전령으로 보여주고 있기 때문입니다. 다시 말하면, 몰트만은 예수님이 선포하신 복음을, 제2 이사야서에 근거하여 새로운 출애굽으로 이해합니다. "예언자는 베벨론 포로 가운데 있는 자신의 백성에게 하나의 새로운 출애굽을 약속한다. 그것은 노예생활로부터 지속적인 자유의 나라로의 마지막 때의 출애굽이다. 그도 그럴 것이 야훼는 그의 구원행동과 더불어 그 자신이 왕위에 즉위하시고 끝이 없는 그분의 주권을 수립하실 것이다. 전령은 하나님의 직접통치의 자유로의 새로운 출애굽을 고지(告知)한다.… "(95) 이것이 복음이요, 예수님의 복음인 바, "이 복음은 구원이 미리 비추는 빛이다. 그것은 말씀 안에서의 도래하시는 하나님의 도착(arrival) 이외에 그 어떤 다른 것도 아니다. …이 복음을 선포하는 행동 자체에서 메시아 시대는 이미 그것의 영향력과 세력을 발휘하고 있는 것이다. 이것은 복음이 어떤 머나먼 미래에 대한 유토피아적인 묘사하가 아니라고 하는 것을 뜻한다. 그것은 백성들을 자유케 하시는, 그리고 용서하시고 약속하시는 말씀 안에서 이미 저 미래의 동터 오름이다.… 제2 이사야와 시편 96편은 메시아적 복음을 보편적인 의미로 이해한다. 즉 '야훼께서 왕이시라'는 이스라엘과 시온의 구원이상이다. 하여 그것은 열방들의 구원이기도 하다.(시96:2)"(WJC, 95-96)

몰트만에 따르면, "이사야 61:1은 이상과 같은 복음을, 주의 성령으로 충만하시고 그의 말씀으로 구원을 가져 오실 마지막 때의 메시아적 선지자의 입속에 넣는다. 그리하여 그(예수님: 필자 주)는 하나님과 관련하여 제한도 없고 끝도 없는 야훼의 직접적인 통치를 선포하고, 인간들과 관련 하여는 정의와 공동체와 자유를 선포하신다. 그의 메시지는 가난한 자들, 비참한 자들, 병든 자들과 희망이 없는 자들에게 베풀어진다. 그 이유는, 이와 같은 사람들은 하나님으로부터 가장 멀리 떨어져 있고 사람들과는 적대관계에 있기 때문이다."(96) 그리고 몰트만은 장차 도래할 그 나라의 영광은 자유로의 부름이라 한다. "그의 백성, 그의 땅, 그리고 그의 전 창조세계에 도래하는 하나님의 영광에 대한 메시지는 자유로의 부름과 동일하다.… '하나님께서 왕이시라'고 하는 메시지는 백성들의 해방을 가능케 하고 실제로 그것을 가져 온다. 그러나 해방이란 또한 그들 자신을 해방시키는 갇힌 자들의 행동이기도 하다."(96)

끝으로 몰트만에 의하면, 바울의 복음과 이상과 같은 역사적 예수님의 하나님 나라에 대한 복음은 자유를 공유한다. 즉 "바울에게 그리스도의 통치는 동시에 하나님의 자녀들의 자유의 나라이다. (예수님의: 필자 주) 하나님 나라의 복음은 백성들의 해방에 대한 복음이다. 즉 하나님의 미래를 고지하는 인격은 이 백성들에게 자유를 갖다 준다.…"(96) 결국, 몰트만은 예수님의 복음과 사도들의 복음을 이분법적으로 보지 않는다. 전자도 그리고 후자도 모두 보편적인 미래 하나님 나라를 지향하고 있기 때문입니다. 그리고 '예수님의 메시아적 선교'가 사도들의 복음내용을 종말론적으로 규정하지만, 사도적 복음 선포 역시 제2 이사야서와 묵시전통의 배경으로 그리고 십자가와 부활을 통하여 종말론적으로 정향된 것으로 보이기 때문이다. 어찌됐든 몰트만은 그의 '교회론'(CPS, 1975)에서 보다는 본 저서(1989)에서 '예수님의 복음'에 대하여 구약에 비추어서 좀 더 집중적으로 규정하였습니다.

정리하면, 몰트만에게 있어서 '예수님의 복음'이든 '사도적 선포로서 복음'이든 모두가 그것으로서 끝이 아니라, 미래 지향적 종말론(메시아 왕국과 궁극적인 하나님 나라)을 지향합니다.

2-2-1-1. 하나님 나라와 새 창조: 몰트만은 이상에서 '예수님의 복음'(vs. 사도적 복음)에 대하여 논하였거니와, 본 섹션에서는 이 예수님의 하나님 나라를 미래에 도래할 '새 창조'와 관련하여 논합니다. 몰트만은 '하나님 나라가 가까이 왔다.'에서 '가까이'(engus)에 대한 루터의 번역을

따라서 "하늘나라는 가까이 도래하였다"(nahe herbeigekommen)라고 합니다. "그것은 그렇게나 가까이 왔기 때문에, 메시아 시대의 징표들이 이미 가시적이다. 즉 병든 자가 치유함을 받고, 귀신들이 쫓겨나며, 지체장애인이 걷고, 청각장애인이 들으며, 복음이 가난한 자들에게 전파된다. 그것은 그렇게나 가까이 왔기에, 우리는 이미 '아바, 나의 아버지'로서 하나님께 기도한다. 그것은 그렇게나 가까이 왔기에, 토라가 산상수훈을 통하여 메시아적으로 해석되어야 하고 그리스도의 제자의 도에서 그것의 성취를 발견할 수 있다."(WJC, 97)

몰트만에 따르면 "'하나님 나라'(basileia tou theou)에 대한 해석은 하나님의 주권 혹은 통치 그리고 하나님의 나라 사이를 오간다."(97) 전자는 현재에 있어서 하나님의 통치를 후자는 장차 도래할 미래의 하나님 나라를 강조하는 것으로서, "예수님의 복음에서 하나님 나라가 가까이 왔다고 할 때, 그것은 '오직 도래하는 하나님 나라로서 이미 현존하고 있다'고 하는 것을 뜻한다."(Ibid.) 즉 앞에서 언급한 대로 메시아 시대의 징표들이 가시적이지만, "죽음의 권세에 대한 정복과 영생에 대한 경험은 의심의 여지없이 미래다."(Ibid.)라고 하는 것입니다. 그런즉 몰트만은 하나님 나라의 현재적 통치만을 주장하는 것도, 그것의 미래 차원만을 강조하는 것도 모두 일면적이라고 합니다. 이 둘은 상호 보완적이여 야 한다고 합니다.

…하나님께서는 역사 속에서 성령과 말씀, 해방과 순종을 통하여 통치하신다. 그러나 이 통치는 갈등과 모순과 논쟁과 마주한다. …따라서 그것은 이와 같은 상황 너머로 정향되어야 한다. 즉 그것은 하나님께서 모순 없이 통치하시고, 그의 영광 중에 모든 것의 모든 것이 되실 저 미래에 있을 충만한 완성을 지향해야 한다. 바로 이 미래를 위하여는 '하나님 나라'라는 표현이 걸 맞는다. 하지만 하나님의 현재의 해방

시키시고 치유하시는 활동은 그 자체를 너머서 자유의 나라와 구원의 나라를 가리키는 것이다. 그러나 하나님의 주권을 통하여 도래하는 하나님 나라는 이미 그것의 빛을 이 투쟁의 역사 속으로 미리 빛을 비추고 있는 것이다. 때문에 우리는 하나님의 해방시키시는 활동을 종말론적 하나님 나라의 내재로 그리고 도래하는 하나님 나라를 하나님의 현재적 주권의 초월로 이해하지 않으면 안 된다.… (97-98)

그리고 몰트만은 위와 같은 '현재적 통치'와 '도래하는 미래적 하나님 나라'의 상호 보완관계를 '예수님의 사역'(the ministry of Jesus)이해에 적용합니다. 즉 역사적 예수님의 메시아 선교에서 하나님의 현재적 통치와 미래적 하나님 나라가 상호 엮어 짜임의 모양으로 나타났다고 하는 것입니다.

이것은 예수님의 사역을 볼 수 있는 새로운 시각을 제시한다. 예수께서 귀신들을 내쫓고 병자들을 치유하실 때, 그는 창조세계로부터 파괴의 권세들을 쫓아내시고 상처받고 병든 피조물들을 치유하시고 회복시키시고 계신 것이다. 치유들이 증언하는 하나님의 주권은 병든 창조세계를 고치시는 것이다. …예수님의 비유들은 또한 이와 같은 생명이 소진된 세상의 삶 한 복판에서의 새 창조에 대한 비유들이다. 결국, 새 창조는 그리스도의 부활과 더불어 전체를 위한 부분으로서 십자가에 달리신 분으로 시작된 것이다.(98-99)

정리하면, 본 저서는 '교회론'(CPS)에서보다 역사적 예수님의 하나님 나라 개념에서 '새 창조'에 대한 희망을 크게 부각시켰습니다. 그리고 '하나님의 주권'과 '미래의 하나님 나라' 사이의 절묘한 긴장관계에 대하여도 언급하였습니다.

2-2-1-2. 문: 가난한 자들의 존엄성의 신학적인 의미는 무엇인가?
답

몰트만은 "하나님 나라의 복음이 가난한 자들에게 선포되다"에서 '가난한 자들' 개념에 주목합니다. 이미 그의 '교회론'에서 이에 관하여 언급한 바 있는데, 그것은 단순히 경제적으로 어려운 사람들만이 아닙니다.(WJC, 99-100) 하여 몰트만은 위와 같은 의미의 '가난한 자들'과 장차 도래할 '하나님 나라'의 관계를 다음과 같이 주장합니다.

> 예수님과 그의 제자들은 가난한 자들에게 하나님의 나라에 있어서의 그들의 미래를 선포하신다. 이들은 이미 하나님의 나라가 가난한 자들에게 속한다고 하는 것을 인식하였기 때문이다. '가난한 자는 복이 있나니 천국이 그들의 것임이요'. 복음은 가난한 자에게 하나님의 나라를 갖다 줄 뿐만 아니라 또한 하나님의 나라인 가난한 자들의 나라를 발견한다. 복음은 회심과 신앙으로 부를 뿐만 아니라, 가난한 자들이 하나님의 시민들이라고 하는 사실을 보여 준다. 마치 이미 하나님 나라에 '속해 있는' 어린이들처럼 말이다.(막 10:14; 마 19:14) 그런즉 가난한 자들에게 복음을 선포하는 사람은 누구나 가난한 자들에게 속한 것이고 그들과 함께 사귐으로써 스스로 가난한 자가 되는 것이다.(100)

그리고 실제로 그 당시 갈릴리에서 펼쳐 진 예수님과 그의 제자들의 하나님 나라 운동은 전적으로 가난한 사람들의 운동이었다고 합니다. 제자들은 의식주가 없는 거지들처럼 맨발로 다니면서, 가난한 자들에게 복음을 선포하였습니다.(마 6:25-33) 이들은 근심 걱정 없이 전적으로 하나님을 신뢰하면서 그 운동을 펼쳤습니다. 이들은 전적으로 하나님 나라의 도래와 그것의 현존을 실감하면서 살았습니다. 이들의 선생님은 가난한 사람들 가운데 하나였습니다. 그는 가족도 없고 조국도 없으며 수입과 미래 보장도 받지 못하면서 살았습니다.(눅 9:58) 그들은 적은 것을 무리들과 나누었고, 가난한 자들로서 큰 무리를 만족시키기도 하였습니다.(눅 9:10 이하) 이를 따라서 초기 기독교 공동체 역시 모든 것을 공유하여, 그들 가운에 부족한 사람이 없었습니다. 예수님의 복음이 갈릴리에서 불러일으킨 가난한 자들의 운동은 유대교 지도층과 로마제국의 권력을 위협하였습니다. "예수님의 로마의 십자가 처형은 분명히 이런 종류의 사회적이고 정치적인 불안에 대한 억제수단이었을 것이다. 빌립보서 2장에 의하면 예수님은 노예의 모습으로 죽으셨다. 그는 로마제국 안에 있고 특히 팔레스타인 안에 있는 수많은 노예 된 빈자들의 운명을 대신하신 것이다."(WJC, 100)

2-2-1-3. 문: 회심을 통한 해방의 신학적인 의미는 무엇인가?
답

몰트만은 하나님 나라가 이미 '가난한 자들'과 '어린이들'의 것이라고 하는 주장에서 그의 당파성(Parteiung 혹은 해방신학에 있어서 'the preferential option for the poor')을 주장한 셈입니다. 그는 예수님이 선포하신 하나님 나라가 우선적으로 '가난한 자들'과 '어린이들'의 것이라고 하여, 예수님의 복음의 특수성을 주장하면서 동시에 그것의 보편성을 빼놓지 않고 주장합니다. "그러나 하나님 나라의 복음이 부자들에게는 회심에 대한 요청(부름)으로 주어졌다."(막 1:15과 평행 절들) 그런데 몰트만은 회개라는 말보다 회심이란 말을 선호합니다. 전자(회개)는 자학을 함축하고 후자(회심)는 "폭력으로부터 정의로, 고립으로부터 공동체로, 그리고 죽음으로부터 생명으로의 전환"(102)이기 때문이라 합니다. 무엇보다도 몰트만은 임박한 하나님 나라에 대한 선포가 그와 같은 회심을 낳았다며, 세례요한의 하나님의 심판과 예수님의 하나님 나라선포가 각각

그러했다고 합니다.(WJC, 102-103)

그리고 몰트만은 이상과 같은 회심은 통전적 변혁을 낳는다고 합니다. "하나님께서 만유를 결정하시는 실재일진대, 하나님의 나라는 만유를 고치시고 만유를 바로잡는 새 창조이다."(103) 때문에 회심은 사적이고 종교적인 차원에 국한되는 것이 아니라 "새 창조의 구원만큼이나 모든 것을 포함하고, 통전한다. …개인의 삶과 공동체 안에서의 삶과 삶의 방법을 위하여 질서들을 제공하는 체제들을 포함한다. …그리스도의 '제자의 도'처럼 회심은 마음과 뜻과 힘을 가지고 전체적으로(totally) 그리고 통전적으로(holistically) 하나님을 사랑하는 것처럼(신 6:5) 그렇게 일어나야 하는 것이다."(103) 하여 몰트만은 이와 같은 성경의 회심이야 말로 우리를 '예수님의 참 제자의 도'(the discipleship of Jesus)로 인도한다고 합니다. 그런즉 예수님 주위에 모여든 공동체, 남성과 여성 제자들, 그리고 이름 모를 그 어떤 사람들이야 말로, 장차 하나님께로 전향하는 참 이스라엘(메시아 왕국의 이스라엘: 필자 주)의 예비적 형태요, 회심되어지고 있고 또한 예수님을 따르는 사람들 역시 메시아 공동체의 전위대, 곧 교회입니다. 특히, 부활 이후의 예수님의 메시아적 공동체에 대하여 다음과 같이 언급한다.

다시 우리는 이 '예수님의 공동체'가 예수께서 계신 곳에서 발견될 수 있다고 하는 사실을 알아야 한다. 그것은 '8복의 사람들'(the people of beatitudes)에게 속한다. 우리가 부활 후에 확장된 마태와 누가의 그와 같은 복들(beatitudes)의 목록으로부터 알 수 있듯이 수동적이고 능동적인 복들의 사람들은 산상수훈으로 전향한 사람들과 제자들이다. 그들은 다름 아니라 가난한 사람들과 정의와 공의를 갈망하는 사람들이요 정의를 위하여 고난과 박해를 당하는 사람들이요 슬프고 온유한 사람들이다. 여기에서 분명해지는 것은, 회심한 사람들이 어떻게 가난한 자들과 한 몸을 이룬 단 하나의 백성이요 새로운 메시아 공동체 안으로 결합 되었는가 이다. (103)

몰트만은 "적어도 콘스탄틴 황제 이전까지의 기독교 회중들(congregations = die Gemeinde)은 사회참여의 공동체들이었다."(WJC, 104)고 하면서, 이렇게 주장합니다. "콘스탄틴 황제 이전의 기독교 회중들로 말하면, 부자들은 구제하고 나그네들을 받아들여 긍휼을 베풀며 벗은 자들을 입혔고 배고픈 자들을 먹이며 갇힌 자들을 방문하는 방식으로, 가난한 자들과 부유한 자들의 공동체였다."(103) 그러나 콘스탄틴의 제국의 교회는 빈곤을 영성 화하고, 복지를 황제에게 위임하며, 그 자신의 역량을 영혼구원에 국한시켰습니다.(WJC, 104)

2-2-2. 문: '병든 자들의 치유와 마귀들의 축출'의 신학적인 의미는 무엇인가?
답

이는 초기부터 예수님의 사역의 특징이었습니다. 제자들의 선교도 그것을 포함하였습니다.(막 3:15) 우리는 그와 같은 현상을 아시아와 아프리카에서도 찾아 볼 수 있으나, 예수님의 경우는 그 맥락이 특수하였습니다. "그 맥락이란 무신(無神)의 죽음에 지배를 받는 세대 속에서 신적 생명의 주권의 여명이다. 하나님의 주권은 창조세계로부터 마귀들과 우상들, 곧 파괴의 세력들을 축출하고 그것들에 의하여 손상된 피조물들을 치유합니다. 예수께서 선포하신 것처럼 하나님 나라가 도래한다면, 그 때에 구원도 도래하는 것입니다. 만약에 구원이 창조세계 전체에 온다면, 모든 피조물들의 건강이 그 결과 일 탠대, 그것은 다름 아니라 몸과 영혼의 건강, 개인과 공동체의 건강, 인간들과 자연의 건강 그것이다."(WJC, 104)

2-2-2-1. '치유와 축귀'의 더 넓은 의미는 무엇인가?: 몰트만은 '치유와 축귀'를 고립시켜서 보지 않고, 예수님의 메시아적 선교에 비추어서 이해합니다. 그는 긍정에 비추어서 부정적인 것을 이해하고 후자는 전자에 의하여 치유된다고 합니다. 즉 "병든 자들과 귀신들인 자들이, 자신들이 던져진 흑암으로부터 일어나 예수님께로 나간 것은, 예수께서 그의 메시지를 가지고 나타나셨을 때 였다.…구원이 접근하자, 재난의 상황이 드러난 것이다. 하나님 나라가 가까이 오니까, 하나님께 저항하던 세력들이 이름을 받게 된 것이고 살아져 버리게 된 것이다. 하나님의 임박한 나라의 빛에서, 그토록 구속을 필요로 하는 이 세상은 그 자신이 병마에 사로잡혔다고 하는 사실이 드러난 것이다."(WJC, 105)

몰트만에 따르면, 마가는 예수님의 가버나움에서의 첫 설교 직후 마귀에 대한 이야기를 합니다.(1:2-28) 이는 그가 예수님의 설교와 새로운 가르침의 권세(엑수시아)를 증명하기 위함이니, 예수께서는 권세를 가지고 더러운 영들을 쫓아내셨고 저들이 하나님께 순종했다고 하는 이야기입니다. 하여 마가는 예수께서 요단강에서 세례를 받으신 후에 마귀가 예수님을 하나님의 아들로 고백하였다고 합니다.(막 1:11; 1:24; 3:11; 5:7) 누가에 따르면, 귀신들린 사람들이 그리스도를 인정하였을 때, 그것은 집단적인 현상이었다고 합니다.(눅 4:40-41) 또한 복음서 본문에서 몰트만은 "메시아가 오실 때에, 마귀들과 우상들은 땅으로부터 살아지는데, 그 이유는 하나님 자신이 땅 안에 내주하시기를 원하시기 때문이다. 복음서들은 마귀들이 '당신은 우리를 멸하러 왔나이까?'(막 1:24)라고 말하는 것을 보고한다.…치유하시는 예수님은 하나님의 긍휼로부터 개입하셨다. 이 하나님은 자신이 창조하신 인간들이 병들 때에 이들과 함께 고통을 나누시고 이들이 건강하기를 바라신다.…"(WJC, 105-106)

이제 아래에서 몰트만은 마귀의 정체성을 정의합니다.

이 마귀들은 분명히 생명을 파괴하고 존재 자체를 멸절시키는 인격으로서 세력들이다. 이들은 남녀인간을 노예로 만들고 자신들에게 의존하게 만든다. 그들은 인격들을 파괴하고 유기체를 혼란시킨다. … 마귀들에 대한 오래 된 상상들에 따르면, 그들은 사단의 통치 하에 있는 '타락한 천사들'로서, 하나님과의 관계에서 사단 즉 고발 자 – 이고, 인간세상과의 관계에선 디아볼로스 질서의 파괴자 혹은 혼란케 하는 자 이다. … 오래된 희망에 따르면, '마귀들'은 메시아가 오실 때, 땅으로부터 살아질 것이다. 그리고 메시아는 인간과 마귀들을 구속하실 것이다. 그는 인간들을 파괴의 권세들부터 건져내시어, 그들이 다시 자유롭고, 온전하며, 이성적이 되게 한다. 그리고 그는 이와 같은 마귀권세들을 파괴의 종으로부터(from the service of destruction) 건져내시어서, 그들로 다시 창조주를 섬기게 한다.(엡 1:20-23; 골 1:20)(WJC, 106-107)

몰트만은 치유와 축귀가 '하나님의 주권'에 의한 것이라 합니다. "그러나 내가 만일 하나님의 손을 힘입어 귀신을 쫓아낸다면 하나님 나라가 이미 너희에게 임하였느니라."(눅 11:20) "…복음서들은 세상을 탈마귀화하고 '내세의 능력'(히 6:5)으로 이 세상을 온전케 하고 자유케 하며 이성적이게 하시는 하나님의 메시아적 전권대사에 대하여 묘사하고 있다. 하나님께서 그의 세상에 대한 그의 통치를 수립하시고 창조주께서 그의 창조세계에 대하여 긍휼히 여기실 때, 병든 자들이 낫고 귀신들이 축출되는 것은 당연한 일이다. 크리스토퍼 불름하르트는 예수님의 치유들을 '하나님 나라의 기적들'이라 불렀다. 새 창조의 맥락에선 이와 같은 '기적들'이 전혀 기적들이 아니라, 단순히 모든 것을 포괄하는 구원, 손상이 없는 세상, 그리고 하나님의 영광의 전조들(the fore-tokens)에 불과한 것이다. …그것들은 구원의 신체적 성격과 땅 적인 삶을 사랑하시는 하나님을

가리킨다."(WJC, 107)

그런데 몰트만은 신약성서의 다양한 구원론적 용어들과 개념들을 '구원'이라고 하는 추상개념 안에 넣을 것이 아니라 "'치유, 깨끗이 씻음, 구원(saving), 구출, 온전케 만들다' 등으로부터 출발하여 구원 그 자체에서 이와 같은 행동들과 과정들이 어떻게 완전하게 되는 것인가를 물어야 한다. 치유들과 억압으로부터의 환란과 해방에 대한 경험들이 다 다르고 다양하지만, 그것들은 어디 까지나 예수께서 '치유하셨다'와 하나님의 주권과 더불어 '구원'이 도래하였다고 하는 것이다."(WJC, 107) 그리하여 그는 '구원'에 대하여 이렇게 정리한다.

> 그래서 구원이란 모든 치유들의 총화이다. 그것은 하나님의 주권에 속한 것이기에, 하나님 그 자신처럼 모든 것을 포괄하니, 창조세계의 어떤 부분들에 국한될 수 없다. 그것은 영혼구원만이 아니다. 물론, 병든 자의 영혼도 구원되어야 하지만. 또한 우리는 땅의 그 어떤 특수 영역도 구원으로부터 배제시키어서, 그것을 '웰 빙' 혹은 '복지'라 부르면서 예수님의 주권의 영향력으로부터 제외시킬 수 없다. '구원'이란 인간들의 온전 성과 웰 빙을 포함하는 실체이다. 구원이란 전인을 위한 것이다. 개인의 영혼구원만이 아니다. 구원은 단순히 영적 유익들이 아니라 몸의 건강을 포함한다. 예수님은 '전 인간존재'를 건강하게 하신다.'(요 7:23)

그리고 몰트만은 죽은 자들의 부활과 같은 종말론적 비전하에서 그리고 무엇보다도 예수님을 메시아로 믿는 믿음의 종말론적 지평(the authentic, eschatological horizon of the messianic fath in Jesus)을 가지고 '치유와 구원'의 차이와 긴밀한 관계를 주장합니다.

…치유란 병을 몰아내고 건강을 창조한다. 그러나 그것은 죽음의 권세를 축출시킬 수는 없다. 그러나 구원은 그것의 충만하고 완성된 형태에 있어서 죽음의 권세에 대한 멸절이요 남자들과 여자들의 부활을 통한 영생이다. …바울은 구원을 단지 우리가 일반적인 의미로 희망할 수 있는 하나의 미래로 돌리지 않고, 부활에 대한 희망의 모드 안에 자리 매김 시킨다. 그도 그럴 것이 이것은 죽음 자체의 멸절에 대한 희망(고전 15:28)이요 전 창조세계의 멸절의 권세로부터의 해방이기 때문이다. 치유와 구원의 관계는 다음과 같다. 즉 치유들은 죽음의 이편, 곧 하나님의 부활능력의 징표들 혹은 그리스도의 영광의 징표들이다. 구원이란 죽은 자들의 영생으로의 부활에서 이와 같은 예시된 진정한 약속들이 성취되는 상태를 말한다. 치유가 병을 극복하는 것처럼 구원은 죽음을 극복한다. 모든 병이 생명에 대한 위협이요 그리하여 죽음의 전조이기 때문에, 모든 치유는 부활에 대한 하나의 살아있는 전조(a living foretoken)이다. …(WJC, 108)

이상과 같은 주장에 더하여 몰트만은 구원의 개인적 측면과 우주적 측면을 모두 포괄하는 온전한 구원을 말합니다.

…바울은 구원의 개인적(personal) 측면을 '죽은 자들의 부활'이라 하고, 구원의 우주적 측면을 '죽음의 멸절'이라고 한다. 그런즉 '몸의 변용'(빌 3:21)과 '새 땅'(계 21:4)은 두 측면 모두를 하나로 이해하여야 이해될 수 있다. 예수님의 치유들에선 이 두 가지 측면이 한꺼번에 이해된다. 즉 병자들에 대한 치유는 개인적 차원이고 축귀는 우주적 차원이기 때문이다. 병든 자들은 주관적으로 치유를 경험하고 자유하게 되며 건강하게 되고, 동시에 세상은 객관적으로 축귀되는 것이다.…(WJC, 109)

몰트만은 예수님의 치유들에 대한 이야기의 신학적인 어려움은 예수님의 수난과 십자가상에서의 힘없는 죽음 때문이라고 합니다. 누가(23:35)는 "저가 남을 구원하였으니 하나님의 택하신 자 그리스도라면 자신도 구원할지어다."(109)라고 하였으니, 예수님은 신적 능력을 전혀 발휘하실 수 없었다고 하는 문제 말입니다. 몰트만은 "예수께로부터 나온 치유능력들과 예수께서 마귀들에 대하여 행사하신 '권위'는 그 자신을 위하여 그에게 주어진 것이 아니라 타자들을 위하여 그에게 주어진 것이다."(110)라고 대답합니다. "예수님은 십자가에서 하나님과 사람에 의하여 버림받아 죽으신 것이다."(110) 하지만 이것이 모든 기적들 가운에 가장 큰 기적, 곧 모든 것을 포괄하는 이유였다고 합니다.

'그가 찔림은 우리의 질고를… 고난을 당하였노라…그가 상함은 우리의 죄악 때문이라'(사 53:4,5). 바로 이것이 복음서들이 예수님을 이해하는 방법이다. 그렇게 예수님은 '권능'과 '권위'를 통해서뿐만 아니라 그의 고난과 힘없음을 통하여 치유하신다. 죽음의 극복과 영생으로의 부활로서 넓은 의미의 구원에 있어서 사람들은 예수님의 기적들을 통하여서가 아니라 그의 상처들을 통하여 치유함을 받는다. 즉 그들은 하나님의 파괴할 수 없는 사랑 속으로 회집되어 진다.(110)

끝으로 몰트만은 오늘날에도 에이즈과 같은 병에 걸린 사람들이 악마화된 나머지 그가 놓여있는 개인적 역사(their life history)와 사회적 역사(their life history as part of their social history)로부터 축출됨으로써 사회적 죽음에 처해지고 있은 즉, 병든 자들에 대한 치유의 첫 단계는 질병들에 대한 탈 마귀 화라고 합니다. 그런즉 우리는 질병을 일으키는 정치 사회 문화적 구조 악들을 물리쳐야 합니다. 이런 의미에서 치유와 축귀는 함께 가야합니다. 병든 자들은 각기 다양한 '역사' 속에 자리

매김하고 있기 때문입니다.(WJC, 110)

2-2-2-2. 치유를 위하여 신앙은 꼭 필요한가?: 몰트만은 예수님의 치유사건들에 있어서 신앙의 자리와 꼭 필요한 기능에 대하여 논합니다. "복음서들은 일반적으로 마치 치유의 권능이 예수님으로부터만 발출한 것처럼 예수님의 축귀와 치유들에 대하여 이야기하고 있는데(막 1:34,39; 6:5), 개인 치유들에 대한 아홉 이야기들에서 관련된 사람들의 신앙이 치유를 가능하게 했다."(111)고 주장합니다. 하여 몰트만은 후자를 지지하는 복음서 구절들을 소개합니다. 마가 5:34, 막 6:6, 마가 5:30, 마가 5:34, 마태 15:21 이하, 마태 15:28 등. 그리고 무엇보다도 이와 같은 예수님의 치유사건들은 예수님의 메시아 되심과 메시아 사역의 일환이었습니다. 아래의 인용은 예수님의 치유에 있어서 신앙이 얼마나 중요하였나를 보여줍니다.

  치유의 신적 권능은 예수님 쪽으로부터만 나오는 것이 아니다.…오히려 그것은 예수님과 예수님 안에서 이 능력을 추구하고 예수님께 간청하는 사람들 사이에서 일어난 그 무엇이다. 예수님과 신앙이 이와 같은 상호적인 활동 안에서 만날 때에, 치유가 일어났다. …예수님은 항상 치유 받은 사람들로 하여금 그 자신이 아니라 감사를 받으실 하나님과 치유를 가져온 신앙을 가리키셨다. 이것은 마가 11:20-23에 나오는 말라버린 무화과나무와 바울이 고린도전서 13:2에서 말하는, 산을 옮길만한 믿음으로 요약된다. 신앙은 하나님 자신만큼이나 강하다. 그리하여 '믿는 자에게는 능치 못할 일이 없느니라.'(막 9:23)고 하여, 하나님께 돌려지는 말씀이 신앙에게 돌려진 것이다. …치유들은 예수님에 대한 이야기들인 것만큼 신앙에 대한 이야기들이다. 치유들은 예수님과 남녀인간들의 신앙 사이의 상호관계에 대한 이야기들이다. 예수님은 이와 같은 신앙에 의존하셨으나, 병든 자들은 예수께로부터 나오는 권능을 의존하였다.(WJC, 111-112)

2-2-3. 문: '버림받은 자들에 대한 용납과 굴욕당한 자들의 부활'의 신학적 의미는?

답

예수님의 메시아적 선교에서 그의 '하나님 나라의 복음'은 다양한 계층의 사람들의 다양하고 구체적인 상황들과의 적실성(relevance)을 보이지만, 그것의 당파성과 보편성의 변증법은 미래 종말론적 하나님 나라에서 통합됩니다. "예수님은 가난한 자들에게 하나님 나라를 선포하셨고 병든 자들에게 하나님의 능력을 베풀어 주셨는데, 이제 동일한 방법으로 '죄인들과 세리들'에게 은혜의 정의(주어진 사회의 상대적인 선과 악, 정의와 부정의를 넘어서는 정의: 필자 주)에 다름 아닌 하나님의 정의를 갖다 주신다. 예수께서는 그들과 식탁공동체를 가지심으로써 그것을 공적으로 나타내 보이셨다. 예수님 자신의 종말론적 맥락에서 이와 같은 공유된 식탁교제는 하나님 나라에서의 의인들의 먹고 마심의 선취(예기)이다."(WJC, 112) 이상은, 본 섹션에서 논할 내용에 대한 요약입니다.

몰트만은 '세리들과 죄인들'에 대한 구체적인 이야기를 구체적으로 해석합니다. 예수께서는 세리인 레위사람(예컨대, 마태)을 자신의 제자로 부르신 후, 그의 집에 들어가시어, "많은 세리와 죄인들이 예수와 그의 제자들과 함께 앉았으니 이는 그러한 사람들이 많이 있어서 예수를 따름 이러라."(막 2:15) 예수께서는 서기관들과 바리세신들의 질책성 질문(2:16)에도 불구하고 "왜 세리들과 죄인들과 더불어 음식을 나누셨는가?" 예수님은 "건강한 자에게는 의사가 필요 없고 병든 자에게라야 있느니라 나는 의인을 부르러 온 것이 아니요 죄인을 부르러 왔노라 하시니라."(막 2:17)고 대답하셨습니다. 결국, "비록 그들이 선도적으로 예수님께로 왔지만, '이 사람은 죄인들을 용납하시고 그들과 함께 잡수셨다.'"(눅 15:2)

예수님의 이야기에서 '죄'란 말은 바울에게서처럼(롬 3:23) 아직 신학적으로 그리고 보편적으로 정의된 의미가 아닙니다. 그것은 '건강한 자들과 병든 자들', '의인들과 죄인들', '바리세신들과 세리들'과 같은 둘이 한 쌍을 이루는 개념에서처럼 사회적 의미를 지니고 있다고 합니다. "서기관들과 바리세신들의 눈에는, 토라를 지킬 수 없거나 지키려고 하지 않는 유대인들이 다름 아닌 죄인들이다. 세리들이란 이방사람들로부터 관세를 차용하고 로마제국의 권력을 위하여 조세를 걷는 유대인들이었다."(WJC, 113) 예수님은 바로 그와 같은 '죄인들과 세리들'과 벗을 삼음으로써 종교적으로 규정된 하나의 사회적 갈등 — 정의로운 자들과 부정의한 자들, 선한 자들과 악한 자들 — 속으로 진입하십니다. 여기에서 부정의와 불법은 바리세신들과 서기관들 등과 같은 사람들에 의하여 만들어진 '하나님의 정의'로 여겨지는 척도에 의한 것입니다. 바리세신들은 선을 소유했다고 자처하여(눅 15; 18:9 이하) 그것으로써 다른 사람들을 판단하였으니, 이는 부를 소유한 사람으로 가난한 자가 가난한 자로 남아있는 것과도 유사합니다. 그러니까, '선의 소유'로 말미암아 선한 자와 악한 자의 구별이 생기어, 악한 자를 악한 자로 남아있게 만든다(113)고 하는 것이었습니다. 이에 대하여 예수님은 공적으로 다음과 같은 판단과 태도를 취하셨습니다.

예수님은 '죄인들과 세리들' 그리고 창녀들을 용납하심에 있어서 죄와 부패와 매춘을 정당화하신 것이 아니었다. 그는 의인들에 의하여 세워진 가치체계들 안에서 일어나는, 그들의 차별의 악순환을 깨부수는 것이었다. 이렇게 그분은 또한 잠재적으로 자기 의의 강박으로부터

'의인들'을 건져내고, 선의 소유로부터 '선한 자들'을 구원해 내는 것이었다. 그러나 그분의 참여는 차별로 고통을 당하는 자들에게로 다가가심으로 일면적이고 파당적이시다. 직접 저들에게 접근하심으로써, 그분은 그들과 그들의 억압자들에게 은혜의 정의를 통하여 불의한 자를 의롭게 하시고 악한 자를 선하게 하시며 흉측한 자를 아름답게 만드시는 하나님의 메시아적 의를 계시하신다. 이는 종교사회와 시민사회 모두에 대한 강력한 공격이었다.… (WJC, 114)

그리고 바리세인들 가운데 한 사람의 집에서 되어진 '죄인'에 대한 이야기(눅 7:36-50)는 특별하게 우리의 주목을 끕니다. 여기에서 부유하고 '의로운' 사람과 막달라 마리아의 대조가 극명한데, 예수님은 그녀의 죄들이 용서받았다고 선포하시니, 병든 자를 치유하실 때처럼 '네 믿음이 너를 구원하였으니, 평안히 가라'(눅 7:50)고 하셨습니다. 그리고 삭개오 이야기(눅 19:1-10)에서 예수님은 '오늘 네 구원이 이 집에 이르렀으니 이 사람도 아브라함의 자손임이로다.'(눅 19:9) 예수께서는 병든 자를 건강하게 하시고 불의한 자를 의롭게 하시며 차별에 종지부를 찍는 구원을 그 집에 갖다 주셨던 것입니다. 그는 유대인들이 알고 있는 바, 마지막 최후심판에서 세상의 심판주가 하시는 죄 용서를 하신 것입니다.(WJC, 114-115)

'죄인들과 세리들'과의 식탁공동체 역시 예수님의 메시아적 메시지의 맥락에서 특별한 의미를 갖습니다. "예수께서 선포하시고 그의 가난한 자들, 병든 자들, 그리고 '죄인들과 세리들'과의 만남을 통하여 보여주신 하나님 나라는 그분의 창조세계 전체에 대한 하나님의 주권을 가져올 뿐만 아니라 크고 훌륭하며 기쁨에 충만한 열방들의 잔치를 가져 올 것이다.(참고: 사 25:6-8) …사람들이 동서남북으로부터 와서 하나님 나라 잔치에 참여하리니'(눅 13:29)."

혼인잔치에 의한 하나님 나라 비유 이야기(마 22:2-10)는 하나님 나라에 대한 물질적 기대와 예수님 자신이 취하신 방법을 연결시킵니다. 즉 예수님은 죄인들과 세리들을 찾으셨고, 초대받은 손님들이 왕의 잔치에 오지 않아서 길거리로 나가 '악한 자와 선한 자' 모두(22:10)를 초대하셨으며, 누가에서는 '가난한 자들과 몸 불편한 자들과 맹인들과 저는 자들을 데려오라 하니라'(눅 14:21)라고 하셨으니, "우리는 이상과 같은 맥락에서 예수께서 죄인들과 세리들과 함께 먹고 마셨음을 보아야 한다. 즉 예수님은 이와 같은 '불의한 자들'과 함께 하나님 나라에서 있을 의인들의 식탁을 선취하신 것이고 자비로우신 하나님에 의한 용납과 죄 사함이 무엇을 의미하는가를 손수 보여 주신 것이다. 즉 그것은 하나님 나라의 큰 만찬에 초대되고 있음을 뜻한다. 죄의 용서와 하나님 나라의 먹고 마심은 동전의 양면에 다름 아니다.(눅 15:22) 예수님은 자신의 시대에 차별을 받았던 사람들과 함께 메시아 시대의 축제를 축하하신 것이다. 그분이 하나님의 메시아적 아들이실 진대, 이와 같은 축하를 통하여 그는 하나님 자신의 일처리를 반영하신다."(WJC, 115)

그리고 몰트만은 특히 예수께서 그의 제자들과 나누신 식탁 공동체 역시 동일한 방식으로 하나님 나라에 대한 축하들이라며, 마가 14:25('내가 포도나무에서 난 것을 하나님 나라에서 새 것으로 마시는 날까지 다시 마시지 아니하리라')이 그것을 입증한다고 봅니다. 몰트만에 따르면, "예수님이 제자들과 나누신 식탁의 특별한 의미는 '잃은 자들을 찾는' 그분의 메시아적 선교로 제자들을 끌어드려, 그 일에 동참케 하려는 것이었다. 예수께서 죄인들과 세리들과 식탁을 나누실 때, 거기에 제자들로 있었는데, 제자들과의 식탁 나눔이 죄인들의 그것과는 다른 특별한 의미를 갖지만, 그럼에도 불구하고 그들과의 관계 속에 있는 것이다."(WJC, 116) 하여 몰트만은 예수님의 제자들과의 최후만찬에 특별한 의미를 부여합니다. 몰트만은 이와 같은 제자들과의 최후의 만찬으로부터 성만찬

예전이 유래했으나, 그럼에도 불구하고 제자들의 최후 만찬과 예수께서 가지신 다른 사람들과의 식탁교제가 공유하는 바가 있다고 말합니다. 즉 그것은 하나님 나라입니다.

  그의 제자들과의 최후만찬은 예수께서 떡을 떼시고 즙을 나누어 주시는 유일무이한 의미를 지닌다. 그분이 이미 가난한 자들에게 현존하게 하신 하나님 나라가 전적으로 몸을 가지신 인격 안에 집중되어 진다. 축제의 초청자로서 예수께서는 그 자신이 축제의 선물이시다. 여기에서 예수님은 진실로 그분 스스로가 하나님의 나라이시다(autobasileia: 필자 주). 떡을 먹고 즙을 마심은 '우리를 위하여' 찢겨지신 그리스도의 몸과 '우리를 위하여' 흘려지신 그분의 피(고전 11:17-34: 필자 주)의 형태로 하나님 나라를 현존케 한다. 우리는 예수님의 최후만찬의 이와 같은 궁극적인 신학적 의미가 예수께서 친히 현존하시고 죄인들과 세리들과 식탁교제를 나누시는 모든 장소에 있다고 하는 사실을 소급적으로 말해도 괜찮다.… (WJC, 116)

2-2-4. 문: '메시아적 삶의 스타일'[48]이란 무엇인가요?
답

기독적 윤리와 그리스도에 대한 윤리적 지식: 몰트만은 윤리와 기독론이 불가 분리한, '특별하게 기독교적인 윤리'를 주장합니다. 그는 기독교인들이 다른 사람들과 함께 따라야 할 '하나의 공통적이고 자연적이며 일반적인 인간적 윤리'(a common, natural or general human ethics)만이 있는 것이 아니라 특수하게 기독론에 근거하는 '기독교적 윤리'가 있다고 합니다.

---
48 몰트만은 1983년『열린 교회: 메시아적 삶의 스타일로의 초대』에서 세상과는 구별되는, 교회의 특수성을 주장하면서도, 보편적이고 공적인 영역들로 개방된 그것의 삶의 메시아적 스타일에 대하여 논하였고, 2010년엔『희망의 윤리』를 논하였는데, 본 저서(WJC, 1989)에서는 메시아 기독론을 논하는 맥락에서 메시아적 삶의 스타일로서의 기독교적 윤리를 논합니다.

그리스도에 대한 앎은 그의 뒤를 따르는 것과 불가분리하다고 합니다. 특히, 그것은 메시아로서 예수님과 공적윤리를 뒤따르는 것입니다.

>…그러나 예수님은 그 어떤 방법으로든 적실성(relevant)을 지닌 그런 의미에서 메시아라 불릴 수 있는가? 모든 복음서들이 관계되어 있는, 이스라엘의 약속사 안에서 메시아는 하나의 공적인 인격이다. 메시아 시대에 있어서 그분의 메시아적 토라(산상수훈: 필자 주)에 대한 선포는 하나님의 백성 전체와 이 땅의 모든 백성들에게 주어진 것이다.… (WJC, 117)

그런즉 기독교적 윤리의 기독교적 본성에 대한 논의는 다름 아닌 예수님의 메시아 되심에 달렸다는 것입니다. 하여 "문제는 '그리스도(메시아)에 대한 인정여부에 있다."(118) 몰트만은 루터교의 '두 왕국론'에 만족하지 않고, 재세례파와 메노나이트들과 모라비안들의 전통을 선호하면서, 신약성서의 예수님의 메시아 선교에 나타나는 '메시아적 토라'를 중요시합니다. 하여 몰트만은 "오직 그리스도만이 구속주이시고 주님이시라고 하는 인식은, 신앙에만 국한 될 수 없다. 그것은 삶 전체에 관여한다." 그런즉, "종교개혁자들의 '오직 그리스도'(solus Christus)가 단순히 신앙의 교리를 위해서만 규범이 되는 것이 아니라 윤리의 규범도 되어야 한다고 한다. 그도 그럴 것이 '오직 그리스도'는 '전 그리스도'(totus Christus), 곧 바르멘 신학선언 제2명제가 선언하는 것처럼 삶 전제를 위한 전 그리스도를 의미하기 때문이다."(WJC, 118)

하여 몰트만은 '그 누구도 삶으로 그리스도를 따르지 않는다면, 그리스도를 참으로 아는 것이 아니다.'라고 하면서, 재세례파의 한스 뎅크를 떠올립니다. "그러나 이것은 그리스도론(christology)과 그리스도 실천(christopraxis)이 하나가 되는 것을 뜻한다. 즉 그리스도에 대한 전체적 지식은 지성과 마음을 각인시키는 것이 아니라 그리스도의 공동체 안에서의 삶 전체를 각인시킨다. 그것은 또한 그리스도께서 지성과 마음으로 인지되고 알려질 뿐만 아니라 삶 전체에 대한 경험과 실천을 통하여도 그렇게 되는 것이다.…"(WJC, 118-119)

따라서 본 섹션에서 몰트만은 사회전체를 위한 기독교적 실존이 무엇이고, 예수 그리스도의 메시아의 길의 보편적 지평이란 무엇인가를 묻습니다. 다음과 같은 그의 종말론과 인류역사와의 관계에 대한 주장은 기독교적 메시아 윤리의 보편적 지평을 개방합니다. 몰트만은 보편적인 세계에서 적실성을 갖는 기독교적 공적윤리를 탐구합니다.

예수 그리스도의 메시아적 길의 보편적인 지평이란 무엇과 같은가? 만약에 우리가 예수님의 메시아적 복음의 이와 같은 지평을 '종말론적'이라고 부를 경우에, 그의 복음은, 이 종말론적 지평이 인류역사를 형성하기 시작하는 정도로 보편적일 것이고, 인류의 역사가 그것의 끝에 종말론적 지평에 도달하는 정도로 보편적일 것이다. 그러나 이와 같은 종말론적 지평은 다시 한번 태초의 창조에게 각인시켰던 바를 증시(證示)하고 이 창조세계를 생명, 곧 하나님의 영과 지혜(the Spirit and Wisdom of God)로 채울 것이다.(WJC, 119)

2-2-4-1. 문: 메시아적 안식(the Messianic Sabbath)이란 무엇인가요?:
몰트만은 예수께서 선포하신 하나님 나라가 무엇인가를, '누가복음 4:18 이하'에 대한 해석으로 밝힙니다. 몰트만에 의하면, 마가와 마태가 '임박한 하나님 나라에 대한 선포'를 요약하고 그것에 걸 맞는 회심(막 1:15; 마 4:17)을 요약하고 있는데, 누가는 이를 이사야서 61:1-2을 따라서 구체적인 용어들로써 발전시켰습니다. 즉 누가는 그것을 레위기 25:10 이하('너희는 오십년 째 해를 거룩하게 하여 그 땅에 있는 모든 주민을 위하여 자유를 공포하라 이 해는 너희에게 희년이니 너희는 각각 자기의 소유로 돌아가며 각각 자기의 가족에게 돌아 갈 지며')에서 명령된 '주님의 희년'(the Lord's Year of Jubilee)에 대한 이야기로 발전시켰습니다. 예수께서는 바로 이것을 그 자신을 사로잡은 하나님의 영 안에서 그리고 그 영으로부터 선포하신 것입니다.(119) 몰트만은 바로 이 '희년'이 메시아 왕국을 가리키는 것으로 보았습니다.

몰트만은 "만약에 우리가 이 레위기를 문자적으로 취할 때, 우리는 누가 4:18과 마가와 마태 역시 언급하고 있는, '가난한 자들을 위한 예수님의 사역과 선포를 이해할 수 있다."(119)며, "역사 속에서의 하나님 나라의 현존은 자유와 희년 법의 형태를 취한다."고 합니다. 즉 (1) 각각은 자기의 소유와 가족으로 돌아가라(레 25:10, 14-17). 즉 부채를 탕감받아, 이 부채로 인한 노예 됨이 끝나고, 하나님의 언약의 정의가 언약의 백성 안에서 회복된다.(2) 너희는 파종하지 말며 스스로 난 것을 거두지 말며 가꾸지 아니한 포도를 거두지 말라.(레 25:11; 19-23) '땅의 안식'은 백성들이 땅에 안전하게 거할 것을 담보한다.(레 25:18)(120) 몰트만은 "레위기 25장과 26장이 보여주듯이, 자유의 해의 법들이야 말로, 사람들 사이에 부채와 노예 됨을 청산하고 땅에 대한 착취를 중지하여야 하는 하나의 완전한 사회개혁 프로그램을 포함하고 있다."(120)고 합니다. 하여 "이사야 61:2에 따라서 약속된 메시아적 예언자가 주님의 은혜의 해를 선포하였으니, 그것은 레위기서에 주어진 모세의 율법을 넘어선다."(WJC, 120)며, "메시아적 자유의 해는 메시아적 시간(장차 도래할 '메시아 왕국': 필자 주)의 시작이고 이 메시아적 시간은 끝이 없는 시간이다."(WJC, 120)라고 합니다.

이어서 몰트만은 이상과 같은 '희년' 정신이 예수님의 메시지와 사역 도처에서도 발견된다고 한다.(121)

몰트만은 이상과 같은 해석을, 근접해 오는 하나님 나라에 비추어서 볼 때, 부채탕감과 노예해방과 땅의 권리들에 대한 존중과 같은 행동이야 말로 가장 적절하고 당연하다고 봅니다. 하여 그는 다음과 같은 종말론적 비전에서 해방의 희년 법들에 대한 메시아적 해석을 감행하였습니다. "근접해 오는 하나님 나라의 묵시적 차원과 이것과 결부되는 현 세상의 체계의 끝은, 해방의 희년 법들에 대한 메시아적 해석을 위하여 없어서는 안 될 것이다."(WJC, 121) 그리고 이렇게 행동하는 것이, "모든 피조물들의 생명과 창조의 공동체와도 걸 맞는다"고 합니다.(Ibid.) 몰트만은 "이상과 같은 해석을 하나님의 메시아적 전권대사이신 예수 그리스도와 관련시켜 볼 때, 이 예수 그리스도와 함께 하는 공동체야 말로 해방의 메시아 해의 시대 안에서 끝이 없이 살 수 있고, 그것에 걸맞게 행동할 수 있는 권세와 권리를 얻을 것이라고 하는 사실을 본다."고 하는, 종말론적 비전하에서 '그리스도론'과 '그리스도 프락시스'를 언급합니다. 따라서 "예수님을 하나님의 그리스도(the Christ of God)로 인식하는 사람들이, 부채를 탕감해 주고 억압 받는 자들을 해방시키며 땅에 대한 착취를 중지하는 프락시스로 그리스도를 따르는 것이야 말로 적절하고 자연스러운 일이다."(WJC, 122)라고 합니다.

해방의 희년 법이 이스라엘 백성에게 주어졌음으로, 그것은 공동체적 정의(a corporate justice)인 것처럼 똑 같은 방식으로 그것에 대한 예수님의 메시아적 해석은 하나님의 메시아적 백성의 새로운 공동체적 정의와 관련된다고 합니다. 하여 몰트만은 "위에서 묘사한 의미로 메시아적으로 살고 행동하는 예수님의 공동체는 이 세상의 현 체제에 반대하는 큰 대안(a great alternative)을 제시하고 있기에, 그것은 '하나의 대조사회'(a 'contrast-society')다."(122)라고 합니다. 그런즉 오늘날 정치적, 사회적, 그리고 경제적 체제가 사람들을 못살게 굴고, 땅의 자연을 짓밟으면 짓밟을수록 그리스도를 통한 하나님의 해방의 해(희년: 필자 주)에 대한 메시아적 해석과 그리스도의 공동체의 대안적 프로그램은 점점 더

일반적인 인정을 받을 것입니다.(WJC, 122)

2-2-4-2. 문: 메시아적 토라란?: 몰트만은 '그리스도의 복음'과 '이스라엘의 토라'에 대한 두 가지 신학적인 해석을 소개합니다. 하나는 대립(antithesis)입니다. 즉, 복음은 율법의 끝(롬 10:4)이니, 복음에 대한 신앙은 사람들을 율법의 요구들로부터 자유케 한다고 하는 것이고, 다른 하나는 성취(fulfilment)입니다. 즉, 그리스도의 복음이란 모든 열방들을 위한 이스라엘의 토라에 대한 메시아적 해석이니, 그리스도의 공동체야말로 하나님 나라의 여명 안에서 사랑을 통하여 토라를 성취해야 한다고 하는 것입니다.(WJC, 122-123) 즉 유대인들은 복음에 더하여 토라를 따라서 살아야 한다고 하는 것입니다. 하여 기독교인들에게 토라는 산상수훈입니다. 헌데, 대체로 개신교 신학은 종교개혁자들의 '율법과 복음'(law and gospel)의 대립관계에 비추어서 복음과 토라의 관계를 생각하였으니, 이는 '복음, 율법, 그리고 약속에 대한 바울의 세분화된 관점'을 무시하는 경향이라고 비판합니다.

몰트만은 위의 두 가지 입장의 기원을 유대교 랍비사상에서 찾습니다. 하나는 메시아 왕국이 시작될 경우에, 더 이상 토라가 필요가 없다고 하는 것인데, 이와 같은 주장의 의도는 우리의 죄들로 인하여 메시아 시대의 지연을 가정할 때에는 "죄들은 율법을 어기는 것이기에", "메시아 시대는 율법이 없는 시대가 아니라 율법의 완전한 성취의 시간으로 이해되어야 한다."(123)는 것입니다. 그러니 "결국 이상과 같은 랍비의 기대는 토라에 대한 완전한 이해와 메시아 시대에서의 실질적 준수를 기대하는 것이다. 바울은 이와 같은 전통에 서 있다. 하여 그는 그와 같은 랍비적 기대에 비추어서 예수님을 희망되어 진 메시아로 이해했을 것이니, 바울의 논지는 그리스도께서 율법의 목적(telos)이시라고 하는 것입니다. 그리스도를 통하여 가능하고, 성령의 능력 안에서 가능한 무조건적인 사랑은 토라

의 성취요, 이 사랑은 토라가 메시아 시대로 이월되어 진 형식이라는 것이다."(WJC, 123)

둘은 그리스도께서 이스라엘의 토라의 메시아적 성취라면, 이 복음이 어떻게 열방들에게도 타당 할까?라는 물음인데, 몰트만에 따르면, 초기 기독교의 역사에서 토라로부터 자유로운 복음에 대한 믿음으로 구원을 받았으니, 성령께서는 복음을 통하여 직접적으로 이방사람들에게 부은바 되셨다고 하는 것입니다. 그리고 그리스도의 복음을 이스라엘의 토라에 관계시키는 또 다른 가능한 방법은, 복음을 이방 나라들을 위한 토라에 대한 메시아적 해석으로 보는 것이 확실합니다. 몰트만은 이것을, 마태가 산상수훈을 제시하는 방법에서 발견합니다. 즉 모세가 토라를 하나님의 산으로부터 이스라엘 백성에게 내려준 것처럼 메시아 예수님은 산으로부터 메시아적 토라(산상수훈: 필자 주)를 '그의 제자들과 온 백성들'(마 5:1)에게 선포하셨습니다. 마태에 의하면, 예수님은 무엇보다도 뭇 백성들에게 그것을 선포하셨습니다. 여기에서 마태는 하나님의 백성(laos)(7:1)이 아니라 "가난하고, 억압받으며 상실된 '사람들'(ochlos)이란 단어를 사용합니다. '예수께서 무리(ochlos)를 보시고 산에 올라가 앉으시니 제자들이 나온지라.'(마 5:1)

그런즉, 몰트만은 토라가 성취될 메시아 왕국과 율법 없는 바울의 복음이해에 따라서 산상수훈을 메시아적으로 그리고 복음적으로 해석합니다. 전자는 유대인들을 겨냥한 것이고 후자는 이방인들을 위한 것으로 보입니다. 하여 몰트만은 유대인들이 토라를 계속 지켜야 하고, 그리스도인들은 복음의 칭의에 바탕 하여 산상수훈과 '그리스도의 법'을 지켜야 할 것을 주장하는 것으로 보입니다. 물론, 후자 역시 메시아 왕국에서 완전하게 지켜 질 것이지만 말입니다.

헌데, 몰트만은 제자의 도의 윤리를 공동체 윤리로 보고, 이를 일반 보편적 인류사회의 윤리로부터 구별합니다. 특히, "사회의 윤리는 메시아적 안식일의 해방과 근접해 오는 하나님 나라의 정의와 충돌하기 때문이다."(125)라고 합니다. 우리는 이와 같은 '대조(對照)'를 예수님의 생애와 초기 교회의 삶(막 10:42-45)에서 발견합니다. "메시아적 공동체는 그 자체를 '대조사회'(로핑크)로 이해하니, 그것은 인류를 무겁게 누르는 폭력의 운명적 강박을 깨고 이와 같은 끔직한 악 순환에 대한 생생한 대안을 제공한다."(WJC, 125) 몰트만은 메시아적 공동체의 매력과 특수성과 타자 성과 공공성을 주장합니다. 그리고 그것이 보편성을 지향한다고 합니다.

> 이와 같은 산상수훈에 대한 진술은 오직 그리스도의 공동체가 자신의 눈을 '뭇 사람들'(the people)로 향하게 될 경우에만 적용가능하다. 예수님의 산상수훈은 이 뭇 사람들을 겨냥하였고 이들을 그의 선교의 목표로 하였기 때문이다. 하여 그것이 이와 같은 지평을 가지고 있는 한, 그것은 산상수훈의 보편성에 밀착하고 있고 죽음의 위협을 받고 있는 모든 인간들에게 생명의 지혜를 소통하는 것이다. 그럴 경우에만 이 공동체는 세상의 윤리에 대한 하나의 공적인 대안을 제공한다. 산 위의 설교자는 세상을 심판하시는 묵시주의자가 아니다. 그로부터 우리는 생명의 지혜를 듣는다.(WJC, 126)

몰트만은 토라에 대한 예수님의 메시아적 해석의 의미와 의도를 아래와 같이 요약할 때, 메시아적 공동체의 특수성과 타자 성과 공공성이 하나님 나라의 보편성을 지향하는 것으로 보았습니다.

> …산상수훈을 중요시하는 것과 그리스도를 따르기는 함께 간다. 그리스도의 제자의 도와 그리스도의 공동체 안에서의 형제자매의 삶은 함께 간다. 그리스도의 공동체 안에 있는 삶과 가난하고 슬프고 고난

당하는 사람들 사이에 있는 보편적 하나님 나라에 대한 기대는 함께 간다. 하나님 나라에 대한 희망과 뭇 사람들 사이에서의 가난에 대한 경험, 그리고 형제자매들의 공동체와 그리스도의 제자의 도, 이 모든 것은 하나의 통일성(a unity)이다.…(126)

끝으로 몰트만은 산상수훈을 지킬 수 있는 성서적 근거를 밝힙니다. 아래의 인용에서 '그리스도의 공동체'는 복음에 더하여 토라를 지키는 유대인들과 복음에 근거하여 '그리스도의 법'을 지키는 교회 공동체를 포함할 것입니다.

> 바울은 말한다. '너희가 짐을 서로 지라 그리하여 그리스도의 법을 성취하라'(갈 6:2). 형제들과 자매들의 공동체인 그리스도의 공동체 안에서, 메시아적 토라와 '그리스도의 법'은 실현된다. 이 공동체는 예수님의 말씀을 듣고 그것을 행하는 가운데 실존한다.(126)

2-2-4-3. 문: 메시아적 평화란 무엇인가요?

비폭력적 행동: 산상수훈의 중심은 공적인 행동으로서 폭력으로부터의 해방입니다. 그것은 평화창조를 통하여 적대관계를 극복합니다. 몰트만은 이와 같은 산상수훈의 중심을 이해하기 위하여 아우구스티누스 이래의 죄 이해(원죄와 실제 죄들)에 반대하여, '폭력'을 죄로 봅니다. 몰트만은 창세기의 제사장 문서는 창세기 3장의 "에덴동산과 타락"에 대한 이야기를 전혀 모른다며, "제사장 문서에 따르면, 죄는 하나님께서 홍수로 응답하신 땅 위에서 발호하는 폭력의 성장이었다."(WJC, 128)라고 봅니다. 그리고 유대교의 창세기 해석자들 역시 죄는 그의 동생을 살인한 가인의 폭력으로 시작한다고 합니다. 그리하여 몰트만은 창세기 6:13의 '모든 혈육 있는 자의 포악함'을 '폭력과 강탈'(Ibid.)이라고 합니다. 실제로 이들은 "자신들을

하나님의 아들들로 예배하게 함으로써 자신들의 폭력통치를 합법화한 바벨론과 애굽의 통치자들 이었다"(WJC, 128)는 것입니다. 하여 창세기 6장에 보면, 하나님을 배격하고 생명을 파괴하는 그와 같은 폭력이 인간세계를 너머서 생명의 호흡을 지닌 모든 육체로 확장되었고, 다니엘 7장 역시 그와 같은 혼돈의 세계제국들에 대하여 이야기 하고 있다고 하는 것입니다.(WJC, 128)

하지만 하나님께서는 노아와의 언약을 이상과 같은 폭력의 세상에 대한 반대급부로 베풀어 주셨으니, 바야흐로 이에 생명의 창조주는 폭력행동들의 보복자(the revenger of deeds of violence)이십니다.(창 9:6) 그는 인간에 대한 인간의 폭력뿐만 아니라 인간의 동물에 대한 폭력도 금하신 것입니다(9:4).(WJC, 128) "하여 지혜 메시아(the Wisdom messiah)는 폭력행동들 뿐만 아니라 폭력을 막기 위하여 사용되는 폭력까지도 극복하는 평화를 처음으로 창조세계에게 갖다 주셨습니다. 즉 악을 악으로, 폭력을 반격 폭력으로 대하는 악순환이 극복된다고 하는 것입니다.(마 5:46) 몰트만은 이를 "메시아적 평화"(129)라며, 진실로 예수님께서는 원수 사랑으로 그와 같은 악순환의 고리를 끊으셨다고 봅니다.(마5:39-42) 그러나 악과 폭력의 악순환을 반대함에도 불구하고, 몰트만은 '강제력'(Gewalt)과 구별되는, 법에 근거하는 국가의 힘(Macht) 같은 정당한 힘의 사용을 적극적으로 권장합니다.

> … 기독교는 예수님의 산상수훈을 폭력이 확산되고 있는 사회들 안에서 '폭력의 문화'를 철폐시키기 위한 기초로 삼을 수 없다. 반대로 기독교는 힘의 온갖 사용 – 특히 국가에 의한 힘의 사용 을 위한 정당화를 요구한다. …하지만 폭력극복의 첫 단계는 법에 따른 힘의 사용이다. 폭력통치를 정복하는 두 번째 단계는 백성들과의 연대( )하여 그것을 배격하고 그 어떤 모양으로든 그와 같은 폭력통치와의 협력을

거부하는 것이다.…(WJC, 130)

끝으로 몰트만은 "폭력에 대한 비폭력적 정복이 개인 차원에서 뿐만 아니라 정치적 차원에서도 타당하다. 그 값은 순교이다."고 하면서, "우리는 간디와 마틴 루터 킹과 오스카 로메로를 기억해야 하고, 산상수훈의 설교자도 기억해야 한다. 그리고 만약에 우리가 예수님과 이와 같은 사람들이 견뎌 낸 '그리스도의 고난들'을 생각할 때, 우리는 비폭력 행동이 만약에 성공한다면 – 자유케 하는 힘을 소유한 것이라는 사실을 발견할 것입니다. 그러나 해방시키는 힘은 대리적 고난에서도 발견되는 것이고, 이 고난은 장기적으로 볼 때 그것의 결과에 있어서 좀 더 확신을 준다."(WJC, 130)

2-2-4-4. 우리의 원수들에 대한 책임: 몰트만은 산상수훈을 비폭력적 원수 사랑으로서 각자 자신의 원수들에 대한 책임이라 주장합니다. "산상수훈에 따르면, 원수들에 대한 사랑은 이웃사랑의 완전한 형태로서 하나님 수준에 달하는 이웃사랑의 형태이다. 그것은 이 땅의 지속적인 평화의 길이다."(130) 하여 그는 이로써 그것은 출구가 없는 상호 적대감의 악순환, 악의 악순환, 폭력의 악순환의 고리를 끊어 버린다고 합니다. 그리고 이와 같은 원수사랑은 개인과 공공의 차원 모두에 타당하기 때문에, 몰트만은 오늘의 핵 무기경쟁 시대야 말로 온 세계를 흑암의 심연으로 몰아간다며, '산상수훈'에 따른 비폭력 평화운동을 권장합니다. 이와 같은 '산상수훈'에 따른 평화운동은 하나님의 자녀들의 특수윤리임에도 불구하고, 이 하나님과 이 하나님의 사랑은 인류와 우주만물의 기초라고 주장합니다.

산상수훈의 표준은 우리들이, 악한 자들과 선한 자들 모두에게 태양 빛을 내리시고 정의로운 자들과 부정의한 자들 모두에게 비를 내리시어 생명을 창조하시고 지탱하시는 하나님의 자녀들이라고 하는 사실이다. 메시아 시대에, 우리가 우리 모두의 창조주의 지혜로부터 우리의 갈 길의 방향을 잡는다면, 원수에 대한 강박관념과 원수의 적대감에 대한 보복에 대한 고집은 깨지고 말 것이다. 그도 그럴 것이 그리스도의 공동체 안에서는, 아버지 아빠로서 하나님께서 믿는 자들에게 근접해 계심이 마치 그가 그의 평화의 나라에 근접해 계신 것과 마찬가지이다.(WJC, 131)

끝으로 몰트만은 원수 사랑의 본성을 다음과 같이 언급합니다.

원수들에 대한 사랑은 그것이 받은 것을 되돌려 주는, 보응적 사랑이 아니다. 그것은 창조적 사랑이다. 악을 선으로 갚는 사람은 누구나 단순한 반작용을 멈춘 것이다. 그는 새로운 그 무엇을 창조하고 있다. 원수사랑은 각자가 그의 적대감으로부터의 해방으로부터 솟아나는 주권을 전제한다. …우리는 사랑을 통하여 우리의 원수들을 우리들 자신의 책임영역으로 끌어드리고 우리의 책임을 저들에게 이르게 하는 것이다. 우리의 원수들에 대한 사랑은 특수한 입장들과 견해들에 따른 그 어떤 하나의 윤리와는 대단히 다르다. 그것은 진정한 책임윤리이다.…(WJC, 131)

2-2-4-5. 칼을 쟁기와 보습으로: 몰트만은 '산상수훈'의 원수 사랑실천의 공공성을 힘주어 주장하면서, 메츠와 더불어 오늘날 서방사회들 안에서 기독교가 시민종교로 전락하는가, 아니면 우리가 그리스도를 고백하고 그리스도만을 따르며 전적으로 그만을 따르는 기독교인들의 공동체에 도달할 수 있는가가 문제라고 합니다. 그는

세계를 멸절시키는 핵전쟁의 시대에 오직 선택은, 기독교의 평화에 대한 증언이라고 봅니다. 즉 평화를 위한 그것의 공적인 개입 말입니다.(WJC, 132-133) 몰트만은 여기에서 이사야 2:1-5과 미가서 4:1-5에 나오는, "구약의 평화에 대한 메시아적 약속"에서 '칼과 보습'에 주목하면서, 장차 그리스도의 재림(adventus)과 더불어 도래하는 평화의 메시아 왕국과 그 이전 역사와 창조세계 속에서 선취되어야 할 평화의 나라에 대하여 주장합니다. 우선 장차 도래할 메시아 왕국에 대한 모습에 대한 몰트만의 묘사에 주목하십시다.

> 보편적인 평화의 시간은 '마지막 때'(the latter days)이다. 즉 그것은 마지막 시대(the final era)이다. 이것은 역사 속의 하나님의 약속들이 완성되는 메시아의 날들이다. 보편적 평화의 장소는 하나님의 산, 곧 시온이니, 이는 하나님께서 궁극적으로 거기에 그의 거처를 삼으실, 세상의 중심이 될 것이다. 그 때에 '주님의 길', 곧 토라가 계시되어, 이스라엘뿐만 아니라 온 열방들에게도 확신을 줄 것이다. 그 때엔 신적 정의가 모든 백성들 사이에 거할 것이고 그로 말미암아 그들은 그들의 불신앙의 전쟁을 끝내고 지속적인 평화에 도달할 것이다. 메시아적 토라('산상수훈'과 부활한 이스라엘이 지킬 토라: 필자 주)는 그것의 정의와 공의를 통하여 모든 열방들에게 궁극적인 평화를 갖다 줄 것이다. …(WJC, 133)

그리고 몰트만은 위와 같은 종말론적 메시아 왕국에 대한 희망 안에서 그 이전 시기 동안에 그것의 선취들이 일어난다고 봅니다.

> 이미 주님의 길로 행하고 있는 하나님의 백성은, 아직도 전쟁의 신들의 길을 걷고 있는 모든 다른 열방들의 모범으로 여겨지게 될 것이다.

그 때문에 미래의 평화비전은 이사야와 미가 모두에게서 '야곱족속아 오라 우리가 야훼의 빛에 행하자'(사 2:5)라고 하는 현재의 백성에 대한 부름으로 끝맺는다. '만인이 각각 자기의 신의 이름을 의지하여 행하되 오직 우리는 우리 하나님 야훼의 이름을 의지하여 영원히 행하리로다.'(미 4:5) 예언자의 평화에 대한 비전에 의하면, 칼을 보습으로 만들고 전쟁을 멈추는 백성이 이미 있다. 메시아의 날들에는, 이와 같은 정의와 공의를 통한 평화가 시온으로부터 선포될 뿐만 아니라 실제로 메시아의 백성에 의하여 실제로 실천된다. … 그것은 미래이다. 그러나 그것은 그것의 미래 안에서 이미 이 주님의 길로 행하는 백성의 현재를 결정한다.(WJC, 133-134)

몰트만은 메시아적 공동체로서 이스라엘과 교회가 메시아 왕국의 선취들을 가져온다고 봅니다. 그러므로 콘스탄틴 제국 교회 이전의 초기 기독교 회중들이야 말로 예언자들의 평화약속들을 자신들에게 적용했다고 하는 증거가 져스틴과 오리게네스와 같은 초기 교부들에게서 발견된다고 하면서, 또한 그것이 이미 예수님의 사도들의 행전에서도 발견된다고 합니다. "메시아 예수의 사도들은 신적인 공의와 정의를 예루살렘으로부터 모든 열방들에게로 가져갔고, 이 모든 열방들로부터 새로운 하나님의 백성이 모였으니, 이들은 이 평화를 창조함으로써 정의와 공의 안에서 평화를 가르쳤다. 오리게네스에 따르면, 열방들의 교회야 말로 열방들을, 예언자들이 약속한 시온(새 창조세계의 중심: 필자 주)으로 인도하는 순례의 안내자였다. …교회는 그것의 선교뿐만 아니라 그것의 매력 때문에도 '열방들의 교회'였으니, 이 교회야 말로 하나님의 평화로 가고 있는 열방들의 선구자이다."(WJC, 134-135)

IV.
삼위일체론

IV. 삼위일체론

몰트만은 그의 여러 저서들에서 삼위일체론을 논합니다. 그는 『십자가에 달리신 하나님(1972)』, 『성령의 능력 안에 있는 교회(1975)』, 『삼위일체와 하나님의 나라(1980)』, 『예수 그리스도의 길(1989)』, 『역사와 삼위일체 하나님(1991)』[49], 그리고 『오시는 하나님(1995)』 등에서 삼위일체론을 논합니다.

1. 문: 성경 안에 '삼위일체 하나님'(the triune God 혹은 the trinity)이란 용어가 없기 때문에, 우리는 그것을 사용할 수 없는지요?

답

성경에는 칼케돈 정통 정통기독론에서 사용된 '한 위격 안에 두 본성들'(two natures in the one Person)과 '동일본질'(homoousia)이란 말도 없으며, 니케아 신조(325)에서 사용된 '삼위일체'(trinitas = Trinity 혹은 the Triune God)란 말도 없습니다. 우리는 그 당시 희랍 사회문화의 언어적 소산인 그와 같은 용어들이 성경에서는 전혀 발견되지 않으니, 다만 성경에서 사용된 언어들 안에서만 신학을 해야 한다고 주장하는 교회들과 신학자들이 있습니다. 대체로 개신교복음주의자들과 개신교정통주의자들은 성서문자주의(biblicism)와 성서명제주의(propositionalism)에 집착한 나머지, 성경 내적인 언어들만을 사용하려는 경향입니다. 물론, 이들도 통 삼위일체(니케아 공의회)와 정통 기독론(칼케돈 공의회)을 존중하지만, 대체로 이와 같은 기독교의 근본교리(Grunddogma)를, 성경의 명제들보다는 훨씬 열등한 가치들로 보는 경향입니다.

반면에, 19세기 슐라이에르마허를 비롯한 독일을 중심으로 하는 자유주의 개신교신학자들은 복음을 사회언어 문화 속에 용해시켜 버리는

---
49 이 저서의 삼위일체론에 대하여는 참고: 이형기, 『몰트만 신학의 여러 주제들』(서울: 여울목, 2017), 174-280.

쪽으로 경도되어, 성서적 언어를 심하게 철학의 언어로 마구 전환시키는 과정에서 성경의 내러티브들의 '본문 내재성'(intra-textuality)와 '본문과 본문의 연계성'(inter-textuality)을 무시하고 말았습니다. 이들 자유주의 신학은 성경의 내용들을, 인간의 경험에 토대하여 그 당시 사회문화의 소산인 언어로 표현되었다(experiential expressionism)고 보았으니, 성경의 언어적 표현들은 이럴 수도 있고 저절 수도 있는 것이고, 정말 중요한 것은 종교적경험이라고 하였습니다. 그러나 20세기 칼 바르트의 신학이 등장하면서 신학자들이 다시 성경의 내러티브들에 안에 표현된 신학적 내용을 중요시하게 되었고, 성경의 명제적 말씀들은 그와 같은 내러티브들을 전거로 하여 이해되고 해석되는 것으로 보았습니다. 하여 칼 바르트 계통의, 한스 프라이 등으로 비롯되는, 내러티브 신학은 성서 '비판 후기적이고 자유주의 후기적인'(post-critical and post-liberal) 입장을 세우는 데에 기여하였습니다.

허나 크리스토퍼 라이트(Christopher Wright)의 내러티브 신학에서 보는 대로, 내러티브 신학은 '삼위일체 하나님'과 '하나님의 아들의 성육신'(위격적 연합과 '한 위격 안에 두 본성들')과 같은 기독교의 근본교리를 결코 거부하지는 않지만, 성경의 내러티브의 본문 내재성과 본문 상호성을 강조한 나머지 신학을 여타의 사회문화 언어적인 차원과 접촉시키는 데에는 인색하였습니다. 그리고 이들 내러티브 신학은 네 복음서들에서 발견되는, 예수님의 이야기에 집중하다보면, 부활 이후에 예수님을 주어(a subject)로 하여 그에게 붙여진 '주님, 하나님의 아들, 하나님의 메시아, 인자 등'과 같은 '서술어들'(predicates)에는 별로 관심하지 않는 경향이었습니다. 필자의 생각엔, 이와 같은 '서술어들'은 예수님에 대하여 계시된 칭호들이니, 그것들은 결코 사도들에 의하여 날조된 것들이 아닙니다. 특히, 그 중에 '하나님의 아들'의 정체성과 그분의 아버지 하나님과의 관계는 삼위일체론의 뿌리와도 같은 것일 것입니다.

그럼에도 불구하고 우리는 성경에서 '삼위일체'라는 개념을 발견할 수가 없으니, 우리는 그것을 사용해서는 안 된다고 말할 수 있을 것입니다. 물론, 유대교와 이슬람의 유일신주의와 철학적인 유신론(theism)은 삼위일체론을 거부합니다. 아마도 철저하게 '성서문자주의'나 '성서명제주의'를 추구하는 사람들 역시, 정통 기독론과 정통 삼위일체론을 버릴 수도 있을 것입니다. 하여 기독교의 역사 속에서도 많은 교파들이 기독교적 유일신주의를 추구하였고, 양태론으로 기울어졌으며, 삼신론(tritheism)을 주장하기 까지하였습니다. 특히 16세기의 재세례파 또는 과격파 종교개혁자들과 현대의 재세례파들과 오순절주의자들 및 침례파의 대부분은 정통 삼위일체론과 정통 기독론과 같은 기독교의 근본교리(Grunddogma)를 소홀이하거나 무시하는 경향입니다. 하면 우리는 왜 정통 삼위일체론이나 정통 기독론을 주장해야 하나요? 앞에서 소상이 지적한 성경의 내러티브에 근거하여, 하나님과 성령과 그리스도를 믿고 성경의 내러티브들을 따라, 하나님에 대한 믿음과 성령에 대한 믿음과 그리스도에 대한 믿음의 논리에 충실하다보면, 기독교 전통 속에서 발견되는 이레네우스와 오리게네스와 테르툴리아누스의 '신앙의 규범'(regula fidei: 사도신경보다 단순한 형태의 기독론적인 삼위일체 하나님에 대한 시낭고백)에 도달하고, 초기교회들의 세례문답(주로 성부 성자 성령에 대하여 문답하는 교리문답)에서 출발하여 180년 정도에 기원한 사도신경에 귀결되며, 결국 '니케아 신조'에 도달할 것입니다. 하여 우리는 신앙의 신학적 지식추구에 의하여 성경적 내러티브들로부터 정통 삼위일체론과 정통 기독론에 도달한다고 보아야 합니다.

중요한 것은, '위격'(Person, prosopon, 혹은 hypostasis), '본성'(duo physesin), '동일본질'(homoousion) 등과 같은 보편개념들이 비록 희랍의 사회문화적 언어로부터 온 것이지만, 실질적으로는 성경의 내러티브들과 이 내러티브들에 의하여 해석되는, 성경말씀들이 담고 있는 내용들을 운반하는 도구들이라고 하는 점입니다. 하여 믿음의 신학적 지식추구에는 한계가 있습니다. 즉 그것은 성경의 내러티브들과 말씀들을 전달하는 지식추구에 의하여 제한됩니다. 그리고 나서 신앙의 일반적 지식추구로 나가야 할 것이다. 예컨대, 공생, 공감, 공정성, 공공성, 정의, 평화, 생명 등과 같은 오늘의 사회문화적 언어와 접촉하면서, 하나님 나라에 대한 비전하에서 그것의 선취들을 역사와 창조 안에서 분별하고 그것들을 구현시켜야 해야 할 것입니다. 그도 그럴 것이 신앙이 다만 성경의 세계에만 갇혀있는 동안에는, 보편적인 세계와의 적극적인 접촉을 감행 할 수가 없을 것이기 때문입니다. 인류사회와 문화 그리고 창조세계는 그것의 모든 부정성과 허무성과 무성의 위협에도 불구하고, 하나님 나라와 새 하늘 새 땅에 대한 징표들과 선취들을 보여주고, 그와 같은 '선취들'이 보이지 않을 때에는 교회와 세상이 그와 같은 징표들과 선취들을 추구하고 구현시켜 나가야 할 것입니다. 이미 그 안에서 성령님의 위격과 그분의 종말론적 생명에너지가 생명력을 발휘하고 삼위일체 하나님께서 내주하시면서(indwell = Shekinah), 그의 선교를 진행해 나가신다고 희망되어지기 때문입니다.

끝으로 성경의 내러티브들과 말씀들에 근거하는 신앙의 지식추구와 '신앙의 유비'의 관계에 대해서 짚고 넘어가려고 합니다. 특히 하나님과 인간 및 나머지 피조물 사이의 관계와 관련된 신앙의 지식추구에 대해서 생각해 보십시다. 예컨대, 구약에서 야훼는 주님, 하나님, 창조자 등으로 불렸는데, 이스라엘 종교에서 야훼는 너무 거룩하여 불릴 수 없었기 때문에, 4개의 자음(tetragram)에 모음을 덧 붙여서 그 모음만 불렀을 경우, '어도나이'(주님 = 큐리오서 = the Lord)로 불렀습니다. 그리고 대체로 모음을 붙인 여호와는 그의 백성인 이스라엘과의 관계에서만 그렇게 불렸고, 이방인들과의 관계에선 '하나님'이라 불렸으며, 여호와 닛시, 여화와 샬롬, 여호와 이레, 여호와 치드케누(義) 등으로도 불렸습니다. 하여 이스라엘은 '야훼'를 다른 개념들로 표현할 때, 그들의 하나님과 세상의 관계에 대한 경험이 묻어 들어갔다고 보여 질 수 있습니다. 우리는 여기에서 유일무이하신 야훼에 대한 경험(구약에서 '알다'라고 하는 말은 경험을 통해서 '알다'를 의미합니다.)과 이 경험에 대한 이야기 속에서 '신앙의 유비'가 개입했을 가능성을 봅니다.

즉 '특수'이신 야훼를 주님, 하나님, 창조자 등으로 부를 경우, 후자는 인간세계와 우주만물에 대한 보편적 경험을 결코 배제하지 않을 것입니다. '유비'란 A과 B 사이에 '비유사성'(dissimilarity)에도 불구하고, 어떤 유사성(similarity)이 있거나 이를 전제로 유사성을 찾아야 한다고 하는 것인데, 이 '유비'에는 특수(계시와 계시에 대한 신앙)에서 출발하여 보편으로 내려가는 입장이 있고, 거꾸로 보편으로부터 출발하여 특수로 올라가는 입장이 있습니다. 전자는 안셀름과 칼 바르트의 '신앙의 유비'(analogia fidei)요, 후자는 토마스 아퀴나스의 '존재의 유비'(analogia entis)라고 이해되어 왔는데, 몰트만은 바르트와 더불어 후자의 경우도 창조자에 대한 신앙을 전제하는 '유비'라 하여, '신앙의 유비'에서 출발할 경우, '존재의 유비' 역시도 유용하게 사용될 수 있다고 하였습니다.(ET, 155-156) 몰트만이 "자연신학이 특수하게 기독교적인 신학을 위한 일반적인 전제이다. 여기에서 전제란 두 가지로 이해된다. 하나는 구약에서즌 신약에서든 기독교인들의 하나님께 대한 관계는 자연신학적인 그 무엇을 전제한다고 하는 것이요, 다른 하나는 우리가 이미 전제하고 있는 그 무엇은 우리 스스로 결정하고 있는 것이다."(ET, 64)라고 할 때, 그는 구약의 야훼에 대한 앎(경험)과 신약의 예수 그리스도에 대한 앎(경험)이 아무리 특수한 '특수성'이라고 해도, 그것은 이미 그 자체가 '자연신학'의 그 무엇을 함축하고 있다고 하는 뜻입니다. 몰트만은 기독교 신학의 틀 안에서 자연신학이란 "'자연의 책'으로부터 유래한 하나님에 대한 분별과 지식이 타고난 인간의 이성의 도움으로 획득되어 지는 것이다."(Ibid.)라고 합니다.

그리고 야훼이시고 야훼의 아들이신 역사의 예수님 역시 '주님', '하나님의 아들', '새 아담', '메시아', '인자', '인간의 모범' 등으로 불리는 바, 후자는 사도들의 선포에 나타나는 예수님(a subject)에 대한 '서술어들'(predicates)로서 사도들의 인간 및 나머지 피조물들에 대한 보편적 경험을 배제하지 않고 있다고 보여 질 때, 우리는 '성부 성자 성령' 역시 하나님과 '인간 세계 우주'에 대한 보편적 경험을 함축하고 있다고 볼 수 있습니다. 하여 방금 앞에서 논한 대로 우리는 사도들의 복음 선포와 내러티브들의 형성과정에서 역시 '신앙의 유비'가 개입되었다고 추측할 수 있습니다. 하여 '특수'로서 성부 성자 성령 개념 안에 하나님과 인간 및 나머지 존재들에 대한 보편적 경험이 개입됐다면, 우리는 결국 몰트만이 주장하는 '보편신학'(a general theology), '자연의 신학', 혹은 '창조의 신학'이, 결국 만유 안에 모든 것이 되시는(고전 15:28), 삼위일체 하나님과 하나가 될 것을 희망할 수 있을 것입니다. 이와 같은 입장은, 현 역사 속에서 기독교 신학은 '창조의 신학'과 적극적인 관계를 맺어야 할 것입니다. 우리는 토마스 아퀴나스의 '자연과 계시(초 자연), 17세기 개신교 정통주의의 '자연계시와 초자연계시'에는 물론, 안셀름과 칼 바르트의 단순한 '신앙의 지식추구'에 머물러 있을 필요가 없습니다. 우리는 종말론적 희망 속에서 '창조의 신학'과 적극적으로 관계를 맺을 수 있습니다.(참고: ET, 64-83: 6. Natural Theology).

끝으로 몰트만은 삼위일체 하나님의 흔적들을 인간과 나머지 피조물들 안에서 찾습니다. 허나, 그는 아우구스티느스처럼 인간 개인의 심리와 인식론적 구조에서 찾지 아니하고, 사회적 삼위일체론에 따라서 인간사회와 창조의 공동체 차원에서 찾았습니다(ET, 155-166).[50] 이것 역시 '지식을 추구하는 신앙' 혹은 '나는 알기 위하여 믿는다."에

---

50 참고: 본 저서의 I. 9-4-2와 9-4-3.

해당합니다.

2. 문: 하면 몰트만의 경우, 무엇이 삼위일체의 뿌리인가요?
답

우리는 우선 그 대답을 『희망의 신학』(1964) 다음에 쓰여 진 『십자가에 달리신 하나님』(1972)에서 발견합니다.

몰트만은 '십자가에 달리신 그리스도'를, '부활하신 그리스도(『희망의 신학』)의 십자가의 관점에서 이해하면서, 부활 이전 십자가에 이르는 그리스도로서 예수님의 삶과 사역을 부활 후에 계시된 이 그리스도에 대한 '서술어들'(하나님의 아들, 메시아, 주님 등)에 의해서 규정하고, 후자 역시 전자에 의하여 규정된다고 하여, 역사의 예수님과 사도들의 복음 선포 안에 있는 그리스도가 상호 규정하고 있다고 봅니다. 그리고 '십자가에 달리셨다가 부활하신 예수님을 성부와 성자의 관계에서 이해하면서, 십자가 사건을 삼위일체론의 핵심으로 보았습니다. 즉 몰트만은 겟세마네 동산에서의 예수님의 기도(막 14:36: '아빠 아버지지여…이 잔을 내게서 옮기시옵소서. 그러나 나의 원대로 마옵시고 아버지의 원대로 하옵소서')와 십자가상에서의 절규(막 15:34: '나의 하나님, 나의 하나님 어찌하여 나를 버리셨나이까?')에서 삼위일체 하나님의 세 위격과 사역을 보았습니다.(CrG, 146) 그리고 여기에서 아버지와 아들의 관계는 십자가에 이르는 예수님의 길에서는 전적으로 단절의 관계로 보이지만, 부활하신 그리스도와 성령강림의 관점에서 보면, 재 연합의 관계로 보이는 것입니다. 우리는 아버지와 아들 사이의 하나의 의지와 공동체성을 발견합니다.

하여 십자가에 이르는 예수님의 아버지 하나님과의 관계는 사도들의 복음에 나타난 예수님의 아버지 및 성령과의 관계(요 1:1-3; 1:14; 빌 2장)와 모순되는 것이 아니라고 하는 것입니다. 즉 전자의 내러티브적 성자와 성부의 관계는 요한과 바울의 형이상학적(?) 성부와 성자의 관계와 상호보완적이라고 하는 말이기도 합니다.

몰트만은 그의 『십자가에 달리신 하나님』에서 '십자가에 달리셨던 그리스도의 부활'과 '부활하신 그리스도의 십자가'에 비추어서 '하나님' 개념을 규정합니다. 몰트만은 아버지 하나님과 아들 예수 그리스도의 관계에 비추어서 아버지가 아들을 십자가에 못 박았다는 뜻에서 그리고 하나님이신 아들이 십자가에 자발적으로 못 박혔다는 뜻에서 하나님의 자신의 종말론적 고난과 죽음을 이야기합니다. 몰트만은 여기에서 고린도전서 5:19에 나오는 "하나님께서 그리스도 안에 계셔"를 인용하고, 갈라디아 4:4 이하에 나오는, "하나님이 그 아들을 보내 사"를 인용합니다. 바울은 항상 아버지께서 파송하신 아들의 고난과 죽음을 말하고, 아들을 내어주신 아버지와 아들 스스로의 자기희생에 대한 성경구절을 많이 인용합니다(롬 4:25; 8:32; 갈 2:20; 요 3:16).(CG, 192) 우리를 살리시기 위하여 하나님 자신이 죽으셨다고 합니다. 이것이 하나님 안에서 혹은 '하나님의 세 위격 안에서' 일어났다고 합니다. 그것은 "하나님과 하나님 사이에서 일어난 사건이요, 삼위일체 하나님 자체 내에서 일어난 사건이다."(CG, 249). "창조와 새 창조와 부활은 혼돈과 무성과 죽음에 저항하는 하나님의 외적인 사역들(경세적 사역들: 필자 주)인데, 바로 이 하나님은 혼돈과 무성과 죽음을 십자가에서 스스로 걸머지신 것입니다. 마가는 15:34에서 십자가의 죽음을 하나님의 아들이 아버지로부터 버림받으심의 죽음을 죽으신 것으로 이해합니다. 하여 몰트만은 우리가 지금 논하고 있는 것을, 다음과 같이 줄여서 말합니다.

부활하신 그리스도는 십자가에 달리신 그리스도로서 '모든 사람을 위하여 존재 하신다'. '십자가에 달리신 하나님'은 하나님의 아들의 죽음, 곧 아들이 하나님께로부터 버림받으심을 통해서 모든 불신앙의 인간들과 하나님께 버림받은 인간들의 인간적 하나님이 되신 것이

다.(CG, 195)

하여 몰트만은 '십자가에 달리신 그리스도'와 '부활하신 그리스도의 십자가'(복음의 핵심: 필자 주)를 모든 신학적 진술의 시금석으로 봅니다.(CG, 204) 하여 그것은 종말론에 관하여도 삼위일체론에 관하여도 그렇다고 합니다. 종말론에 관하여는 그는 "십자가에 달리셨던 그리스도의 부활 사건 때문에, 우리는 이 세상의 멸절과 모든 존재의 무로부터의 새 창조를 생각할 수밖에 없다."(CG, 218)고 합니다. 그리고 삼위일체론에 대하여는 이렇게 말합니다. 즉 초기 개신교 신학은 그리스도의 죽음을 구속의 죽음으로만 이해하고, 십자가 사건에서 일어난, 아들의 아버지와 성령에 대한 관계, 곧 십자가의 삼위일체론적 연관에 대하는 소홀이 여겼으나, 몰트만은 이 십자가에 달리신 하나님의 아들의 아버지와의 관계를 역설합니다. 성부 하나님께서, 하나님께 버림받고 믿음이 없는 인류의 모든 저주와 죄와 죽음을 대신 걸머지시고 십자가에서 죽으신 성자 예수 그리스도의 고난과 죽음에 전적으로 동참하셨다(patricompassionism)고 하는 것입니다. 즉, 아버지 하나님께서 아들의 고통과 죽음을 함께 경험하셨다고 하는 말입니다. 그래서 그는 그의 책 제목을 『십자가에 달리신 하나님』이라 하였습니다. 몰트만은 복음서의 복음 이야기 속에서 십자가에 대한 내러티브에 집중하면서, 그 십자가의 신학적인 의미가 삼위일체론적인 사건에 있다고 보았던 것입니다. 물론, 십자가 사건은 부활하신 그리스도의 사건이었습니다. 하여 몰트만은 종말론적 만유구원론의 근거를 십자가의 삼위일체론적 이해에서 찾았습니다. 몰트만에게 있어서 십자가 사건은 삼위일체 하나님의 경세 차원과 동시에 내재적 삼위일체 하나님 안에서 일어난 것입니다. 하여 몰트만은 경세적이고 내재적인 삼위일체 하나님 안에서 일어난 부활하신 그리스도의 십자가 사건을, 하나님 나라 혹은 새 하늘과 새 땅에서 약속된 보편구원론의 담보로 보았습니다.

모든 파멸, 절대적인 죽음, 무한한 저주 및 무성(無性)에로의 침몰이 하나님 자신 안에 있었다고 하면, 이 하나님과의 교제는 영원한 구원, 무한한 기쁨, 파기될 수 없는 선택 및 신적 생명이다.(CG, 246)

인류와 만유를 구원하시는 십자가의 삼위일체 하나님은 사랑이시다.(요일4:16) 이 사랑은 사랑 없고 율법적인 세상 속에서 일어난 사랑의 사건이다. 그것은 인간을 만나기 위해서 오신 무조건적이고 한량없는 사랑의 사건이다. 그것은 사랑받지 못하고 버림받은 자들 그리고 의롭지 못하고 율법 밖에 있는 사람들을 붙잡아, 이들에게 정체성을 부여하는 사건이다. (CG, 248)

이상과 같은 몰트만의 주장에서 우리는 그가 부활 내러티브에서 소급하여 보여 진 십자가 내러티브의 부활하신 그리스도의 십자가를 그의 종말론과 삼위일체론의 본문으로 보는 바, 그의 신학추구의 특징은 신약성서의 부활 내러티브와 십자가 내러티브에 근거하는, 부활하신 그리스도의 십자가 신학을 추구합니다. '영 그리스도론'과 더불어 아버지와 아들 예수 그리스도 사이의 관계가 삼위일체론을 구축하고, 아버지께서 모든 카오스와 허무성과 죽음을 극복하시는 하나님이신 아들의 십자가 죽음에 동참하셨다고 하는 것입니다. 하여 몰트만은 내러티브가 전해주는 부활과 십자가에 대한 메시지에 근거하고, 기독론적이고 삼위일체론적인 종말론적 신학지식을 추구해 나간 것으로 보입니다. 이상에서 '복음' 혹은 '기독론'이 삼위일체론의 뿌리인 것이 확실합니다.

그리고 예수님과 성령과의 관계에 대하여도 마찬 가지입니다. 후론하겠거니와, 몰트만은 『예수 그리스도의 길: 기독론에 있어서 메시아적 차원들』(1989)에서부터는 동방정교회의 '영 그리스도론'(the Spirit-Christology)을 수용하였습니다. 즉 그는 아버지로부터 파송 받으신 성령께서 동정녀 마리아에게 예수님을 잉태시켰고, 예수님의 세례 시에 그에게 내리셨으며, 광야로 보냈고, 무장시켜서 갈릴리 메시아적 사역을 감당케 하셨으며, 십자가에 달리게 하셨고, 성령으로 그를 죽은 자들로부터 부활시키셨다고 하는 것입니다. 그리고 부활하시어 아버지 우편으로 높임을 받으신 예수님은 아버지께서 약속하신 성령을 인류와 창조세계 속으로 보내주셨습니다. 그리고 마태복음은 성부와 성자와 성령의 능력으로 물로써 세례를 주라고 하였습니다. 하여 칼 바르트와 더불어 몰트만은 성경의 내러티브들 안에 있는, 신앙 고백적이고 신학적인 내용들을 출발점으로 하고, 성경에 입각하여 그리고 그 동안에 축적된 기독교 전통을 참고하여 신앙과 사랑과 희망의 신학적 지식추구에 힘썼습니다.

3. 문: 『성령의 능력 안에 있는 교회』에서 교회와 삼위일체 하나님의 관계는?

답

본 저서가 비록 삼위일체론에 대하여 논하지만(CPS, 50-65), 주로 교회론을 논하는 맥락에서 그것을 다루기 때문에, 매우 간략하여, 우리는 본격적인 삼위일체론에 대하여는 『삼위일체와 하나님 나라』에서 논하기로 하고, 여기에서는 '교회의 하나님의 역사에의 참여'(CPS, 64-65)만을 소개하기로 합니다. 즉 예수 그리스도의 교회는, 다른 파트너들과 함께 삼위일체 하나님의 선교에 참여한다고 하는 이야기입니다.

"교회의 하나님의 역사에의 참여": 몰트만은 '창조'와 '역사' 속에서 '삼위일체 하나님의 선교'(missio trinitatis)를 주장합니다. 몰트만에게 있어서 "세상을 향하여 성취해야 할 구원의 미션을 가진 것은 교회가 아니라, 교회를 창조하시어 그것의 길을 가도록 하시는 바, 아버지를 통한 아들과 성령의 미션입니다. "성령을 설교의 성령, 성례전의 성령, 사역의 성령, 혹은 전승의 성령으로 관리하는 것은 교회가 아니다. 오직 성령께서 말씀과 신앙의 사건들로, 성례와 은혜의 사건들로, 직분들과 전승들의 사건으로 교회를 관리하신다."(64) 그런데 몰트만에게 있어서 하나님의 세상관여의 삼위일체적 역사의 운동 안에서 교회는 하나님 나라를 구현하는 수 많은 파트너들 가운데 하나일 뿐이다. 하나님 나라와 성령은 혹은 삼위일체 하나님의 역사관여의 범위는 교회보다 훨씬 넓기 때문입니다. 즉 우리는 교회의 특수성(a particular)을 인정해야 하지만 다른 파트너들의 특수성들(particulars)도 인정해야 한다는 말입니다. 하나님 나라는 교회 밖에서도 '선취'되고 있습니다.(CPS, 65) 즉 교회는 정치 경제 사회 문화 다 종교의 세계 속에서 사역하시는 삼위일체 하나님의 선교에 동참해야 한다고 하는 것입니다.

몰트만에게 있어서 확실한 것은, "교회가 그리스도의 메시아적 미션과 성령의 창조적 미션에 참여한다."(CPS, 65)고 하는 사실인데, 여기에서 언급된 '메시아적 미션'과 '성령의 창조적 미션' 역시 보편주의적 하나님 나라를 지향하는 것입니다. 몰트만에 따르면 우리는 "교회란, 어떤 표지가 발견되는 곳에 있다(아욱스부르크 신앙고백서 제8항과 바르멘 신학선언 제3항은 옳다)고 할 수 있을 뿐, 모든 상황에서 교회가 무엇이고 교회가 그것 안에 무엇을 포함하고 있다고 말하기 어렵다."(65) 그러나 비록 이 두 신앙고백이 종교개혁 전통을 따라서 주장하는, 교회의 표지(標識)란 "복음이 참되게 선포되고' 성례전들이 바르게 집례 되는 곳에만 있다."(CPS, 65)고 하지만, 몰트만에게 있어서 "교회의 '표지'는 이 둘을 포함하여 좀 더 포괄적입니다. 즉, '성령의 발현'(고전 12:7 '각 사람에게 성령을 나타내심은 유익하게 하려하심이다')이 일어나는 모든 곳에 교회는 현존한다."(65)고 합니다. 하여 몰트만은 다음과 같은 다양한 상황들에서 교회가 발견된다고 봅니다. 아래의 예증들은, 삼위일체 하나님의 세상관여의 역사에의 참여의 일부입니다. 교회는 예수님의 메시아적 선교와 성령의 창조적 미션에 동참함으로써, 삼위일체 하나님의 보편적인 하나님 나라 운동에 참여하는 것입니다.

교회는 창조세계의 해방으로 하나님을 영화롭게 하는 일에 참여한다. 성령의 사역들을 통하여 이것이 일어나는 곳에서 마다 교회가 거기에 있는 것이다. 참된 교회는 이미 해방 받은 사람들의 감사의 노래이다.

교회는 인간들을 상호 연합시키고, 인간사회를 자연과 연합시키며, 창조세계를 하나님과 연합시키는 일에 참여한다. 이와 같은 연합들이 일어나는 곳에서 마다 그것이 아무리 파편적이고 연약하여도, 거기에는 교회가 있는 것이다. 참된 교회는 사랑의 코이노니아이다.

사랑은 하나님의 고난의 역사에 참여한다. 사람들이 그들의 십자가를 지고 그들의 자기 내어줌으로 십자가에 달리신 분과 같이 되며, 자유를 향한 절규로 성령의 탄식이 들려 지는 곳에서 마다, 거기엔 교회가 있는 것이다. 진정한 교회는 십자가 밑에 있는 교회이다.

그러나 교회는 또한 고난과 십자가를 감당하는 가운데서도 신적 기쁨의 역사에 참여한다. 교회는 회개 혹은 회심된 그리고 해방된 사람들의 공동체이기 때문에, 그것은 모든 회심과 해방에 대하여 기뻐한다. 하나님의 기쁨이 들여질 수 있는 곳에서 마다, 거기에는 교회가 있는 것이다. 참 교회는 성령 안에서의 기쁨이다.

이런 식으로 교회의 전(全) 존재는 하나님의 세상관여의 역사에의 참여로 특징 지워 진다. 사도신경은 이와 같은 진리를, '나는 교회를 믿습니다.'를 '나는 삼위일체 하나님을 믿습니다.' 안에 통합시킴에 의하

여 표현한다. 그러니 그 어떤 교회론도 이와 같은 수준 밑으로 내려가서는 안 된다.(CPS, 65)

끝으로 몰트만은 '하나님 나라의 교회'(Ⅳ. The Church of the Kingdom of God)를 논하는 장(章)에서 '세계의 생명과정 안에 있는 기독교'(163-189)에서 경제와 정치와 문화 등이 성령을 통한 삼위일체 하나님의 역사(歷史)에 참여하고 있다고 보면서, 세상의 다른 파트너들과 더불어 삼위일체 하나님의 선교에 동참해야 한다고 봅니다. 하여 교회의 삼위일체 하나님의 역사(歷史)에의 참여는 하나님 나라 운동에의 참여에 다름 아닙니다. 몰트만에게 있어서, 하나님의 영은 모든 생명의 근원이시고, 정치 경제 사회 문화 등 세상의 생명과정의 근본이십니다(참고: 『생명의 영, 1991』과 『생명의 원천, 1997』.

4. 문: 그러면 몰트만은 『삼위일체와 하나님의 나라』(TK)에서 어떤 삼위일체론을 펼치고 있나요?

답

몰트만은 여기에서(TK) 이미 출판한 『십자가에 달리신 하나님』과 연계하여 그의 삼위일체론을 펼칩니다. 즉 그는 아버지 하나님께서 아들의 고난에 동참하셨다고 하는 이야기(Ⅱ. 하나님의 고난과 열정)에서 출발하여, 네 복음서에 나타난 '아들의 역사'(Ⅲ. 아들의 역사)가 삼위일체 하나님의 사역 안에 있음을 논하며, '삼위일체의 세계'(Ⅳ. 삼위일체의 세계)에서는 '구원사건과 창조에 대한 신앙'에 이어서 '아버지의 창조', '아들의 성육신', 그리고 '성령의 변형'에 대하여 논합니다. 즉 그는 네 복음서의 증언에 따른 삼위일체에 이어서 삼위의 사역과 관련하여 삼위(三位)의 일체론을 펼칩니다. 하여 여기에서 필자는 네 복음서의 삼위일체와, 보다 교의적인 성부의 창조와 성자의 성육신과 성령의 변형에 대하여 소개하려고 합니다. 이 두 부분은 모두 '구원경세의 삼위일체 하나님' 혹은 '계시적 삼위일체 하나님' 혹은 '경세적 삼위일체 하나님'이라 불립니다. 이 삼위일체는 내재적 삼위일체 하나님(TK, 158 이하)과 쌍을 이루는 삼위일체 개념입니다.

4-1. 문: 몰트만의 삼위일체론과 '필리오케'의 관계는?
답

몰트만은 각 교파의 신학적 특징들의 다양성을 인정하면서도 그것의 통일성을 주장합니다. 그는, "그리스도의 한 교회의 신학"(the theology of the one church of Christ)을 그 통일성으로 보는데, 지금 까지 논한 몰트만 신학에 비추어 볼 때, 그것은 부활하신 그리스도의 십자가를 중심에 두는 '복음'이요 이것에 근거하는 삼위일체 하나님이라고 보여집니다. '복음'과 '삼위일체 하나님'과 '하나님 나라'는 모든 교회들과 신학들의 다양성에도 불구하고 모든 교회들과 신학들이 추구해야 할 통일성일 것입니다. 하여 몰트만은 이상과 같은 의미의 에큐메니칼 신학을 선호하면서 1054년 이래로 'filioque'(and also from the Son: 성령이 아들에게서도 발출되신다)[51]문제로 고심해 온 동서방교회의 삼위일체론 논쟁에 기여합니다. 실제로 그의 제안에 따라서 1978-1979년 사이에 '신앙과 직제' 위원회가 열려, 이 '필리오케' 문제를 둘러싼 삼위일체론을 협의하였습니다. 헌데 필자가 이 '필리오케' 이슈를 논하는 이유는, 그것이 몰트만의 삼위일체론의 특징들 가운데 하나(삼위의 코이노니아 속에 계신 성령 그리고 아버지와 아들로부터 상대적 독립성을 지닌 성령: 필자 주)이기 때문입니다.

---

51 본디 니케아-콘스탄티노플 신조(381)의 본문 중에. 성령론 부분에서 성령이 아버지께로부터만 나오셨다고 되어 있는데, 서방교회가 589년 일방적으로 지역회의인 톨레도 공의회에서 성령이 '아들에게서도'(나왔다)를 첨가하여 동방교회와 갈등을 빚어 오다가 1980년대에 접어들어 WCC 차원에서 본래의 본문을 따라 그것(filioque) 없이 신조를 고백하기에 이르렀다. 오늘날 에큐메니칼 예배에서는, 그것 없이 네케아-콘스탄티노플 신조가 고백돠어 진다.

본디 '필리오케' 문제는 성령의 신성파괴론자들(the Pneumatomachians)에 대한 반론으로 발단되었습니다. 하여 본 신조(니케아-콘스탄티노플 신조)는 성부로부터 성령의 발출만을 고백할 뿐 아들의 참여나 아들과 성령의 관계에 대하여는 일체 함구하고 있으나, 본 신조 이전에 카파도키아 교부들은 성령을 '아들의 영' 그리고 '그리스도의 영'이라 불렀습니다. 때문에 '필리오케'의 문제에 있어서 중요한 것은, 곧바로 아들의 성령에 대한 관계 그리고 성령의 아들에 대한 관계이지, 단순히 '필리오케' 없이 이 신조를 고백하는 것이 아닙니다.(TK, 181-182)

여기에서 우리가 발견하는 것은, 하나님께서 아버지가 되시는 것은 구속사에서 보여 진 대로 아들을 낳으심을 통해서 이지, 성령을 통해서가 아니었다고 합니다. 하여 성령은 아들의 아버지로부터 발출하셨으니, 이 아버지로부터 자신의 위격(a hypostasis)을 받으셨고, 아들로부터는 아버지와 아들의 상호 침투적 사랑의 관계를 맺는 관계적 형상을 받으신다고 하는 것이다. 이런 뜻에서 성령은 아버지의 영이시고 아들의 영이십니다. 성령은 아들 덕분에 '삼위일체 내적인, 상호 인격적인, 그리고 상호 침투적 사랑의 관계'를 맺는 형상이십니다. 하여 여기에서 '필리오케'는 그 정당성을 갖습니다. "아들의 아버지로부터 나오시는 성령께서는 또한 그분의 형성을 아버지와 아들로부터 받으십니다."(TK, 187) 이로써 몰트만은 '필리오케' 이슈에서 성령이라고 하는 위격의 상대적 독립성을 확보하고 동시에 성부 및 성자와의 코이노니아에 전적으로 동참하고 있음을 주장하는 것이고, 아버지가 성자와 성령의 기원(uncaused Cause 혹은 unoriginate Origin)이라고 주장하면서도 삼위의 코이노니아를 강조하는 셈입니다.

그런즉 몰트만은 서방교회가 토마스 아퀴나스 이래로 삼위일체의 3위보다는 삼위의 통일성에 해당하는 신성을 선행(先行)케 하여, 양태론적 경향을 보였다며, 우리는 하나님의 통일성을 신적 본질에서가 아니라 위격들의 삼위일체적 관계에서 찾아야 한다고 봅니다. 우리는 그것을 삼위일체 이전의 그 무엇에서 찾아서는 안 될 것입니다. 하나님의 통일성은 아버지와 아들과 성령의 삼위일체성(the triunity = Dreieinigkeit)에서 찾아야 합니다. 이 맥락에서 몰트만은 하나님에 대한 성경의 이야기가 보여주는 분화(narrative differentiation)를 따르다 보면, 우리는 동방의 카파도키아 교부들의 삼위일체론을 따라 생각하게 된다고 합니다.(TK, 190) 하지만 몰트만은 동방교회의 약점들을 알고 있습니다. 즉 하나님 아버지 위주의 삼위일체론으로 경도되고, 반대로 '삼위일체의 세 위격들'(the three hypostases of the Trinity)을 고백하면서 3위격의 다름보다는 동등성으로 경도될 위험을 지니고 있다고 합니다. 하여 몰트만은 이렇게 주장합니다. "성부, 성자, 성령 사이의 특수한 차이들이 중요하다. 성령을 '위격'(Person)으로 혹은 '제3의 위격'으로 이해하기 위해서는 더욱 그렇다. '세 위격'은 그것들의 상호 관계성에서 상이하고, 위격들로서 그것들의 성격이 상이하다. 성령을 '위격'이라 할 때, 그것은 아들을 '위격'이라 부를 때와는 다른 의미를 지니고, 성령과 아들의 위격은 각각 아버지의 그것과 다른 의미를 갖습니다."(TK, 189)

4-2. 문: 그의 삼위일체론과 '영 그리스도론' 혹은 '영적 기독론'과의 관계는?

답

몰트만은 『예수 그리스도의 길(1989)』(WJC)에 와서 비로소 '영 그리스도론'에 대하여 논합니다. 결론부터 이야기하면, 첫째로, 이는 예수님의 이야기를, 칼케돈 공의회(451)의 정통 기독론('두 본성론'과 '속성들의 교류'와 '위격적 연합')(the two natures in the one person과 hypostatic union과 communicatio idiomatum)의 시각으로 읽는 것을 허락하지 않고, 삼위일체 하나님의 시각으로 읽게 합니다. 둘째로, 그것은 부활하신 주님이 아버지께서 약속하신 성령을 보내주셨다고 하는, 서방교회의 '기독론적 성령론'이 아니라 네 복음서 안에서 발견되는 예수님의 역사(歷史)에 다름 아닌 성령의 역사(歷史)로, 나아가서 삼위일체 하나님의 역사로 보게 합니다. 역시 필자가 '영 그리스도론'을 먼저 논하는 이유는, 그것이 정교ㄴ히로부터 온 몰트만의 삼위일체론의 특징이기 때문입니다.

하면 '영 그리스도론'이란 무엇인가요? 그리스도로서 예수님의 역사(歷史)는 예수님 자신으로 시작하는 것이 아닙니다. 예수님은 성령으로 기름부음을 받은 자(christos = messiah)로 등장하여, 성령의 능력으로 하나님 나라의 복음을 선포하시고, 새 창조의 징표들로써 많은 사람들에게 확신을 주십니다. 이것은 창조적 성령의 능력입니다. 그는 성령을 통하여 이 병든 세상 속에 건강과 자유를 주시고 노예 된 남녀인간을 살리십니다. 예수께서 자기 자신이 하나님의 아들이라는 사실을 발견하고, 이 하나님과 친밀한 기도의 교제를 가지신 것은, 하나님께서 성령의 현존 가운데 그 자신을 아바 아버지로 예수님께 계시하셨기 때문입니다. 성령은 그를 광야로 내몰아, 시험을 받게 하셨고, 그를 갈릴리로부터 예루살렘에 이르는 길을 걷게 하셨습니다. 그리고 그는 성령을 통해서(히 9:14) 로마제국의 십자가 죽음에 자신을 복종시키셨습니다. 그리고 하나님께서는 인간을 중생시키시고, 이 세계를 새롭게 창조하실 성령의 능력으로 그를 죽은 자들 가운데서 다시 살리셨습니다. 하여 예수님은 이제 말씀과 성만찬과 공동체와 세례 안에서 신적인 주님(the divine Kyrios)으로서 '많은 사람들'을 위하여 현존하십니다.(WJC, 73)

예수님의 신학적 역사에 대한 신약성서의 증언을 생각할 때, 우리는 예수님을 성령과 아버지와의 관계에서 생각합니다. 우리는 성령께서 예수님 안에 역사하신 것과 예수께서 나의 아버지('Abba')라고 부르신 그 하나님과의 관계 속에 계셨음을 말하는 것입니다. 예수님에 대한 역사적 보고는 그 시초부터 신학적입니다. 즉, 그것은 예수님께서 성령과 아버지와의 관계에 의해서 결정되는 것으로 보기 때문입니다. 따라서 성령 기독론(the Spirit-christology)는 삼위일체 연관 속에 있습니다.(WJC, 74)

복음서들은 예수님의 삶에 대한 이야기를 그분의 부활과, 하나님의 영 안(the Spirit of God = 루아흐 야훼)에서의 그분의 현존에 비추어서 말하고 있습니다. 따라서 복음서들은 '예수 그리스도에 대한 복음'입니다. 가난한 사람들에게 하나님 나라의 복음을 선포하신 분의 역사는 실제로 그 자체가 복음이 됩니다. 예수님과 그분의 선포의 역사는 그리스도 예수에 대한 선포로 바뀝니다. 예수님의 하나님 나라 설교는 그리스도에 대한 사도적 설교 안에 요약되었고, 현재화되어 있습니다. 공관복음서 기자들이 예수님의 역사를 말할 때에, 그리스도에 대한 이 사도적 설교를 전개시키고 있는 것입니다. 하여 공관복음서의 예수님은 단순히 골고다 이래의 죽은 과거의 예수님이 아니십니다. 그분은 죽은 자들로부터 종말론적으로 부활하신 분이시기에, 오늘날에도 살아 계신 분이시오 현존하시는 분이십니다. 복음서들은 과거의 그분의 현존과 이미 오신 분의 미래를 함께 말합니다.(WJC, 75)

'영 그리스도론'(the Spirit-Christology)을 전승사적으로 소급해서 말하면, 6가지 단계로 추적해 올라 갈 수 있습니다. 1. 예수 그리스도는 성령 안에서 그의 백성 공동체 안에 현존하십니다. 이 현존은 그의 죽은 자 가운데서 부활과 영광 가운데서의 현현 이래의 현존이십니다. 2. 성령께서 개인적으로 그분 안에 현조하시기 시작한 것은 그가 30세 가량 되던 때에 세례자 요한으로부터 세례를 받을 때였습니다(막 1:10). 3. 그는 태어나실 때부터 성령 안에서 강(强)하셨습니다(눅 2:40). 4. 그는 실질적으로 성령으로 잉태되셨습니다(눅 1:35). 5. 그는 영원의 차원에서 아버지와 성령과 교제 가운데 계셨습니다. 6. 따라서 그분의 역사는 그분의 아버지와

성령과의 관계를 전제합니다. 예수님은 성장하시면서 이런 관계 속으로 진입하셨습니다.(WJC, 78)

하여 부활하신 그리스도가 아버지께로부터 약속된 성령을 보내주셨는데(christological pneumatiology) 바로 이 그리스도의 성령에 대한 경험이, 예수님의 전(全) 역사를 성령께서 예수님과 함께하신 역사로 기술하게 하였습니다. 바로 이것이 예수 그리스도의 지상적 삶과 사역활동과 행보에 대한 성령론적 기독론의 출발점입니다.(78) 그런즉, 몰트만은 '영 그리스도론'의 하나님의 영과 '기독론적 성령론'의 그리스도의 영을 결코 이분 화시키지 않습니다.

4-3. 문: 삼위일체론의 내주(Shekinah)란 무엇인가요?
답

유대교 신학자 아브라함 헤셸(Abraham Heschel)은 '무감각하고 고난불능의 하나님'에 반대하여, 구약의 신학을 "신적 파토스의 신학"이라 불렀습니다.(TK, 25) 하여 하나님께서는 그의 파토스 까닭에 우주만물과 인간을 창조하시고, 이스라엘을 해방시키며, 그들의 역사에 동참하시고, 인류의 구속에 참여하셨고, 이 과정에서 이스라엘과 인류의 행동과 죄와 고난으로부터 영향을 받으셨다고 합니다. 몰트만은 이를 하나님의 자유, 곧 "열정적 참여의 자유로운 관계"(the free relationship of passionate participation)(TK, 25)라 불렀습니다. 하여 헤셸은 유대인들의 하나님 경험에 근거하여 "언약의 상극적 신학"을 발전시켰으니, "하나님 자신은 자유로우시어, 그 어떤 운명에도 종속되지 아니하시고, 동시에 그의 파토스를 통하여 그의 언약에 그 자신을 개입시키신다. 즉 하나님은 신들 가운데 신이시고 동시에 그의 작은 무리인 이스라엘을 위한 언약의 하나님이다. 그는 하늘에서 통치하시고 동시에 겸손하고 온유한 자들과 거하신다."(TK, 27)고 하였습니다. 이와 같은 주장에서 우리는 하나님의 초월성과 내주, 그리고 아들과 성령을 통하여 아버지께서 역사와 창조세계에 참여하신다고 하는, 삼위일체 하나님을 감지합니다. 그러므로 몰트만은 구약의 하나님도 삼위일체론적으로 보려고 하였습니다.

그리고 헤셸은 "초기 랍비 신학과 쉐히나(Shekinah)에 대한 카발라 교리"(27)를 그의 신적 파토스 교리와 연결시켜 논하면서, 이와 같은 신적 파토스를 "하나님의 자기비하들"이라 부릅니다. "…창조, 족장들의 선택, 이스라엘과의 언약, 출애굽, 그리고 포로 잡혀감이 하나님 편에서 일어난 하나님의 자기비하의 모든 형태들이다."(TK, 27)라고 합니다. "전능자는 세상이 끝날 때 까지 그 자신을 비하시키신다. 그는 하늘과 같은 높은 곳에 계시지만 낮은 자들을 굽어 살피시고, 하늘에 계시지만, 고아들과 과부들과 거하신다. 그는 한 머슴처럼 사막에서 그의 백성 앞에서 횃불을 운반하신다."(27) 하여 몰트만은 이와 같은 하나님의 자기비하들(self-humiliations)을 인간의 연약성에 대한 하나님의 적응들(accomdodations)로 이해하고, 동시에 하나님의 영원한 영광의 보편적인 내주에 대한 선취들로 보았습니다. 그리고 로젠츠바이크(Franz Rozenzweig)는 이상과 같은 사상들을 받아들이면서, 그것을 하나님 자신 안에서 일어나는 분열과 자기 소외로 이해합니다.(TK, 29)

몰트만에 의하면, 이와 같은 파토스의 하나님은 '자유로운 사랑' 때문에, 구속의 시점에 이르기 까지 그 자신의 삶과 행동에서 자기분화(God's self-differentiation), 신적인 양극화(the divine polarity), 하나님의 자기포기(God's self-surrender), 그리고 하나님의 자기균열을 경험하신다고 하는 것입니다.(30) 결국, 십자가에서 계시된 하나님이야말로 하나님의 자기비하(kenosis)로서 하나님의 파토스의 극치일 것입니다. 우리는 파토스적 하나님의 십자가 경험에서 아버지와 아들의 찢겨지는 소외의 관계에 대한 경험을 경험합니다. 하여 시간 속에 나타난 이 아들의 십자가 사랑이 다름 아닌 아버지의 사랑이라고 합니다.

하나님께서는 이 영원한 사랑을 그리스도 안에서 계시하신다. 그리스도의 본질적인 능력은 무엇인가? 그것은 자발적 고난을 통해서 온전해 지는 사랑이다. 그것은 온유하고 겸손하게 십자가에 달려 죽으시어, 이 세상을 구속하신 사랑이다. 그것이 하나님의 주권의 본질이다. … 성육신하신 하나님이신 그리스도께서 시간 속에서 행하신 것을 하늘 아버지께서는 영원의 차원에서 행하시고 행하시지 않으면 안 된다. 그리스도께서 연약하시고 겸손하신 것은 곧바로 하나님께서 하늘에서 연약하시고 겸손하신 것이다. 그도 그럴 것이 '십자가의 신비'란 하나님의 영원한 존재의 심장부에 위치하고 있기 때문이다.(TK, 31)

하여 몰트만은 "골고다의 십자가가 삼위일체 하나님의 영원한 심장을 계시했다."(31)고 주장합니다. 그리고 그는 우나무노(Miguel de Unamuno)처럼 '십자가에서 달리신 그리스도의 아버지께서 당하신 우주적 슬픔'(TK, 42)을 강조하지 않고, 부활을 통하여 보여 진 종말론적 계시와 약속의 차원, 곧 "세상을 극복하시는 하나님의 구속하시는 기쁨"을 강조합니다. 물론, 십자가 그 자체가 하나님 자체 안에서 찢겨지는 사랑의 심장이고, 그리스도의 부활과 성령은 삼위일체 하나님 자체 내에서의 찢겨짐과 신적 양극화를 극복하는 하나님의 사랑입니다.

끝으로 '하나님의 자기제약'(zimzum, a withdrawal or self-restriction or self-limitation of God in Himself)에 대한 몰트만의 주장을 소개합니다. 이 개념은, 파토스의 하나님의 행태를 나타내는 하나님의 자기비하에 따른 '쉐히나' 개념에 관련되어 있습니다. 일찍이 아우구스티누스가 "(창조, 성육신, 구속 등: 필자 주) 삼위일체 하나님의 외향적인 사역은 삼위 하나님의 불가 분리한 사역이고, 이것이 삼위의 공통적인 것이며, 이 삼위의 질서와 구별은 안전하다."(Opera trinitatis ad exrra indivisa esse, tribus personis communia, salvo tamen earum ordine et discrimine)(TK,

108)라고 하였거니와, '기독교 신학'은 창세기의 제사장 전통의 창조기사에서 하나님의 내향적 행동과 외향적 행동을 구별한다고 합니다. 하여 그는 무한하신 하나님께서는 자기 밖에 그 무엇을 창조하시기 위해서 그리고 무엇을 창조하시기 전에 자기 자신 안에 이 유한자를 위한 공간을 만드셨다고 합니다.

즉 하나님께서는 자기 자신 안으로 퇴거하심(zimzum)으로써만 무(無)에게 공간을 주시어, 이 공간 안에서 창조적으로 행동하신다고 하는 것입니다. 하나님께서 자기 자신 안에서 세계를 창조하셨고, 그의 영원 속에서 이 세계에 시간을 허락하셨으며, 그의 무한성 안에서 그것에게 유한성을 주셨고, 그의 무소무재 안에서 그것에게 공간을 주셨으며, 그의 비이기적인 사랑 안에서 그것에게 자유를 주셨다는 것입니다.(TK, 108-109) 하여 이것은 사랑을 위한 사랑의 하나님의 자기제약입니다. 그리고 '새 하늘과 새 땅', 곧 '새 창조'에 시엔 하나님께서 그의 자기제약으로부터 '탈 자기제약'(de-self-limitation)으로 이동하실 것입니다. 하여 이상과 같은 '하나님의 자기제약'과 '탈 자기제약'은 삼위일체 하나님의 선교로부터 만유의 완전한 구원에 이르는, 삼위일체 하나님의 역동성을 보여줍니다.

그런즉 '하나님의 파토스', '쉐키나', '하나님의 자기비하들', '하나님의 자기분화와 양극화와 자기포기', '하나님의 자기제약과 탈자기제약'은 모두 상호 불가 분리한 경험들입니다.

4-4. 문: "하나님의 약속에 대한 역사적 희망으로부터 하나님의 내주에 대한 공간적 경험으로"의 이동은 무엇을 말하나요?
답
몰트만은 1964년 『희망의 신학』으로부터 '역사'(시간)에 대한 문제에 몰두했습니다. 그는 초기 자신의 신학은 "저항과 약속, 약속과 출애굽, 출애굽과 해방과 같은 예언자적 개념들"에 집중하였으니, "약속의 논리와 하나님의 도래에 대한 희망의 논리가 자신의 신학을 지배하였다."(313)고 합니다. 그러나 그는 1972년 로만 클럽의 '제한성장'에 대한 주장과 더불어, 모더니즘의 무한한 역사발전에 반대하여 '창조' 혹은 '자연'(공간)에로 관심을 돌렸습니다. 그는 "땅의 법칙들, 싸이클들, 그리고 리듬들"(ET, 314)에 크게 관심하였습니다. 하여 몰트만은 아래에서 삼위일체 하나님의 내주와 관련하여 '창조' 혹은 '자연' 혹은 '공간'에 대하여 논합니다. 『창조 안에 계신 하나님』(1985)과 『생명의 영』(1991)은 향후 그의 신학이 '창조'에 집중하고 있음을 보여 줍니다. 물론, 그는 그 둘(역사와 창조)을 종합하는 입장을 취했습니다. 하여 우리는 2,000년에 출판한 『신학에 있어서 경험들』에서 "약속사와 하나님의 미래"를 성경의 '중심주제'라고 할 때, 그것은 그 둘을 모두 포함하는 것으로 이해되어야 할 것입니다. 그는 시간의 신학으로부터 공간의 신학으로의 이동과 이 둘 사이의 연결고리에 대하여 다음과 같이 언급하였습니다.

> 생태학적 창조론과 사회적 삼위일체론에 대한 연구 이후로, 나는 시간 지향적 나의 일면적 신학의 세계를, 공간과 본향(home), 쉐히나(Schechina)와 페리코레시스(perichoresis), 상호 내주와 서로 안에서 안식에 도달함(Ineinander-Zur-Ruhe-Kommen) 등의 개념으로 확대시키고자 시도하였다. 나의 초기 시간의 신학과 이 후기 공간의 신학의 연결고리는, 창조론을 위한 그리고 미래의 메시아적 기다림을 위한 안식일의 기본적 중요성의 발견이었다. … (ET, 314)

4-5. 문: 이 맥락에서 '쉐히나'와 '페리코레시스'가 삼위일체 하나님과 무슨 관계가 있나요?
답
여기에서 몰트만은 '쉐히나'와 '페리코레시스' 개념을 상세히 소개함으로 그의 '공간'의 신학을 발전시킵니다. 쉐히나는 하나님의 내주('indwelling of God')를 뜻하는데, 그것은 하나님의 이스라엘과의 언약으로 소급합니다. "'나는 너의 하나님이 될 것이라고 약속하신 하나님은 '내가 이스라엘 가운데 거(居)할 것이다.'라고 하였다."(ET, 315) 그리고 그것은 언약의 법궤에서도 발견되었습니다. 다윗은 유랑하는 백성과 함께 그것을 예루살렘으로 옮겨갔고, 솔로몬은 그것을 새로 건축한 성전 안에 두고, 하나님께서 거하시는 '지성소'로 삼았습니다. 그리고 광야에서도 함께 하신 하나님께서는 이스라엘의 바벨론 포로기 동안에서 저들과 함께 하셨습니다.(315) 그리고 요한복음 1:14('말씀이 육신이 되어 우리 가운데 거하시매')은 구약의 쉐히나 신학을 사용하였습니다. "그 안에(그리스도 안에)는 신성의 모든 충만이 육체로 거하시고"(골 2:9). 그리고 성령께서는 우리의 몸들과 그리스도의 공동체 안에 마치 성전 안에서처럼 거하십니다. 그리스도와 그의 공동체들 안에서의 하나님의 거주하심은 그 자체를 넘어, 하나님이 '모든 것의 모든 것이 되실'(고전 15:28) 우주적 쉐히나를 가리킵니다. 기독교 신학에 의하면 성육신과 내주(Inhabitation)는 하나님의 자기 비움(kenosis)에 근거하고 있습니다. 무한하신 하나님은 자기를 낮추심으로만 창조의 유한한 존재 속에 거하실 수 있기 때문이다.(ET, 316)

다음에 몰트만은 '페리코레시스'에 대하여 설명 합니다. 몰트만에 따르면, '페리코레시스'는 어원적으로 두 가지 뜻을 가진다고 합니다. 하나는, '상호 침투'(circumincessio)요, 다른 하나는 '지속적이고 안식을 누리는 상호거주'(circuminsessio)입니다. 몰트만은 성자와 성령의 기원을 아버지 하나님(unoriginate Origin = monarchy = 유일한 시원(始原))으로 보지만, 성삼위의 하나 됨은 이 아버지에게 있는 것이 아니라, 다르지만 동등한 삼위의 '상호침투'와 '상호내주'에 있다고 보았습니다. 몰트만은 결코 삼위일체 하나님을 '위계질서'로 보지 않습니다. 그리고 아우구스티누스처럼 성령께서 아버지와 아들의 하나 됨의 근본으로 보지도 않습니다. 이는 삼위일체를 이위일체(binity)로 축소시키고, 성령으로부터 그것의 상대적 독립성을 앗아 버리기 때문입니다. 그래서 몰트만은 그 어떤 단 하나의 위격이 삼위의 통일성을 구축할 수 없다고 하며, "우리가 페리코레시스라 부르는 것은, 셋이 한 쌍을 이루는 간주체성(inter-subjectivity)이다."(ET, 317)라고 합니다. 그리고 두 라틴어는 '운동과 안식' 모두를 뜻하고, 희랍어로 perichoreo와 perichoreuo 역시 같은 것을 의미하는데, 이는 '함께 춤추는 윤무'를 뜻하기도 한다고 합니다. 전자가 직접적으로 페리코레시스의 희랍어 어원이긴 하지만 말이다.

끝으로 몰트만은 페리코레시스가 삼위의 통일성을 구축하고, 나아가서 삼위의 구별을 만든다고 합니다. 그런즉 삼위의 다름이 한 위격의 다른 두 위격과의 관계에 의하여 결정됩니다. "성부는 성자와 성령을 구분한다. 아버지는 아들과 성령에 대하여 다른 관계들을 가지고 있기 때문이다. 성자는 성부와 성령 사이를 구분한다. 성자는 성부와 성령에 대하여 각각 다른 관계를 갖고 있기 때문이다. 제3 위격인 성령은 각 경우에 있어서 두 위격 사이의 연결고리요 또한 그들을 구분한다."(319) 그런데 몰트만은 이제까지 서방교회가 하나의 위격(성부든지 성령이든지)과 성령의 관계들을 가치 절하시켰다면서, 성령은 서방교회의 '필리오케'가 암시하듯이 단순히 하나님의 영도 그리스도의 영도 아니라 '성령 하나님'(God the Holy Spirit)이라고 역설합니다. 즉, 이미 지적하였거니와, 그는 이미 언급한 대로 성령의 상대적 독립성을 강조하고 있다 하겠습니다. 그래서 "성령은 뚜렷하게 성령 하나님이시다. 하나님 아버지(God the Father)에 대하여도 그리고 하나님 아들(God the Son)에 대하여도 그렇다는 말이다. 전통적인 언어가 말하듯이 성령은 성부 성자로부터 그 자신을 받기만 하시는 것이 아니라 그 자신을 성부 성자에게 주시기도 하시고 전적으로 성부 성자 안에 계신다. 마치 성부 성자께서 성령 안에 계신 것처럼 말이다."(ET, 320)

4-6. 문: 칼 라너와 칼 바르트의 삼위일체론과 몰트만의 삼위일체론이 어떻게 다른가요?

답

우리는 앞에서 논한, 동방정교회의 '필리오케'와 '영 그리스론'과 '페리코레시스', 그리고 유대교 신비주의자들의 '쉐히나'와 'zimzum' 개념을 볼 때, 몰트만의 삼위일체론이 서방교회의 그것에 더 이상 머물러 있을 수 없다고 하는 것을 짐작합니다. 대체로 서방교회는 하나님의 본질이라고 하는 삼위의 통일성을 앞세우고, 그 다음에 삼위의 관계를 논하며, 동방교회는 삼위의 실재와 그것의 관계성을 논하면서 삼위의 사역을 논합니다. 하여 몰트만은 테루툴리아누스 이래의 서방교부들의 삼위일체론보다는 카이사르의 그레고리 등 카파도키아 교부들의 삼위일체론과 스테니로에(Dumitru Staneloae) 등 현대 정교회 신학자들의 삼위일체론을 선호합니다. 하여 몰트만은 "삼위일체의 통일성: 페리코레시스"(ET, 321-323)를 논하는 맥락에서 칼 라너와 칼 바르트를 비판합니다. 근대 주체성의 형이상학 전통을 배경으로 하여, 칼 라너와 칼 바르트는 삼위의 통일성이 '하나님의 인격성과 주체성' 안에 있다고 보았습니다. 즉, 바르트는 '존재의 3양태를 지닌 하나의 신적 인격'을, 그리고 라너는 '세 가지로 구분되는 존립방식(Subsistenzweisen) 안에 있는 하나의 신적 주체"라 하였습니다. 하여 이 두 현대 신학자는 결국 삼위일체의 통일성이 '한 하나님의 주권' 안에 있다고 본 것입니다. 이들은 한 하나님의 주체'가 삼위일체의 통일성으로서 신적 위격들의 셋에 선행(先行)한다고 본 것이죠. 이들은 삼위의 통일성이 세 위격에 의하여 구축된다고 보지 않았다는 말입니다. 그래서 삼중적 하나님 안에는 '한 본성, 한 의식, 한 의지'만이 있으며, 이것이 세 가지 존재양태 혹은 세 가지 존속방식으로 나타난다고 하는 말이었습니다.(321)

이에 반하여 몰트만의 삼위일체론은 성서의 내러티브에 대한 해석에서 출발합니다. 그는 "교의적 구성들의 시금석은 성서역사의 해석학이다."(321)라고 하는 내러티브 신학과 입장을 공유하면서, 성서 이야기로부터 출발하여 삼위일체 이론을 이해하고 끌어냅니다. 우선 몰트만은 겟세마네 동산에서 하신 예수님의 기도를 예로 들어 칼 라너와 칼 바르트의 '세 존재양태를 가진 한 신적 인격(주체)' 혹은 '세 존속양태를 지닌 한 주체'라고 하는 주장의 한계를 지적합니다. 그러니까, 과연 예수님께서 삼위 중 다른 양태의 신에게 기도를 하셨을까하는 것이고, '나의 뜻이 아니라 당신의 뜻이 이루어지이다.'라고 하는 기도가 과연 삼위일체 하나님이 공유하고 있는, '하나의 의'와 '하나의 의식'이라고 볼 수 있겠는가라고 하는 말입니다.(ET, 321-322) 이에 반하여 몰트만은 성서의 이야기에 근거한 삼위일체 하나님을 아래와 같이 명쾌하게 제시합니다.

> …신적 역사 속에는 성부 성자 성령이라고 하는 세 다른 행동 자들이 있다. 그리고 이 삼위의 통일성의 문제가 결과한다. 바울과 공관 복음서들이 항상 예수 그리스도의 아버지를 의미할 경우, 그것은 '하나님'이라고 말한다. 그리고 요한복음에선 삼위일체적 언어가 명시적으로 발견될 수 있다. '내가 아버지 안에 거하고 아버지는 내 안에 계신 것을 네가 믿지 아니하느냐'(요 14:10; 10:30; 14:11). '나'와 '당신', '우리가', '우리들' 등의 표현들이 시사하는 바와 같이, 예수님과 아버지 하나님은 인격적으로 서로 관계되어 있다. 삼위의 통일성은 전제되어 있는 것이 아니라 상호 내주하시는 세 위격들 자체에 의하여 구축되는 것이다. (ET, 322)

라너와 바르트는 세 존재양태 혹은 세 존속방법으로 실존하는 한 인격의 '한 본성', '한 의식', '한 의지'를 주장하였으나, 몰트만은 "삼위의 공유된 본성, 공유된 의식, 그리고 공유된 의지는, 각각의 경우 삼위의 특수한 위격성을 통하여, 각각의 경우 삼위의 특수한 의식을 통하여, 그리고 각각의 경우 삼위의 특수 위격성을 통하여 '간 주체적으로'(inter-subjectively) 형성된다. 아버지는 아들에 대하여 의식하심으로 그 자신에 대하여 의식하게 되는 등."(ET, 322)이라고 주장합니다.

그리고 몰트만은 비록 헤겔이 기독교적 삼위일체교리를 회복하려고 했지만, 절대정신의 변증법적 자기실현에 대한 헤겔의 사상은 삼위일체적으로 이해된 것이 아니라고 합니다. 그의 철학적 화해론은 한 주체(a single Subject)의 자기발전을 밑에 깔고 있어서 양태론에 다름 아니라며, 역시 이를 통하여 칼 바르트의 삼위일체론을 넌지시 비판합니다. 이에 반하여 몰트만은 빌립보서 2장을 삼위일체론적으로 이해하고 해석합니다.

빌립보서 2장에 따르면, 죽음에 이르기 까지 그 자신을 비우신 분은 하나님의 아들이다. 하지만 아버지께서는 그를 부활시키시고 만유 위로 높이셨다. 반면에 헤겔의 경우는 이와 같은 두 운동을 통하여 그 자신을 표현하시는 분은 단 하나의 주체(a single divine Subject)이다. 절대자에 대한 헤겔의 셋이 한 쌍인 사고는 극단적인 형태의 양태론이다. 즉 단 하나의 주체가 3단계를 거친다. 즉 '아버지의 나라', '아들의 나라', 그리고 '성령의 나라'를 단계적으로 통과한다. 바로 이것이 하나님의 종말론을 불가능하게 만든다.(330)

끝으로 몰트만은 페리코레시스적 삼위의 통일성은 "하나의 폐쇄적이고 배타적인 통일성이 아니라 타자(삼위처럼 동류의 타자들과의 코이노니아 그리고 삼위와 인간 및 창조세계와 같은 다른 종류의 타자들과의 코이노니아)에게 개방적이고 초대하며 통합하는 통일성"(322)이라고 주장하며, 요한복음 17:21과 14:23 그리고 요한일서 4:16을 사용하여

그것의 의미를 설명합니다. (ET, 323)

4-7. 문: 네 복음서가 증언하고 있는 삼위일체는?
답

하여 몰트만은 이상과 같은 삼위일체론에 대한 자신의 입장을 전제로, 아래와 같이 성경 내러티브에 입각한 삼위일체 신학을 주장합니다. 이는 어디 까지나 신약성경의 내러티브를 존중하는 삼위일체론입니다.

ㄱ. 요단강 세례

몰트만은 예수님의 요단강 세례 이야기의 기본 문법을 삼위일체로 봅니다. 예수님은 이 세례 사건에서 성령의 역사로 메시아로 위임 받으시어, 세례자 요한과는 다른 아버지의 나라를 전하시는 사명을 받으셨다고 봅니다. 그리고 향후 예수님의 하나님 나라 선포와 모든 말씀들과 사역은 삼위일체 하나님을 주체(the subject)로 하여 일어납니다.(TK, 65-71)

ㄴ. 십자가와 버림받으심

몰트만은 예수님의 십자가 사건에서도 삼위일체 하나님을 발견합니다. 아니, 십자가 사건이 그의 삼위일체론의 심장입니다. 그에게 있어서 겟세마네와 골고다의 이야기들은 아버지와 아들 사이에서 일어나는 수난의 역사에 대한 것입니다. 외적으로는 예수님께서 자기 백성의 종교지도자들로부터 불경스러운 자로, 그리고 로마 사람들로부터는 로마제국의 질서를 어지럽힌 반역자로 버림을 받았으나, 내면적으로는 그가 '아바, (나의) 아버지'라 불렀고, 이 아버지의 나라를 가난한 사람들에게 선포했던 분이 하나님으로부터 버림을 받으신 것입니다.(TK, 76) 몰트만에게 있어서 아버지께서 아들을 버리심은 모든 버림받은 자들의 아버지가 되시기 위함이요, 모든 '내어버려진 자들(롬1:18이하)'의 아버지가 되시기 위함입니다. 그리고 아들이 죽음에 넘겨진 것은 모든 정죄 받은 자들과 저주받은 자들의 형제와 구주가 되시기 위함입니다.

ㄷ. 아들의 부활과 승귀

이상의 논의에서 몰트만은 아들 예수님의 역사를 역사적이고 신학적인 관점에서 본 것이라면, 이제 그는 그것의 종말론적 미래의 관점에서 논합니다. 그는 이제 아들의 부활 후 40일 현현과 아버지께로의 복귀의 측면들로부터 예수님의 죽은 자들로부터의 부활과 그의 영광의 미래를 이야기합니다. 몰트만에게 있어서 예수님의 부활과 40일 현현과 승천 승귀는 모두 성령의 역사로 일어난 것입니다.

여기에서 몰트만은 하나의 삼위일체론적 구조가 부활하신 그리스도와 장차 다시 오실 그리스도에 대한 종말론적 선포의 배경이 된다고 합니다.(TK, 83) 부활절 현현에서 '본다($\omega\varphi\theta\eta$)'는 말은 '계시 형식' 혹은 '비전'에 관계된 말인 바, 몰트만에 따르면, 십자가에 달리셨던 예수님이 그의 죽음 이후에 여성들과 제자들에게 영광 가운데 '나타나실' 때, 이것은 하나님의 장차 임할 영광 가운데 있을 그의 미래를 미리 반사시키고 있다고 하는 것입니다. 그의 부활절 현현은 이처럼 그의 미래를 미리 반사시키는 것으로 이해되어야 한다고 합니다. 이것은 장차 올 것에 대한 묵시적 선취(anticipation)입니다. 이와 같은 직접적인 "봄"은 부활절 현현과 미래의 보편적 하나님 나라에서 일어납니다. 이미 구약에서, 온 세계가 하나님의 영광으로 가득 찰 것으로 말하고 있으며(사60), 족장들의 소명과 언약의 백성과 예언자들에 있어서, 이 장차 임할 영광이 이미 역사 속에 돌입하였고, 그것의 완성을 바라보고 있었습니다.(TK, 84-85)

ㄹ. 아들을 통한 창조적 성령 파송: 몰트만은 성령론에 관한 한, "영-그리스도론"(the Spirit- Christology)(성령으로 마리아에게 잉태되시고,

성령으로 세례를 받으시며, 성령으로 갈릴리 사역을 하시고, 성령으로 십자가에 달리셨다가 부활하시고, 40일 현현 하시며, 아버지 우편으로 승귀 하심)을 논한 다음, 부활 후 아버지 우편에 앉아계신 아들 그리스도의 영에 대해서 말gkqslek. 전자는 성령론적 기독론이고 후자는 기독론적 성령론입니다. 물론, 교회론적인 모든 것은 후자에 속합니다. 그래서 그분은 현재에 있어서 '살려주는 영'(고전15:45)으로서, 성령을 제자들 위에 보내셨고, 성령의 에너지를 교회 위에 보내셨으며, 교회를 통해서 '모든 육체 위에' 이 성령을 보내실 것입니다.(TK, 88-89) 이제는 부활하신 그리스도께서 성령을 파송하tlqslek. 그리고 부활하신 그리스도 자신이 생명을 주시는 성령 안에서 현존하시고, 이 성령의 에너지들(the charismata)을 통하여 남녀인간들에게 역사하십니다. 이 성령은 그리스도를 증거하고, 누구든지 그리스도를 주님으로 고백하는 사람들은 죽은 자들로부터 생명을 창조하시는 성령의 능력 안에 있게 됩니다. 그래서 부활절 이후 성령은 '양자의 영'(롬8:15), '믿음의 마음'(고후4:13) 혹은 '그리스도의 영'이라 불렸습니다. "주의 성령이 계시는 곳마다, 자유 함이 있다." 아버지로부터 나오신 성령은 이제 아들에 의해서 파송 받습니다.(요15:26)(TK, 89)

마지막으로 아들의 파송을 받는 성령은 종말론적입니다. 성령은 새 창조의 능력이십니다. 성령은 부활의 능력이십니다. 성령은 영광의 보증과 담보이십니다. 이 성령의 현재적 효험은 남녀인간의 중생입니다. 이 성령의 미래 목적은 영광의 하나님 나라를 가져오는 것입니다. 이 성령의 활동은 우리의 마음속에서 경험되지만, 그것은 외적이고 공적인 것을 지향합니다. 그가 지금은 우리의 영혼을 붙들고 있으나, 장차 "우리의 죽을 몸을 살리실 것이다(롬:1)." 이상과 같은 내용은 다음과 같은 삼위일체적 형식을 보여줍니다.

ㅁ. 아들의 미래: 교회의 희망은, 하나님께서 죽은 자들로부터 부활시키신 예수님의 재림으로 방향 지워져 있습니다. 그는 '하나님의 아들'로서 오실 것입니다. 여기에서 재림에 대한 기대는 아들에 대한 기대입니다. 여기에서 아들은 그의 형제자매들의 구주로서 기대됩니다. 그분은 낯선 심판자로 임하시지 않을 것입니다. 그는 우리의 친한 형제로서 재림하실 것입니다. 우리는 그의 심판을 희망해도 좋습니다. 우리는 그것을 두려워할 필요가 없습니다.(TK, 91)

고전 15:28에 따르면, 아버지께서 모든 것을 아들에게 복종케 하고, 종말에 가서 아들은 완성된 하나님 나라를 아버지께 넘겨주실 것입니다. 아버지께서 그리스도의 부활을 통해서 아들에게 신적 통치권을 맡기셨으나, 마지막 종말론적 완성에 있어서는 이 신적 통치권이 아들에게서 아버지에게로 넘겨질 것이라고 하는 것입니다. 그 때에 아들의 나라는 '하나님께서 모든 것의 모든 것이 되시는' 삼위일체 하나님의 영광의 나라가 될 것입니다. 그리스도께서 죽은 자들을 살리시고, 죽음 그 자체를 파멸시키실 재림 때에 이것이 일어날 것입니다. 따라서 '그리스도, 주님, 예언자, 왕 등'은 시간 속에서 실현되어야 할 하나님 나라를 위한 예수님에 대한 명칭들입니다. 새 창조의 세계에서는 '아들'이라는 명칭만이 남을 것입니다.(TK, 92) 따라서 종말론적 완성과 영광을 향해서, 아들의 파송을 받으신 성령께서 아들의 나라를 완성하신 후 아버지께 넘겨주시기 때문에, '성령 – 아들 – 아버지'라는 삼위일체론적 도식이 형성됩니다.

ㅂ. 삼위일체 하나님의 역사(歷史)가 하나님 나라의 역사(歷史)이다: 변화하는 삼위일체 모형의 공통분모는 의심 없이 하나님의 통치인데, 성서적 증언들을 통해서 흐르고 있는 빨간 줄은 하나님 나라의 역사입니다. 이 하나님 나라의 역사는 하나님 나라의 삼위일체적 역사에 다름 아닙니다. 하나님 나라의 삼위일체적 역사는 이제 종말론적으로

개방된 역사입니다. 세례야말로 삼위일체 교리의 실천입니다. 하나님 나라의 삼위일체적 역사가 남녀인간을 소유하는 것은 신앙과 세례를 통해서 이루어지기 때문이다. 무엇보다도 삼위일체에 대한 개념은 세례 받는 사람의 신앙고백과 그의 기도와 찬송에서 형성됩니다.

그러면 하나님 나라의 역사가 삼위일체적 의미에 있어서 개방적이고, 초대하는 역사라고 할 때, 우리는 이 하나님의 하나 되심에 대해서 어떻게 말할 수 있을까? 이미 우리가 지적한대로, 세 신적 주체들이 이 역사 속에서 함께 활동하신다면, 이 삼위일체의 하나 되심이란 단자 론적 하나 되심(monadic unity)이 아니다. 신적 삼위일체의 하나 되심은 아버지와 아들과 성령의 코이노니아에 있지, 그것의 숫자적 하나 되심에 있는 것이 아닙니다. 그것은 폐쇄된 하나 됨이 아니라 개방된 코이노니아입니다. 때문에 우리는 요한복음 17장 21절에서 "아버지께서 내 안에, 내가 아버지 안에 있는 것 같이 저희도 하나가 되어 우리 안에 있게 하사 …"를 읽습니다. 제자들의 상호교제는 아들과 아버지의 교제에 유사합니다. 그러나 제자들은 삼위일체적 코이노니아에 유사할 뿐만 아니라 이 삼위일체 하나님의 코이노니아 안에 있습니다. 이것은 전( ) 창조세계가 삼위일체 하나님과의 코이노니아에 들어 갈 수 있고, 이 삼위일체 하나님 안에서 하나가 될 수 있는 방법으로 삼위일체 하나님이 개방되어 있다는 사실을 전제하고 있습니다. 그래서 삼위일체 하나님의 코이노니아는 신학적인 언어일 뿐만 아니라, 그 중심에 있어서 그것은 구원론적이기도 합니다.(TK, 94-96)

4-8. 문: '삼위일체 하나님의 세계'로서 '아버지의 창조', '아들의 성육신', 그리고 '성령의 변형시키심'이란 무엇인가요?

답

방금 위에서 몰트만은 삼위일체 하나님에 대한 지식을 주로 네 복음서가 증언하고 있는, 아들이신 예수님으로부터 얻었으나, 이제부터는 이 아들을, 세상과 함께하시는 삼위일체 하나님의 역사의 포괄적 시야로부터 봅니다. 몰트만은 삼위일체 하나님의 지식과 개념을 필연적이게 하는 기독론을, 개방된 기독론이라 부릅니다. 즉, 그는 이 기독론이 예수 그리스도의 아버지를 통한 세상창조에 대한 인식을 열어주고, 아들 되시는 예수님의 아버지로부터 나오시는 성령을 통한 세상의 변형(transfiguration)에 대한 인식을 열어 준다고 합니다.(TK, 97)

다시 말하면, 몰트만은 아들의 기독론에서 출발하여, 이것이 세계창조에 대한 신앙과 이 세계의 변화에 대한 희망에 어떤 결과를 가져오는가를 논하려 합니다. 하여 그는 여기에서 '아버지의 창조', '아들의 성육신', 그리고 '성령의 변형'이라고 하는 삼위 각각의 사역으로부터 삼위일체 하나님에 대하여 논합니다, 이 삼위의 각 사역이 전통적으로는, '아버지의 창조', '아들의 구속', 그리고 '성령의 성화'이지만 말입니다.(TK, 97-98) 즉 이는 삼위일체 하나님의 사역에 해당합니다. 헌데 몰트만에 따르면, 여기에서 삼위일체와 이 세상과의 관계는 상호적 성격을 갖습니다. 이미 지적한 대로, 몰트만은 세계의 창조, 성육신과 세계의 변형과 같은 삼위일체 하나님의 외향적 사역(opera trinitatis ad extra)은 삼위일체의 내향적 사역(opera trinitatis ad intra)과 맞물려 있다고 봅니다. 즉 외향적 사역은, 아버지의 아들에 대한 사랑, 아들의 아버지에 대한 사랑, 그리고 성령의 아버지와 아들의 영화롭게 하심과 맞물려 있다고 하는 것입니다. 헌데 몰트만은 삼위일체 하나님의 내향적 고난과 외향적 사역을 맞물리고, 외향적 고난을 내향적 행동과 맞물립니다.(TK, 98) 말하자면, 창조는 신적인 자기 비움의 사역이고, 사랑의 고난은 하나님 자신에게 미치는 최상의 일이라고 하는 것입니다.(TK, 99) [52]

---

52 참고: 좀 더 자세한 삼위일체론에 대하여는, 『알기 쉽게 간추린 몰트만 신학』, 226-255

4-9. 문: 『삼위일체와 하나님 나라』가 주장하는, 삼위일체의 '자유의 나라'(the Kingdom of freedom)란 무엇을 뜻합니까?

답

몰트만은 위 저서의 끝부분에서 첫째로 정치적인 유일신론과 교회직제에 있어서의 유일신론을 비판하고, 2. 삼위일체론적 하나님 나라와, 3. 삼위일체론적 자유에 대하여 주장합니다. 이제 우리는 2와 3에 주목할 것입니다. 몰트만은 첫째 부분에서 하늘과 땅의 신적 통치(the divine monarch)개념은 종교적 도덕적 가부장적 혹은 정치적 지배를 정당한다고 봅니다. 즉 고대의 황제숭배, 비잔틴 세계와 17세기 절대이념들, 그리고 20세기의 독제체제들에 이르기 까지 다양한 지배형태들은 유일신주의를 전제하고 있다고 합니다. 때문에 그는 자유를 확보해 주는, 삼위일체론에 초점을 맞추고 있습니다. 그는 지배와 종속이 없는, 남녀 공동체를 지향합니다.(TK, 191-192)

4-9-1. '2. 삼위일체론적 하나님 나라': '유일신주의'에 반대하는 맥락에서, 그는 자유에 대한 신학적인 주장을, '하나님의 통치' 혹은 '하나님 나라'(the lordship and the kingdom of God)에 대한 새로운 이해로부터 발전시켜야 한다고 봅니다.

몰트만을 본 주제를 위하여, 두 가지 종말론을 참고하면서 자신의 주장을 펼칩니다. 하나는 요아킴(Joachim of Fiore)의 그것이고 다른 하나는 카파도키아 교부들의 그것입니다. 몰트만에 의하면, 전자는 하나님께서 7일 동안에 이 세계를 창조하셨는데, 6일은 수고와 노고의 날들이고, 나머지 제7일은 안식의 날, 곧 세계의 종말 직전에 주어질 세계사의 안식이라 하여, 삼위일체의 미래 지향적 종말론을 확보하였고, 후자는 이와 같은 미래 지향성은 결핍하고 있으나, 아버지의 나라에서 아들과 성령이 제외되지 않고, 아들과 성령의 나라에서 아버지가 제외되지 않는다고 하면서, 이

세경우들 각각에 있어서 그 주도적 주체가 있다고 본 것입니다.(TK, 202-204)

하여 몰트만은 미래 지향적 성령의 나라를 희망하는 가운데, 이상과 같은 카파도키아 교부들의 삼위일체론을 받아들임으로써, 17세기 루터와 칼뱅 정통주의가 주장하는 두 왕국론을 비판합니다. 즉 이들 정통주의 신학이 비록 '자연의 나라'(regnum naturae), '은혜의 나라'(regnum gratiae), 그리고 '영광의 나라'(regnum gloriae)를 논하지만, 하나님의 보편적 세계통치와 구원을 향한 하나님의 특수 의지라고 하는 '두 왕국'에 머물고 있다고 합니다. 하여 이들은 제3의 나라인, 성령의 미래적 나라에 대해서 별로 언급하지 않는다는 것입니다. 이 맥락에서 몰트만은 요아킴은 실제로 제4의 나라를 주장하다며, 아버지와 아들의 나라가 삼위일체 하나님의 영광의 나라에서 완성될 것이라고 하는 요아킴의 주장을 받아들입니다. 물론, 이미 지적한 대로 카파도키아 교부들의 삼위일체론의 삼위의 페리코레시스를 인정하고 수용하면서 말입니다. (TK, 206-208)

하여 몰트만은 삼위일체론적 하나님 나라교리를 적극적으로 펼칩니다. 그는 먼저 아버지의 나라에 대하여 언급합니다. 아버지의 나라는 미래를 향하여 개방된 세계의 창조와 이 창조세계의 보전과 삼위일체 하나님의 영광의 나라를 향한 개방으로 구성되어 있습니다. 몰트만은 칼 바르트처럼 창조의 내적 근거를 언약에 두지 아니하고 삼위일체 하나님의 영광의 나라에 두고 있습니다. 하여 '태초의 창조'는 하나님의 창조행위의 시작에 불과합니다. 그것은 계속적인 창조(creatio continua)와 하늘과 땅의 새 창조(creatio nova)를 포함합니다. 헌데 몰트만은 이 맥락에서 창조자 아버지께서는 아들을 통하여 성령의 능력 안에서 자기를 제약하시고 자기를 퇴거시키심(zimzum = Selbstbeschränkung = self-withdrawal)으로써 이 세계를 창조하셨기 때문에, 그는 단순한 '우주의 대 주제'가 아니라 자기를 비우신(kenosis) 예수 그리스도의 아버지시라고 합니다. 그런즉 인간과 나머지 피조물들이 시간과 공간 속에서 사는 것은, 전능하신 창조자 아버지의 자기제약과 자기 비움의 사랑에 기인한다고 보아, 인간과 나머지 모든 피조물들의 자유를 주장합니다.(TK, 210)

아들의 나라는 아들의 죄와 죽음에의 종노릇으로 그리고 죽음에 까지 내어주신 복종으로 우리를 자유케 하신 나라(빌 2)입니다. 그는 사람들을, 자신과의 교제를 통하여 하나님의 자녀들의 영광의 자유로 인도하십니다. 이로써 그는 성령의 나라를 선취하신 것입니다. 창조세계가 영광의 나라를 위하여 열려있도록 기획되었듯이, 남녀인간은 하나님의 자녀가 되기 위하여 하나님의 형상으로 창조하셨습니다. 하여 아버지의 나라처럼 아들의 나라 역시 종말론적 영광의 나라를 향하여 정향(正向)되어 있습니다. 아들이 자유를 위하여 우리를 자유케 하실 것입니다. 사람들은 영광을 위하여 아들에 의하여 부름을 받고 의롭다 하심을 받습니다.(210-211) 몰트만은 여기에서 예수 그리스도의 구속사건의 객관적이고 우주적이며 종말론적인 의미를 봅니다.(TK, 210-211)

성령의 나라는 아들에 의하여 자유 함을 얻은 사람들에게 주어진 선물에서 경험됩니다. 이것은 성령의 에너지의 선물(the gift of the Spirit's energies)입니다. 하여 성령의 나라는 아들의 나라와 밀접하게 연계되어 있고, 아들의 나라는 아버지의 나라와 밀접하게 연계되어 있습니다. 성령에 대한 경험에서 우리는 아들이 우리의 자유를 위해서 자유케 하신, 그 자유를 붙잡습니다. 우리는 성령을 통하여 그리스도를 매개 받음으로 하나님의 직접적인 현존을 경험함으로써 하나님의 친구들이 됩니다. 또한 우리는 성령의 능력 안에서 새 창조의 에너지를 경험합니다. 바로 이 성령 안에서 특권과 종속이 없는, 자유인들의 공동체가 탄생합니다. 이 성령 안에서 영광의 나라에서의 새 창조가 경험됩니다. 성령의 나라는 영광의 시작이요, 영광의 담보로서 영광의 나라를 향하여 방향 잡혀 있습니다. 허나 성령의 나라 그 자체는 역사 속에 있는 것으로서 완성될 그 영광의 나라는 아직 아닙니다. 신약성경에서 성령이 '내려 오사' 우리 안에 '거하신다'고 하는 것은 성령 역시 아버지의 자기제약과 아들의 자기 비움에 동참하시는 것을 뜻합니다. 즉 성령께서 우리들의 마음에 내주하심은 하나님의 영광의 종말론적 내주를 선취하고 있는 것입니다. 성령의 경험을 통하여 육체적 본성을 지닌 남녀인간들이 하나님의 성전이 되는 것처럼(고전 6:13b f.), 이들은 창조세계 전체가 삼위일체 하나님의 성전이 되는 영광의 나라를 선취하고 있는 것입니다.(TK, 211-212).

끝으로 몰트만은 3위격의 나라의 상호관계에 대하여 말합니다. 성령의 나라는 아버지와 아들의 나라를 전제하고, 아버지의 나라는 아들의 나라와 함께 그 나름의 종말론적 영광의 나라를 가리킵니다. 결국, 영광의 나라를 아버지의 창조세계의 완성, 아들의 자유케 하심의 우주적 확립과 성령의 내주의 완성으로 이해되어야 합니다. 하여 창조는 영광에 대한 물질적 약속이요, 아들의 나라는 영광의 대한 역사적 약속이요, 성령의 나라는 영과의 나라의 실질적 동터 오름입니다. 삼위일체론적 하나님 나라는 삼위일체의 사역(창조, 자유케 하심, 영화롭게 하심)을 요약하고 있습니다. 역사 속에서 하나님의 모든 사역과 길은 그 목표를 영광의 나라에 두고 있습니다.(TK, 212)

4-9-2. '3. 삼위일체론적 자유': 몰트만은 아버지의 나라와 아들의 나라와 성령의 나라, 모두가 자유를 지향하고, 결국 종말론적 영광의 나라를 지향하는 것으로 봅니다. 하여 이 세 나라가 삼위일체 하나님의 영생 안으로 전적으로 그리고 완전하게 모아질 것이고, 신성화(deification)될 것이라고 합니다. 몰트만의 다음의 주장에서 삼위일체론적 하나님 나라야 말로 남녀인간의 자유를 보장한다고 합니다. 이제 몰트만은 1. 여러 형태의 인간의 자유, 2. 삼위일체 하나님과 자유, 그리고 3. 삼위일체 하나님 안에 있는 자유에 대하여 논합니다.

ㄱ. **'여러 형태의 인간의 자유들'**: 몰트만은 첫째로 인간이 필연성의 영역으로부터 자유케 됨을 말합니다. 인간이 과학과 기술의 필연성에의 노예가 아니라 자연의 주인이 되어야 한다고 합니다. 둘째로 인간은 선( )의 실현을 위한 애써야 하는 자유를 누려야 한다고 하는 것입니다. 즉 악을 버리고 도덕적 목적들과 가치들을 선택하는 자유입니다. 셋째로 몰트만은 정치의 역사 속에서 남을 정복하고 남을 자신에게 복종시키는 통치의 자유를 언급합니다. 넷째 유형은 개인적 자유가 아니라 공동체적 자유입니다. 다섯째로 인간은 미래에 의하여 현재를 초월하고 자유함을 얻는다고 합니다. 성령께서는 종말론적 영광의 담보이시기 때문에, 우리는 성령 안에서 하나님의 미래의 방향으로 현재를 초월합니다. 희망의 빛 가운데 있는 자유는 가능한 것(the possible)을 위한 창조적 열정입니다.(TK, 215-216)

끝으로 몰트만은 이상과 같은 자유에 대하여 두 가지 신학적인 근거를 제시합니다. 하나는 공동체형성에서 그것이 가능하다고 봅니다. 즉 인간은 자기 자신과 하나 되고, 자연과 하나 되며, 하나님과 하나 가될 때, 자유함을 경험합니다. 인간과 인간의 소외, 인간과 자연의 분리, 영혼과 몸의 이분법, 하나님과의 갈등은 진정한 공동체가 아니라고 합니다.(215) 둘은 삼위일체 하나님의 자유에 근거합니다. 즉 인간의 참 자유의 근거는, 내재적 삼위일체 하나님(the immanent Trinity)의 삼위성과 일체성, 그리고 삼위의 상호 침투적 사랑의 관계와 통일성에 있으며, 아버지의 나라와 아들의 나라와 성령의 나라를 실현해 나가는 경세적 삼위일체 하나님(the economic Trinity)의 자기완성에 있다 하겠습니다. 인간은 하나님의 형상이기 때문입니다.(TK, 215, 216)

ㄴ. **'삼위일체 하나님과 자유'**: 몰트만은 통치하시는 하나님은 계시지만

자유로운 인간은 없는 경우와, 자유로운 인간은 있으나, 그 어떤 하나님도 존재하시지 않는 자유를 모두 거부합니다. 전자는 유일신론이고 후자는 무신론입니다. 그는 진정으로 파토스의 하나님만이 인간에게 자유를 허락하신다고 합니다. 오직 열정적인 하나님, 곧 사람들을 향한 그의 열정 때문에 고난을 당하시는 하나님만이 남녀인간의 자유를 살려 내십니다. 그의 창조의 역사와 자유케 하심의 역사와 영화롭게 하심의 역사를 통하여 영광의 나라를 실현하시는 삼위일체 하나님은 인간의 자유를 원하시고, 인간의 자유를 정당화하시며, 다면적인 자유교리를 향하여 정향(   )되어 있습니다. 하여 우리는 다음과 같은 정식을 제시할 수 있습니다. 삼위일체론적 하나님 나라 교리는 자유에 대한 신학적 교리(가르침)라고 말입니다. 하나님께서는 끊임없이 자신의 창조세계의 자유를 갈망하십니다. 하나님은 자신이 창조하신 것들의 한없는 자유이십니다.(TK, 218)

ㄷ. '삼위일체 하나님 나라 안에 있는 자유': 몰트만은 아버지의 나라에 해당하는 자유, 아들의 나라에 해당하는 자유, 그리고 성령의 나라에 해당하는 자유를 주장합니다.

아버지의 나라에서 하나님은 그가 창조하신 자들의 창조주시오, 주님이십니다. 하여 인간들은 전적으로 자신들의 창조자와 보존자에게 의존합니다. 하나님께 대한 전적인 의존은 인간에게 자유를 가져 옵니다. 하나님의 종이 되는 길(사 53장과 빌 2장)은 진정으로 인간에게 자유를 갖다 줍니다. 예수님과 사도들의 자유는 다름 아닌 바로 이 종 됨으로부터 온 것입니다. 제1 계명이 선포하는 하나님의 유일한 주권 역시 인간들을 자유케 합니다. 그리고 고린도전서 3:22의 '…다 너희의 것이요, 너희는 그리스도의 것이요, 그리스도는 하나님의 것이니라.'고 하는 말씀 역시 믿는 사람들에게 자유 함을 줍니다.

이상과 같은 주님의 종들은 아들의 나라에서 아버지의 자녀들이 됩니다. 하여 아버지에 대한 지식과 아버지에 대한 자유로운 접근 가능성은 하나님의 자녀들의 자유를 그의 종들의 자유보다 더 우월하게 합니다. 하나님의 자녀들의 자유는 아버지와 인격적이고 친밀한 관계 안에 놓이는 것이요 아버지의 나라에의 참여입니다. 종들은 주인의 명령에 각각 자기를 위하여 순종하지만, 하나님의 자녀들은 형제자매이기 때문에 함께 결속합니다. 그리고 하나님의 자녀들은 상호간에 자유롭게 접근하는 자유를 누립니다.(220)

성령의 나라 안에서 주님의 종들과 아버지의 자녀들은 하나님의 친구들이 됩니다.(요 15:15) 성령의 내주로 사람들은 하나님과 이와 같은 새롭고 직접적인 관계 속으로 들어갑니다. 이를 가능하게 것은 성령의 빛입니다. 요한복음 15장에 보면, 예수님은 제자들을 형제들로 보실 뿐만 아니라 그의 친구들로도 보십니다. 그리고 의롭다함을 받은 아브라함 역시 하나님의 최초의 친구였습니다.(약 2:23) 인간은 하나님의 명령에 순종함으로써 자신을 하나님의 종이라고 느끼고, 복음신앙을 통하여 자기 자신이 하늘 아버지의 자녀임을 경험하며, 기도를 통하여 하나님의 친구로서 하나님께 말을 겁니다. 하여 기도는 하늘의 친구와의 대화가 됩니다.(TK, 220-221)

끝으로 몰트만은 위의 세 자유의 관계를 말합니다. 즉 몰트만은 종들의 자유, 자녀들의 자유, 그리고 하나님의 친구들의 자유를 삼위일체 하나님의 역사(歷史)에 상응시킵니다. 즉 이 셋은 도상에 있는 단계들이긴 하지만, 연속적 발전의 세 단계는 아닙니다. 여기에서 자유란 질적인 것입니다. 하여 요아킴처럼 우리는 이 셋을 연대기적으로 혹은 구속사적으로 도상에 있는 단계들로 이해해서는 안 됩니다. 우리는 그것을 자유의 개념 안에 있는 지층으로 이해합니다. 헌데 우리는 모든 자유의 경험에서 그와 같은 세 단계의 이동을 경험합니다. 즉 우리는 자유의 경험에서 우리들 자신을 하나님의 종들로, 그의 자녀들로, 그리고 그의 친구들로 이해하지만, 하나님의 자녀들은 하나님의 종들로 남아있고, 이 둘을 초월하시는 하나님의 친구들 역시 하나님의 자녀들이요, 하나님의 종들입니다. 우리는 성숙이라고 하는 점에도 이것을 성장으로 볼 수 있습니다.(TK, 221-222) 그런즉 우리들이 하나님을 낮과 낮을 대하여 알게 될 때, 하나님의 종들의 자유, 그의 자녀들의 자유, 그리고 그의 친구들의 자유가 각각 하나님 안에서 완성될 것입니다. 그 때에 자유란, 우리가 방해받음이 전혀 없이 하나님 자신의 영생과 그의 한이 없으신 충만하심과 영광에 동참하는 것입니다.(222)

4-10. 문: 몰트만은 『역사와 삼위일체 하나님』(1991)(HTG)에서, "삼위일체 하나님의 초대하는 통일성"에 대하여 논하는데, 그것이 종말론적 구원론과 믿는 사람들의 구원론의 '특수성'과 무슨 관계가 있는가?

답

몰트만은 삼위일체론의 출발점을 '특수'로 보고, 그것의 지향 점을 '보편'으로 봅니다. 하여 그에게 있어서 '사랑하는 아들' 예수님에 대한 지식, 아바, 곧 '예수 그리스도의 아버지'에 대한 신앙, 그리고 사람들을 신앙으로 새롭게 하는 성령에 대한 신앙경험이 다름 아닌 삼위일체 하나님에 대한 신앙 고백입니다. 이를 고백하는 이들은 기독교인들입니다. 그리고 이처럼 '특수'에서 출발하는 하나님은, 종말론적으로 '역사와 창조' 모두의 보편적 구원자이시고, '자연' 혹은 '이성'의 자연신론에 따른 하나님 개념을 배제하는 것이 아니라 지향한다고 합니다. 이는 믿음과 희망의 지성추구에 다름 아닌 것으로 보입니다. "그들이 다시는 각기 이웃과 형제에게 가르쳐 이르기를 야훼를 알라하지 아니하리니."(렘 31:34)에서처럼 종말론적으로 믿지 않는 사람들의 모든 자연신학 역시 삼위일체 하나님 안에 합체될 것이라고 하는 바, 결국 마지막 때엔 '특수'와 '보편'이 완전히 합체될 것이라고 하는 말일 것입니다.(참고: ET, 64-83: 6. The Natural Theology) 야훼 신앙과 같은 '특수'에서 출발한 삼위일체론은 이미 자체 안에 휴포스타시스(위격)와 '하나님'과 같은 '보편'을 내포하고 있습니다. 그리고 역사의 예수님이 특수라면, 주님, 그리스도, 구속 주, 하나님의 아들은 보편인바, 이 보편은 특수의 전거 점과 불가 분리합니다. 하여 특수 없는 보편은 생각할 수 없습니다.

몰트만은 보편적 구원에 관련하여 "성령과 그리스도 그리고 그리스도와 성령의 역사적 상호작용은 불신적이고 하나님께 버림받은 창조세계를 구원한다. 그것이 이 창조를 아버지와의 코이노니아로 편입시키기 때문이다. … 하여 이와 같은 구속사의 종말론적 완성은, 성자께서 새 창조를 성부께 양도하시어 하나님께서 만유 안에서 모든 것이 되신다(고전 15:28)라고 기독론적으로 언급되어 질 수 있고, 성령론적으로는 새 창조의 세계가 삼위일체 하나님에 대한 찬양 안에서 행복하게 될 것이라고 말해 질 수 있다."라고 하였고, 믿는 사람들의 구원에 대하여는 이렇게 언급합니다.

> 남자들과 여자들은 부르심과 칭의와 성화에 의하여 '아들의 형상을 본받게 함'(롬 8:29)을 통하여 '아들 됨'(Sonship)을 받고 예수님의 아버지와 함께 하시는 관계 속으로 편입된다. 그들은 성령의 은혜를 통하여 '하나님의 자녀들'이 되고, 하나님을 성자처럼 그리고 성자와 더불어 '아바, 나의 사랑하는 아버지'(롬 8:14 이하)라 부른다. …(HTG, 83)

그리고 몰트만은 성서에서 경험되어 지고 이야기되어 진 하나님 경험에서 출발하여, 삼위일체 교리의 신빙성을 '삼위일체적 구속사'에서 찾습니다. 그는 이 구속사 이야기에서 증언된, 야훼의 특수성, 그리고 성부 성자 성령의 특수한 개별성과 그것들의 상호 관계성과 페리코레시스적 공동체성과 통일성을 부각시킵니다. 그래서 그는 '삼위일체적 구속사' 혹은 구원의 삼위일체적 역사(특수)를 전거로 하여 "위격, 관계, 페리코레시스, 그리고 조명(illumination)"에 대하여 설명합니다. 이 중 가장 중요한 것은, 삼위일체 하나님의 자체 내의 페리코레시스적 연합과 인간과 모든 피조물들의 이 연합에의 참여일 것입니다. 역시 몰트만은 종말론적인 보편적 구원의 전망에서 믿는 사람들 혹은 교회 공동체의 특수성을 주장하고 있습니다. "창조의 불행이 하나님으로부터의 분리로서 죄로 말미암은 것이라면, 구원이란 피조물들이 하나님과의 은혜로운 코이노니아 속으로 수용되고 용납되는 것에 달린 것이다. 구원은 이 연합에 있다.… 그것은 인간들을 아들의 아버지의 관계 속으로 용납하시고 수용하시는 바, 이런 일들은 아버지의 자녀들과 아들들과 딸들로 만드시는 아들에 의하여 일어난다."(HTG, 87)

그것은 인간들을 성령 자신의, 아들과 아버지와의 관계 속으로 용납하고 수용하시며 이들로 성령으로 말미암아 그의 영원한 사랑과 그의 영원한 찬송에 동참하게 하신다." 하여 몰트만은 '열린 삼위일체 하나님'(the open Trinity)을 주장합니다. 즉 삼위일체는 단순히 성부 성자 성령의 관계에 머물지 않고, 인간들과 우주만물을 세 위격 내의 관계와 페리코레시스의 싸이클 속으로 개방하시고 초대하시며 재 연합시키시며 통전시키십니다. 여기에서 '페리코레시스의 싸이클'이란 '성부-성자-성령'(군주신론적 삼위일체 = monarchian form of Trinity), '성자-성령-성부'(기독론적 성령론에 따른 삼위일체 = the Trinity based upon the christological pneumatology), '성령-성자-성부'(성만찬적 삼위일체 = eucharistic form of Trinity)와 같은 다양한 삼위일체 형태들에 따른 페리코레시스들의 싸이클들을 말하는 것으로 보입니다. (HT, 80-89)

5. 문: 『역사와 삼위일체 하나님(1991)』이 말하는 "삼위일체론적 역사관"(the trinitarian view of history) 무엇인가요?
답

몰트만은 영원한 순환들의 형태로 운동하고 예전적 송영론들(like liturgical doxologies)에서처럼 반복들을 사랑하는 것으로 보이는 삼위일체론의 입장과 과거로부터 출발하여 현재를 통하여 미래로 진행하는, 직선적인 과정의 삼위일체의 입장을 종합하려고 합니다. 몰트만은 전자를 동방정교회의 경향으로 그리고 후자를 근대적 역사관의 경향으로 보았습니다. 그런데 몰트만은 이 둘의 종합을 모색함으로써, '삼위일체론적 역사관'을 제시하려고 합니다. 아마도 이는, 우리가 이미 지적한 대로, 창조자 아버지 하나님의 나라, 구속주 아들 예수 그리스도의 나라, 그리고 성령의 나라가 요아킴에서처럼 단순히 단계적이고 순차적이고 단순히 종말론적 성령의 나라를 지향하는 것이 아니라 하나의 나라 안에 다른 두 나라가 내포되어 있으면서, 동시에 직선적으로 삼위일체 하나님의 영광의 나라를 지향한다고 하는 것입니다. 몰트만은 첫째로 "요아킴은 삼위일체를 종말론적 규정성을 지닌 하나의 구속사 속으로 용해시켜 버린다고 말해질 수 없다. 아니다, 요아킴은 인류의 역사를 하나님의 영원한 역사와 종말론적으로 화해시키는, 하나의 역사적 역동성을 소개하고 있다고 말해져야 한다."(xviii)고 하여, 요아킴을 비판적으로 긍정하고 있습니다.

둘째로 그는 아퀴나스와 칼 바르트와 불로흐 역시 바로 이와 같은 이슈를 맴돌고 있다고 보면서, 이렇게 언급합니다. "삼위일체 하나님께 대한 역사적 지식이 실재(reality)를, 하나의 종말론적인 목표를 지닌 역사로 노정(露呈) 시킬 진데, 만유가 창조로 시작하여 역사적 화해를 통하여 종말론적 완성을 향하여 운동하고 있다고 하는 가정은 참으로 의미가 있다. 이 경우, 과거-현재-미래는 영원의 3가지 초시간적인 지속적 전개들이 아니라 역사의 시간이 완성되고 끝나는 그런 미래를 향하여 정향되어 있다. 하여 자연의 나라, 은총의 나라, 그리고 영광의 나라는 하나의 하나님 나라의 3측면들이 아니라 완성(consummation)을 향해 달려가는 도상의 3단계들이다. 그러므로 자연과 은총이라고 하는 두 단계 신학(중세교회의 신학)은 충분하지 못하다. 그것은 영광 속에 있을 만유의 새 창조에로 이어져야 한다."(Ibid.) 물론, 여기에서도 창조 화해 새 창조가 단순이 성부 성자 성령의 순차적 승계적인 구속사와 같이 일어나는 것이 아닙니다. 즉 몰트만은 순환들과 종말을 향한 직선을 종합하고 있습니다. '성령-성자-성부', '성자-성령-성부', 그리고 '성령-성자-성부'의 순환이 메시아 왕국과 새 창조와 같은 종말론적 목표를 지향하다고 하는 말입니다.

셋째로 요아킴(Joachim of Fiore), 브루너(Giordano Bruno), 비코(Giambattista Vico)와 크르체(Bendetto Croce)의 전통을 잇는 브루너 포르테는 그의 삼위일체론을 역사로서의 삼위일체라 부르면서, '삼위일체 하나님의 집'(고전 15:28)을 가리키는 역사에 대한 삼위일체적 개념을 발전시킴으로써 역사로서 삼위일체를 주장하였다며, 몰트만은 이들의 전통과 브루너 포르테의 입장을 매우 선호하면서도, "세속사에 대한 개념과 실제의 역사 속에서 일어난 부정적인 것에 대한 확정적인 부정(the negation of the negative)에 대한 논의"가 전혀 없는 것을 유감으로 여깁니다.

넷째로 언젠가부터 영미계통의 과정신학자들은 그들의 과정사상을, 삼위일체적 사고와 연결시켜 사고했고, 하트숀의 경우 삼위일체의 관계성의 풍요성을, 과정신학이 주장하는 '신적 상대성'으로서 하나님과 접목시켰다고 몰트만은 말합니다. 그리고 피텡거(Normann Pittenger)는 전통적인 삼위이체 교리를 과정철학으로 설명하였고, 오그덴과 콥도 그와 같은 과정신학을 추구하였다고 합니다. 헌데 '자연적' 과정신학과 계시에 근거한 정통 삼위일체론 사이에 그리고 종말론적 개방성을 지닌 역사관과 자연을 과정으로 이해하는 데서 비롯되는 역사관 사이에는 건널 수 없는 심연이 가로 놓여있다면서 이렇게 주장합니다. "이 둘의 연결은 매우 중요하다. 그도 그럴 것이 인류의 역사와 비안간의 역사는 결코 분리되어 질 수 없기 때문이다. 그 둘이 분리될 경우, 자연의 생태학적 위기와 이와 함께 인류역사의 묵시적 위험이 가중될 것이다."(ⅹⅷ)

다섯째로 몰트만을 판넨베르크의 삼위일체론을 비판합니다. 즉 "그는 '아버지의 군주신론'을 주장하기 때문에, 신적 페리코레시스 안에서 일어나는 커뮤니온 혹은 코이노니아를 아랑곳 하지 않으며, 그 대신에 군주신론을 삼위일체 자체 내로 도입시킨다. 그가 왜 군주신론을 주장하지 않으면 안 되는지가 본인에게 전혀 명쾌하지가 않다."(ⅹⅷ-ⅹⅸ)[53]

6. 『오시는 하나님』(1995)의 "영광: 하나님의 종말론"(321-339)에서 '삼위일체 하나님'의 의미는 무엇인가?

답

몰트만은 『오시는 하나님』에서 개인 차원의 종말론에서 영생을, 역사 차원의 종말론에서 하나님 나라를, 그리고 우주적 차원의 종말론에서 새 하늘 새 땅에 대하여 논했습니다. 그러니까, '하나님의 종말론'은 삼위일체 하나님께서 모든 것의 모든 것이 되시는 그 때(고전 15:28)에 인간과 및 나머지 모든 피조물들과 함께 어떤 모습으로 현존하시고 사역하실까에 대한 이야기입니다. 즉 위에서 제시한 대로 아버지의 나라와 성자의 나라와 성령의 나라가 완성되는, 영광의 나라에서의 삼위일체 하나님과 만유의 관계모습일 것입니다. 이는 삼위일체 하나님의 종말론적 집(home)입니다. 물론, 이 세 나라는, 요아킴이 주장하듯이, 역사와 창조 안에서 단계적이고 순차적인 구속사가 아니라, 각각이 다른 둘 없이 있을 수 없으면서 또한

---

53 상세한 내용은. 참고: 『역사와 삼위일체 하나님』의 Ⅱ. The Trinitarian View of History(91-164).

선(線)적으로 새 창조를 향하여 달려가는 나라입니다. 몰트만은 역사와 창조 안에서 삼위일체 하나님의 여러 존재양식과 사역양식('성부-성령-성자', '성자-성령-성부', 그리고 '성령-성자-성부')(『삼위일체와 하나님 나라』을 제시하였습니다. 하여 우리는 이와 같은 몰트만의 주장에 근거한 멘트를 가지고, 『오시는 하나님』이 주장하는 '하나님의 종말론'에 대하여 논하려고 합니다.

1) 하나님의 자기 영화롭게 하심: 우선 몰트만은, "하나님의 주권과 그분의 자기 충족성"(324)을 강조하여 천상천하 유아독존식의 자기 영광과 자기 영화롭게 되심만을 말하는 아퀴나스의 철학적 유일신주의를 거부하고 그 대안으로서 삼위일체 하나님을 제시합니다.

> 이기심이 없는 사랑과 신적인 완벽성이 모순 없이 동시에 생각되어질 수 있는 것은 하나님에 대한 삼위일체적 개념에 있어서 이다. 즉 세 신적 위격들은 상호간에 완벽하고 비이기적으로 사랑한다. 그들의 사랑에 의하여 성부는 전적으로 성자 안에 있고, 성자는 전적으로 성부 안에 있으며, 성령께서는 성부와 성자 안에 있다. 그들은 그들의 상호적 자기 내어주심을 통하여 완전하고 완벽한 신적 생명을 형성하는 바, 이로써 하나님께서는 자기 내어주심을 통하여 그 자신을 소통시키신다. …(CoG, 326)

몰트만은 이상과 같이 철학적 유일신주의에 반대하여 성서적 구속사적 삼위일체 하나님 이야기에 근거하는, 구속사에 대한 삼위일체신론적 개념을 소개하는데, 그는 여기에서 "하나님의 본질적 본성"과 "하나님의 의지(意志)"의 차이와 관계를 주장함으로써 천상천하 유아독존 식의 유일신론적 하나님의 자기 영화롭게 하심에 대한 논증을 반론합니다.

즉 몰트만에 따르면, 하나님께서는 그의 '본질적 본성 차원에선' 모든 피조물들로부터 초연하게 "그 자신으로 만족하고 그 자신의 내적인 생명의 고난 불가능한(impassible) 영광과 축복의 상태 안서 만족할 수 있었(CoG, 325)으나, 그럼에도 불구하고 이와 같은 초연하신 하나님께서는 그의 '의지(意志)'에 의하여 타자들을 향하여 흘러넘치는(신플라톤적 용어) 사랑이었다고 주장함으로써, 그분의 '타자들에 대한 사랑의지'와 그의 신적 본성 사이에는 모순이 없었다고 보았습니다.

> 피조물들의 실존과 실존에 대한 피조물들의 기쁨은 하나님의 선하심과 그의 영원한 사랑의 자연발생적(unprovoked) 흘러넘침이다. 그도 그럴 것이 창조, 화해와 구속은 하나님의 영원한 본성으로부터가 아니라 자유의지로부터 오는데, 그와 같은 행동들은 인위적이고 무작위적 행동들이 아니라 하나님이 의지(意志)하신 것이고 하나님이 기뻐하시는 것이었으며 하나님의 마음에 드신 것이었기 때문이다. 하나님께서 의지하시는 바는 그분의 본질적 본성에 일치한다. 그분은 신실하시니, 그 자신을 부인할 수 없으시다(딤후 2:13). 하나님께서 그 자신으로부터 나오셔서 비신적인 타 존재들의 실존을 의지(意志)하신 것은 그의 내적인 필연성으로부터가 아니라 넘쳐흐르는 사랑으로부터였으니, 피조물들이 자신의 실존에 대하여 기뻐함은 이 하나님은 그의 신적 축복과 일치하시기 때문이다. (CoG, 325)

이런 식으로 몰트만은 하나님의 본질적 본성과 그의 의지 사이를 구별하면서, 동시에 관계시키고, 그 둘의 일치를 주장함으로써 "하나님의 자기 충족성과 비신적인 것에 대한 하나님의 긍정 사이의 연결고리"(325)를 마련합니다. 그리고 삼위일체 하나님 자체 내의 위격 간의 사랑은 이기적 자기사랑이 아니라 '비이기적 타자사랑'을 보여주는 바, 그 타자사랑이 경세

차원에서는 그가 지으신 모든 피조물들로 확장된다고 본 것입니다.(CoG, 326)

2) 하나님의 자기실현: 헤겔에 따르면, 하나님은 비신적인 것 혹은 '타자'를 창조하셨고 전적으로 그 자신에 상응하여 그 자신으로부터 나오시고, 이 '타자' 안에서 그 자신을 표현하였는데, 이 하나님의 타자가 하나님으로부터 소외되었고, 동시에 하나님은 그의 창조세계와 그 자신에 대하여 계속적으로 진실하시고 신실하시기를 원하셨다고 몰트만은 봅니다.(CoG, 328) 헌데 몰트만은, 이상과 같이 얼핏 보아 삼위일체론과 비슷한 헤겔의 화해철학에 대하여 비판합니다.

첫째로 몰트만은 우리 인간의 일상적인 경험을 넘어선 '필연성과 자유' 혹은 '본질적 본성과 자유의지'의 구별과 관계를 가지고 헤겔의 성육신과 화해론을 비판하는 바, 위와 같은 헤겔의 주장에서 '하나님의 본질적 본성'과 '필연성'은 발견되지만, '자유와 자유의지'는 없다고 보아, 결국 헤겔의 '논리(사고)와 존재'(Denken und Sein)의 일치에 대한 주장을 반론하는 것으로 보입니다. 즉 몰트만은 '필연성과 자유'의 일치를 주장합니다. 몰트만의 설명을 들어보십시다.

"하나님의 자유를 출발점으로 논할지라도 우리는 하나님의 사랑의 내적 필연성을 기억해야 하고, 하나님의 본질적 본성인 하나님의 사랑으로부터 출발할 경우에도 우리는 하나님의 강요받지 않는 자유를 기억하지 않으면 안 된다."(CoG, 329) 하여 몰트만은 이를 '십자가의 신학'으로 검증하는 바, "십자가의 신학이 왜 그리스도께서 십자가 위에서 죽으셨고, 어떤 목적으로 죽으셨는가를 설명하지만"(329), "그리스도의 십자가에는 그것을 신학적인 개념으로 흡수하려는 모든 시도에 저항하는 그 무엇이 있느니, 그것은 '어찌하여 나를 버리셨나이까 …'라고 하는 그리스도의 고통과 그의 죽음에서 분명해 진다. 이에 대한 대답은 십자가의 신학에 의하여 주어지지 않는다.""이성은 오직 그것이 인식하는 대상의 필연성만을 파악한다고 하는" 헤겔에게 있어서는, 그리스도의 죽음에 대한 그 어떤 설명에 의해서도 십자가가 적절히 대답되어 질 수 없기 때문이다. 그것은 오직 죽음으로부터의 그분의 부활과 부활되신 분의 부활절기쁨을 통해서만 대답되어 지기 때문이다."(CoG, 329)

둘째로 몰트만은 헤겔 비판을 통하여 간접적으로 칼 바르트의 화해론을 비판하는 것으로 보입니다. 적극적으로 말하면, 몰트만은 '화해의 복음'의 '이미'(already)로 만족하지 않고, 역사와 창조세계 자체의 미래 종말론적 변혁과 하나님 자신의 종말론을 제시하려고 합니다.

> …헤겔에게 있어서 세계는 이미 전적으로 그리고 객관적으로 화해되었다. 때문에 종말론적 미래가 결핍되어 있다. 만약에 세계가 '객관적으로 말해서' 하나님의 역사 안에서 이미 화해되었다면, 그것은 그와 같은 화해에 대한 주관적인 지식만을 요구하는 것에 다름 아니다. …헤겔에 있어선 알려지지 않은 미래가 없다. 헤겔에 따르면 새로운 것은 아무 것도 일어날 수 없다. 과연 우리는 아직 일어나지 않은 세상의 구속을 기다리지 않고 희망하지 않고 이 '구속받지 못한 세상'이 이미 하나님 안에서 이미 화해되었다고 묘사할 수 있겠는가? …그러나 화해가 결코 이미 세상의 종말론이 아니라면, 그것은 자체 안에 하나님의 종말론도 포함하고 있는 것이 아니다. '부활의 영'으로서 '공동체의 영'은 도래할 영광의 선지급금 혹은 선 담보 이상이 아니다. 그것은 영광 그 자체가 아니다. 세상을 자기 자신에게 화해시키신, 그리스도 안의 하나님은 그의 영광으로 가는 도상에 계시고, 그의 나라에서의 세상에 대한 새 창조의 도상에 계신 것이다.… (CoG, 329-330)

셋째로 비록 헤겔이 기독교적 삼위일체교리를 회복하려고 했지만,

절대정신의 변증법적 자기실현에 대한 헤겔의 사상은 삼위일체적으로 이해된 것이 아니라는 것입니다. 그의 철학적 화해론은 한 주체(a single Subject)의 자기발전을 밑에 깔고 있어서 양태론에 다름 아니라며, 역시 이를 통하여 칼 바르트의 삼위일체론을 넌지시 비판하였습니다. 이 맥락에서 몰트만은 빌립보서 2장을 삼위일체론적으로 이해하고 해석합니다.

> 빌립보서 2장에 따르면, 죽음에 이르기 까지 그 자신을 비우신 분은 하나님의 아들이다. 하지만 아버지께서는 그를 부활시키시고 만유 위로 높이셨다. 반면에 헤겔의 경우는 이와 같은 두 운동을 통하여 그 자신을 표현하시는 분은 단 하나의 주체(a single divine Subject)이다. 절대자에 대한 헤겔의 셋이 한 쌍인 사고는 극단적인 형태의 양태론이다. 즉 단 하나의 주체가 3단계를 거친다. 즉 '아버지의 나라', '아들의 나라', 그리고 '성령의 나라'를 단계적으로 통과한다. 바로 이것이 하나님의 종말론을 불가능하게 만든다.(CoG, 330)

3) **하나님의 활동과 인간의 활동의 상호작용**: 몰트만은 오직 하나님 자신으로부터만 하나님의 '영화롭게 되심'이 나온다고 하는, 철학적 유일신주의의 '하나님의 영화롭게 되심'(the glorification of God)에 대하여 비판합니다. 즉 몰트만은 "하나님께서는 하나님과 세상, 하나님과 인간들, 그리고 삼위일체의 위격들 사이의 상호작용을 통하여 영화롭게 되실 수 있다."(330)고 하였습니다. 몰트만은 '하나님의 영화롭게 되심'에 대한 3가지 입장을 제시하는데, 과정신학의 철학적 기반을 마련한 화이트헤드의 주장을 전면 비판하고, zimzum('하나님의 자기제약' 혹 하나님의 자기퇴거')을 전제하는 인간과 피조물의 자유에 대한 유대교의 주장을 부분적으로 인정하며, 유대교의 쉐히나 신학(Rozenzweig)을 전적으로

인정하면서, 삼위일체론에서 그것의 확답을 찾습니다.(CoG, 334-335)

결론적으로 말하면, 몰트만은 바울에게서 삼위일체론을 찾아냅니다. "분명히 바울 역시 하나님의 종말론을 하나의 삼위일체적 과정으로 이해한다."며, 그리스도의 부활과 현재에 효능이 있는 성령의 경험 안에서 이어지는 부활, 장차 그리스도의 재림과 더불어 도래하는 메시아 왕국(Christocracy), 그 후 모든 죽은 자들의 부활과 죽음의 멸절, 그리고 완성된 나라(바실레이아)를 아버지께 양도하심('the handing over of the kingdom)에 대하여 논하고, 삼위일체 하나님께서 만유 안에 모든 것이 되실 것(고전 15:20-28)을 차례로 논합니다.(334) 이것이 종말론의 역사요 하나님의 종말론이라고 합니다. 그러면 왜 아들은 하나님 나라를 그의 아버지께 넘겨주시는가? 몰트만에 따르면, 바울의 언어에 있어서 이는 또한 '아들의 순종의 완성'이기도하기 때문이라고 합니다(고전 15:28). 이는 또한 쉐마 이스라엘에서 요구된 하나님의 이름을 거룩하게 함과 관련된 바, 예수께서는 삼위일체론적으로 그와 같은 하나님의 이름을 거룩하게 하는 순종을 온전히 시행하신 것이라고 하는 것입니다. 하여 '내 아버지께서 모든 것을 내게 주셨으니 아버지 외에는 아들을 아는 자가 없고 아들과 아들의 소원대로 계시를 받은 자 외에는 아버지를 아는 자가 없느니라. 수고하고 무거운 짐 진 자들아 다 내게로 오라 내가 너희를 쉬게 하리라.'(마 11:27-28)(335)라고 하였습니다. 그런즉 "아들이 종말론적으로 '그의 나라를 아버지께 넘겨주심'은 분명히 삼위일체 내적인 과정이요, 하나님의 종말론의 한 표현이다."(CoG, 335)

끝으로 몰트만은 잘못된 사상들에 대하여 하나하나 반론합니다. 첫째로 하나님의 자기 영화롭게 하심에 대한 전통에 반대하여, 요한과 바울은 '시작' 이상을 추구한다고 합니다. 즉 "시작에 창조가, 끝에는 하나님의 나라가, 그리고 시작엔 하나님이 그 자신 안에, 그리고 끝에는 하나님께서 만유 안에 모든 것이 되신다고 하는 말입니다. 이 하나님의 종말론에서 하나님은 역사를 통하여 그의 영원한 나라를 획득하시는데, 이 나라 안에서 하나님은 만유 안에서 안식에 도달하시고 만유가 그분 안에서 영원히 살 것이다."(CoG, 335) 둘째로 헤겔의 하나님의 자기실현에 대한 사상에 반대하여, "그리스도의 자기 비움과 영화롭게 되심의 역사는 결코 양태론적으로 생각되어서는 안 되고, 성부 성자 성령의 협동사역들로서 삼위일체론적으로 이해되어야 한다. … 그것의 결과는, 모든 피조 된 존재들이 신적 삶의 상호관계들 속으로 이끌려 들어가고 사회성에 다름 아닌 하나님의 넓은 공간 속으로 편입되는 것이다. 셋째로 쉐마 이스라엘에서 '하나님의 이름 이 거룩히 여김을 받음'에 반대하여, "신앙과 그리스도의 제자의 도는 그리스도를 통해서 하나님의 이름이 거룩히 여김을 받고, 그분 안에서 하나님의 뜻이 이루어지며, 그분과 함께 하나님의 나라가 도래할 것을 강하게 확신한다."(336)고 합니다. 그리고 몰트만은 "성부, 성자, 진리의 영의 협동사역들에 대한 삼위일체적 아이디어들은 유대교의 쉐히나(Shekinah) 신학과 영적인 근접성을 지녔고, 그것으로부터 탄생하였다."(CoG, 336)고 봅니다.

4) 하나님의 충만성과 영원한 기쁨의 축제: 새 하늘 새 땅, 곧 새 창조의 나라 혹은 영광의 나라에서 펼쳐질 삼위일체 하나님과 그의 모든 피조들의 모습과 관계들에 대하여 논합니다. 창조자 하나님 아버지께서는 '자기제약' 혹은 '자기 퇴거'(Zur cknahme, self-limitation or self-withdrawal)을 통해서 '무(無)로부터' 혹은 '무에도 불구하고' 인간과 모든 나머지 피조물들을 지으시고, 이들에게 자유를 주셨으나, 이제 영광의 세계에서는 '탈 자기제약'(de-self-limitation)을 통하여 만유 안에 민유가 되시고, 만유와 사랑의 교제를 나누십니다. 즉 하나님께서는 삼위일체 자체 내에서 페리코레시스를 누리시고, 인간 및 나머지 피조물들과 교제하시며, 모든 피조물들로 상호 교제와 소통을 누릴 것입니다. 이는 삼위일체 하나님의

'쉐히나'의 극치라 하겠습니다.

몰트만은 본 주제를 '부활'로 풀고 있습니다. "그리스도의 부활은 사망권세의 극복이요 불멸하는 영생을 의미한다. 이것에 대한 인간의 첫 반응은 억제 불가능한 부활절 기쁨이다. 바로 여기에서 하나님의 생명이 개방되고 소통된다. 성서는 이를 '은혜'(charis)라 부른다. 소통된 신적 생명은 또한 영생이니, 이는 신적 생명에의 참여이다. 하지만 이는 단순히 내세의 삶 혹은 죽음 이후의 삶이 아니다. 그것은 이미 여기에서의 각성이요 중생이고, 땅의 삶을 새로운 생명 에너지들로 충전시킨다."(337) 하여 몰트만은 부활로부터 영원한 은혜가 수많은 은사들로 그 자신을 소통하는데, 이는 단순한 은사들이 아니라 '새로운 생명 에너지들'(new living energies)이라 합니다. 이것은 새 하늘 새 땅에서의 성령의 에너지의 선취일 것입니다. "이 은혜는 하나님의 충만으로부터 오는 영원한 생명이니, 새로운 생동성과 넘치는 기쁨으로 나타난다. 이 은혜에 대한 반응이 기쁨(chara)이다. 이 기쁨은 또한 '참 신앙'이라 불린다."(CoG, 337) 하여 "우리는 하나님의 개방된 충만하심에 대한 기쁨으로부터 단순히 '은혜 위에 은혜'뿐만 아니라 '생명 위에 생명'을 받는 바, 우리가 지금 여기에서 살아가고 있는 삶은 이미 변용된 삶(a transfigured life)이요 하나의 축제적 삶이 된다.…"(CoG, 337-338)

하지만 몰트만은 이상과 같은 은혜와 은사들과 기쁨과 생명은 자연과 우주 전체의 변용(transfiguration)의 시작에 불과하다고 합니다.

아니다. 그들에겐 그들이 경험하는 부활절 기쁨 안에 있는 생명의 변용은 우주 전체의 변용의 한 작은 시작에 불과하다. 부활하신 그리스도께서는 단순히 죽은 자들에게만 찾아가시어 그들을 다시 살리시고 그 자신의 영생을 나누시는 것이 아니다. 그는 만유를 그분 자신의 미래로 끌어안으심으로써, 그들로 새롭게 창조되어 하나님의 영원한

기쁨의 축제에 참여하게 하신다.(CoG, 338)

끝으로 몰트만은 이상과 같은 부활사건과 믿는 자들의 그것에 대한 응답에 근거하여 '하나님의 충만'을 은혜와 생명과 빛과 혼인으로 설명합니다.

'우리가 다 그의 충만한 데서 받으니 은혜 위에 은혜라.'(요 1:16). 그리고 '교회는 그의 몸이니 만물 안에서 만물을 충만케 하시는 이의 충만 이니라.'(엡 1:23)에서처럼 교회뿐만 아니라 만물을 충만케 하시는 그리스도 안에서 하나님의 충만은, 천상천하 유아독존 식의 철학적 유일신주의와 헤겔이나 화이트헤와 같은 철학자가 말하는, 하나님의 자아실현의 본성과 달리, 하나님의 공동체 안에서 모든 축복을 누리면서 찬양하고 노래하며 춤을 추고 기뻐하는 피조물들의 상호작용을 더욱 더 이해할 수 있게 한다.

…하나님의 충만함은 신적 생명의 지극히 기쁜 충만 이다. 이 생명은 소진될 수 없는 창조성으로 그 자신을 소통한다. 그것은 죽은 것과 시들어 버린 것을 살리는 넘쳐흐르는 생명이다. 모든 생명체들이 이 생명으로부터 그것의 생명 에너지들과 생명을 향한 열정을 받는다. … (중략) 하나님의 충만은, 피조된 것들의 수 없이 많은 휘황찬란한 색깔들로 반사되어 진 찬란한 빛이다. 하나님의 영광은 자기를 영화롭게 하는 위엄으로가 아니라 하나님 자신의 생명의 충만 에 대한 하나님 자신의 풍성한 소통으로 표현된다. 하나님의 영광은 그의 자기 비움의 길에 의한 그분의 수고스러운 자기실현에서가 아니라 부활의 영원한 날에 주어지는 것이다.(336)

하나님의 영광은 영원한 기쁨의 축제이다. 그래서 복음서는 계속해서 그것을 혼인잔치에 비유한다. '네 주인의 즐거움에 참여 할지이다.'(마 25:21) 예수님의 친구들은 혼인잔치에 초대된 손님들이다(막 2:19; 마 9:15; 눅 5:34). 왜냐하면 그들은 하나님 나라에 속한 사람들이기 때문이다. 그리고 계시록 19:7은 '어린양의 혼인잔치'에서 이와 같은 혼인들의 마지막 성취를 상상한다. 심지어 '하늘의 예루살렘'도 하늘로부터 내려 올 때 신랑을 위해서 단장한 신부로 그려지고 있다(계 21:2). 누가복음 2:10은 그리스도의 탄생을 '큰 기쁨의 소식'이라 선포하였다. 요한에 의하면 예수님의 기쁨이 그의 사람들 안에 머물러 있어, 그들의 기쁨이 충만해 질 것이다(요 15:11). 그리스도의 오심(the coming of Christ)은 하나님 나라의 도착이요 이에 대한 인간의 첫 반응은 심오한 기쁨이었다.(CoG, 336-337)

몰트만은 『오시는 하나님』의 끝 부분에서 '영광: 신적 종말론'에 대하여 논하였습니다. 그는 '천상천하 유아독존'식의 토마스 아퀴나스 등의 철학적 '유일신 전통'을 비판하면서, '사회적 삼위일체론'과 하나님 안에서 '본성'과 '의지'의 일치를 주장하였습니다. 그리고 그는 헤겔을 비판하면서, 바르트를 간접적으로 비판하는 바, 바르트의 화해론이 종말론적 차원을 충분히 열어 놓고 있지 않다고 봅니다. 그는 헤겔적인 "단 하나의 신적 주체"(a single divine Subject)는 "그 어떤 신적인 종말론"도 가질 수 없다며, 바울의 빌립보서 2장을 비롯하여 성경의 내러티브에 근거하는 삼위일체론만이 진정한 의미에서 신적 종말론을 가진다고 본 것입니다. 하여 몰트만의 삼위일체론은 자연히 '하나님의 활동과 인간의 활동의 상호작용'으로 인도하였으니, 그는 '과정신학'의 배경인 화이트헤드의 '유일신주의'를 비판하고, 유대교의 zimzum사상과 쉐키나 사상을 사용하여 성경적 내러티브에 입각한 그의 삼위일체론을 제시한 것입니다. 그는 "분명히 바울 역시 하나님의 종말론을 하나의 삼위일체적 과정으로 이해한다."고 보았습니다.

결론적으로, 그는 부활과 성령이 보여주고 약속하는 은혜와 생명과 빛의 세계는, 단순한 속죄와 죽음의 극복에 불과한 세계가 아니라고 합니다. 그 세계는 '잉여약속'(the promissory surplus 혹은 the surplus of the promise)과 '부가가치'(added vlalue)의 새로운 세계일 것이라고 합니다. 생명과 에너지가 충만한 부활의 세계는 하나님의 페리코레시스에 참여하는 '은혜와 생명과 빛의 세계'이기 때문입니다. 이 세계야 말로, 하나님의 활동과 인간 및 나머지 피조물의 활동이 상호작용하는, 사랑과 자유의 새 창조의 세계입니다.

V.
성령론

V. 성령론

지금 까지 필자는 'Ⅱ. 성경의 중심내용'에서 '약속사와 하나님의 미래'를 성경의 중심내용으로 보았고, Ⅲ-1과 Ⅲ-2의 '기독론'과 Ⅳ. '삼위일체론'이 그것의 중심내용을 구축한다고 주장하였습니다. 헌데, 몰트만의 성령론 역시 성경의 중심내용으로부터 결코 배제될 수 없습니다. 성령론은 '하나님의 미래'의 영시고, 기독론적 종말론과 삼위일체론적 종말론과 함께 엮여져 있기 때문입니다. 하여 성령은 '하나님의 미래'의 영으로서 구약의 야훼의 영이시고, (네 복음서들의)예수님의 위격과 사역에 동참하신 분(the Spirit-christology)이시고, 부활하신 그리스도께서 오순절 날에 파송해 주신, 아버지께서 약속하신 영이시며, 삼위 가운데 한 분으로서 아들과 아버지 안에 계시어, 아들과 아버지와 불가 분리하신 분이십니다. 역사적으로 성령론이 기독론 및 삼위일체론으로부터 분리되고 독립되는 경우에, 소종파의 성령론으로 전락할 위험성에 노정되는데 반하여, 몰트만의 성령론은 매우 온전하고 균형 잡힌 성경적이고 신학적인 가르침입니다.

이제 필자는 『성령의 능력 안에 있는 교회』(1975)의 성령론에서 '하나님의 미래'의 성령을 소개하고, 『생명과 삶의 원천』(1997)의 성령론에서는 성령의 보편적이고 종말론적이며 우주적인 차원과 특수 차원 각각을 살피고, 그 둘의 관계를 밝혀내려고 합니다. 그런데 『생명과 삶의 원천』의 성령이해를 위하여 그 직전의 저서들인, 『창조세계 안에 계신 하나님』(1985)과 『생명의 영』(1991)을 논하려고 합니다. 그리고 끝으로 2017년 6월 2일 장신대에서 발표된, 「창조와 새 창조 안에 계신 하나님의 영 – 생명의 잊혀 진 원천」에 나타난 '성령론'을 소개하려고 합니다.

1. 문: 『성령의 능력 안에 있는 교회』(CPS)에서 성령의 종말론적 의미란 무엇입니까?

답

몰트만은 'Ⅱ. 역사 속에 있는 교회'에서 '2. 성령의 역사 안에 있는 교회'를 논하면서, 그 안에 '(ⅰ) 그리스도의 역사의 의미'와 (ⅱ) '성령의 능력 안에 있음'에 대한 논의를 포함시켰습니다. 몰트만에게 있어서 '그리스도의 역사의 의미'란 사도적 복음의 종말론적 목적에 관한 내용인데, 그것 안에 내포된 네 복음서의 예수님의 인격과 사역 역시 종말론적인 목적을 갖는다고 하는 것입니다. "우리는 신약성서의 '신학적 목적절들' 안에서 그리스도의 역사에 대한 목적론적 해석을 발견합니다."(CPS, 29) '그리스도의 역사'는 종말론적 텔로스를 갖는다고 하는 말입니다. 그리고 이와 같은 종말론적 사도적 복음 선포와 그 안에 포함된 복음서들의 예수님의 종말론적 인격과 사역을 성령의 사역으로 받아들인 사람들이 신망애의 교회 공동체인 바, 이것이 다름 아닌 '성령의 능력 안에 있는' 교회에 대한 이야기입니다. 교회는 종말론적 하나님의 백성 공동체입니다. 그런즉 "구원을 경험하고 감사에 넘치는 삶을 사는, 칭의 받은 죄인들의 공동체, 곧 그리스도에 의하여 자유 함을 받은 자들의 공동체는 그리스도의 역사의 의미를 성취하는 도상에 있다. 교회 공동체란 그 눈을 그리스도께 고정시키면서 성령 안에서 살고, 그런 식으로 그 자체가 새 창조의 미래의 시작이요 담보이다. 교회는 그리스도만을 선포하는데, 교회가 그분을 선포한다고 하는 사실은 말씀 가운데 하나님의 미래의 도래이다. 교회는 그리스도만을 믿는데, 이와 같은 믿음은 이미 희망의 표징이다. 교회는 해방을 받아 그리스도만을 따르지만, 이미 이것은 몸의 구속의 몸 적인 선취이다. … "(CPS, 33)

그리고 몰트만은 위와 같은 하나님 나라로 정향된 교회론을 정립한 다음에, 'Ⅱ의 4. 하나님의 삼위일체론적 역사(歷史) 속에 있는 교회'를 논합니다. 대체로 이는 교회가, 보편적이고 종말론적인 삼위일체 하나님의 역사에 성령에 의하여 동참하고 있고 동참해야 한다고 하는 것을 뜻하는데, '(i) 성부에 의한 아들과 성령의 파송', '(ii) 그리스도의 역사의 기원과 미래', '(iii) 성령을 통한 성부와 성자의 영화롭게 하심', '(iv) 하나님의 연합', '(v) 하나님에 대한 경험', '(vi) 하나님의 역사에의 교회의 참여'에 대하여 논합니다. 이 중에서 우리는 (vi)에 주목합니다. 나머지는 삼위일체론에 관한 것이기 때문입니다. 그런즉, 몰트만은 보편적이고 객관적이며 종말론적인 하나님의 세계참여의 삼위일체적 역사를 종말론적 비전을 가지고 논한 다음에, 하나님의 선교에 입각한 교회론을 펼치고 있습니다. 대체로 정치 경제 사회 문화 다 종교의 세상을 성령께서 사역하시는 "세상의 생명과정들"(CPS, 163)로 보고, 교회의 삼위일체 하나님의 역사참여에 의한 세상참여를 주장하고 있다 하겠습니다. 하여 다음의 인용은 중요합니다.

교회는 세상에 관여하시는 삼위일체 하나님의 역사(歷史)의 운동들 안에 있다. 따라서 교회는 교회의 삶을 포함하는, 타자들과의 모든 관계들(이스라엘 백성, 타종교들, 세속세계) 속에 있다. 이 모든 관계가 삼위일체 하나님의 역사의 운동들 안에 있기 때문이다. … 세상을 향해서 성취해야 할 구원선교의 주체는 교회가 아니다. 성부를 통한 성자와 성령의 선교가 교회를 포함하는데, 이 선교가 종말을 향한 도상에 있는 교회를 창조한다. 설교의 성령, 성례전의 성령, 사역(ministry)의 성령 혹은 전승의 성령을 주관하는 것이 결코 교회가 아니다. 오히려 성령께서 말씀과 신앙, 성례전과 은혜, 직분들과 전통들의 사건들을 가지고 교회를 관장하신다.(64)

1-1. 문: 교회는 자신의 활동을, 성령을 통한 말씀설교와 세례 성만찬

집례에 국한시켜야 하나요? 아니면 위에서 제시한 종말론적 성령을 통하여 삼위일체 하나님의 역사에 동참해야 하나요?

답

종교개혁을 대표하는 루터와 칼뱅은, '말씀설교와 세례 성만찬'을 교회의 (두 가지)표지(notae ecclesiae = marks of the church)로 보았습니다. 허나 몰트만은 앞에서 언급한 대로 교회가 삼위일체 하나님의 보편적이고 객관적인, 하나님 나라를 지향하는 역사(歷史)에 동참해야 한다고 보고, 이 교회는 보편적이고 객관적이며 하나님 나라를 선취하고 있는, 성령의 사역 에 동참해야 한다고 하는 것입니다.

교회는 창조세계를 해방으로 하나님을 영화롭게 하는 일에 동참해야 한다. 성령의 사역을 통하여 이것이 일어나는 곳마다 교회가 거기에 있는 것이다. 참 교회는 이미 해방 받은 사람들의 감사의 노래이다.

교회는 인간을 상호 연합시키고, 인간사회를 자연과 연합시키며, 창조세계를 하나님과 연합시키는 일에 참여한다. 이와 같은 연합들이 일어나는 곳마다 그것이 아무리 파편적이고 연약하여도 거기에는 교회가 있는 것이다. 참된 교회는 사랑의 코이노니아이다.

사랑은 하나님의 고난에 참여한다. 사람들이 그들의 십자가를 지고 그들의 자기 내어줌으로 십자가에 달리신 분과 같이 되며, 자유를 향한 절규로 성령의 탄식이 들리는 곳마다 거기엔 교회가 있다.…

이런 식으로 교회의 전(全) 존재는 하나님의 세상관여의 역사에의 참여로 특징 지워진다. 사도신경은 이와 같은 진리를, '나는 교회를 믿습니다.'를 '나는 삼위일체 하나님을 믿습니다.' 안에 통합시킴에 의하여 표현한다. 하여 그 어떤 교회론도 이와 같은 수준 밑으로 내려가서는 안 된다.(CPS, 65)

1-2. 문: '성령의 현존 안에서'와 '성령의 능력 안에서'란 무엇을 뜻하나요?

답

제5장('성령의 현존 안에 있는 교회')에서 몰트만은 성령의 현존과 사역 안에서의 교회의 '구원의 수단들'(교회의 선포, 세례, 주님의 만찬, 예배, 기도, 축복의 행위들과 개인과 공동체가 함께 사는 방법)에 대하여, 그리고 제6장('성령의 능력 안에 있는 교회')에서는 교회의 '카리스마들', 사역들(the ministries), 은사들과 과제들(혹은 흔히 불리는 대로는 직무들)에 대하여 논하는데, 이 둘은 메시아적 '공동체'(fellowship) 안에서 일어나는 바 성령론의 틀 안에서 논해집니다.(CPS, 198-199) 물론, 이와 같이 교회를 교회되게 하는 성령은, 종말론적 성령이십니다.

1-3. 문: 위에서 우리는 성령께서 믿는 자들을 그리스도와 연합시키시고, 삼위일체 하나님의 역사참여에 참여하게 하시는데, 이 성령의 '종말론적' 의미란 말은 무엇을 뜻하나요?

답

몰트만에게 있어서 사도적 복음 선포(설교, 세례, 성만찬)와 교회의 사역은, '하나님 나라의 성례로서 성령의 파송'(CPS, 199 이하)의한 것인데, 이 성령께서 다름 아닌 종말론적 성령이시라고 하는 것입니다. 즉 그것은 그리스도께서 통치하시는 '메시아 왕국', 삼위일체 하나님의 '하나님 나라', 그리고 '새 하늘 새 땅'을 빛과 생명과 영광과 능력으로 가득 채우시는 하나님의 영의 생명에너지들일 것입니다. 여기에서 몰트만은 팔라마스(c.1296-1359)처럼 성령을, 성령의 위격과 그것의 에너지들로 나누어 논합니다. 헌데 이와 같은 종말론적 성령이해는 교회의 은혜의 수단들을 신인의 연합을 통한 '신성화' 수단들로가 아니라 하나님 나라의 선취수단들로 보게 합니다. 즉 '사도적 복음 선포'와 '교회의 사역'은, '역사'와 '창조'라고 하는 종말 이전의 지평에서 하나님 나라를 매개하는 수단이라고 하는 말입니다. 그런데 중세교회는 이 중에 '세례와 성만찬' 등 7성례를 '성례'(sacramentum)이라 하였는데, 이는 신약성서의 '신비'(mysterion)에 대한 오역이라면서, 몰트만은 이 '신비'가 미래 종말론적 의미를 갖는다고 합니다. 그는 '신비'를 3가지 정도로 정리합니다. 첫째로, 신비는 신적 결의(決意)로서 역사 속에서 역사의 끝을 계시는 바, 이는 은폐된 고지(告知), 미래에 대한 약속, 그리고 선취의 성격을 지니고 있습니다.(CPS, 203-204)

둘째로, "신약성서에서 예수님은 그의 미션, 그의 죽으심과 그의 죽은 자들로부터의 부활을 통한 하나님의 종말론적 신비를 계시하십니다. 하여 세상을 위하여 하나님에 의하여 결정된 미래는 예수님의 메시아적 미션을 통하여 분명해 진 것이고, 하나님께서 정하신 종국적 구원은 예수님의 죽음과 부활을 통하여 효력을 나타낸 것입니다."(CPS, 204) 이 신비가 분명하게 나타나는 것은, 종말론적 완성을 가리키는 복음 선포와 성령의 은혜로 주어지는 믿음에게 입니다.

셋째로, "그리스도의 도래를 마지막 때에 신적 비밀 혹은 신비의 계시의 동터 오름으로 보는 이와 같은 종말론적 기독론에 근거하여, 우리는 이 신비를 계시하는 미래계시의 기대로의 종말론적 이월을 발견한다. …그런즉 신비라는 말의 사용은 기독론을 넘어서 성령론으로, 교회론과 세계역사의 종말론으로 퍼져 나간다. 그와 같은 물줄기들은 종말론적 기독론으로부터 흘러나오는 것이다. …십자가에 달리시고 부활하신 예수께서 하나님에 의하여 결의(決意)된 세계구원을 나타내는 한, 선포와 신앙과 이방인들에 대한 성령부음 역시 이 구원의 일부이다.…(CPS, 204)

그리고 몰트만은 칼 라너와 칼 바르트의 입장과는 달리, "종말론적으로 승리적인 하나님의 은혜로서 교회는 그 자체의 현 실존을 넘어서 세상으로 인도되고 완성될 하나님 나라로 추동될 것이라"(205)고 하는 논리를 펼치면서, '신비' 개념은 그리스도와 교회를 종말론적으로 이해되게 하고 나아가서 세계역사에 대한 종말론적 이해로 인도할 것이라고 합니다. 아래에서 우리는 특히 메시아 시대의 복음 설교, 세례와 성만찬, 그리고 교회의 사역들(ministries)이 모두 하나님 나라에 대한 종말론적 성령파송의 틀 안에 있음을 확인할 수 있습니다. 아래 인용에서 우리는 성령의 종말론적 사역에 주목해야 합니다.

…하나님 나라의 현존과 마지막 때의 신적 신비의 계시는 성령의 종말론적 선물 안에서 발견된다. 성령께서는 그리스도를 계시하시고 신앙을 창조하신다. 선포, 사귐과 상징적인 메시아적 행동들은 성령의 능력 안에서 일어난다. 그는 신적 미래의 권세요 신적 역사를 완성하실 그분이시다. 그는 믿는 자들 안에서 그리스도를 영화롭게 하시고 세계에 대한 새 창조의 권세이시다. 그리스도 혼자의 힘이 아니라 성령 안에 계신 그리스도, 교회 그 자체의 혼자의 힘이 아니라 성령 안에 있는 그리스도의 교회야 말로, 신비 혹은 '성례'라 불리지 않으면 안 된다.…(CPS, 205)

2. 문: 『창조세계 안에 계신 하나님』(GC, 1985)에 나타난 성령이해는?
답

몰트만은 1964년 『희망의 신학』으로부터 '역사'(시간)에 대한 문제에 몰두했습니다. 그는 초기 자신의 신학은 "저항과 약속, 약속과 출애굽, 출애굽과 해방과 같은 예언자적 개념들"에 집중하였으니, "약속의 논리와 하나님의 도래에 대한 희망의 논리가 자신의 신학을 지배하였다."(ET, 313)고 합니다. 그러나 그는 1972년 로만 클럽의 '제한성장'에 대한 주장과 더불어, 모더니즘의 무한한 역사발전에 반대하여 '창조' 혹은 '자연'(공간)에로 관심을 돌렸습니다. 하지만 위에서 논한 대로 그의 교회론(CPS, 1975)은 '창조'가 아니라 '역사' 일변도에 머물러 있습니다. 즉 그는 아직 삼위일체 하나님의 역사에의 관여와 이 삼위일체 하나님의 역사에 참여하는 교회에 관심을 집중하는데, 이 교회론의 모든 것은 어디까지나 종말론적 성령의 주권 하에 있습니다. 헌데, 이와 같이 '역사'와 '교회'에 관련된 성령론은, 『생명의 영』(1991)에서 논해 질 우주적 성령론과 불가 분리합니다. 이는 두 성령이 아니라 한 성령입니다.

하여 몰트만은 『창조 안에 계신 하나님』(1985)과 『생명의 영』(1991)에서부터 그리고 『생명과 삶의 원천』에서는 삼위일체 하나님의 내주와 관련하여 '창조' 혹은 '자연' 혹은 '공간'에 주목합니다. 이는 향후 그의 신학이 '창조'에 집중하고 있음을 보여 줍니다. 물론, 그는 역사와 창조를 종합하는 입장을 취했습니다.

『창조세계 안에 계신 하나님』[54]: 몰트만은 그의 교회론'에서 종말론적인 성령이 교회의 본성과 주된 가능을 결정한다고 보았고, 이 교회의 실존을 하나님 나라에 대한 비전에서 규정하였습니다. 그리고 예수 그리스도의 교회는 메시아적 공동체로서 성령을 통하여 삼위일체 하나님의 역사에 동참하여 세상의 다른 파트너들과 더불어 역사와 창조세계 속에서 하나님 나라를 선취(先取, Vorwegnahme))한다고 하였습니다. 그러나 이제 몰트만은 창조주 아버지 하나님과 우주적 그리스도께서 종말론적 성령을 통하여 인간과 창조세계 안에 내주하심을 주장합니다. 본 저서는 초월적인 삼위일체 하나님께서 성령을 통하여 세계 안에 내주하신다고 주장함으로써, 생태신학을 확립하였습니다. 모더니즘 이래로 이와 같은 삼위일체 하나님의 세계 안의 내주가 전혀 무시되어, 오늘날 인류가 생태재앙을 경험하고 있다고 하는 것입니다.

일찍이 아우구스티누스는 삼위일체 하나님을 믿는 사람들이 하나님의 형상으로서 인간들에게서 그 하나님의 흔적들을 분별할 수 있는 바,

---

54 J. Moltmann, *God in Creation*(London: SCM Press, 1985)(독일어 초판, 1985).

인간의 심리와 인식론적 구조 안에서 그와 같은 흔적을 발견할 수 있다고 하였습니다. 허나 몰트만은 인간, 인간 공동체, 그리고 창조 공동체를 하나님의 형상으로 보아 이것들 안에서 삼위일체 하나님의 흔적들을 보았습니다. 몰트만은 삼위일체 하나님 자체 내의 관계성과 페리코레시스를 생명의 공동체로 보고, 이것에 유비(analogia)하여 인간과 인간 공동체 그리고 창조 공동체 까지를 보았으니, 이런 식으로 삼위일체 하나님의 역사와 창조 안의 내주를 강조하고 있다 하겠습니다. 그는 서방교회를 대표하는 아우구스티누스의 개인주의적 심리적 삼위일체 전통이 아니라, 동방정통교회의 사회적 삼위일체 하나님을 선호하였습니다.(GC, 241) 하여 그는 창조 공동체, 인간 공동체, 그리고 영혼과 몸 모두를 '삼위일체 하나님의 페리코레시스적 교제'로 이해하였습니다.

특히, 몰트만에게 있어서 '성령 안에 있는 창조세계' 혹은 '창조세계 안에 있는 성령'은 인간과 창조세계를 단순히 하나님과 대립관계로 만들지 않습니다. 하나님께서는 창조적이고 생명주시는 성령의 능력들에 의하여 그의 창조세계 속으로 침투하십니다.(GC, 258) 하여 인간의 영혼과 몸, 인간 공동체 역시 하나님의 영을 통한 삼위일체 하나님의 페리코레시스에 대한 유비로 보았습니다.(GC, 258-256) 즉, 성령을 통한 성부와 성자의 세계 안에 계심은 생태학적으로 큰 의미를 가지고 있습니다. 이는 이 세계와 대립관계를 유지하는, 유신론(theism)과 이신론(deism), 유대교와 이슬람과 기독교적 유일신주의(a Christian monotheism)와 같은 신학과는 전혀 다릅니다.

몰트만은 성령, 곧 하나님의 영은 하나님이시라며, 창조주 하나님 아버지께서는 이 성령을 통하여 만유와 모든 생명체들 안에 내주하시고, 동시에 그리스도 역시 그 성령을 통하여 만유와 모든 생명체들 안에 계신다고 말합니다. 이 성령은 창조세계 안에 계시고 창조세계 또한 이 성령 안에 있다고 하는 말입니다. 하여 몰트만은 삼위일체 하나님의 내주와 초월을 동시에 주장하여 만유와 모든 생명체들의 상호 관계 속에 있는 다양성 속의 통일성을, 삼위일체 하나님의 '페리코레시스적 연합'(perichoretic union)의 반사체들로 봅니다.(2-16) 그리고 성령의 현존과 사역은 개인의 의식, 개인의 사회관계, 개인의 자연에 대한 관계에 대한 이해에 있어서 중요하다고 합니다.(GC, 17-19)

그리고 몰트만은 예수 그리스도 안에 계시된 하나님을 삼위일체 하나님으로 보고, 인간역사와 자연 속에서 '삼위일체 하나님의 흔적들'(vestigia trinitatis) 뿐만 아니라 하나님께서는 영광의 하나님 나라를 약속하시는 분이시기 때문에, 우리는 이 인류역사와 자연 속에서 하나님의 나라의 흔적들(vestigia regni Dei)을 발견할 수 있다고 하는 것입니다.(GC, 63-64) 하여 몰트만은 우리가 '통치자 하나님의 세계 초월'을 무시하고, 하나님이신 영(God the Spirit) 혹은 창조자 영(the Creator Spirit)을 무시한다면, 우리를 인류역사와 자연 속에서 비극과 생태재앙(vs. 평화로운 창조 공동체)을 맞이할 것입니다. 몰트만은 창세기 1:2의 '하나님의 신'을 신적인 영(루아흐 야훼)로서 '하나님의 창조의 영'이시오 '창조세계 안에 내주하시는 영'이시라고 합니다. '창조세계' 전체는 성령에 의하여 짜여 진 직물이요 성령으로부터 형태를 부여 받은 실재라고 하였습니다.(GC, 98-99)

하여 몰트만은 성령의 사역을, 종교개혁 전통의 구원론과 교회론에 국한시키지 않고, 인류역사 혹은 세계와 창조세계 혹은 자연세계로 확장시키고 있습니다. 그의 종말론적 삼위일체적 성령론은 교회와 세상에 참여하시는, 삼위일체 하나님의 역사에 참여하게 할 뿐만 아니라 삼위일체 하나님의 성령을 통한 창조세계 안의 내주에 동참하여 창조세계를 건강하게 만들게 하는 것으로 보여 집니다.

3. 문: 『생명의 영』(SL, 1991)[55]에 나타난 성령이해는?

답

이미 지적한 대로 몰트만은 기독론과 삼위일체론과 밀착된 성령론을 말합니다. 하여 본 저서에서 몰트만이 그 동안 서방교회(로마가톨릭교회와 개신교)를 지배해 왔던 '구속의 영'(the Spirit of Redemption)이 아니라, '우주적 넓이의 신적 영'에 대하여 논할 때에, 그것은 기독론과 삼위일체론을 전제하는 것이고, 특히 삼위일체와의 관계 속에 있는, 성령님의 '상대적 독립성'(『신학에 있어서 경험들』)을 주장하고 있는 것으로 보아야 합니다. 이와 같은 성령이해는 신학과 경건의 장소를 교회로 보고 사람들에게 영혼의 영원한 축복에 대한 확신만을 주는 것이 아닙니다. 신학 교본들이 대체로 성령을 하나님, 신앙, 기독교적 삶, 그리고 기도와 관련해서만 논하고, 몸과 자연과의 관계에 대하여는 거의 논하지 않지만, 구약은 모든 생명체들 속으로 침투하는 하나의 능력을 추구하고 경험하게 합니다. 이는 종말론적 생명 에너지들의 능력입니다. (SL, 8)

몰트만은 이 맥락에서 서방교회가 니케아-콘스탄티노플 신조(381)에 삽입한, '필리오케'(또한 아들에게서도)가 아니라 아버지의 영을 힘주어 언급합니다(물론, 몰트만은 이 아버지의 영과 그리스도의 영의 차이와 통일성을 주장하지만). 즉 창조사역은 아버지에게 돌려지기 때문에, 아버지의 영은 또한 창조의 영(the Spirit of Creation)이십니다. 하여 구속사역이 창조세계와 과격하게 단절된다면, '그리스도의 영'은 더 이상 야훼의 루아흐(입김 = 바람 = 영)가 아닙니다. 이는 영지주의에 다름 아닐 것입니다. 만약에 구속이 몸의 부활과 만유의 새 창조라고 하면, 그리스도의 구속하시는 영은 야훼의 루아흐 이외에 그 어떤 다른 것이 아닐 것입니다. 만약에 그리스도께서 골로새서(1:15-21)에 말씀하듯이 온 우주의 화해자와 머리로서 고백되어진다면, 영은 그리스도께서 계신

---

55   J. Moltmann, *The Spirit of Life: A Universal Affirmation*(London: SCM Press, 1992(독일어 초판, 1991).

곳에서 마다 현존하시는 것이고 만유의 새 창조를 실현하실, 신적인 생명과 삶의 에너지로 이해되지 않으면 안 됩니다.

이어서 몰트만은 '구속의 영'과 '성화의 영', 그리고 '창조의 영'과 '새 창조의 영' 사이의 연속성과 통일성을 주장합니다. 이는 "만유의 창조와 구속과 성화에 있어서 하나님의 사역의 통일성"(SL, 9)을 너머, '창조의 영'과 '새 창조의 영'의 통일성에 해당합니다. 즉 몰트만은 '구속의 영과 '성화의 영' – 이 둘은 모두 그리스도의 영이시만 – 에 대한 경험적 신앙에서 출발하여 교회의 울타리 너머에 있는 보편사와 창조세계 속에서의 신적 에너지들로서의 하나님의 영에 대한 경험으로 이동합니다.(SL, 9-10)

그리고 몰트만은 동방정교회의 '영 그리스도론'(Spirit-christology)을 수용하여 복음서들의 내러티브가 제시하고 있는 '하나님의 영'에 대하여 주장하고, 서방교회가 강조해 온 바울과 요한의 '기독론적 성령론'을 언급하면서, 그 동안 서방교회는 이 둘의 관계를 무시해 왔다고 봅니다. 하여 몰트만은 예수님의 모든 말씀들과 행동들에 선행(先行)하는 복음서 내러티브의 '하나님 아버지의 영'과 바울과 요한의 '기독론적 영' 사이의 긴밀한 관계를 주장합니다. 즉 그는 후자로부터 출발하여 '아버지의 영'이신 '생명의 영'(the Spirit of life = the Lord and life-giver)으로 이동합니다. 하여 몰트만은 구속의 성령(the Spirit of redemption)의 한계를 보편사적이고 우주적인 차원으로 확장하였습니다.

그리고 몰트만은 위와 같은 보편주의적 성령경험의 종말론적 전망을 제시합니다. 몰트만에게 있어서 성령의 경험은 미래지향적인 종말론적 열망을 일깨웁니다. "성령의 경험은 구원의 완성을 향한 종말론적 열망이요, 몸의 구속과 만유의 새 창조에 대한 종말론적 열망이다."(SL, 73)라고 할 때, 성령론은 이신칭의와 성화, 그리고 은사에 대한 경험에 국한되지 않습니다. 이신칭의와 성화, 그리고 은사는 완성될 구원과 몸의 구속과 만유의 새 창조의 담보요, 미리 맛봄이요, 그것의 일부분입니다. 이는 성령님의 보편적인 도래를 기대합니다. 바울은 아버지의 영이요 아들의 영으로서 성령을 종말론적으로 이해합니다. "현재의 성령경험은 장차 도래할 영광의 하나님 나라의 시작과 담보(혹은 '선지급금')와 미리 맛봄(롬 8:23; 고후 1:22; 5:5; 엡 1:14)이다. 이와 같은 경험 속에서 만유의 새 창조가 이미 경험되었다. …성령의 경험에서 성령의 카리스마적 에너지들은 몸과 영혼 속으로 침투한다. 이 에너지들은 초자연적 은사들이 아니다, 그것들은 '장차 올 시대의 능력들'(히 6:5)이다. 하여 성령의 경험은 참된 생명과 삶으로서의 중생, 곧 온 우주의 중생을 기대하는 한 인격의 중생이기도 하다."(SL, 74)

또한 몰트만은 고린도후서 13:13의 "주 예수 그리스도은 은혜와 하나님의 사랑과 성령의 교통하심이 너희 무리와 함께 있을 찌어다."를 분석함으로써 성령의 삼위일체 하나님 자체 내에서의 코이노니아와 이 코이노니아에의 인간 및 창조세계 전체의 참여를 논합니다. 헌데 몰트만은 이와 같은 코이노니아는 아리스토텔레스가 말하는, '유사한 것들이 서로를 끌어당기는 것'과 같은 것이 아니라 '유사하지 않은 자들의 공동체 혹은 코이노니아'라고 하여, 고린도후서 13:13의 '성령의 교통'이야 말로 참으로 놀라운 사건이 아닐 수 없다고 봅니다. 하여 이와 같은 코이노니아란 성령께서 인간을 삼위일체 자체 내의 코이노니아로 초대하는 차원과 인간들이 성령과 누리는 코이노니아 모두를 의미한다고 합니다.(SL, 218-219)

이상에서 우리는 몰트만이 아우구스티누스 이래 서방교회를 지배해 왔던, 개인주의적 성령론과 개인주의적 삼위일체론이 아니라 인간들의 공동체성을 강조하고 있고, 개인들로서 인간만이 아니라 보편사와 창조 공동체를 생각하게 하는 성령론과 삼위일체론을 펼친 것으로 볼 수 있습니다. 우리는 그의 신학적인 패러다임 안에서 '생명 공동체로서 교회 공동체'와 '교회 밖의 생명 공동체들', 곧 남녀의 공동체, 세대들의 공동체, 다문화 공동체, 다 종교 공동체, 민족들의 공동체, 국가들의 공동체, 정치적 경제 글로벌 공동체, 인간 공동체들과 타 생명체들의 공동체, 인류 공동체와 창조 공동체가 함께 어우러지는 것이 삼위일체 하나님의 형상에 닮은 것이라고 하는 것을 명심할 필요가 있습니다.

4. 문: 『생명과 삶의 원천』(SoL, 1997)[56]에 나타난 성령이해는 어떠합니까?
답

물론, '생명과 삶의 원천'은 성령 하나님, 곧 '하나님의 영'이시며 '그리스도의 영'이십니다. 그런데 니케아-콘스탄티노플 신조는 성령을, '생명을 주시는 분으로서 주님(the Lord, the Giver of life)이시고 … 아버지와 아들과 함께 예배를 받으시고 영광을 받으시는 분이시며, 예언자들을 통하여 말씀하신 분'이라고 고백합니다. 우리는 앞의 두 저서에서, 특히 두 번째 저서에서 성령께서 '그리스도의 영'이시고, 만유 안에 그리고 모든 생명체들 안에 내재하시고 초월하시는 '하나님의 영'으로서 '새 창조'의 서광을 비추는 성령이심을 밝혔고, 교회와 교회 밖의 모든 사회성 혹은 공동체성의 근본이심을 제시하였습니다. 하여 성령은 믿는 자들을 칭의하시고 거룩하게 하시는 '구속의 영'(the Spirit of redemption)이시오, 교회의 영이시오, 은사들의 영이실 뿐만 아니라, 온 인류와 온 창조세계의 영이시오 모든 생명체들의 생명의 원천이십니다. 일찍이 딜타이는 '자연과학'과 '정신과학'을 이분 화하여, 인간의 역사와 문화(정치 경제 사회 문화 등)의 가치영역의 우월성을 주장한 나머지 생명체들의 세계를 소외시켰으나, 몰트만은 '하나님의 영'이야 말로 '역사와 문화'의 원천이시고 동시에 생명체들의 원천이시라고 하였습니다.(참고:

56　J. Moltmann, *The Source of Life*(London: SCM Press, 1997)(독일어 초판, 1997).

『생명과 삶의 원천』, Ⅱ. 2) 하여 필자는 Die Quelle des Lebens(The Source of Life)에서 das Leben(the Life)을 '생명과 삶'으로 번역하였습니다.

그리고 이제 본 저서의 성령론을 대체로 두 가지 관점에서 정리합니다. 하나는 보편적이고 객관적이며 종말론적인 성령론(하나님의 영 = 루아흐 야훼)의 관점이고, 다른 하나는 신망애의 공동체로서 교회와 믿는 사람들에게 '이신칭의'와 '성화'와 '은사들'을 베푸시는 '그리스도의 영' 혹은 '구속의 영'의 관점입니다. 물론, 우리는 인류의 보편사와 우주 안에서 내주하시고, 구속하시며, 성화시키시고, 영화롭게 하시는 우주적 그리스도의 영을 결코 배제하는 것은 아닙니다. 하여 몰트만은 전자에 대하여는 'Ⅱ. 성령과 생명과 삶의 신학'에서 논하고, 후자에 대하여는 'Ⅲ. 살아있는 희망으로의 중생', 'Ⅳ. 희망에 대한 명상', 'Ⅴ. 삶의 성화', 'Ⅵ. 삶의 카리스마적 능력들', 'Ⅶ. 삶의 새로운 영성', 'Ⅷ. 성령의 코이노니아', 'Ⅸ. 그 중에 가난한 사람이 없으니'(행 4:34), 'Ⅹ. …지면을 새롭게 하시나이다.'(시 104:30), 그리고 '?. 우리가 기도할 때 우리는 무엇을 하고 있는가를 논합니다.

그러니까, 대체로 'Ⅱ. 성령과 생명과 삶의 신학'은 삼위일체론적기고 종말론적인 그리고 보편적이고 객관적인 성령 하나님이 대하여 논하고 나머지 장( )들 (Ⅲ-Ⅸ까지)에서는 대체로 이 성령 하나님의 교회 안과 교회 밖에서의 사역을[57] 이야기하고 있습니다. '교회 밖의 사역'은, 생태정의의 근거인 생명경외의 윤리, 생명사랑, 건강한 삶과 행복한 삶, 창조보전, 땅에 대한 사랑, 코이노니아 등을 포함합니다. 헌데, 'Ⅱ. 성령과 생명과 삶의 신학'은 Ⅲ-Ⅸ까지를 논하기에 앞서 '하나님 자신'(God Himself)으로서 성령의 정체성과 사역(생명의 선교)에 대하여 논합니다.

---

57   제Ⅹ장은 '창조적 영의 생태학'에 대하여 논합니다.

4-1. 문: 그러면 몰트만은 '하나님 자신'으로서 성령의 정체성과 사역에 대하여 무엇을 말하고 있나요?

답

우선 몰트만은 성령께서 하나님의 영, 더 나아가서 '하나님 자신'으로서 인간과 만유 안에 보편적으로 객관적으로, 그리고 종말론적으로 현존하시면서 사역하신다고 주장합니다. "우리들 자신, 인류공동체, 모든 생명체들과 이 땅"이 성령의 선물과 현존을 경험한다."(SoL, 10)고 합니다. 몰트만은 이 성령을, "하나님 자신, 곧 창조하시고 생명을 주시며 구속하시고 구원하시는 하나님"(10)이라고 하여, '하나님의 영'과 '그리스도의 영'을 '성령 하나님'(God the Spirit)으로 통일시키고 있습니다. 그리고 "이 성령이 현존하시는 곳에서 하나님께서는 (믿는 사람들에게: 필자 주)특별한 방법으로 현존하시고, 우리는(믿는 사람들: 필자 주) 전적으로 그 자체 안으로부터 살게 되는 우리의 삶을 통하여 하나님을 경험한다. 우리는 온전하고 충만하고 치유되고 구속받은 생명과 삶을, 우리의 모는 감각들을 가지고 경험한다. 우리는 하나님 안에서 그리고 그것 안에서 하나님을 느끼고 맛보고, 만지고 본다. 하나님이신 성령에 대한 이름들이 많으나, 그것들 중에서 내가 가장 선호하는 이름은 '위로자'(Paraclete = Comforter)요 '생명과 삶의 원천'(fons vitae)이다."(SoL, 10) 그런즉 몰트만은 그리스도인들이 경험하는 삼위일체론적이고 종말론적인 성령 하나님께서 다름 아닌, 인간과 만유의 원천으로서 그것 안에 내주하시는, 보편적이고 객관적으로 현존하시면서 사역하시는 성령 하나님이시라고 하는 것입니다. 즉 성경의 특수한(믿는 자들에게 특별하게 경험되는) 성령 하나님께서 보편적으로 인류역사와 온 창조세계의 원천이시오, 그것 안에 내주하신다고 하는 말입니다.

4-2. 문: 성서적 전망들에서 보여 진, 성령 하나님은 보편적 성령 하나님이신가요?

답

성령에 대한 기도들은 근본적으로 성령님의 오심에 대한 간구들입니다. 그것은 특수한 것입니다. 하여 기독교 전통은 그것을 '성령 초대의 기도'(the epiklesis of the Spirit)라고 하고, 대부분의 오순절 찬송들은 '창조자 영이시여, 오소서'(Veni, Creator Spiritus)라고 합니다. 그런데 이와 같은 기도는 그리스도의 종말론적 도래와 맞먹는 성령의 종말론적 도래를 위한 간구들입니다. 이런 뜻에서 그것은 성령의 무소 부재적 현존에 대한 간구입니다.(10) 헌데 성령의 오심은 그리스도의 도래의 시작이라고 하여, 그것은 '하나님의 영광 가운데 세상의 새 창조를 위한 그리스도의 도래'(계 22:20: '주 예수여 어서 오시옵소서')를 위한 것입니다. 하여 이 성령은 '우리 기업의 보증'(엡 1:14; 고후 1:22)이십니다. 여기에서 성령 안에서 시작된 것은, 거기 하나님의 영광의 나라에서 완성하게 되고 완전해 질 것입니다. 비유컨대, 그것은 봄과 여름, 파종시기와 수확기, 그리고 해 오름과 정오의 관계와 같습니다.(SoL, 11) 비록 우리가 구속에 대하여 탄식하고 지쳐서 넘어지는 일 이상을 할 수 없을지라도, 하나님의 영은 이미 우리들 안에서 탄식하고, 우리들을 위하여 대신 간구하십니다.(11) 그리고 우리는 성령의 오심에 대한 기도가, '하나님의 나라가 하늘에서 이루어진 것처럼 땅에서도 이루어 지이다.'에 대한 간구에 다름 아님을 알고 있습니다.(SoL, 12)

끝으로 몰트만은 성령께서 모든 육체 위에 부은바 될 것을 위하여 기도할 때, 여기에서 '육체'란 인간뿐만 아니라 모든 생명체들, 곧 식물들과 동물들(창 9:10 이하)을 포함한다고 합니다. 하여 성령 하나님은 '생명과 삶의 원천'(시 36:9; 요 4:14)이십니다. 그런즉 기독교인들 혹은 교회의 성령초대의 기도는, 종말론적이고 보편적이며 객관적인인 성령의 도래에 대한 기도와 다르지 않습니다.

4-3. 문: 성령의 기원(基源)에 대하여 몰트만은 무엇이라 주장하는가?
답

성령께서는 아들의 기원(the unorigninate Origin)이신 아버지 하나님의 영이십니다. 성령의 기원은 아들의 아버지 하나님이 아니신 그 어떤 다른 신이 아니십니다. 이미 앞에서 몰트만은 '필리오케'를 빼버린 니케아-콘스탄티노플 신조를 고백해야 한다고 주장했거니와, 그는 성령의 기원을 두 원천, 곧 성부와 성자로 보지 않고, 성자를 낳으신 아버지로부터 발출하시는 것(proceeding)으로 봅니다. 그는 이것의 근거를 성경에서 찾았습니다. 시편 51:11('나를 주 앞에서 쫓아내지 마시며 주의 성령을 내게서 거두지 마옵소서.')과, 시편 104:29('주께서 낯을 숨기신 즉 그들이 떨 고 주께서 그들의 호흡을 거두신 즉 그들은 죽어 먼지로 돌아가나이다.')과, 시편 104:30('주의 영을 보내어 그들을 창조하사 지면을 새롭게 하시나이다.')는 성령의 원천에 대하여 적절하게 대답합니다. 그리고 '당신의 얼굴을 우리에게 비추시고 은혜를 베푸소서.'와 같은 아론의 기도는 성령, 곧 우리들 사이에 특별하고 생명을 주시는 하나님의 현존에 대한 간구입니다.(SoL, 13) '하나님의 빛나는 얼굴은 성령의 원천입니다.(14) "기쁨으로 빛나는, 하나님의 얼굴은 성령의 빛나는 원천이다."(14) "바울에 의하면, 하나님의 영광은 '예수 그리스도의 얼굴에서' 빛나고 우리의 마음속으로 밝은 빛을 던지신다.(고후 4:6)" 그런즉, 하나님께서 아들의 기원인 것처럼 성령의 기원도 되십니다. 하여 몰트만은 성령께서 야훼에 다름 아니신, 주님(큐리오스)과 하나님(테오스)으로서 '하나님의 아들' 예수 그리스도로부터 발출하셨다고 합니다.

4-4. 문: 하면 아버지께서 약속하신 성령을 보내주신, 아들 역시 성령의 기원이신가요?

그리스도의 자기 내어주심(구속: 필자 주)과 부활의 목적": 몰트만은 앞의 단락에서 아버지 하나님께로부터 나오시는 성령에 대하여 언급했다면, 이제 여기에서는 아버지의 아들이신 그리스도 안에 머무시다가 그리스도로부터 나오시는 성령에 대하여 언급합니다. "신약성서에서 성령은 구원사의 사건들인 그리스도의 역사의 사건들로부터 발출하신다. 우리가 교회 캘린더에서 축하하는 것은, 바로 이와 같은 사건들(크리스마스, 성금요일, 부활절, 승천일, 그리고 오순절 성령강림)인 바, 오순절은 그와 같은 구원사건들의 순서에 있어서 마지막 축제입니다. 또한 그것은 다른 축제들이 그것을 향하여 가리키는 목적이기도 합니다."(SoL, 15) 하여 하나님의 영은 그리스도와 그리스도의 역사 속에 머무시다가, 이 그리스도로부터 발출하신 것입니다. 즉 구속과 부활의 목적은 오순절 성령강림에 있습니다.

몰트만은 신약성서에서 그리스도의 역사와 성령의 역사가 불가분리하게 엮어 짜여 져 있다면서, 복음서에 따르면, 그리스도께서는 아버지의 영이신 성령으로부터 오시어(성령으로 잉태, 성령에 의한 세례 등), 기적들을 행하시고 하나님 나라를 선포하시며, 영원한 성령을 통하여 그 자신을 십자가의 구속의 죽음에 복종시키시고 하나님에 의하여 부활하시며 지금 우리들 가운데 현존해 계신다고 합니다. 그리스도의 성령 안에서의 역사는 세례로 시작하여 부활로 끝납니다. 이는 앞에서 언급한, '영 그리스도론'(the Spirit-christology)에 해당합니다.

그 다음엔 순서가 전도(顚倒)됩니다. 그리스도께서 성령을 그의 백성 공동체 위로 파송하시고 성령으로 현존하신다고 하는 것입니다. 이는 그리스도 안에서의 성령의 역사입니다. 하나님의 영이 그리스도의 영이 되신 것입니다. 성령으로 파송 받으신 그리스도께서 성령을 파송하시는 자가 되신 것입니다. 그는 이를 '기독론적 성령론'(the christological Pneumatology)라 하였습니다. 하지만 몰트만은 이 둘(하나님의 영과 그리스도의 영)을 이분화하지 않고, "하나의 사건이요 세상 구원을 위한 하나의 '하나님 오심'이라고 하는 사건이다."(15)라고 합니다. 그는 '성령이 발출하신 그리스도의 신비'에 주목합니다. 즉, 비록 그리스도께서 사흘 만에 죽은 자들로부터 부활하시고 40일 후에 승천하시며, 50일 후엔 회집된 공동체 위로 성령의 부으심이 있었지만 이와 같은 사건은 하나의 사건이고 하나의 하나님의 오심이라고 하는 것입니다. 우리는 이와 같은 몰트만의 주장에서, 삼위가 불가 분리한, 삼위일체 하나님을 생각합니다. 아버지 하나님께서 우주적 성령과 우주적 그리스도를 통해서 이 땅에 도래하시고 현존하신다고 하는 것 역시 불가 분리한 한분 하나님의 오심일 것입니다. 몰트만은 삼위의 불가 분리한 관계와 페리코레시스를 항상 염두에 두고 있습니다.

그리고 몰트만은 부활신앙과 성령의 현존과 사역 역시 불가 분리하다고 합니다. 하나님의 영에 의하여 부활하신 그리스도 안에 계신 성령께서는, 오순절 성령강림사건 이전에도 현존하시고 사역하셨기 때문에, 그리스도의 역사(歷史)는 성령과 함께하시는 역사였습니다. 따라서 그리스도께서 부활하신 그리스도로서 예루살렘의 여인들과 갈릴리의 제자들에게 나타나셨을 때, 저들이 죽은 자들로부터의 부활을 경험한 것은 오순절 이전의 성령으로 말미암은 것이었습니다. 이들은 더 이상 세상을 두려워하지 않고 세상을 승리하는 부활의 성령을 받은 것입니다. 요 20:22). 따라서 "부활신앙과 오순절 경험은 단 하나의 전체 안에 동일귀속하고 시간상으로 분화가 되지 않습니다. 하여, 부활하신 그리스도를 인식하고 부활의 성령 안에서 우리들 자신의 중생의 에너지들을 경험하는 것은, 하나이다."(SoL, 16) 그리고 오순절 성령 강림 후엔, 부활현현에서의 그리스도 현존이 성령 안에서의 그리스도 현존이 되었습니다. 따라서 진정한 부활신앙은 성령의 사역이다. 그리스도의 부활에 대한 믿음이란 하나의 역사적인 사실(a historical fact)을 긍정하는 것이 아니다. 그것은 우리 자신의 삶과 죽음 속에서 생명주시는 성령에 사로잡혀 '장차 도래할 세상의 능력들'을 경험함이다. 부활이 없으면 오순절은 없다. 그것은 자명하다. 오순절이 없으면 부활도 없다. 오순절 신학이 없다면 부활신학도 없다. 부활신학이 없다면 오순절 신학도 없다.(SoL, 16)

십자가에 달리신 그리스도와 아버지에 의한 성령파송: 앞에서 몰트만은 '구원의 외적이고 역사적인 측면'에 대하여 논했다면, 이제 여기에서 그는 '하나의 신적인, 내적 측면'에 대하여 논합니다. 그는 요한복음 14장에 나타난 '고별사'(여기에서 '고별'이란 그가 세상의 구속을 위하여 죽고 바야흐로 세상의 구속이 보혜사 성령의 오심과 연계된다고 하는 것을 뜻한다.)에 주목하고, 요한복음 16:7('내가 떠나가지 아니하면 보혜사가 너희에게 오지 않을 것이요 가면 내가 그를 너희에게로 보내리라')의 도래하는 성령께서 그리스도의 구속의 사역을 실현하시기 위하야 오신다고 하는 것입니다. "여기에서 성령 안에서 실현되는 생명의 새로운 시작은 구속의 신비와 직접 연결되어 있다. 그리스도께서는, 자신을 십자가상의 죽음에 복종시키심을 통하여 '생명의 영'(the Spirit of life)을 파송하신다. 그것은, 죄인들과 죽어가는 사람들로 새 생명을 갖게 하는, 하나님의 고통 속에 있는 하나님의 사랑의 계시인 것이다."(SoL, 17)

하지만 요한복음 14장을 더 깊이 들여다보면, 그것은 좀 더 복잡합니다. 그것은 삼위일체적 입니다. 14:16에서 예수님은 세상을 떠나시면서, '다른 보혜사를 보내달라고 아버지께 기도 하십니다. 14:26은 그리스도께서 그의 보혜사를 아버지께로부터 파송하십니다. 그것은 아버지께로부터 나오시는 진리의 영이십니다. 이에 따르면, 성령께서는 예수 그리스도의 아버지 옆에 계시고, 그리스도께서는 아버지께 성령을 보내 달라고 기도하고, 아버지께로부터 성령을 파송하시게 하기 위하여 세상을 떠나신다(죽으신다)고 하는 것입니다. 그리하여 성령은 아버지께로부터 나오시고 아들에 의하여 파송되십니다. 성령의 수령자('영 그리스도론')인 그리스도와 성령의 파송자이신 그리스도('기독론적 성령론') 사이에 성령의 영원하신 기원이신 아버지 하나님께서 서계십니다. 서방교회가 필리오케를 첨가하여 고백한 니케아-콘스탄티노플 신조에서처럼 성령님은 아버지와 아들로부터(filioque) 나오시는 것이 아닙니다. 성령께서는 아버지로부터 나오시어, 아들 위에 계시 다가('영 그리스도론') 아들로부터 세상 속으로('기독론적 성령론') 비추이십니다.(SoL, 17)

끝으로 몰트만은 영분별에 대하여 언급합니다. 기독교 전통에서 기독교 공동체는 예수님의 이름을 부르고 십자가의 사인(sign)을 그음으로 악한 영을 쫓아냅니다. 결국, 적극적으로 말한다면, 십자가에 달리신 그리스도의 면전에서 견딜 수 있는 것은 하나님으로부터 온 것이요 불연인 것은 악령으로부터 온 것입니다. 폭력과 탐욕적 소유욕과 교만은 십자가에 달리신 그리스도 앞에 설 수 없고, 사랑과 나눔과 겸허는 그 앞에 설 수 있습니다. 예수님의 '제자의 도'는 성령으로부터 온 것이고 성령으로부터 온 것은 우리를 예수 그리스도의 길로 인도하고 그의 제자의 도로 인도합니다. 공관 복음서가 제자의 도라 부르른 것을, 바울은 성령 안에서의 삶으로 부릅니다. 그런즉, 공적이고 정치적이며 경제적인 예수님의 '제자의 도'야말로 영분별의 실천적 표준일 것입니다.(SoL, 18)

4-5. 문: 삼위일체 하나님의 선교에 응답하는 성령의 생명선교란 무엇입니까?

답

몰트만은 앞에서 성령의 기원과 성령의 파송의 신학적인 의미를 언급하였습니다. 하면 성령의 생명선교란 무엇인가요? 우선 '생명개념은

'역사'와 '창조'를 아우르는 폭 넓은 개념입니다. 역사적 비극과 창조세계의 생태재앙은 서로 분리 될 수 없기 때문입니다. 몰트만은 아래에서 복음을 믿지 않는 사람들에게 구두로 전파하는 '복음전도'뿐만 아니라 매우 폭넓은 '생명 선교'(the mission of life)를 주장합니다.

…근원적이고 영원한 의미에서 선교란 하나님의 선교(missio Dei)입니다. 기독교 하나님께 대한 확신과, 확고한 신앙을 가진 선교가 되려면, 오직 우리의 기독교적 선교가 신적인 파송을 따르고 그것에 상응할 때만 이다. 우리의 선교가 하나님에 의하여 그의 형상대로 창조된 사람들로서 타자들의 존엄성을 존중하는 것은 오직 우리가 사람들로서 하나님의 타 민족들에 대한 선교를 따르고 우리들 자신을 이 선교에 조율할 때만 이다. …하나님의 선교란 아버지로부터 아들을 통하여 이 세상으로 성령이 파송되어, 이 세상이 멸망하지 않고 살게 하려는 것이다. 요한복음은 생명이란 하나님께로부터 그리스도를 통하여 이 세상에 가져와 지는 것이라고 한다. '내가 살아있고 너희도 살아있겠음이라.'(요 14:19) 그도 그럴 것이 성령께서 '생명의 원천'이시오 생명을 이 세상 속으로 가져 오시기 때문이다. 온전한 생명, 충만한 생명, 방해를 받지 않는 파괴될 수 없는 영생을 가져 오신다. 하나님의 창조적이고 생명을 주시는 영은 죽음 후에가 아니라 이미 죽음 이전에 지금 여기에서 이 영원히 살아있는 생명을 주신다. 그도 그럴 것이 성령은 그리스도를 이 세상 속으로 가져 오시고 그리스도께는 친히 '부활이시오 생명'이시기 때문이다. 그리스도와 더불어 '파괴될 수 없는 생명이 밝히 드러났고 그리스도께서 세상으로 보내신 생명의 성령은 우리에게 새 생명을 주는, 부활의 능력이다. 성령파송은 하나님의 파괴될 수 없는 생명긍정과 그의 생명에 대한 놀라운 기쁨의 계시이다. 예수께서 계신 곳에 거기에 생명이 있다. 이것은, 공관 복음서가 우리에

게 하는 이야기이다. 예수가 계신 곳에서 병든 자들은 치유를 받았고 슬픈 자들은 위로를 받았으며 주변으로 밀려난 사람들은 용납되었고, 죽음의 마귀들은 쫓겨났다. 성령이 계신 곳에는 생명이 있다. …죽음에 대한 승리의 기쁨과 영생의 능력들과 에너지들을 경험한다. …(SoL, 19-20)

그런즉, "위와 같은 하나님의 선교의 뜻에서, 선교란 위로와 삶으로의 용기를 확산시키고 죽기를 원하는 마음을 살려고 하는 마음으로 다시 일으켜 세우는, 단순히 그리고 오직 생명을 향한 운동이요 치유의 운동이다."(20) 우리의 선교는 위에서 언급된 '하나님의 선교'를 따르는 것이 여야 합니다. 허나, 그 동안 서구 기독교의 역사는 기독교 제국 혹은 기독교 문화의 확장사였고, 교회의 성장사와 확장사였습니다. 여기에서 중요한 것은, 개인의 결단과 개인적인 회심경험이었습니다. 따라서 전통적인 선교개념에 있어선 '성령의 파송과 새로운 생명'개념이 너무 협소해 졌습니다. 이상에서 몰트만은 그것이 그렇게 협소화될 수 없다고 합니다. 그는 종교로부터 '하나님 나라'로, '교회로부터 세상'으로, 우리들 지신에 대한 관심으로부터 전체를 위한 관심으로 전환되어야 한다고 합니다(불름하르트).(SoL, 20)

몰트만에 따르면, 우리는 기독교 문화나 서양세계의 가치들을 확산시키지 말로 '보편적인 생명문화'를 세워 나가야 하고 죽음의 문화에 저항해야 합니다. '생명긍정'의 문제가 오늘날 서유럽과 북미 나라들의 화두입니다. 우리는 '생명의 선교'보다 더 귀한 그 무엇을 발견하지 못합니다. 하여 우리는 생명을 긍정하고 사랑함으로써 죽음에 저항하고 죽음을 확산시키는 모든 권세들을 저지시켜야 합니다.(20) 결국, "생명의 메시지란 위협받고 망가진 생명과 삶을 무화의 권세로부터(from the powers of annihilation) 구원하는 것을 뜻한다."(SoL, 21)고 합니다.

그런즉, 향후 우리는 우리의 교파를 확장시킬 것이 아니라 '하나님 나라에 대한 열정'을 가지고 하나님 나라를 세워 나가야 합니다. "선교란 '길거리에 있는 자들을 강제로 교회로 불러드리는 것이 아니라, 하나님의 미래로의 초대요 만유의 새 창조에 대한 희망으로의 초대입니다. '볼찌어다! 내가 만물을 새롭게 하리라.' 우리는 세상을 위한 이와 같은 신적 미래로 초대를 받은 것입니다. 우리는 하나님의 영 안에서 하나님께서 그의 날에 완성하실, 이미 이와 같은 새롭게 됨을 지금 기대할 수 있습니다. 일단 하나님의 미래에 대한 열정이 교회의 확장에 대한 열정으로 바뀐다면, 우리는 우리의 꼴사나운 유럽과 미국의 교회분열을 수출하고 하나님 나라에 대한 희망대신에 종교적인 교파주의를 확장시키는 결과를 초해할 것입니다."(SoL, 21-22)

끝으로 몰트만은 '하나님의 영의 영생'과 '현생'의 관계를 이렇게 언급한다.

> 하나님의 영의 영생이란 여기에 있는 현생과 다른 생이 아니다. 그것은 여기에 있는 현생을 다르게 만드는 힘이다. '이 썩을 것이 반드시 썩지 아니할 것을 입겠고 이 죽을 것이 죽지 아니함을 입으리로다.'(고전 15:53)라고 바울은 강조한다. 성령의 구원의 파도는 생명과 삶 전체를 포용하고 모든 생명체들을 포함한다. 그것은 종교와 영성에 국한되지 않는다.(SoL, 22)

4-6. 문: 성령의 경험과 새 창조와는 무슨 관계가 있나요?
답

몰트만은 마지막 때에 있을 성령의 선교를 3가지 큰 물결로 내다봅니다. 즉 성령 하나님(God the Spirit)께서 마지막 때에 그의 생명선교를 완수하신다고 하는 것입니다. 하나는 '하나님의 백성의 갱신'이요, 둘은

'모든 생명체들의 갱신'이요, 셋은 '땅의 갱신'(시 104:30)입니다.

'하나님의 백성의 갱신': 몰트만에 따르면, 초기 기독교인들은 자신들에게서 요엘서의 예언(욜 2:28-32)이 성취되었다고 이해하였습니다. 하지만 또한 몰트만에게 있어서, 이와 같은 요엘서 예언의 성취는 마지막 때에 나머지 인류와 창조세계의 생명체들에게서 성취될 것을 앞당겨 보여주는 것입니다. "마지막 때에 그것의 무시무시한 큰 재앙과 더불어 하나님의 영이 '모든 육체 위에 부은바 될 것이다.' 이는 요엘서의 다음 문장이 말해 주듯이 모든 인간생명을 뜻합니다. 하지만 그것은 이스라엘의 경건한 육체만이 아니라 모든 육체, 곧 인류전체를 뜻합니다. 특히, 몰트만은 요엘의 '모든 육체'가 "사회적으로 약한 자들, 권력이 없는 자들, 그리고 희망이 없는 자들"(SoL, 23)을 가리킨다며, 요엘서의 예언을 배경으로 하고 있는 초기 교회 공동체는 '하나의 새로운 메시아적 공동체'였다고 합니다.(SoL, 23) 그래서 몰트만은 기독교 역사 속에서 요엘서의 예언이 성취되는 공동체야 말로 역사와 창조세계 안에서 변혁적이고 혁명적인 메시아적 공동체일 것이라고 주장한다.[58]

> 성령의 경험 안에서 부자와 가난한 자, 교육을 받은 자와 교육을 받지 못한 자의 새로운 공동체가 탄생한다. 하나님의 영은 사회적 차이를 보시지 않으신다. 그는 그것을 끝내 주신다. 기독교 역사 속에서 모

---

[58] 그러나 몰트만은 새 하늘 새 땅에선 이스라엘과 교회 밖의 나머지 인류들이 '하나님의 백성'이 될 것을 내다보고 있다. "내가 들으니 보좌에서 큰 음성이 나서 이르되 보라 하나님의 장막이 사람들과 함께 있으매 하나님이 그들과 함께 계시리니 그들은 하나님의 백성이 되고 하나님은 친히 그들과 함께 계셔서."(계 21:3) 몰트만은 이스라엘과 교회 이외의 인류가 새 창조의 세계인 새 하늘과 새 땅에서 완전한 하나님의 백성이 될 것을 희망하고 있다.(참고: *The Coming of God*(1995), 315 이하) 따라서 몰트만은 여기에서 만유구원론적 비전을 가지고 '하나님의 백성'(이스라엘과 교회)의 갱신을 희망하고 있는 것이다. 『오시는 하나님』(196-199)은 이스라엘과 교회의 메시아 왕국에 해당하는 '평화의 왕국'이 '새 하늘 새 땅' 이전에 그것의 전단계로서 주어질 것을 주장하였으니, 지금 본 섹션에서 주장하는 그의 '갱신'의 세계는 그와 같은 '평화의 왕국'과 '전 종말론적 역사와 창조세계'를 가리키고 있는 것으로 보인다.

든 성령에 의하여 추동되는 각성운동들은 성령의 경험 속에서 이와 같은 사회적으로 혁명적인 요소들을 나타내 보이고 그와 같은 운동들을 확산시킨다. (SoL, 23)

이어서 몰트만은 성령 하나님께서 자연 파괴적 대재앙으로 위협받고 있는, 모든 생명체들 위에 부은바 될 것으로 내다봅니다. 여기에서 그는 요엘서가 말씀하는 '나약하고 죽음을 앞둔 사람들'(젊은 이, 노인, 여성 등)에게 성령 하나님이 부은바 될 것처럼 우주적 파국으로 위협받는 모든 연약한 생명체들 위에 내리 실 것이라고 합니다. 몰트만은 스스로의 힘으로 생명을 움켜잡고 있는, 지배계층과 부자들과 아름다운 사람들 역시 '역사'차원에서 그와 같은 파국에 넘겨질 것이라고 합니다. 그런즉, "늙은이들과 젊은이들, 남자들과 여자들, 주인들과 종들로 구성된 성령 충만한 공동체는 단순히 그것의 실존 그 자체에 의해서도 … 무상한 시간 속에서 도 영원한 미래를 선포하고 증언한다."(SoL, 24)

'**모든 생명체들의 갱신**': 인간과 만물과 모든 생명체들은 하나님의 생명의 숨결로 지음을 받았고, 그것에 의하여 지탱되며, 그것에 의하여 치유되고 구원될 것입니다. 구약에서 영(숨, 루아흐)은 하나님의 생명의 숨결입니다. 이것이 성령 하나님이십니다. "하나님께서는 그의 영을 통하여 만유를 창조하셨다. 그런즉, 그분이 그의 숨결을 거두시면, 만유는 먼지로 해체되고 만다.(시 104:29 이하) 이와 같은 우주적 맥락에서 '모든 것들은 '모든 육체'이다. '그가 만일 뜻을 정하고 그의 영과 목숨을 거두실진대, 모든 육체가 다 함께 죽으며 사람은 흙으로 돌아가리라'"(욥 34:14) 그리고 몰트만에게 있어서 하나님의 영은 '모든 생명체들'만이 아니라 만유의 초석이고, 나아가서 '모든 생명체들'과 '만유'는 삼위일체 하나님의 페리코레시스적 코이노니아를 반사시키고 있다고 합니다.

이 세상을 채우고 만물을 붙들고 계시는 분은 하나님의 생명의 숨결이다(지혜서 1:7; 사 34:16). 만유는 하나님의 생명의 숨결로부터 존재하도록 부름을 받았으니, 그 숨결은 생명을 진척시키는, 창조의 공동체 안에서 그것들을 붙들고 계신다. 그리하여 만약에 만물이 그와 같은 공동체로부터 자신들을 단절시켜 버린다면, 그들은 그들의 살아계신 영을 상실할 것이다. 그리고 그들이 그 공동체를 파괴하면, 그들은 그들 자신을 파괴하는 것이다. 생명의 영은 특히 창조된 모든 것의 연계들과 응집들을 의미한다(벨커). 만유는 상호 의존적이고 서로 더불어 살고 서로가 서로를 위하여 살며 흔히 서로 안에서 충분히 공생하고 있다. 생명은 공동체이고 공동체는 생명의 소통이다.(SoL, 24)

물론, 지금까지의 본 섹션('만유의 새 창조의 맥락에 비추어 존 성령의 경험')에서 몰트만은 '새 창조' 이전의 '역사'와 '창조' 안에서의 성령경험을 논하였습니다. 따라서 몰트만은 아래에서 '새 창조'에 비추어서 '창조'를 논하고 있다 하겠습니다.

(창세기의: 필자 주)창조의 영과 마찬가지로 새 창조의 영은 인간들과 다른 생명체들에 의하여 공유된 삶의 공동체들을 창조하신다. 물론, 그 영은 인간들 가운데 공동체들을 창조하시지만 말이다. 새 창조는 신체성을 없애버리지 않는다. 그것은 영원한 생동성을 위하여 창조를 갱신하신다. 장차 새 창조의 세계에서 하나님께서는 '하나님의 백성'이 된 모든 '사람들'에게 살처럼 부드러운 마음을 주실 것이다. '내가 그들에게 한 마음을 주고 그 속에 새 영을 주며 그 몸에서 돌 같은 마음을 제거하고 살처럼 부드러운 마음을 주어'(겔 11:19; 36:17). 이사야 11장이 예언한 대로 샬롬은 인간들과 동물들을 하나의 새로운 공유된 삶으로 진입시킨다.

그리고 '마침내 위에서부터 영을 우리에게 부어 주시리니 광야가 아름다운 밭이 되며 아름다운 밭을 숲으로 여기에 되리라 그 때에 정의가 광야에 거하며 공의가 아름다운 밭에 거하리니 공의의 열매는 화평이요 공의의 결과는 영원한 평안과 안전이라'(사 32:15 이하). 이것은 하나님의 영의 생태학이라 불린다.(SoL, 24-25)

'땅의 갱신': '주의 영을 보내어 그들을 창조하사 지면을 새롭게 하시나이다.'(시 104:30): 역시 몰트만은 성령이 충만할 새 하늘 새 땅 그리고 창세기의 창조기사에 근거하여 땅의 갱신에 주목합니다. 인간은 모든 다른 생명체들처럼 땅으로부터 지음을 받았다(창 2)고 합니다. 땅은 단순히 우리가 서 있는 지면이 아니라, 우리가 살고 있는 대기와 생명영역(biospheres)을 지닌 지구체계(global system)라고 합니다. 그는 창세기와 계시록(21장) 이야기에 근거하여 아래와 같이 주장합니다.

> 성서적 전통들에 의하면, 식물들, 나무들과 동물들을 낳은 것은 땅이다. 그리고 인간 역시 이 땅으로부터 취해졌다. 생명과 삶의 공간, 곧 땅은 모든 생명체들에 의하여 공유된 창조 공동체의 일부이다. 처음으로 땅을 단순히 물질로 보며 더 이상 거룩한 것으로 보지 않은 것은, 근대 산업사회였다. 때는 바야흐로, 우리가 재앙들이 우리들에게 임하기 전에 다시 한번 하나님의 땅의 거룩성을 존중해야 할 때이다. 이스라엘의 지혜가 말씀하듯이 하나님의 영이 '세상'을 충만하게 채우실 것이다. 하나님 나라의 시작과 인침은 성령이시니, 이 하나님의 나라는 '새 하늘과 새 땅'(계 21)을 가져 올 것이다. 하나님의 나라가 없으면 영생이 없다. 그리고 '새 땅'이 없이는 그 어떤 하나님 나라도 없다.(25)

4-7. 문: 하면 몰트만은 이상과 같은 성령의 보편성과 특수한 기원과

정체성, 하나님의 선교에 응답하는 보편적 생명선교, 그리고 새 창조에 대한 경험으로서의 성령경험과 기독교인 개인과 교회 공동체의 성령경험과의 관계를 어떻게 말하는가요?
답

몰트만은 위('제Ⅱ장: 성령과 생명의 신학')에서 성령의 보편성에 대하여 논한 다음에, 이제 그와 같은 이해를 가지고 기독교인 개인과 교회 공동체와 관련된 성령의 사역('제Ⅲ장: 살아있는 희망으로의 중생' 등)을 논합니다. 그에게 있어서 이상에서 주장한 '하나님의 영'과 아래에서 논할 '그리스도의 영'은 모두 '하나님이신 성령(God the Holy Spirit)입니다.

4-7-1. 문: '새로운 삶은 성령 안에서 시작된다.'가 무엇을 뜻하나요?
답

초기부터 기독교인들은 그리스도 공동체 안에서의 하나님 경험의 시작을 자기들 자신에 대한 압도하는 새로운 경험과 연결시켰습니다. 그들은 그들을 사로잡고 있는 성령으로부터 다시 태어났음을 경험하였습니다. 그리고 초기부터 신앙 그 자체는 이미 세례에 의하여 인(印) 처졌고 그것은 세례에 의하여 표현되었습니다. "물세례에서 믿는 자는 '이 세상'의 율법들과 요구들'에 대하여 죽고 성령 안에서 그리스도와 더불어 새로운 삶으로 다시 태어난다. 그런 이유로, 세례명은 우리가 기독교인이라고 하는 기독교적 정체성이다. 그것은, 한 인격의 새로운 정체성, 곧 그 혹은 그녀의 새로운 삶의 정체성이다."(SoL, 26) 하여 "우리는 우리를 중생케 하신 성령을 '우리의 신적인 어머니'라 불러야 한다. 불연인즉, '성령으로부터 태어남'이라고 하는 요한복음의 메타포(3:3-6)는 의미가 없다. 따라서 "성령의 여성성과 모성은 여남 공동체에게 영향을 준다. 그것으로 인하여, 자매형제 공동체는 자유롭고 평등한 사람들의 공동체가 되는 것이다."(SoL, 26)

하지만 몰트만은 개인의 중생에 대한 이야기로 끝내지 않고, 우주의 중생과 개인의 중생된 우주에의 재편을 주장합니다. 그는 반복적인 환생들에 반대하여 마태복음 19:28의 우주중생에 대하여 이야기합니다. "신약성서 본문 중, 오직 마태복음만이 우주의 중생을 말한다. 우주가 중생할 때,[59] 인자가 영광의 보좌에 앉아서 이 세상을 심판하실 것이다. 여기에서 우주의 끝없는 환생(reincarnations) 이론이 묵시적 의미에서 최종적이고 유일회적인 그 무엇으로 바뀐다. 그리고 인자의 심판 다음엔 영광의 나라가 도래할 것인데, 이 나라는 영원하고 결코 늙지 않을 것이다."(SoL, 27-28) 하여 몰트만은 성령으로부터의 중생이란 저 '환생'이야기와 전혀 무관하다고 합니다.

하나님의 영으로부터의 탄생과 함께 실존하는 새로운 삶이란 사실상 '재탄생'('re'-birth)이 아니다. 그것은, 새롭고 영원한 새 하늘과 새 땅을 향한 유일회적이고 최종적으로 새롭게 탄생한 하나의 인간 삶이요 하나님의 성취된 약속의 시작이다. '보라! 내가 만물을 새롭게 하노라.'(28)

4-7-2. 문: "새로운 탄생에 대한 성서적 관점들"에서는 '새로운 탄생'이란 무엇을 의미하는가?
답
디도서 3:5-7('우리를 구원하시되 우리가 행한 바 의로운 행위로 말미암지 아니하고 오직 그의 긍휼하심을 따라 중생의 씻음과 성령의 새롭게 하심으로 하셨나니, 우리 주 예수 그리스도로 말미암아 우리에게 그의 성령을 풍성히 부어 주사 우리로 그의 은혜를 말미암아 의롭다

---

59   몰트만은 만유구원에 해당하는 '영광의 나라'(새 하늘과 새 땅)의 전단계로서 '평화의 나라' 혹은 '메시아 왕국'을 주장하는데, 예수 그리스도 하나님의 아들의 재림(adventus)으로 이스라엘과 교회 그리고 우주의 중생(healing and saving)이 일어난다고 본다.(참고: *The Coming Kingdom*, 196 이하)

하심을 얻어 영생의 소망을 따라 상속자가 되게 하려 하심이다.')은 신앙의 세례적 경험 혹은 성령과 물을 통한 세례에 대한 신앙의 경험을 설명하는 방법으로서 중생을 갱신으로 봅니다. 그리고 베드로 전서 1:3-4 역시 이와 대동소이합니다.(SoL, 28-29) 16세기 루터는 그의 이신칭의론을 위해서 로마서 1:16-17과 3:19-31 그리고 갈라디아서를 선호하였으나, 몰트만은 갱신과 분리될 수 없는 이신칭의를 말하고, 그것이 미래의 영생과 하나님 나라의 상속이라고 하는 종말론적 비전을 지향하고 있음을 주장하기 위하여, 디도서와 베드로 전서를 선호합니다.

몰트만은 '갱신시키시는 성령께서 '죽은 자들로부터 그리스도를 부활시키는 능력'이시기 때문에 중생이란 '성령을 통해서' 혹은 '죽은 자들부터의 부활을 통하여'(참고: 롬 8:11) 일어나는 것이라고 합니다. 그리고 그 동인(動因)은 성부 하나님의 자비라고 합니다. 여기에서 자비는 창조적이고 새 생명을 탄생시킵니다. 그런즉, 위의 두 본문은 성부 성자 성령의 나뉠 수 없는 사역을 증언하고, 성령(죽은 자들로부터 부활을 가능케 하시는 능력)에 의한 씻음 혹은 갱신은 종교 개혁적 '이신칭의' 이해를 보완한다고 합니다.(SoL, 29) 그렇다고 몰트만에게 있어서 그와 같은 씻음 중생 갱신이 곧 바로 성화를 의미하는 것은 아닙니다. 그것은 새 창조의 세계로 편입된, 성령으로 새롭게 탄생한, 수세자의 새 하늘과 새 땅을 향한 삶의 전환(轉換)과 전진(前進)일 뿐이라고 합니다.

위와 같은 주장의 역사적 근거는 '죽은 자들로부터 그리스도의 부활'입니다. 우리를 갱신시키시고 우리에게 새로운 삶을 주시며 신앙 가운데 우리를 사로잡고 계신 성령은, 다름 아닌 그리스도의 부활로부터 발출하시는(proceeding) 분이시라고 하는 것입니다. 하여 몰트만은 십자가의 사죄와 구원의 의미보다는 부활의 구원론적 의미를 강조합니다. 즉, "죄 사함을 위하여 우리는 그리스도의 십자가의 죽음으로 인도되고 그것의 구원의미로 인도되지만, 그리스도의 죽은 자들로부터 부활의 구원의미는 살아있는 희망으로의 우리의 중생으로 표현된다."(SoL, 29)고 하기 때문입니다. 역시 그는 종교개혁적인 이신칭의를 극복하기 위하여 갱신으로서 중생을 종말론적 희망에 오리엔테이션시켰습니다. 그는 루터적인 십자가의 신학보다는 부활과 성령의 신학을 강조하고 있습니다. 그는 "새로운 삶은 희망의 힘을 통해서 우리 안에서 시작된다. 그것은 부활경험이다. 이와 같은 경험 속에서 믿는 자들은 더 이상 자신들이 하나님으로부터 잘렸다고 느끼지 않는다. 이들은 이제 자신들을, '의롭게 된'(made righteous) 사람들로 발견하고 하나님에 의하여 용납된 자녀들과 동료 세대주들(fellow householders)로 발견하는 것이다. 죄들을 사함 받음에 있어서 '의'란 회고적인 그 무엇, 곧 과거를 가리키는 그 무엇 혹은 잘못된 과거 또는 우리를 짓누르던 과거를 개선시키는 그 무엇인데, 중생에 있어서 의( )는 영생의 미래를 가리키는 한 행동으로 이해된다. 그리고 '영생'과 '영원한 나라'와 '새로운 영원한 창조'에 있어서 하나님과 공유된 미래를 상속받는 것은 하나님의 자녀들의 권리이다."(SoL, 29) 이 인용문에서 우리는 몰트만이 루터의 '오직 그리스도'(solus Christus)와 오직 신앙(sola fide)를 보완하고 있는 것을 발견합니다.

하여 이와 같이 "하나님의 미래를 상속받는 사람은 지금 여기에서 이미 '하나의 살아있는 희망' 가운데 살고 있는 것이다." "성령의 경험은 그리스도의 부활을 현존케 하시고 우리를 영생의 부활세계로 이동시킨다. 그리스도의 부활에 대한 기억은 하나님의 미래에 대한 살아있는 희망을 일깨우고 기억된 과거와 희망된 미래의 이와 같은 화음 속에서 우리는 시간 속에서 영원을 인식한다. '중생'의 순간은 영원이 시간을 접하고 시간의 무상성을 끝내버리는 영원한 순간이다. 그것은 영원한 생동성의 순간이다."(29-30)

끝으로 몰트만은 우리를 중생과 영생으로 편입시키는 부활과 부활신앙은 우리를 새 창조의 세계로 편입시키는 바, "그것은 만유의 새 창조의 시작이다. 우리의 삶 속에서 그리스도의 부활에 상응하는 '하나의 살아있는 희망으로의 중생'은 또한 하나의 전적으로 새로운 삶의 시작이기도 한 것이다. …그리고 영생으로의 새 탄생은 '낙원으로의 회복'이 아니라 어떤 눈도 보지 못했고 어떤 귀도 보지 못했던 … 허나 하나님께서 성령을 통하여 우리 안에 계시하신(고전 2:9 이하) 부활세계를 향하여 나가는 것이다. … 하나의 참으로 새로운 삶은 부활의 새로운 세계의 시작으로서만 시작한다."(30)

4-7-3. 문: "개인적(personal) 삶에 있어서 부활의 기쁨"은 무엇을 말하나요?

답

이상과 같은 새로운 삶의 탄생은 사람들의 다양성만큼이나 다양한 느낌들을 나타냅니다. "첫 번째 경험은 황홀한 기쁨이다. 부활의 성령이 경험될 때, 한 인격은 다시 자유롭게 숨을 쉬고 실패들과 불안들로부터 일어난다. 폭력과 죄 책으로부터, 현생의 잘못들과 상처들로부터 벗어나는 삶의 새 탄생은 하나의 놀라운 삶의 긍정을 의미한다. 그리스도께서 그의 십자가에 달리시고 죽으시며 장사 지낸바 되심과 같은 죽음의 종국성으로부터 영생의 넓은 세계로 부활시키심으로, 하나님께서는 우리들에게 비좁음이 없는 드넓은 세계를 활짝 개방하신다. 우리는 이제 우리들이 성령 안에서 경험한 하나님의 사랑으로써 생명과 삶을 사랑하기 시작한 것이다.…"(31)

두 번째 경험은 평화이다. "우리의 쉼이 없는 영혼들 안에서 발견되는 평화는 '하나님의 영'(God's Spirit)에 대한 또 다른 하나의 경험이다. 그것은 그리스도 안에서 하나님과의 평화요 그것이 평화인 이유는, 성령 안에서 우리는 하나님의 사랑이 얼마나 깊게 우리의 마음속으로 부은바 되었나를 알기 때문이다.(롬 5:1, 5) 평화란 안식에 이르는 것을 뜻한다. 그러나 그것은 그것만을 의미하는 것이 아니다. 그것은 또한 하나님과 우리 사이의 화음과 일치에 도달한 것을 뜻하기도 한다.…"(SoL, 31)

하지만 몰트만은 이상과 같은 경험들이 신앙을 창조하는 것이 아니라 신앙이 그와 같은 경험들을 창조한다며, 어려운 상황들 속에서 "하나님께 대한 신앙은 '그럼에도 불구하고'의 신앙으로 전환한다고 한다. 신앙이란 다름 아닌 그리스도와의 사귐이다. 그래서 경험들이 신앙을 창조하는 것이 아니고 신앙이 경험들을 창조하는 것이 우리들에게 명확히 하는 것이 중요하다. 신앙의 확고한 천연자석은, 성령의 내적인 경험들 – 그것들이 아무리 좋고 중요하다고 해도 – 에 의하여 제공되는 것이 아니라 그리스도와의 코이노니아에 의해서 주어진다. 즉 우리는 그분과 함께 살고 죽고 다시 살아남이 없이는 우리의 역경들을 이길 수 없기 때문이다."(32) 하여 우리의 예수 그리스도와의 사귐과 성령에 대한 경험은 불가 분리합니다. 그리고 이것은 우리의 삼위일체 하나님과의 사귐으로 나아갑니다.

4-7-4. 문: "신앙에 머물고 성장함"은 무엇을 말하나요?

답

"성령으로부터 오는 '새로운 삶으로의 탄생'(a new birth to new life)에 근거한 신앙은 도중에 상실될 수 있는가? 박해 들 모든 역경들과 방애물들이 신앙을 좌절시키는가?"라고 몰트만은 묻습니다. 몰트만은 그와 같은 '새로운 탄생'이 성령으로부터 왔기 때문에, 하나님의 신실성 안에 붙들려 있기 때문에, 하나님께서는 믿는 사람을 결코 버리시지 않는다고 주장합니다. 그와 같은 '탄생'은 영생으로의 탄생이기 때문에 그 '탄생' 자체가 영원하고 파괴될 수 없다고 하는 것입니다. "성령께서는 부활의 능력으로서 죽음과 죽음에 대한 공포와 두려움들보다 더 강하시다. 신앙 안에 머물러 있고 신앙으로부터 타락하지 않는다고 하는 확신이, 믿는 자들의 영혼들의 항구성(恒久性)에 있는 것이 아니라 부르신 사람들에 대한 하나님 자신의 신실성(Treulichkeit = faithfulness)에 근거한 것이다. '주께서 너희를 불러 주 예수 그리스도의 날에 책망할 것이 없는 자로 끝까지 견고케 하시리라'(고전 1:8, 9)"(SoL, 32-33) 누가 복음에 따르면(21:31 이하), 주님께서 사단의 시험 가운데 있는 베드로의 불신앙을 위하여 기도하셨고, "영생의 시작으로서 성령께서는 자기에게 속한 사람들과 영원히 함께 하신다. 그들이 알든 느끼지 못하든 간에."(SoL, 33)

참 신앙이 새로운 삶으로의 탄생일진대, 신앙에는 성장이 있습니다. 성장에는 두 가지 종류가 있는데, 하나는 인간의 성장과 발달 과정에 상응하는 성장이고, 다른 하나는 성령 안에서의 삶, 곧 '영적 삶'의 내적인 성장입니다. 확실히 우리는 어린 아이의 신앙으로부터 성숙한 사람의 신앙으로 자라야 합니다. 그리고 "신앙 안에 있는 삶은 삶과 신앙의 문제들을 계속해서 문제 삼고 그와 같은 문제들에 대하여 응답해야 한다. 신앙은 우리를 흥분하게 만든다. 그도 그럴 것이 우리는 끊임없이 이미 대답을 얻은 문제들에 대하여 다시 대답을 추구해야 하기 때문이다."(SoL, 34)

그러나 몰트만은 위와 같은 두 가지 성장을 새 창조의 세계인 하나님 나라와 관련시켜 이해합니다.

신앙의 성장과 항상 더 심오하고 내적인 삶의 성화는 위에서 이야기한 것 이상을 지향합니다. 신앙이 향하여 성장하고 발전하기로 의도되어 있는 미래는 현 인간의 삶을 넘어 하나님의 미래, '예수 그리스도의 날', 혹은 '하나님의 영원한 나라'로 나아가기 때문이다. 우리의 현재와 이와 같은 신적인 미래 사이에는 성령이 현존하시고 사역하신다. 그 때문에 우리는 하나님의 오심을 위하여 성령을 기다리고 이미 여기에서 하나님의 도래를 경험한다. 그 때문에 바울은 이 시점에서 성령을 그와 같은 미래의 담보요 선지급금이라고 한다. 그래서 성령께서는 장차 도래할 것에 대한 보증이다. 우리들 자신들 역시 하나님의 영께서는, 하나님의 영광이 온 세상을 채울 미래의 방향으로 우리를 추동해 가는 큰 추동자라고 하는 사실을 인식한다. 성서에 따르면, 성령의 다양한 은사들은 초자연적 은사들이 아니라 미래의 에너지들이요 미래 세계의 능력들이다.(히 6:5) (SoL, 34)

'새로운 삶으로의 탄생'이란 말은 상징적으로 성장을 암시합니다. '새로운 삶'은 성장하고 성숙해져야 한다고 하는 말입니다. 신앙이 시련을 겪어야 하고 하나님에 대한 지식이 성장해야 하며 신앙의 의지가 더욱 확고해짐으로 신앙이 마음(heart) 속에 깊숙이 뿌리내려야 한다고 하는 것입니다. 그럼에도 이와 같은 진전들은 항상 시작들에 불과합니다. 몰트만은 그와 같은 것들의 완성과 완벽해 짐은 '장차 도래할 세계의 삶'에서 라고 합니다. (SoL, 35)

4-7-5. 문: "성령은 우리의 신적인 어머니이신가?"에서는 '신적 어머니'란 무엇을 말하나요?

답

믿는 사람들이 성령으로부터 탄생한다면, 우리는 성령을 믿는 사람들의 '어머니'로 생각하지 않으면 안 됩니다. 이런 뜻에서 성령은 여성입니다. 요한복음서가 성령을 이해하는 대로 성령이 위로자라면, 그녀는 어머니가 자식을 위로하는 것처럼(참고: 요 14:26; 사 66:13) 우리를 위로하시는 분이십니다. 하여 히브리어로 하나님의 영인 '루아흐 야훼'에서 '루아흐'는 여성입니다. 희랍어로 중성, 라틴어와 독일어로는 남성이지만 말입니다.(SoL, 35)

몰트만은 초기 시리아 교회 지역에서 성령을 여성이라 하였고, 이

전통을 경건주의와 웨슬리가 이어 받았다고 하며, 특히 경건주의 계통의 친젠도르프는 '우리 주 예수 그리스도는 우리의 참 아버지이시고 예수 그리스도의 성령은 우리의 어머니이시고 살아계신 하나님의 아들은 우리의 참 맏형이기 때문에', 신적 삼위일체를 가족 이미지로 묘사하였다(36)고 합니다. 그리고 그와 같은 아버지 어머니 아이와 같은 그림이 그 어떤 이미지로 근접할 수 없는 삼위일체에 대한 이미지에 불과하지만, 아버지 하나님께서 두 손, 곧 아들과 성령을 가지고 사역하신다(Irenaeus)고 하는 주장보다는 훨씬 낫다고 봅니다. 그도 그럴 것이 그것은 인간의 공동체를 위계적으로 만들지 않고, 자유롭고 평등한 사람들의 공동체로 만들기 때문이라고 합니다. 성령으로서의 여성 하나님도 마찬 가지이지만 말입니다.

> 이레네우스의 경우엔, 하나님께서 고독한, 지배하고 통치하며 결정하는 주체이고, 친젠도로프의 경우 삼위일체 하나님(the Tri-unity)은 하나의 놀라운 공동체이시다. 전자에서는 삼위일체 하나님의 반영이 하나의 계층질서적 교회이고, 후자의 경우엔, 삼위일체의 반영이 특권들이 없는 여남 공동체요 자유롭고 평등한 사람들, 곧 자매들과 형제들의 공동체이다. 새로운 개 교회 구조의 건설을 위해서 성령의 모성애적인 사역과 공동체로서 삼위일체는 매우 중요하다.(SoL, 37)

4-8. 문: "Ⅳ. 희망에 대한 명상"은 무엇을 논하나요?

답

이제 필자가, 'Ⅲ. 살아있는 희망으로의 중생'을 논한 다음 'Ⅳ. 희망에 대한 명상'을 다루는 것은, 논리적으로 합당합니다. 그도 그럴 것이 믿음을 세례로 인침 받은 믿는 사람은 다름이 아닌 성령을 통하여 '하나님 나라'로 편입된 것이기 때문입니다. 그리고 이와 같은 '하나님 나라'를 바라보는 희망 다음에 'V. 생명과 삶의 성화'를 논하는 것도 지극히 합당한 것으로 보입니다. 하나님 나라에 대한 명상은 믿는 사람이 하는 것이고, 성화 역시 믿는 사람이 하는 것이기 때문입니다. 이제 필자는 '제IV장'을 요약합니다.

4-8-1. 몰트만은 두 천사에 대한 그림을 봅니다. 하나는 폴 클 리(Paul Klee)가 그렸고 월터 벤쟈민이 해설을 붙인 '역사의 천사'입니다. 이 천사는 미래를 등지고 과거의 사건들만을 응시합니다. 그 천사 앞에서 역사의 파선잔해들이 산더미 같이 쌓여 있습니다. 두 번째 천사는 '미래의 천사'입니다. 몰트만은 이 미래의 천사에게 찬사를 보냅니다. 이 천사는 예언자 말라기가 보았고 우리 역사 속에 하나님의 도래를 위한 길 준비를 했습니다. 이는 '언약의 천사'요 '약속의 천사'입니다. 마리아가 그 천사의 말을 들었고 그를 신뢰하였습니다. '당신의 말씀대로 나에게 이루어 지이다.' 노인 시메온 역시 메시아 아이에게서 성취된 약속을 보았습니다. '주재여 이제는 말씀하신 대로 종을 평안히 놓아 주시는 도다 내 눈이 주의 구원을 보았사오니.' 이 미래의 천사는 슬픔과 분노 속에서 쓰레기 더미를 가진 우리 인류역사를 뒤돌아보지 않습니다. 그는 눈을 크게 뜨고 오시는 하나님의 미래를 보고 신적 아이의 탄생을 고지합니다.(SoL, 38) 몰트만은 50년 전에 어둡고 추운 포로수용소에서 바로 '역사의 천사'가 자신을 만났다고 합니다. "나는 내 백성이 전쟁 동안에 도처에서 저질러 놓은 파괴에 대하여 절망하자, 나는 하나의 살아있는 희망으로 새롭게 탄생하였다. 내가 나의 깨어진 삶을 포기하기 원하였을 때, 나는 하나님에 의하여 다시 일으킴을 받았다. 내가 모든 선한 것들과 희망스러운 것들에 의하여 완전히 버림을 받았다고 느꼈을 때, 나는 그리스도 안에서 곤궁 속에 있는 맏형을 발견하였다."(SoL, 38-39)

4-8-2. 나는 이와 같은 새 희망으로 살면 살수록 우리의 참 희망은

우리의 젊음의 느낌들로부터 오지 않는다고 하는 사실을 깨달았습니다. 그것이 아무리 사랑스럽고 아름답다고 해도. 또한 그것이 아무리 무제한적이라 해도, 그것이 역사의 객관적 가능성들로부터도 오지 않는가고 하는 사실을 알았습니다. 몰트만은 그와 같은 새 희망은 위대한 신적인 신비(the great divine mystery)로부터 온다 역설합니다.

> 삶에 있어서 우리의 참 희망은 우리 위에, 우리 안에 그리고 우리들 주변에 있는, 그리고 우리가 우리들 자신에게 가까운 것보다 더 가까운, 신적 신비에 의하여 일깨워 지고 지속되며 결국 성취된다. 그것은 우리의 삶과 세상의 큰 약속으로서 우리를 해우한다. 아무것도 헛된 것이 없을 것이다. 성공할 것이다. 끝에는 만사가 잘 될 것이다! 그것은 역시 삶으로의 부름 안에서 우리를 만난다. '내가 살아있고, 너희도 살 것이다.' 우리는 이와 같은 희망으로 부름을 받으니, 이 부름은 흔히, 죽음과 죽음의 세력에 저항하라고 하는 한 명령으로 그리고 생명과 삶을 사랑하고 그것을 귀하게 여기라는 한 명령처럼 들린다. 모든 생명, 우리가 공유하고 있는 모든 생명, 곧 생명과 삶 전체 말이다.(SoL, 39)

몰트만은 우리들이 '희망하기'를 배워서 알아야 한다며, "우리는 생명과 삶에 대하여 예스(Yes)라고 할 할 때 그것을 사랑하기를 배우는 것처럼 우리는 미래에 대하여 예스라고 말할 때 희망하기를 배운다."(39)고 합니다. "인류와 땅의 미래가 아무리 캄캄하게 보여도, 희망한다고 하는 것은, 사는 것과 살아남는 것과 창조세계의 생명과 삶을 위하여 일하고 쟁투하는 것을 의미한다."(39)고 할 때, 이와 같은 '희망하기'의 근거로서 그는 다음과 같은 확실하고 참 다운 미래에 대한 희망을 붙들고 있습니다.

참된 희망은 눈이 멀지 않아 있다. 희망으로 하여금 앞을 보지 못하게 만드는 것은, 영혼의 내적 세계의 구속(redemption)을 위한 신비적인 희망 오직 그것이다. 새로운 세계를 향한 메시아적 희망은 그 희망의 눈을 크게 뜨고 미래를 내다본다. 그러나 그것은 역사의 지평에서 보여 질 수 있는 것보다 더 많이 본다. … 참 된 희망은 우리의 근대 세계의 묵시적 지평들을 넘어서 하나님의 영광 안에 있는 만유의 새 창조를 내다본다.(SoL, 40)

그리고 그는 위와 같은 확실한 미래 지향적 종말론적 희망(the Ultimate)을 가지고 '역사'와 '창조'의 지평 속에서(the pen-Ultimate) 모든 부정성(the negative)에도 불구하고 희망 가운데 쟁투하며 살아가야 한다고 합니다. 우리는 모든 것이 바르게 정리되고 구속될 하나님 나라 안에서 우리의 세상을 봅니다. 핵 무장에 반대하는 평화투쟁과 폭력과 인종차별정책의 독재들에 반대하는 투쟁 속에서 많은 사람들은 말할 수 있었습니다. '우리는 성공하든 말든 우리가 행하지 않으면 안 되는 바를 행한다'고. 우리는 우리가 희망하는 하나님의 미래와 걸맞게 행동하고 있는 것입니다. 비록 그것이 우리를 우리의 사회와 갈등으로 집어넣을 지라도 말이다."(SoL, 40)

끝으로 몰트만은 '인간이 원하고 소원하며 희망하고 기다리는 것'보다 하나님께서 그렇게 하신다고 하는 것을 강조합니다. 하나님께서는 창조세계 전체의 홈커밍을 기다리고 계신다고 합니다.(SoL, 41)

4-8-3. 여기에서 몰트만은 그의 하나님 나라와 그것에 대한 희망의 보편성을 주장합니다. 그는 오늘날 "모든 세계 기구들과 그것들의 보편적인 가치들'이 추락하고 있는 것을 안타깝게 생각하면서, '특수주의적(particularistic) 집단의식들의 힘이 증가하고 있는 것'을 염려합니다.

그는 모든 사람들을 위한 시민적 권리들보다 자기 나라의 권리들을 더 중요시하고 발칸 반도에서처럼 민족국가가 그 깃발을 높이 들고, 종족말살을 감행하며 인류를 경멸하는 행태들을 관찰합니다. "우리는 다음 세대들을 희생시킴으로 살아가고 있고, 지금 까지 인류공동체의 생존을 확보해 준 보편적인 세대 간 계약을 깨고 있다. 우리는 이 놀라운 땅 위에서 모든 다른 동료 피조물들과의 공동의 삶을 추구하는 대신에, 우리는 땅을 착취하고 그것의 생명세계를 파괴하고 있다."…(41-42)

끝으로 그는 하나님 나라를 대표하는 교회가 하나님 나라에 상응하는 보편적 가치들을 이 역사와 창조 안에서 구현해야 할 것을 강조합니다.

> 우리들 자신만을 위해서 살자고 희망의 보편성을 포기해서는 안 된다. 우리는 하나님을 위하여 희망의 보편성을 결코 포기해서는 안 된다. 교회는 그 자신을 위해서 실존하는 것이 아니라, 하나님 나라를 위하여 살아야 한다. 교회는 '모든 인간은 태어날 때부터 자유하고 평등하다'고 하는 인권들이 침해를 받는 모든 곳에서 그것을 위하여 개입한다면, 교회는 이 깨어진 세상 속에서 하나님의 도래하는 나라를 대표하는 것이다. 교회는, 만약에 그것이 살아있는 세계로서 이 땅을 위하여 개입하고, 실제로 창조의 공동체를 실현한다면, 그것은 하나님 나라를 대표하는 것이다. 교회가, 다음 세대들의 권리들을 위하여 일어서고 그 자신을 그들 자신의 목소리를 낼 수 없는 사람들의 목소리가 되게 한다면, 하나님의 도래하는 나라를 대표하는 것이다. 그 누구도 더 이상 보편적으로 생각하기를 싫어할지라도, 보편교회는 하나님의 보편적인 희망을 통하여 살도록 부름 받은 것이요 그와 같은 희망을 대표하는 것이다. 미래의 천사는 그와 같은 하나님의 보편적 희망을 약속하고 방어한다. (SoL, 42)

4-9. 문: "V. 생명과 삶의 성화"는 무엇을 논하는가요?

답

믿음으로 그리고 성령의 중생케 하시는 은혜로 '하나님 나라'로 편입된, 그리스도인들(= 믿는 사람들)의 생명과 삶은 거룩해야 한다고 하는 것에 대하여 논합니다.

4-9-1. 문: "무엇이 거룩인가요?"

답

"근대세계는, 거룩한 세계를 폐기된 그 무엇으로 버렸고, 하나의 세속적인 세계로 보았다. … 그러나 거룩하고 경외할 가치가 있는 것에 대한 갈망은 아직 근대 남자들과 여자들의 잠재의식 속에 여전히 살아있다. 그리고 이와 같은 열망들이 성취되지 않았다. 심지어 증가추세에 있다. 그도 그럴 것이 세속적인 세계는 거룩한 세계를 그것의 전제로 가지고 있기 때문이다. 그것은 스스로 이와 같은 전제를 창조하지 않았고 그와 같은 세계를 스스로 회복시킬 수 없다. 근대세계는 자신이 부정하는 것으로부터 살고 있다. 그것은 거룩한 세계의 상속자이기 때문이다. 근대인들의 세속화 혹은 신성모독은 자기가 앉아 있는 나뭇가지를 스스로 베어버리는 사람과 같다."(SoL, 43)

이상과 같은 주장에서 몰트만은 근대 세계 속에서의 성령 하나님과 삼위일체 하나님의 현존과 사역을 암시합니다. 즉, 그는 성서와 기독교 전통에 따른 거룩성을 아래와 같이 정의합니다.

> 성서 전통들에 따르면, 하나님께서 거룩성(the holy) 안에 거하시는 것이 아니라 거룩성이 하나님 안에 있다. 거룩성은 하나님 혹은 그 어떤 신적인 것이 아니다. 하나님만이 거룩하시다. 오직 하나님만이, 그 누구도 아니다. 거룩성은 배타적으로 하나님의 속성이다. 하나님은 '이

스라엘의 거룩한 이'(the Holy One of Israel)(사 43:3)시오, 하나님은 거룩하시고 전능하시며, 거룩하시고 질투하시며, 거룩하시고 진실하시며, 거룩하시며 의로우시다. '거룩하다 거룩하다 거룩하다 만군의 여호와여 그의 영광이 온 땅에 충만하도다.'(사 6:3; 계 4:8))라고 예언자 이사야의 하나님에 대한 비전속에서 천사들이 노래한다. 이에 따르면, 하나님의 본성 그 자체는 거룩하다. 하나님께서는 항상 그 자신과 하나이시기 때문이다.(SoL, 44)

따라서 몰트만에 따르면, 루돌프 오토의 '거룩한 자'(das Heilige = mysterium tremendum et fascinans) 혹은 "우리를 우리의 세상으로부터 소외시키는, 우리에게 전혀 낯선 그 무엇으로서 전적인 타자'(something Wholly Other)는 위에서 언급한 하나님의 거룩성도 될 수 있으나, 반대로 '마귀적인 것의 영역'에 대한 경험일 수도 있다."(43)고 합니다. 그래서 몰트만은 특히 우리를 거룩하게 하시는 '성령 하나님'을 꼬집어 가리킵니다.

    기독교 신조들은 하나님의 영을 성령(the Holy Spirit)이라 부를 때, 이는 한편 하나님의 영이 누구시고 다른 한편 그 영이 무엇을 하시는가를 말한다. …성령은 그 자신이 친히 하나님이시다. 아버지 하나님과 아들 하나님처럼 하나님 자신이시다. 그는 아버지와 아들과 함께 예배를 받으시고 영광을 받으신다(니케아-콘스탄티노플 신조). 그런즉, 우리는 성령과 관계할 때, 우리는 하나님 자신과 관계하고 있는 것이다.
    루터의 '대 교리문답서'에서 성령은 우리를 거룩하게 하셨고 지금도 여전히 거룩하게 하시기 때문에 거룩하시다고 한다. '아버지께서 창조자이시고 아들이 구속자이신 것처럼 성령은 그의 사역 때문에 거룩하게 하시는 분(Sanctifier)으로 불리지 않으면 안 된다. (SoL, 45)

4-9-2. "하나님을 통한 성화"란?

답

'성화'란 무엇보다도 거룩하신 하나님으로부터 나오는 한 행동입니다. "하나님께서는 그 자신을 위하여 그 무엇을 선택하시고 그것을 자신의 소유로 삼으시는 바, 그것은 그가 그것으로 자신의 본성에 참여케 하시고, 그 결과 그것이 그분에게 상응하게 되는 것입니다. 그분은 그렇게 하심으로 그 무엇을 거룩하게 하시고 이 그 무엇은 하나님과의 관계 속에서 거룩하게 됩니다."(45) 하나님의 성화의 행동은 그 자신을 거룩하게 하시고, 이스라엘과 교회를 거룩하게 하시며, 종말론적으로 온 인류와 온 창조세계를 거룩하게 하실 것입니다.

첫째로 몰트만은 '성화'에 대한 일반적인 정의를 위와 같이 제시한 다음, 성서의 이야기를 따라서 하나님께서는 '그 일곱째 날을 복되게 하사 거룩하게 하셨으니'(창 2:3), 물체나 한 인격적 주체가 아니라 '시간', 곧 안식일에 대한 성화를 주장합니다. 이 안식일에 하나님께서는 안식하시면서 만유로 하여금 그 신적 안식에 동참하게 하셨으니, 이 날은 하나님의 만유 내주를 통하여 하나님에 의하여 거룩하게 되었습니다. "하나님께서는 이 일곱째 날에, 제7년에, 그리고 희년에, 곧 시간 안에 내주하십니다. 그 안식의 날은 신적인 안식에의 참여에 다름 아닙니다. 이와 같은 안식의 날은 창조된 만유에게 창조적으로 활동적이시고 쉼이 없으신 하나님께서 시간의 리듬 속에서 그리고 궁극적으로 그의 영원한 나라 안에서 안식에 이르기시기를 갈망하신다고 하는 사실을 가리키고 있는 것이다."(SoL, 45-46)

둘째로 그는 이스라엘을 출애굽 시키시고, 약속의 땅으로 동행하시며, 그들의 고난의 삶에 내주하시고, 급기야 그의 선민을 거룩하게 하시며, 그들을 '열방을 위한 빛'으로 삼으시니, 바로 이 백성으로부터 하나님 지식, 자유, 공의와 정의, 곧 샬롬의 구원이 모든 민족들에로 이르게 하셨습니다. 하여 몰트만은 특수로부터 보편으로 이동합니다. '열방' 혹은 '모든 민족들'이란 이스라엘과 교회 밖의 모든 나머지 인류를 가리키기 때문입니다. '보라 하나님의 장막이 사람들과 함께 있으매 하나님이 그들과 함께 계시리니 그들은 하나님의 백성이 되고 하나님은 친히 그들과 함께 계셔서.'(계 21:3) "역사 속에서 이스라엘에게 특수한 것이 하나님의 미래에 있어선 보편적이 됩니다. 그런즉 모든 민족들과 인류공동체 전체가 자유함을 얻고 성화될 것입니다. 그도 그럴 것이 거룩한 하나님께서 그들과 함께 거하시면서, 그들로 하여금 자신의 동료 세대주들로서 자신의 영원성과 생동성에 동참케 하시기 때문입니다."(46)

셋째로 이스라엘에 대하여 진실인 것은, 교회에게도 참이라고 주장합니다. 성령의 영향과 내주를 통하여 모든 민족들로부터 뽑혀진 무리들 전부가 복음의 빛을 세상의 모든 민족들에게 가져가야 하는 '성도들의 공동체(코이노니아)'입니다. "성도들은 다만 도덕적으로 혹은 인격적으로 거룩한 것이 아니다. 그들은 '의롭다고 여김을 받은 자들' – 의롭게 된 죄인들 과 하나님에 의하여 전적으로 용납된 낯선 자들로서 거룩하다. 바로 이와 같은 이유로, 그들은 이 구속받지 못한 세상의 구속의 첫 번째, 예비적인 징표요 시작인 것이다. 성령께서는 이들에게 오직 하나님 나라 안에서만 안식을 발견할 쉼 없는 마음을 주신 것이다."(SoL, 46)

넷째로 이스라엘과 교회를 넘어 생명영역의 공간 혹은 생태학적 공간, 나아가서 우주전체의 성화도 주장합니다.

> 하나님께서 거룩하게 하시는 첫 번째 것은 그의 생명 공간, 곧 그의 환경이다. 이를 우리는 신적인 생태학이라 불러도 좋을 것이다. 하나님께서 내주하시는 성전도 우리는 교회를 하나님의 집이라 부르지만 성전이 서 있는 도시와 사람들이 살고 있는 나라도 성화되어 진다. 성전, 도시, 그리고 나라 안에 있는 거룩한 공간은 하나님의 장엄한 우주

안의 내주이다. 이를 통하여 하늘과 땅 그리고 모든 생명체들이 성화된다(사 66:1; 행 7:49). 이 땅 위에 있는 거룩한 장소들은 이 땅 그 자체가 거룩하고 거룩해야 한다고 하는 사실을 가리키고 있는 표지판들로서만 거룩하다. 하나님께서는 공간 안에 거하신다. 그러나 창조적으로 활동적이신 하나님은 그의 공의와 정의가 통치하는 새 하늘과 새 땅에서가 아니고는 그 어떤 안식도 발견하시지 못하신다. 하나님께서는 그의 내주를 통하여 그의 전(全) 창조의 공동체를 거룩하게 하신다. 그것은 하나님의 환경이 되고 그의 신적인 삶에 영원히 참여하도록 의도되어 있다.(47)

끝으로 몰트만은 인간은 단순히 하남님의 성화의 수동적인 대상들이 아니라, '성화의 결의주체들'(the determining subjects od sanctification)이라며, 우리는 '하나님의 말씀과 그분의 가까이 하심'에 대하여 응답해야 한다고 합니다. "우리의 첫 번째 성화의 대상은 그의 말씀과 성령 안에 현존하시는 하나님 그 자신이다. 그래서 주기도문의 첫 간구는 '당신의 이름이 거룩히 여김을 받으시오며'이다."(47) 그리고 두 번째 우리의 성화의 대상은 우리 자신의 삶입니다. "그것은 하나님께 참여하고 성령 안에서 하나님과 상응하는 삶에서 성화의 의미를 발견한다."(47)며, 하나님과 조화를 이루는 삶과 산상수훈에 입각한 '예수의 제자도'에 따른 삶을 주장합니다. '하나님과의 조화 그리고 우리들 자신과의 조화의 삶'에 대하여는 이렇게 말한다.

하나님과의 조화는 성화라 불린다. 하나님의 형상과 그분의 자녀들로서 우리들 자신과의 조화는 행복이라 불린다. 이런 의미에서 성화는 참된 지기실현으로 인도한다. 하나님 및 자기 자신과 조화 가운데 있는 사람들은 거룩하고 행복하다. 이들은 하나님의 형상과 자녀들로서 다른 사람들과의 조화 그리고 하나님께서 창조하신 그리고 성령께서 그 안에 현존하시는 모든 것과의 조화를 추구한다. 하나님에 대한 신뢰, 우리들 자신과 타자들의 생명과 삶에 대한 존중, 그리고 하나님이 현존하시는 모든 생명체들에 대한 경외는 생명과 삶의 성화를 특징 지우고 결정한다.(48)

4-9-3. "생명의 거룩성"이란?

답

몰트만은 근대를 잇는 오늘의 세계 속에서 '성화'가 무엇이고, 오늘날 성화를 어디에서 발견하지 않으면 안 되며, 빗나간 거룩을 어떻게 세속화시킬 것인가를 묻습니다. 그는 오늘날 우리는 '생명의 거룩성'과 '피조 된 만유 안에 있는 신적 신비'를 재발견하고, 생명에 대한 인위적인 조작에 반대하여 생명을 방어해야 하고, 개인적인 그리고 제도화된 폭력들을 통한 땅의 파괴를 막아야 한다고 합니다. 그는 문명과 자연(땅)으로부터 성령을 퇴출시킨 근대인들의 불신앙을 생각하며, 이렇게 주장합니다. "생명은 '생명의 원천'(fons vitae)으로부터 창조적 신적 영오고 성령 안에서 살아있기 때문에, 그것은 거룩하게 되지 않으면 안 된다. 그래서 우리가 모든 생명체들을 하나님 존전에서의 경외심을 가지고 만날 때, 생명은 거룩하게 된다."(SoL, 49)

'땅과 거기에 충만한 것과 세계와 그 가운데 사는 자들은 다 여호와의 것이로다.'(시 24:1) 그런즉, "인간이 이 땅에 대한 하나님의 소유권을 존중할진대, 인간 자신들의 권리는 다만 그것을 사용하는 데에만 있는 것이다. …또한 하나님께서는 창조자로서 그가 지으신 만유 안에 계시므로 하나님의 영광으로부터 한 빛이 그것들 위에 비추니, 그것들은 하나님의 영원한 빛을 반사시킨다.… 우리는 우리들이 자연에 의존하고 있는 것이지, 자연이 우리에게 의존하고 있는 것이 아님을 인정한다. 그도 그럴 것이 자연은 우리 앞에 현존하고 있고 우리가 떠나버려도 여전히 거기에 있을 것이기 때문이다."(SOL, 49) 이와 같은 주장은 생태계의 건강이 우주적 그리스도와 성령 하나님을 통한 창조자의 세계내주와 그 안에 거하시고 '생명 살리시는 성령 하나님'께 달렸다고 하는 것을 말합니다.

몰트만은 위와 같이 생명경외의 신학적 근거를 제시하고, 그것을 전제하면서 그에 따른 '생명경외의 윤리'를 제안합니다. 이는 '생태 정의'의 근거이니, 그는 십계명 중 '하나님 사랑과 이웃사랑'이라고 하는 이중적 사랑윤리에, 땅에 대한 사랑을 포함시킵니다. '네 이웃을 네 몸과 같이 그리고 이 땅을 네 몸과 같이' 사랑하라고 합니다. 그리고 그는 인간세계, 식물의 세계, 그리고 동물의 세계에서도 생명경외는 더 취약한 자들에 대한 존중으로 시작되어야 한다고 봅니다.(49)

4-9-4. "건강한 삶과 행복한 삶"이란?

답

생명의 성화는 개인적인 차원을 갖는다며, 옛날에 감리교도들이 금연 금주 지나친 사치 금지 등 훈련된 거룩한 삶을 살았던 것처럼 오늘날 우리는 에너지 낭비 없이 그리고 식생활에 있어서 사치하지 말고 살아야 한다고 합니다. 특히 몰트만은 생명파괴에 반대하여 개인적 차원, 정치경제적 차원, 생태학적 차원에서 저항해야 한다고 봅니다.

> 오늘날 생명경외는 우리이게 생명에 대한 폭력을 포기할 것을 요구한다. 폭력 없는 삶은 개인적인 삶에도 해당한다. …가난한 자의 생명을 파괴하는 구조들을 무너뜨리고 빈익빈 부익부의 말 없는 전쟁 속에서 정의를 창출하는 것은, 하나의 정치적인 과제이다. …폭력 없는 삶은 또한 기술사용에 의한 자연폭력을 극소화시키면서…좀 더 효율적인 에너지 생산에 힘쓰고 자연환경을 보듬어야 한다. (SoL, 50−51)

그리고 몰트만은 영과 육의 분리, 지성과 감성의 분리, 의식과 몸의 감성들의 분리가 아니라 그것들의 조화를 거룩한 삶 건강한 삶으로 보고, 생태적으로 그리고 몸적으로 조화를 이루는 삶을 주장하면서, "우리는 삶의 성화를, 삶의 조화들과 화음들에서 발견한다."(51)고 합니다. 그에게 있어서 성화와 건강은 긴밀한 관계에 있습니다. 그런데 그는 건강의 의미를 이렇게 말합니다. "나는 우리가 일반적으로 잘 살고 있을 때 느끼는 건강을 의미하는 것이 아니라 '인간이 되려는 힘(the strength to be human)으로 본다. 그런즉, 이와 같은 건강은 몸이 건강할 때와 병들 때, 그리고 살아있을 때와 죽어갈 때 모두에 있어서 나타난다. 만약에 우리가 우리의 자연적 연약성을 받아들이고 긍정하며 인간의 가사성(mortality)을 억누르지 않고 인정하려면, 우리는 인간이 되는 힘을 필요로 한다."(51)

끝으로 몰트만은 독일어로 '거룩하게 하다'(heiligen)는 항상 '치유'(heilen)와 근접한 말이고 영어로 '치유'(healing)도 '온전성'(the whole)과 관계가 있다며, '거룩성'을 다음과 같이 설명합니다. "그런즉, 삶의 성화는 병든 삶의 치유와 분열되고 갈라진 삶의 온전케 됨을 포함한다."(SoL, 52) 이어서 그는 근대의 분석적 사고와 원자(atom) 환원주의적 사고가 아니라 '전체로서 연계성들과 상관성들'(the connections and coherences as a whole)을 감안하는 '온전한 사고'(a wholistic thinking)(52)를 성화라고 합니다. 비록 근대주의의 분석적 사고도 필요하긴 하지만 말입니다.

4-9-5. "성령의 영향을 받는다고 하는 것"은?

답

몰트만은 "하나님이 거룩하시고 하나님께서 거룩하게 하시는 것은 모두 거룩하다며, 하나님과 조화를 이루고 그 자신과 조화를 이루는 것은 거룩하다. 그와 같은 거룩은 생명체들 자체 안의 조화와 화합(concords)이다."(52)라며, 이에 대한 경험은 성령의 현존과 성령과의 관계에 달렸다고 합니다. "하나님께서 성령 안에서 사방팔방으로 우리를 둘러싸고 있고 우리가 성령의 현존과 그분의 인도하심에 내맡길 때 우리는 성령을 경험한다고 합니다. 성령 안에서의 삶은 성령의 영향으로 하여금 우리에게 오게 하는 삶이다."(SoL, 52)라고 한다. 그는 갈라디아서(5:19이하와 22 이하)의 '육체의 일'과 '성령의 열매'를 예로 들면서, 바울은 그 당시의 영향 하에서 '육체의 일'과 '성령의 열매'를 열거하고 있으니, 오늘날 우리는 다른 것들을 더 항목 화할 수 있다고 합니다. (SoL, 53)

4-9-6. "성령 자신이 우리를 살리시는 생명이시다."란?
답

몰트만은 성화를 생명으로 봅니다. 하나님의 영은 단순히 성령으로 불리시지 않고, '생명의 영'(니케아-콘스탄티노플 신조: the Lord and life-Giver)으로 불리니, 그는 단순히 우리를 거룩하게 하시는 것이 아니라, 그분의 신적 에너지들을 통하여 우리에게 생명을 주시는 것을 뜻합니다.

…우리가 성령 안에서 인식하는 하나님의 근접은 우리로 하여금 우리 안으로부터 온전한 삶을 살게 하시고 우리의 모든 활력(all our vitality)을 일깨우신다. 이미 지금 여기에서 우리는 우리의 죽을 몸에 주어지는 '생명살림'을 경험한고 있는 것이다. 이는 바울이 묘사하고 있는 죽은 자들의 부활(롬 8:11)로 인도하는 길이다. … (53)

따라서 거룩하게 되는 것은 살아나게 되는 것을 의미하고 성화시키는 것은 살아있게 만드는 것을 의미한다.

이 맥락에서 몰트만은 '성령을 거슬리는 죄'란 생명파괴의 죄악을 말한다고 합니다.

우리가 생명의 불을 질식시킬 때 우리는 성령의 불을 질식시키는 것이다. 성령께서 우리를 떠나시면, 남는 것이라곤 파괴와 죽음과 황폐이다. 우리를 구속하시는 하나님의 영은, 우리를 살리시는 영에 다름 아니시다. 그도 그럴 것이 우리의 삶 전체가 죄와 죽음의 권세로부터 구속받도록 의도되었기 때문이다. 영생은 현생과 다른 생이 아니다. 영생은, 이 가사적인 삶이 신적인 생명 속으로 받아드려짐으로써, 그 안에서 현생이 변용되고 불멸적이게 되는 바, 현생을 다르게 만드는 것이다.(SoL, 54)

4-10. "Ⅷ. 성령의 코이노니아 안에서"에서는 무엇을 논하는가?[60]
답

4-10-1. 하나님과의 코이노니아: '예수 그리스도의 은혜와 하나님의 사랑과 성령의 교통하심이 너희 무리와 함께 있을지어다.'(고후 13:13)라고 하는 오늘의 축도의 근원이 되는 구절에서, 왜 아들에게 은혜가, 아버지께 사랑이, 그리고 성령께는 코이노니아가 돌려 집니까? 왜 성령의 특별한 은사가 코이노니아인가요? "성령의 코이노니아에 있어서 성령은 하나의 중성적인 생명력(a neutral life-force) 이상이다. 성령은 친히 하나님 자신이다. 그분은 믿는 사람들과의 코이노니아로 진입하시어 그들을 하나님과의 코이노니아로 이끌어 주신다. 그분은 코이노니아를 만드실 수 있고 코이노니아를 의지(意志)하신다. 그것은 특별한 그 무엇이다. 우리는 여기에서 우리가 기대하는 대로 성령의 주권에 대하여 아무 것도 듣지 못한다."(89) 즉, 몰트만은 코이노니아의 성령 혹은 성령의 코이노니아가 앞에서 지적한 대로 성령의 에너지들 차원에 속하는 것이 아니라 성령

---

[60] 지면 관계로 "Ⅵ. 생명의 은사능력들"과 "Ⅶ. 생명과 삶의 새로운 영성"을 건너뜁니다. 참고: J. Moltmann, *The Source: The Holy Spirit and The Theology of Life*, 70-88.

하나님(God the Spirit)그 자신에 속하는 것으로 봅니다. 하여 몰트만은 성령의 위격과 그것의 에너지들을 구별합니다. 마치 동방정교회의 신학자 팔라마스(Gregory Palamas, c. 1296-1359)가 삼위일체 하나님 자신과 그분의 에너지들을 구별한 것처럼 말입니다.

몰트만은 성령의 코이노니아를 본격적으로 정의하기 전에 그것에 대한 경험적 형상들을 생각합니다. "'코이노니아'는 강제로 취하거나 소유하는 것이 아니다. 그것은 자유케 한다. 우리는 다른 사람으로 우리의 삶에 참여하게 하고 다른 사람의 삶에도 참여한다. 코이노니아는 상호적 참여요 상호적 용납이다, 이는 서로 다른 사람들이 공통점을 발견할 때 그리고 공통점이 다른 사람들에 의하여 공유될 때 일어난다. …그러나 같지 않은 사람들이 서로서로 안에서 관심을 발견하는데, 반면에 상호간에 다르지 않은 사람들은 곧 바로 서로서로에 대하여 무관심하게 되고 만다."(89) 이는 인간들 사이에서 발견되는 코이노니아 인데, 몰트만은 이와 같은 것들에 비하면, '성령의 우리들(믿는 사람들: 필자 주)과의 코이노니아'는 '하나의 놀랍고 매우 경탄할만한 현상'(90)이라고 합니다.

성령 안에서 하나님 그 자신이 남자들과 여자들과 코이노니아로 진입하신다. 신적인 생명이 우리들에게 소통되어 지고 하나님께서 우리 인간의 삶에 참여하신다. 하나님께서는 그분의 살리시고 생기를 주시는 근접성을 통하여 우리에게 역사하시고 우리는 우리의 삶과 기쁨과 고통을 통하여 응답한다. …하나님께서는 성령 안에서 우리의 고통에 동참하시기도 하신다. …이와 같은 성령 안에서의 하나님과의 코이노니아는 단순한 인격들과의 관계가 아니다. 그것은 객관적으로 관계되어 지는 것이다. 그도 그럴 것이 지금 여기에서 성령 안에서의 하나님의 현존은, 희망스러운 선취요 영광의 하나님 나라 안에서의 하나님의 현존의 시작이기 때문이다. (SoL, 90)

그리고 몰트만은, 우리는 성령의 코이노니아 속에서 그리스도의 은혜의 근접과 아버지 하나님의 사랑의 현존을 느끼는 것이 사실이라며 좀 더 심오한 코이노니아를 주장합니다. 그것은 성령을 통하여 우리가 내재적 삼위일체 하나님과의 코이노니아로 편입된다고 하는 것이다.

성령 자신은 영원으로부터 영원으로 아버지와 아들과 코이노니아 속에서 실존하신다. …그런즉, 성령의 우리와의 코이노니아 안에는 그리스도 및 예수 그리스도의 아버지와의 성령의 영원한 코이노니아가 감추어져 있다. 성령의 우리들과의 코이노니아는 그의 영원한 신적 코이노니아에 상응하는 것이다. …그리하여 우리는 성령의 코이노니아 속에서 삼위일체 하나님과 연계된다. 외적으로가 아니라 내적으로. 성령을 통하여 우리는 성부 성자 성령의 생명-코이노니아의 영원한 공생 안으로 이끌려 들어가지는 것이다. 그래서 우리의 제한된 인간의 삶들은 신적 삶의 영원한 순환운동에 동참하는 것이다. …성령의 코이노니아 안에서 신적 삼위일체는 그렇게나 넓게 개방되어서, 창조세계 전체가 그 안에서 공간을 발견할 수 있다. 그것은 초대하는 코이노니아이다. '그들도 하나가 되어 우리 안에 있게 하사'(요 17:21)라고 예수께서 기도하신다. (SoL, 90-91)

끝으로 몰트만은 성령과의 코이노니아와 삼위일체 하나님 자체 안의 코이노니아에 입각하여 개신교의 개인주의적 신앙경향과 로마가톨릭교회의 집단주의적 신앙경향에 대하여 각각 비판하고 그 둘을 종합합니다.

그러나 성령의 코이노니아는 개신교의 개인주의적 신앙을 강화시키지 않고 가톨릭교회의 교회적 집단주의를 강화시키지도 않는다. 성령의 은사들의 풍요로운 다양성에 대한 경험은 성령 안에서의 코이노니아 경험만큼이나 원초적 경험이다. '은사는 여러 가지나 성령은 같고'(고전 12:4). 각자와 모든 사람들에게 그 혹은 그녀 자신의 것을 주는 자유(고전 12:11)에 대한 경험은 사람들을 성령 안에서 묶어주는 사랑에 대한 경험으로부터 분리될 수 없다. 그리고 성령의 코이노니아 안에서의 믿는 자들의 진정한 통일성은 하나님의 삼위일체성의 이미지요 반사요 서로 다른 위격적 관계 속에 계신 하나님의 코이노니아의 이미지요 반사이다. … 성령 안에선 개인과 사회성이 동시적으로 존재하게 되어 상호 보완적이 된다. 그런즉, 이 둘 중에 그 어떤 것에 우선성을 부여하는 것은 성령을 파괴하는 것이고 성령의 생명을 질식시키는 것이다.(SoL, 92)

4-10-2. 성령의 코이노니아 안에 있는 교회: 몰트만에게 있어서, '성령의 코이노니아 안에 있는 교회'는 교회 울타리 안에 갇혀있는 것이 아니라 이 세상의 역사와 문화와 창조세계로 침투합니다. "성령의 열매로서 믿는 사람들과 하나님의 공동체는 교회 밖으로 나간다. 성령께서는 그리스도의 교회 안에서 사람들을 붙들고 계시고, 뿐만 아니라 저들을 살아있는 자들의 세상 속으로 몰아넣으신다며, '성령께서는 모든 육체 위에 부은바 될 것이다.'"(SoL, 93)라고 합니다. 역시 몰트만은 모든 육체 위에 성령께서 부은바 되어 질 종말론적 지평을 바라보면서, 종말 이전에도 '모든 육체 위에 부어지고 있는 성령'을 암시하고 있습니다. 교회는 그와 같은 보편적인 성령의 현존과 사역의 앞당겨진 성령경험을 하고 있다고 하는 것입니다. 하여 몰트만은 교회의 성령경험이란 '그와 같은 사건의 역사내적 시작'(93)이라 합니다. 그리고 몰트만은 "교회가 그리스도에 대한 신앙을 고백하는 모든 것들에 있어서, 이 세상의 구속과 변형을 위한 성령의 오심의 더 넓은 우주적 차원들 안에서 그 자신을 경험한다."(93)고 합니다.

그러니까, 교회는 이스라엘과 마찬가지로 '생명의 중생과 만유의 새 창조를 위하여'(93) 실존합니다.

이어서 몰트만은 복음말씀과 성령의 관계에 대하여 논합니다. 우선 그는 교회가 '성령초대의 기도'로써 성령의 오심을 위하여 열려 있는 가운데, 복음말씀에 귀를 기울려야 한다고 합니다. 그런즉, 그는 하나님의 말씀과 성령은 하나님의 숨 내쉼과 그의 말씀처럼 불가 분리하게 동일 귀속한다고 봅니다. 따라서 그는 교회를 '말씀의 피조물'(creatura Verbi Dei)로 보는 전통과 교회를 '성령초대와 오심의 장소'로 보는 정교회의 입장을 종합합니다. 물론, 하나님의 말씀이 있는 곳에 성령이 계시고(불연이면 그 말씀이 하나님의 말씀이 아니다), 성령이 계신 곳에서 말씀이 들립니다. 하여 몰트만은 '말씀과 성령' 그리고 '성령과 말씀'이 상호적 관계 속에 있다고 봅니다. 개신교는 우선 말씀, 그리고 성령을, 정교회는 우선 성령 그리고 말씀이라고 하지만 말입니다.(SoL, 93-94)

그런데 몰트만은 방금 위에서 언급한 '하나님의 말씀'을 복음으로 보고, 무엇보다도 복음을 하나님 나라의 여명이라 합니다. 그는 항상 복음을 종말론적 하나님 나라에 대한 약속과 선취로 봅니다.

> 복음말씀은 그리스도를 현존케 한다. 그것은 성령 안에서 그리스도의 현존과 그분의 영광 가운데의 다시 오심에 대한 약속을 담지하고 있기 때문에, 역사의 시간들을 뚫고 우리에게 도달하였다. 복음이란 그리스도에 대한 기억된 약속이다. 이 복음은 신앙을 통하여, 그리스도의 실질적 현존 안에서 그분의 구속하시는 미래를 기다리며 그것을 향하여 서둘러 나가는, 평등하고 자유로운 사람들로 구성된 신뢰의 공동체를 창조한다. 이 점에서 교회는 복음말씀에 의하여 살도록 부름을 받고 환란 중에 지속되어 진다. 교회의 심장은 그것이 그리스도를 언설하는 모든 곳에서 마다 박동 친다. (SoL, 94)

끝으로 몰트만은 예수 그리스도의 사역의 목적이 성령의 강림에 있다고 합니다. 물론, 그는 하나님의 영이 그리스도의 모든 지상사역들에 선행(先行)하시고 동행하셨다고 하는 '영 그리스도론'과 부활승천 이후 '기독론적 성령론'을 염두에 두면서, "교회를 채우고 있는 성령께서는 하나님의 영이시오 그리스도의 영이심"을 주장합니다.(94) 따라서 이상과 같이 구속사에 있어서 종말론적 성령을 주장하는, 몰트만은 예수 그리스도를 믿는 사람들이 미래세계의 능력들로서 성령의 은사들을 받고, 그 자신들이 '살아있는 희망'이 되어, 희망의 삶을 살아야 한다고 합니다.(94-95)

> 성령 안에서 우리는 그리스도를 인식하고 그리스도의 구속하시는 코이노니아가 우리를 사로잡는다. … 그러나 우리는 그리스도를 알고 믿으면서 성령의 영향권 하에 들어가고 미래 세계의 능력들을 성령의 에너지들로서 느낀다. 하여 은사들로 생기를 얻은 우리의 삶 속에서 우리는 새 창조의 도래하는 봄철을 경험하고 우리들 자신이 하나의 '살아있는 희망'이 된다.(SoL, 94-95)

그리고 위와 같이 하나님의 영의 현존 안에서 그 자신들을 경험한 사람들에게 두 가지 운동이 일어났으니, 하나는 교회 안에서 기독교인들의 회집이고, 다른 하나는 '세계 속에 있는 기독교'로의 교회파송입니다. 전자는 구심력이고 후자는 원심력입니다. 이 두 주제는 모두 '새 창조의 봄철'을 위한 운동인데, 번갈아 일어나야 하는 운동들입니다. 몰트만에 따르면, 교회는 '회집된 회중'(the gathered congregation = die eine Gemeinde)이고, '세상 속의 기독교'(the Christianity in the world)는 가정들, 소명들, 직업들 그리고 사회적 집단들 속에 흩어져 있는 교회를 말한다고 합니다.

4-10-3. 세대들 및 남녀들의 코이노니아: 몰트만은 "성령의 코이노니아 안에서 기독교란 세대들의 코이노니아요 남녀들의 코이노니아"(97)라고 합니다. 따라서 교회란 단일한 신자 개인들의 집합체가 아니라 부모들과 자녀들, 여성들과 남성들, 곧 세대들의 코이노니아와 남녀들의 코이노니아입니다. 산업화 이전 마을 공동체들 안에서 기독교 공동체는 개인들이 아니라 가족들과 세대들로 구성되었으니, 이 때엔 여러 다른 세대들이 함께 모여 사는 집들이 교회의 '기초 공동체들'이었습니다. 그래서 이 때에는 나이별로 그리고 성별로 신뢰관계와 교제관계가 밑에 깔려 있었습니다. 그러나 근대 세계로 전환되면서, 핵가족화와 더불어 과거에 대한 관심과 다음 세대들에 대한 관심이 놀랍게 희박해 졌습니다. 전통으로부터의 단절이요 미래 세대들에 대한 배려로부터의 단절이 일어났습니다. 몰트만은 산업화 이전 시대의 '기초 공동체들'이 왜 좋은가에 대한 신학적인 근거로서 성령의 코이노니아에 의한 그리스도의 공동체는 '타자들'을 끌러 안기 때문인 것으로 봅니다. (SoL, 98)

몰트만에 따르면, 하나님께서는 성령 안에서 인간들과 코이노니아를 가지시고 이와 같은 신적 코이노니아 속에서 인간들은 상호간의 코이노니아를 갖는 것입니다. 따라서 하나님께서는 성령을 통하여 인간들에게 소진될 수 없는 신뢰를 주신다고 하면서, 교회는 이를 대표한다고 한다고 합니다. "그의 말씀은 약속의 말씀이어서 우리를 일깨워서, 그 결과 우리는 우리들 자신을 그분께 맡긴다. 그리고 그리스도께서는 떡과 즙으로 그 자신을 우리들의 손 안에 두시고 그 자신을 우리들에게 전적으로 맡기신 것이다. 하여 하나님께서 우리에게 보이신 이 위대한 신뢰를 통하여 우리는 우리들 자신에 대한 하나의 확고부동한 신뢰를 획득하는 것이다. 우리는 신뢰를 통하여 코이노니아를 할 수 있게 되고, 코이노니아를 향한 준비된 마음을 갖게 된다."(99)

끝으로 몰트만은 남자들과 여자들의 코이노니아와, 이에 따른 여성들의 교회 지도력과 안수례 문제를 언급합니다. 우선 그는 "인간들은 남자와 여자로서 하나님의 형상이 되도록 지음을 받았다. 공간 속에서 남성과 여성의 공동체는 시간 속에 있는 세대들의 공동체에 상응한다. 이것은 자연 차원에서 그리고 역사 차원에서 그렇다."(SoL, 100)고 언급하면서, "여자들과 남자들은 그리스도와의 코이노니아와 생명주시는 성령의 경험 속에서 어떤 종류의 코이노니아에 도달하는가?"라고 질문합니다. 이에 대하여 몰트만은 "그것은 전적으로 하나님 경험에 대한 문제이다."(100)라고 합니다. 그는 "성령에 대한 초기 기독교의 경험이 이미 일찍이 요엘(2:28-30)의 예언의 성취로 해석되었다."며, 복음 선포와 교회 지도력에 있어서 남녀평등을 주장합니다.

> 마지막 때엔, 생명주시는 성령께서 여자들과 남자들에게 평등하게 도래하신다. 성령 안에서 남자들과 여자들은 '예언'할 것이다. 즉, 복음을 선포할 것이다. 성령의 코이노니아 안에선 더 이상 남성 특권이 없으며, 노인이 젊은이에 비하여 더 큰 특권을 누릴 수도 없고, 주인이 종보다 더 크게 유리한 것이 아니다. 성령의 하나님 나라 안에서는 모든 사람들이 그 혹은 그녀 자신의 은사를 경험할 것이고 모두가 자유하고 평등한 사람들의 새로운 코이노니아를 함께 경험할 것이다. 그런즉, 우리는 여자들에게 교회 안에서 잠잠하라고 말할 수가 없다.…(SoL, 100)

하여 몰트만은 이상과 같은 성령의 은사론적 근거에서 교회사 속에서 두 가지 유형의 직제론을 비판합니다. 하나는 로마가톨릭교회의 가부장적 체제고 다른 하나는 종교개혁 전통의 직제론입니다. 전자는 '한 하나님 한 그리스도 한 주교 한 교회'라고 하는 계층질서 체제요, 후자는 '그리스도의 머리로서 하나님 – 교회의 머리로서 그리스도 여성의 머리로서 남성'의 계층질서이기 때문이다. 따라서 몰트만은 성부 하나님께 무게를 두는 로마가톨릭교회의 직제론과 성자 예수 그리스도를 머리로 하는 개신교의 직제론 모두를 비판하고, '초기 교회의 오순절 경험'에 따른 성령을 통일성으로 하는 은사의 다양성에 기초한 직제론을 제시합니다. 그리고 세례론에 입각하여 남녀 모두의 사역위탁을 주장하면서, 여성 안수의 필연성을 말합니다.(SoL, 101-102)

4-11. 문: 'X. 주의 영을 보내어…지면을 새롭게 하나이다.'는 무엇을 논하나요?[61]
답
4-11-1. 심연으로부터의 절규

"하나님의 구원에 대한 모든 경험의 시작은 피조물의 심연으로부터 나오는 절규이다. 이집트에서 고문당하는 이스라엘 백성의 절규가 있었다. 로마의 십자가 형틀에서 버림받으신 그리스도의 죽음의 절규가 있었다(막 15:34). 하나님께서는 비참의 심연으로부터 나오는 절규를 들으신다. 그래서 하나님께서는 자신의 백성을 노예 됨으로부터 약속된 땅의 자유로 출애굽 시키셨다. 그리고 하나님께서는 자신의 그리스도를 죽음으로부터 미래 세계의 생명으로 인도하셨다."(SoL, 111)

몰트만은 본 섹션에서 '역사'속에서의 비참과 고통으로부터의 절규가 구원의 시발점이라고 하는 사실을 인정하면서, 주로 인간문명이 '자연'에게 가한 파괴와 '자연' 그 자체 안에 들어 있는 '시간의 세력'(시간의 무상성: 이는 인간의 죄의 결과가 아님: 필자 주)과 '죽음의 폭력'에 대하여 주로 논합니다. '피조물이 다 이제까지 함께 탄식하며 함께 고통을 겪고 있는 것을 우리가 아느니라.'(롬 8:22)에서 몰트만은 "피조물들이 '시간의 세력'(시간의 무상성)과 '죽음의 폭력'으로부터 고통을 당하면서, 장차

---

61 지면 관계로 'IX. 그 중에 가난한 사람이 없었다.'와 '?. 우리가 기도할 때 무엇을 하는가?'를 생략한다. 참고: Ibid., 103-110 그리고 125-145.

그 안에서 살 수 있고 지속될 수 있는, 영원한 하나님의 현존을 절규하는 것으로 봅니다. 그런즉 몰트만에 있어서, 이와 같은 절규는 "하나님의 자유케 하시고 생명을 창조하시는 능력에 대한 부름입니다. 따라서 위협받고 있는 창조세계는 그와 같은 절규에서 이미 하나님의 영의 오심을 향하여 그 자신을 개방하고 있는 것이다."(SoL, 111)

하여 몰트만은 인간문명의 자연파괴와 자연 그 자체 안에 있는 '시간의 무상성'과 '죽음의 폭력'으로부터의 해방, 곧 이중적인 해방을 언급합니다. 하나는 인간의 자연 파괴로부터 자연을 해방시키는 것이요, 다른 하나는 시간과 죽음의 폭력으로부터 자연을 해방시키는 것입니다.(SoL, 112) 그러나 근대 과학기술문명은 매년 식물과 동물의 종을 없애버리고 대기와 땅을 오염시키며 풍요를 낳는 땅을 사막으로 만듭니다. 그리고 인구의 증가로 먹 거리와 에너지가 바닥나고 있습니다. 그리고 부정의와 폭력으로 세계는 서양과 제3 세계로 나뉘어, 후자는 인간과 환경의 큰 재앙을 맞이하고 있습니다. 착취는 채무로 그리고 채무는 환경파괴로 인도하였으니, 악순환이 거듭되고 있습니다. 이와 같은 상황에서 인류사회는 거의 원상복구를 하지 못하고 있습니다. 하여 인간들 가운데 약자들과 생물들 가운데 약자들은 생명의 하나님, 곧 생명을 창조하시고 생명을 사랑하시는 하나님을 절규하고 있습니다. "창조의 공동체가 있으나, 오늘날 그것은 희생자들과 가해자들에 의하여 똑 같이 공유된, 고통의 공동체로 바뀌었다. 출구는 없다."(SoL, 113)

오늘의 인류사회와 창조세계는 창조자가 본래 '보기에 좋았더라.'고 말씀하셨던 그 당시의 상태가 아닙니다. 그 반대로 "그것은 무화(無化)의 위협 속에 있게 되었다. 물론, 오늘의 세계는 장차 영원히 거할 새 창조의 완전한 세계도 아니다. 분명한 것은, 지상적 창조세계가 무상성과 죽음의 세력에 종속되었다고 하는 사실이다. "그 이유로, 바울은 그것을 '썩어짐의 종노릇하는 창조세계'(롬 8:21)라 하였다. …현재 우리는 창조의 겨울에 살고 있으면서 새 창조의 봄을 기다리고 있다."(113-114) 그래서 몰트만은 인류 공동체와 자연에게 초래된 비극의 궁극적인 극복은, '새 창조'에 있다고 봅니다.

> …전 창조는 시간의 권세와 죽음의 폭력으로부터 벗어난, 영생으로 중생하지 않으면 안 된다. 만약에 우리가 어떻게 악을 범하는가를 망각하고 죽음을 더 이상 알 수 없으려면, 우리 인간들은 중생하지 않으면 안 된다. 우리 인류를 포함하는, 살아있는 모든 것이 굶주리고 목말라 하는 것은 바로 우주의 중생 그것이다(마 19:28).(SoL, 114)

끝으로 몰트만은 위와 같은 피조물들과 인간들의 '새 창조'에 대한 절규가 하나님의 영의 보편적 현존과 사역으로 가능하고, 그와 같은 절규야말로 하나님의 구원의 시작이라고 봅니다.

> …창조자는 그의 영을 통하여 그의 피조물 각각 안에 현존하신다. 그는 그의 영의 힘으로 '창조의 공동체'(the community of creation)를 형성하신다. 모든 것이 그의 영으로 살아있고, 그의 영이 떠나면 모든 것이 해체될 것이다(시 104). 하나님의 영원한 영은 만유 안에 있는 추동력이고 생명의 불꽃이다. 살아있는 모든 것 안에는 생명에 대한 열정이 지배적이다. 그리고 그것은 죽음에 대한 두려움이다. 그 때문에 모든 생명체들이 하나님의 영을 절규한다. 그 안에서만 그것들이 살 수 있고 죽을 필요가 없기 때문이다. …마치 어린이들이 안전을 유지하려고 엄마를 부르듯이 버림받고 파괴되었다고 느끼는 모든 것들이 성령의 오심을 절규하는 것이다. 이 때문에, 성령은 단순히 '해방시키는 주님'이 아니라 '생명을 주시는 엄마'이다. 우리들이 땅의 창조세계와 더불어 성령의 오심을 기다릴 때, 우리는 두 가지를 기다리고 있는 것이

다. 하나는 부정의와 폭력으로부터의 해방이고, 다른 하나는 시간과 죽음으로부터의 해방 그것이다.(SoL, 114)

4-11-2. 창조세계의 생명

창조는 삼위일체 하나님에 의한 것인데, 서방교회는 '창조자 하나님을 그의 피조물들로서 이 세상과 구별하기 위하여' 주로 창조자를 강조했기 때문에, 서구의 세속화에 의하여 창조와 그 창조 안의 생명체들에 대한 비신성화(de-secralization)가 가속화되었다고 합니다. 근대세계는 초월적인 창조자 하나님을 이 세상으로부터 축출시켰다고 하는 말입니다. 그래서 몰트만은 "오늘날 중요한 것은, 그의 창조세계 속에 계시는, 창조자의 내재성을 다시 발견하여, 창조세계 전체를 우리의 창조자에 대한 경외 안에 포함시키는 것이다. 그런즉, 여기에서 우리에게 가장 중요한 것은, 하나님의 말씀(God's Word)을 통한 기독론적 창조개념과 하나님의 영으로부터의 성령론적 창조이해이다."(SoL, 115)

몰트만은 잠언 8:22-31을 인용하면서, 지혜문서에 따르면, 이와 같은 지혜는 하나님의 말씀 혹은 하나님의 영으로 불리는데, 중요한 것은 세상 안에 내주하시고 만유 안에 현존하시는 하나님의 현존이라고 하는 점입니다. 하여 만유가 한 하나님에 의하여 창조되었을 진대, 하나의 초월적인 통일성이 창조세계의 다양성에 선행(先行)하고, 또한 만유가 하나님의 지혜에 의하여 창조되었을 진대, 창조의 다양성은 하나의 내재적인 통일성(the Wisdom: 역자 주)에 근거하고 있으며, 다양성을 지닌 창조공동체는 지혜를 통하여 형성되었으니, 그 공동체 안에서 만유는 서로서로 함께 그리고 서로서로를 위하여 살고 있다고 하는 것입니다.(SoL, 115-116)

그리고 몰트만은 구약의 창조 이야기로부터 신약의 그것으로 이동합니다. 기독교 신학은 부활경험에 기초하여 그리스도 안에서 이 세상을 창조한 지혜와 신적인 말씀 모두를 보았습니다. "골로새서가 말씀하듯이, 기독교 신학은 또한 만유를 있게 만든 우주적 지혜를 그리스도 안에서 보았다. 하나님께서는 세상의 신비이시다. 즉, 그리스도를 예배하는 사람은 또한 그 분 안에서 모든 피조된 것들을 예배하고 피조 된 만유 안에서 그분을 예배한다."(116)며, 말씀을 다양성의 근거로 그리고 성령을 통일성의 근거로 봅니다.

따라서 몰트만에 따르면, "창조자는 말씀과 성령을 통하여 그 자신을 그의 창조세계에게 소통시키시고 그 속으로 진입하신다(솔로몬의 지혜서, 12:1). 때문에, 창조세계는 단순히 창조자의 손들의 작품정도가 아니라 그분 자신의 간접적이고 매개 된, 현존이다. 즉, 창조 전체가 하나님의 집이다. 또한 이것은 손으로 짓지 아니한 하나님의 성전이다(행 7:48 이하; 사 66:1 이하). 하여 계시록은 '하늘에서 내려 온 새 예루살렘' 이외에 온 세상이, 하나님의 영광이 그리로 들어가는, 성전이 될 것이라고 하는 성전 이미지를 사용했다고 합니다. 즉, 몰트만은 "태초의 창조 이래로 하나님의 영은 어디에서나 현존하시고 하늘과 땅의 모든 것을 지탱하시며 양육하시고 살리신다고 보고, 그것의 능력이 만유 안에서 사역하면서 그것들을 지속시키고, 생명을 유지하게 하며, 운동을 할 수 있게 하신다고 합니다. 예언서들과 묵시서들에 따르면 "만유의 새 창조는 하늘과 땅을 하나님의 거처가 되게 하시어, 하나님께서 그의 영원한 안식에 도달하시고 그가 지으신 모든 것들이 그의 동료 세대주들로서 그의 영원한 생명과 그분의 영원한 기쁨에 동참할 것이다."(SoL, 117)

이상과 같이 하나님의 영은 만유 안에 계시고 그럼으로 만유가 하나님의 집이 되기 위하여 준비하고 있는 것이니, 우리는 우주적으로 하나님을 예배하고 만유 안에서 하나님을 예배해야 할 것입니다. 하여 몰트만은 교회와 전 우주의 관계를 다음과 같이 설명합니다.

그리스도의 교회 안에서의 하나님의 말씀과 하나님의 영의 현존은 만유의 새 창조 안에서 이 하나님의 말씀과 영의 현존의 선취적인 비추임이요 시작이다. 교회는 그것의 기초부터 그리고 그것의 본성상 우주로 정향(定向)되어 있다. 때문에 지상적 창조의 생태학적 위기는 곧 바로 교회 자체의 위기이다. 더 취약한 피조물들이 죽어갈 때, 창조 공동체 전체가 고통을 당한다. 교회는 그 자신을 창조의 대표로 보기 때문에, 더 취약한 창조물들의 그와 같은 고통은 교회 자체의 의식적인 고통으로 바뀔 것이고 이와 같은 고통을 공적인 항거로써 절규할 것이다. …(SoL, 118)

4-11-3. 창조의 보존

"주께서 낯을 숨기신 즉 그들이 떨고 주께서 그들의 호흡을 거두신 즉 그들은 죽어 먼지로 돌아가나이다. 주의 영을 보내어 그들을 창조하사 지면을 새롭게 하시나이다."(시 104:29) 창조 된 모든 것은 하나님의 영의 현존에 의존하고 있다고 하는 말입니다. 기독교 전통에 따르면, 이 세상은 '무로부터 창조되었습니다(creatio ex nihilo)'. 때문에 피조물들은 항상 '비존재'(non-being)로부터 위협을 받고 있습니다. 그런즉, 창조자 하나님은 그의 영을 통하여 계속적으로 창조세계를 '비존재'로부터 보호하신다고 하는 것입니다. 창조하신 모든 것을 보존하시고(conservatio mundi), 매 순간 그가 창조하신 모든 것에 대하여 '긍정'을 하지 않으면 안 되는 '계속적인 창조'(creatio continua)는 다름 아닌 하나님께서 자신의 피조물들을 '비존재'로부터 지키신다고 하는 이론인데(SoL, 118), 몰트만은 '신적 영광의 하나님 나라에서의 창조의 완성', 곧 '새 창조'가 이 둘의 목적이라고 합니다. 그런데 '창조의 보존'과 '계속적 창조'는 모두 영광의 하나님 나라에서의 완전케 됨(perfecting)을 희망하고 있다고 합니다. "창조를 무화(無化)로부터 보전하는 모든 행동이 다름 아닌 그것의 미래를 위한 희망의 행동이다."(SoL, 119) '하나님의 자비가 아침마다 새로우니'(애 3:23), 새벽의 동터 오름은 항상 새 창조에 대한 전주곡이라고 하는 것입니다.

하나님께서는 그의 인내하심을 통하여 창조를 보존하십니다. 하나님께서는 생명에 반대되는 모든 것 때문에 고통을 당하시면서, 그가 창조하신 것들에게 시간을 주시고 그의 인고(忍苦)를 통하여 그가 창조하신 모든 것에게 공간을 주십니다. 이는 모두 하나님의 '자기 제한'(zimzum), '쉐히나', 그리고 '케노시스'를 암시합니다. "창조의 보존자는 모든 것을 바라고 모든 것을 참으시는 한, 전능하시다.(고전 13:7) 이것이 바로 하나님께서 그가 지으신 것들을 사랑하시는 방법이니, 그는 창조가 죽음으로부터 생명으로 되돌아가게 인도하시고 그의 영원한 나라로 되돌아가도록 인도하신다. 만약에 우리가 창조의 경이로움을 하나님의 창조적 사랑의 소통이라고 본다면, 우리는 창조보존의 경이로움을 그 사랑의 소진 될 수 없는 고난당하시는 능력으로 볼 것이다. 그리고 이 둘로부터 하나님의 희망이 표현되고 있는 것이다."(119) 하여 몰트만은 하나님께서는 그의 영으로 그의 피조물의 고난과 탄식에 동참함으로써 희망의 하나님이 되신다고 하는 것입니다.

그도 그럴 것이 하나님께서는 그의 내재적 영을 통하여 그가 지으신 것의 운명에 참여하신다. 하나님의 영 그 자체는 고난당하는 창조의 탄식과 신음 속에서 그들의 구속을 위하여 탄식하시고 신음하신다. 그리하여 그분의 내주하시는 영을 통하여 그가 지으신 것들과 함께 고난을 당하시는 하나님은 피조 된 것의 확고한 희망이시다. 이와 같은 희망은 그가 지으신 존재들이 그것들의 창조자에 의하여 버림받지 않았다고 하는 우리의 확신이다.(SoL, 120)

썩어짐에 종노릇하는 창조세계(롬 8)와 그리스도 안에서의 만유화해(골 1)는 현 실재가 태초의 창조도 아니고 새 창조의 세계도 아니라고 하는 전제를 가지고 있습니다. 그런데 중요한 것은, "그것이 시간의 무상성과 죽음의 폭력에 종노릇하고 있고 무(　)에 노출되어 있다고 하는 사실이다. … 그리고 이는 인간들이 다른 지상적 피조물들과 공유하고 있는 고통이다."(120) 하여 "우리의 현 상태에서 창조의 공동체는 고난의 공동체이다. 자연은 그것이 인간세계의 일부가 되지 못하면 구원을 받지 못한다. 그리고 인간은 자연으로 되돌아가지 못하면 구속을 받지 못할 것이다. 하여 이와 같은 구속받지 못한 세상 속에서 오직 구속은, 인간과 자연 모두의 화해와 만유의 새 창조에 대한 공동 희망 속에서만 발견 될 것이다."(120)

그럼에도 불구하고 몰트만은 현 생태학적 논의에 있어서 자연(창조의 현 곤고한 상태)과, 인간에 의하여 조성된 환경을 구별하면서, 전자의 독립성을 주장합니다. 환경은 인간들과 관계되어지는 한에서 자연이기 때문입니다. 몰트만에 따르면, "우리의 환경 배후에서 하나의 독립된 주체(an independent subject)로서 그것 자체의 권리를 지닌 자연을 재발견하는 것이 꼭 필요하다. '모든 형태의 생명'은 유일무이하고 인간을 위한 그것의 가치와 무관하게 존중을 보장받아야 하는 것이다.(the UNO World Charter for Nature of 1982) 우리는 자연의 법칙들과 리듬들과 권리들을 존중해야 한다. 자연과 인간은, 문화적 가치 혹은 그 어떤 인간의 가치부여 때문이 아니라 하나님과의 관계에서 각각 그 자체가 가치가 있는 것이다."(SoL, 120-121)

4-11-4. 하나님의 영으로부터 창조의 중생

끝으로 몰트만은 '만유의 새 창조'의 특징들에 대해서 논합니다. 물론, 이미 지적한 대로 그것은 '창조의 보존'과 '계속적인 창조'를 넘어서는 차원의 세계입니다. 그것은 파괴를 극복할 뿐만 아니라 파괴가능성을 극복합니다. 그것은 인간의 폭력을 통한 죽음을 극복할 뿐만 아니라 창조 된 존재의 가사성(mortality) 그 자체를 극복합니다. 그것은 현 창조의 근본적인 조건들을 변혁시키고 창조를, 그것의 무상성과 죽음의 폭력으로부터 자유케 합니다. "하나님의 영원한 사랑 안에서 도처에서 카오스와 무화(無化)에 의하여 위협을 당하는 창조가 전적으로 안전한 상태를 유지하게 될 것이다."(SoL, 122)

하여 예수께서 하나님 나라를 가난한 자들에게 전하시고 하나님의 구원을 병든 자들에게 가져가시며, 하나님의 정의를 죄인들에게 갖다 주실 때, 그는 바로 위와 같은 만유의 새 창조를 선포하신 그분이십니다. 몰트만에게 있어서 하나님의 '특수'에 대한 우선배려는 '보편'에 대한 사랑을 전제합니다. 그도 그럴 것이, "그와 같은 만유의 새 창조는 그리스도의 죽은 자들로부터의 부활과 더불어 시작되고, 그의 부활을 통한 죽음의 권세에 대한 극복과 함께 시작되기 때문이다."(122)

이 맥락에서 몰트만은 그리스도의 죽은 자들로부터의 부활을 강조합니다. 그는 "그리스도의 부활의 날을 '새 창조의 첫날'로 보기 때문이다. 그 날은 빛의 새 창조와 더불어 시작한다."(122)고 합니다. 즉, "어두운 데서 빛이 비치라 말씀하셨던 그 하나님께서 예수 그리스도의 얼굴에 있는 하나님의 영광을 아는 빛을 우리 마음에 비추셨느니라."(고후 4:6) 그래서 "부활절 현현은 새 창조의 첫 날의 우주적인 빛 안에서 일어난 것이다. 때문에 기독교인들은 부활의 날을 '제8일', 곧 새 창조의 첫 날이라 불렀다. 그러니까, 그들은 그리스도의 부활을, 역사의 차원들에서만이 아니라 우주적 차원들에서 모든 눈물이 씻기고 죽음이 극복되는 새로운 세계의 시작으로 이해하였다."(SoL, 122)

이어서 몰트만은 기독교의 부활절 축제가 봄과 일치하는 것은, 자연의 봄이 만유의 새 창조의 영원한 봄철의 상징으로 해석될 수 있고, 기독교의 오순절 축제가 여름철과 일치하는 것은, "자연의 푸르러짐과 개화(開花)가 신적 영의 숨 내쉼으로 일러날 창조 전체의 영원한 생명살림의 상징으로 보이기 때문입니다. 물론, 지적한 대로 그리스도를 죽은 자들로부터 부활시키심으로 그분 안에서 일어난 죽음의 무(無化)화와 더불어, 모든 무상하고 가사적인 존재들의 새 창조의 종말론적 과정이 시작되었습니다. 그러니, "지상적 창조의 무시무시한 위험들로부터 창조자 성령을 부르짖는 사람은 누구나 그리스도의 부활과 함께 몸의 부활과 자연의 부활을 기대한다." "결국, 우리는 눈물이 씻겨 지고 사망이 없고 애통하는 것이 다시없는 영원한 위로를 기대한다. 우리는 모든 창조세계와 삼위일체 하나님과의 코이노니아의 춤을 추면서 영원한 기쁨을 기대한다."(123)

끝으로 몰트만은 '만유의 새 창조'에 대한 이미지로서 '부정적인 것에 대한 거부'(denial of the negative) 정도가 아니라 '적극적인 것에 대한 기대들'(anticipations of the positive)을 제안합니다. 다시 말하면 그는 '만유의 새 창조'에 대한 계시록 21:4의 묘사는 부족하기 때문에, 적극적인 것을 힘주어 말하고, 그것에 비추어서 '소극적인 것에 대한 거부'를 말해야 한다고 합니다.

…우리는 사랑하기 때문에 고난을 당한다. 우리는 살기를 원하기 때문에 죽음을 두려워한다. …사랑 생명 항구성에 대한 적극적인 경험들로부터 만유의 새 창조를 향한 희망의 그림이 구성되다. 그런 이유로, 우리는 카오스의 권세를 축출해 버릴 '하나님 나라'에 대하여 이야기한다. 그런 이유로, 우리는 죽음을 극복할 '영생'에 대하여 이야기 한다. 그런 이유로, 우리는 땅의 표면으로부터 불의와 폭력을 몰아 낼 '하나님의 공의와 정의'를 희망한다. 그런 이유로, 우리는 이미 죽은, 피조된 존재들의 부활과 그것들의 영생으로의 중생을 희망하려고 시도한다. 불연이면, 우리는 매일 같이 우리 주변에서 일어나는 대량죽음(the mass death)에 대하여 절망할 것이다.(124)

따라서 "취약하고 죽을, 생명에 대한 사랑은 위와 같은 영생에 대한 희망으로부터 온다. 이 사랑은 그 무엇도 포기하지 않는다. …그 때문에 우리는 창조세계 전체를 지탱할 영(the Spirit)을 절규하고 만유의 새 창조의 영을 기다린다. 심연으로부터 나오는 우리의 부르짖음은 생명의 징표이다. 아니 그것은 신적 생명의 한 표징이다."(124)

5. 문: 『창조와 새 창조 안에 계신 하나님의 영 – 생명의 잊혀 진 원천』(2017)[62]에 나타난 성령이해는 무엇인가요?

답

첫째로 몰트만은 18-19세기 근대주의가 인간과 자연을 비 신성화하고 세속화시킨 나머지, 인간의 역사와 창조의 세계로부터 하나님을 축출시켜 버렸다고 하면서, 성부 성자 성령 삼위로 일체되시는 기독교적 하나님께서 인간과 모든 생명체들과 만유 안에 내재하시면서도 초월하신다고 역설합니다. 이 삼위일체적 맥락 안에서 그는 특히 성령의 그것을 더 힘주어 주장합니다. 이것이 '1. 하나님의 영 안에 있는 피조물'의 착안점입니다. 둘째로 몰트만은 '2. 창조와 새 창조'에서는 이상과 같이 절망으로 치닫는 모더니즘의 흐름에 역류하는 희망의 신학을 제시합니다. 그것은 다름 아닌, 창조(creatio)-계속적 창조(creatio continua)-새 창조(creatio nova)의 과정에서 삼위일체 하나님의 선교와 성령의 현존과 사역이 세계 안에 엄존한다고 하는 것인데, 가장 중요한 것은 그와 같은 과정이 '기독론적 종말론'에 의하여 방향 설정되었다고 하는 것입니다. 그리고 몰트만은 창조의 영과 새 창조의 영, 그리고 성령(the Holy Spirit)과 인간의 영(the human spirit)(롬 8:16)의 차이와 연합의 변증법을 통하여 미래 종말론적인

---

[62] 장로회신학대학 내 '기독교사상과 문화연구원 기독교사상연구부 및 온신학회'가 공동주관한, 2017년 6월 2일(금) 세계석학 초청강연.

인간 구원과 만유구원을 주장합니다.

셋째로 '3. 우주적 그리스도: 우주의 화해와 만물의 회복'은 보편적이고 특수한 '4. 새 창조의 영'을 논하기 직전에 우주적 기독론(에1 1:10; 골 1:15-20)에 근거하여 인류 공동체의 화해와 우주만물의 화해를 논합니다. 하지만 칼 바르트의 보편적 '화해론'(CD.Ⅳ/1-4)과 달리 미래 지향적인 종말론적 구원이라고 하는 의미에서 보편주의적 희망으로서 화해를 주장합니다. 넷째로 '4. 새 창조의 영'은, 방금 위에서처럼 우주적 기독론적 종말론에 근거하는, 인간과 만유의 보편적 화해를 전제하면서, 새 창조의 영이란 예수님을 죽은 자들로부터 다시 살리신 하나님의 부활시키시는 능력이요, 동시에 부활되신 분의 능력이라며, 오순절의 성령강림은 부활하신 분의 능력에 다름 아니라고 합니다. 하여 비로소 이 맥락에서 몰트만은 성령의 영원한생명력들을 경험한 '교회 공동체'(die Gemeinde)야 말로 '새 창조의 전위대'라고 합니다. 교회 공동체의 성령경험은 특수한 경험으로서 보편적 새 창조를 지향합니다. 물론, 교회 공동체는 이 하나님 나라 혹은 새 하늘과 새 땅의 '전위대'인데, 그것은 세상의 생명과정 속에 있는, 다른 특수들의 파트너들과도 하나님 나라구현을 위하여 대화하고 연대해야 할 것입니다. 후자 역시 삼위일체 하나님의 선교과정 속에서 성령의 능력들에 의하여 추동되어 지는, 미래 지향적인 하나님 나라와 새 하늘 새 땅을 향하여 방향 설정되어 있기 때문입니다.

5-1. 문: 하면 그의 강연은 지금 까지 그의 성령론과 무엇인 다른지요?
답

몰트만은 첫째로 『성령의 능력 안에 있는 교회』(1975)에서 성령을 '하나님 나라의 성례'로 보고, 그것이 교회의 선포와 사역 및 직제를 규정하고, 이와 같은 성령께서 이 교회로 하여금 삼위일체 하나님의 선교에 동참케 한다고 보았습니다. 둘째로 『창조세계 안에 계신 하나님』(1985)은 삼위일체 하나님과 성령을 세계로부터 퇴출시킨 18-19세기 근대주의를 의식하면서, 방금 앞의 저서가 주장한, 미래 하나님 나라의 성령의 '세계 내적인 현존'에 대하여 논하였습니다. 셋째로 『예수 그리스도의 길』(1989)은 '메시아 기독론'을 논하는 자리에서 '영 그리스도론'(the Spirit-Christology)에 대해서 논하였고, 넷째로 『생명의 영』(1991)은 성령에 관하여 '구속의 영과 성화의 영'을 넘어서 루아흐 야훼로서 창조의 영, 곧 '우주적 넓이의 신적 영'에 대하여 논함으로써, 구속의 영과 성화의 영과 창조의 영과 새 창조의 영의 연속성과 통일성을 논했습니다. 특히 이 저서는 니케아-콘스탄티노플 신조가 고백하는 '주님과 생명의 영'(the Lord and life-Giver)을 힘주어 언급하였습니다. 다섯째로 『생명과 삶의 원천』은 성령의 기원과 기능을 삼위일체 하나님 안에서 찾고, 성령의 보편적인 현존과 사역 그리고 성령의 특수한 현존과 사역에 대하여 논하였습니다.

하면 이번 강연의 성령론의 특징들은 무엇인가요? 물론, 이번 강연은 대체로 이상과 같은 그의 성령론에 대한 견해를 전제하고 있습니다. 하여 이번 강연에서 우리는 전혀 새로운 무엇이 첨가되었다고 보기 어렵고, 단지 좀 더 통전적이고 온전하며 전체를 꿰는 성령이해를 시도했다고 보입니다. 첫째로 그는 근대주의가 유발시킨, 생태계 파괴와 창조세계에 대한 무관심을 크게 의식하면서, 성령론을 논했습니다. 하여 그의 강연의 4장 중 제1장은 나머지 장(章)들의 의미를 크게 부각시킬 수 있습니다. 둘째로 제2장에서 그는 계시록 21-22장으로부터 창세기의 창조기사를 읽었습니다. 교리적으로 말하면, 그는 종말론적 기독론에 의한 창조세계의 종말론적 비전을 매우 중요시합니다. 그래서 그는 창조기사에만 의존하는 창조론은 '성서적(biblisch)이긴 하지만 '기독교적'(christlich)이진 않다고 하였습니다. 셋째로 제3장은 만인과 만유의 화해를 논하였으나, 그것이 미래 종말론적으로 완성될 것을 바라봄으로써, 자신의 입장을 칼 바르트의 그것과 차별화하였습니다. 넷째로 제4장은 교회야 말로 성령의 미래 종말론적 생명력들의 '선취', 곧 장차 도래할 하나님 나라 혹은 새 하늘 새 땅의 '선취'로 보았으니, 우리는 여기에서 칼빈의 최종판(1559) 『기독교 강요』의 내용구조를 떠올립니다. 즉 칼빈은 제Ⅰ권의 삼위일체론과 제Ⅱ권 기독론 부분에서 보편적인 창조론과 보편적인 구원론을 이야기하였고 그 다음 제Ⅲ권의 성령론을 논하고 나서 제Ⅳ권에서 교회론을 논하였습니다. 여기에서 우리가 주목하는 것은, 몰트만이 앞의 만인 및 만유화해를 위한 기독론 부분에서는 전혀 교회론을 언급하지 않다가, 성령론을 논하는 맥락에서 교회론을 논하고 있다고 하는 사실입니다.

5-2. "1. 하나님의 영안에 있는 피조물": 몰트만은 근대세계가 하나님(성령)을 이 세상으로부터 퇴출시켰다고 봅니다. 그 이유는, 자연과학과 기술학의 발달로 근대세계가 이 세상을 비신 성화시키고, 세속화시켰기 때문입니다. 즉, 근대의 자연과학과 기술 그리고 인문사회과학은 필연성들의 세계만을 추구한 나머지, 그의 기쁘신 뜻을 따라 선한 의지의 결정으로 '무로부터 존재를 창조하시고'(creatio ex nihilo) 그것들과 사랑의 관계를 갖기 원하셨던 창조주를 세상으로부터 축출시켰습니다. 이로써 몰트만은 근대주의가 자연파괴와 생태위기를 초래했다고 보면서, 초월과 내재 사이의 '유비'야 말로 하나님과 세상의 다름을 보존하면서 이 다름 사이를 다리 놓는다고 하여, 초월과 내재를 동시적으로 유지하는 하나님의 세계 내의 현존과 사역을 염두에 두고 있는 것으로 보입니다(17). 즉 "기독교적 의미에 따르면, 창조행동은 하나의 삼위일체적 과정이다. 즉 아버지 하나님께서 그분의 영원한 말씀으로 그의 영의 에너지들 안에서 이 비신적인 현실을 창조하셨다."(참괴 고전 8:6)(Ibid.)고 할 ㄸ때, 그는 이 삼위일체 하나님과 세상 사이의 '유비'를 주장합니다. 아마도 이는 '신앙의 유비'(ET, 155-160)라고 생각됩니다.

즉, 이와 같은 '신앙의 유배'가 없이, 하나님의 초월성만이 취해질 경우, 이 창조의 세계는 전적으로 그 자체에게 맡겨짐으로써, 나쁜 의미의 세속화의 늪 속으로 더 깊이 빠져들어 갈 것이기 때문입니다.

하여 몰트만은 삼위일체 하나님께서 모든 존재 속에서 초월하시고, 내재하신다고 하면서, 동방교회의 교부, 바질(Basil the Great)의 글을 인용합니다. "이러한 본질의 창조에서 아버지를 그것의 선행(先行)하는 근거로 보고, 아들을 창조하는 자로, 그리고 성령을 창조의 완성자로 보라! 하면, 섬기는 영들(피조물들 전체: 필자 주)은 아버지의 뜻 안에서 자신들의 시작을 갖게 되고, 아들의 현실을 통하여 존재로 인도되며, 성령의 도움으로 완성될 것이다." 헌데 여기에서 몰트만은 하나님의 미래에 모든 것을 완성하시는, 종말론적 성령이해에 주목합니다. 즉 "나는 모든 피조물들이 하나님의 영의 에너지들을 통하여 그것들의 미래 완성으로 방향 설정되었고, 그와 같은 완성을 향하여 추동되어 지고 있다고 이해한다. 미래를 향하여 개방된 창조세계는 영으로 작동된 세계로 이해될 수 있다. 하여 이와 같은 방향 설정과 운동 안에서 창조세계는 하나의 물질적인 실재일 뿐만 아니라 영적인 존재이다."(18) 그리고 몰트만은 칼빈의 글에서 하나님의 영으로 침투되어 있는 창조세계를 소개합니다.

> 하여 하나님의 영은 어디에나 현존하고 하늘과 땅의 만유를 보존하시고 양육하시며 생명력을 주신다. 이 영이 만유 속으로 그의 능력을 부어주시고 그럼으로써 모든 것들에게 본질과 생명과 가치를 약속하신다고 하는 사실은 공공연하게 신적이다.(I. 13. 14)

그리고 몰트만은 성경은 성령의 사역을 메타포(ET, 161-166)로 설명한다며, 요엘서 3장과 사도행전 2장은 성령의 능력들이 '홍수'같이 모든 육체 위에 부은바 된다고 하였고, 로마서 5:5 역시 그것이 우리 마음속에 부어졌다고 하였으며, 또한 그것이 '폭풍' 같으며 하늘로부터 내리는 불같다고 하였다고 합니다. 하여 몰트만은 모더니즘 전통에 의한 생태계파괴에도 부구하고, 하나님의 영이 인간들과 창조세계 안에 내주하시고 침투하시며 현존하신다고 주장합니다. 그리고 유대교의 쉐키나 교리는 세상에 대한 성례적인 해석으로 인도한다고 합니다.(18) 하여 아버지 하나님은 창조주시고, 아들은 성육신되신 분이시며, 성령은 피조물들 안에 내주하신다고 하는 것입니다.

5-3. "2. 창조와 새 창조": 몰트만은 관례적으로는 사람들이 성경을 뒤로부터 앞으로 읽지만, 역으로 우리는 앞으로부터 뒤로 읽을 수 있다며, 계시록 21장으로부터 창세기 1장을 조명하여 읽을 수 있다고 합니다. 하여 창세기는 창조의 시작을 그리고 계시록은 그것의 완성을 이야기하는 바, 창세기는 창조역사의 시작이요, 창조의 제1막으로서 하나님의 영광의 나라에서 그것의 목적과 완성에 도달한다고 합니다. 헌데 몰트만은 첫 번째 창조가 진멸되고, 전혀 새로운 세계가 도래한다고 생각하지 않습니다. 그는 옛 것의 새 창조(creatio nova ex vetere)(vs. 무로부터의 창조 = creatio ex nihilo), 곧 만유의 중생 혹은 회복을 말합니다.

중요한 것은 만유가 그것들의 영원한 모습으로 중생할 것이라고 하는 사실이다. 이 영원한 창조(world without end)란 우리들 뒤에 놓여 있는 것이 아니라 우리들 앞에 놓여있다. 시간적 창조세계는 영원한 창조세계로 방향 설정되어 있다. 마치 가사적인 삶이 영원한 삶으로 방향 잡혀있는 것처럼 말이다. 거기에선 단순히 죽음이 없는 것이 아니라(계 21:4), 심지어 무상성 까지고 극복된다. 이런 관점에서 '새 창조'는 죄들과 죽음과 카오스로부터의 구속뿐만 아니라 창조의 제1막의 완성과 그것들의 처음 약속의 성취입니다.(19)

이미 지적한 대로 몰트만은 성경의 중심내용(die Sache)을 '약속사과 하나님의 미래'로 보는 바, 그는 창세기의 창조역사의 제1막을 '약속'으로 그리고 계시록 21-22장을 '하나님의 미래'로 보고 있는 것으로 보이고, 아래에서는 역시 종말론적 기독론이 그의 성경이해에 있어서 핵심에 해당하는 것으로 판단됩니다. 이미 언급한 삼위일체와 성령론이 성경의 중심내용을 구축하고 있지만 말입니다.

관례적으로 신학적인 창조론은 창세기 1-3 안에 있는 두 창조 보고서에 근거하고 있다. 헌데 이는 성경적이긴(biblisch) 하지만 기독교적(christlich)은 아니다. 하나의 특수하게 기독교적인 창조론의 출발점은 그리스도 사건이다. 즉 그리스도의 세상에 오심, 그분의 낮아지심과 높임 받으심, 우주의 화해를 위한 그분의 헌신과 만유회복(anakephaleiosis)을 위한 부활. 이로써 이 세상 한 복판에서 만유의 영원한 형태로의 새 창조가 시작되었다. 그리고 이 무상한 역사 한 가운데서 하나의 종말론적인 역사가 시작되었다. 하여 그것은 창조의 시작에게 하나의 새로운 빛을 비춘다.…(19)

다음은, 새 창조의 영과 창조의 영의 관계에 대하여 논합니다. 몰트만은 시편 104:29, 30에서 피조물들 안에 내주하는 영(그들의 영)과 하나님의 영(당신의 영)을 구별하고, 하나님의 영이 피조물의 영을 새롭게 한다고 해석합니다. "신적인 영이 피조 된 영 속으로 들어가시고, 그것을 새롭게 하신다고 합니다. 이 두 영이 모두 '루아흐'로 표현되고 있는데, 이 둘의 차이 때문에 갱신이 일어난다고 합니다. 그리고 로마서 8:16에서 바울도 성령 자신이 우리들이 하나님의 자녀들이라고 하는 사실을 우리의 영에게 증거 한다고 하였으니, 이 두 경우 모두에 있어서 '푸뉴마'란 용어가 사용되었다고 합니다. "하나님의 영이 인간의 영에게 계시될 때, 인간이

'하나님의 자녀들'과 '하나님의 상속자들'로 중생하여, 도래하는 영광의 나라에 대한 권리요구를 갖는다(롬 8:17). '하나님의 영에 의하여 추동되는 사람들은 하나님의 자여들이다.'(롬 8:14) 하여 몰트만은 창조의 영과 새 창조의 영의 관계를 다음과 같이 결론내립니다.

새 창조의 영은 미래적 영광의 선취로 이해된다. 헌데 영광의 나라에선 창조의 약속, 피조물들의 탄식하는 학수고대, 그리고 죽음의 운명으로부터 삶의 구속에 대한 인간들의 기대가 이루어져야 할 것이다. 창조의 영은 새 창조의 영을 기다린다. 그리고 새 창조의 영은 창조과정 속에서 하나님의 새로운 개입이시기 때문에, 그와 같은 기다림을 받아들이신다.(20)

5-4. "3. 우주적 그리스도: 우주의 화해와 만물의 회복": 몰트만은 '4. 새 창조의 영'을 논하기 전에, 창조론에 대한 특수하게 기독교적인 기여를 바울에게서 찾았습니다. 그는 에베소서 1:9-23과 골로새서 1:15-20을 해석합니다. 그는 우선 골로새서 1장에 따른 만유 화해론으로 시작하고 에베소서 1:10의 만유 갱신론(der recapitulatio-Gedaknen)을 논합니다. 하여 몰트만은 이 둘의 출발점을 '죽은 자들로부터 먼저 나신이'로서 예수 그리스도의 부활로 보고, 그 목적이 '친히 만물의 으뜸이 되려 하심이다.'라고 합니다. 그리고 에베소서 역시 이와 비슷하게도 1:20에서도 죽은 자들로부터의 그리스도의 부활과 그분의 하나님 우편으로의 높임 받으심과 하늘과 땅의 만유에 대한 통치로 시작한다고 합니다. 하여 바울은 이로부터 다음과 같은 결론에 도달합니다. 즉, "만유의 새 창조의 처음 난자가 창조의 처음 난자이기도 하며, '만물이 그 안에서 창조되되 하늘과 땅에서 보이는 것들과 보이지 않는 것들과 혹은 왕권들이나 주권들이나 통치자들이나 권세들이' 모두 그 안에서 창조되었다.'(골 1:15-16)고.

하여 "만유가 그리스도 안에서 창조되었는데, 바로 이 동일하신 하나님의 아들이 십자가에서 죽음에 자신을 내어주심으로 만유가 하나님과 화해되었다."(고전 1:20)고 하면서, 칼 바르트와 더불어 "'십자가상의 피 흘리심'이 하나님으로부터 낯설어진 인간들과 하나님의 화해뿐만 아니라 하나님으로부터 멀리 떠나 혼란에 빠진 우주 전체를 하나님께 화해시키는 데에 결정적인 역할을 하였다."(21)고 하는 사실을 인정합니다. 헌데, 몰트만은 그것이 화해에 대한 이야기로 끝내는 것이 아니라 인간과 우주만물의 종말론적 구원을 이야기한다고 보는 것입니다. 사실상 바르트는 저 보편적 화해의 '이미'(already)를, 몰트만은 그것의 '아직 아님'을 강조하면서 현 역사와 창조세계 전체 안에서 그것이 선취됨을 결코 빼놓지 않았습니다.

이 화해, 이 샬롬, 그리고 이 만유 회복은 미래에게 타당할 뿐만 아니라 과거에도 타당하다. 부활희망은 지나간 것들에 대한 유일한 미래 희망이다. 이를 우주적인 차원에 적용하면, 죽은 자들의 부활(the resurrection of the dead vs. the resurrection from the dead)은 '만유의 회복'이라 불린다. 상실되는 것은 아무 것도 없다. 잊혀지는 것은 아무 것도 없다. 과거의 모든 것, 현재의 모든 것, 그리고 미래의 모든 것이 회복되고, 바르게 세워 질 것이며, 하나님 나라 안에 모아질 것이다.(22)

5-5. "4. 새 창조의 영": 끝으로 몰트만은 무엇을 새 창조의 영이라 하는가? 그는 "그리스도를 다시 살리시는 하나님(성부)의 능력과 부활하신 분의 능력"(22)을 그것으로 봅니다. 역시 삼위일체론적 성령론이요 종말론적 성령론입니다. 하여 그는 "오순절은 부활절을 전제한다. 사도행전이 경험하기 시작한 성령 부으심(행 2)은 다름 아니라 십자가에

달리셨던 그리스도(성자)를 다시 살리심의 다른 측면이다. 하여 오순절 성령은 부활의 능력 그것이다."(22)라고 주장하면서, 교회 공동체(die Gemeinde)는 이미 은사들과 새로운 생명 에너지로서 새 창조의 영을 미리 경험한다고 합니다. 그도 그럴 것이 바울(롬 6:23)은 '…하나님의 선물은 우리 주 예수 그리스도 안에서 누리는 영원한 생명입니다.'라고 말하기 때문입니다. 그런즉 "은사들은 영생의 능력들이다." 허나, 몰트만은 이상과 같은 새 창조의 영과 그것에 대한 선취적 경험을 삼위일체론적으로 이해합니다. "성령은 아버지 하나님으로부터 출발하시어, 아들 안에 거하시다가 이 아들로부터 이 세상 속으로 빛을 비추신다."(22)

그리고 몰트만은 위의 큰 그림을 좀 더 자세하게 3가지로 설명합니다. 첫째로 몰트만은 제자들(특수: 필자 주)이 오순절에 '하늘로부터 급하고 강한 바람소리'처럼 그리고 '불의 혀처럼' 경험한 것은, 보편적으로(필자 주) "모든 육체에 부어진 성령"(22)이라고 합니다. "모든 육체(kol basar)란 히브리어 언어용법에 따르면 단지 모든 사람들만을 의미하는 것이 아니라, 모든 생명체를 의미한다. 하여 성령이 충만한 교회 공동체는 정의가 거하는 물과 새 땅의 새 창조의 전위대로서도 이해된다."(23) 하여 새 창조의 영은 교회 공동체 안에서 선취되고 있으나, 그것의 궁극적 혹은 미래적 범위는 우주적이라고 하는 것입니다. 물론, 정치 경제 사회 문화 다 종교가 세상의 생명과정으로서 성령을 근원으로 하고 있다고 주장하는 몰트만(CPS 163-189)은 동일한 새 창조의 영이 교회 공동체 밖에서도 발견되는 것으로 주장함이 틀림없을 것입니다. 역시 '선취'라는 의미에서 말입니다. 그리고 몰트만은 그와 같은 새 창조의 영의 은혜 중, 평등에 대하여 주장합니다.

이는(전위대) 다음과 같은 평등을 의미합니다. 즉, 아들들과 딸들이 예언한다. 여자들이 남자들 아래 무시되거나 차별을 받지 않는다. 젊은이들은 비전을 갖게 되고, 옛 꿈을 갖게 된다. 더 이상 나이를 무시하는 일이 없을 것이다. 그 누구도 너무 젊지 않으며, 그 누구도 너무 늙지 않다. 남자 노예들과 여자 노예들이게 성령이 부어진다. 더 이상 그 어떤 주인들도 없으며, 더 이상 그 어떤 지배계층도 없다. 모든 사람이 동등하게 성령을 받는다. 바울에 있어서 하나님의 자녀들의 이러한 평등은 '유대인들과 이방인들, 노예들과 자유인들, 남자들과 여자들'로 확장된다. 그들은 그리스도 안에서 하나이며 새 창조를 기업으로 물려받을 자들이다. …(23)

하여 위와 같은 '교회 공동체' 안에서 발견되는 '평등'이라고 하는 새 창조의 영의 은사는 프랑스 혁명과 미국의 독립선언문과 유엔의 인권선언문과 3·1운동의 '독립선언문'에서도 울려 퍼지고 있으니, 성령께서는 교회 공동체 안에서만 현존하시고 사역하시는 것이 결코 아닐 것입니다. 때로는 이와 같은 '평등'의 가치가 교회 공동체 밖에서 더 잘 발전할 수도 있을 것입니다. 이 세상의 생명과정들도 동일한 새 하늘 새 땅을 향하여 방향 설정되어 있습니다.

둘째로 몰트만은 이미 바울에 있어서 푸뉴마(pneuma)란, 성령과 인간 모두에게 공통으로 사용되는 용어로서, 이 영은 영성 혹은 내면성이 아니라 '생명력'(Lebenskraft)이라며, "그것은 몸적이고 감각적인 차원들을 지닌다고 합니다. 인간의 정신은 하나님의 영의 내주하심으로 하나님의 성전이 된다(고전 6:19). 때문에 하나님은 몸 안에서 찬양되어지지 않으면 안 된다. 성령 안에서 가능한 새 인간 됨이란 부활과 새로운 신체성의 선취이다(고전 15:35-49: '…모든 살이 똑 같은 살이 아닙니다. 사람의 살도 있고, 짐승의 살도 있고,… '). 그리고 몰트만은 이와 같은 교회 공동체의 새 창조의 영에 침투된 사회적 삶은 새 창조의 세계의 삶의 선취로서 그 다양성 차원에서 창조세계와 인류 공동체와 새 창조세계의 그것을 보여주고 있다고 하는 주장합니다.

성령이 내주하시는 이와 같은 신체적이고 감각적인 심연으로부터 그리스도의 몸인 그리스도의 교회 공동체 안에서 은사들의 사회적 차원들이 결과한다. 은사 교회 공동체는 성령의 생명력들의 충만과 다양성을 경험한다. 그것들은 창조세계만큼이나 그렇게 다원적이고 다채롭다. 위에서 지적한 대로, 그리스도의 교회 공동체 안에서는 그 어떤 획일성이 아니라 전적으로 다원성(Pluralit t)이 지배적이다.…(23)

따라서 우리는 교회 공동체 안에서뿐만 아니라 동일한 새 창조의 영의 은사들을 교회 밖의 보편적인 세계에서도 발견할 수 있고, 발견해야 한다고 하는 말입니다. 때로는 이와 같은 새 창조의 영의 은사들이 교회 공동체 밖에서 더 잘 발전하고 있는 것이 발견될 수도 있을 수도 있습니다.

셋째로 몰트만은 "이상과 같은 하나님의 영의 생명력들은 결코 '하늘'로부터 내려온 그 어떤 초자연적 은사들이 아니라 히브리서 6:5에 따라서 '미래 세계의 능력들', 하여 종말론적 선취들이다."(24)라며, '장차 도래할 미래 세계'와 '그것의 선취'와 '현 역사에 미치는 그것의 영향'에 대하여 소상히 설명합니다.

…그와 같은 선취들 혹은 미래 세계의 능력들 안에서, 하나님의 미래가 이미 인간들의 현재에 크게 영향을 주고 있는데, 그 이유는 죽은 자들로부터 제일 먼저 태어난 자로서 부활하신 그리스도께서 '인생의 지도자'가 되시기 때문이다. 미래 세계의 능력들이 모든 넓이와 깊이에 있어서 이 세상의 능력들과 능력 없음 들에 부딪쳐 와서 그것들을 영생으로 깨어나게 하시기 때문이다. 헌데 은사들이 '미래적 세계'의 능력들일 진데, 우리는 다음과 같은 결론을 끌어낼 수 있다. 즉 '미래적 세계'는 철저히 은사적 세계로서 다중적이고 다양한 생명력들과 다채로운 생명형태들로 충만한 세계일 것이다. 하여 미래 세계가 하나의

온전한 '세계'일진데, 땅의 자연과 우주의 넓이가 그 안에 포함되어 있다. (24)

끝으로 몰트만이 김명용의 '온신학'을 칭찬하고 격려하면서 다음 같은 구절로 끝맺음할 때 그것이 무엇을 의미하는가를 생각해 본다. "'전체는 부분들의 종합 그 이상이다.'라는 말이 있다. 전체(das Ganze)는 하나의 새로운 조직 원리이다. 온신학에 있어서 내적인 중심은 예수 그리스도, 곧 온전한 기독론(die volle Christologie)이다. 그리고 온신학의 신학적인 틀은 삼위일체 하나님이시고, 그것의 밖을 향한 지평은 하나님 나라, 곧 이미 예수 그리스도의 부활과 함께 시작된 새로운 세계에 대한 종말론이다."(25) 여기에서 필자는 김명용의 '온신학'이, 박형룡 신학, 조용기 신학, 민중신학 등 여러 신학들의 약점들을 수정보완하면서 부분들 혹은 신학적 파편들을 종합하여 새로운 전체를 구성하려는 신학이 아니라 몰트만 자신의 신학적 입장처럼 어떤 통일된 '조직원리'(Organisationsprinzip)를 지니고 있다고 하는 함축을 발견합니다.

필자가 이해한 대로는, 필자의 본 저서에서 몰트만의 신학의 '조직원리'는 성경의 내러티브들에 근거한 '약속사와 하나님의 미래'요, 역시 내러티브에 근거한 기독론적 종말론, 삼위일체론, 그리고 성령론일 것이다. 이것이 다름 아닌 "전제"(das Ganze)로서 "하나의 조직 원리"일 것입니다. 하여 몰트만은 이와 같은 '성경의 중심주제'(die Sache)를 그의 신학의 '새로운 조직원리'로 삼고 있으며, 이와 같은 전거 점으로부터 모든 신학들을 조직합니다. 몰트만의 모든 신학적 주제들은 바로 이와 같은 '전체'(das Ganze)에서 출발하고 그것으로 되돌아가며 그것을 추구합니다. 그는 아무리 작은 신학적 주제라도 그와 같은 'das Ganze'를 전거의 틀로 삼고 있습니다. 필자 생각에 여기에서 '전체'란 성경의 명제적 진리들과 이것들에 근거한 그 어떤 신학적인 명제들의 총화보다 더 크고 더 근원적이라고 생각 됩니다.

그리고 덧붙이고 싶은 말은, '성경의 중심내용'(die Sache = '약속사와 하나님의 미래', '기독론', '삼위일체론', 그리고 '성령론')을 논할 때뿐만 아니라 이와 같은 '전체'를 전거 점으로 하여 여타의 신학적인 제들을 논할 때에도, 온신학을 추구합니다. 두 가지 예증을 보겠습니다. 하나는 기독론이고 다른 하나는 교회론인데, 그는 두 경우 모두에 있어서 '성경의 중심내용'에 충실하고 신실한 신학을 펼쳤습니다. 창조론에서도 그는 성경의 die Sache와 관련시켜 논하였습니다. 하여 여기에서 '온신학'이란 부분적인 진리가 아니라 온전한 진리하고 하는 것인데, 무엇보다도 그것이 저 '전체'(das Ganze)에서 출발하고 그것이 충실하고 신실하다고 하는 뜻일 것입니다.

VI.
교회론

VI. 교회론

1. 교회론의 전제들에 대하여

ㄱ. **사도신경과 니케아-콘스탄티노플 신조(381):** 고전적인 교회의 에큐메니칼 신조 역시 성부 성자 성령에 대한 신앙고백 다음에 교회론과 종말론을 고백합니다.

ㄴ. **루터:** 루터는 1513-1515년 사이에 시편을 강해하였고, 1515-1516년 사이에 로마서를 강해하면서, 중세와 후기 중세기의 복음이해와 차별화되는 복음이해에 도달하고, 1517년 10월 30일에 '95개 논제'를 제시하였다. 그리고 1518년 『하이델베르크 논쟁』과 『95개 논제의 해설서』를 썼고, 1519년 Eck와의 『라이프치히 논쟁』에서 성경관을 더욱 확고히 하고 위틀리프와 요한 후스의 교회론을 따라서 교황 중심의 교회론을 반론한 다음, 『라이프치히 논쟁 해설』(1519), 『고해성사』(1519), 『세례에 대하여』(1519), 『성찬에 대하여』1519), 그리고 『로마교황권에 대하여』(1520)와 『새 언약에 대한 소론』(1520)을 썼습니다. 하여 루터는 『로마교황권에 대하여』(1520)에 와서 비로소 교회론을 간단히 섰습니다. 여기에서 그는 교회의 '두 가지 표지'(notae ecclesiae)를 제시하였으니, 말씀설교와 세례성만찬이 그것이었습니다. 그런데 이 교회는 한 주님과 한 세례를 함께 나눈 믿는 사람들의 공동체로서 이들 상호간에 만인사제직을 전제하고, 수직적으로 예수 그리스도를 자신의 머리로 하고, 수평적으로는 성도들의 교제를 누린다고 하는 것입니다. 하여 우리는 루터의 신학에서 무엇이 교회론의 전제고, 무엇이 교회론보다 더 중요한가를 알 수 있습니다.

ㄷ. 칼뱅: 캉뱅은 루터의 복음에 대한 이해(이신칭의)를 받아들이면서, 그의 '최종판 기독교 강요'(1559)를, 사도신경의 4구조에 따라서, 그의 저서를 4부분으로 나누어 구성하였으니, 첫째는 창조자 하나님 아버지에 대하여, 둘째는 구속주 예수 그리스도에 대하여, 셋째는 성령에 대하여, 그리고 넷째로 교회론과 국가론을 다루었습니다. 그런데 칼뱅은 제2권에서 정통기독론(vere Deus et vere Homo)에 따른 예수 그리스도의 삼중직에 입각한 화해론을 논한 다음, 제3권에서 그것이 성령을 통하여 믿는 사람들에게 어떻게 적용되는가(이신칭의와 성화)를 논하고 난 다음에, 제4권에서 교회론과 국가론을 논하였습니다. 역시 우리는 칼뱅의 신학에서 교회론의 교의적 전제가 무엇인가를 알 수 있습니다.

ㄹ. 칼 바르트: 바르트에게 있어서, 교회론의 교의적 전제는 말씀론(CD, Ⅰ), 신론과 선택론(CD, Ⅱ), 창조론과 인간론(CD, Ⅲ), 그리고 화해론입니다. 특히 바르트가 '세 계기의 화해의 복음'의 'de iure'('원칙적으로 하나님의 예수 그리스도 안에서의 화해는 만인을 위한 것이라는 것: 필자 주) 차원을 논하면서, 'de facto'('실질적으로' 그 화해는 신망애의 교회 공동체 안에서 효력을 나타낸다고 하는 것: 필자 주)차원의 신망애의 공동체를 주장할 때, 교회론은 그의 보편적이고 객관적이며 종말론적인 '화해사역' 안에 포함되었고, 그것을 전제하고 있습니다. 헌데 바르트는 'de iure' 차원에서 미래 지향적인 보편적인 화해로서 하나님 나라를 결코 배제하고 있는 지 않고 있습니다. 그런 즉 칼 바르트는 '교회 교의학 Ⅳ'(화해론)에서 '교회론'을 논하였습니다.

ㅁ. 한스 큉: 제2 바티칸 공희회(1963-1965)[63]의 교리 선언의 내용차례는

---

63 The Documents of Vatican Ⅱ: 1963-1965, ed. by Walter M. Abbot,S.J.(General Editor) and Very Rev. MSGR. Joseph Gallagher(Translation Editor)(U.S.A: The American Press, 1966).

'교회', '계시', '예전', 그리고 '종교'로 구성되어 있습니다. 즉 4장으로 구성되어 있는데, '교회에 대한 교리헌장'이 맨 앞에 자리하고 있습니다. 그리고 이 '교회론' 안에 복음서들에 나오는, 예수께서 선포하신 '하나님 나라'에 대한 부분이 있기는 하지만, 그리고 이 '교회론'의 거의 끝부분('Ⅶ. 순례하는 교회의 종말론적 본성과 지상의 교회와 하늘의 교회와의 연합')에서 교회의 종말론적 성격을 주장하고 있기는 하지만, 제2 바티칸 공의회의 교회론은 주로 사도들의 '복음'과 고대 교부들의 '정통 기독론'과 '정통 삼위일체론'에 기초하고, 그 나머지 다른 주제들도 이를 전제하고 있습니다.

그러나 한스 큉의 교회론(The Church, 1967)[64]은 제2바티칸 공의회의 교회론 보다는 그것의 종말론적 바탕과 목적을 강하게 그리고 분명하게 제시하고 있습니다. 그의 '교회론'의 다섯 장(章)이 이를 웅변적으로 말해줍니다. '현상의 교회', '도래하는, 하나님의 통치(하나님 나라)', '교회의 근본구조', '교회의 제 차원들', 그리고 '교회의 직무들'이 그것입니다. 하여 큉은 종말론에 근거하는, 교회론을 펼치고 있습니다. 우리는 여기에서 큉의 『교회』의 "제2장 도래하는, 하나님의 통치(하나님 나라)"에 대하여 소개하려고 하는데, 필자는 특히 제2장 안에 포함되어 있는, 3 섹션(1. 예수님의 복음에 대한 호소, 2. 하나님 나라에 대한 복음서의 메시지, 3. 종말론적 구원 공동체)을 소개함으로써, 그의 교회론의 종말론적 전제를 제시하려고 합니다. 그 목적은 큉의 교회론의 전제가, 상당부분 몰트만의 그것에 유사하다고 하는 사실을 증명하기 위해서입니다.

1) 예수님의 복음에 대한 호소

큉은 케제만 등 후기 불트만 신학자들과 더불어 네 복음서들을, 사도들의 케뤼그마 안에서 기억되고 기록된 것으로 봅니다.

64　Hans Küng, *The Church*, trs. Ray and Rosaleen Ockendon(New York: Sheed and Ward, 1967)(독일어 초판. 1967).

물론 현재의 자료에서 예수님의 본래의 메시지를 얻은 것은 쉽지 않다. 복음서들은 중립적인 역사적 역대기가 아니라, 헌신되고 참여적인 신앙의 증언들이다. 복음서는 부활 이전의 예수님의 관점으로부터 기록된 것이 아니라, 부활 후에 교회의 관점에서 기록되었다. 하지만 이러한 신앙의 증거는 또한 예수님과 그의 메시지를 보도하고 있다. … (C, 44)

하여 큉은 위와 같은 케뤼그마적 모티프에 의하여 기억되고 기록된 복음서에 나타난, 예수님의 '하나님 나라' 메시지를 소개하고, 이를 교회론의 토대로 삼습니다.

'때가 찼고 하나님 나라가 가까이 왔으니 회개하고 복음을 믿으라'(막1:15). 마가복음의 시작부터 아주 정교한 이 구절은 예수께서 진정으로 의도하셨던 것을 탁월하게 요약하고 있다. …하여 하나님의 통치 혹은 하나님의 나라는 예수님의 설교의 중심개념이고, 예수 자신에게서 시작하여 마가와 Q자료의 어록을 거쳐 마태와 누가의 저술까지 모든 단계에 영향을 끼치고 있다. 하나님의 나라가 가까이 와 있다(at hand). 모든 주석가들은 이 사실이 예수님의 설교의 핵심이고, 이러한 다가오는 하나님의 나라가 그의 설교와 가르침의 중심이요 지평이라는 것에 동의한다. '근접성'(nearness)의 개념에 대한 정확한 해석이 무엇이든지 간에 말이다. (45)

2) 하나님 나라에 대한 복음서의 메시지

큉은 많은 신학자들이 동의하는, 하나님 나라에 대한 복음서 메시지를 다섯 가지로 소개합니다. 첫째로, 큉은 미래에 완성될 하나님의 나라 혹은 통치를 주장합니다.

예수께서 언급한 하나님의 나라(통치)는 창조의 결과나, 예수께서 그 메시지에서 구약의 기초 위에 당연히 전제한, 항구적인 하나님의 우주적인 통치도 의미하지 않는다. 이것은 마지막 때의, 종말론적, 즉 완전히 실현된, 종국적 절대적 하나님의 통치를 의미한다. 이것은 지금 '가까이 와 있다.'(막 1:15). 그것은 '너희 위에 임했고'(마 12:28; 눅 11:20), 그것은 '올 것이고'(눅 22:18; 비교: 막 14:25; 막 26:29), '능력으로 임할 것이다.''(막 9:1) … (C, 47-48)

둘째로, 큉은 예수님의 설교 안에서 '하나님 나라'는 랍비들의 설교와 달리, 율법주의가 아니라 "그것은 하나님 자신의 주권적 행위로 나타난다. 오직 하나님께서만이 인간들을 종말론적 잔치에 초청할 수 있다. 아버지께서 초청장을 보내신다. 그의 힘과 은총으로 씨를 자라게 하시는 분은 오직 바로 아버지이시다. 그것은 그의 통치이다. … 그의 나라를 주는 이는 인간이 아니라 하나님이시다. … 인간은 하나님 나라를 자신의 힘으로 어찌할 수 없고, 어린 아이와 같이 하나님 나라를 받을 뿐이다."(C, 48-49) 셋째로, 큉은 예수님의 하느님 나라는, 열심당원들의 "지상적, 민족적, 종교적, 정치적 신정정치가 아니고, 오히려 그것은 순수하게 신앙적 나라이다."(C, 49)라고 합니다.

예수님은 항상 그가 온 것은, 백성들을 비참한 외국의 지배로부터 자유하게 하고 다시 한번 이스라엘의 지상 왕국을 세우기 위함이라고 하는 그의 백성들과 제자들의 오해를 물리치시기 위하여 고생하셔야 했다. …잔치비유와 같은 이미지들은 하나님의 나라에 대한 문자적 묘사가 아니라, 그 실제를 강조하기 위한 것이다. … 하여 '바실레아아'라는 용어는 장소와 시간 안에 위치한 지배 영역으로서 나라와 왕국이 아니라, 단순히 하나님의 통치, 왕의 다스림을 의미하기 위하여 취해져야 한다.

…그가 선포한 하나님 나라는 지상적 복리를 위한 정치적 제국이 아니라, 반드시 회개와 믿음이 선행(先行)되어야 하는 하나님의 통치이다. '하나님의 나라가 가까웠으니 회개하고 복음을 믿으라.'(막 1:15)"
(C, 50-51)

넷째로, 큉은 예수님의 하나님 나라는 쿰란 공동체를 포함하여 동시대의 많은 사람들과 달리, 죄인과 불경건한 사람들에 대한 복수의 심판이 아니었습니다. 오히려 그것은 죄인들을 위한 구원사건이었습니다. 회개로 부르시는 예수님의 부르심은 세례요한과 달리, 하나님의 분노가 아니라 하나님의 자비였습니다. 하나님 나라의 메시지는 위협과 다가오는 재난이 아니라 구원과 평화와 희락의 메시지였습니다.(51) "하나님 나라에 대한 예수님의 설교는 왜 그렇게 독특하게 '좋은 소식인가요?' 하나님의 구원이 '회개하고 복음을 믿으라.'(막 1:15)는 단 하나의 조건 아래 죄인들을 포함하여 모든 사람들에게 제공되었기 때문이다."(C, 52)
다섯째로, '하나님 나라'에 대한 예수님의 선포는 인간들에게 새롭게 개정된 도덕법전을 따르라는 요구를 포함하고 있지 않았습니다. 오히려 그것은 하나님을 향한 철저한 결단이었습니다. 선택은 분명합니다. 하나님과 하나님의 통치(그 나라)인가, 아니면 세상과 세상의 통치인가였습니다. 그 무엇도 하나님과 세상 사이의 이러한 결단을 방해해서는 안 됩니다. 예수님 자신이 가족과 직업과 집과 가정을 떠나셨습니다. 그리고 그는 다른 사람들로 하여금 그들의 가족과 사회적 배경을 떠나 그의 제자로서 자신을 따르라고 하셨습니다. (C, 53)

3) 종말론적 구원 공동체

하여 한스 큉은 교회를 "종말론적 구원 공동체"라 합니다. 큉은 예수님의 죽은 자들로부터의 부활로 기독교 신앙과 교회가 생겼다고 봅니다. "예수가 죽은 자들로부터 부활하시지 않았다면, 기독교 설교와 신앙은 헛된 것이 될 번하였다(고전 15:14-20). 아니, 예수께서 죽은 자들로부터 다시 일으켜지지 않으셨더라면, 신자들과 공동체 즉 교회는 무의미한 것이었을 것입니다. 오직 십자가에 달리신 그리스도가 하나님에 의해 영화롭게 되시어 부활하신 그리스도로서 계속 살아 계신다고 하는 확실함만이 한 인격으로서 예수님의 수수께끼에 대한 해답을 우리에게 제공하고, 교회를 가능하게 하고 교회를 실재하게 하였다.…"(C, 79) 하여 이와 같은 부활신앙으로부터 태어난 교회 공동체는 구약의 종말론적 약속에 따른 성령부음을 받은 종말론적 공동체였으니, 이 공동체의 설교와 세례와 성만찬 등 모든 것이 종말론적으로 정향되게 되었다고 하는 말입니다.

> … 그리스도의 죽음과 부활은 하나님의 결정적인 종말론적 행동으로 보여 진다. 오셨던 그의 지상의 과거와 오실 그의 미래가 새로운 빛 안에서 보여 졌다. 하지만 부활하신 그리스도의 권능은 아직 현존하지 않고, 미래에만 있을 그와 같은 공동체에게만 계시된 것이 아니라, 새로운 현재 안에서, 곧 부활에서 시작하는 현재 안에서 이미 계시되었다. 이 공동체가 이제 새로운 빛 안에서 예수님의 지상 사역을 보고 또 그가 인자로서 오실 것을 기대하는 바, 이 예수님은 이미 하나님에 의해 영화롭게 된 그리스도로서 통치하시고 계신다.(C, 81)

이런 식으로 새로운 제자 공동체는 자신을 하나님에 의해 부름 받고 선택된 종말론적 공동체로 보게 된다. 예수님을 위한 제자들의 갱신된 결단은 – 십자가 위의 죽음이 이 결단을 필요하게 만들었다 – 오직 예수님 안에서 나타난 하나님의 종말론적 행동에 의해 가능하게 되었다. 이렇게 하여 공동체의 구성원들은 정당하게 '선택받은 자' 혹은 '성도'라는 명칭을 받게 된다. 그들은 구약성서의 위대한 호칭이며 또한 하나님의 종말론적 공동체의 호칭인 '하나님의 회중'(kehal Yahweh)을 정당하게 인계받을 수 있는 공동체를 형성한다. 이 이름은 이스라엘뿐만 아니라 아직 흩어지고 감추어져 있는 이스라엘의 회집에 의해 드러나게 될 종말론적 하나님의 백성을 설명하기 위하여 유대인들에 의하여 사용되었다. 하여 이 공동체의 이름으로 정해진, 이에 해당하는 그리스 단어는 '하나님의 에클레시아'인데, 오늘날엔 단순히 '교회'(the Church)라 불린다.(C, 81)

B. 위르겐 몰트만: 개신교 복음주의자들과 근본주의자들의 교회론과 제2 바티칸 공의회의 그것은 다분히 선교를 비롯한 나머지 모든 신학적 주제들을 교회 중심적으로 이해하게 만들고 있는 것에 반하여, 칼 바르트는 객관적이고 보편적이며 종말론적인 화해론을 전제로 하고 있고, 한스 큉은 '하나님 나라'를 교회론의 토대로 삼고 있습니다. 한스 큉의 세 가지 주장, 곧 "1. 예수님의 복음에 대한 호소, 2. 하나님 나라에 대한 복음서의 메시지, 그리고 3. 종말론적 구원 공동체"에서, 우리는 몰트만의 교회론의 종말론적 전제와 유사한 점들을 발견합니다. 비록, 몰트만의 종말론이 큉의 그것보다 삼위일체론과 종말론적 성령론을 더 강조하고, 보편주의적이고 객관적이며 미래 지향적이지만 말입니다.

몰트만은 『희망의 신학』에서 부활의 창을 통한 하나님 나라를, 그리고 『십자가에 달리신 하나님』에서 부활하신 예수님의 십자가을 통하여 하나님 나라를 바라보았습니다. 그리고 세 번째 저서인 『성령의 능력 안에 있는 교회』(CPS)에서 교회론을 다루고 있습니다. 하여 몰트만의 교회론은, 니케아-콘스탄티노플 신조, 루터, 칼뱅, 칼 바르트, 그리고 한스 큉의 그것처럼 나름대로 교의적 전제, 곧 성경의 중신내용(die Sache)을 전제합니다. 우리는 이 중심내용이 무엇인가에 대하여 'Ⅱ. 성경의 중심내용, Ⅲ. 기독론, Ⅳ.삼위일체론, 그리고 Ⅴ. 성령론'에서 논하였습니다. 즉 '교회론'의 전제는, '약속사와 하나님의 미래'(영생 + 하나님 나라 + 새 하늘 새 땅)이고, 이를 구축하는, 그리고 성경적 내러티브들에 근거하는, 기독론과 삼위일체론과 성령론입니다.

이제 우리는 몰트만의 교회론의 전제가 우리가 앞에서 논해 온, '성경의 중심내용'이 추구하는 미래 지향적이고 객관적이며 보편적인 약속사와 하나님의 미래, 그리고 그것을 구축하는 'Ⅱ. 성경의 중심내용, Ⅲ. 기독론, Ⅳ.삼위일체론, 그리고 Ⅴ. 성령론'이라고 보고, 몰트만의 초기 두 저서에 나타난, 부활과 십자가 그리고 하나님 나라와 삼위일체 하나님의 객관적이고 보편적이며 종말론적인 차원들을 소개하려고 합니다.

2. 문: 『희망의 신학』(1964)에서 말하는 객관적이고 보편적이며 종말론적인 만인, 나아가서 만유구원이란?

답

『희망의 신학』은 부활에 근거한 종말론적 비전을 말합니다. 그는 십자가에 달리셨던 분의 '부활'에서, 그리스도의 미래적 영광과 주권을 발견합니다. 예수 그리스도는 그의 부활에서 장차 그가 어떤 분이신가를 알리셨다고 합니다. 예수 그리스도의 부활은 '옛 창조세계로부터의 새 창조', '죽은 자들의 부활', '하나님 나라' 혹은 '하나님의 의'를 약속합니다. 몰트만은 특히 '예수 그리스도의 미래', '의의 미래', '생명의 미래', 그리고 '하나님 나라와 인간의 자유의 미래'(TH, 202-224)에서 이와 같은 미래 지향적 종말론을 강조합니다. 이와 같은 몰트만의 하나님 나라는 보편주의적임에 틀림없습니다.

몰트만에게 있어서 예수님의 부활은 크게 두 가지 의미를 갖습니다.

첫 번째 의미는 부활을 통한 하나님 나라에 대한 약속인데, 이는 구약의 약속사를 배경으로 이해된 것입니다. 하나님의 약속은 매우 중요합니다. 이와 같은 약속사의 맥락 속에 있는 예수 그리스도의 부활 내러티브에 근거한 그의 하나님 나라 비전은 그가 앞에서 지적한 대로(Experiences in Theology, 2,000) 내러티브 신학에 다름 아닙니다. (TH, 103-104, 111)

따라서 우리는 신약성서의 부활내러티브에 근거한 새 하늘과 새 땅에 대한 약속과 역사가, 이상과 같은 구약성서의 약속들과 역사들에 의하여 예기(豫期)된 것이고, 전자는 후자를 넘어선다(잉여약속, the promissory surplus 혹은 the surplus of promise)고 하는 것을 알 수 있습니다. 구약도 직접 새 하늘과 새 땅을 지향하고, 그것에 대한 약속들은 역사 속에서 실현되는 그 어떤 종말론적 성취들에 의하여도 능가될 수 없다고 하는 말입니다. 하여 그는 이런 식으로 이 구약의 약속사와 복음이 약속하는 미래 종말론의 차원을 확보하였습니다. 여기에서 "미래"란 현재의 연장으로서의 미래가 아니라 예수 그리스도의 도래(adventus vs. futurum)[65]에 의하여 실현될, '새 창조'(creatio nova)에 의한 질적으로 새로운 미래입니다.[66]

두 번째 의미는 몰트만이 변증법적인 '기독론적 종말론'(vs. 성서의

---

65 칼 바르트는 여수 그리스도의 3중적 파루시아를 주장한다. 하나는 성육신을 통하여, 둘은 성령을 통하여, 그리고 셋은 다시 오심을 통하여 오신다고 주장하면서, 이 셋은 한 쌍으로서 그리스도의 세상에 오심을 말한다고 한다. 하여 바르트의 3중적 파루시아는 전통적인 '재림'희망보다 예수 그리스도의 초림과 재림 그리고 성령을 통한 오심을 긴밀한 연관성 속에서 본다. 몰트만 역시 이와 같은 바르트의 3중적인 파루시아를 반대하지 않는 바, 그의 adventus의 특징은 삼위일체 하나님의 프레임 안에 있는 기독론과 종말론적 성령론과의 관계성에 있다 하겠다.

66 Richard Bauckham, *The Theology of Jürgen Moltmann*(Edinburgh: T & T Clark, 1995), 213. 참고: Ibid., 238-242: 보캠에 의하면, 몰트만은 1979년의 *Experiences of God*과 1991년 *The Spirit of Life*에서 내재적 삼위일체 하나님의 영원한 현재가 예배에서 경험되는 바, 우리는 '하나님을 낯과 낯을 대하여' 보는, 엑스타시의 영원한 현재 안에서 하나님에 대한 송영론적이고 신비적인 인지에 이른다고 한다. 물론, 이는 정확히 삼위일체 하나님의 종말론적 현존에 대한 하나의 순간적인 선취이다. 여기에서 몰트만은 신비주의 전통의 부분적 진리를 인정한다. 그리하여 "초기 저서에서 발견되는, 성서의 약속의 종교에 대립하는, 영원한 현재의 현현이 결국 약속개념으로부터 나온 신학적인 구조 안으로 통합된다고 보여 진다."(242)

명제적 진리에 근거한 종말론)으로부터 그의 종말론을 정립하였다고 하는 것인데, 이것은 그의 종말론을 판넨베르크의 그것으로부터 차별화시킨다고 봅니다.[67] "그의 기독론적 종말론은 십자가에 달리신 예수님의 부활을, 종말론적 약속의 변증법적 사건으로 해석하는 것입니다."[68] 그런즉, 몰트만은 예수님의 '십자가'보다도 예수님의 '부활'과 이 부활에 나타난 종말론적 비전을 더 강조합니다.[69] 몰트만에게 있어서 십자가와 부활은 전적으로 상반된 것, 곧 죽음과 생명, 하나님의 부재와 하나님의 가까이 오심, 그리고 하나님께 버림받음과 하나님의 영광을 나타내지만, 하나님께서는 전자와 후자의 과격한 불연속성 속에서 연속성을 창조하신다고 합니다. 동일한 예수님이 십자가에 달리셨다가 부활하셨다는 말입니다. 보캠은 이를 가리켜 예수님의 동일성이 지속되는 하나의 '변증법적 기독론'이라 부릅니다.[70] 이는 '옛 창조'와 '새 창조'의 기적적인 연속성의 근거이기도 합니다. 그래서 보캠은 "예수님의 부활을 변증법적 종말론적 약속"이라 하였습니다.

    예수님의 십자가에 달려 죽으심은, 현재의 현실들의 모든 부정적인 특성들, 곧 죄와 고통과 죽음에의 굴복과 그것의 불신앙과 하나님께 버림받음과 무상성이다. 그러나 동일한 예수께서 종말론적 생명에로 살리심을 받은 것이다. 때문에 그의 부활은 십자가에 달리신 예수께서 대표하시는 하나님께 버림받은 현실의 전체를 위한 하나님의 새 창조에 대한 약속이다. 십자가와 부활의 모순은 현재의 현실과 새 창조에서 발견될 현실 사이의 모순이다. 종말론적 나라는 단순히 현재의 내재적 가능성들의 성취에 불과한 것이 아니다. 오히려 그것은 하나의 과

---

67 Ibid., 34.
68 Ibid., 100.
69 Ibid., 84-86.
70 Bauckham, op.cit., 33.

격하게 새로운 미래, 곧 죽은 자들에게는 생명의 약속이요 의롭지 못한 자들에겐 의의 약속이요 악과 죽음에 굴복하고 있는 창조세계에겐 새로운 창조 그것이다.[71]

… 십자가에 달리셨다가 부활하신 분은 동일한 예수님이신 것과 같이 하나님의 약속은 '다른 하나의 세상'(another world)을 위한 것이 아니고 이 세상의 새 창조인 것이다. 부활의 약속은 예수님의 십자가가 서 있는 이 세상에게 주어진다.[72]

그런데 보캄에 따르면, 부활희망이 개방시키는 '하나님의 나라' 혹은 '새 하늘과 새 땅'은 역사 안에서 하나님의 의의 실현을 향한 "모든 작은 희망들"(the lesser hopes)을 포함한다고 합니다.[73] 보캠에 의하면, '역사'와 '창조' 안에 있고 있어야 할 '모든 작은 희망들'에 관하여 몰트만은 『희망의 신학』에서 '부활' 자체가 "오직 미래의 새 창조 안에서만 적절한 유비(analogia)를 가질 수 있다"고 하였지만, 그의 후기 저서들에선 교회와 역사와 창조 안에서 성령의 활동에 의한 유비들이 가능하다고 하였으니, '부활' 그 자체는 "새 창조의 임시적 선취(先取, Vorwegnahme = anticipation)"로서 교회와 역사와 창조세계 안에서 일어나는, 성령의 활동에 의한 유비들을 능가한다고 하는 것입니다. 이처럼 후기로 가면 몰트만은 성령께서 교회 안에서 뿐만 아니라 보편사와 창조세계 속에서도 사역하심을 힘주어 주장합니다.

죽음의 역사 속에 예수님의 부활에 대한 유비들은 없지만, 적어도 성령과 그분의 사역들(its effects) 범주 안에서는 유비들이 있다. 즉 오

---

71 Ibid., 34.
72 Ibid., 35.
73 Ibid., 39-41.

늘날 우리들에게 부활의 경험적 형태란 … 불의한 세상 속에서 불신앙의 사람들에 대한 칭의, 신앙의 경험, 불확실성 한 복판에서의 확실성, 그리고 죽음 가운데서의 사랑의 경험이다.[74]

3. 문: 「십자가에 달리신 하나님」(1972)에 나타난 객관적이고 보편적이며 종말론적인 만인, 나아가서 만유구원이란?

답

몰트만이 『희망의 신학』에서 십자가에 달리셨던 분의 부활의 창(窓)을 통하여 객관적이고 보편적인 그리고 만유 구원론적인 종말론의 틀을 주장하였다면, 이제 『십자가에 달리신 하나님』에서는 『희망의 신학』의 종말론의 구도를 그대로 유지하면서 부활하신 그리스도의 십자가의 종말론적 의미를 논하고 있는 것입니다. 『희망의 신학』이 종말론적 기독론에 있어서 부활의 차원을 강조했다면, 그의 『십자가에 달리신 하나님』은 종말론적 기독론에 있어서 십자가의 차원을 강조합니다. 그러나 이 책의 '십자가'는 '부활' 없이는 이해 불가능합니다. 이 책은 '예수님의 역사적 재판', '예수 그리스도의 종말론적 재판' 그리고 '십자가에 달리신 하나님'에서 그 중심 사상을 개진하고 있는 데, 이것은 몰트만이 이미 지적한 대로(Experiences in Theology) 전적으로 복음서 내러티브에 충실한 주장들입니다.[75] 보캠에 의하면, 본 저서는 주로 "하나님의 고난과 하나님의 사랑의 개념들"의 시각에서 해석되었다고 하고,[76] 무엇보다도 몰트만은

---

74 F. Herzog(ed), *The Future of Hope: Theology of Eschatology*(New York: Herder & Herder, 1970), 163. 재인용, Bauckham, Ibid., 43.

75 J. Moltmann, *The Crucified God*(New York: Harper & Row, 1973)(영문번역, 1974). 참고: "The Historical Trial of Jesus"(1. The Question of the Origin of Christology. 2. Jesus' Way on the Cross. (a) Jesus and the Law: 'The Blasphemer'. (b) Jesus and Authority: 'The Rebel'. (c) Jesus and God: 'The Godforsaken'.(112-153)과 "The Eschatological Trial of Jesus Christ"(160-196).

76 Bauckham, op. cit., 82.

십자가에 달리신 하나님을 기독교 신학의 표준으로 삼았다고 합니다.[77]

ㄱ. **'예수님의 역사적 재판'**: 그는 십자가 사건을 당시 역사적 상황들과 관련시키면서도 역사를 초월하는, 곧 인류를 위한 하나님 아들의 죽음으로 봅니다. 즉, 예수님은 유대교의 율법과의 관계에서 '불경스러운 자'로서 죽임을 당하셨으나, 그는 인류의 율법의 저주를 대신 걸머지신 것이고, 로마제국에 대한 '반역자'로 죽으셨으나(CG, 133), 그는 인류를 대신하여 죽으심으로써 사랑과 은혜의 하나님을 선포한 것이며(CG, 143-145), 그리고 그는 '하나님께 버림받은 자'(dereliction)로 죽임을 당하셨지만, 그는 버림받은 인류를 대신하여 하나님께로부터의 버림받으심의 고통을 절규하셨습니다.(CG, 146). 이는 몰트만의 신학적 사고가 항상 '하나님 나라의 복음의 보편성'을 추구하면서도 그것이 구체성과 다(多)상황성을 놓치지 않았다고 하는 사실을 말합니다. 그런즉, 미래 종말론적 보편주의적 하나님 나라는 구체적이고 상황적인 특수성 안에서 선취된다고 하는 것입니다.

그리고 몰트만은 마가복음 15:34의 예수님의 절규를 두 가지로 이해하였습니다. 하나는 구원론적 의미, 곧 예수님과 하나님께서 불신앙의 사람들과 하나님께 버림받은 사람들의 심연에서 이들과 자신을 동일시하셨다고 하는 것이고, 다른 하나는 그와 같은 버림받으심이 아버지와 아들 사이의 고통의 사건, 곧 하나님께서 하나님을 향하여 절규하셨고, 하나님이 하나님 안에서 죽으셨다고 하는 것입니다. 전자는 삼위일체 하나님의 경세 차원의 사건(세상을 위한 사건)이요, 후자는 내재적 삼위일체 하나님의 자체 내의 사건(an inner-trinitarian significance)(하나님 자체 안에서의 사건)입니다.

---

77 Bauckham, op. cit., 48-49.

ㄴ. **'예수 그리스도의 종말론적 재판'**: 몰트만은 '성령의 선물'과 '종말론적 신앙'이, "예수님의 인격과 삶과 죽음을 그분의 죽은 자들로부터의 부활의 빛 안에서 이해하게 만들었다."(CG, 161)고 하면서, 십자가의 의미를 부활의 빛에서 찾았습니다.(CG, 163) 그리고 몰트만에게 있어서 부활은 '죽은 자들로부터의 다시 사심'(롬 9:15)을 의미하기 때문에, 그것 자체가 사망권세의 멸절을 뜻하는 것이고(CG, 170), 새 창조를 위하여 죽음의 멸절이 마지막 때에 완전히 일어날 것이라고 하며, 장차 도래할 그 새 창조의 세계는 하나님의 의와 현존이 충만한 세계일 것이라고 봅니다.

> 세상 끝 날에 하나님께서는 죽은 자들을 부활시키실 것이고, 그렇게 하심으로써 죽음의 권세를 멸하시는 그의 능력을 나타내실 것이다. 이 세상의 종말과 새 창조의 시작은 죽은 자들의 보편적인 부활과 함께 동터오를 것이다. 이제 하나님께서 이 죽은 예수님을 '죽은 자들로부터' 다시 살리셨다고 하는 부활 증인들의 선포는 하나님의 의와 현존으로 충만한 새로운 세계의 미래가 이미 우리의 죽음의 역사 속에 이 한 인격 안에서 동터 올랐다고 하는 주장이나 마찬가지이다. (CG, 170-171).

몰트만은 예수님의 십자가 죽음을 경세차원에서 일어난 하나님의 행동으로 이해합니다. 몰트만은 이 맥락에서 아버지 하나님과 아들 예수 그리스도의 관계에 비추어 아버지가 아들을 십자가에 못 박았다는 뜻에서 그리고 하나님이신 아들이 십자가에 못 박혔다는 뜻에서 하나님 자신의 종말론적 고난과 죽음을 주장합니다. 몰트만은 "하나님께서 그리스도 안에 계셔"(고후 5:9)라고 하고, "하나님이 그 아들을 보내 사"(갈 4:4 이하)라고 합니다. 바울은 항상 아버지께서 파송하신 아들의 고난과 죽음을 말한다고 합니다. 그리고 바울은 아들을 내어주신 아버지와 아들 스스로의 자기희생에 대한 성경구절들을 많이 인용합니다(롬8:32; 갈2:20; 롬4:25; 요3:16). 몰트만은 실질적으로 이와 같은 근거에서 하나님 자신이 죽으셨다고 합니다.(192) 우리를 살리시기 위하여 하나님 자신이 죽으신 것입니다. 그리하여 창조, 부활, 그리고 새 창조는 혼돈과 무(無)성과 죽음을 없애버리시는 하나님의 외적인 사역들입니다.(192-193) 하나님 자신이 이 혼돈과 무성과 죽음을 십자가상에서 걸머지신 것입니다. 마가 역시 15장 34절에서 십자가의 죽음을 하나님의 아들이 아버지로부터 버림받음의 죽음을 죽으신 것으로 이해하였습니다. 몰트만은 지금 우리가 논의하고 있는 부분을 다음과 같이 줄여서 말합니다.

> 부활하신 그리스도는 십자가에 달리신 그리스도로서 '모든 사람들을 위하여 존재하신다. '십자가에 달리신 하나님'은 하나님의 아들의 죽음, 곧 하나님께로부터 버림받으심을 통해서 모든 불신앙의 인간들과 하나님께 버림받은 인간들의 인간적인 하나님이 되신 것이다.(CG, 195)

그리하여 몰트만은 『십자가에 달리신 하나님』에서 『희망의 신학』의 종말론적 복음이해로부터 종말론적 복음 중심의 종말론적 삼위일체 신학으로 패러다임 이동을 보이고 있습니다. 그는 칼 바르트처럼 십자가에 달리신 예수 그리스도(하나님의 아들)에게서 신성과 인성의 교류가 일어남으로 신성이 인성의 고통과 죽음에 참여했다고만 보지 않고(하나님의 수난 불가능성 = God's impassibility), 이 십자가에 달리신 하나님의 아들의 아버지와의 관계를 역설합니다. 성부 하나님께서는 하나님께 버림받고 믿음이 없는 인류의 모든 저주와 죄와 죽음을 대신 걸머지시고 십자가에서 죽으신 성자 예수 그리스도의 고난과 죽음에 전적으로 동참하셨다(patricompassionism)고 하는 것입니다. 즉, 아버지 하나님께서 아들의 고통과 죽음을 함께 경험하셨다고 하는 말입니다. 그래서 그는 그의 책 제목을 『십자가에 달리신 하나님』이라 하였습니다. 몰트만은 복음서의 복음 이야기 속에서 십자가에 대한 내러티브에 집중하면서, 그 십자가의 신학적인 의미가 신인이신 "예수 그리스도의 두 속성의 교류"에 있는 것이 아니라 삼위일체론적인 사건에 있다고 보았던 것입니다.[78] 하여 몰트만은 종말론적 만유구원론의 근거를 십자가의 삼위일체론적 이해에서 찾습니다. 몰트만에게 있어서 십자가 사건은 삼위일체 하나님의 경세 차원과 동시에 내재적 삼위일체 하나님 안에서 일어난 것입니다.

모든 파멸, 절대적인 죽음, 무한한 저주 및 무성(無性)에로의 침몰이 하나님 자신 안에 있었다고 하면, 이 하나님과의 교제는 영원한 구원, 무한한 기쁨, 파기될 수 없는 선택 및 신적 생명이다.(246)

인류와 만유를 구원하시는 십자가의 삼위일체 하나님은 사랑이시다.(요일4:16) 이 사랑은 사랑 없고 율법적인 세상 속에서 일어난 사랑의 사건이다. 그것은 인간을 만나기 위해서 오신 무조건적이고 한량없는 사랑의 사건이다. 그것은 사랑받지 못하고 버림받은 자들 그리고 의롭지 못하고 율법 밖에 있는 사람들을 붙잡아, 이들에게 정체성을 부여하는 사건이다. (CG, 248)

4. 하면, 『성령의 능력 안에 있는 교회』(1975)에서 교회의 특수성이란 무엇입니까?[79]
답

---

78 참고: Bauckham, op. cit., 53-54.
79 참고: Ibid., "The Doctrine of Two Natures and the Suffering of Christ"(227-235)와 "Trinitarian Theology of the Cross"(235-249).

몰트만은 '교회'에 관한 모든 것을, 위의 두 저서가 말하는 보편적이고 객관적이며 종말론적인 영생, 하나님 나라, 그리고 새 하늘 새 땅에 대한 믿음과 희망으로부터 해석합니다. 즉 교회의 정체성과 본질적 기능이, '영생, 하나님 나라, 그리고 새 하늘 새 땅'에 의하여 규정됩니다. 하여 교회는 이스라엘과 더불어 초기 두 저서가 말하는 보편적인 세계(영생, 하나님의 나라, 그리고 새 하늘 새 땅)와의 관계에서 특수 공동체라고 하는 것입니다. 교회는 역사와 창조 안에서 하나님 나라를 선취시키는 다른 파트너들과 더불어, 저 보편적인 하나님 나라의 아방가르드입니다. 초기 두 저서들, 곧 『희망의 신학』(1964)과 『십자가에 달리신 하나님』(1972)에 있어서 전자는 새 하늘과 새 땅을 향한 구약의 약속사의 약속들과 이를 계시하고 다시 약속하는 예수 그리스의 부활을 통한 하나님 나라를 주장하였고, 후자는 바로 이 부활하신 예수 그리스도의 십자가를 통한 하나님 나라를 제시하였습니다. 이 두 저서는 어디 까지나, 사도들의 선포로서 '복음'의 두 결정적인 계기, 곧 (성육신을 전제하는)부활과 십자가를 통한 하나님 나라에 대한 비전을 보여주었습니다. 특히, 초기 두 저서는 하나님 나라의 보편성을 주장하였습니다.

하지만 우리가 아래에서 논할, '교회론'(CPS)은, 사도적 복음 선포 안에 포함된, 내러티브로서 예수님의 메시아 선교와 그의 말씀에 따른, 보편적인 하나님 나라를 향한 교회의 특수성에 대하여 주장합니다. 본 저서(CPS)는 몰트만의 말처럼 그가 메츠와 더불어 내러티브 신학의 영향을 받은 때의 글이기 때문에, 이 글에서 우리는 몰트만이 신약성서를 '내러티브 신학'과 동일한 방법으로 읽고 해석하는 것을 발견할 뿐만 아니라, 나아가서 이 '내러티브 신학' 안에 포함된 '예수님의 메시아적 미션과 말씀들'에 대한 해석을 보게 될 것입니다.[80] 우리는 본 저서에서 '메시아 기독론'에 근거하는

---

80   참고: 이형기, 『교회론의 패러다임 전환: 전통적인 교회론으로부터 몰트만의 메시아적 교회론으로』. 특히, '총결론'(604-677). 본 필자는 이 '교회론'에서 몰트만의 초기 두 저서에서 발견되는, 기독론, 삼위일체론, 그리고 하나님 나라의 보편성을 전제로 하여 그의 '교회론'(CPS)에 나타난 '교회'의 특수성과 타자성에 주목하였습니다.

'메시아적 교회'의 '특수성' 혹은 '타자 성'에 주목할 것입니다. 물론, 그것은 하나님 나라의 복음의 보편성, 삼위일체 하나님의 선교의 보편성, 그리고 하나님 나라의 보편성을 지향하는, 특수성입니다.

4-1. 문: 교회론과 관련하여, '그리스도의 역사'[81]가 어떤 의미를 갖고 있나요?

답

몰트만은 "예수님의 성육신, 메시아적 선교, 수난, 십자가, 그리고 부활"(CPS, 29)을 '그리스도의 역사'라며, 믿는 사람들은 성령의 사역으로 이 그리스도의 역사를 이해하고 그것의 의미와 연합한다고 합니다. 하여 그가 '성령의 역사 안에 있는 교회'의 하부항목들 가운데서 본 주제를 논하는 것은 특별한 의미가 있습니다.[82] 몰트만은 "기독교 신학은 '그리스도의 역사'로 시작하고 다시 그것으로 돌아간다."(CPS, 28)였으니, 그에게 있어서 그것이 그만큼 중요하고 하는 것을 우리는 알 수 있습니다. 그런데 몰트만은 그것의 종말론적 목적을 묻습니다. "그리스도는 왜 오셨는가? 그분의 오심의 목적은 무엇인가? 그리스도는 왜 십자가에서 죽으셨는가? 왜 그분은 죽은 자들로부터 부활하셨는가? 왜 그분은 신적

---

81 참고: 이형기, op. cit., 23 이하: 이 부분에서 필자는 '내러티브 신학 + 알파'에 대하여 논하면서, 몰트만이 영미계통의 '내러티브 신학'을 넘어서고 있음을 밝혔다. 신망애의 지식추구, '메시아적 기독론'에 근거하는 '메시아적 교회론', 그리고 특수에서 보편으로 나가는 '자연신학추구'가 그 내용의 부분적 예들이라 하겠다.

82 참고: 몰트만은 '약속사의 하나님'을 '역사의 하나님'이라고 한다. 여기에서 '역사'란 모더니즘 시기의 '실증주의적 역사개념'이 아니다. 그것은 '역사학'에서 연구대상으로 하는 그 연대기적 역사(Historie)도 아니다. 그것은 인간실존의 역사성(historicity)을 의미하는 **'역사'(Geschichte)이다**. 그것은 구속사에 가깝다. 더 정확히 그것은 성서의 내러티브에서 발견되는 '약속의 역사'이다. 이는 내러티브 신학의 창시자인 예일대학의 한스 프라이가 일컽는 '픽션이 아닌 소설'(non-fictional Novel) 혹은 '역사와 같은 이야기'(history-like Story)에 해당할 것이다. 이와 같은 의미에서의 '역사'에 대한 몰트만의 강조는, '위로부터 아래로의' 수직운동을 강조하는 로마서 제2판 이후의 칼 바르트와 '아래로부터 위로'를 강조하는, 루돌프 불트만의 신학을 넘어서서, 폰 라트의 구속사의 신학을 따름에서 온 것이다. 그런데 전통적으로 구속사는 인간구원에 집중하고 있으나, '약속사'는 '창조'까지고 아우른다.

영광의 광채로 제자들에게 나타나셨는가?"(CPS, 28)라며, 몰트만은 종말론의 근거로서 '그리스도의 역사'와 '종말론'이 서로가 서로를 규정하는 순환적 개념들이라고 합니다.

> 이 (그리스도의)역사에 대한 종말론적 해석은 종말론에 대한 그것의 역사적 체현에 상응하지 않으면 안 된다. 희망이 그것의 기초를 상실하지 않으려면, 기억으로 되돌아가야 한다. 그 때문에 그리스도의 역사 그 자체에 대한 하나의 오리엔테이션은 그것의 종말론의 전개를 위하여 구성적이다. 목적론적 해석은 하나의 인위적인 것일 수가 없다. 그것은 이미 짜여 진 줄거리를 밝히고 있는 것에 불과하다. 반대로, 그리스도의 역사는 종말론의 빛에서가 아니고는 적절하게 이해될 수가 없다. … (CPS, 28-29)

그리고 몰트만은 복음에 대한 사도적 선포로서 '그리스도의 역사'가 그 안에 지상의 예수님의 이야기를 내포하고 있다고 봅니다. 이는 4복음서들이 하나의 사도적 복음을 제시하고 있고, 그 안에 지상적 예수님의 메시아적 미션과 이 예수님의 말씀을 포함하고 있다고 하는 말이기도 합니다. 여기에서 우리는 몰트만이 내러티브 신학자들과 달리 지상적 예수님의 메시아적 선교와 말씀들을 매우 귀하게 여기고 있음을 알 수 있습니다.

초기 기독교는 복음에 대한 사도적 선포 밑에 한 교회로 모였다. 그러나 복음서들은 자기를 따르는 사람들을 제자의 도와 하나의 공동 생활로 부르시어, 이들이 모든 다른 사회적 유대들을 끊어버리라(마 10:3이하)고 요청하는, 지상적 예수님의 이야기를 이야기하고 있다. 부활하신 그리스도의 새로운 공동체로의 부르심, 십자가에 달리신 그리스도의 제자의 도로의 부르심, 그리고 예수님의 제자의 도로의 부르심은 그리스도의 선포 안에서 동일한 독특성으로 들려지고 하나의 동일한 삶의 양태로 구현되지 않으면 안 된다.(CPS, 322)

그런데 '그리스도의 역사'에 대한 신학적 해석은 기독교 초기부터 "예수님의 선교와 그 역사 자체의 메시아적 성격"(28)에 의하여 그것의 종말론적 의미를 찾도록 추동되었다며, 결국 고린도전서 15장의 보편주의격 종말론이 '그리스도의 역사'의 텔로스(telos)라고 하는 것입니다. 그리고 '그리스도의 역사'(그의 '영 그리스도론에 의하면 이 역사 역시 성령의 사역 안에서 일어났지만)(1989년 『예수 그리스도의 길』)와 종말 사이에서 성령의 사역에 의하여 칭의와 새로운 순종과 사귐 등이 일어나는데, 그것은 미래 종말론적 하나님 나라의 전조(前兆)요, 전체의 일부로서, 교회 공동체 안에서 일어납니다.

몰트만에 따르면, 바울은 '그리스도의 역사'를 '우리를 위한'(pro nobis)[83] 하나의 구원사건으로 이해합니다. 이것은 우리 밖에서(extra nos) 일어난 혹은 우리의 믿음과 상관없이 객관적으로 그리고 보편적으로 그때 거기에서 일어난 그와 같은 구원사건이라는 것입니다(CPS, 30). 비록 그가 종교개혁의 구원론적 입장에서 출발하지만, 우리는 그 강조점이 미래 지향적이고 개방적이며 보편적인 영생, 하나님 나라 혹은 새 창조로 이동하고 있는 것을 발견합니다. 우선 몰트만은 바울 이해를 새롭게 하는 데서 출발합니다. 즉, 그는 바울에게서 '하나님의 의' 개념이 전면에 등장한다며, '그리스도의 역사'의 의미가 하나님의 의에 의한 죄인들에 대한 의롭다 함인데, "예수님은 우리가 범죄 한 것 때문에 내줌이 되시고 또한 우리를 의롭다 하시기 위하여 살아 나셨느니라."(롬 4:25)를

---

83 1989년의 *The Way of Jesus Christ*(73쪽)에선 여기에서 말하는 '그리스도의 역사' 역시 성령의 사역에 의한 것이어서, 성령께서는 예수님의 사역과 말씀의 주체이시다(the Spirit-Christology). 그리고 이 예수 그리스도의 역사는 삼위일체 하나님의 역사이다.

인용하면서, 하나님께서 우리를 의롭다 하심의 십자가 차원이 아니라 부활 차원임을 강조합니다. 물론, 그는 "그리스도께서 십자가상에서 자신을 내어주심의 의미는 화해에 의하여 죄인을 죄의 짐으로부터 해방시킨 것인데, 이는 하나님께서 죄인을 죄의 권세로부터 해방시키셨다."(CPS, 30)고 하는, 사람들이 그것을 믿음으로 받아들이기 이전의 보편주의적 화해와 해방을 말합니다.[84]

비록 몰트만이 이상에서 교회 혹은 믿는 사람들이 예수 그리스도를 통하여 성령 안에서 아버지 하나님과 화해하고 죄와 죽음으로부터 해방을 경험하고 하나님과 화해되는 것이 확실하지만, 그와 같은 화해와 해방은 바울에게서 보편주의적 의미를 갖는다고 하는 것입니다. 그리고 그것은 고린도전서 15장이 주장하는 보편주의적 하나님 나라 혹은 새 하늘과 새 땅에 상응한다고 합니다. 그러니까, 몰트만에게 있어서, 칭의의 텔로스 새 하늘과 새 땅이다.

  죽은 자들로부터 그분의 부활의 의미는 의(義)안에서의 우리의 새로운 삶이다. '하나님이 죄를 알지도 못한 이를, 우리를 대신하여 죄로 삼으신 것은 우리로 하여금 그 안에서 하나님의 의가 되게 하려함이라.'(고후 5:21) '그리스도께서 우리를 위하여 저주를 받은바 되사 율법의 저주에서 우리를 속량하셨으니'(갈 3:13). '부요하신 이로서 너희를 위하여 가난하게 되심은 그의 가난함으로 말미암아 너희를 부요하게 하려 하심이라.'(고후 8:9) 바울은 빈번히 그리스도에 대한 신앙을, 칭의의 텔로스(갈 2:16; 롬 4:16; 9:11; 엡 2:9)와 연계시킨다. (CPS, 30)

하지만, 우리가 신학적 목적절들(final clauses)을 계속 따라가면,

---

84 루터와 칼뱅으로 대표되는 종교개혁 전통에 따르면, pro nobis는 '우리 밖에서 그리스도에 의하여 성취된 의'요, in nobis는 성령을 통하여 신앙으로 그와 같은 '밖으로부터 오는 의'(iusitia aliena)가 우리 안에서 구현된다고 하는 것이니, 첫 번째 것은 '객관적인 것'이고 두 번째 것은 '주관적인 것'이다.

우리는 죄인들에 대한 칭의 사건 너머로 인도된다고 합니다. '그리스도의 역사'의 의미는 칭의와 이신칭의에 의하여 다 표현되지 않습니다. 물론, 몰트만은 "그리스도의 역사는 칭의와 해방에 근거하는, 새로운 순종(롬 6:8이하), 새로운 사귐(롬 12:3이하), 새 창조의 카리스마적 능력들을 통한 성령의 새로운 발현(고전 12:7이하)(CPS, 31)이 교회 공동체 안에서 일어나지만, 칭의와 해방을 비롯한 이와 같은 '그리스도의 역사'의 의미란 그의 종말론적인 주권으로 이어진다고 합니다. 즉, 예수 그리스도는 "죽은 자들과 산 자들을 자유케 하시는 주권(主權), 곧 자신 안에서 새 창조"(31)를 행사하시는 분이라며, 보편적인 종말론적 비전으로 이동합니다. 그도 그럴 것이 "만약에 우리가 바울의 목적론적 구절들로부터 결과하는 기독론적 결론에 대하여 묻는다면, 우리는 우리의 칭의를 넘어서, 우리의 새로운 순종을 넘어서, 그리고 우리의 새로운 코이노니아를 넘어서 이와 같은 것들을 통한 과거와 현재와 미래에 대한 그리스도의 주권을 바라보기 때문이다."(CPS, 31) 물론, 만유 가운데 그 무엇도 이 그리스도의 주권으로부터 배제될 수 없습니다. 그런즉 그는 우리가 만약에 그리스도의 주권의 의미를 계속해서 묻는다면, 우리는 고린도 전서 15장에서 발전된 그리스도의 역사의 종말론과 맞닥뜨린다고 하는 것입니다.(31)

> 그가 모든 원수를 그 발아래 둘 때까지 반드시 왕 노릇하시리니 맨 나중에 멸망 받을 원수는 사망이니라 만물을 그의 발 아래 두셨다 하셨으니 만물을 아래에 둔다 말씀하실 때에 만물을 그의 아래 두신 이가 그 중에 들지 아니한 것이 분명하도다. … 이는 하나님이 만유의 주로서 만유 안에 계시려 하심이라.(고전 15:25-28)(31)

그런즉 몰트만에게 있어서 '그리스도의 역사'와 '종말론'의 연속성과 통일성은 예수 그리스도의 주권입니다. 그에 따르면, 그리스도의 십자가와 부활의 목표는 만유에 대한 그의 통치인바, '하나님이 만유의 주로서 만유 안에 계시려 하심이라.'(고전 15: 28)고 하여 바울은 그리스도의 종말론적 만유에 대한 주권을 내다보았습니다. 이것이 보편적인 종말론입니다.(CPS, 32) 때문에 모든 다른 목적들은 이와 같은 최종적인 보편적 종말론적 목적을 바라보는 임시적이고 잠정적인 것들입니다.

그리고 몰트만은 저 '신학적인 목적절들'이 실질적으로 하나님의 주권의 승리를 가리키고, 하나님의 만유에 대한 주권은 동시에 하나님의 만유 안에 내주하심(indwelling)에 상응한다고 봅니다. 즉, 예수 그리스도께서 성령의 현존과 사역을 통하여 모든 것을 완성하신 후, 그 모든 것을 아버지께 양도하시고, 바야흐로 새 창조의 세계에선 삼위일체 하나님의 만유내주가 이루어진다고 하는 말입니다. 하지만 이미 역사와 창조세계 속에서 구원론과 송영론은 함께 엮어 짜여 진다고 봅니다.(32) 송영론은 단순히 새 하늘 새 땅으로 날아가는 것이 아니라 이미 역사 속의 구원사건과 칭의와 성화 등에서 시작된다고 하는 주장입니다.

그리스도의 역사의 의미를 붙들게 하고 첫째로 구원론적으로 규정되는 신학적인 목적절들은 진실로 송영론적인 목적절들에 다름 아니다. 반대로, 이것이 의미하는 것은, 이 송영론이 이미 구원사건 그 자체, 칭의, 성화, 새로운 코이노니아, 그리고 성령의 능력들 안에서 시작하고 있는 것이다. … 구원론과 송영론은 시작 그 자체로부터 엮어 짜여 져 있고, 때문에 끝에 가서도 그렇게 엮어 짜여 질 것이다. 그 결과, 바울에게서도 그리스도의 역사의 궁극적인 목표는 성령 안에서 아들을 통한 아버지를 보편적으로 영화롭게 함이다(빌 2:10; 롬 11:33; 고전 15:28). 피조 된 만유의 운명은 새 창조에 대한 종말론적 감사드림으로 완성된다.(CPS, 32-33)

4-2. 문: '성령의 능력 안에 있는' 교회란 무엇을 뜻합니까?

답

우리는 위에서 성령을 통하여 교회가 예수 그리스도의 역사와 연결된다고 하는 사실을 밝혔습니다. 이는 칼뱅이 그의 『기독교강요』(1559) 최종판에서 제시한 것과 유사합니다. 즉 칼뱅은, '강요' 제Ⅰ권에서 삼위일체론을, 그리고 제Ⅱ권에서 인간이 되신 하나님(아들, God the Redeemer)의 삼중직(제사장, 예언자직, 왕 직)에 의한, 하나님과 인간의 화해사역을 주장한 다음에, '기독교강요'의 제Ⅲ권 성령론에 와서, 바로 성령께서 인간을 예수 그리스도의 위격과 사역, 나아가서 삼위일체 하나님과 연합시키신다고 하였습니다. 허나, 몰트만은 성령님의 그와 같은 역할을 인정하면서, 그것을 넘어서 종말론적 성령에 대하여 주장합니다.

우선 몰트만은 성령을 "하나님 나라의 성례"라 봅니다. 그래서 그는 '제Ⅴ장 성령의 능력 안에 있는 교회'의 첫 섹션의 제목을 'Ⅰ. 하나님 나라의 성례로서 성령의 파송'이라고 붙이고, Ⅱ의 4의 '하나님의 삼위일체론적 역사 안에 있는 교회'(The Church in the Trinitarian History of God)에서 포괄적 삼위일체론을 다시 떠 올리면서 아래와 같이 언급합니다.

> … : 하나님 나라의 현존과 마지막 때의 신적 신비의 계시는 성령의 종말론적 선물 안에서 발견된다. 성령께서는 그리스도를 계시하시고 신앙을 창조하신다. 선포, 사귐과 상징적인 메시아적 행동들은 성령의 능력 안에서 일어난다. 그는 신적 미래의 권세요 신적 역사를 완성하실 그분이시다. 그는 믿는 자들 안에서 그리스도를 영화롭게 하시고 세계에 대한 새 창조의 권세이시다. 그리스도 혼자의 힘이 아니라 성령 안에 계신 그리스도, 교회 그 자체의 혼자의 힘이 아니라 성령 안에 있는 그리스도의 교회야 말로 신비 혹은 '성례'라 불리지 않으면 안 된다. 이와 같은 성례에 대한 삼위일체론적 개념은, 한편 성령의 '징표들과

기사들'과 '마지막 때의 징표들 안에서' 일어나는 하나님의 세계관여의 종말론적 역사를 포함한다. 성령의 종말론적 선물 안에서 '말씀과 성례', '사역들과 카리스마들'은 그리스도와 그의 미래의 계시들과 권능들로서 이해될 수 있게 되는 것이다. … 때문에 우리는 성례들에 대한 삼위일체적 개념의 틀 안에서 선와 '성례들'과 카리스마들을, 성령의 역사의 '징표들과 기사들'로 이해하는 바, 이 성령께서는 구원을 창조하시고 새 창조를 가져 오시며 우리를 아버지께 연합시키시고 아버지를 영화롭게 하시는, … (CPS, 205-206).

교회는 위와 같은 종말론적 성령을 통하여 '그리스도의 역사'를 이해하고, 그것과의 깊은 관계 속으로 진입한, 믿음과 희망과 사랑의 사람들로서 "칭의 받은 죄인들이요 그리스도에 의하여 해방된 사람들의 코이노니아요 구원을 경험하고 감사하는 가운데 살아가는 공동체로서 '그리스도의 역사'의 의미를 성취해 가는 도상에 있는, 특수 종말론적 공동체입니다. "이 교회는 그 눈을 그리스도에게 고정시키면서 성령 안에서 살고 있는 한, 그 자체로서 새 창조의 미래의 시발이요 담보이다."(CPS, 33) 그리고 교회의 모든 위탁과 모든 삶이 종말론적입니다. 왜 그럴까? "교회는 그리스도만을 선포하지만 그것이 그분을 선포한다고 하는 사실은 이미 말씀 안에서의 하나님의 미래의 도래(advent)요, 교회는 그리스도를 믿지만 그분을 믿는다고 하는 사실은 이미 희망의 징표이기 때문이다. 그리고 교회는 해방 받음으로 그리스도만을 따르지만, 이미 몸의 구속의 몸적인 선취이기 때문이다. 주님의 만찬에 있어서 교회는 생명으로 인도하는 그리스도의 죽음을 기억하고 현존시키지만, 이것이 사건화한다고 하는 사실은 도래하는 평화에 대한 미리 맛봄이기 때문이다. 그리고 교회는 십자가에 달리신 분이신 예수님을 주님으로 고백하지만, 이 고백으로 하나님의 나라가 선취되어 지기 때문이다."(33) 하여 몰트만은 이상 교회를 교회되게 하는 것은 전적으로 성령의 현존과 사역이라 하는 것입니다. 이렇게 볼 때, '그리스도의 역사'가 지향하는 보편주의적 새 하늘과 새 땅은 물론이고, 전(前) 종말론적 지평(the pen-ultimate horizon)에서 결과하는 '그리스도의 역사'의 실질적 적용들(이신칭의, 성화, 믿음 희망 사랑, 코이노니아, 은사들 등) 역시 성령의 사역에 속합니다.

이미 일어난 것과 이제 또 일어나는 것 사이의 관계는 성령론적으로만 이해 가능하다. 그리스도의 공동체요 코이노니아로서 교회가 교회되는 것은 '성령 안에서'이다. 성령은 코이노니아이시다. 신앙은 그리스도 안에서 하나님을 인지하고 이 인지는 그 자체가 성령의 능력이다. 그럼으로 그리스도의 역사적인 공동체로서 교회는 성령의 종말론적인 창조물이다. 이런 의미에서 역사는 종말론으로 그리고 종말론은 역사로 이월한다. 이와 같은 이월은 성령의 사역이라 불린다.(CPS, 33)

그리스도의 역사의 목적론적 해석은 그 역사의 의미의 성취에 대한 성령론적 해석과 일치한다. 따라서 믿는 자의 죄와 이 세상의 불 신앙적 세력으로부터의 자유는 성령의 능력이라 불린다. 새로운 삶은 '성령 안에 있는 삶'이다. 새로운 순종은 성령에 의한 삶의 형태이다. 새로운 코이노니아는 그 자체가 성령의 발현이고 새 창조의 세력이다. 종말론적으로 성령은 '미래성의 세력'이라 불린다. 그것은 종말론적 선물이요 시작이요(롬 8:23) 미래의 담보(고후 1:22; 5:5)이다. … 그 결과, 신학적 목적절들 안에서 해명되는 그리스도의 역사의 종말론 전체는 성령의 역사로 묘사될 수도 있다. 또한 그것은 성령의 사역들과 내주들의 한 결과이니, 우리가 희망하는 미래가 역사 속으로 진입하는 것은 이 성령을 통해서 이다. (CPS, 34)

끝으로 몰트만에 따르면, 개혁교회는 칭의로부터 성령의 사역으로 이루어지는 새 창조로의 운동이 약하고(CPS, 35-36), 정교회는 '영 그리스도론'에 입각한 '예수님의 역사'에 대한 이해와 보편적인 역사 및 창조세계의 완성(consummation)을 포함하는 하나님 나라에 대한 이해가 강하나, "아버지께서 자기 내어주심의 성령 안에서 버림받은 남성들과 여성들의 아버지가 되시게 하시는, 그리스도의 십자가 죽으심"에 대한 이해가 약하다고 합니다.(36-37) 그리고 이상과 같은 몰트만의 주장에서 "성육신, 메시아적 선교, 수난, 십자가, 그리고 부활 및 승귀"를 포함하는, '그리스도의 역사'는 그 안에 '그리스도의 메시아적 역사'를 가지고 있으니, '예수님의 메시아적 선교'는 전자의 일부입니다. 4-4에서 곧 후론할 것입니다.

4-3. 문: '예수 그리스도의 교회'의 '삼위일체 하나님의 역사(歷史)에의 참여'란 무엇인가요?

답

몰트만은 그의 '교회론' 중 'Ⅱ. 역사 속에 있는 교회'에서 '4. 하나님의 삼위일체론적 역사 속에 있는 교회'를 논하는 바, 우리는 다음 섹션(4. '예수님의 메시아적 선교와 출애굽 공동체')에서 논할 '메시아적 교회'가 '하나님의 세상관여의 삼위일체적 역사'에 어떤 식으로 동참해야 하나를 밝혀야 합니다. 필자는 앞부분에서 삼위일체론에 대하여 충분히 논했기 때문에, 여기에서는 '4'의 '(vi) 교회의 하나님의 역사에의 참여'만을 소개합니다.

몰트만은 '창조'와 '역사' 속에서 '삼위일체 하나님의 선교'(missio trinitatis)를 주장함에 틀림없습니다. 몰트만에게 있어서 "세상을 향하여 성취해야 할 구원의 미션을 가진 것은 교회가 아니라, 교회를 창조하시어 그것의 길을 가도록 하시는 바, 교회를 포함하는 아버지를 통한 아들과 성령의 미션입니다. 성령을 설교의 성령, 성례전의 성령, 사역의 성령, 혹은 전승의 성령으로 관리하는 것은 교회가 아닙니다. 오직 성령께서 말씀과 신앙의 사건들로, 성례와 은혜의 사건들로, 직분들과 전승들의 사건으로 교회를 관리하십니다."(CPS, 64) 그런데 이미 지적한 대로 몰트만에게 있어서 하나님의 세상관여의 삼위일체적 역사의 운동 안에서 교회는 하나님 나라를 구현하는 수 많은 파트너들 가운데 하나일 뿐입니다. 하나님 나라와 성령은 혹은 삼위일체 하나님의 역사관여의 범위는 교회보다 훨씬 넓기 때문입니다. 즉 우리는 교회의 특수성(a particular)을 인정해야 하지만 다른 파트너들의 특수성들(particulars)도 인정해야 한다는 말입니다. 하나님 나라는 교회 밖에서도 '선취'되고 있다고 하는 주장입니다.(CPS, 65)

몰트만에게 있어서 확실한 것은, "교회가 그리스도의 메시아적 미션과 성령의 창조적 미션에 참여한다."(65)고 하는 사실인데, 여기에서 언급된 '메시아적 미션'과 '성령의 창조적 미션' 역시 보편주의적 하나님 나라를 지향하는 것으로 판단됩니다. 몰트만에 따르면 우리는 "교회가 어떤 표지가 발견되는 곳에 있다(아욱스부르크 신앙고백서 제8항과 바르멘 신학선언 제3항은 옳다)고 할 수 있을 뿐, 모든 상황에서 교회가 무엇이고 교회가 그것 안에 무엇을 포함하고 있다고 말하기 어렵다."(CPS, 65) 그러나 이 두 신앙고백이 종교개혁 전통을 따라서 주장하는, 교회의 표지(標識)란 "복음이 참되게 선포되고' 성례전들이 바르게 집례 되는 곳에만 있다."(65)고 하는, 두 가지 표지에 국한될 수 없다."(65) 몰트만에게 있어서 "교회의 '표지'는 이 둘을 포함하여 좀 더 포괄적입니다. 즉, '성령의 발현'(고전 12:7 '각 사람에게 성령을 나타내심은 유익하게 하려하심이다')이 일어나는 모든 곳에 교회는 현존한다."고 합니다. 하여 몰트만은 다음과 같은 다양한 상황들에서 교회가 발견된다고 봅니다. 물론, 아래의 예증들은, 하나님의 세상관여의 역사에의 참여의 일부입니다.

교회는 예수님의 메시아적 선교와 성령의 창조적 미션에 동참하면서, 삼위일체 하나님의 역사참여에 참여하는 것입니다.

교회는 창조세계의 해방으로 하나님을 영화롭게 하는 일에 참여한다. 성령의 사역들을 통하여 이것이 일어나는 곳에서 마다 교회가 거기에 있는 것이다. 참된 교회는 이미 해방 받은 사람들의 감사의 노래이다.

교회는 인간들을 상호 연합시키고, 인간사회를 자연과 연합시키며, 창조세계를 하나님과 연합시키는 일에 참여한다. 이와 같은 연합들이 일어나는 곳에서 마다 그것이 아무리 파편적이고 연약하여도, 거기에는 교회가 있는 것이다. 참된 교회는 사랑의 코이노니아이다.

사랑은 하나님의 고난의 역사에 참여한다. 사람들이 그들의 십자가를 지고 그들의 자기 내어줌으로 십자가에 달리신 분과 같이 되며, 자유를 향한 절규로 성령의 탄식이 들려 지는 곳에서 마다, 거기엔 교회가 있는 것이다. 진정한 교회는 십자가 밑에 있는 교회이다.

그러나 교회는 또한 고난과 십자가를 감당하는 가운데서도 신적 기쁨의 역사에 참여한다. 교회는 회개 혹은 회심된 그리고 해방된 사람들의 공동체이기 때문에, 그것은 모든 회심과 해방에 대하여 기뻐한다. 하나님의 기쁨이 들여질 수 있는 곳에서 마다, 거기에는 교회가 있는 것이다. 참 교회는 성령 안에서의 기쁨이다.

이런 식으로 교회의 전(全) 존재는 하나님의 세상관여의 역사에의 참여로 특징 지워 진다. 사도신경은 이와 같은 진리를, '나는 교회를 믿습니다.'를 '나는 삼위일체 하나님을 믿습니다.' 안에 통합시킴에 의하여 표현한다. 그러니 그 어떤 교회론도 이와 같은 수준 밑으로 내려가서는 안 된다.(CPS, 65)

4-4. 문: '예수님의 메시아적 선교와 출애굽 공동체'란 몰트만 교회론의 특징이요, 다름 아닌 교회의 특수성에 속하는 것인데, 그것이 무엇을 의미하나요?

답

방금 앞에서 몰트만은 자신의 '교회론'이, 사도신경의 삼위일체 하나님을 전제한 것이라면, 이제는 사도신경의 삼위일체 안에서 발견되는 예수 그리스도에 대한 신앙과 교회의 관계에 집중한다고 합니다. 이미 지적하였거니와. 방금 전 섹션은 본 섹션을 위한 것입니다. 즉 메시아 기독론에 근거하는 메시아적 교회가 이상과 같은 삼위일체 하나님의 하나님 나라 선취운동에 참여해야 하는, 하나님 나라의 아방가르드라고 하는 것입니다.

> '그리스도가 없으면 교회가 없다.' … 오직 나사렛 예수께서 하나님의 그리스도(메시아)로 믿어진다면 그리고 믿어지는 한 하나의 교회가 있다. … 교회가 자신에게 주는 이름, 곧 예수 그리스도의 교회는 우리들에게 그리스도를 그의 교회의 주체로 보고 교회의 삶을 그분에게 일치시킬 것을 요구한다. 그런 식으로, 교회론은 오직 기독론으로부터만 발전될 수 있다. 그것의 결과로서 그리고 그것에의 상응으로서 말이다.(CPS, 66)

그러나 교회는 그것의 특수성과 고유성과 정체성에도 불구하고, 하나님의 세상관여의 삼위일체적 역사 안에서 하나님 나라의 실현을 위하여 힘쓰고 애쓰는 '세계종교들'과 '경제 정치 문화와 같은 이 세상의 생명의 과정들'과 같은 특수 파트너들과 대화하고 연대하면서 그것의 특수성과 고유성과 정체성을 살려나가야 한다고 합니다. 그래서 몰트만은 그리스도의 타자적 본성이 신약성서 당대의 사람들과 오늘날의 사람들을 세상 사람들에게 낯 설게 하고 이 예수 그리스도의 교회의 타자적 본성 역시 그러하다고 주장합니다. 이것이 없으면, 교회는 그것의 빛과 소금의 특수 기능을 상실할 수밖에 없다고 하는 말입니다.

> 그리스도의 타자성은 그의 미션, 그의 십자가, 그리고 그분의 약속의 타자성의 문제이다. 그도 그럴 것이 그 어떤 다른 방법으로는 그것의 환경으로부터의 교회의 타자성(그가 산출하는 타자성)이 합법화될 수 없고 그것이 하나의 바람직한 타자성이 아니기 때문이다. 교회가 소외된 세상에게 그리스도께서 약속하신 하나님 나라가 우리의 집이라고 하는 사실을 인지할 수 있고 보여 줄 수 있는 것은, 오직 교회가 그리스도의 방법을 따라서 그것의 환경으로부터의 소외될 때이다. … 그럴 때에야 비로소 교회는 그 당대에 옥에 갇힌 자들에 대한 메시아적 해방과 같은 그리스도의 미션으로 이끌려 들어갈 것이다. 그럴 경우에야 비로소 교회는 수난의 운명 속으로 끌려 들어가서 그것의 십자가를 질 것이다. 그 경우에 비로소 교회는 그것의 희망을 위한 그것의 미래와 이 희망에 대한 그것의 대답으로 돌아 갈 것이다. (CPS, 68)

그런즉 몰트만은 본 섹션에서 교회의 고유성 혹은 특수성 혹은 정체성을 다섯 가지('ㄱ-ㅁ')로 언급하는데, 이것은 메시아적 교회로 하여금 하나님의 세상관여의 삼위일체적 역사의 운동들 안에서 사역하는 다른 파트너들의 특수성과 고유성과 정체성도 인정하면서, 이들과 대화하고 연대하게 합니다.

우선 그는 제2이사야서에 비추어서 예수님의 메시아적 미션을 밝혀내고, 그와 같은 전망 하에서 복음서들이 제시하는 바, 그의 메시아적 미션을 언급합니다. 몰트만은 '성육신, 메시아적 미션, 수난과 십자가, 부활과 승귀', 곧 '그리스도의 역사'로서 혹은 그것을 전제하는 '사도적 선포'에서, '예수님의 메시아적 선교'에 주목합니다. 이미 지적한 대로 전자가 성령의 사역에 의한 칭의로부터 만유의 새 창조에 이르는 하나님 나라를 목적으로 한다면, 후자는 메시아적 교회를 통하여 매개되어야 할, 보편주의적인 하나님 나라를 목적으로 할 것입니다. 교회는 하나님 나라를 매개하는 메시아적 공동체라고 하는 말입니다. 그러니까, '예수님의 메시아적 선교'는 사도적 선포와 함께 교회의 특수성의 범주에 속한다고 하는 것입니다. 그는 신약성서가 부활 후 케뤼그마적 모티프에 의하여 기록되었다고 보면서도, 복음서 기자들이 이야기하는 메시아와 그분에 대한 사역을 강조하고 있습니다. 우리는 이 맥락에서 복음서들에 나타난 메시아 예수님의 말씀들에 주목합니다.

공관 복음서들은 예수님의 메시아적 미션에 비추어서 그분의 전(全) 출현과 역사를 묘사한다. 복음서들은 그분의 선포의 측면 하에서 그분의 메시아적 미션을 그린다. 그분의 선포는 가난한 자들에게 복음을 전하시면서 회개를 촉구하신다. 그러므로 그의 설교는 '복음화'이고 그 자신은 마지막 때의 '복음전도자'이다. 누가복음 4:18 이하는 이사야 61:1 이하의 말씀으로 그분의 미션을 요약한다. '주의 성령이 내게 임하셨으니 이는…'. 마태는 예수님으로 하여금 세례자 요한의 질문에 대답하게 한다. '맹인이 보며 못 걷는 사람이 걸으며 나병환자가 깨끗함을 받으며 못 듣는 자가 들으며 죽은 자가 살아나며 가난한 자에게 복음이 전파된다 하라'(마 11:5이하). 마태복음 10: 7-8에 따르면, 제자들은 동일한 미션을 가지고 이스라엘의 일어버린 양들에게로 파송된다. '가서 전파하여 말하되 천국이 가까웠다 하고 병든 자를 고치며 죽은 자를 살리며 나병환자를 깨끗하게 하며 귀신을 쫓아내되 너희가 거저 받았으니 거저 주라.' 예수님의 메시아적 미션은 그분의 활동 전체를 포함하고 그분의 제자들을 위한 모든 것을 포괄하는 의미를 가지고 있다. 복음을 전한다고 하는 유앙겔리제인은 그와 같은 활동의 맥락 안에서 뚜렷이 한정된 의미를 가지고 있다. 예수님과 제자들의 선포는 미션이다. 그러나 그분의 미션과 제자들의 미션은 단순히 선포만이 아니라, 병든 자를 치유하고, 갇힌 자를 해방시키며, 의(義)를 목말라 하는 것도 포함하고 가난한 자들에 대한 복음 선포도 포함한다.(CPS, 76)

ㄱ. **기쁨의 전령**: 몰트만은 유앙겔리제인과 유앙겔리온이, 모든 것을 포괄하는 메시아적 미션의 틀 안에서 무엇을 뜻하는가를 묻습니다. 이와 같은 말의 구약적 표현은 '기쁨의 메시지를 선포 한다', '승리의 메시지를 가져 온다', 혹은 '승리를 고지한다.'를 뜻하는 데, 이런 사람은 그 자신을 좋은 소식의 전달자로 보았고, 다른 사람들에 의하여도 그렇게 보여졌습니다.(삼하 4:10; 삼하 18:26) 하지만 몰트만은 제2 이사야서와 그것에 의하여 영향을 받은 전승(傳承)이 메시아적 미션뿐만 아니라 신약의 복음이해를 위하여도 매우 중요하다고 봅니다. 그런즉 메시아이신 지상적 예수님의 '복음'과 사도적 선포의 '복음' 모두가, 제2 이사야서의 예언에 영향을 받았다고 하는 말입니다.(CPS, 77)

몰트만은 제2 이사야의 글의 의미에서, 현재를 의미 있게 하는 복음의 종말론적 의미를 파악하였습니다. 그러니까, 예수님의 메시아적 미션과 사도적 선포 모두가 미래 지향적 새 하늘과 새 땅을 지향합니다. 사도적 복음과 예수님의 메시아적 미션 모두가 제2이사야서와 묵시서에 의하여 동일한 하나님 나라를 지향합니다.

> 복음은 하나의 먼 훗날에 대한 진술이 아니다. 그것은 말씀(the Word) 안에서의 미래의 동터 오름이다. 말씀은 태초의 창조의 말씀처럼 창조적 능력으로서 이해된다. 그것은 그것이 말씀하고 있는 것

을 효과 있게 한다. 말씀 안에서 하나님의 왕적 통치의 미래가 현존하게 된다. 이미 제2 이사야서와 시편 96편에서 복음은 종말론적이고 보편적인 의미로 이해되고 있다. '야훼가 왕이시다'는 하나님의 백성의 회복을 넘어서 열방들의 세계의 구원을 의미한다. … (시 96:2 이하) (CPS, 77)

ㄴ. **가난한 사람들을 위한 복음**: "공관 복음서 기자들은 분명히 제2 이사야의 전승을 따라서 예수님을, 기대되는 마지막 때의 좋은 소식을 가져오는 분으로 제시하고 있다. 그분의 선포와 사역은 온전히 복음의 징표 아래 있다."(CPS, 78) 이와 같은 배경에서 "예수님은 가난한 사람들에게 하나님 나라의 복음을 설교하고 갇힌 자들을, 도래하는 하나님 나라의 자유로 부른다. 그의 메시지의 초점은 하나님께서 가까이 오고계시고 사람들을 자유케 하실 것이라고 하는 것이다. 그와 같은 의미에서 마지막 때의 출애굽은 예수님과 함께 시작한다. 그 출애굽은 파탄 난 사람들, 갇힌 사람들, 그리고 눈먼 사람들(누가) 그리고 눈먼 자들, 저는 자들, 한센 병자, 농아들과 죽은 자들(마태)과 더불어 시작한다."(CPS, 79) 몰트만에 따르면, 누가와 마가 두 기자는 주로 '가난한 사람들'이라고 하는 표현으로 일군의 사람들을 포괄하는바, 아래와 같은 사람들을 '가난한 사람들'이라고 봅니다.

'가난'이란 경제적 사회적 물리적 가난으로부터 심리적 도덕적 그리고 종교적 가난 까지를 총괄한다. 가난한 자들이란 폭력행위들과 부정의를, 스스로 방어하지 못한 채 당하고 감수하지 않으면 안 되는 모든 사람들이다. 가난한 자들이란 물리적으로 그리고 영적으로 죽음의 변두리에서 실존하지 않으면 안 되는 모든 사람들이다. … 그것은 한 차원 이상에서의 인간의 노예 됨과 비인간화를 묘사하는 표현이다. 구약에서 가난의 반대는 가난한 사람들을 억누르고 그들을 가난으로 이끌며 그들을 희생시켜서 자신들을 부유케 하는 사람들이다. '부'란 마찬가지로 다 차원적이어서 경제적 착취로부터 사회적 최고위층의 특권을 누리고 나아가서 타자들의 권리들을 무시하고 모든 삶의 분야들에서 자신들만을 내세우는, 그런 사람들의 자만을 포함한다.(CPS, 79)

그런데 몰트만은 예수님의 새로운 엑소더스 혹은 하나님 나라가 보편적이라고 합니다. 즉, 그것은 위와 같은 사람들로 시작하고 동시에 모든 나머지 사람들이 위와 같은 사람들과의 사귐에로 인도될 것을 촉구하는 바, 그것은 후자에게도 도래할 보편적인 나라라고 합니다. 그러니까, 예수님께서는 '가난한 사람들에 대하여 우선 배려'(preferential option for the poor)하는 하나님 나라 그러나 만민을 위한 하나님 나라를 선포했다고 보는 것이다.(CPS, 80) 따라서 예수님의 메시아적 미션 속에서 발견되는 하나님 나라와 사도적 선포 속에서 발견되는 하나님 나라는, 제2이사야서에 비추어서 볼 때, 동일한 미래 지향적 하나님 나라를 지향하는 것이고, 예수님의 복음과 사도들의 복음이 서로 다른 것이 아니라고 하는 말입니다.

ㄷ. 미래로의 회심: "예수님의 역사에서 복음이 서 있는 다른 맥락은 회심 혹은 회개이다. 마가는 예수님의 미션을 이렇게 요약한다. '때가 찼고 하나님의 나라가 가까이 왔으니 회개하고 복음을 믿으라.'(1:15) 이에 따르면, 약속된 메시아 시대가 예수님의 오심과 더불어 동터 오른 것이다."(80) 몰트만은 여기에서 '가까이 왔다'란 '하나님은 왕이시다'라고 하는 예언자의 절규에 대한 해석에 다름 아니라고 봅니다. 때문에 바야흐로 인간들이 하나의 새로운 시작(회심 혹은 회개)을 해야 할 혹은 자신들을 자유케 해야 할 적절한 때라고 하는 것입니다. 결국, 몰트만에게

있어서 "복음 그 자체는 도래하는 하나님 나라와 자유로 전향하려는 사람 사이를 매개하는 것이다. 그 복음 안에서 도래하는 하나님 나라가, 말씀(the Word)을 통하여 현존하고 이런 식으로 남자들과 여자들이 그들을 그것에게 맡기는 곳에서 마다 현재에 힘을 발휘한다고 합니다. 때문에 현재의 말씀 안에 놓여 있는 하나님의 미래는 동시에 하나의 새로운 출발을 위한 부름이다."(80) 그래서 "하나님 나라의 임박"이 인간을 회심 혹은 회개로 인도 한다고 보는 것입니다. "하나님 나라의 임박이 설교되고 믿어질 때에, 그것은 사람들로 자유케 하여 회개하고, 하나님 없는 삶의 길과 그들의 하나님께 버림받은 상황들로부터 전향시킨다(롬 13:12 이하)."(80) 몰트만은 '회심' 혹은 '회개'의 의미를 다음과 같이 설명한다.

> 억압과 죽음과 악의 이 세상으로부터 생명과 의와 자유의 미래로의 전향은, 그것 자체 안에서 이 세상과 이 사회의 조건들 아래서의 하나님 나라에 대한 선취이다. 여기에서 새로운 출발이란 개인들과 이 개인들이 살고 있는 관계들과 조건들을 포함한다. 회심이란 영혼과 몸, 공동체와 개인들, 그가 살고 있는 체계와 그 자신의 삶의 방법을 포함한다. 그리고 회심은 하나님 나라만큼이나 그 성향에 있어서 보편적이다. 그래서 하나님 나라의 임박으로 회개가 가능하게 되고 요청되어지는 것이다. (CPS, 80)

때문에 미래로의 전향으로서 회개는 하나님의 백성의 구체적 형식이요, 교회의 예비적 형식이요, 회심한 사람들 가운에 제자들의 공동체는 "메시아의 교회의 다른 예비적 형식"이요, 오늘날에 있어서도 메시아적 교회의 특징들이다.

하지만 그와 같은 이유로 회심은 역시 하나님 나라를 위하여 모이고 이 하나님 나라의 임박 안에서 자유를 붙들고 있는 하나님의 백성의 구체적인 형식이다. 마치 치유되어야 할 병든 자들, 보아야 할 눈먼 자들, 그리고 복음을 들은 가난한 자들의 공동체는 예수님의 메시아적 미션에 있어서 교회의 예비적 형식인 것과 같이, 회심한 사람들 가운데 있는 '제자의 도'의 공동체는 메시아 교회의 또 다른 예비적 형식이다. 예수님의 메시아적 역사가 이야기하고 있는 가난한 사람들의 공동체와 역시 그것이 묘사하고 있는 회심한 사람들의 공동체는 그리스도 교회의 원형(proto-forms)이다. … 만약에 교회가 '8복의 백성'이 아니요 가난한 사람들, 애통하는 사람들, 온유한 사람들, 의에 주리고 목마른 사람들, 마음이 순수하고 박해를 받는 사람들로 구성되어 있지 않다면, 교회가 예수님의 메시아 미션과의 사귐을 상실하고 있는 것이다.(CPS, 81)

따라서 위의 인용문이 주장하는, 예수님의 메시아적 미션들과 말씀들로 생성된 "그리스도 교회의 원형"은 개인들이 사사롭게 복을 받아 누리는 이야기가 아니라 하나님의 특별한 통치의 형식 안에 있는 공동체의 지체들로서 공적인 사건입니다. 하여 몰트만은 예수님의 메시아적 미션에 나타난 회심과 새 출발이, 사도적 복음 선포로 성령 안에서 일어나는 이신칭의와 성화 등과 결코 충돌하지 않는다고 봅니다.

ㄹ. 예수님의 선포로부터 그리스도에 대한 설교로: 몰트만은 여기에서 결국 예수님의 메시아적 미션 안에서의 예수님의 선포와 그리스도에 대한 설교로서 사도들의 복음 선포로 시작된 교회의 사도적 복음 선포가 서로 다르지 않다고 하는 사실을 주장합니다. 몰트만은 예수님의 선포와 교회의 선포(사도적 선포) 사이에는 그 어떤 근본적인 차이도 없다고 봅니다. 다음의 설명은 메시아이신 예수님의 말씀들 역시 사도적 선포 안에서

이해되어야 한다고 하는 의미를 포함하고 있습니다.

예수님의 하나님 나라 복음은, 그분의 역사 그 자체를 통하여 '하나님의 그리스도로서 예수님'에 대한 교회의 복음 선포(the proclamation of Jesus the Christ of God)가 되었기 때문이다. 다른 한편 이것은 예수님의 하나님 나라 설교의 축소로 인도될 수 없다. 교회의 그리스도 선포 역시 본질상 하나님 나라의 복음이요, 십자가의 말씀은 본질적으로 자유를 향하여 새롭게 출발하라고 하는 부름을 내포하고 있기 때문이다. 십자가에 달리셨다가 부활하신 해방자의 복음은 하나의 보편성으로 인도 한다 − '먼저는 유대인이게요 다음은 헬라인 에게로다.'(롬 1:16) − 그것은 예수님의 지상역사의 한계를 넘어간다. 물론, '하나님의 영광에 이르지 못한 모든 인간들에게'(롬 3:23) 복음을 향하게 하는 그와 같은 바울적 보편성은 이미 예수님의 8복 중 첫째 것(심령이 가난한 자는 복이 있나니 천국이 그들의 것임이요)에서도 함축되어 있다. '십자가의 말씀'으로서 그리스도의 복음은 심지어 하나님 없는 자들(불신앙)과 하나님께 버림받은 사람들의 마음 속 깊이에 까지 침투하여 이들의 마음을 하나님의 근접성과 그들의 해방에 대한 깨달음으로 가득 채우는 데, 그것은 지상적 예수님에 의하여 베풀어 진 죄들의 용서에서 시작되었다.(CPS, 82)

ㅁ. 메시아적 세계미션: 몰트만은 누가복음 4장으로 요약되는 "예수님의 메시아적 미션이 그의 죽음에서 이루어지고 그의 부활을 통하여 온전히 시행된다."(CPS, 83)면서, "그 메시아적 미션은 그분의 역사(歷史)를 통하여 교회의 세상을 위한 복음이 된다."(Ibid.)고 봅니다. 몰트만은 예수님의 메시아적 미션의 특수성을 살리면서도 그것을 부활 후 사도들의 그리스도의 복음의 보편성과 이분 화시키지 않습니다. 그는 이 둘의

통일성을 십자가와 부활 그리고 하나님 나라에서 발견합니다. "그래서 (사도적 선포를 믿음으로 받아들인)교회는 그의 죽음과 부활을 통하여 그의 메시아적 미션에 동참하여 도래하는 하나님 나라와 인간해방을 매개하는 메시아적 교회가 되어야 한다고 하는 말입니다. 이것은 교회의 메시아적 미션수행이 결코 율법주의적이 아님을 암시합니다. 오히려 그것은 '복음과 율법'입니다. 교회가 그의 미션에 참여하는 한, 그것은 그분의 운명으로 이끌려 들어가고 그분의 고난을 공유하면서 '그의 부활의 능력'을 경험할 것이다."(Ibid.)라고 말합니다. 몰트만은 사도들의 그리스도 선포 역시 도래하는 하나님 나라의 복음을 설교하는 합당한 길이고, 그것이 그리스도의 십자가와 부활의 빛에서 인간에 대한 현재적 해방일 진데, "이 선포는 메시아적 세계미션의 지평을 배경으로 이해되지 않으면 안 된다."고 합니다. 그리고 몰트만은 계속해서 사도들의 복음 역시 하나님 나라의 복음임을 역설하고 이 복음을 듣고 회개하는 교회는 다름 아닌 하나님 나라의 백성이요, "새로운 종말론적 엑소더스", 곧 "엑소더스 교회"(83)라고 합니다.

이 복음은 하나님의 도래하는 통치를, 말씀 안에서 그리고 말씀을 통하여 하나의 현재적 실재로 만든다. 이와 더불어 그것은 자체 안에 자폐되어 있는 이 세상을, 도래하는 나라를 위하여 개방한다. 하나님 나라가 가까이 임하면, 사람들이 하나님 나라를 위하여 모이고 그들 자신을 노예 됨의 세력으로부터 자유케 한다. 그리스도 안에서 하나님의 미래가 가까이 임하면 인간들은 회심되어 지고 그분을 향하여 이동한다. 이로써 교회는 동시에 하나님 나라의 백성이 된다. … 교회는 그 자신의 운동을 '하나의 새로운 종말론적 엑소더스'로 이해한다. 그러므로 그리스도의 교회는 '엑소더스 교회'가 된다. 이는 '교회가 사회로부터 게토로 이동하는 것'이 아니라 정확히 그 반대, 곧 포로와 게토

로부터 자유로의 이동이다.(CPS, 83)

그리고 몰트만은 '종말론적 엑소더스 교회'를 부연 설명합니다. 그는 애굽, 바벨론, 광야의 기나긴 방랑, 예루살렘, 하나님의 도성 등과 같은 구약의 상징들을 기독교적 희망의 관점에서 역사적이고 종말론적으로 해석합니다.

교회가 그 운동 속에서 자신을 발견하고 있는 마지막 때의 엑소더스는 첫째로 보편적이고, 영광 가운데 완성(consummation)을 향한, 노예 된 창조세계 전체의 해방의 시작으로 본다. 둘째로 역사적 관점에서 그와 같은 엑소더스는 과거와 죽음으로부터 미래와 생명으로 이동하는 종말론적 운동으로 이해된다. 이것이 의미하는 것은, '허무하게 지나가는 세상'으로부터 '미래 세계'로의 이민이요, 노예 됨으로부터 땅의 모든 지역에서의 자유 함으로의 이민이다.(83-84)
이 맥락에서 엑소더스 교회는 그 자신을 하나님의 통치에의 상응으로 그리고 인간과 창조의 해방의 시작으로 이해한다. 교회가 형성하는 코이노니아는 희망의 육화이다(갈 3:28). … 교회는 교회가 그 안에서 살고 있는 희망이다. 즉, '너희가 그리스도의 것이면 곧 아브라함의 자손이요 약속대로 유업을 이를 자니라.'(갈 3:29) 여기에서 '유업을 이를 자'란 하나님 나라를 물려받을 자를 뜻한다. 이 공동체는 메시아적 해방의 현재적 형태이다. 그것은 회심과 새로운 시작의 현재적 형태이다. 그것은 포로와 빈곤과 비인간성으로부터 하나님의 새 사람(God's new man)의 자유와 영광과 의(義)로의 엑소더스이다.(CPS, 84)

따라서 '종말론적 엑소더스 교회'는 위의 인용문 중 첫 단락이 주장하는 대로, 결코 사사로운 집단이 아니라 "보편적이고, 영광 가운데 완성(consummation)을 향하여 가는, 노예 된 창조세계 전체의 해방의 시작"으로서 공적인 사건입니다. 그리고 그것은 예수님의 메시아적 미션과 말씀에 의한 "메시아적 해방의 현재적 형태"로서 공적인 특성을 갖습니다. 그런즉 이와 같은 교회의 공적특성은 예수님의 메시아선교와 말씀 그리고 교회의 사도적 복음 선포의 공공성에 상응하는 것일 것입니다.

끝으로 "교회가 복음을 세상 속으로 운반하여 사람들을 희망과 해방의 바이러스로 전염시키기 위하여,"(CPS, 84) 이렇게 해야 한다고 합니다. 즉, "예수님의 역사를 해방자의 역사로 선포하고, 또한 교회의 예수님과의 관계의 역사를 보편적 종말론적 엑소더스의 역사로 관계시켜야 한다."(84) "이런 이유로 이 복음은 '교회의 말씀'(the word of the church)이 되는 것이 아니라 반대로 교회는 그 자신을 '말씀의 교회'(the church of the Word)로 이해한다. 교회가 복음을 가진 것이 아니라, 복음이 그 자체를 위하여 엑소더스 백성을 창조합니다. 이것이 그리스도의 참 교회이다."(CPS, 84) 그리고 몰트만은 "복음의 메시아적 차원에 대한 통찰이야 말로 복음의 선교적 차원에 대한 실제적 인정을 투명하게 만든다. 복음은 자유에로의 부름으로서 하나의 선교적 소명사건이다. 그것의 목적은 기독교 종교를 확산시키는 것 혹은 교회를 이식시키는 것이 아니라 사람들을 도래하는 하나님 나라의 이름으로 출애굽하도록 해방시키는 것이다."(84) 그리고 몰트만은 지상 예수님의 메시아적 선교의 열매로서 시작된 공동체와 부활 후 복음 선포를 통하여 등장한 공동체 사이의 관계를 아래와 같이 말하면서, 모든 기독교인들의 "예언자적 사역"이 무엇인가를 언급합니다.

지상적 예수님의 메시아적 미션의 영향 아래, 가난한 자들은 복을 받았고, 병든 자들은 고침을 받았으며, 갇힌 자들은 자유케 되었다. 인간들은 회개와 자유로의 새로운 출발에로 부름을 받았다. 이와 같은 교회의 원형들(proto-forms)은 부활 후 공동체 안에서 명시적이 되었다. 그 안에서 예수님의 미션이 복음(사도적 복음: 필자 주)을 통하여 성취되기 시작한다. 그것은 해방 된 자들의 공동체요, 새로운 출발을 한 자들의 공동체요, 희망의 사람들의 공동체이다. 그들의 코이노니아는 세상 속에 해방의 소명을 확산시키는 데에 도움을 주고, 그 자체가 새로운 코이노니아로서 희망의 사회적 형태이다. 근본적으로 모든 기독교인들은 그리스도의 예언자적 사역에 동참하는 복음의 증인들이다. (CPS, 85)

4-5. 문: '성령의 현존 안에 있는 교회'란?
답

지금 까지의 논의에서 몰트만은 교회와 성령의 관계에 대하여 본격적으로 다루지는 않았습니다. 이제 제5장('성령의 현존 안에 있는 교회')에서 몰트만은 성령의 현존과 사역 안에서의 교회의 '구원의 수단들'(교회의 선포, 세례, 주님의 만찬, 예배, 기도, 축복의 행위들과 개인과 공동체가 함께 사는 방법)에 대하여, 그리고 제6장('성령의 능력 안에 있는 교회')에서는 교회의 '카리스마들', 사역들(the ministries), 은사들과 과제들(혹은 흔히 불리는 대로는 직무들)에 대하여 논하는데, 이 둘은 메시아적 '공동체'(fellowship) 안에서 일어나는 바 성령론의 틀 안에서 논해지고 있습니다.(CPS, 198-199)[85] 물론, 이미 지적한 대로 이 성령은 하나님 나라 혹은 새 하늘 새 땅의 '성례'입니다. 마지막 때에 도래하시는 그리스도께서는 성령을 통하여 이스라엘과 교회를 부활시키시고, '평화의 왕국'(메시아 왕국)을 완성하시고, 나머지 모든 인류의 보편적 부활 후, 최후 심판을 거치고, 죄와 죽음과 사단마귀를 멸절시킨 후 삼위일체 하나님께서 성령을 통하여 새 창조 안에 내주하시는

---

85 참고:『성령의 능력 안에 있는 교회』의 '제4장 하나님의 나라의 교회' 제하의 '3. 기독교와 세계종교들' 그리고 '4. 세계의 생명과 삶의 과정들 안에서의 기독교'(150 이하와 163 이하).

하나님 나라는 다름 아닌 성령님(휴포스타시스)과 '생명 에너지들'로 충만한 세계이기 때문입니다. 즉 이와 같은 종말론적 성령께서 '역사'와 '창조' 안에서 '성례'가 되신다고 하는 말입니다.

4-6. 문: '복음과 메시아적 공동체의 관계'는?
답

몰트만은 교회의 잘못 제도화된 사귐 들을 지적하면서, 아래와 같이 '메시아 공동체로서 복음에 상응하는 공동체'를 제시합니다. 우선 그는 성서의 하나님 나라의 복음 이야기를 이야기하는 진정한 공동체를 주장하고, 이어서 교회가 하나님 나라의 복음에 상응하면서도 예수님의 메시아적 미션과 예수님의 말씀으로 비롯된 메시아적 공동체가 되어야 한다고 역설합니다.

> 복음의 근원적 해석에 따른 복음에 상응하는 코이노니아는 메시아적 공동체이다. 그것은 그리스도의 이야기와 그것과 함께 그 자신의 이야기를 이야기하는 공동체이다. 그도 그럴 것이 그것의 실존과 코이노니아와 행동은 해방에 대한 이야기로부터 생성하기 때문이다. 그것은 이 그리스도의 이야기의 현재적 실현으로부터 교회가 몸담고 살고 있는 사회의 이야기들과 신화들로부터 그 자신의 자유를 확보하는, 하나의 '이야기하는 공동체이다. 그것은 하나님 나라에 대한 전망들을 통하여 그것이 속한 사회의 전망들로부터 자유 함을 발견하는, 희망의 공동체이다. 결국, 그것은 그리스도의 이야기에 대한 그 자신의 기억과 인간의 하나님 나라에 대한 희망에 의하여 남자들과 여자들을 기성사회의 강박적 행동들과 그것들에 상응하는 내적인 태도들로부터 해방시킨다. 그리하여 이들을 메시아적 특성을 지닌 삶을 향하여 해방시켜야 한다. … (CPS, 225)

그런즉 위의 인용문에 따르면, 몰트만은 메시아이신 예수님이 선포하신 '복음'(the good tidings of the last days)을, 사도적 복음이 선포하는 복음과 이분 화시키지 않고, 이 둘이 모두 동일한 미래 지향적 하나님 나라를 추구하고 있음을 암시합니다. 하여 기독교 화된 사회들에선, 이와 같은 하나님 나라의 복음이, 각각의 사회체제를 비판하는 신앙의 자유로 인도하고, 심지어 그 사회와 묶여있는 교회 및 기독교 일반에 대하여도 비판하는 신앙의 자유로 인도합니다. 그리고 이와 같은 사회해방에 있어서 '해방'의 언어가 중요한데, 그것은 교회의 역사가 보여주는 잘못된 사귐의 제도들에서는 발견되지 않는다고 하면서, 하나님 나라 복음에 상응하는 공동체는 또한 동시에 메시아적 공동체이여야 한다고 합니다. 다음의 인용문을 읽어보자.

메시아적 공동체는 메시아와 메시아적 말씀에 속한다. 이 공동체는 그것이 지니고 있는 능력을 가지고 이미 메시아적 시대(the messianic era)의 가능성들을 구현한다. 즉 이 메시아적 공동체는 하나님 나라의 복음을 가난한 자들에게 전하고, 낮고 천한 사람들에게 짓밟힌 사람들에 대한 고양(高揚)을 선포하며, 가난한 자들과 슬픈 자들과 침묵하도록 정죄 받은 사람들과의 사귐 속에서의 희망의 행동들을 통하여 도래하시는 하나님의 영화롭게 함을 시작한다. 그리하여 그 공동체는 모든 사람들을 껴 앉는다. … (225-226)

… 복음이 그리스도에 상응하고 믿는 사람들의 메시아적 사귐이 복음에 상응할 경우에, 그 선포된 내용의 진리성은 그것이 창조하는 자유로부터 인식가능하다. '참된 세계'(the 'true world')는 그리스도 복음 안에 약속되어 있고 성령의 능력 안에서 입수가능하게 된다. (CPS, 226)

4-7. '메시아적 매개개념들'이란?

답

"만약에 종말론적 하나님 나라가 하나님의 현재적 통치 안에서 역사 속으로 진입할 진데, 하나님의 통치의 이 역사 역시 종말론적으로 이해될 수 있다."(CPS, 192) 따라서 우리는 역사와 종말을 형이상학적으로 나눌 수 없습니다. 이 세상과 다음 세상, '세상 안에서'와 '세상을 벗어 난 세계'를 나눌 수 없습니다. 그리하여 몰트만은 미래 지향적 하나님 나라는 성령을 통하여 현재와 불가 분리한 관계 속에 있고, 교회와 세상은 미래 지향적 하나님 나라를 매개하고, 하나님 나라는 교회와 세상을 통하여 그 자신을 매개한다고 합니다.

예수님은 그의 미션과 그의 부활을 통하여 하나님 나라를 역사 속으로 가져 오셨다. 종말론적 미래로서 하나님 나라가 현재를 결정하는 권세가 되었다. 이 미래가 이미 시작되었다. 이미 우리는 '옛' 시대의 환경들 속에서 '새 시대'의 빛 속에서 살고 있다. 종말론적인 것이 이런 식으로 역사적인 것이 되었고, 역사적인 것이 종말론적인 것이 되었다. 희망은 현실적이 되었고, 현실은 희망적이 되었다. 우리는 이것에게 '메시아적'이라고 하는 매개하는 이름을 붙였다. 그리스도의 통치는 그 자신을 넘어 하나님 나라를 가리킨다. 말씀에 대한 신앙은 낮과 낮을 대하여 볼 것을 갈망한다. 성령의 현존은 새 창조를 실행한다. 몸의 순종은 몸의 구속을 향하여 방향 잡히고, 경험된 징표들과 기사들은 죽은 자들의 부활의 전조들로 이해된다. 이런 뜻에서 메시아적 삶은 끝없는 연기(延期)의 삶이 아니라 선취된 삶이다. 메시아적 시대가 '아직 아님'이라고 하는 징표 아래 있는 것처럼 그것은 또한 '이미'의 징표 아래 있다. 메시아 시대의 삶은 더 이상 율법 하에 있거나 허망한 세상의 강권들 가운데 있는 것이 아니라, 이미 그리스도의 새 시대의 동

터 오름 안에 있는 것이다. … 희망의 꿈들은 사랑의 고통들로 인도한다.(192-193)

하여 그는 '선취', '저항', '대표', '자기 내어줌', 그리고 '가능한 것들의 한계'를 종말론과 역사를 메시아적으로 매개시키는 범주들이라 합니다.(CPS, 193-196)

4-8. 문: '도래하는 하나님 나라의 메시아적 백성'이란?
답

보캠[86]의 주장과 같이 몰트만의 교회론은 메시아적 교회론인 데, 그는 교회뿐만 아니라 기독교 세계(Christendom)와 기독교(Christianity) 역시 "역사 속에서의 그것들의 실존과 과제를, 메시아적 의미로 이해한다. 따라서 그것들의 삶은 선취, 저항, 자기 내어줌, 그리고 대표로 특징 지워진다. 그들의 모든 존재와 행동은 … 계속해서 메시아와 메시아적 미래에 의하여 합법화되지 않으면 안 된다. 하여 기독교적 신앙고백과 실존과 영향력을 통하여 사람들과 종교들과 사회들이 장차 도래할 것의 진리를 향하여 개방될 것이고, 이들의 능력들이 생명을 위하여 활성화될 것이다."(196)라고 합니다. 교회와 기독교 세계와 기독교는 아직 하나님 나라는 아니고 역사 속에 있는 그것의 선취(Vorwegnahme, anticipation)에 불과하지만 말입니다.

성령의 능력 안에 있는 교회는 아직 하나님 나라가 아니다. 그것은 역사 속에 있는 그것의 선취이다. 기독교는 아직 새 창조가 아니다. 그것은 새 창조의 성령의 사역이다. 기독교는 아직 새로운 인류가 아니다. 그것은 인류의 선구자이다. 따라서 그것은 치명적인 내향화에 저

---

[86] 참고: 이형기, 『교회론의 패러다임 전환』, 375-395(직제론), 395-400(직제론) 그리고 442-449(세례론과 성만찬론).

항하고 인간의 미래를 위하여 자기를 내어주고 인류를 대표한다. … 잠정적 궁극성과 궁극적 잠정성 안에서 교회, 기독교 세계, 그리고 기독교는 역사 한 복판에서 역사의 목표와 목적으로서 하나님의 나라를 증언한다. 이런 뜻에서 예수 그리스도의 교회는 하나님 나라의 백성이다. (CPS, 196)

4-9. 문: '메시아 왕국'과 '하나님 나라'(새 하늘과 새 땅)의 차이가 무엇인가요?

답

몰트만에 따르면, 메시아로서, 인자(人子)로서, 그리고 하나님의 종으로서 그리스도의 도래(adventus)로 이스라엘과 교회는, 부활하여(고전 15:23) 평화의 메시아 왕국을 누릴 것입니다. 이 그리스도께서는 '특수'로서 이스라엘과 교회를 구원하시고, '보편'으로서 인류와 창조세계를 구원하실 것입니다. 대체로 메시아는 이스라엘과 교회의 구원을, 인자와 하나님의 종은 인류의 구원을 수행하지만 말입니다. 허나, 역사와 창조의 지평 안에서 이스라엘과 교회는 그리스도의 통치 아래서 '보편'의 구원을 위하여 존재하고 존재해야 합니다. 이와 같은 '그리스도 통치'(Christocracy)는 주님이신 예수 그리스도(메시아)에 의하여 완성될 새 창조의 전단계이니, 그 다음엔 만인의 부활과 마지막 심판을 거쳐 메시아이신 예수께서 그의 아버지께 넘겨주실 새 하늘과 새 땅이 전개될 것입니다. 그런즉 물론 그의 메시아 왕국에 대한 비전에는 이스라엘의 메시아 왕국에 대한 희망의 성취도 포함됩니다.[87] 그리스도의 도래로 구현되는 평화의 왕국으로서 메시아 왕국은, 전(全) 새 창조의 과정의 전(前)단계로서 새 하늘 새 땅 안으로 통합될 것입니다. 전자는 현 역사와의 연속성상에 있고, 후자는 '역사와 창조' 저편, 곧 새 하늘과 새 땅입니다. 하여 메시아 왕국은

---

87 Richard Bauckham, *The Theology of Jürgen Moltmann*(Edinburgh: T & T Clark, 1995), 119-150.

'역사'(메시아 왕국 이전의 역사)와 '영원'(새 창조) 사이를 매개할 것입니다. 몰트만에게 있어서 그리스도의 도래 시에 '역사'와 '영원'은 단순한 단절이나 절벽이 아닙니다. 메시아 왕국은 역사 이편이고, 새 하늘과 새 땅은 역사 저편일 것이지만 말입니다. 헌데, 이와 같은 그리스도의 도래(adventus)와 더불어 일어나는 메시아 왕국은 그 어떤 역사적 대재난들이나 그 어떤 정의와 평화와 생명의 실현에 의하여도 조건 지워지는 것이 아니라 예수 그리스도 자신의 도래에 의하여 일어날 것입니다. 이와 같은 미래 지향적 메시아 왕국의 선취적 실현은 메시아 공동체인 교회의 선취, 저항, 대표, 자기 내어줌, 그리고 '가능한 것들의 한계'와 같은 메시아적 매개를 통하여 이루어 질 것입니다. 교회의 선포와 사역(ministry) 역시 이와 같은 매개개념에 속합니다.[88]

---

88 J. Moltmann, *The Coming God*(독일어 초판, 1995), trs. by Margaret Kohl(Minnapolis: Fortress Press, 1996), 192-204.

부 록

미래 세대를 위한 교리문답 시안

부록 : 미래 세대를 위한 교리문답 시안[1]

서론
1. 내용구조의 문제
ㄱ. 루터의 '소 교리문답'(1529)과 '대 교리문답'(1529

루터는 어린이들을 위하여 '소 교리문답'을 그리고 '목사들과 설교자들(목회는 하지 않고 설교만 하는 목사)'을 위하여 '대 교리문답'을 기획하고 작성하였다. 그런데 루터는 이 두 '교리문답서' 모두에서 ㄱ. 십계명, ㄴ. 사도신경, 그리고 ㄷ. 주기도문을 그의 복음신학에 입각하여 해설하였다. 그것의 근간은 '율법과 복음'(the Law and Gospel)이다.

ㄴ. 칼빈의 '제네바 교회의 교리문답'(1941/42)

본 교리문답은 하나님 인식을 초두에 내세우고 난 다음에, ㄱ. 사도신경, ㄴ. 십계명, 그리고 ㄷ. 주기도문을 해설한다. 그런데 본 교리문답은 초판(1536년) 『기독교 강요』와 『제네바 교회에서 사용하는 신앙교육 요강 및 신앙고백』(1937)을 전제로 한다. 그러니까, 그의 1541/2년 판 '교리문답'은 칼빈의 신앙과 신학을 전반적으로 다루고 있음이 확실하다. 그래서 우리는 본 '교리문답'을 중요시 여겨야 한다. 하지만 한 가지 주목할 것은, 1537년 '교리문답'의 내용순서는 '율법'(십계명)으로 시작하여 '신앙'(사도신경), 그리고 주기도문'으로 나가고, '성례'와 '교회와 국가의 질서'를 논한데 반하여, 1541/2년 '교리문답'은 '사도신경, 십계명, 주기도문'을 논하는 것으로 보아, 칼빈이 아주 초기엔 루터적인 '율법과

---

[1] 본 '교리문답' 시안은 통합 측 장로교단을 대표하는 글이 아니고, 필자개인의 신학적 입장에 따라 작성된 것이다. 23년을 장신 대에서 가르치고 은퇴한 후, 계속적으로 칼 바르트 신학, 에큐메니칼 운동과 에큐메니즘, 내러티브 신학, 그리고 무엇보다도 몰트만의 글들을 읽으면서, 나름대로 정립된 개인적 신학적 입장에 따라서, 본 시안을 시도해 보았다. 하여 본 시안은 단순히 '세례 후보자들'을 겨냥한 것이 아니고, 신학생들, 교사들, 선교사들, 그리고 신학교수들을 겨냥한 것이라고 생각한다.

복음'이라고 하는 신학논리를 선호하였고, 1541/2년에 와서는 '복음과 율법'이라고 하는 신학논리를 주장했다고 하는 사실을 확인한다. 물론, 칼빈은 그의 최종판(1559) 『기독교 강요』에서 루터의 '율법과 복음'의 논리를 수용하면서도 '복음과 율법'을 강조하고 있는데, 후자는 개혁교회의 에토스와 신학의 특징 중 하나로 보인다. 다시 말하면, 루터의의 경우처럼, 인간의 죄 인식에 무게를 두고, 이로써 인간이 복음으로 인도된다고 하는 신학논리가 매우 중요한 것이 사실이지만, 칼빈 이후 개혁신학전통은 복음을 경험한 믿는 사람들의 하나님의 뜻(the Law ad God's will)에 대한 실천을 강조하였다.

ㄷ. 개혁교회의 대표적인 교리문답인 '하이델베르크 교리문답'(1563)

본 교리문답은 독일의 팔레티네이트 지역(영주국)의 영주였던 프레데릭 제3세의 주도하에서 우르지누스(Ursinus)와 올레비아누스(Olevianus)에 의하여 작성되었다. 당시 영주는 영주국 안에서 루터교회와 개혁교회의 화해와 일치(에큐메니컬 관계)를 삶의 자리로 하여 작성케 하였다. 비록, 본 교리문답의 저자들이 개혁신학에 치중한 작성자들이었고, 프레데릭 제3세 자신이 개혁신앙과 신학을 선호하였음에도 불구하고, 본 교리문답서는 루터교 신앙과 신학을 크게 배려는 의도로 작성되었다. 따라서 필자에겐 본 '하이델베르크 교리문답'은 앞에서 논한 루터의 '대·소 교리문답'과 칼빈의 '제네바 교회의 교리문답'을 종합하고 넘어선 아주 귀중한 고전적인 '교리문답서'로 여겨진다.

본 '교리문답'은 루터의 '소 교리문답'과 '웨스트민스터 소 교리문답'(1646) 사이의 다리역할을 하는 바, 루터의 '소 교리문답'과 '하이델베르크 교리문답'과 '웨스트민스터 소 교리문답'은 개신교가 가장 많이 사용하는 교리문답으로서 그 정신에 있어서 복음적인 바, 예수 그리스도를 하나의 충분한 주세주요, 하나님의 말씀이신 이 예수 그리스도를 신앙과 행위의 척도로 삼고 있다.

그런데 루터의 '소 교리문답'과 '하이델베르크 교리문답'은 다음 세 가지 점에서 '웨스트민스터 소 교리문답'보다 우월한 것으로 판단된다. 첫째로 전자는 죄 인식과 관련하여 '십계명' 해석을 제시하고, 신앙에 관하여 '사도신경'을 집중적으로 해석하고 있으며, 기도에 관하여는 '주기도문'을 크게 부각시키지만, 후자는 성경의 명제들에 근거한 신학적인 명제들(propositionalism)을 제시한다. 둘째로 앞의 둘은 주체적이고 경험적인 응답을 요구하지만, 후자는 객관적이고 비인격적인 대답들을 추상적으로 명제 화하였다. 셋째로 앞의 둘은 생동감 넘치는 언어요, 따듯하고 직선적인 언어를 사용하나, 후자는 스콜라주의적 교리언어를 사용하였다. 그도 그럴 것이 루터의 교리문답과 하이델베르크 교리문답은 종교개혁 직후에 작성된 16세기 신앙과 신학이요, 후자는 교리논쟁의 와중에서 형성된, 17세기 개신교 정통주의 시대의 소산이기 때문이다.

ㄹ. '하이델베르크 교리문답'의 구조 및 내용분석
Ⅰ. 인간의 죄와 비참(문 3-11, 롬 1:18-3:20)
Ⅱ. 그리스도에 의한 구속(문 12-85, 롬 3:21-11:36)
Ⅲ. 구속받은 자들의 감사 혹은 기독교인의 삶(문 86-129, 롬 12-16)

본 교리문답은 'Ⅰ. 인간의 죄와 비참'에서 성경에서 증언되고 있는 하나님의 뜻으로서 '하나님의 율법'에 비추어서 인간의 죄와 비참을 고발한다. 비록 이것이 루터의 '율법'의 신학적 기능 혹은 고발적 기능에 해당하기도 하지만 이 부분에서 저자는 '십계명'을 풀이하지 않는다. 저자는 'Ⅲ. 구속받은 자들의 감사'에서 십계명'을 풀이하고 이어서 '주기도문'을 해석한다. 즉 저자는 복음을 믿음으로 수용하고 성경의 요약에 해당하는, 삼위일체 하나님 신앙을 근간으로 하는 사도신경을 고백하는 그리스도인들의 삶이 '십계명'에 제시되어 있고, 그와 같은 하나님의 뜻을 실현하기 위하여 기도('주기도문')가 필요하다는 것이다. 그래서 저자는 'Ⅲ. 구속받은 자들의 감사'에서 '십계명'과 '주기도문'을 풀이하고 있다.

그런즉 위의 세 가지 요소는 성경의 요약이요 기독교의 본질이나 다름없는 것으로서, 이는 웨스트민스터 신앙고백의 제1항에서 말하는 성경은 '신앙과 행위'의 규범이라고 하는 것과 같다. 하여 우리는 성경해석에 있어서 성경의 어느 구절에 얽매여 성경전체의 내용을 무시하기 쉬운데, 본 교리문답은 성경 전체의 본질적 요소를 잘 붙들고 있는 것으로 보인다.

끝으로 덧붙이고 싶은 말은, 본 교리문답은 독일개혁교회에 의하여 주로 사용되어 오는 것으로 복음의 경험을 더 강조한 것인데 반하여, 웨스트민스터 소 교리문답은 영국이나 스코틀랜드, 그리고 미국의 개혁교회와 이들의 피선교지 교회들에 의하여 사용되어 오는 것으로서 보다 주지주의적(intellectual)이요 추상적이다.

ㅁ. 하이델베르크 교리문답의 의의

본 교리문답은 개혁교회의 신앙고백서들 가운데 가장 간결하고 자장 좋은 것이다. 그것은 극단주의적인 칼빈주의를 피하고 루터신학적 요소들을 수용하고 있는 바, '개혁교회의 가톨리시티'(the Reformed Catholicity)를 명쾌하게 보여 주고 있다. 무엇보다도, ㄱ. 인간이 하나님 존전에서 죄인이고, ㄴ. 주 예수 그리스도(복음)를 통하여 어떻게 구원을 얻으며, 어떤 신앙내용을 고백해야 하고, ㄷ. 구원 얻은 기독교인들로서 어떻게 기도하면서 하나님의 뜻(계시된 성경적 하나님의 뜻)대로 살아야 하는가를 문답한다. 이것이 기독교의 본질이다. 우리는 성경해석에 있어서 필히 이와 같은 기독교 메시지의 기본을 항상 염두에 두어야 할 것이다.

하여 일찍이 칼 바르트는 『하이델베르크 교리문답에 나타난 교리』(1948)에서 기독교의 본질적 교리를 파헤쳤으며, 하인리히 오트는

『교리와 설교』(1961)에서 하이델베르크 교리문답에서 기독교의 기본적인 교리의 틀을 찾아 설교를 위한 신학적 틀 거리로 삼았고, 인간실존의 문제와 접촉점을 찾았다. 그리고 톰슨(Bard Thompson)과 벨코프 역시 『하에델베르크 교리문답』(1963)에 대한 논문들에서 본 교리문답의 기원과 역사를 비롯하여 여러 신학적 평가들을 실었다. 그런데 우리 한국교회는 미국 선교사들의 영향으로 '하이델베르크 교리문답'과 '제2 스위스 신앙고백서'보다는 17세기 정통주의시대의 소산인, 극단적 칼빈주의를 담고 있는 '웨스트민스터 신앙고백'과 '웨스트민스터 소교리문답'을 매우 선호한다.

2. 본 '시안(試案)'의 역사적 자리와 새로운 패러다임의 신학적 비전
본 '교리문답 시안'의 본래 의도는 본인이 소속되어 있는 장로교 통합 측 교단의 헌법에 실려 있는 세례 후보자를 위한 '교리문답'을 대체할만한 '교리문답'을 작성하고 싶은 데에 있었다. 현재 본 교단의 현행 헌법에 실린 '요리문답'은 전적으로 17세기 영국의 '웨스트민스터 소 요리문답'의 번역 버전이다. 그런즉 본인의 의도와 목적은 웨스트민스터 신앙고백'의 신학을 넘어서려는 데에 있었다. 허나 본 시안은 장로교 통합 측의 '교리문답'이 될 수 없었다.

한국의 기독교장로교는 1972년 '새 신앙고백서'에서 그리고 우리 통합 측은 1986년 '대한예수교장로회 신앙고백서'와 2001년 '21세기대한예수교장로회 신앙고백'에서 웨스트민스터 요리문답의 패러다임을 넘어서고 있다. '미국은 북 장로교회의 '1967년도 신앙고백'와 1991년 '하나의 간결한 신앙성명'(A Brief Statement of Faith)에서 웨스트민스터적인 신앙과 신학을 넘어서고 있다. 루카스 비셔(Lukas Vischer)는 1982년 『오늘의 개혁주의 증언』(The Reformed Witnness Today)에서 스코트랜드 신앙고백(1560), 하이델베르크 교리문답(1563),

제2 스위스 신앙고백(1566), 웨스티민스터 신앙고백(1647), 그리고 웨스트민스 소교리문답(1648)과 같은 고전적인 개혁주의 신앙고백과 교리문답을 소개한 후, 현대의 그것을 제시하였는데, 유럽 쪽에는 바르멘 신학선언(1934)과 영국의 웨일즈의 회중교회의 신앙고백('신앙선언', 1967과 신앙고백, 1967)을 소개하고, 미국의 경우는 1967년도 '미국연합장로교회 신앙고백'(1967)과 '미국장로교회의 신앙고백'(1976)을 실었다. 그리고 인도네시아, 일본, 대만, 한국(주로 기장의 신앙고백들: 필자 주), 아프리카의 현대 개혁주의 신앙고백들을 소개하였다.(참고: 이형기, 『세계개혁교회의 신앙고백서, 1991』).

하여 필자는 루터의 종교개혁 신학, 칼빈으로 대표되는 개혁신학, 칼 바르트 신학, 내러티브 신학, 몰트만 신학, 그리고 에큐메니칼 운동에 나타난 신학을 주로 사용하고, 본 교단의 현행 '헌법'에 실려 있는 신앙고백들 가운데, '요리문답'과 '웨스트민스터 신앙고백'을 제외한 나머지 신앙고백들을 참고하였다. 즉 '사도신경', '신조'(12신조), '대한예수교장로회 신앙고백서'(1986), '21세기대한예수교장로회 신앙고백서'(2001), 그리고 '니케아-콘스탄티노폴리탄 신조'(381)말이다.

3. 필자의 제안

하이델베르크 교리문답은 'Ⅰ. 인간의 죄의 비참'에서 인간이 하나님의 요구와 명령 그리고 하나님의 거룩한 뜻으로서의 '하나님의 율법'에 비추어 볼 때, 인간이 얼마나 비참한 죄인인가를 말한다.(문 1-문 5) 그 이유는 인간이 창조 시에 참된 의와 거룩성을 부여받고 태어났으나(문 6), 첫 아담과 하와로 인하여 그 본성이 부패하였기 때문이다(문 7). 하여 인간은 성령을 통하여 중생하지 못하면 하나님의 높으신 뜻을 성취할 수 없다고 고백한다(문 8). 그리고 하나님께서는 인간의 죄에 대하여 이 세상과 마지막 때에 심판하시지만(문 9-10), 동시에 진실로 자비로 우시고 은혜로

우시다고 고백한다(문 10-11).

제안자는 위와 같은 출발은 루터의 '율법과 복음'의 신학논리로 보고, '하나님의 율법' 대신에 하나님의 한없는 사랑과 자비를 맨 앞부분에 놓고, 이어서 루터의 '율법과 복음'의 논리를 따라서 그리고 십계명의 항목들을 따라서 죄를 정의하려고 한다. 이와 같은 주장에는 인간이 '하나님의 율법'에 비추어서 죄를 인식하는 것도 중요하지만 무엇보다 먼저 하나님께서 세상을 이처럼 사랑하사, 그의 독생자를 이 땅 위로 보내주셨다고 하는 어마어마한 은혜의 복음을 먼저 고백하고, 그 다음에 죄에 대한 인식과 고백이 이어져야 한다고 하는 전제가 더 중요한 것으로 보인다. 우리는 이와 같은 신학적 경향을 칼 바르트의 신학, 미국의 두 신앙고백서의 신학, 그리고 몰트만 신학 등에 있어서 발견한다. 그리하여 제안자는 'Ⅰ. 성경의 주된 메시지'를 논하고, 이어서 'Ⅱ. 죄에 대하여'를 논하고 나서, 그 다음으로 진행하려고 한다.

그리고 하이델베르크 교리문답이 'Ⅱ. 그리스도에 의한 구속'에서 복음을 고백하고, 이어서 사도신경을 해설하고 있는 것과 관련하여 필자는 'Ⅲ. 하나님 나라의 복음'에 대하여 논하고, 이어서 사도신경을 해석할 것이다. 그런데 '하나님 나라' 복음을 논할 때에, 우리는 예수님의 탄생으로부터 곧바로 그의 죽음(십자가)로 진행하는 사도신경과 니케아-콘스탄티노플 신조와 달리, 유대와 갈릴리에서 일어난 예수님의 하나님 나라 선포와 가난한 자/병든 자, 눌린 자와 소외된 자들에 대한 특별한 배려에 대한 이야기를 논한다. 끝으로 하이델베르크 교리문답의 'Ⅲ. 구속받은 자들의 감사'('십계명' 해석'과 '주기도문' 해설)와 관련하여, 필자는 'Ⅴ. 기도와 하나님 나라의 구현'을 논할 것이다. 그리고 'Ⅳ. 하나님의 말씀과 성례전에 대하여'를 'Ⅲ'과 'Ⅴ' 사이에 넣는 이유는, 교회론에 대한 종교개혁의 두 가지 표지론을 생각하였기 때문이고, 'Ⅵ'을 끝에 놓는 이유는, 그것이 'Ⅴ. 기도와 하나님 나라구현' 다음에 문답되어야 하기 때문이다. 따라서 정리하면, 아래와 같다.

   Ⅰ. 성경: 성경의 주된 메시지에 대하여
   Ⅱ. 죄와 죽음에 에 대하여
   Ⅲ. 하나님 나라의 복음에 대하여(사도신경)
   Ⅳ. 하나님의 말씀과 성례전에 대하여
   Ⅴ. 기도와 하나님 나라의 구현에 대하여(주기도문과 십계명)
   Ⅵ. 교회의 연합과 일치, 전도와 선교, 그리고 공공의 영역에서의 책임

Ⅰ. 성경의 중심 메시지에 대하여

1. 문: 성경이란 무엇인가?

답

  "성경은 39권의 구약과 27권의 신약을 합한 66권으로 된 정경을 가리킨다. 외경 또는 위경도 있으나 그것들은 정경보다 열등하며, 그 가치는 성경에 의하여 판단 받아야 한다."(제1장 2)[2] "성경은 하나님의 영감으로 기록되었다(딤후 3:16-17); 벧후 1:21). 성경은 인간의 말로 기록된 하나님의 말씀이요, 따라서 거기에는 인간적 요소와 신적 요소가 함께 있다. 그러나 하나님은 저자가 지니고 있던 시대적이고 문화적인 배경 등 인간적 요소들을 그의 섭리를 성취하시기 위하여 사용하셨으므로 성경은 전적으로 하나님의 말씀이다."(제1장의 3) "하나님의 계시는 자연이나(롬 1:20), 역사나(단 2:36-45) 혹은 인간본성을 통해서도(행 17:27; 롬 1:19) 어느 정도 나타나지만, 계시는 성육신하신 예수 그리스도이시다. 성경은 그리스도에 대하여 증언하는 것이므로(요 5:39, 46), 결국 성경은 가장

---

2 '대한예수교장로회신앙고백서'. 『헌법』(1986)(서울: 장로회출판사, 2007), 138.

확실한 계시서이다."(제1장 4)

2. 문: 하면 구약은 무엇이고 신약은 무엇인가요?
답

2-1. 히브리서(12:23)가 예수님을 '새 언약의 중보자'(the mediator of the new covenant)라고 하였기 때문에, 기독교인들 혹은 교회는 구약에 나오는 하나님과 이스라엘의 언약사의 언약을 구약(옛 언약)이라 하였습니다. 하나님께서는 인류와 창조세계를 구원하시려는, 그의 원대한 구원사적 비전에서 아브라함과 은혜의 언약을 맺으시어 이스라엘을 통한 '모든 족속'(창 12:3)의 구원을 약속하셨습니다. 즉 하나님께서는 세상을 그처럼 사랑하시어 이스라엘을 그렇게 사랑하시고 택하셨습니다. 하여 그들의 부르짖음에 응답하신 하나님께서는 그들의 조상들에게 주신 약속을 따라서 이스라엘을 애굽의 노예적 삶으로부터 해방시키시어, 아브라함에게 약속하셨던 가나안 땅을 이스라엘에게 주셨습니다. 하나님께서는 '너희를 내 백성으로 삼고 나는 너희의 하나님이 되리니'(출 6:7)라 하시면서, 저들을 죄와 죽음의 삶으로부터 건져주셨습니다. 하여 십계명을 통하여 이스라엘에게 자신의 뜻을 계시하신 하나님께서는, '나는 너를 애굽 땅, 종 되었던 집에서 인도하여 낸 네 하나님 여호와라.'(출 19:2)고 하셨습니다. 이것이 구약(옛 언약)의 핵심 메시지입니다.

2-2. 그러나 우리 교회는 '신약'을 중요시한 나머지, 위와 같은 '옛 언약, 곧 '구약'을 결코 폐기처분해서는 안 될 것입니다. 성령께서는 구약의 예언자들과 신약의 사도들을 통하여 말씀하셨으며, 하나님의 영원한 말씀의 성육신이신 예수님을 통하여도 말씀하셨기 때문입니다. 하지만 하나님께서는, 모든 인류와 모든 창조세계를 포함하는, 하나님의 그렇게 넓고 그렇게 깊고 그렇게 멀리 내다보시는 경세에 따라서 그리고

배은망덕한 이스라엘의 불신앙과 불순종 때문에, '새 언약', 곧 '신약'을 필요로 하셨습니다. 일찍이 예언자들은 한 사람에게 집중되는(사 42:6; 49:8), '새 언약'(렘 31:31-34)의 필요성을 예언하였습니다. 다시 말하면 이미 구약이, 하나님과 인간 및 창조세계와의 보편적인 은혜의 언약을 내다보았던 것입니다.[3]

3. 문: 신약과 구약은 전혀 차이가 없는지요?

답

3-1. 아닙니다. 차이가 있습니다. 히브리서 7:22은 예수님을 '더 좋은 언약을 중보하시는 분'으로 그리고 8:6은 '그가 더 좋은 약속을 바탕으로 해서 세우신, 더 좋은 언약의 중보자'라고 하기 때문입니다. 왜 그럴까요? '옛 언약'의 중재자는 모세였고(출 3:7-12; 19:1-9; 32:30-32), '새 언약의 중재자는 하나님의 아들이신 예수 그리스도이셨기 때문입니다. 물론, '옛 언약'도 인류와 창조를 그렇게나 사랑하시어 이스라엘을 그렇게나 사랑하신 하나님의 은혜와 인자와 긍휼로 시작되고, 이어지는 언약의 역사를 거쳐 예수님의 언약에 이르게 되는 것이지만, '새 언약'은 '옛 언약'에 계시되고 약속된 그와 같은 보편적 언약을 십자가를 통하여 결정적으로 계시하고 약속하셨습니다. 하여 구약은 이스라엘 공동체의 특수성에도 불구하고, 인류 및 창조 공동체라고 하는 더 큰 세계를 바라보았고(사 65-17-25), 신약은 교회 공동체의 특수성에도 불구하고, 더욱 분명하게 계시되고 약속된 새 하늘과 새 땅을 바라보았다고 하는 점에서 유사성과 차이점이 있습니다.

---

3 히브리서 9:15-20에서는 이 '언약'이란 단어가 유언의 의미로 사용되었으니, 유언을 한 자가 죽어야 그 유언의 효력이 발생하는 바, 하나님의 아들이시오 메시아이신 예수님의 십자가 죽음은 예수님께서 죽음 이전에 인류 및 창조세계에게 주신 은혜의 새 언약을 효과 있게 하신 것입니다. 그 결과, 이 '새 언약' 혹은 '신약'으로 말미암아 우리 믿는 사람들은 하나님과 바른 관계를 갖게 되었고(고후 3:6-18; 히 7:22; 8:6-13), 주님의 만찬을 축하할 때 마다 우리는 더 깊이 이와 같은 새로운 관계로 성장합니다. 그도 그럴 것이 고린도전서(11:25; 출 24:8)는 '이 잔은 내 피로 세운 새 언약이니'라 하였기 때문입니다.

3-2. 구약은 여러 가지로 신약을 보완합니다. 예컨대, 창조 이야기, 하나님의 형상으로서 인간에 대한 이야기, 이스라엘 역사를 통한 이 인간의 타락과 부패에 대한 이야기, 출애굽 이야기, 하나님의 이스라엘에 대한 약속에 있어서 신실성과 이스라엘의 반복적인 불신앙과 불순종에 대한 이야기, 하나님의 심판의 역사를 통하여 나타나는, 하나님의 죄악에 대한 심판에 대한 이야기, 이스라엘의 제사종교와 왕을 통한 신정체제와 예언자들의 예언활동에서 미리 보는, 예수 그리스도의 삼중직에 대한 이야기, 예언자들을 통한 공공영역들에 대한 사회 윤리적 책임에 대한 이야기, 시편에서 발견되는 개인적 실존과 기도에 대한 이야기, 지혜서에서 읽는 삶의 지혜에 대한 이야기 등이 그 예증이라 하겠습니다. 하여 우리는 구약을 읽을 때에 신약, 특히 장차 오실 예수 그리스도와 새 하늘 새 땅을 바라보아야 하고, 신약을 읽을 때는, 구약과 신약을 회상하면서, 이미 오신 예수 그리스도와 새 하늘 새 땅을 바라보아야 합니다.

4. 문: 성경의 하나님은 어떤 하나님이십니까?
답:

우리는 삼위로 일체되시는 한 분 하나님을 믿습니다. 이 삼위로 일체되는 한 하나님(the one tri-une God)은 창조 이야기와, 구원 이야기와, 새 창조 이야기의 세 주체(three subjects)로서, '창조와 역사' 속에 들어오시고, 그 안에 내주하십니다(고후 13:13; 엡 1:23; 4:6; 골 1:19; 2:9; 3:11)[4] 그리고 삼위일체 하나님은 '역사'와 '창조' 안에서 그의 선교(missio

---

4 성경의 이야기들과 말씀들은 삼위일체 하나님을 증언하고 선포합니다. 예수님의 요단강 세례 이야기에서 아버지 하나님께서는 예수님을 '내 사랑하는 아들'이라 하셨고, 물세례와 더불어 성령을 부어주심으로써, 그에게 메시아 직분을 주셨습니다. 또한 십자가 사건을 앞에 두신 예수님께서는 겟세마네 동산에서 하나님을 '아빠, 아버지'라 부르시면서 성령에 따라서 기도하셨고, 십자가 사건과 부활 사건 역시 아버지의 뜻을 따라 성령에 이끌리심을 받은 하나님의 아들의 사건이었습니다. 그리고 예수님의 메시아 되심과 메시아 사역 전체가 삼위일체 하나님의 사건입니다. 복음서에서 그리스도의 역사는 성령의 역사 속에서 일어났기 때문입니다. 즉 예수님은 성령으로 잉태하셨고,

trinitatis)을 구현해 가시며, 장차 하나님 나라에서는 자체 내에서 영원한 교제를 누리시면서, 인류 및 모든 피조물들과 교제하실 것입니다.[5]

4-1. 문: 우리가 예배하고 섬기며 믿고 신뢰하고 사랑하는 하나님은 삼신론인가, 일신론인가, 유일신론인가, 아니면 범신론인가요?

답

5-1. 우리는 예수 그리스도의 은혜와, 하나님 아버지의 사랑(요 3:16)과, 성령의 교통하심을 (고후 13:13)을 통하여 삼위로 일체되시는, 한분 하나님을 예배하고 섬기고 믿고 신뢰하며 사랑합니다. 따라서 우리가 믿는 하나님은 여러 신들 가운데 하나(henotheism)도 아니고, 삼신론(tritheism)도 아니며, 단순히 유대교적 혹은 이슬람적인 유일신론(monotheism)도 아니고, 천도교의 인내천(人乃天) 사상과 같은 '범신론'(pantheism)도 아닙니다.

성령으로 세례를 받으시며, 성령으로 광야의 시험을 받으셨고, 성령의 인도하심으로 갈릴리의 하나님 나라 사역을 하셨으며, 성령에 이끌리시어 예루살렘 성문 밖에서 십자가에 달리셨으며 죽은 자들 가운데서 부활하셨습니다. 그리고 부활하시어 하나님 우편으로 승천 승귀하신 주님께서는 아버지께서 약속하신 성령을 보내주셨습니다. 그리고 사도신경과 니케아-콘스탄티노플 신조도 삼위일체 하나님을 고백합니다.(참고: 『대한예수교장로회 헌법』(서울: 한국장로교출판사, 2007), 31, 166-167.

5 성경의 이야기들과 말씀들은 삼위일체 하나님을 증언하고 선포합니다. 예수님의 요단강 세례 이야기에서 아버지 하나님께서는 예수님을 '내 사랑하는 아들'이라 하셨고, 물세례와 더불어 성령을 부어주심으로써, 그에게 메시아 직분을 주셨습니다. 또한 십자가 사건을 앞에 두신 예수님께서는 겟세마네 동산에서 하나님을 '아빠, 아버지'라 부르시면서 성령에 따라서 기도하셨고, 십자가 사건과 부활 사건 역시 아버지의 뜻을 따라 성령에 이끌리심을 받은 하나님의 아들의 사건이었습니다. 그리고 예수님의 메시아 되심과 메시아 사역 전체가 삼위일체 하나님의 사건입니다. 복음서에서 그리스도의 역사는 성령의 역사 속에서 일어났기 때문입니다. 즉 예수님은 성령으로 잉태하셨고, 성령으로 세례를 받으시며, 성령으로 광야의 시험을 받으셨고, 성령의 인도하심으로 갈릴리의 하나님 나라 사역을 하셨으며, 성령에 이끌리시어 예루살렘 성문 밖에서 십자가에 달리셨으며 죽은 자들 가운데서 부활하셨습니다. 그리고 부활하시어 하나님 우편으로 승천 승귀하신 주님께서는 아버지께서 약속하신 성령을 보내주셨습니다. 그리고 사도신경과 니케아-콘스탄티노플 신조도 삼위일체 하나님을 고백합니다.(참고: 『대한예수교장로회 헌법』(서울: 한국장로교출판사, 2007), 31, 166-167.

4-2. 문: 그러면 이 삼위일체 하나님과 구약의 야훼는 어떤 관계가 있나요?
답

삼위일체 하나님은 이스라엘의 거룩한 분(the Holy One of Israel)이십니다. "우리는 살든지 죽든지 하나님께 속해 있습니다. 우리 주 예수 그리스도의 은혜와 성령의 교통하심을 통하여 우리는 삼위로 일체되시는 한 분 하나님, 곧 이스라엘의 거룩한 분만을 신뢰하고 그분만을 예배하고 섬깁니다."(미국장로교회의 『간결한 신앙성명』, 1991) 그리하여 우리는 예수 그리리스도를 하나님의 아들로, 하나님을 아버지로, 그리고 성령을 하나님(God the Spirit)으로 고백합니다.

우리는 예수 그리스도를 신뢰합니다. 그는 참 인간이시고 참 하나님이십니다. 이 예수님은 하나님 나라를 선포하셨습니다. 즉 가난한 자들에게 하나님 나라의 복음을 설교하시고 갇힌 자들을 풀어주시며, 말씀과 행동으로 가르치시고, 어린이들을 축복하시며, 병든 자들을 치유하시고, 상한 심령들을 싸매주시며, 사회로부터 버림받은 자들과 함께 식탁을 나누시고, 죄인들을 용서하시며, 모든 인간들을 회개토록 하시고, 복음을 믿게 하셨습니다. 바로 이 예수님은 불경과 소요죄로 부당하게 정죄를 받으시고 십자가에 달리시어, 절망적인 인류의 고통을 대신 담당하시고 세상 죄들을 위하여 그의 생명을 주셨습니다. 바로 이 예수님을, 하나님께서는 죽은 자들로부터 부활케 하시어, 그의 무죄하심을 변호하셨고, 죄악의 권세를 깨트리셨으며 우리를 죽음으로부터 영원한 생명으로 인도하셨습니다.

우리는 예수께서 아빠, 아버지라 부르신 하나님을 신뢰합니다. 이 하나님께서는 그의 주권적 사랑으로 이 세상을 선하게 창조하시고 모든 사람들을 하나님의 형상으로 평등하게 창조하셨습니다. 그러니, 모든 사람들은 남성이든 여성이든, 어떤 인종과 어떤 민족이든, 하나의 공동체로 살아야 합니다. 그러나 우리는 우리의 하나님께 반항하였습니다. 즉 우리는 우리의 창조주를 피하여 숨었고, 하나님의 명령들을 무시하면서, 다른 사람들과 우리들 자신 안에 있는 하나님의 형상을 파괴시켰고, 거짓말들을 진리로 받아들였으며, 이웃과 자연을 착취하였고, 우리가 돌봐야 할 이 땅을 죽음으로 위협하였습니다. 우리는 하나님의 정죄를 받아 마땅합니다. 그러나 하나님께서는 창조세계를 구속하시기 위하여 정의와 자비로써 행동하십니다. …

우리는 성령 하나님을 신뢰합니다. 그는 인간과 자연 도처에서 생명을 주시는 분이시고 그것을 새롭게 하시는 분이십니다. 이 성령은 은혜에 의하여 믿음으로 우리를 의롭다하시며 우리를 자유케 하셨습니다. 하여 우리는 우리들 자신을 용납하고 하나님과 이웃을 사랑하며, 그리스도의 한 몸인 교회 안에 있는 모든 믿는 자들과 하나가 됩니다. 예언자들과 사도들에게 영감을 주신 동일한 성령께서는 성경을 통하여 그리스도를 신앙하게 하시고 그분 안에서 살게 하시며, 우리들로 하여금 선포된 말씀을 통하여 우리들로 헌신하게 하시고, 물세례에 참여케 하시며, 우리를 생명의 떡과 구원의 잔으로 먹이시고, 남녀 모두를 교회의 모든 사역들을 맡게 하신다. 바로 이 성령께서는 깨어짐과 두려움 속에 있는 이 세상 속에서, 쉼 없이 기도하고, 모든 사람들에게 그리스도를 주님과 구세주로 증언하며, 교회와 문화 속에 있는 우상숭배들을 폭로하고, 오랫동안 목소리를 내지 못한 사람들의 목소리들을 경청하며, 정의와 자유와 평화를 위하여 타자들과 공역을 감행하게 하신다. 우리는 성령의 역사로 하나님께 감사하면서, 일상생활에서 그리스도를 섬기고 거룩하고 기쁨에 넘치는 삶을 살아야 합니다.

하여 우리는 '주 예수여, 어서 오시옵소서!'라고 깨어 기도하고 경성하면서, 하나님의 새 하늘과 새 땅을 향하여 서두르고 기다리며, 기다리며 서둘러야 하겠습니다.(『간략한 신앙고백』, 1991)(미국 장로교회/PCUSA의 신앙고백서) [6]

5. 문: 하면 구원 이야기란 무엇이고 그것의 목적은 무엇인가? 그리고 인생의 첫째 되는 목적은 무엇인가?

답

하나님께서는, 인류가 타락하고 부패(창 3-6)하였으며, 자연이 허무한데 굴복함에도 불구하고(롬 8:20), 모든 이방나라들과 창조세계를 구속하시기 위하여 이스라엘을 사랑하시고 택하시고, 구속하시며(출애굽), 급기야 인류와 우주만물을 그렇게나 사랑하시어 그의 아들을 성육신시키시어 세상에 보내셨습니다. 하여 예수님의 성육신과 십자가와 부활 사건을 통하여 계시되고 약속된, 궁극적인 목표는 새 창조의 세계(계 65:17-25; 계 21-22)입니다.

5-1. '21세기 대한예수교장로회(통합)(2003) 신앙고백'은 '사도신경'과 '니케아-콘스탄티노플 신조'(381)[7]의 신앙내용구조를 따라서 성경의

---

6 참고:『세례자 교재』: 본 저서는 성경을 내러티브 신학의 시각에서 이해하는 바, 3위로 1체되시는 세 주체가 하나님의 인류 및 창조의 구속역사의 주역이라 하고, 사랑의 삼위일체 하나님께서 타락 이후의 인류역사와 창조를 그처럼 사랑하시어, 이스라엘을 택하시고, 하나님의 아들의 성육신과 십자가와 부활을 사랑의 최고표현으로 보고 있습니다. 그리고 이 하나님의 사랑을 받아 누리게 하는 것은, 다름 아닌 신앙이라고 합니다(제6과). 그리고 이 '하나님의 사랑 안에서 살아가는 삶'(제7과)에서는, 교회가 삼위일체 하나님의 하나님 나라 구현에 헌신해야 한다고 합니다. 우리가 간결한 신앙진술로부터 이용한 글에 따르면, 성령께서 '제6과'과 '제7과'의 내용에 해당합니다. 하여 세례 후보자들은 인도자의 도움을 받아, 이『세례자 교재』를 꼭 참고해야 할 것입니다.

7 전설에 의하면 '사도신경'은 예수 그리스도께서 부활하신 지 열흘 만에 성령에 충만한 사도들이 작성하였다고 하나, 역사적 증거가 없기 때문에 분명하지 않습니다. '사도신경'은 라틴어로 Symbolum Apostolicum이라 하는데, 영어로는 the Apostles' Creed라 번역되었으니, 그것은 베드로와 같은 한 사도의 신앙이 아니라 사도들의 신앙을 고백하고

구원 메시지를 6가지로 고백하였습니다.

1. 우리는, 성부, 성자성령 삼위로 거시며, 사랑과 생명의 근원이시오, 찬양과 예배를 영원히 받으실 한 분 하나님을 믿습니다. 성부 하나님은 창조자이시고, 섭리자이시며, 구원자이시고, 온 인류와 만물을 영원한 사랑과 생명의 교제로(코이노니아) 부르시는 분이심을 믿습니다.

2. 우리는, 하나님의 선한 창조세계가 사단의 유혹을 받아 죄에 빠져 타락한 인간 때문에 파괴되고, 인간과 하나님과의 교제가 깨어졌음을 믿습니다. 그 결과로 인류와 다른 모든 피조물들은 영원한 하나님의 진로와 심판 아래 있음을 믿습니다.

3. 우리는, 하나님의 지혜와 말씀으로 영원히 거하시며, 성령님의 역사로 동정녀 마리아를 통하여 성육신하신 성자 예수 그리스도를 믿습니다. 예수님은 참 하나님과 참 인간으로서, 십자가에 달려 죽으시고 부활하심으로 인간과 모든 피조물을 구속하시고, 하나님과의 영원한

있다 하겠습니다. 즉 그것은 신약성경의 요약본이라 할 정도로 사도들의 신앙을 요약한 것이었습니다. 헌데, 현재 우리가 사용하고 있는 '사도신경'은 170-180년 사이에 로마의 교회들에서 사용되던 '로마신경'(Symbolum Romanum = the Old Roman Creed)의 증보판입니다. 즉, 바울의 로마서를 수신한 로마교회들은 세례를 위한 교리문답 혹은 초 신자를 위한 교리문답으로 이 '로마신경'을 사용하였습니다.(참고: 이형기, 『세계개혁교회의 신앙고백』(서울: 한국장로교출판사, 1991), 14-19) 그리고 빌립 샤아프의 『기독교의 신조사』(The Creeds of Christendom, 1990)는, '사도신경'을 고대 지중해 세계 교회들의 공의회에서 결의된, '일곱 에큐메니칼 신조'(325년 니케아 신조, 381년 콘스탄티노플 신조, 431년 에베소 신조, 451년 칼세돈 신도 등) 안에 포함시켰으니, 우리는 비록 '사도신경'이 공의회를 통과한 것이 아니지만, 그것이 '공의회들의 신조들'과 대등하거나 그것들 보다 더 큰 신빙성과 권위를 지닌 것으로 볼 수 있습니다. 하지만 오늘날 '세계교회협의회'는 '니케아-콘스탄티노플 신조'를 모든 세계교회들의 사도적 신앙으로 다시 받아들임으로서, 1991년에 그것에 대한 에큐메니칼 해설서(Confessing the One Faith: An Ecumenical Explication of the Apostolic Faith as it is Confessed in the Nicene-Constantinopolitan Creed(381))를 내놓았습니다. 하여 이는 명실상부 현대 기독교인들을 위한 '사도적 신앙'의 해설입니다.

교제를 회복하신 화해자요 중보자이심을 믿습니다.

4. 우리는, 생명의 부여자시며 성부와 함께 천지를 창조하시고 영원히 예배와 영광을 받으실 성령님을 믿습니다. 성령님은 복음에 대하여 믿음과 소망과 사랑으로 응답하게 하시며, 하나님과의 새로운 교제를 이루게 하시고, 만물을 새롭게 하시는 분이심을 믿습니다.

5. 우리는, 교회가 하나님의 백성이요, 이 세상에 현존하는 그리스도의 몸이요, 성령님의 전임을 믿으며, 성도의 교제 가운데 하나님이 임재하심을 믿습니다. 모든 그리스도인은 하나님의 나라를 이 땅 위에 실현하며, 하나님의 영광을 위하여 예수 그리스도의 성육신의 삶을 실현하고, 복음전도와 정의, 평화, 창조보전의 사명을 받았음을 믿습니다.

6. 우리는, 예수 그리스도의 재림으로 새 하늘과 새 땅이 이루어 질 것을 믿습니다. 그 세계는 부활한 하나님의 백성과 새롭게 된 만물이 하나님을 예배하며, 사랑과 생명의 교제를 나누는 영원한 나라가 될 것을 믿습니다.[8]

5-2. 웨스민스터 소 교리문답은 '사람의 제일 되는 목적은 하나님을 영화롭게 하고 영원토록 그를 즐거워하는 것입니다(고잔 10:31; 롬 11:36; 시 73:24-26; 요 17:22).'라고 고백하였습니다. 우리는 삼위일체 하나님께 예배하며 영광을 돌리고, 새 하늘 새 땅을 희망하는 가운데, 성령을 통하여 이를 선취하시는 삼위일체 하나님의 선교(missio trinitatis)에 동참하면서, 이미 그분과 영원토록 사랑의 교제(koinonia)를 누리고 있는 것입니다.

---

8 『대한예수교장로회 헌법』(서울: 한국장로교출판사, 2007), 159-160.

장차 영광의 세계에서 삼위일체 하나님은 '만유의 주로서 만유 안에 계실 것입니다.'(고전 15:28).

6. 문: 창조와 새 창조란 무엇입니까?
답

창세기의 처음 두 장은 "에덴동산"에 대해서, 계시록의 마지막 두 장은 "거룩한 도성 새 예루살렘"에 대해서 이야기합니다. 성서의 이야기는 에덴동산으로 시작하여 "거룩한 도성"인 "새 예루살렘"으로 끝맺음합니다. 성서는 얼핏 보면 "전원" 이야기로 시작하여 "도시" 이야기로 끝나는 것 같으나, 새 예루살렘은 에덴동산의 특징(계 22:1-2)을 가진 "전원도시"(a garden city)요, 에덴은 인간이 야생의 자연을 가꾸어 만든 전원이 아니라 하나님께서 가꾸시는 야생의 전원(겔 28:13) 혹은 하나님께서 본디 있기를 원하신 그 자연입니다. 아담이 에덴의 정원사가 된 것은 인간이 자연에게 질서를 부여하는 그런 것이 아니라 하나님께서 그것에게 이미 주신 질서를 존중하고 관리하기 위한 것이었습니다.

에덴동산은 생명이 충만한 공동체로서 인간과 자연 뿐만 아니라, 하나님과 인간, 그리고 하나님과 자연이 함께 어우러지는 하나의 조화로운 생명공동체였습니다. 이와 같은 에덴동산은 생명을 공급하는 자연의 심장으로서 이 세상의 생명이 그것으로부터 흘러나오고, 다시 공급을 받는 그와 같은 생명의 나라였습니다. 에덴동산으로부터 생명 수 강이 흘러 나와서, 네 개의 강줄기를 만들어 내는 바, 이는 상징적으로 땅의 사방팔방을 포함합니다(창 2:10-12). 에덴은 모든 동식물들을 살려내는 모든 땅의 비옥함의 원천입니다. 에덴에서 산다고 하는 것은 마르지 않는 생명의 원천으로부터 사는 것이다. 그것은 생명수를 마시는 것일 것이고, 생명나무의 열매를 먹는 것일 것입니다.[9]

---
9 Richard Bauckham and Trevor Hart, Hope against Hope: Christian Eschatology at the Turn of the Millennium(Michigan, Grand Rapids: William B. Eerdmans,

헌데, 육신을 입고 오신 초림 예수님께서는 마지막 때에도 육신으로 재림하시어, 첫 번째 창조세계를 다시 창조하실 것입니다(creatio ex nihilo). 하나님께서는 첫 번째 창조를 불살라 버리시고, 다른 세계(another world)를 만드시는 것이 아니라 이미 있는 세계를 변혁시키고 변용시키실 것입니다(creatio nova ex vetere).(위겐 몰트만) '보라 내가 만물을 새롭게 하노라.'(계 21:5; 참고 이사야 65:17-25) 하여 새 하늘 새 땅은 단순한 '잃어버린 낙원'(Paradise lost)의 회복, 곧 '복 낙원'(Paradise regained)아니라 만유가 새롭게 되는 새로운 세계입니다. 물론, 그것은 에덴적인 특징들을 포함하는, '거룩한 성 새 예루살렘'(a garden City)을 중심으로 하는 우주적인 새 창조의 세계입니다.

7. 문: 그러면 창조와 새 창조 사이에서는 어떤 일이 일어나고 있습니까?
답

새 창조는 이미 아브라함의 이야기(창 12)에서 시작되었고, 예수 그리스도의 구속사역을 통하여 계시되고 약속되었으며, 하나님의 영은 창조와 역사의 지평 속에서 삼위일체 하나님의 선교(missio trinitatis)에 동참하여 새 창조의 사역을 진행시키고 계시며, 장차 주님의 날엔 인류와 창조세계를 완성하실 것입니다.

8. 문: 그러면 창조와 새 창조 사이에서 일어난 예수님의 선포와 사도들의 선포의 핵심은 무엇입니까?
답

예수님의 선포: 예수님은 하나님 나라의 복음을 선포하셨습니다. "때가 찼다. 하나님의 나라가 가까이 왔다. 회개하여라. 복음을 믿어라."(막 1:15)고 하셨습니다. 그리고 귀신을 쫓아내시고(막 1:21-28), 병든 자들을

1999), 147-149의 요약.

고치시며(1:29-45), 희년을 설교하심으로써(눅 4:18-19), 하나님 나라 도래의 표징들을 보여주셨습니다. 나아가서 예수님은 죽은 자들로부터 부활하심으로 새 생명의 공동체로서 새 창조의 세계를 계시하고 약속하셨습니다.

사도들의 선포: 부활하신 예수님은 부활 후 40일 동안 500여 형제들에게 현현하셨고(고전 15:5), 특히 사도들에게 하나님 나라의 복음에 대하여 이야기하셨고, 성령으로 사도들에게(행 1:2-3) 위탁하셨습니다. 복음 선교의 역사기록이기도 한 사도행전은 하나님의 나라의 복음으로 시작하여 그것으로 끝내고 있습니다.'(행 28:31). 하여 사도들의 복음은 다름 아닌 '하나님 나라의 복음'입니다. 하여 '예수님 자신의 복음'과 '사도들의 복음'은 서로 충돌하는 개념이 아닙니다.

9. 문: 하나님 나라는 어떤 세계입니까?
답

하나님 나라란 하나님 나라의 복음이 보여주는 세계입니다. 방금 앞에서 제시한 새 창조의 세계는 사도바울의 칭의와 화해와 속량의 복음이 온전히 이루어 진 미래 세계입니다. 하여 그것은 '의가 있는 곳인 새 하늘 새 땅'(벧후 3:13)입니다. 그것은 '장차 도래하는 세계의 삶'(the life of the world to come)(니케아-콘스탄티노폴 신조, 381)입니다. 그것은 이사야 65:17-25, 고린도전서 15장, 에베소서 1:10, 골로새서 1:19-20, 그리고 계시록 21-22장이 약속하는 생명의 세계입니다. 바로 이 세계는 역사의 예수께서 친히 선포하신 하나님 나라의 복음에 의하여 계시되고 약속된 세계요, 사도들의 복음이 선포한 세계입니다. 이 세계에는, "더 이상 바다[10]가 없을 것입니다(21:1).…더 이상 사망, 애통, 곡, 고통이 없을 것입니다(21:4). …더 이상 죄가 없을 것입니다. …더 이상 어둠과 밤이 없을

---

[10] 『성서의 난제들에 대하여 답한다』(2008). 크리스토퍼 라이트/전성민 옮김(서울: 새물결플러스, 2013), 309. '무질서하고 쉼이 없는 악'

것이다(21:25; 22:5). …더 이상 불순, 수치, 기만이 없을 것입니다(21:27). …더 이상 나라들 사이의 다툼이 없을 것입니다(22:2). …더 이상 저주가 없을 것입니다(22:3).…". [11] 이 세계는, '정원도시', '문명의 영광', '민족들의 치유', '창조세계의 조화'의 세계이고, '부활의 몸'과, '하나님의 충만한 임재'와, '일하는 복'으로 특징 지워지는, 구속받은 인류[12]의 세계입니다.

9-1. 그 세계는 이스라엘과 교회와 인류가 희망하는 종말론적인 "생명공동체"로서, 하나님의 공의와 정의가 지배하는 세계(암 5:24), 정의와 평화가 입맞춤하는 세계(시 85:10), 자유와 평등이 넘치는 세계(레 25:10), 가난하고 병들고 힘없는 자들이 더 이상 눈물을 흘리지 않는 세계(사 25:7-8; 마 25:38-40), 압제와 소외와 폭력이 더 이상 없는 세계(사 58:6-7), 곧 샬롬 의 생명공동체입니다. 특히, 예수께서 선포하신 하나님 나라는 가난한 자와 병든 자, 소외된 자와 억압 받는 자, 과부와 고아, 그리고 버림받은 자를 사랑하는 나라였습니다. 하여 초기 교회 역시 예수님의 말씀과 행적을 이어 받아서, 유무상통의 사도적 공동체(행2:43-47)를 추구하였고, 빚을 탕감해주고 노예를 해방시키며, 창조세계를 쉬게 하는 레위기 25장(눅 4:18-19)의 희년이야 말로 창조세계까지 한 구성원으로 포함시키는 "샬롬의 생명공동체"를 그리고 있는 것입니다. 바로 이와 같은 공동체성은 가장 가난하고 약한 이웃에 대해서 주 예수 그리스도에게 행하듯 행해야 하고(마 25), 몸과 지체의 관계(고전 12)에서도 가장 연약한 지체의 아픔에 동참할 것을 요청합니다.

9-2. 그런즉, 바울은 다음과 같이 간결하게 정리하였습니다. '하늘에 있는 것이나 땅에 있는 것이 다 그리스도 안에서 통일되게 하려 하심이라.'(엡 1:10) '아버지께서 모든 충만으로 예수 안에 거하시고 그의

11   같은 책, 309-310.
12   같은 책 , 327 이하.

십자가의 피로 화평을 이루사 만물 곧 땅에 있는 것이나 하늘에 있는 것들이 그로 말미암아 자기와 화목하게 되기를 기뻐하심이라.'(골 1:19-20) 그런즉 우리가 '미래 지향적 하나님 나라'에서 언급한 맑고 밝은 영광의 세계는, 칭의 받고 속죄되었으며 화해된 새 창조의 세계로서, 삼위일체 하나님께서 모든 칭의 받고 구속받고 화해된 인류와 창조세계 안에 내주하시면서, 이 세계를 다스리십니다.[13]

10. 문: 하면 우리는 이 세상에 대한 모든 책임으로부터 벗어나, 저 미래지향적인 하나님 나라로 날아가면 되는 것인가요?
답

아닙니다. 예수님은 그와 같은 영광의 나라를 위하여 아버지 하나님께로부터 낮고 천한 이 땅 위로 파송 받으신, 성육신하신 하나님의 아들로서 메시아적 선교를 하셨고, 고난을 당하셨으며, 부활 승천 승귀하셨습니다. 특히, 예수님은 모세의 십계명을 능가하는, 새로운 세계의 공공윤리인 산상수훈을 설교하셨고, 가난한 자들과 병든 자들과 억눌린 자들과 '세리와 죄인들'에게 '하나님 나라'를 선포하셨습니다. "예수님의

---

[13] Eberhard Arnold, God's Revolution(New York: the Plough Publishing House, 1997(초판, 1984), 21: 1926년 경 '형제들의 공동체'(Bruderhof)를 새롭게 시작한 에버하드 아르놀드는 에베소서 1:10과 3:9-11에 근거하여 인류 구원의 '하나님의 경세'(God's economy)를 주장합니다. "이로써 심지어 맹목적인 사람들 까지도 시간의 끝에 하나님의 나라가 모든 인류에게 갖다 줄 사랑과 기쁨에 관한 그 무엇을 발견할 수 있는 장소가 있음을 깨닫지 않으면 안 되게 될 것입니다."라며, 그것은 우리가 그것을 향하여 올라가는 것이 아니라 그것이 우리에게 내려오는 것이라 하였습니다. 즉 "그것은 하나님께로부터 우리에게 내려오는 방법으로 우리에게 도래할 것입니다. 하나님의 경세, 곧 하나님께서 인류를 위하여 지니신 경세는 최고의 그리고 오직 가능한 길입니다. 우리 인류는 결코 의의 나라에 도달할 수가 없습니다. 하나님께서 그 스스로를 우리들에게 주시지 않는다면, 우리가 그것에 이르지 못합니다." 그리고 그는 이를 교회와 연결시켜 이렇게 언급합니다. 즉 "하나님께서는 성령의 부으심을 통하여 창조하신 그의 교회 안에서 우리에게 내려오십니다. 우리의 어머니이기도 한, 처녀 신부, 곧 교회도 우리에게 옵니다. 하여 경제구조(행 2:1-4; 4:32-37) 등, 우리의 삶의 모든 것을 변혁시킵니다." 우리는 성경의 본문(엡 1:10; 골 1:15-20; 계 21-22)에 근거하여 이와 같은 아르놀드의 주장에 한 두 가지를 덧붙여 주장합니다. 하나는 시간의 끝에 구원받는 것은 인류뿐만 아니라 창조세계 전체라는 것이고, 둘은 정치 경제 사회 문화 다 종교가 삼위일체 하나님의 선교를 통하여 하나님 나라에 대한 희망을 지향한다고 하는 것입니다.

메시지와 삶은 도래하는 불가시적 하나님 나라의 실현을 지향하였고, 궁극적으로 이 땅이 변혁되고 변용되어 전적으로 하나님을 위하여 쟁취될 것을 약속하였습니다."(Aberhard Arnold, God's Revolution, 66) 그리고 주님께서는 주기도문을 통하여 그의 나라와 그 나라의 삶을 보여주셨습니다. 나아가서 예수님은 부활하신 후, 아버지께서 약속하신 성령을 보내주시어, 사도들과 사도적 교회들을 통하여 하나님 나라를 이 땅 위에 선취시키셨습니다. 하여 우리는 단순히 저 미래로 날아갈 것이 아니라, 예수님의 삶과 사도들의 삶, 그리고 특히 구약의 예언자들과 시편이 보여주는 삶을 따라서 살아야 합니다.

11. 문: 그러면 인간은 어떻게 해야 하나님 나라에 들어 갈 수 있나요?
답

세례자 요한은 정의와 평화와 생명의 하나님 나라를 선포하였습니다. 그는 예언자들과의 연속성 속에서 마음과 실생활의 변혁에 의한 하나님 나라를 위한 길 준비를 선포하였습니다. 예수께서도 요한과 같이 미래의 하나님 나라와 그것을 위한 길 준비를 선포하셨습니다. 그러나 예수님은 구약이 그 동안 기대해 온, 메시아로서, 그리고 정의로운 평화를 만드시는, 하나님 나라의 왕으로서 성령을 통하여 사람들의 마음과 실생활을 혁명적으로 변혁시키시기를 원하셨습니다. 하여 그는 '때가 찼고 하나님 나라가 가까웠으니 회개하고 복음을 믿으라'고 설교하셨고, '산상수훈'을 그의 나라의 특성으로 제시하셨으며, 이 하나님의 뜻이 하늘에서 이루어진 것처럼 땅에서도 이루어 질 것을 위하여 기도하셨습니다('주기도문') 그런데 예수님은 니코데모에게 성령으로 중생하지 못하면 이 나라를 볼 수 없고 거기에 들어 갈 수도 없다고 하셨고[14], 어린아이처럼 그것을 받아들이지

---

14   참고: Eberhard Arnold, op. cit., 66: 아르놀드는 "장차 도래하는 하나님 나라는 성경을 꿰뚫고 있는 가장 중요한 선(thread)이기 때문에 우리들은 미래에 대한 이와 같은 약속에 의하여 채워지고 압도될 필요가 있다."(66)며, 이에 비추어서 그는 요한복음 3장의 니코네모 이야기는 개인적인 중생을 넘어, 모든 인류에게 약속된 하나님 나라에 대한

못하는 사람은 거기에 들어 갈 수 없다고 하셨습니다(마 18:3; 막 10:14-16).

11-1. 하여 하나님 나라의 영인 성령에 사로잡힌, 중생한 사람들은 '산상수훈'뿐만 아니라 성경에서 요구된 하나님 나라의 삶을 살 수 있습니다. 이것은 하나님 나라를 위한 새로운 시작이요 새로운 의(義)입니다. 이것은 바리세인들과 서기관들의 의보다 더 나은 의(義)입니다. 이 하나님 나라의 영 혹은 성령은 사랑의 영으로서 맘몬과 권력의지에 저항하는 사랑의 영이십니다. 나아가서, 그것은 루아흐 야훼로서 정의와 평화와 생명의 영이십니다. 이는 우리가 드려야 할 기도의 주된 내용입니다. 이는 주로 '주기도문'의 전반부에 해당하는데, 이것이 잘 이루어져야 나머지가 주어질 것입니다. 우리는 이를 능히 행할 수 있기 위하여, 성령에 의하여 우리들의 마음속에 물 붓듯이 부은바 된 그리스도의 사랑으로 충만해야 합니다. 우리의 하나님은 죽은 자들로부터 예수님을 부활시키신, 생명의 하나님이시오 사랑의 하나님이십니다. 하여 성령께서는 사랑과 생명의 영으로서 모든 사랑과 생명의 원천이십니다.

12. 문: 그러면 하나님 나라와 교회는 어떤 관계를 가지고 있나요?
답

그러나 사도적 교회는, 일차적으로 위와 같은 예수님의 하나님 나라 복음을 이어 받은 사도들의 하나님 나라의 복음을 믿음으로 인식하고 받으며, 종말론적인 하나님 나라를 희망하는 가운데 살아가야 합니다. 하여 교회는 그와 같은 복음을 선포(설교)하고, 믿는 사람들에게 세례를 주어 하나님 나라의 백성이 되게 하며, 성만찬을 통하여 하나님 나라를

것이라고 주장합니다. 즉 "성령께서는 우리를 압도하시어 우리를 도래하는 하나님 나라로 인도하시기를 원하신다. 하여 성령께서는 미래에 대한 예수님의 말씀들을 생각나게 하고 우리로 이 도래하는 하나님 나라의 한 살아있는 예증이요, 하나의 그림이요, 혹은 하나의 가시적인 증거가 되도록 도와주신다."(66)

미리 맛보게 하고, 하나님 나라를 성취시키고, 성령을 통하여 정치 경제 사회 문화 다 문화와 다종교의 세계과정 속에서 현존하시고 사역하시는 삼위일체 하나님의 선교에 동참하게 해야 합니다. '성령의 전'인 교회는 하나님 나라의 '담보'(엡 1:14)요, '선지급금'입니다.

12-1. 바울은, 이사야 11장과 65장 등 예언서들과 다니엘서 들 묵시전통을 배경으로 하나님 나라의 복음을 선포하고 선교했으니, 방금 앞 단락에서 제시한 새 하늘과 새 땅이야 말로 바울의 보편적고 객관적인 칭의와 구속(속량)과 화해(복음)의 궁극적 혹은 종말론적 목적(an eschatological telos)였습니다.[15] 그런즉 교회란 이를 믿고 희망하는 가운데, 사랑과 정의의 삶을 살아가는, 특수 공동체일 것입니다. 교회는 하나님 나라의 영이시오 사랑의 영이신 성령을 통하여 산상수훈과 사도들의 훈령과 예언자들의 소리에 순복하면서 유엔의 인권선언과 자국의 헌법과 실정법과 같은 '공동선'을 잘 실행해 나가야 하겠습니다. 물론, '헌법과 실정법'은 항상 다시 개정 개선되어야 하고, '공동선' 역시 역사와 사회와 문화의 따라 변화를 거듭할 것입니다.

12-2. 하여 교회에 대한 이해는 하나님 나라의 복음이 약속하는 '칭의와 구속(속량)과 화해'의 종말론적 목적(하나님 나라)에 대한 이해를 전제하고, 개개 기독교인에 대한 이해는 이를 수용하여 의롭다함을 받고, 구속함을 받으며, 화해되어 진 교회 공동체에 대한 이해를 전제합니다. 누구든지 기독교인 개인에 대하여 이해하려면, 하나님 나라와 교회에 대한 이해를 먼저 해야 합니다. 이스라엘의 족장들과 왕들과 예언자들은

---

15 참고: '21세기대한예수교장로회 신앙고백서'. 『대한예수교장로회총회 헌법』(서울: 한국장로교 출판사, 2007), 162-163: 제2장 제3항('복음을 통하여 새롭게 창조된 하나님과 인간과 피조물 사이의 교제')은 칼 바르트의 『교회 교의학, IV』의 화해론에서처럼 보편주의적 화해론을 주장하였습니다. 그리고 제2장 제4항('성령을 통하여 이 땅 위에 실현되는 하나님과 인간과 피조물 사이의 교제')은 제3항이 성령을 통하여 이 땅 위에서 구현된다고 하는 것을 고백하였습니다.

물론, 이스라엘의 구성원을 이해하려면 하나님과 이스라엘 공동체 전체와의 관계를 먼저 이해해야 하고, 교회의 그 구성원들을 이해하려면 하나님 나라와 교회의 관계를 이해하여야 합니다. 하나님께서는 세상을 그처럼 사랑하시어 '나'를 사랑하시고, 그리스도께서는 교회의 머리요 몸이시기 때문에, '나'를 그렇게 사랑하십니다. 하여 우리는 '내'가 구원을 받았기 때문에, 복음을 전하고 하나님 나라 사역에 참여해야 한다고 하는 생각보다는 하나님께서 인류와 창조세계에 대한 보편적이고 객관적인 칭의와 구속(속량)과 화해 사역을 하셨기 때문에, 그리고 보편적인 하나님 나라를 약속하셨기 때문에, '내'가 복음을 전해야 하고 하나님 나라 사역에 참여해야 한다고 말해야 합니다.

13. 문: 누가 하나님 나라의 일꾼입니까?

답

하나님께서는 세상을 이처럼 사랑하사 독생자를 세상 속으로 파송하신 것처럼, 그가 택하시고 부르시고 구속하시는 이스라엘과 교회를 성령으로 무장시키시어, 이 세상 속으로 파송하십니다. 하지만 우리는 성령의 인도하심 가운데, 하나님께서 사용하실 세상의 파트너들(정치, 경제, 사회, 문화, 시민단체들, 다 종교 등)과 대화하고 연대하여 정의와 평화와 생명의 나라인 하나님 나라를 선취(先取)해나가야 할 것입니다. 하여 교회와 세상은, 역사와 창조세계 속에서 '정의 평화 사랑 자유 기쁨'으로 충만한, '장차 도래할 세계의 삶'(the life of the world to come)(니케아-콘스탄티노플 신조)을 앞당겨 구현시켜야 합니다. 하여 우리는 이와 같은 하나님 나라의 가치들을 역사와 창조 속에 선취시켜야 합니다.

14. 문: 그러면 예수 그리스도의 교회의 특수성이 무엇입니까?

답

교회는 예수 그리스도의 몸과, 성령의 전과, 하나님의 백성으로서 삼위일체 하나님의 형상입니다. 하여 교회는 세상 속으로 파송을 받아, 삼위일체 하나님의 선교에 동참해야 할 것입니다. 성부와 성자와 성령은 역사와 창조세계 속에 현존하시면서(고후 13:13; 엡 1:23; 4:6; 골 1:19; 2:9; 3:11), 선교(missio trinitatis)하시고, 성령을 통하여 교회 안에도 내주하십니다. 하여 삼위일체 하나님의 주권과 통치(하나님 나라)는 이 하나님의 내주가 없이는 일어날 수가 없습니다. 하여 삼위일체의 형상인 교회는 성령을 통하여 정치 경제 사회 문화 다 종교의 생명과정 속에 내주하시면서 사역하시는 삼위일체 하나님의 선교에 동참해야 할 것입니다.

15. 문: 교회의 통일성은 무엇인가요? 교파들도 다양하고 그리스도인들도 다양한데, 교파들과 그리스도인들의 통일성은 무엇인가?

답

교회들과 그리스도인들에게 주어진 은사들의 다양성에도 불구하고, 그것의 통일성은 성령이시고(고전 12:1-11), 그리스도의 한 몸의 지체와 직무들의 다양성에도 불구하고 그것의 통일성은 머리인 예수 그리스도이십니다. 하여 아버지 하나님, 예수 그리스도, 그리고 성령께서 교회의 통일성입니다. 나아가서 아버지 하나님(엡 4:6)과 그의 아들 예수 그리스도(엡 1:23)와 성령께서는 역사와 창조세계 안에도 내주하시면서, 그의 선교를 수행해 나가십니다. 하여 성 삼위일체 하나님께서는 교회의 통일성이고, 또한 역사와 창조세계의 통일성이십니다. 그런즉 삼위일체 하나님의 형상인 교회는 삼위일체 하나님의 현존과 사역(missio trinitatis)에 동참하여, '그의 나라와 그의 의'를 이 땅 위에 선취(   )시켜 나가야 하겠습니다. 하나님 나라의 복음과 삼위일체 하나님은 에큐메니칼 운동에 동참하는 모든 교회들의 통일성이십니다. 루터교 세계연맹과 로마가톨릭교회의 에큐메니칼 대화의 산물인, 『갈등에서 사귐으로』는 그것의 서론에서 교회일치를 위하여 "삼위일체 하나님께 대한 공동의 믿음과 예수 그리스도 안에서 드러난 하나님의 계시는 물론, '칭의/의화' 교리의 근본 진리들이 어느 무엇보다 중요하다는 것을 인정하는 것이다."[16]라고 하였습니다. 우리는 하나의 세례, 하나의 복음, 하나의 신앙, 그리고 하나의 성만찬을 통해서 하나입니다. '여러분이 부르심을 받았을 때에 한 희망으로 부르심을 받은 것과 같이, 몸도 하나요, 성령도 하나요, 주님도 하나요, 세례도 하나요, 하나님도 한분이십니다. 그분은 만유의 아버지시며, 만유 위에 계시고, 만유를 통하여 일하시고, 만유 안에 계십니다.'(엡 4:4-6).

II. 죄와 죽음에 에 대하여

16. 문: 보편적으로 인간은 양심의 거리낌이나, '유엔의 인권헌장'이나, 자국의 헌법과 실정법을 어기는 경우에 죄를 범했다고 생각하는데, 우리 그리스도인들의 죄 인식은 어떤가요?
답

예언자들과 사도들, 그리고 그 뒤를 따르는 믿는 사람들은 죄를 더 예리하고 날카롭게 인식합니다. 그리스도인들은 사도들을 따라서 성령의 조명으로 예수 그리스도 안에 계시된 하나님을 바르게 경험(인식 혹은 지식)하기 때문입니다. 인간의 하나님에 대한 지식과 자기 자신에 대한

---

16 『갈등에서 사귐으로』. 루터교세계연맹과 로마 교황청 그리스도인일치촉진평의회 편/한국그리스도인신앙과 직제협의회 옮김(서울: NCCK, 2017)(원문 초판, 2013), 15.

지식은 불가 분리합니다(칼뱅). 하나님의 백성들은 성령을 통하여 예수 그리스도와 혼인함으로써 전인적으로 새롭게 태어났기 때문에 예수 그리스도 안에 계시된 아버지 하나님의 높은 뜻을 알게 되었고, 정의와 평화와 생명의 나라인 하나님 나라로부터 조명을 받고 있기 때문에도 그렇습니다. 우리는 십계명, 형제의 죄에 대한 무조건적인 용서와, 가난한 자, 병든 자, 소외된 자, 억눌린 자들에 대한 긍휼(마 25)과, 예수님의 긍휼과 명령들, 원수사랑을 포함한 산상수훈, 그리고 사도들의 훈령들을 어기는 것을 죄로 봅니다. 하나님께서 하라고 하신 것을 하지 않거나(omission), 하지 말라고 하신 것(commission)을 하는 것은 모두 죄입니다.

특히 그리스도인들은 하나님의 말할 수 없는 은혜(앞의 제1-8항)을 믿지 않고, 배은망덕하며, 하나님 나라를 희망하지 않고, 절망하며, 하나님의 크신 사랑에 응답하지 않고, 마음의 문을 닫는 것을 죄로 봅니다. 거꾸로 우리는 예수 그리스도에 대한 믿음과, 하나님 나라에 대한 희망과, 하나님 사랑과 이웃사랑으로써 죄로부터 벗어납니다. 예수 그리스도 안에서 일어난 보편적이고 객관적(客觀的)인 하나님의 구속[17]은 택정함을 입은 백성들의 믿음과 희망과 사랑으로 주관화(主觀化)됩니다.

17. 문: 인간은 선하고 의롭습니까?

답

아담과 하와는 악으로부터 깨끗하였지만, 도덕적으로 완전한 것이 아니었기 때문에, 범죄 할 수도 있었고(posse peccare) 범죄 하지 않을 수도 있었는데(posse non peccare), 자유의지의 남용으로 범죄 하였으며, 타락 후 인간은 죄를 범하지 않을 수 없게 되었고(non posse non peccare), 새 창조의 세계에선 부활한 인간들이 하나님처럼 죄를 범 할 수 없을 것입니다(posse non peccare).[18] 아니, 인류는 아담과 하와와 더불어

---

17 참고: '21세기대한예수교장로회 신앙고백서'. 제2장 제3항과 제4항.
18 이는 아우구스티누스의 주장입니다.

하나님께로부터 소외되어 있기 때문에, 온갖 타락과 부패 속으로 빠져 들어갔습니다(롬 1:18-32). 아담은 한 개인의 상징이 아니라 인류의 상징이기 때문입니다. 산다고 하는 것은 이와 같은 죽음으로 방향 잡힌 모든 것들을 버리는 것입니다. 허나 우리는 우리의 죄로 절망적인 병에 걸렸습니다. 그래서 우리가 만약에 죄와 악으로부터 자유롭게 되지 못하면(롬 6:20-23), 우리는 정말로 죽습니다. 증오와 살인, 거짓말과 비겁함, 부정직과 추잡함, 그리고 육욕적인 퇴폐는 생명을 파괴합니다. 허나, 하나님께서는 하나님의 형상으로서 인간을 결코 버리시지 않으셨습니다. 아니, 하나님께서는 아브라함으로부터 예수 그리스도와 새 하늘 새 땅에 이르는 구속의 역사를 시작하셨습니다.

하여 성경은 성선설이나 성악설이 아니라 하나님과의 관계에서, 자기와의 관계에서, 이웃과의 관계에서, 그리고 자연과의 관계에서, 사담마귀의 꼬임에 의하여 자신의 자유의지 사용으로 죄인이 된다고 가르칩니다. 우리는 창세기 제3장으로부터 제6장에서 개인에 대한 살인죄 뿐만 아니라 바벨론 제국 등 제국들의, 정치 경제 사회 문화적인 폭력, 그리고 자연에 대한 착취와 폭력을 발견합니다. 하지만 하나님께서는 창세기 12장으로부터 인간과 창조에 대한 그의 구속의 역사를 시작하셨으니, 그는 말로 할 수 없는 사랑과 자비와 긍휼의 하나님으로서 인류와 창조세계에게 은혜를 베푸십니다. 그러니까, 하나님께서는 하나님의 형상으로서 인간을 결코 보린 것이 아닙니다.

18. 문: 인간을 죄인으로 판단하는 표준은 무엇입니까?
답
그 표준은, 성경에 계시된 거룩하고, 의로우시며, 사랑과 자비가 한없는 성부 성자 성령의 성품과, 성경 안에 포함된 하나님의 말씀(the Word made flesh)과 말씀들(the words of God)입니다. 성령께서는 이에 준하여 우리들로 하여금 죄를 인식하게 하십니다. 예수께서는 성령으로 잉태되시고 성령으로 사셨으며, 성령으로 십자가에 달리시고 부활하셨고, 이 부활하신 그리스도께서는 아버지 하나님께서 약속하신 대로 이 성령을 첫 예루살렘 교회에게 부어주셨으니, 바로 이 성령께서는 교회에게 예수님의 말씀들을 생각나게 하고 예수님의 삶에 비추어 우리 자신을 보게 하셨습니다. 바로 이 성령께서 하나님의 미래를 계시하시고, 세상의 죄와 의와 심판에 대하여 세상을 책망하셨습니다(요 16:7-13). 하여 예수님은 자신을 믿지 않는 것이 바로 죄라는 것을 말씀해 주신 것이고, 자신이 아버지께로 돌아감으로 저들이 나를 더 보지 못하게 되는 것이 하나님의 의를 나타내는 것임을 가르쳐 주신 것이며, 세상의 통치자(사단)가 심판을 받았기 때문에 심판받을 자가 누구인지를 말씀해 주신 것입니다. 결국, 성령께서는 불신자들로 믿음을 갖게 하시고, 이들을 하나님의 의로써 의롭다 하실 것이며, 하여 사단마귀의 권세 하에 있는 사람들을 건져 내실 것입니다.

19. 문: 모든 인류의 대표인 아담은 왜 하나님께 범죄 했나요?
답

인간은 사단마귀의 시험을 받고, 자신의 한계를 망각하면서 자신의 이성과 자유의지를 남용하여, 창조주 하나님께 까지 높아져지려는 교만 때문이었습니다. 하여 하나님과의 근본적인 관계, 인간과 인간의 근본적인 관계, 그리고 인간과 나머지 피조물들과의 근본적인 관계가 깨어진 것입니다.

20. 문: 위와 같은 원죄의 결과는 무엇입니까?
답

성경은 '죄의 값은 사망'(롬 6:23)이라고 합니다. 모든 인간은 죽어야 합니다. 죽음의 보편성은 죄의 보편성을 증명합니다. 온 인류가 첫 아담의 범죄에 동참함으로써, 이 세상은 죄악 세상이 되었고, 죽음을 향하여 방향 잡혀 있으며, 항상 사단마귀의 위협 속에 있습니다. 그럼에도 불구하고, 하나님의 아들이시오 하나님의 영원한 말씀으로서 제2 아담이신 예수님은, 새 창조를 위하여 성육신 하시고, 하나님 나라를 선포하셨으며, 메시아 사역을 하시다가, 죄와 죽음과 사단마귀의 권세를 십자가에 못 박고, 승리하셨습니다. 그리고 그는 부활을 통하여 십자가의 승리를 확인하시고, 자신이 하나님의 아들이시오, 하나님의 영원한 말씀이시오, 메시아이심을 선포하셨으며, 하나님의 나라를 계하시며 약속하셨습니다.

21. 문: '사망'이란 무엇입니까?
답

하나님과 인간, 인간과 인간, 그리고 인간과 자연 사이의 교제(코이노니아)가 깨어진 것이요, 인간과 자연이 삼위로 일체 되시는 한분 하나님의 교제로부터 배제된 것이니, 예수께서 다시 재림하시어 '메시아 왕국' 혹은 '평화의 나라'를 세우시고, 사단마귀와 죄와 죽음을 파멸시키시고 계속해서 통치하시며, 결국 승리하시는 그 날 까지, 곧 그의 나라를 아버지께 드리는 그 날 까지(고후 15:24-28), 인류의 역사와 창조세계는 신음하고 탄식하면서(롬 8:20-27) 그 승리의 날을 기다리며 그의 나라를 향하여 달려 갈 것입니다.

그 다음에는 마지막이 올 것인데, 그 때에 그리스도께서 모든 통치와 권위와 권력을 폐하시고, 그 나라를 하나님 아버지께 바치실 것이다. 하나님께서 모든 원수를 그리스도의 발아래 두실 때 까지, 그리스도께서 다스려야 합니다. 마지막으로 멸망 받을 원수는 죽음입니다. ... 그래서 하나님은 만유의 주님으로 군림하실 것입니다.(고전 15:24-28)

22. 문: '자 범죄'란 무엇입니까?

답

원죄로 인하여 생기는 자아 사랑과 세상 사랑에의 성향으로 말미암아 날마다 짓는 죄를 뜻하는데, 이 죄는 개인적인 죄와 사회적, 정치적, 경제적, 문화적 구조 악을 낳습니다. 그리고 후자(구조 악)가 전자(자 범죄)를 낳기도 합니다.

23. 문: 그러면 하나님 아버지께서는 이 죄 악 된 개인들과 공동체들을 그냥 내버려 두십니까?

답

아닙니다. 하나님께선 인류를 심판하십니다. 하나님 아버지께서는 이스라엘의 역사를 통하여 인류와 창조에 대한 그의 심판을 미리 보여주셨고, 그의 아들 예수 그리스도의 십자가 사건에서 인류를 유죄판결 하셨으며, 보편사 속에서도 인류를 심판하시고, 최후심판을 통하여 인류를 심판하실 것입니다. 하지만 우리가 믿는 하나님은 세상을 그렇게 사랑하심에도 불구하고가 아니라, 세상을 그렇게 사랑하시기 때문에, 심판하십니다. 하나님의 아들 예수 그리스도께서는 인류와 창조세계에 대한 하나님의 심판을 대신 걸머지심으로 유죄 판결 받으셨고, 처형되셨습니다. 그는 심판주로서 심판을 받으신 분(Karl Barth, the Judge as Judged in our Place)이십니다.

24. 문: 최후의 심판자는 누구십니까?

답

마지막 때에, 산자와 죽은 자를 심판하실 분은, 예수님이십니다. 그는 인류와 창조세계를 위하여 대속의 죽음을 죽으신 화해주시요 구속주이시며, 가난한 자들과 병든 자들과 억눌린 자들과 세리와 죄인들을 우선배려 하신 메시아이셨고, 병든 자들을 치료하시기 위하여 오신 치유자이셨으며, 죄인들과 상실된 자들과 버림받은 자들과 저주받은 자들을 위하여 오신 목자요 구세주이셨습니다. 그리고 그는 우리를 대신하여 마태복음 25:31-46의 삶을 친히 실천하셨던, 인자(人子)로서 우리에게 그와 같은 삶을 살라고 부탁하십니다. '산자와 죽은 자의 심판주이신, 우리 주 예수 그리스도께서는 모든 인간을 부활시키신 후, 하나님과 인간과 자연 사이의 모든 잘못된 관계를 회복시키시고, 모든 잘못된 인간관계들을 바로 잡으시니, 이 '최후심판'은 천국과 지옥이라고 하는 이중적 결과로 인도하는 것이 아니라, '새 창조'(creatio nova ex vetere) 혹은 '재창조'로 귀결될 것입니다.(윌겐 몰트만) 하나님 아버지께서는 이스라엘 백성의 역사를 통하여 인류에 대한 사랑과 애정을 미리 계시하셨고, 제2의 아담이신 예수 그리스도, 즉 그의 아들의 십자가 사건에서 인류를 무죄로 판결하셨으며, '죽은 자들'로부터 그의 아들을 부활시키심으로써, 온 인류와 온 창조세계가 새롭게 중생(re-birth)하고 변용(trnasfiguration)될, 새 하늘 새 땅을 약속하셨기 때문입니다(계 21:5)(몰트만).

25. 문: 창조와 새 창조 사이에서 하나님은 역사와 창조를 어떻게 새롭게 하시는가요?

답

ㄱ. 성경은 죽음의 독(毒)을 죄라고 하고 우리가 이 죄에 종노릇하는 한 죽을 것이라고 합니다. 이것이 일어나는 것은, 우리의 하나님께로부터의 소외 때문인데, 그럼에도 불구하고 우리는 말할 수 없는 하나님의 사랑과 은혜로 예수 그리스도를 통하여 하나님 아버지와 화해하였고, 생명의 영이신 성령을 통하여 하나님과 생명의 교제를 갖게 되었습니다. 하나님께서는 그의 아들 예수 그리스도를 통하여 이 죽음의 독(毒)인 죄를

뿌리 뽑으셨습니다. 이는 생명을 긍정하는 힘입니다. 하여 성령에 사로잡힌 사람들은 하나님의 말할 수 없는 사랑만을 긍정하고 죽음을 향한 모든 것들을 부정함으로써, 생명긍정의 적극적인 태도를 가질 수 있습니다.

ㄴ. 예수님을 죽은 자들로부터 부활기키신, 이와 같은 생명긍정의 성령께서는 새 하늘 새 땅의 생명과 에너지로서 그리스도의 몸 된 메시아적 교회를 하나님 나라의 전위대(avant-garde)로 이 땅 위에 세우시고, 역사와 창조를 새롭게 하시기 위하여 마지막 그 날 까지 은혜로 사역하십니다. 뿐만 아니라 교회는 세상의 생명 과정(정치 경제 사회 문화 종교 등)속에서 사역하시는 하나님의 영의 사역을 분별하면서, 그 곳에서 진행되는 삼위일체 하나님의 선교(missio trinitatis)에 동참해야 합니다(몰트만).

III. 하나님 나라의 복음에 대하여: 사도신경[19]

26. 문: 인간이 하나님의 심판에도 불구하고 죄의 용서를 받아 하나님의 자녀가 되며, 하나님과의 관계, 이웃과의 관계, 그리고 창조세계와의 관계를 회복하게 하는 길은 무엇입니까?

답

오직 '하나님 나라의 복음'이 그 유일무이한 길입니다. "내가 곧 길이요

---

[19] 본 교리문답은 여기에서 대체로 '사도신경'을 골격으로 문답을 이어가는데, '하나님 나라의 복음'을 부각시켰고, 이어서 '기독론'에 집중하였습니다. 그리고 나서 창조주 하나님과 성령에 대하여, 그리고 교회와 종말에 대하여 문답하였습니다. 그러면 왜 '하나님 나라의 복음'과 '역사의 예수님'과 사도들의 기독론을 선행(先行)시켰는가? 4복음서는 물론이고, 사도들의 글들 역시 이 두 주제를 앞세우면서, 창조주 하나님 아버지와 성령에 대하여 쓰고 있기 때문이다. 특히, 우리는 '사도신경'의 예수님에 대한 고백이 '동정녀 마리아에게 나시고, 본디오 빌라도에게 고난 받으시고'라 하였고, '니케아-콘스탄티노플 신조'(381)는 '그분은 우리 인류와 우리의 구원을 위하여 하늘로부터 내려오사, 성령과 동정녀 마리아를 통하여 성육신하셔서 인간이 되셨습니다. 그분은 우리를 위하여 본디오 빌라도에 의하여 십자가에 못 박히시사, ...'라고 고백하여, 예수님의 탄생부터 십자가와 부활에 이르는 여정을 간과하고 있기 때문에, 예수님의 하나님 나라 선포와 역사의 예수님과 사도들의 '그리스도의 역사'를 부각시켰습니다. 즉 우리는 하나님의 아들의 경세와 성령의 경세로부터 성부로 소급한 셈입니다.

진리요 생명이니 나로 말미암지 않고는 아버지께로 올 자 가 없느니라."(요 14:6) 교회와 그리스도인들은 이 길을 믿고 이 길이 인도하는 하나님 나라를 희망하면서, 하나님과 자연과 이웃과의 바른 관계 속에서 하나님 나라의 가치인, 사랑과 정의와 평화와 생명의 삶을 살기로 결심한, 하나님의 택함을 받은 공동체입니다. '... 하나님께서는 세상에서 비천한 것과 멸시받는 것을 택하셨으니, 곧 잘났다고 하는 것을 없애버리시려고, 아무 것도 아닌 것을 택하셨습니다. 그러나 여러분은 하나님께로부터 나서 그리스도 예수 안에 있습니다. 그는 우리에게 하나님으로부터 오는 지혜가 되시고, 의롭게 하여 주심과 거룩하게 하여 주심과 구속하여 주심이 되셨습니다.'(고전 1:28-30).

27. 문: 그러면 '하나님 나라의 복음'이란 무엇입니까?
답

사복음서에서 예수님은 '때가 찼다. 하나님 나라가 가까이 왔다. 회개하여라. 복음을 믿으라.'(막 1:15)고 하셨습니다. 그리고 사도들의 복음 선포 역시 이 예수님의 '하나님 나라의 복음'에 다름 아닙니다. 그도 그럴 것이 사도행전은 부활하신 예수님의 하나님 나라에 대한 이야기로 시작하여(행 1:3) 하나님 나라 선포 이야기(행 28:31)로 끝나고 있기 때문입니다. 이와 같은 하나님 나라는 미래 지향적이면서(사 65:17-25; 엡 1:10; 고전 15장; 골 1:15-20) 성령을 통하여 현재적으로 선취되어 지고 있습니다. 이 복음은 바로 이 하나님 나라를 계시하고 약속하였습니다.

복음은 구약의 이스라엘 백성을 통한 구속사로부터 시작하여, 신약의 예수 그리스도를 통한 구속사에서 완성되었으니, 그 핵심은 예수 그리스도께서 '누구'(위격/位格)시며, 그분이 '무엇'(사역/使役)을 행하셨는가 입니다. 이 복음이 다름 아닌, 하나님의 나라의 복음입니다. 사복음서에서 예수님은 하나님 나라를 선포하셨습니다. 즉 가난한 자들에게 하나님 나라의 복음을 설교하시고 갇힌 자들을 풀어주시며, 말씀과 행동으로 가르치시고, 어린이들을 축복하시며, 병든 자들을 치유하시고, 상한 심령들을 싸매 주시셨습니다. 하지만 바로 이 예수님은 불경과 소요죄로 부당하게 정죄를 받으시고 십자가에 달리시어, 절망적인 인류의 고통을 대신 담당하시고 세상 죄들을 위하여 그의 생명을 주셨습니다. 바로 이 예수님을, 하나님께서는 죽은 자들로부터 부활케 하시어, 그의 무죄하심을 변호하셨고, 죄악의 권세를 깨트리셨으며, 우리를 죽음으로부터 영원한 생명으로 인도하셨습니다. 그리고 십자가에 달리셨다가 부활하신 예수님을 그리스도와 하나님의 아들로 선포한 사도들은 예수님을 뒤 이어 '하나님 나라의 복음'을 선포한 것입니다.

28. 문: 그러면 예수 그리스도는 인류와 창조세계를 위하여 '누구'시며, '무엇'을 행하셨습니까?

답

예수 그리스도께서는 하나님의 영원하신 아들로서 성육신하시어, "가난한 자들에게 하나님 나라의 복음을 설교하시고, …" 십자가와 부활을 통하여 하나님과 인간 및 창조세계를 아버지 하나님께 화해(고후 5:19; 엡 1:10)시키신 유일무이한 중보자(仲保者)이십니다.

29. 문: 중보자의 자격은 무엇입니까?

답

그는 오직 하늘로부터 내려오신 인간으로서 인간의 모든 죄와 죽음을 걸머지셔야 했고, 동시에 하나님으로서 이 죄와 죽음을 극복하시고 사죄와 영생을 베풀어 주실 수 있어야 했습니다(vere Deus et vere Homo). 물론, 이 중보자는 허무한 데 굴복하는 창조세계와 인간 이외의 모든 생명체들을 위하여서도 십자가에 달리셨다가 부활하셨으며 장차 재림하실 것입니다.

새 창조의 세계는 다만 새롭게 된 인간들의 집만은 아닙니다. 모든 나라와 민족과 방언의 열방들이 하나님의 백성이 될 것이고, 동물과 식물 등 모든 생명체들, 모든 생명 공간들, 그리고 모든 물질들이 새롭게 될, 인류와 함께 거하는 우주적 만유 생명공동체가 될 것입니다.

30. 문: 중보자의 삼중 직이란 무엇입니까?
답
성육신하신 하나님의 아들, 예수 그리스도께서는 제사장, 왕, 그리고 예언자로서 십자가에 달려 죽으셨다가 부활하심으로 중보자로서의 그의 삼중 직을 수행하셨습니다.

31. 문: 구약의 제사장들과 예수 그리스도와의 관계는 무엇입니까?
답
구약의 제사장들은 백성들의 죄를 속죄하기 위하여 양이나 염소 같은 어떤 희생제물을 가지고 하나님 앞에 나아가서 제사를 올렸으나, 신약의 예수님은 그분 자신이 흠과 티가 없으신 대제사장(the High Priest)이시요 영원하고 완전한 제물(the Sacrifice)로서 인류의 속죄를 위하여 하나님 앞에 단번에 드려지셨습니다. 따라서 예수 그리스도는 구약의 제사장들이나 제물보다도 훨씬 우월하신 대제사장이시요 희생제물이십니다. 하나님께서는 그의 아들의 제사장 직무수행을 통하여 인류와 온 창조세계를 속량하시고 의롭다고 하신 것입니다. 교회는 그것을 믿고 수용(收容)한 공동체입니다.

32. 문: 구약의 왕들과 예수 그리스도와의 관계는 무엇입니까?
답
구약의 왕들은 하나님의 왕권(주권)을 나타내고, 이스라엘 백성들을 적들로부터 방어하며, 이스라엘 백성들에게 샬롬(평화)을 확보해 주었으나, 신약의 예수 그리스도는 하나님 아버지의 왕권(주권)을 직접 행사하시는 분으로서 그의 십자가와 부활을 통하여 죄와 사탄과 흑암의 권세를 물리치시고, 승리하시어 모든 새 인류와 교회의 머리로서 교회를 그와 같은 원수들로부터 지켜 보호하십니다. 그분은 장차 성부와 성령과 함께 새 하늘 새 땅의 왕이 되실 것이다.

33. 문: 구약의 예언자들과 예수 그리스도와의 관계는 무엇인가?
답

구약의 예언자들은 하나님께로부터 말씀을 위탁받아서 그것을 선포하고 예언활동을 하였으나, 신약의 예수 그리스도께서는 육신이 되신 하나님의 말씀 그 자체로서 하나님께 대한 증거자(the Witness)요, 우리를 위한 복음이요, 하나님 나라에 대한 계시와 약속입니다. 그리고 이 하나님의 아들이신 예수께서는 성령을 통하여 하나님 나라를 선포하시고, 십자가와 부활을 통하여 장차 하나님과 인간, 인간과 인간, 하나님과 자연, 그리고 인간과 자연이 화해하고 연합하며 새롭게 창조될 것을 계시하셨습니다(사 11:1-9; 65: 17-25; 고후 5: 17-21; 엡 1:10; 골 1:15-20). 하여 교회는 부활하신 이 예언자 예수님의 위탁명령을 따라서 모든 하나님 나라를 선포해야 하고, 그것의 건설을 위한 예언자적 책무를 감당해야 합니다.

34. 문: 예수 그리스도의 십자가는 무엇을 뜻합니까?
답

하나님께서는 그의 아들 예수 그리스도를 십자가에 처형시키심으로써 인류를 유죄 판결하셨고 형벌하셨으며, 인류역사 속에서의 심판과 최후심판을 계시하셨습니다. 하나님께서는 이스라엘을 그렇게 사랑하셨음에도 불구하고가 아니라, 그들을 그처럼 사랑하셨기 때문에 그들에게 진로(the wrath of God)하시고 심판하셨습니다. 아버지께서는 온 인류와 창조세계를 그렇게 사랑하시기 때문에 그의 아들 예수님을 십자가를 통해서 심판하셨습니다. 예수 그리스도는 심판주로서 심판을 받으신 것(칼 바르트, the Judge as Judged in our Place)입니다. 하지만 심판의 목적은 인간과 자연에 대한 궁극적인 파멸에 있는 것이 아니라 새 창조에 있습니다.

35. 문: 십자가는 하나님의 심판만을 뜻합니까?
답

예수 그리스도의 십자가는 인류와 창조세계를 위협하는 죄와 죽음과 흑암의 권세를 깨뜨리시는 하나님의 놀라운 대속의 사랑이요 화해(롬 3:19-31; 고후 5:17-21)의 사랑이요, 하나님의 마지막 승리입니다. 마지막 최후심판에서 그리고 현 역사와 창조의 지평 속에서 말씀과 성령을 통하여 심판하시는 분은 아버지의 전권을 맡으신 예수 그리스도이십니다. 아버지 하나님께서는 모든 인류와 나머지 모든 피조물들을 그렇게 사랑하시어 심판 주이신 예수 그리스도를 심판하셨습니다.

36. 문: 예수 그리스도의 부활은 무엇을 뜻합니까?
답

아버지께서 성령을 통하여 예수님을 죽은 자들로부터 일으키신 부활은 죄와 죽음, 그리고 흑암과 사단의 권세를 파멸시키고 새 생명과 새 창조를 계시하고 약속하는 하나님의 승리입니다. 이 부활의 능력은 옛 인류역사 속에 새 역사를 창조하며, 옛 창조의 세계를 새롭게 하며 장차 임할 영광의 하나님 나라와 새 하늘 새 땅을 약속합니다. 그리스도의 몸과 성령의 전과 하나님의 백성인 교회는 예수 그리스도의 부활과 오순절 성령강림으로 기원하여 오늘에 이르고 있는, 삼위일체 하나님의 형상(imago trinitatis)으로서 하나님 나라의 담보요 선지급금(엡 1:14)이요, 미리 맛봄이요, 도구입니다. 메시아적 교회는 세상의 다른 파트너들(정치, 경제, 사회, 문화, 다 종교)과 함께 이 땅 위에 하나님 나라의 도래를 위하여 애쓰고 힘써야 할 것입니다.

37. 문: 부활하신 예수님이 '하늘에 오르사 전능하신 하나님 우편에 앉아 계시다가 저리로서 산자와 죽은 자를 심판하러 오시리라.'고 했는데, 그것이 무엇을 뜻하나요?
답
성육신하시고 구속의 사역을 끝내신 하나님의 아들, 예수 그리스도께서는 부활하사 하늘로 승천하시어 성자(聖子)로서 아버지 하나님의 전권을 맡아서 성령으로 교회와 인류역사와 창조세계를 통치하시다가, 지상에 재림하실 것입니다. 그리고 이 예수 그리스도께서는 이 땅 위에 재림하시어, 그 때 까지 살아 있는 사람들을 심판하실 것이고, 모든 죽은 자들을 부활시키시어 심판하실 것입니다. 하여 그는 모든 것을 바로잡으신 후 정의와 평화와 생명의 나라, 곧 새 하늘 새 땅을 다시 창조하실 것입니다.

38. 우리는 지금 까지 '하나님 나라의 복음'(the Gospel of the Kingdom of God)에 대하여 진술하였는데, 우리가 이와 같은 하나님 나라의 복음을 믿는다고 할 때 과연 그 신앙이란 무엇입니까?
답
교회는 이스라엘처럼 '택함을 받은 민족이요, 왕의 제사장들이요, 거룩한 국민이요, 하나님의 소유가 된 백성입니다.'(벧전 2:9). 하여 '신앙'이란 '하나님 나라의 복음'에 대한 인정과 인지와 신뢰와 고백입니다.

따라서 그것은 단순히 인간의 주체적 결단으로서 인간의 선택(free choice of the will)이 아니라 택함을 받은 하나님의 소유된 백성의 결단입니다. 이런 뜻에서 '신앙'이란 하나님 나라의 복음에 대한 인식과 수용과 신뢰요, 하나님을 아버지로 인식하고 신뢰하는 것이요, 결국 삼위로 일체되시는 한 분 하나님께 대한 인식과 수용과 신뢰입니다. 이 신앙은 성령의 주된 열매(칼뱅, the principal work of the Holy Spirit)로서, 하나님 나라의 복음을 증언하는 성경의 나머지 신앙명제들(faith propositions)에 대한 신앙적 지식도 포함합니다.

39. 문: 그러면 믿음으로 구원받는다고 하는 것이 무엇을 뜻하나요?
답:

하나님 쪽에서 보면, 예수 그리스도의 삼중 직(제사장직/왕 직/예언자 직)은 원칙상(de iure) 모든 인간과 모든 나머지 피조물들을 향한, 하나님의 보편적 화해사역(칼 바르트)[20]으로서, 만유의 새 창조를 지향하고 있습니다. 그것은 하나님 나라를 목표(an eschatological telos)로 합니다(몰트만). 하여 그것은 죽음의 극복정도가 아니라 새로운 생명의 승리입니다. 하지만 실질적으로(de facto) 그것은 교회 공동체의 신앙과 사랑과 희망이라고 하는 반대급부를 가지고 있습니다. 즉 모든 믿는 사람들은 예수 그리스도의 '제사장 직'에 의한 보편적 칭의(롬 1:17: '복음에는 하나님의 의가 나타나서')에 대한 응답으로서 '이신칭의'를 받는 것이고, 그의 왕 직에 대한 응답으로서 성화의 삶을 사는 것이며, 그의 예언자 직에 대응하여 하나님 나라의 사역을 위한 사역자가 되는 것입니다.(칼 바르트) 무엇보다도 그것은 정의와 평화와 생명의 나라(하나님의 주권)을 향한

---

20 참고: '21세기 대한예수교장로회 신앙고백'(2003). 『헌법』(서울: 한국장로교출판사, 2007), 162: "제3항: 복음을 통하여 새롭게 창조된 하나님과 인간과 피조물 사이의 교제"는 예수 그리스도의 '삼중직'을 통하여 하나님의 보편적 화해사역이 일어났다고 고백하고, "제4: 성령을 통하여 이 땅 위에 실현되는 하나님과 인간과 피조물 사이의 교제"는 앞의 '보편적 화해사역'이 성령을 통하여 믿음과 희망과 사랑의 공동체(교회)에 적용되는 것을 말합니다. 하여 '전자'는 보편이고 후자는 '특수'입니다.

운동입니다.

40. 문: 그러면 신앙과 사랑과 희망은 어떤 관계 속에 있습니까?

답

특수 공동체인 교회의 '신앙'은 하나님의 보편적 칭의에 대한 수용이고, '사랑'은 하나님의 보편적 사랑에 대한 '반응'이며, '희망'은 보편적 하나님 나라에 대한 응답입니다. 하여 '복음'에 대한 신앙으로 '이신칭의'를 받은 특수 공동체인 교회(로마서 5:10: '우리가 원수로 있을 때에도 그분의 아들의 죽으심으로 하나님과 화해하게 되었다면, 하나님과의 화해가 이루어진 지금에 와서 하나님의 생명으로 구원을 받으리라는 것은 더욱 확실한 일이 아니겠습니까?')는, 사도신경과 니케아-콘스탄티노플 신조(381)의 삼위일체 하나님과 성경의 구원 이야기를 믿으며, 역사와 창조의 지평 안에서 이 구원 이야기에 나타난 '하나님 나라'를 선취하기 위하여 사랑과 정의와 생명을 일구어야 합니다. 하여 이신칭의와 성화와 희망은 불가 분리합니다.

41. 문: 하면 그와 같은 신앙은 무엇을 통하여 우리에게 일어납니까?

답

주로 교회의 하나님 나라의 복음 설교와 가르침, 세례와 성만찬, 성경읽기와 기도하기, 성도의 교제와 삶의 스타일들 등과 같은 은총의 수단들을 통하여 성령의 은혜로 주어집니다. 이 중에 제일 큰 수단은 말씀설교와 세례·성만찬입니다.

42. 성령은 누구시며 무엇을 하십니까?

답

성령께서는 주님이시오 생명의 수여자로서 성부와 성자처럼 고유한 특성과 기능을 가지고 계십니다. 그는 상대적 독립성을 가지신 주체로서 성부와 성자와 함께 예배를 받으시고 영광을 받으십니다. 그는 구약의 예언자들을 통하여 말씀하시셨고 오순절성령강림 때에 사도들의 복음 선포를 통하여 교회를 세우시고, 인류역사와 사회와 문화, 그리고 창조 공동체와 모든 생명체들의 원천과 생명과 에너지이십니다. 이 성령께서는 예수님의 동정녀 마리아에게 잉태하심부터 십자가와 부활에 이르는 역사적 예수님의 위격과 사역에 동참하셨는데, 그리스도께서는, 부활 후 아버지 하나님 우편으로 승귀 하시어 아버지께서 약속하신 이 성령을 보내주셨습니다. 그래서 하나님 나라 운동이 전개되었고, 교회의 역사가 있게 되었습니다.

43. 문: 성령께서는 우리에게 어떤 은혜를 베풀어주십니까?
답:

성령께서는 복음에 대한 신앙(이신칭의) 이외에, 우리를 성화시키시고, 각종 은사들을 후히 주시며 예수님을 죽은 자들 가운데서 부활시키신 것처럼 우리들을 부활시키시어 영광의 나라, 곧 새 하늘과 새 땅에 들어가, 영생을 누리게 하실 것입니다. 이와 같이 교회는 성령을 통하여 성부와 성자와 교제(코이노니아)를 누리는, 믿음과 사랑과 희망의 공동체입니다. 믿음과 사랑과 희망은 성령의 열매입니다. 그리고 이 교회는 하나님 나라를 추구하는, 세상의 다른 파트너들과 함께 삼위일체 하나님의 선교(missio trinitatis)에 동참해야 할 것입니다.

44. 창조주 하나님은 어떤 분이십니까?
답:

마리아에게 성령으로 잉태하시고, 성령으로 세례를 받으시며, 성령에 이끌리시어 광야에서 시험을 받으시고, 성령으로 갈릴리 사역을 하시며,

성령의 인도로 예루살렘으로 입성하시고, 성령으로 십자가에 달리시며, 성령에 의하여 부활하신 예수님은 아버지 하나님으로부터 파송 받으신 하나님의 아들이셨습니다. 그리고 교회와 세상을 통하여 이 '복음'을 인류역사 속에서 실현시키시고 창조세계를 회복하시며 새 하늘과 새 땅을 약속하시는 성령께서는 아버지와 아들로부터 파송 받으신 하나님의 영이셨습니다. 하여 창조주 아버지 하나님은 아들과 성령의 근원이시고 기원(the unoriginated Origin)으로서 아들을 통하여 성령 안에서 인간과 나머지 모든 피조물들을 지으셨습니다. 그러나 죄와 죽음과 흑암의 권세를 이기시고, 부활하신 하나님의 아들 예수 그리스도는 성령을 통하여 모든 구원의 과정을 완성하신 다음에, 창조주 아버지 하나님께 양도하실 것입니다.(고전 15:24)

45. 문: 창조주 하나님 아버지께서는 어떤 재료를 가지고 어떻게 인간과 우주만물을 창조하셨나요?

답

그는 하나님의 말씀이신 예수 그리스도를 통하여 그리고 성령의 능력을 통하여 인간과 만물을 창조하셨습니다. 따라서 삼위일체 하나님께서는 무(無)로부터 유(有)를 창조하셨습니다. 허나 새 하늘 새 땅은, 유로부터 곧 이미 있어 온 세상으로부터 새롭게 만들어 질 우주적 생명공동체입니다.(계 21:5) 이 창조와 새 창조는 성경의 시작과 미지막입니다. 성경은 에덴동산 이야기로 시작하여 '거룩한 성 새 예루살렘' 이야기로 끝맺음합니다.

46. 문: 그는 인간을 어떻게 창조하셨습니까?

답

그는 남자와 여자를 하나님의 형상으로 창조하셨습니다. 예수 그리스도는 삼위일체 하나님의 형상이시고, 동시에 인간의 원형이십니다. 그런즉 인간이 하나님의 형상이라 할 때, 그것은 한 개인뿐만 아니라 부부관계를 비롯한 사회적 관계 속에 있는 인간사회를 의미합니다. 비록 인간이 타락과 부패로 이 하나님의 형상을 손상시켜, 역사 속에 비극을 초래하였고, 창조세계를 망가트렸으나, 새 창조를 통하여 완전한 하나님의 형상으로 회복될 것입니다.

47. 문: 하나님께서는 왜 인간을 제6일, 곧 제일 나중에 창조하셨나요?
답

우주만물과 동식물을 창조하신 다음에 그것을 하나님의 형상인 인간에게 위탁하시어, 그것을 관리하고 보존하며 적당히 일구도록 하시기 위하여 인간을 제일 나중에 지으셨습니다(창 1:27-28). 하여, 인류에게는, 역사와 문화와 사회에 대한 공적 책임은 물론, 생태계에 대한 인류의 공적책임도 주어진 것입니다. 장차 도래할 '새 창조의 세계'는 생태학적으로도 완벽한 세상일 될 것입니다.

48. 문: 창조주 하나님께서는 왜 제7일에 안식하셨습니까?
답

창조주 하나님 아버지께서는 사랑의 동기에서 그리고 그의 영광을 위하여 우주만물과 인간을 창조하셨기 때문에 모든 창조 사역을 끝내시고 사랑의 축제와 영광의 축제를 받기 원하셨습니다. 따라서 창조의 절정은 인간의 창조일인 제6일이 아니라 제7일입니다. 창조주 아버지 하나님께서는 장차 도래할 새 창조의 날을 마음에 두시면서, 안식하시고, 축제를 올리신 것입니다.

49. 문: 우리는 지금 까지 하나님의 아들 예수 그리스도에 대하여, 성령에 대하여 그리고 창조주 아버지 하나님에 대하여 신앙을 고백하였는데, 이 사도신경에 나오는 하나님은 어떤 하나님이십니까?
답
그분은 삼위로 일체되시는 한 분 하나님이십니다. 그는 또한 이스라엘의 거룩한 자(the Holy One of Israel)이십니다.

50. 문: 사도신경은 성 삼위일체 하나님에 이어서 무엇을 고백하고 있나요?
답
그것은 "거룩한 공회와, 성도가 서로 교통하는 것과, 죄를 사하여 주시는 것과, 몸이 다시 사는 것과, 영원히 사는 것을 믿사옵나이다."라고 고백합니다. 이 고백은 예수 그리스도에 대한 고백과 삼위일체 하나님께 대한 고백을 전제합니다. 그리고 바울은 교회를 하나님 나라의 미리 맛봄과 담보(엡 1:14)로 고백합니다.

51. 문: "'거룩한 공회'(the catholic Church)를 믿습니다."는 무엇을 뜻합니까?
답
우리는 '하나님 나라의 복음'과 '삼위일체 하나님'을 믿고, 말씀을 설교하고 성례전(세례와 성만찬)을 집례 하는 교회를 '하나의 거룩하고 보편적이며, 사도적인 교회'[21]라고 고백합니다. 우리는 이와 같은 사도적 표지들을 지닌, 온 세계에 퍼져있는 지역교회들을, 통시적이든 공시적이든 그것의 연약성과 유한성에도 불구하고 예수 그리스도의

---

21 전반부의 말씀과 세례·성만찬은 루터와 칼뱅에 의하여 대표되는 종교개혁이 주장하는 교회의 '두 가지 지표'(the marks of the church)요, 후반부는 교부시대의 교회론을 집약하고 있는, 니케아-콘스탄티노플 신조(381)이 말하는 교회의 '네 가지 지표'입니다.

공교회로 믿는 것입니다. 하여 우리는 로마가톨릭교회처럼 지역교회보다 보편교회가 우월하다고 할 수 없고, 회중교회나 침례교회처럼 개별교회가 보편교화보다 우월하다고 할 수 없습니다. 하여 하나님 나라의 복음이 설교되고 세례와 성만찬이 집례 되고 있으며, 성도의 교제가 일어나고 있는 모든 개 교회들은 보편교회와 대등합니다. 그런즉 개 교회의 목사들과 지역 교회들의 대표들로서 주교들은 모두 평등합니다. 거기에는 그 어떤 신분상의 우월이 없습니다. 이런 교회야 말로 다양성 안에서 통일성을 지향하는 에큐메니컬 운동의 바탕이 될 것입니다.

52. 문: "성도의 교제"(communio sanctorum)란 무엇입니까?

답

성령께서는 복음 설교와 세례를 통하여 우리를 중생시키심으로써, 하나님 나라의 구성원이 되게 하시고, 그리스도의 몸에 속한 지체들이 되게 하십니다. 이로써, 삼위일체 하나님의 공동체에 참여한 성도들은 받은바 은혜를 공유하고, 무거운 짐과 고난을 함께 나누면서, 소명의 삶을 살아야 합니다. 이 모든 성도들은 교회 안에서는 물론, 정의와 평화와 창조세계 보전을 위하여 항상 성도의 교제(코이노니아)를 나누어야 합니다. 영원한 구원을 미리 맛본 교회 공동체는, 세상의 여러 파트너들(정치 경제 사회 문화 다 종교)과 더불어 역사와 창조세계 안에서 하나님 나라를 실현해 가시는 삼위일체 하나님의 선교에 동참해야 합니다.

53. 문: "죄를 사하여 주시는 것"이란 무엇을 뜻합니까?

답

성령께서는 교회 안에서 그리고 교회를 통하여 '하나님 나라의 복음'에 의한 사죄를 베풀어 주십니다. 우리는 교회의 은총의 수단들을 통한 죄 용서를 받는다고 믿어야 합니다. 간음한 여인과 십자가에 달린 강도 등 죄인들을 무조건 용서하여 주신, 역사의 예수께서는 또한 온 인류의 죄 사함과 영생을 위하여 십자가에 달려 죽으시고, 부활하셨습니다.

54. 문: "몸이 다시 사는 것"은 무엇을 의미합니까?
답

우리는 마지막 때의 부활을 통하여 예수 그리스도의 신령한 몸을 닮게 되고(고전 15), 영광의 하나님 나라에서 영생을 누릴 것입니다. 하지만 우리는 마르다처럼 마지막 날에 다시 살 것만을 믿고 희망하는 것이 아니라, '나는 부활이요 생명이니, 나를 믿는 사람은 죽어도 살고, 살아서 나를 믿는 사람은 영원히 죽지 않을 것이다.'(요 11:25)라고 하는 예수님의 말씀을 따라서, 우리는 죽음 즉시 전인적으로 예수님의 부활체처럼 되어(vs. 플라톤적이고, 영지주주의적인 이분법과 신플라톤주의적인 삼분법)마지막 때의 보편적 부활의 때 까지 '산자들과 죽은 자들의 주님'이신 예수 그리스도의 품(하늘) 안에서 살 것을 믿고 희망합니다. 그리고 마지막 때에 메시아가 도래하실 때, 이스라엘과 교회는 부활하여 메시아 왕국 혹은 평화의 나라에 편입될 것입니다(몰트만).

55. 문: "영원히 사는 것"은 무엇을 의미합니까?
답

그것은 우리가 장차 부활체로 변용되어(막 9:2-9), 영광의 나라에서 영생할 것을 의미합니다. 우리는 성부, 성자, 성령과의 영원한 교제(코이노니아)에 들어 갈 것이고, 하나님과 인간, 인간과 인간, 그리고 인간과 창조세계가 새 하늘 새 땅에서 함께 어우러져 충만한 생을 누릴 것입니다. 물론, 우리는 이와 같은 마지막 때의 보편적 화해와 변용을 희망하는 가운데, 성령의 크신 사역을 통하여 역사와 창조의 지평 안에서 '하나님의 나라와 그의 의'를 추구함으로써, 이미 그것을 선취(   )시카고 있고, 성취시켜야 할 것입니다.

IV. 하나님의 말씀과 성례전에 대하여

56. 문: 예배에 있어서 가장 중요한 것은 무엇입니까?

답

말씀설교와 성례전입니다. 우주만물을 창조하셔서 우리 인간에게 그냥 주시고, 하나님의 아들 예수 그리스도와 성령을 이 땅 위에 파송해 주시며, 영원한 하나님 나라를 희망하는 교회를 이 땅 위에 세워주시고, 새 하늘 새 땅을 약속해 주시는 하나님의 한없는 은혜에 대하여 감사하고 찬양하는 것(thanksgiving and doxology)이 예배인데, 우리는 말씀설교와 성례전을 통하여 은혜를 받아, 우리의 삶 전체가 하나님의 은혜에 응답하는 예배(롬 12-16)가 되는 것을 믿고 있습니다. 바로 이 예배는 하나님나라 운동의 원천이고, 추진력이며, 목표입니다. 예배가 하나님 나라를 향하여 정향(定向)되어 있기 때문입니다.

57. 문: '하나의 거룩하고 보편적이며 사도적인 교회'의 은총의 수단은 무엇입니까?

답

그것은 주로 하나님의 말씀과 성례전(세례와 성만찬)입니다. 공교회는 하나님 나라에 정향된 복음을 선포하고, 세례를 통하여 사람들로 이 하나님 나라의 성원이 되게 하며, 성만찬을 통하여 이 하나님 나라를 앞당겨 축하하는 잔치를 소홀히 여기지 말아야 할 것입니다.

58. 문: 이 은총의 수단이 우리에게 주는 유익은 무엇입니까?
답

성령께서는 이 수단을 통하여 믿음과 사랑과 희망을 낳으시고, 예수 그리스도와 연합하며 삼위일체 하나님의 선교에 동참하게 하시어, 하나의 거룩하고 보편적이며 사도적인 교회의 성원이 되게 하시고, 이로써 하나님나라의 시민이 되게 하십니다. 하여 우리는 기독교적 정체성을 분명히 하면서, 삼위일체 하나님의 선교에 동참하여 이 역사와 창조 지평 안에서 하나님 나라의 표지(標識)판들을 세워 나가야 할 것입니다.

59. 문: 예배예전이란 무엇인가요?
답

ㄱ. 예배예전에서 우리는 예수 그리스도 안에서 일어난, 하나님의 보편적인 칭의와 속량과 화해와 그것이 지향하는 종말론적 목표로서 하나님 나라를 선포하고 축하하면서, 삼위일체 하나님께 영광과 송영을 올려드립니다(doxology). 그리고 예배참여자들은, 하나님의 보편적 칭의에 대하여 믿음으로, 하나님의 보편적 사랑에 대하여 사랑으로, 그리고 그의 보편적 하나님 나라에 대하여는 희망으로 응답합니다. 우리는 설교를 통하여 하나님 나라의 복음을 듣고 깨달으며, 세례를 통하여 하나님 나라의 구성원이 되고, 성만찬을 통하여 하나님 나라의 잔치를 미리 축하합니다.

ㄴ. 하지만 예배의 핵심은 부활과 십자가입니다. 부활은 기독교적 예배의 기원입니다. 이사야 65:17-25이 하나님 나라를 계시하고 약속하였다면, 부활은 이 하나님 나라를 확정적으로 계시하고 약속하는 바, 이 하나님 나라는 '노동과 죄와 죽음의 세상'에 대한 종말론적 대안(代案)을 제시합니다. 그리고 이 부활하신 예수님의 십자가는 고통당하는 사람들의

절규를 대신하고, 인간이 되시어, 고통을 당하시며 십자가에 달리신, 우리가 예배하는 그 하나님은 우리로 하여금 우리가 당하는 고통을 절규하게 하십니다. 그리고 십자가에 달리셨다가 부활하신 그리스도의 이름으로 드리는 예배는, 우리로 하여금 삶의 내적이고 외적인 억압에 항거하게 만들지만, 이 세상에 대한 비판은 인간에 대한 하나님의 칭의와 창조세계에 대한 긍정을 전제하는 것입니다. 나아가서 부활은 하나님 나라에서의 변화된 삶에 대한 황홀과 그것의 앞당겨진 모습에 대한 황홀을 경험하게 합니다.(윌겐 몰트만) 이상은 우리가 예배예전에서 성령을 통하여 예수 그리스도와 연합할 때에 일어나는 것입니다.

ㄷ. 그리고 우리는 위와 같은 성령을 통한 '하나님 나라' 경험에서 '그리스도의 역사'(선재, 성육신, 메시아적 선교, 고난, 십자가, 부활)와 '성령의 역사'를 기억하고, 이로부터 삼위일체 하나님의 역사를 회상합니다. 다시 말하면, 우리 믿는 사람들은 하나님의 아들(선재)이신 예수님의 동정녀 탄생, 세례, 광야시험, 갈릴리 사역, 예루살렘사역, 역문 밖의 십자가와 부활 사건에 동참하신 성령의 역사(歷史)에서 삼위일체의 역사를 기억하고, 이 하나님께서 역사와 창조세계 속에서 수행하시는 선교(missio trinitatis)를 회상하고 축하합니다. 물론, 그와 같은 회상은 미래 하나님 나라에 대한 기대와 긴장관계에 있습니다.

ㄹ. 년 중 교회의 절기들 가운데, 중요한 절기는 1. 대림절과 성탄절, 2. 주현절, 3. 사순절, 4. 부활절과 오순절입니다. 즉 이와 같은 전통적인 서방교회의 교회력은 예수님의 탄생을 기다리고 그의 탄생을 축하하는 날, 예수님께서 공생애를 위하여 세상 사람들 앞에 나타나신 날(Epiphany), 예수님께서 부활하신 날, 그리고 오순절 성령강림의 날을 기념하고 축하합니다. 헌데 이와 같은 교회력은 주로 예수 그리스도에게 집중되어

있고, 성령에 대하여는 예수 그리스도에게 덧붙여 진 느낌마저 주는 듯하며, 대체로 과거 지향적입니다. 하여 우리는 창조의 생명공동체와 새 창조를 축하하며 희망하는 아버지 하나님의 창조의 날과 그리스도의 다시 오심과 새 창조(창 1-2장; 사 11:1-9; 사 65:17-25; 계 21:1-7))를 기다리는 날을 교회력에 추가시켜야 합니다. 교회력은, 교회의 역사와 인류의 역사와 창조세계의 역사를, 구속사와 삼위일체 하나님의 새 창조의 역사에 편입시키는, 의미를 가지고 있습니다. 이와 같은 새로운 교회절기는 성부 성자 성령의 위격과 사역의 균형을 유지합니다.

60. 교회의 예배는 성도의 교제(koinonia), 기독교교육(didache), 봉사(diakonia), 복음전도(evangelism), 그리고 사회참여와 어떤 관계를 가지고 있나요?

답

위와 같은 예배를 통하여 우리는 하나님 나라를 미리 맛보는 '성도들의 교제'를 만들어가야 하고, 성경의 대서사(grand Narrative)가 지향하는 하나님 나라 이야기를 '성경공부와 신학연구'를 통하여 가르치고 배워야 하겠습니다. 그리고 교회의 모든 봉사와 섬김의 사역도, 복음전도도, 그리고 모든 사회참여도 하나님 나라를 앞당겨 구현하는 것을 목표로 해야 하겠습니다. 하여 교회는 정의와 평화와 생명과 같은 하나님 나라의 가치들이 개인의 심령과 가정과 사회와 국가와 창조세계를 지배하도록 해야 하겠습니다. 하나님 나라는 성령을 통한 주 예수 그리스도의 통치요, 나아가서 삼위일체 하나님의 종말론적 통치입니다. 우리는 예배예전과 일상적인 삶(가정 사회 국가 창조)을 결코 이분 화시켜서는 안 될 것입니다. 삼위일체 하나님께서는 하나님 나라 건설을 위하여 정치 경제 사회 문화 다 종교들 그리고 창조세계와 같은 특수 파트너들과 더불어 현존하시고 사역하시는 바, 주 예수 그리스도의 교회야 말로 메시아 왕국과 새 한르 새 땅의 아방가르드(전위대)로서 '그 나라와 그의 의'를 위하여 이들 파트너들과 대화하고 연대해야 하겠습니다.

61. 문: 그러면 은총의 수단 가운데 가장 중요한, 하나님의 말씀은 어디에서 발견됩니까?

답

그것은 성경 안에서, 설교에서, 그리고 예수 그리스도 안에서 발견됩니다.

62. 문: 성경은 어떤 책입니까?

답

그것은 성령으로 영감 된 책인데, 그 중심 주제는 구약에서 약속되었고 신약에서 더 밝히 계시되고 약속된, '하나님 나라의 복음'이고, 이 '복음'에 입각한 하나님의 다양한 메시지들이 들어 있습니다. 하여 성경은 믿음과 사랑과 희망의 규범입니다. 하여 우리는 성령의 인도하심 가운데 성경에서 하나님의 말씀을 읽어내야 합니다.

63. 문: 우리는 하나님의 말씀을 듣고 이해하기 위하여 어떻게 해야 합니까?

답

우리는 이 성경을 개인적으로 읽고 연구해야 할 뿐만 아니라 교회의 신조와 신앙고백들과 기독교 신학자들의 해석에 귀를 기울려야 할 것입니다. 여기에 기도와 성령의 인도하심이 성행되어야 하겠습니다.

64. 문: 우리는 왜 특히 기독교인들의 공동체들의 공적인 예배에서 이 말씀을 들어야 합니까?

답

부활하신 예수께서 사도들에게 하나님 나라의 복음 선포와 사역을 위탁하셨고, 교회는 사도적 교회로서 이와 같은 사도적 말씀사역을 전승받았기 때문입니다. 즉 '그가 혹은 사도로 혹은 선지자로 혹은 복음 전하는 자로 혹은 목사와 교사로 삼으셨습니다.'(엡 4:11).

65. 문: 교회 안에 왜 목사들이 있어야 합니까?

답

우리는 교회 안에서 목사의 설교와 가르침을 들어야 하기 때문입니다. 이들을 경멸하고 이들의 말씀을 듣지 않는 사람들은 이들을 세상 속으로 파송하신 예수 그리스도를 배격하는 사람들이요, 자신들을 믿는 자들의 공동체로부터 격리시키는 사람들입니다. 요단강 세례 시에 메시아 직분을 위임받으신 예수님과 12사도들을 비롯한 하나님 나라의 복음 사역을 위임받은 사도들은 안수례 받은 직분들의 기원입니다. 교회 안에는 성령의 은사에 따른 다양한 직분들이 있지만(엡 4:10-12), 이와 같은 안수례 받은 직분들(목사 장로 집사) 중, 특히 목사는 종교개혁 전통을 따라서 개 교회 안에서 말씀을 설교하고 세례·성만찬을 베풀며, 나아가서 지역 교회들과 보편 교회를 장로들과 함께 감독할 책임을 지고 있습니다. 목사는 교회 지도력의 초점입니다. 물론, 목사의 지도력은 교회 공동체와의 코이노니아를 전제합니다. 하여 우리는 세례를 통하여 하나님 나라의 구성원이 된 모든 그리스도인들이 하나님 나라의 복음을 설교하고, 세례와 성만찬을 베풀 수 있고, 형제자매들을 위하여 중보 기도하고, 이들의 죄를 용서하며 서로 위로하고 격려해야 하는 만인제사장직(마르틴 루터)을 가지고 있다고 하는 사실을 명심함으로써, 교회의 직제들과 일반성도들 사이의 잘못된 계층질서가 생기는 것을 방지해야 합니다.

66. 문: 그러면 하나님께서 자신을 경험하게 하시고(알리시고), 은혜를 베푸시는 수단이 오직 말씀뿐인가요?

답

하나님께서는 말씀의 설교에 더하여 성례전을 제정(고전 11:17-34)해 주셨습니다.

67. 성례전엔 몇 가지가 있습니까?

답

주로 세례와 성만찬 두 가지가 있습니다. 일곱 성례전을 가지고 있는 로마가톨릭교회와 동방정통교회 조차도 세례와 성만찬을 우선적인 성례로 보고 있습니다.

68. 문: 세례의 기원은 어디에 있습니까?

답

예수께서 세례 요한으로부터 요단강에서 받으신 세례가 그 기원입니다.(막 1:9-11; 마 3:13-17; 눅 3:21-22) 그런즉 '그러므로 너희는 가서 모든 민족을 제자로 삼아 아버지와 아들과 성령의 이름으로 세례를 베풀고"(마 28:19)는 예수님의 요단강 세례에서 기원한 것입니다. 하여 마태복음 28:19은 사도들의 세례 베풂의 역사적 기원인데, 사도시대의 상당 시기 동안 삼위일체 하나님의 이름으로의 세례와 예수 그리스도의 이름으로의 세례가 병행되었습니다.

69. 문: 예수님은 죄가 없으신데, 왜 세례를 받으셨나요?

답

그는 '하나님의 아들'로서 인류의 죄와 죽음과 흑암의 권세를 대신 걸머지시고 세례를 받으셨고, 이 때에 하늘로부터 '성령'을 받으셨습니다.

그는 이 성령세례를 통하여 메시아 직분에 임직되신 것이고, 향후 갈릴리 사역과 예루살렘에 이르는 사역에서 그의 메시아적 선교를 수행하셨습니다. 그의 메시야 사역은 장차 도래할 메시아 왕국을 보여주셨으니, 이는 새 하늘과 새 땅의 전단계일 것입니다.

70. 문: 그러면 세례자 요한의 세례가 기독교의 세례의 기원입니까?
답
아닙니다.(마 3:11; 눅 3:16) 그것은 역사적으로 성령강림 직후 바울을 비롯한 사도들이 부활하신 예수님의 분부대로(마 28:19)로 삼위일체 하나님의 이름으로 세례를 베풀기 시작한 것에서 기원합니다. 즉 오순절 성령강림과 더불어 사도들이 하나님 나라의 복음을 설교하고 가르치기 시작했는데, 바로 이 사도들이 말씀설교와 가르침에 이어 세례가 실행되었습니다. 하여 향후 공교회는 사도적 교회로서 사도들의 뒤를 이어 세례를 베풀고 있습니다.

71. 문: 예수님은 그가 살아계신 동안에 전혀 세례를 베풀지 않으셨습니까?
답
예, 그렇습니다. 그래서 그가 받으신 세례는 십자가와 부활을 통해서 인간의 모든 죄를 대속하시는 구속사건을 지향하고 있는 것입니다. 그가 세례 받으신 후, '회개하라! 천국이 가까웠느니라.'고 하신 그의 설교에서, 우리는 그의 구속사역이 창조세계의 회복을 포함하는, 새 하늘 새 땅을 위한 사역임을 짐작할 수 있습니다.

72. 문: 세례의 의미는 무엇입니까?
답

세례란 예수 그리스도께서 이미 십자가와 부활을 통해서 성취하신 구속사역을 내 것으로 받아들여(신앙), 예수 그리스도와 연합하여 옛 사람이 죽고 새 사람으로 태어났음(롬 6)을 인침 받는 것으로서, 삼위로 일체되시는 한 분 하나님만을 예배하고 그를 영원토록 섬기겠다고 하는 믿는 자들의 약속입니다. 하여 세례는 공교회(the catholic Church)의 성원이 될 뿐만 아니라 예수 그리스도의 구속사역을 통하여 계시되고 약속된 하나님 나라의 구성원이 되게 하는 표지(標識)입니다.

73. 문: 세례는 몇 가지 의미를 갖고 있습니까?
답

두 가지입니다. 그 중 하나는, 죄의 용서(엡 5:26, 27)이고, 다른 하나는 중생 혹은 영적인 갱신(롬 6:4)을 통해서 하나의 거룩하고 보편적이며 사도적인 교회의 구성원이 되게 하는 것입니다. 나아가서 세례 받은 사람들은 하나님 나라의 시민이 되며, 만인제사장직을 수행하고, 하나님 나라를 역사와 창조 안에 앞당겨 선취하는 운동에 동참하는 것입니다.

74. 문: 물은 무엇을 뜻합니까?
답

하나님께서는 예수 그리스도 안에서 성령을 통하여 모든 인류의 죄를 용서하셨습니다. 하여 우리는 몸의 더러운 것이 물로써 씻기듯이, 믿음을 통하여 저 보편적이고 객관적인 예수 그리스도의 사죄사역을 받아들여서, 전인적으로 사죄를 받고 씻음을 받는 것입니다. 이와 같은 구원사건은 세례 전에, 세례 중에, 혹은 세례 후에 일어납니다. 허나 이와 같은 신망애의 특수 공동체인 교회는, 하나님께서 '택하신 족속이요 왕 같은 제사장이요 거룩한 나라요 그의 소유가 된 백성'(벧후 2:9)입니다. 전적인 은혜와 신앙이 아니고는, 그와 같은 하나님의 선민이 될 수가 없습니다. 인간의 이성과 자유의지는 오직 은혜와 신앙으로만 중생한 이성과 자유의지가 됩니다.

75. 문: 두 번째 의미에 대하여 좀 더 자세히 말해 보세요.
답

우리의 중생의 시작과 그 목적은 하나님의 영을 통하여 새 하늘과 새 땅의 새 피조물이 되는 것입니다. 따라서 물이 우리 머리에 뿌려지는 것은, 죽음의 표시인데 이것은 부활로 이어집니다. 왜냐하면 우리는 출애굽에서 홍해를 지나듯이, 물속에 빠져 죽는 것으로 끝나는 것이 아니라 이 물로부터 다시 나오기 때문입니다. 즉 우리는 예수께서 땅에 묻히셨다가 이 무덤으로부터 다시 살아나심과 같이 우리는 물속에 잠겨 우리의 옛 사람을 장사지내고, 물로부터 나옴으로 새 사람으로 부활하는 것입니다. 우리는 세례에서 예수 그리스도의 십자가와 부활을 실존적으로 경험하는 것입니다(롬 6).

76. 문: 물이 영혼을 씻나요?
답

아닙니다. '오직 흠 없고 점 없는 어린양 그리스도의 보배로운 피로 한 것입니다.'(벧전 1:19). '그 아들 예수의 피가 우리를 모든 죄에서 깨끗 게 하실 것이요.'(요일 1:7).

77. 문: 중생 혹은 영적 갱신의 근거는 무엇입니까?
답

그것은 예수 그리스도의 십자가와 부활입니다. 하나님과 이웃과 자연에 대하여 잘못된 관계를 맺고 있는, 옛 아담을 십자가에 못 박으시고 우리의 이 사악한 관계를 장사 지내시는 그의 죽으심으로 말미암아 우리는 옛 아담의 사악한 관계들로부터 벗어납니다. 이로써 우리는 옛 아담이 입고 있었던 부끄러운 무화과나무 잎 새로 만든 문화의 옷을 벗고, 그리스도의 의(義)의 옷을 입는 것입니다. 그런즉, 하나님의 의에 순종하는 우리의 중생은 예수 그리스도의 부활에 근거하는 것으로서 성령께서는 이와 같은 예수 그리스도의 객관적이고 보편적이며 종말론적인 사건을 우리에게 적용하십니다. 성령께서는 이와 같은 구속사역을 우리들 믿는 사람들에게 와 닿게 하십니다.

78. 문: 이와 같은 은혜가 세례를 통하여 어떻게 우리의 것이 됩니까?
답

우리는 세례에서 성령을 통하여 실제적으로 예수 그리스도의 의로 옷 입고 또한 이 예수 그리스도의 영을 받아, 교회의 사역자들과 하나님 나라의 일꾼들이 되는 것입니다. 즉 그것은 모든 세례 받은 사람들을 '만인사제직'(루터)에 임직시키는 것입니다.

79. 문: 우리는 어떻게 해야 세례를 합당하게 받는 것입니까?
답

하나님의 한없는 은혜에 대한 신앙과 회개로써 받아야 합니다.
다.

80. 문: 세례와 말씀의 관계는 어떠합니까?
답

세례받기 전에 예배하는 공동체의 말씀설교와 교리문답 공부를 통하여 신앙의 지식을 지녀야 하고 세례 후에도 이것을 계속 강화하고 성장시켜 나가야 합니다. 그러므로 세례란 말씀을 통해서 성령의 역사로 믿는 자의 마음속에서 일어나는 복음사건을 도장 찍는 일이나 마찬가지입니다. 이미 우리는 예배하는 공동체 안에서 말씀설교를 듣고, 성경공부와 교리문답을 배움으로써, 성령의 크신 은혜로 예수 그리스도께서 그의 십자가를 통하여 우리를 전적으로 용납하신 바(totally accepted)를, 전적으로 수용하는 것입니다(totally accept). 하여 전적으로 용서받고 용납 받은 혹은 예수 그리스도 안에서 일어난 하나님의 의롭다하심을 받아들여 의롭다 칭함(이신칭의)을 받은 우리는, 예수님의 십자가와 더불어 우리의 옛 사람을 죽게 하여야 하고 예수님의 부활과 함께 우리의 새 사람을 살게 해야 합니다(롬 6). 하여 예수 그리스도 안에서 일어난, 하나님의 인류와 창조세계에 대한 객관적이고 보편적인 칭의 화해 속량 화평은 '하나의 종말론적인 목적'(an eschatological telos)을 가지고 있고, 은혜와 믿음 안에서 전적으로 칭의받은 사람들은 이미 저 하나님 나라의 구성원이 된 것입니다.

하여 우리는 우리들의 옛 자아와 세상에 대하여는 죽었고, 하나님 나라와 그의 의(his kingdom and his righteousness)를 향하여는 다시 살았으니, 우리는 '음행과 더러움과 방탕과 우상숭배와 마술과 원수맺음과 다툼과 시기와 분노와 이기심과 분열과 분파와 질투와 술 취함과 흥청거리는 연회'(갈 5:20-21) 등과 같은 육체의 열매를 벗어버리고, '사랑과 기쁨과 화평과 인내와 친절과 선함과 신실과 온유와 절제'(갈 5:22-23)와 같은 성령의 열매를 풍성히 맺는 삶을 살아야 합니다(성화). 이는 믿는 사람 한 사람 한 한 사람 안에서 일어나는 하나님 나라입니다. 허나, 나아가서 우리는 정치 경제 사회 문화 다 종교들 및 생태환경과 같은 공공의 영역들 안에서 정의와 평화와 생명과 같은 하나님 나라의 가치를 실현시켜야 하겠습니다.

81. 문: 물세례와 성령세례는 별도의 것입니까?
답

아닙니다. 우리는 설교와 성경공부와 교리문답 공부를 통하여 하나님 나라의 복음을 받아들여 물로써 세례를 받을 때에, 죄의 용서와 함께 성령을 받는 것입니다. 물론, 이 사건은 세례 전(예배하는 공동체에서 말씀을 듣고 배움으로써)와 세례 후에(수세 후 예배하는 공동체의 말씀설교와 가르침을 듣는 중에)도 일어날 수 있습니다. 예수께서 요단강에서 물세례를 받으실 때 성령을 받으셨고, 그분의 수세행위는 우리의 사죄를 위한 것이었습니다. 하여 물세례는 꼭 필요한 것이고, 말씀과 불가 분리합니다. 예수께서는 수세에 의하여 메시아직분에 임직되신 후, 천국복음을 말씀과 행동으로써 전파하셨습니다. 하여, 오순절 하나님의 성회가 주장하듯이, 믿는 그리스도인들이 직분을 잘 수행하기 위하여 방언 등 은사들을 받는, 성령세례를 또 다시 받아야 한다고 하는 주장은 신약성경의 사도적 성령세례의 의미와 다른 것으로 보입니다.

82. 문: 성만찬의 기원은 어디에 있습니까?

답

예수님께서 십자가에 달리시기 전날 밤, 십자가사건과 부활사건을 내다보시면서 그의 제자들과 함께 유월절을 기념하여 마지막 만찬(the Last Supper)을 잡수셨습니다.(고전 11:23-26; 막 14:17-26; 마 26:20-30; 요 13:21-30) 바로 이 최후만찬이 성만찬의 기원입니다.

83. 문: 예수께서는 왜 유월절 날에 그의 제자들과 최후의 만찬을 나누셨습니까?

답

유월절은 이스라엘 백성의 출애굽 사건을 기념하는 유대교의 최대 명절로서, 우리 주 예수 그리스도께서는 인류를 죄와 죽음의 노예상태로부터 출애굽 시키시고, 허무한데 굴복하고 있는 자연을,

해방시키시기 위하여 십자가에 달려 죽으셨으며, 우리에게 새 생명과 새 하늘 새 땅을 약속하시기 위하여 부활하셨습니다. 하여 이상과 같은 복음사건이 다름 아닌, 인류와 창조세계의 출애굽 사건이었기 때문에, 예수께서 유월절에 최후의 만찬을 제자들과 더불어 나누셨습니다.

84. 문: 성만찬 제정의 말씀이란 무엇입니까?
답

고린도전서 11:23-26에 적혀있는 말씀입니다. 모든 교파들의 성만찬 예식은 이 '제정의 말씀'을 읽거나 풀이하고 나서 집례 됩니다. 물론, 동방정교회와 개혁교회는 떡과 즙의 축성 직전에 '성령초대의 기도'(Invocatio Spiritus Sancti)를 올립니다.

85. 문: 이 성만찬 제정의 말씀은 무엇을 의미합니까?
답

그것은 하나님 나라의 복음을 요약하고 있습니다. '이것은 너희를 위한 내 몸이니'와 '이 잔은 내 피로 세운 새 언약이니'는 십자가상에서 살이 찢기시고 피를 흘리신 예수 그리스도께서는, 우리가 떡을 먹고 잔을 마실 때 마다 성령을 통하여 우리의 것이 되신다고 하는 사실입니다.

86. 문: 하면 성만찬이 무엇을 의미하나요?
답

ㄱ. 성부 하나님께 드리는 감사입니다. "말씀과 성례(sacrament)를 포함하는 성만찬은 아버지 하나님께서 이루신 모든 것들에 대하여 감사드리는 것입니다. 즉 창조와 구원과 성화를 통하여 이루어진 모든 것에 대하여, 인간들의 죄악에도 불구하고 교회와 세상 안에서 이루신 모든 것에 대하여, 그리고 하나님 나라를 완성하심으로

이루실 모든 것에 대하여, 아버지 하나님께 커다란 감사를 드리는 것입니다."(『세례·성만찬·직제』, Ⅱ.2. A)

ㄴ. 그리스도 예수와 그의 사역을 기억(기념)하는 예식입니다. "성만찬은 십자가에서 죽으시고 다시 사신 그리스도에 대한 기억입니다. 다시 말하면 성만찬은 십자가 위에서 단번에 이루어 졌으며, 여전히 모든 인류를 위하여 유효한 그분의 희생제사에 대한 살아있고도 유효한 징표입니다. …(Ⅱ.2. B)
그리스도는 우리와 모든 피조물을 위하여 그가 이루신 모든 일들(성육신, 종 되심, 사역, 가르침, 고난, 희생, 부활, 승천, 그리고 성령을 파송하심)과 함께 이 기념 속에 임재하시며 우리와 친히 교제를 나누십니다. 성만찬은 또한 그의 재림과 마지막 왕국을 미리 맛보는 것입니다."(Ⅱ.2. B)

ㄷ. 성령초대의 기도로써 성령께서 임하시는 예전입니다. "성령은 십자가에 달려 죽으시고 부활하신 그리스도가 성만찬에서 우리에게 실제로 임재 하도록 하시며, 성만찬 제정 때 하신 말씀에 담긴 약속은 성만찬 거행에 있어서 근본이 됩니다. 그럼에도 불구하고 성만찬 사건의 일차적 근원이 되시고 그것을 궁극적으로 성취하시는 분은 하나님 아버지이십니다. 하나님의 성육신하신 아들 – 성만찬은 이 아들에 의해 또 이 아들 안에서 이루어지지만 – 은 성만찬의 중심입니다. 그리고 성령은 성만찬을 가능하게 하시며, 성만찬 예식이 계속해서 유효하게 만드시는 무한한 사랑의 힘이십니다. 하여 성만찬 거행과 삼위일체 하나님의 신비가 결합하여 예수님의 역사적 말씀을 현재화시키고 살아있게 만드는 성령의 역할이 드러나게 됩니다. 예수께서 성만찬 제정 때 하신 말씀에 담긴 약속에 의하여 그것이 응답될 것이라는 사실을 확신하기 때문에, 교회는 성만찬 사건이 실제적 사건이 되도록, 다시 말하면 모든 인류를

위하여 자신의 생명을 주신 십자가에 달리시고 부활하신 그리스도가 실제 임하시도록 하기 위하여 성령의 은혜를 간구하는 기도를 하나님 아버지께 올립니다."(Ⅱ.2. C)

"떡과 포도주가 그리스도의 몸과 피를 나타내는 성례전적 상징들이 되는 것은 그리스도의 살아있는 말씀에 의해서 그리고 성령의 능력에 의해서 가능합니다. 떡과 포도주는 교제를 위하여 그리스도의 몸과 피의 성례전적 상징들로 있게 됩니다."(Ⅱ.2. C)

"성령께서는 성만찬을 통하여 하나님의 나라를 미리 맛보게 하십니다. 그렇게 함으로써 교회는 새 창조의 생명과 주님이 다시 오신다고 하는 확신을 얻게 됩니다."(Ⅱ.2. C)

ㄹ. 우리는 성만찬을 통하여 성도들의 교제를 합니다. "교회의 삶을 양육하시는 그리스도와의 성만찬적 사귐은 동시에 교회되시는 그리스도의 몸 가운데서 교제하는 것을 말합니다. … 하나님의 백성 공동체가 충분히 드러나는 것은 바로 이 성만찬을 통해서입니다. 이 성만찬 거행은 언제나 온 교회와 관련되어 있으며, 온 교회는 각각의 지역에서 이루어지는 성만찬 거행과 관련되어 있습니다. … "(Ⅱ.2. D)

"성만찬은 사람의 모든 측면들을 포함합니다. 성만찬은 온 세상을 대신하여 감사와 봉헌을 드리는 대리적 행동입니다. 성만찬 의식은 하나님의 한 가족 안에서 형제자매로 간주되는 모든 사람들 간의 화해와 동참을 요구하며, 사회 경제 정치적 삶 속에서 합당한 관계를 추구하도록 촉구하는 끊임없는 도전이 됩니다(마 5:2 이하; 고전 10:16이하; 고전 11:20-22; 갈 3:28). 우리가 그리스도의 몸과 피에 동참할 때, 모든 종류의 부정의, 인종차별주의, 자유의 결핍이 근본적으로 도전을 받게 됩니다. … 성만찬은 믿는 사람들을 세계역사의 중심사건들과 연결시켜 줍니다. … "(Ⅱ.2. D)

ㅁ. 성만찬은 앞 당겨진 하나님 나라의 잔치를 뜻합니다. "성만찬은 창조의 궁극적인 갱신을 약속하는 하나님의 통치(하나님 나라)에 대한 비전을 열어 주며 또한 그 통치를 미리 맛보게 합니다. 이와 같은 새 창조의 징표들은, 이 세상 안에서 하나님의 은혜가 드러나고 인간이 정의, 사랑, 그리고 평화를 위하여 일하는 곳이라면 어디에서든지 있습니다. 성만찬은 교회가 이와 같은 새 창조의 징표들에 대하여 하나님께 감사드리는 축제요, 그리스도의 안에서 임해오는 하나님 나라를 기쁜 마음으로 기념하고 또 고대하는 축제입니다.(고전 11:26; 마 26:29)"(Ⅱ.2. D)

87. 문: 성만찬과 하나님 나라는 어떤 관계에 있습니까?
답
예수님은 바리세인들, 죄인들과 세리들, 그리고 제자들과 더불어 식탁교제를 가지셨는데, 그것은 하나님 나라를 선취적으로 축하하는 하나님 나라의 잔치였습니다. 이와 같은 식탁교제들은 종말론적 잔치의 미리 맛봄이요 담보였습니다. 하지만 성만찬의 기원은 제자들과 나누신 예수님의 최후만찬이었습니다. 물론, 이 최후만찬 역시 하나님 나라를 앞당겨 축하하는 잔치였습니다.

88. 문: 세례와 성만찬은 어떤 관계가 있나요?
답
전자는 믿고 회개하는 사람들에게 하나님 나라의 문이 열리는 것을, 후자는 그와 같은 하나님 나라 안에서 영원토록 즐거운 교제(코이노니아)를 누리는 것을 뜻합니다. 그도 그럴 것이 떡과 즙을 받는 자들은 영원하신 하나님과 연합하신 예수님을 받는 것이니, 이는 장차 하나님과의 영원한 연합(화해와 변용)을 약속받는 것입니다. 우리는 세례를 통하여 예수 그리스도와 연합하고, 사죄를 받으며 중생하여 예수 그리스도의 몸의 지체들이 되고, 나아가서 하나님 나라의 구성원이 되는데, 하나님 아버지께서는 이 성만찬을 통하여 그의 가족들을 계속해서 먹이시고 양육하시며 강건케 하십니다. 그런즉 세례를 통하여 일어난, 예수 그리스도와의 연합, 성 삼위일체아의 연합, 그리고 성도들 상호 간의 연합이 성만찬을 통하여 더욱 더 강화되고 성장하는 것입니다.

89. 문: 교회의 행습에 따르면, 대체로 세례를 받은 사람들이 성만찬에 참여할 수 있는데, 그 이유는 무엇입니까?
답
그것은 세례 시에 일어난 은혜가 성만찬에서 더욱 더 강화되고 증강되기 때문입니다.

90. 문: 성만찬과 말씀은 어떤 관계에 있습니까?
답
세례받기 전에 우리는 이미 말씀설교와 가르침과 교리문답을 통하여 '하나님 나라의 복음'과 성경의 여러 메시지들을 믿고 받아들이게 되고, 세례 받은 후에는 이것이 더욱 더 강화되고 성장하는 바, 성만찬은 말씀설교와 가르침과 교리교육을 전제하는 것입니다. 성만찬은 보이는, 하나님 나라의 복음(Verbum visibile)말씀이기도 합니다.

91. 문: 봉헌된 떡과 즙은 예수 그리스도의 살과 피 그 자체로 실체변화를 합니까?
답:
아닙니다. 그것은 지상에서 하나님 나라를 선포하셨고, 가르치시다가, 온 인류를 위한 희생제물과 희생제로서 십자가에서 살을 찢으시고 피를

흘리신 예수님뿐만 아니라, 부활하시고 영화롭게 되시어 하늘에 오르신, 하나님 아버지 우편에 앉아계신 예수님의 신비 체의 현존을 기억하고 축하하는 것입니다. 그리고 십자가에 달리신 예수 그리스도는 흠과 티가 없으신 대제사장으로서 하나님께 드려진 완전하고 단회유일적인 '희생제물'(the Sacrifice)이십니다. 헌데 이 때에 예수 그리스도께서는 성령 초대의 기도(the Invocation of the Holy Spirit)로써 믿는 사람들의 마음 마음속에 실체적으로 현존하십니다.

92. 문: 그런데 왜 예수님께서는 떡으로 그의 몸을, 그리고 즙으로 그의 피를 가리키셨을까요?

답

떡이 우리의 육신에게 영양분을 공급하여 이 세상에서 우리를 소생시키고 지탱하듯, 예수 그리스도의 몸(십자가에 달리셨다가 부활하사 영화롭게 된 그의 몸)은 우리의 영혼에게 영양분을 공급하여 우리의 영적 삶에 있어서 우리를 소생시키시고, 지탱하는 것이기 때문입니다. 그리고 즙이 육체적으로 강하게 하고, 소생시키며, 기쁘게 하듯, 예수 그리스도의 피(십자가에서 흘리신 피, 그리고 부활하여 영화롭게 된 그 피)가 우리의 기쁨이요, 우리의 희망이요, 우리의 영적인 힘이기 때문입니다.

93. 문: 떡과 즙을 받을 때, 우리는 무엇을 소유합니까?

답

우리는 십자가에 달리셨다가, 부활하사 영화롭게 되신 예수 그리스도를 소유합니다. 아니 , 그가 우리를 소유합니다(Infinitum capax finiti). 우리의 구원은 아들 예수 그리스도께서 아버지 하나님을 신뢰하고(믿고), 그에게 전적으로 순종하며(사랑), 하나님 나라를 희망(희망)하는 가운데, 우리를 구원하신 것에 달렸기 때문입니다. 예수님께서 십자가에 달려 죽으시어,

우리를 아버지 하나님께 화해시키시고 우리를 저주와 파멸로부터 구출하셨으니, 만약에 우리가 그분을 소유하지 못한다면, 아니 그분이 우리를 소유하시지 않는다면, 우리에게 하나님 나라의 문이 열리지 않을 수도 있을 것입니다. 하여 그는 온 인류를 소유하시고 계신 것이고, 믿는 자들은 그것을 믿고 받아들이는 것입니다.

94. 문: 성만찬을 통해서 우리는 이 예수 그리스도를 어떻게 소유할 수 있습니까?

답

믿음에 의해서입니다. 우리가 믿을 때에 우리는 그를 소유합니다. 아니, 그분이 우리를 소유하십니다. 그리스도인들은 예수님께서 인류를 위하여 죽으셨다가 부활하시어 우리를 영원한 죽음에서 구출해 내시고 우리를 위하여 영생을 획득하셨다는 사실을 믿을 뿐만 아니라, 이 예수 그리스도께서 우리 안에 거하시어 우리를 그가 머리되시는 몸, 곧 교회의 지체로 삼으시고 지체들인 우리들로 하여금 그의 모든 은혜를 함께 나눌 수 있게 하신다고 하는 사실을 믿어야 합니다.

95. 문: 성만찬 이외에 그 무엇을 통하여 우리는 이 예수 그리스도를 소유합니까?

답:

우리는 '하나님 나라의 복음 설교'를 통해서 성령의 사역으로 예수 그리스도와 교제를 갖습니다.(고전 1:9) 예수 그리스도께서는 복음 설교를 통하여 우리를, 그의 뼈 중의 뼈요 살 중의 살로 삼으십니다.(엡 5:30) 이 예수 그리스도는 하늘에서 내려오신 생명의 떡으로서 우리를 양육하십니다.(요 6:31) 그리고 성자이신 이 예수 그리스도께서 성령을 통하여 아버지 하나님과 하나이듯이, 우리 역시 성령을 통하여 아버지 하나님과 하나가 되는 것입니다. 예수님은 대제사장으로서 '아버지, 아버지께서 내 안에 계시고, 내가 아버지 안에 있는 것과 같이, 그들도 하나가 되어 우리 안에 있게 하여 주십시오.'(요 17:21)라고 기도하셨습니다.

96. 문: 성만찬과 하나님 나라의 종말론적 잔치와는 무슨 관계가 있습니까?
답:

사복음서가 전해주고 있는 예수님의 식탁 공동체들과 제자들과의 최후만찬은 '의와 화평과 기쁨'(롬 14:17)이 충만한, 장차 도래할 하나님 나라를 축하합니다. 교회가 하나님 나라의 미리 맛봄이요, 징표요, 이 하나님 나라를 인류 역사와 창조세계 속에 앞당겨 구현시키는 도구인데, 우리는 새 하늘 새 땅의 축제인 성만찬을 통하여 하나님 나라 구현을 위한 힘을 얻고, 그 나라를 항상 다시 희망합니다.

97. 문: 성만찬은 '정의 평화 창조보전'(Justice, Peace, and Integrity of Creation = JPIC)과 무슨 관계가 있습니까?
답:

성만찬에서 우리를 소유하시는 예수님은 정의 평화 창조보전을 우리에게 요구하시고, 구조 악 속에서 신음하고 탄식하는, 가난한 자, 병든 자, 소외된 자, 눌린 자에 대한 긍휼을 요구하십니다.

98. 문: 성만찬과 교회일치는 어떤 관계가 있습니까?
답

하나님 나라의 복음을 믿고 세례 받은 사람들은 성만찬을 통해서 성령의 사역으로 예수 그리스도와 한 몸을 이루고, 삼위일체 하나님과는 물론, 모든 성도들과도 교제를 갖게 되는 바, 하나님 나라에 대한 한 희망으로 함께 부름을 받은 우리는 하나의 세례, 하나의 복음, 하나의 신앙, 그리고 하나의 성만찬을 통해서 하나입니다. '여러분이 부르심을 받았을 때에 한 희망으로 부르심을 받은 것과 같이, 몸도 하나요, 성령도 하나요, 주님도 하나요, 세례도 하나요, 하나님도 한분이십니다. 그분은 만유의 아버지시며, 만유 위에 계시고, 만유를 통하여 일하시고, 만유 안에 계십니다.'(엡 4:4-6).

V. 기도와 하나님 나라의 구현에 대하여: 주기도문과 십계명

99. 문: 우리는 왜 기도해야 합니까?
답
우리는 기쁘고 감사에 넘쳐 기도와 찬양을 올릴 수밖에 없습니다. 하이델베르크 교리문답은 첫째로 인간은 죄를 인식하고 둘째로 복음을 깨달으며, 사도신경을 고백하고, 셋째로 기쁘고 감사하여 기도하는 가운데 십계명을 쫓아 하나님을 사랑하고 이웃을 사랑해야 할 것을 주된 내용으로 하고 있습니다.

100. 문: 무엇 때문에 기쁘고 감사합니까?
답
모든 것을 창조하시어 우리 인간에게 맡기시고 관리하게 하시는 창조주 아버지 하나님의 은혜, 우리를 죄와 죽음과 흑암의 권세로부터 구원하신 예수 그리스도의 은혜, 우리를 예수 그리스도와의 연합시키시며, 나아가서 삼위일체 하나님과의 교제(코이노니아)를 누리게 하시고, 사도적 교회 안에서 성도들과 교제를 누리게 하시며, 죄 사함을 받고 몸의 부활과 영생(개인의 종말론)과 하나님 나라(역사의 종말론)와 새 하늘 새 땅(우주의 종말론)을 희망하게 하시는 성령님의 은혜 때문입니다.

101. 문: 그러면 기도의 내용이 감사밖에 없습니까?
답

아닙니다. 우리는 기쁘고 감사한 나머지, 장차 선물로 주어질 하나님 나라가 이 땅 위에서 앞당겨 구현되고 하나님의 뜻이 하늘에서 이루어 진 것 같이, 이 땅 위에서도 이루어지게 하기 위하여 기도해야 하고, 이웃과 세상을 위하여 중보기도를 해야 합니다.

102. 문: 우리는 하나님의 나라와 그의 뜻을 이 땅 위에 실현시키기 위하여 어떤 내용을 가지고 기도해야 합니까?
답

주 예수께서 우리들에게 친히 그 기도의 내용과 방법을 가르쳐 주셨습니다. '하늘에 계신 우리 아버지여, … '(마 6:9-15 = 주기도문)

103. 문: 우리는 누구에게 기도합니까?
답

우리는 하나님의 아들 예수 그리스도의 이름으로(중보로) 성령의 인도하심을 따라 '하늘에 계신 아버지께 기도해야 합니다. 물론, 우리는 하나님이신 성자와 하나님이신 성령 각각에게도 기도를 올릴 수 있으나, 교회의 전통에 따라서 삼위로 일체되시는 하나님의 기원(the unoriginated Origin)과 통일성이신 아버지 하나님께 기도를 드리는 것이 더 좋습니다.

104. 문: '하늘에 계신 아버지'에 있어서 하늘은 무엇입니까?
답

그것은 '하늘과 땅'(엡 1:10) 혹은 '보이지 않는 것과 보이는 것'(골 1:16), 곧 모든 피조물들을 그렇게 사랑하시어, 독 생 성자를 보내주시고 성령을 보내주신 그러나 부활하신 주님께서 다시 귀향하신, 삼위일체 하나님의 거처요 천사들의 거처로서, 모든 피조물들의 초월적 차원인데, 그것은 역시 피조세계입니다. 그런즉 장차 도래할 '새 하늘과 새 땅'(계 21:1)은 새롭게 창조된 '하늘과 땅'이요 '보이지 않는 것과 보이는 것'을 재료로 한 새 창조의 세계입니다. 그런데 새 하늘 새 땅은 삼위일체와 천사들의 거처로서 '하늘'과, '땅'과의 연합체입니다. 이것은, 그냥 하늘이 아닙니다. 그것은 하나님의 뜻이 하늘에서 이루어 진 것처럼 이루어진 그 새로운 땅이니, 이는 천( )적인 땅입니다. 예수 그리스도는 신적인 인간(the God-man = 천적인 땅)이셨습니다. 하나님의 아들 예수 그리스도의 신성과 인성의 연합이야 말로 그와 같은 종말론적 완성(consummation)을 계시하고 약속합니다. 물론, 새 하늘과 새 땅에서는, 자체 내에서 교제(페리코레시스)를 누리시는 삼위일체 하나님께서 '만유의 주로서 만유 안에 계실 것입니다.'(God will be all in all.)(고전 15:28). 하여 우리는 단순히 '복 낙원'(the Paradise regained)가 아니라 에덴적 특징들을 지닌, '새 하늘 새 땅, 곧 천적인 땅을 희망합니다.

105. 문: '이름이 거룩히 여김을 받으시오며'는 무엇을 뜻합니까?
답

물론, 아버지 하나님께서는 아들 예수님의 선교와 예수 그리스도의 구속사역을 통하여 영광을 받으시고, 그 이름이 거룩히 여김을 받으십니다. 그런데 아버지께서 아들을 영화롭게 하시고 그의 이름을 거룩하게 하시며, 성령께서 아버지와 아들을 영화롭게 하시고 그들의 이름을 거룩하게 하십니다. 그런즉 삼위일체 하나님은 서로가 서로를 영화롭게 하시고 서로가 서로의 이름을 거룩히 여김을 받게 하십니다. 특히, 창조주는 창조와 인류역사의 섭리를 통하여, 아들 예수 그리스도는 구약에서 시작하여 신약에 이르는 구속사를 통하여, 그리고 성령은 창조와 구속사의 완성을 통하여 영광을 받으시고 그 이름이 거룩히 여김을 받으십니다. 물론, 아들이 나라를 완성하시어 아버지께 양도하실 그 때에는(고전 15:24), 아버지께서 모든 영광과 거룩히 여김의 초점이 될 것입니다.

106. 문: 그러면 교회와 세상은 어떻게 하나님의 이름을 거룩히 여길 수 있습니까?

답

교회는 하나님 나라의 복음을 설교하고 세례를 통하여 사람들을 하나님 나라로 초대하며 성만찬을 통하여 하나님 나라를 미리 맛보게 함으로써, 예배예전, 성도들의 교제(코이노니아), 복음전도와 선교, 그리고 정치 경제 사회 문화 다 종교와 대화하고 연대함으로써, 삼위일체 하나님의 이름을 거룩히 여김을 받게 하는 것입니다. 하나님의 영의 보편적 현존과 사역에 따라서, 정의와 평화와 창조보전 운동에 참여하는 세상 역시 새 하늘 새 땅에 대한 표지판들(the signposts)로서 결국 하나님의 이름을 거룩히 여김을 받게 하는 것입니다.

107. 문: '나라이 임하옵시고'는 무엇을 의미합니까?

답

예수님의 사역의 동기와 중심과 목적은 하나님 나라였습니다. 그는 요단강 세례로써 메시아직분을 받으신 후, '때가 찼다. 하나님의 나라가 가까이 왔다. 회개하여라. 복음을 믿으라.'(막 1:15)고 설교하셨습니다. 또한 그는 '먼저 하나님의 나라와 그의 의를 구하라'고 설교하셨습니다. 이는 그의 모든 말씀들과 행동들의 대 전제입니다. 그리고 사도들의 복음 선포 역시 하나님 나라의 복음(행 1:3; 28:31)입니다. 에베소서 1:10과 골로새서

1:15-20은 미래에 도래할 하나님 나라에서 만유가 회복되고 화해되고 변용될, 새 창조를 말씀하고 있습니다. 베드로후서 3:13은 '그러나 우리는 그의 약속을 따라 새 하늘과 새 땅을 기다리고 있습니다. 거기에는 정의가 깃들어 있습니다.'라고 합니다. 하여 '나라이 임하옵시고'는 바로 이와 같은 미래 종말론적인 새 하늘과 새 땅이 도래한다고 하는 말씀이고, 이 나라가 성령의 담보와 성령의 선지급금(엡1 1:14)으로서 역사와 창조 속에서 앞당겨 구현되고 있다고 하는 것입니다. 우리는 슬기로운 다섯 처녀처럼 그 나라를 고대하고 기다리면서 서둘러 만전의 준비를 기해야 할 것입니다(불름하르트, Wait and Haste, Haste and Wait).

108. 문: '뜻이 하늘에서 이룬 것같이 땅에서도 이루어지이다.'는 무엇을 뜻합니까?

답

방금 위에서 제시한, 우리가 희망해야 할 하나님 나라는, 하나님의 거처로서 하늘이 '하늘과 땅'으로 내려옴으로써, 뜻이 하늘에서 이루어진 것처럼 '하늘과 땅'에서도 이루어질 것을 뜻합니다. '보아라, 하나님의 집이 사람들 가운데 있다. 하나님께서 그들과 함께 계실 것이요, 그들은 하나님의 백성이 될 것이다. 하나님께서는 친히 그들과 함께 계시고, 그들의 눈에서 모든 눈물을 닦아 주실 것이니, 다시는 죽음이 없고, …'(계 21:3-4a). 하여 예수님의 두 본성의 연합처럼 하늘과 땅(하늘과 땅)의 연합이 일어날 것입니다. 그 자신이 하나님 나라이신 예수 그리스도(autobasileia)는 하나님과 인간의 연합 혹은 하나님과 모든 피조물의 연합이시니 말입니다. 하여 교회와 세상은 이와 같은 새 창조로서 새 하늘 새 땅을 희망하는 가운데, 그것을 역사와 창조세계 속에서 앞당겨 구현해야 할 것입니다. 예컨대, 정의와 평화와 창조보전(JPIC)은 교회와 세상이 함께 추구해야 할 하나님 나라의 표지판들입니다.

109. 문: '오늘날 우리에게 일용할 양식을 주옵시고'는 무엇을 뜻합니까?
답

인류의 일용할 양식의 문제해결은 역사와 창조 속에서 하나님의 나라가 하늘에서처럼 이루어지는 정도에 달렸습니다. 오늘날 일용할 양식이 지구촌 모든 나라들에게 골고루 공급되기 위하여 세계의 모든 나라들은 지구자원을 아껴 쓰고, 창조주 하나님의 선물인 이 창조세계의 모든 것을 서로 나누어 써야 하며, 창조세계의 보전을 위하여 함께 힘써야 하겠습니다. 정치적 사회적 부정의와 부패 그리고 경제적 착취, 나아서 전쟁과 증오와 상호불신은 일용할 양식을 모든 하나님의 형상들에게 골고루 나눌 수 없게 합니다. 결국, 일용할 양식의 문제는 '정의 평화 창조보전'(JPIC = Justice, peace and Integrity of Creation)의 문제이기도 합니다.

110. 문: '우리가 우리에게 죄지은 자를 사하여 준 것같이 우리 죄를 사하여 주옵시고'는 무엇을 뜻합니까?
답

아버지 하나님께서 그의 아들 예수 그리스도의 십자가를 통하여 인류의 죄를 사하여 주셨습니다. 성령의 사역으로 이를 받아들인, 택정함을 입은 우리 교회(the chosen people)는 자체 내에서 서로 용서하는 삶을 살 뿐만 아니라 이웃의 죄를 용서하고 이웃을 위하여 중보기도를 올려야 합니다. 하여 이 기도는, 하나님의 사죄가 결코 인간의 사죄에 의존한다고 하는 것을 뜻하는 것이 아닙니다.

111. 문: '우리를 시험에 들지 말게 하옵시고 다만 악(惡)에서 구하옵소서'는 무엇을 의미합니까?
답

'다만 악에서'란 사단과 죽음과 흑암의 권세입니다. 이와 같은 부정적 세력은 이미 예수 그리스도의 십자가상에서 그 결정적인 기세가 꺾이었지만, 아직도 우리 믿는 사람들과 인류를 괴롭히고 있습니다. '근신하라 깨어라 너희 대적 마귀가 우는 사자와 같이 두루 다니며 삼킬 자를 찾나니.'(벧전 5:8). 우리 믿는 사람들은 돈과 명예와 권력과 이성(異性)을 통한 사단의 시험을 받을 뿐만 아니라 본 '교리문답'에서 고백하는 신앙내용을 포기하도록 시험을 받고 있습니다.

112. 문: '대개 나라와 권세와 영광이 아버지께 영원히 있사옵니다.'는 무엇을 뜻하나요?
답:

아버지 하나님께서는 성자와 성령을 통하여 그의 나라와 권세와 영광을 영원토록 누리실 것입니다. 온 인류와 모든 창조세계도 이와 같은 삼위일체 하나님의 나라와 권세와 영광에 동참할 것을 희망합니다.

113. 문: 우리의 기도가 약할 때 우리는 누구를 바라보며, 누구의 기도에 의존해야 합니까?
답

그럴 때마다 우리는 하나님 우편에 앉아 계시는 하나님 아들 예수 그리스도의 중보기도(히 7:25)와 한없는 탄식으로 우리의 연약한 기도를 도우시사(롬 8:26) 우리 안에서 기도하시는 성령님의 기도에 의지해야 합니다.

114. 문: 이상 주기도문의 내용구조는 어떤 특징을 보여주고 있나요?
답

전반부는 하나님과 하나님의 나라에 관한 것이고, 후반부는 우리의 필요에 관한 것인데, 전자가 잘 되어야, 후자도 잘 될 것입니다. '이 모든 것은 이방 사람들이 구하는 것이요, 너희의 하늘 아버지께서 이 모든 것이 너희에게 필요하다는 것을 아신다. 너희는 먼저 하나님의 나라와 그의 의를 구하여라. 그리하면 이 모든 것을 너희에게 더 하여 주실 것이다.'(마 6:32-33) 이와 같은 구조는 '십계명'의 전반부와 후반부의 구조에도 상응합니다. 하나님 사랑(십계명의 전반부)이 먼저요 그 다음 이웃사랑이라고 하는 것이고, 하나님 나라와 그 의(주기도문의 전반부)가 먼저요 일용할 양식은 그 다음이라고 하는 뜻입니다. 하지만 우리는 보이는 형제를 사랑하지 않고는 보이지 않는 하나님을 사랑할 수가 없습니다(요일 4:20).

115. 문: 그러면 예수님은 단지 주기도문만을 가르치셨나요?
답

아닙니다. 예수님은 그의 공생애 중에서 여러 상황에 대응하는 기도를 하셨습니다. 예컨대, 그는 세례를 받으실 때(눅 3:21, 22), 열두 제자를 선택하실 때(눅 6:12, 13), 변용되실 때(눅 9:29), 나사로를 무덤에서 불러내실 때(요 11:41, 42), 시몬 베드로로 인하여 근심되셨을 때(눅 22:31, 32), 배반과 사형이라고 하는 하나님의 버림에 직면했을 때(막 14:32-42), 제자들과 그들의 미래 사역을 생각하셨을 때(요 17), 그리고 죽게 되셨을 때(눅 23:46) 등에서 하늘 아버지께 기도하셨습니다.

116. 문: 우리는 하나님의 나라와 그의 뜻을 이 땅 위에 실현하기 위하여 무엇을 해야 합니까?
답

ㄱ. 우리는 기도해야 합니다. 하나님의 나라와 그의 뜻이 실현되게 하기 위하여, 앞에서 소개한 '주기도문'과 예수님의 기도들을 따르는 우리의 기도가 항상 선행(先行)되고, 행한 바를 반성하기 위하여 항상

후행(後行)되어야 합니다.

ㄴ. 우리는 하나님의 나라와 그의 뜻을 이 땅 위에 구현하기 위하여, 하나님을 사랑하고 이웃을 사랑해야 합니다. 우리는 개인 차원에서든 집단 차원에서든 원수 까지도 사랑해야 합니다. 따라서 그와 같은 이웃사랑은 가난한 자, 병든 자, 억눌린 자, 소외된 자, '세례와 죄인들'에 대한 사랑도 포함합니다. 물론, 여기에는 원수사랑도 제외될 수 없습니다. 그런즉 우리는 이와 같은 이중적 사랑으로 요약되는 십계명을 따라 살아야 합니다. 이웃사랑은 사회정의와 경제정의를 완성하고 생태정의를 지향합니다. 사랑은 해방과 정의가 요구하는 것 이상을 성취합니다. 사랑은 정의를 폐기시키는 것이 아니라 성취하는 것입니다. "남을 사랑하는 사람은 율법을 다 이루었습니다. '간음하지 말아라. 살인하지 말아라. 도둑질 하지 말아라. 탐내지 말아라.'고 하는 계명(정의)과, 그 밖에 또 다른 계명이 있을지라도, 모든 계명은 '네 이웃을 네 몸과 같이 사랑 하여라' 하는 말씀에 요약되어 있습니다. ... 그러므로 사랑은 율법의 완성입니다."(롬 13:8-10). 히여 정의는 해방과 사랑을 전제하고 해방과 사랑을 목표로 합니다. 정의는 평화를 열매를 맺습니다. 하나님의 나라는 사랑과 정의와 평화와 생명의 나라입니다.[22]

117. 문: '나는 너를 애굽 땅, 종 되었던 집에서 인도하여 낸 너의 하나님 여호와라.'(출 20:2,3)라고 하는 십계명의 머리말은 무엇을 의미합니까?
답
　　그것은 '하나님 나라의 복음'을 뜻합니다. 아버지 하나님께서는

22　Eberhard Arnold, op. cit., 31. 저자는 이사야서 9장과 11장과 65장에 근거한, '하나님 나라'에 대한 예언들을 떠 올리면서, 하나님의 나라란 하나님의 통치하에 있는 공동체를 뜻한다며, 하나님 사랑과 이웃 사랑의 정의 공동체를 주장합니다. "하나님 나라란 무엇인가? 그것은 하나님 안에 있는 공동체, 곧 하나님 존전에서의 정의인 하나님의 정의 안에 있는 공동체이다. 하여 그것은 형제애 적 공동체 속하는 사회적 정의이다. 하나님을 사랑하라! 너의 이웃을 사랑하라!(마 22:37-40) 정의란, 당신이 하나님과

온 인류와 창조세계를 하나님 나라로 인도하시려고, 그의 아들 예수 그리스도를 통하여 인류와 온 창조세계를 죄와 죽음과 흑암의 권세로부터 '출애굽' 시켜 주셨습니다. 바로 이 하나님 나라의 복음을 선물로 받은 우리 믿는 사람들은 하나님 사랑과 이웃사랑(원수사랑)으로 요약되는, 두 돌비에 적힌 모든 정의를 추구해야 합니다. 그리고 여기에 더하여 우리는 '산상수훈'을 비롯한 복음서의 '제자의 도'와 '사도들의 훈령들'을 따라 살아야 합니다. 정의의 열매가 평화입니다. 정의와 평화는 입을 맞추는바(시 85:10: "사랑과 진실이 만나고, 정의와 평화가 입을 맞춘다."), 그것은 하나님의 영(the Spirit of God)의 열매입니다. 물론, 원수사랑도 여기에 포함됩니다.

118. 문: 처음 돌비에 적힌 네 가지 계명은 무엇입니까?
답

그것은 하나님께 대한 사랑인, 하나님께 대한 예배를 명령하고 있습니다(참고: 앞에 나온 '예배예전' 항목).

119. 문: 두 번째 돌비에 적힌 여섯 가지 계명은 무엇을 뜻합니까?
답

그것은 우리 이웃에 대한 의무사항들입니다. 그것은 이웃에 대한 최소한의 정의입니다.

하나 되는 방법으로 그를 사랑하는 것이고, 그와 하나 되는 방법으로 이웃을 사랑하는 것이다. 예수님께서는 이 세상이 자신의 제자들을 봄으로써 자신이 누구이시고 사랑이 무엇인가를 말할 수 있기를 위하여 기도하셨다. 그것이 오직 가능할 수 있는 것은, 그들 사이에 완전한 일치가 있었기 때문이다. 공동체적 교회와 하나님 나라의 일치 안에서 정의와 평화와 기쁨(롬 14:17)이 서로 만나고 서로 함께 흘러간다."(31) "예수께서는 이 일치를 위하여 죽으셨다가 부활하셨다. 그의 말씀들, 그의 행동들, 그의 삶은 모두 일치를 위한 것이었다. 하여 오순절 성령강림 때에 발생한 일치는 다름 아닌 성령 안에서의 이 일치였다. 바로 이것이 초기 그리스도인들이 보여준 일치의 모습이었다."(31) 하여 다음에 문답하는 '십계명'은 장차 도래하는 하나님 나라를 미리 맛보고 보여주는 '교회 공동체'와 '세상 공동체'의 모습일 것입니다.

120. 문: 첫 계명('너는 나 외에는 다른 신들을 네가 있게 말지니라.')은 무엇을 뜻합니까?

답:

여기에서 '나'는 삼위일체 하나님을 가리킵니다. '이스라엘의 거룩한 분'(the Holy One of Israel)(미국장로교회의 A Brief Statement of Faith, 1991)이 곧바로 삼위로 일체되시는 한 분 하나님이시기 때문입니다. 성부 하나님은 아들 예수 그리스도를 통하여 계시되었고, 성령을 통하여 우리에게 인식되고 연합되시며 고백되는 바, 이 분은 삼위일체 하나님의 통일성의 근거이십니다. 우리는 영원한 사랑의 교제(코이노니아) 가운데 상호침투하시고 상호내주하시며(perichoresis)[23] 교류하고 계시는 삼위로 일체 되시는 한 분 하나님만을 예배해야 합니다. 이는 나머지 계명들의 준수(행위)를 가능하게 만드는 근원적 신앙입니다.

121. 문: 두 번 째 계명('너를 위하여 새긴 우상을 만들지 말고 또 위로 하늘에 있는 것이나, 아래로 땅에 있는 것이나, 땅 아래 물속에 있는 것의 아무 형상이든 만들지 말며, 그것들을 섬기지 말라 ...')는 무엇을 뜻합니까?

답

삼위일체 하나님만을 예배하고 그 외에 다른 신들을 예배해서는 안 된다고 하는 것이고, 그 어떤 형상화된 우상숭배도 안 된다는 것입니다. 그 어떤 영적 실재들이나 정신문화적 가치들의 절대화, 나아가서 그 어떤 이데올로기의 절대화나 황금을 최고의 가치로 생각하는 맘몬숭배도 절대 금물입니다.

---

23 '페리코레시스'란 단어는, 예수 그리스도 안에서 신성과 인성이 상호 침투하고 내주한다고 하는 뜻으로 사용되다가(John of Damascus, c.675-c.749), 동방교회 전통에서 성부 성자 성령의 상호 내주와 상호 침투라고 하는 사랑의 교제의 양태를 의미하는 말로 사용되어 왔습니다. 성경적 근거는 요한복음 17:21-26입니다.

122. 문: 세 번째 계명('너는 너의 하나님 여호와의 이름을 망령되이 일컫지 말라 나 여호와는 나의 이름을 망령되이 일컫는 자를 죄 없다고 아니하리라.')은 무엇을 의미합니까?

답:

이것은 주기도문 중 첫 번째 간구의 내용과 같습니다. 우리는 개인적이든 공적이든 우리의 기독교적 삶 전체를 통하여 하나님께 영광을 돌리고 그의 이름이 거룩히 여김을 받게 해야 할 것입니다. 물론, 우리는 우리의 말로서도 하나님의 이름을 망령되이 부르면 안 될 것입니다. 주기도문에선 '아버지의 이름이 거룩히 여김을 받으시오며'라 하였으니, 우리는 예수 그리스도께서 하나님의 아들로서 그의 위격과 삶(His Person and Work)을 통하여 아버지의 이름을 거룩히 여기신 것처럼 그리고 성령께서 이 아들을 통하여 그리고 '교회와 세상'을 통하여 아버지의 이름을 거룩히 여김을 받게 하심을 따라서 아버지 하나님의 이름을 거룩히 여겨야 하겠습니다. 물론, 우리는 성령을 통하여 삼위로 일체되시는 한분 하나님의 이름을 거룩히 여김을 받게 해야 합니다.

123. 문: 네 번째 계명('안식일을 기억하여 거룩히 지키라 ... ')은 무엇을 뜻합니까?

답

유대교는 금요일 해 떨어지는 시점부터 토요일 오전까지 안식일(Sabbath)로 지키지만, 우리 교회는 예수님께서 부활하신 '주님의 날'(the Lord's Day)을 예배일로 지켜오고 있습니다. 이 날은 또한 하나님 아버지께서 그의 아들 예수 그리스도를 '죽은 자들 가운데서 부활시키신 새 창조의 첫 날입니다. 하여 우리는 이 하나님께 대한 예배로써 삼위일체 하나님의 일터인 세상에서 6일 동안을 살기 시작해야 합니다. 하지만 제7일 안식일에 대한 기억과 축하는, 새 하늘과 새 땅의 우주적 생명 공동체를 예상하고 기대하는 것으로서, 오늘의 생태학적 위기를 극복하는 일에 크게 기여할 것이니, 이 날을 생태위기를 극복하는 정신과 실천으로 보내야 할 것입니다. 하여 교회전통은 부활의 날을 제8일이라 하면서, 새 창조의 영원한 첫날을 제8일로 봅니다.

124. 문: 다섯 번째 계명('네 부모를 공경하라 …')은 무엇을 요구합니까?
답:
우리는 성부, 성자, 성령의 은혜에 대하여 깊이 감사해야 하고, 그 다음으로 부모의 은혜에 대하여 감사해야 합니다. 부모에 대한 공경은 국가와 사회와 교회의 모든 선의(善意)의 권위 질서에 대한 순종을 가능하게 하는 것이니, 이처럼 자녀와 부모의 관계는 두 번째 돌비(이웃사랑)에서 첫 계명입니다. 우리는 공적인 세계의 기본질서로서 신뢰와 순종을 실천하며 살아야 합니다.

125. 문: 여섯 번째 계명('살인하지 말지니라.')은 무엇을 요구합니까?
답:
우리는 그 누구도 미워하거나 그 누구에게도 원한을 품거나 그 누구에게도 그 어떤 손해를 입혀서는 안 됩니다. 이웃에 대한 증오와 원한과 질투와 시기는, 살인을 낳기 때문입니다. 이웃 사랑은 정의사회를 이룩할 수 있는 원동력입니다. 여기에 더하여 우리는 원수도 사랑해야합니다(산상수훈). 하여 본 계명은 테러와 전쟁이 아니라 정의로운 평화를 추구할 것을 명령합니다. 하여 우리는 개인 차원에서 뿐만 아니라 모든 공적인 영역들에서 이 계명을 지켜야 하겠습니다. 전쟁과 테로, 사형제, 그리고 낙태와 안락사 역시 원칙적으로 '살인'입니다. 헌데 산상수훈은 '형제를 미워하는 자는 이미 살인 하였느니라'고 말씀합니다. 아니, 우리는 개인 차원에서든 집단 대 집단 혹은 국가 대 국가 차원에서도

원수 까지도 사랑해야 합니다.

126. 문: 일곱 번째 계명('간음하지 말지니라.')는 무엇을 명령합니까?
답
 우리의 몸과 영혼은 전인적으로 성령의 전(고전 3:16; 6:15; 고후 6:16)인고로, 그것을 깨끗하게 지켜야 합니다. 우리는 행동으로 뿐만 아니라 욕정과 언어와 몸짓과 태도에 있어서까지 순결해야 합니다. 음욕을 품는 자마다 간음하였기 때문입니다. 결국 이웃 사랑은 성(性)에 관계없이 이웃의 인격을 존중하는 것입니다.

127. 문: 여덟 번째 계명('도둑질 하지 말지니라.')는 무엇을 명령합니까?
답
 도둑질이란 비단 남의 동산이나 부동산을 훔치는 것뿐만 아니라 물질적이든 정신적이든 지식정보이든 이웃의 소유를 사기나 폭력이나 그 어떤 하나님께서 원하시지 않는 방법으로 획득하는 것을 뜻합니다. 이웃 사랑은 이웃에게 마땅히 돌려야 할 정의(正義) 이상을 돌릴 수 있게 합니다. 본 계명은 강대국들이 지구적인 정치 경제적 구조 악으로 인하여 취약한 나라와 민족들을 착취하고 '도둑질'하는 일을 금지합니다. 모든 정치적이고 경제적이며 문화적인 식민통치는 기본적으로 남의 나라들에 대한 '도둑질'입니다.

128. 문: 아홉 번째 계명('네 이웃에 대하여 거짓 증거 하지 말라.')는 무엇을 명령합니까?
답
 법정에서의 거짓 증언은 물론, 이웃이나 사회에 해악을 끼치는 그 어떤 말이나 글도 삼가라고 말씀합니다. 우리는 사적이든 공적이든 이웃을 헐뜯거나 중상하거나 나쁘게 이야기하는 모든 언행과 글을 그만 두어야 합니다. 이웃사랑은 우리로 하여금 이웃에게 위로와 용기와 희망을 심는 말을 하게하며, 글을 쓰게 하는 원동력입니다. 집단과 집단 사이에 그리고 국가와 국가 사이에도 마찬 가지입니다.

129. 문: 열 번째 계명('네 이웃의 집을 탐내지 말지니라. 네 이웃의 아내나 그의 남종이나 그의 여종이나 그의 소나 그의 나귀나 무릇 네 이웃의 소유를 탐내지 말지니라.')는 무엇을 요구합니까?
답
이웃 사랑은 영적이든 물질적이든 뭔가 이웃에게 주고자 하는 마음입니다. 주는 자가 받는 자보다 더 복이 있습니다. 이웃의 그 무엇을 탐내지 말라고 하는 것은, 그와 같은 행동 이전의 탐욕적 마음을 품지 말라고 하는 것이니, 우리의 마음이 그 의도와 목적에 있어서 항상 사랑이여야 함을 뜻합니다. 집단과 집단 사이에 그리고 국가와 국가 사이에도 마찬 가지입니다.

130. 문: 교회와 국가의 바른 관계가 무엇입니까?[24]
답
ㄱ. 로마서는 '각 사람은 위에 있는 권세들에게 복종하라 권세는 하나님으로부터 나지 않음이 없나니 모든 권세는 하나님께서 정하신 바라. 그러므로 권세를 거스르는 자는 하나님의 명을 거스름이니 거스르는 자들은 심판을 받으리라.'(롬 13:1) 디도서는 '너는 그들로 하여금 통치자들과 권세 잡은 자들에게 복종하여 순종하며 모든 선한 일

---

24 '십계명'을 풀이한 다음에 교회와 국가의 관계를 문답하는 이유는, 로마서 13:8-10이 사랑은 율법을 완성하는 것이라며, 국가에 대한 기독교인들 혹은 교회 공동체의 의무와 관련하여 '십계명'의 후반부(이웃사랑 부분)을 제시하고 있기 때문입니다. 물론, 교회와 기독교인들의 국가에 대한 의무는 '산상수훈'을 포함하는, 그들의 '제자의 도'에 포함되는 것입니다.

행하기를 준비하며'(딛 3:1)(참고: 벧전 2:13)라고 하였습니다. 교회는 이와 같은 구절들에서 선의의 모든 권위 질서(국가와 공직자, 부모, 선생, 의사, 기업체의 상사, 군대의 선임자 등)가 하나님의 권세로부터 온 것으로 믿고, 그와 같은 질서가 하나님 나라의 가치인 정의와 평화와 생명을 추구하는 한, 그와 같은 질서에 순응하는 삶을 살아야 합니다.

그러므로 로마서 13:8-10은 교회가 사랑을 전제하고 사랑을 목표로, 십계명의 이웃사랑에 해당하는 계명(제5계명으로부터 제10계명 까지)을 지켜야 할 것으로 주장합니다. 하지만 기본적으로 로마서와 베드로 전서는 결코 어떤 국가론을 말하는 것이 아니라, 교회의 '제자의 도'에 포함되는, 국가에 대한 기독교인들의 의무 차원을 제시하고 있는 것입니다. 그런즉 이와 같은 의무는 헌법과 실정법 등과 같은 인간사회가 살아가는 데에 필요한 법률들을 포함합니다. 예수께서도 '가이사의 것'(마 22:21)은 가이사에게 바치라며, 세금납부를 예로 드시어, 인간이 살아가는 데에 필요한 사회질서를 지키라고 말씀하셨습기 때문입니다. 하여 그것은 어떤 특정한 정치체제나 경제이념과는 무관합니다. 이와 같은 '제자의 도' 차원의 의무가 중요한 이유는, 바울이 이와 같은 기독교적 의무를 종말론적 비전하에서 언급하고 있기 때문입니다. '밤이 깊고 낮이 가까이 왔습니다. 그러므로 우리는 어둠의 행실을 벗어버리고, 빛의 갑옷을 입읍시다.'(롬 13:12).[25]

ㄴ. 그러면 국가권력의 최고 책임자나 고위 권력기관들이 사악하고 나라가 구조 악 속에 갇혀 망가지고 있고, 민주시민들을 불행하게 하고

---

25 우리는 국가의 자리와 역할과 가능을 인정하면서, 교회야 말로 하나님께서 이 세상에 파송하신 하나님 나라의 대사관으로 볼 수 있습니다. 이 대사관은 해당 나라의 법을 따라 살면서도 장차 도래하는 하나님 나라의 주권과 그 법(정의 평화 생명) 안에서 살아야 합니다. 해당 국가의 그 누구도 이와 같은 교회의 고유주권과 고유역할과 기능을 무시할 수 없습니다. 허나 교회는 이 세상정부가 정의와 평화와 생명의 나라가 되기를 기원하고 그것을 실행해야 하는 공동체입니다. 세상과 창조세계의 주권은 오직 하나님께 있고, 이 세상과 창조세계 전체를 다시 창조하실 하나님께서 교회를 세상과 창조세계로 파송하셨기 때문이다.

역사의 비극을 초래시키거나, 식민통치자가 약소국을 착취하고 짓밟을 경우, 우리 교회는 정의와 평화와 생명이라고 하는 하나님의 나라의 가치를 척도로 저항해야 합니다. 하여 로마의 박해 상황에서 기록된 요한 계시록은 국가를 사단마귀에 가까운 존재, 곧 음녀와 바벨론으로 부르고 있습니다. 그래서 '대한예수교장로회 신앙고백'(1986)은 정의와 평화와 생명에 위배되는 국가권력에 대하여 저항할 것을 고백합니다. "만약 지상의 권세가 하나님의 우주 통치권을 부인하고, 하나님이 역사의 주이심과, 예수 그리스도의 구주 되심을 부인하거나, 그리스도의 몸인 교회와 그의 지체인 그리스도인을 박해 할 때, 교회는 성경이 허락하는 모든 방법으로 그것에 항거해야 한다.'(제8장 국가, 3). 단, 하나님의 이름으로 수행된 구약의 폭력전쟁은 신약의 복음과에 비추어서 잘 해석될 필요가 있고, 이에 관하여 우리는 복음서의 산상수훈과 사도들의 훈령들을 표준으로 사용해야 합니다.

131. 문: 하면 교회의 역사를 통하여 국가와 교회의 관계유형들에는 어떤 것이 있나요?
답
첫째로 초기 박해시기에는, 국가와 교회가 대립갈등 관계에 있었습니다. 아마도 이와 같은 시대에는, 교회가 국가에 대하여 결코 로마서 13:1이나 디도서 3:1이나 베드로 전서 2:13에서처럼 그렇게 국가권력에 순응하지 못하여 많은 순교자들을 배출하였습니다. 하여 초기 박해시기와 16세기 과격파 종교개혁 교회는 정의와 평화와 생명과 같은 하나님 나라의 가치들을 교회 안에서만 구현해야 할 것을 강조한 나머지, 국가와 사회와 문화 속에서 그것을 어떻게 구현해야 하는 부분을 소홀히 여겼습니다. 둘째로 로마의 콘스탄티누스 대제 하의 국가교회나 히틀러 치하의 제도권 독일 루터교회나 한국의 친일파 교회나 자유당 시대의 한국교회는 전적으로 국가에 순응하는 유형입니다. 셋째로 루터의 두 왕국론에 따르면, 하나님께서는 두 팔로 그의 주권을 행사하시는데, 오른 팔로는 교회를 통하여 그리고 왼 팔로는 국가를 통하여 일하신다고 합니다. 하여 교회는 자체 내에서 정의와 평화와 생명을 추구하고, 세속적인 영역에서는 그것을 전적으로 국가 혹은 정부에 맡겼습니다. 넷째로 칼뱅과 존 녹스의 뒤를 따르는 개혁교회와 유게노파는 국·교 분리를 주장하면서도(교회와 국가가 각각 나름의 헌법을 지녔음으로) 교회가 국가와 사회와 문화와 같은 세속적인 영역들에서 그와 같은 하나님 나라의 가치들을 구현하려고 애쓰고 노력하였습니다. 다섯째로 한국의 개혁교회는 세계적인 개혁교회 전통을 존중하면서, 테러와 전쟁의 시대에 직면하여, 정의와 평화와 생명의 가치를 교회 안에서뿐만 아니라 세속의 영역들에서도 구현시켜 나가야 합니다.

132. 국가와 하나님 나라의 관계에는 어떠해야 하나요?
답

대체로 국가와 하나님 나라 사이의 관계에 대하여는, 하나님 나라에 가까운 국가로부터 사단마귀의 나라에 매우 근접하는 국가에 이르기 까지 그 스펙트럼이 다양합니다. 적어도 유엔의 인권헌장과 경제 및 생태계에 대한 유엔헌장들을 존중하면서 그것에 근접하려고 하는 국가들은, 하나님 나라와 국가 사이에 어떤 '유추(analogia)' '비유(parables)' '상응(correspondences)'을 추구하는 것이고(칼 바르트), 북한과 같이 그렇지 못한 최악의 국가는 전혀 하나님 나라를 닮지 않았다고 보아야 합니다. 우리는 정의와 평화와 생명과 같은 가치들이 교회 안에서는 물론, 국가와 사회와 문화 속에서도 잘 구현되고 있는가를 분별함으로써, 교회와 세상 안에서 하나님 나라의 현존을 가늠해야 할 것입니다. 하여 교회는 이와 같은 하나님 나라의 가치를 구현하기 위하여 세속의 영역들과 대화하고 연대하여야 하겠습니다. 우리는 교회 안에 내주하시는 삼위일체 하나님의 현존과 사역이 그의 선교(missio trinitatis)를 통하여 세속의 영역들에서도 실현되고 있음을 믿고 희망해야 하겠습니다. 하나님 나라는 교회와 세상 안에 있고, 교회와 세상은 하나님 나라 안에 있기 때문입니다(윌겐 몰트만).

VI. 교회의 연합과 일치, 전도와 선교, 그리고 공공의 영역에서의 공적책임

133. 문: 장로교란 무엇인가?

답

16세기 영국성공회의 수장이나 다름없었던, 여왕 엘리자베스 제1세는 그 당시 루터교 입장와 과격파 종교개혁의 입장 사이에 있는 교회들을 '개혁교회'(the Reformed church)라 하였는데, 대체로 유럽대륙은 이를 '개혁교회'라 불렀고, 영미계통과 이들의 선교를 받은 나라들에선, '장로들'에 의하여 특징 지워지는 교회정치체제를 감안하여 그것을 '장로교회'(the Presbyterian church)라 하였습니다.

134. 문: 그런데 장로회 안에도 여러 교파들이 있나요?

답

한국의 장로교 안에도 우리 대한 예수교 장로회(통합 측과 합동 측), 기독교장로회, 대신 측 장로회, 그리고 고려파 장로회가 있습니다. 미국의 경우, 1986년에 하나의 총회 밑으로 통합한 미국장로교회(PCUSA), 정통 정통장로회the Orthodox presbyterian church), 미국개혁교회(the Reformed church in America), 그리고 개혁 장로회(the Reformed presbyterian church) 등이 있습니다. 유럽의 경우, 스위스, 독일, 스코틀랜드 등에도 개혁교회들(the Reformed churches)이 있습니다.

135. 문: 그러면 왜 하나의 장로회가 아니라 이처럼 여러 장로교파들이 존속하고 있는가요?

답

대체로 신학적 성향으로 말하면, 16세기의 스코틀랜드 신앙고백, 하이델베르크 교리문답, 제2 스위스 신앙고백, 그리고 웨스트민스터 신앙고백과 그것의 대·소 교리문답을 고수하고 따르는 보수성향의 장로교회들이 있고, 1934년 바르멘 신학선언으로 비롯되는 현대 개혁주의신학을 선호하는 장로교회들이 있으나(우리 통합 측은 후자에 속하는데), 현대 세계적인 개혁교회의 연합체로서 WCRC(the World Communion of the Reformed churches)가 있어, 이를 통하여 장로교회들의 다양성 속에서 통일성을 추구하고 있습니다. 그 동안 개혁교회 안에서 좀 보수신학을 선호하던 교회들의 연합체(the Reformed ecumenical Synod)는, 2010년에 해체되면서 WCRC에 통합되었습니다. 헌데, '세계개혁교회연맹'(WARC)가 탄생한 것은, 1875년에 창립된 개혁교회연맹과 1891년에 창립된 국제회중교회연합체의 연합한 것이고, 1946년에 창립된 개혁교회에큐메니칼협의회(REC)는 2010년에 WARC와 통합하여 WCRC를 탄생시켰습니다.

136. 문: 그러면 하나의 장로교파 안에 왜 그렇게도 교파들이 많은가요?

답

영국의 국가교회인 성공회(the Anglican church)로부터 독립하여 비 국가교도들이 되려고 하였거나, 친 히틀러 교회세력에 반대하여 히틀러투쟁의 신학을 내세웠다거나, 일제 치하에서 신사참배를 반대하려거나, 어떤 특수한 역사적 상황들에 대한 응답으로 교회들이 분리될 수 있고, 다른 교파로부터 자신을 차별화하는 성경해석으로 '신앙고백'을 내세우다가 교파분열을 경험하기도 하며, 루터와 칼뱅처럼 가톨릭교회를 개혁하려다가 교회분열을 겪기도 합니다. 그러니까, 교파분열에는 역사적이고 성서적이며 신학적인 원인들이 있는 것이고, 기타 비신학적인 요인들도 있으니, 이민교회들의 경우에서처럼 사회문화적인 정체성문제로 교파를 새롭게 형성하기도 하고, 이단사설과 교권 욕으로 인하여 기성교회로부터 분열해 나가기도 합니다.

137. 문: 우리는 왜 대한예수교장로교회의 한 개별 교회의 구성원이 될 뿐만 아니라 다른 교파들과의 연합과 일치과정에 참여해야 하나요?
답

ㄱ. 예수님께서 십자가를 지시기 전, 대제사장으로서 아버지 하나님께 다음과 같이 기도하셨기 때문입니다. 즉 "아버지, 아버지께서 내 안에 계시고 내가 아버지 안에 있는 것과 같이, 그들도 하나가 되어서 우리 안에 있게 하여 주십시오. 그래서 아버지께서 나를 보내셨다고 하는 것을, 세상이 믿게 하여 주십시오."(요 17:21)

ㄴ. 또한 사도들도 실제로 교회의 연합과 일치에 헌신하였기 때문입니다. 즉 안디옥 교회에서 이방인들로서 기독교인이 된 사람들도 할례를 받아야 하는가의 문제로 교회가 분열에 직면하였을 때, 바울은 예루살렘에서 사도들의 공의회(the Apostles' Council(행 15)를 열도록 하였고, 그 결과물이 안디옥 교회로 보내졌습니다.

ㄷ. 하여 교회역사 속에서 교파들은 성령의 교통 속에서 예루살렘의 사도들의 공의회(행 15)를 모델로 보편교회의 문제들을 항상 협의체를

통하여 해결하여 왔습니다. 즉 나사렛 예수님을 하나님(하나님의 아들)으로 확인한, 325년의 니케아 공의회, 삼위일체론에 성령론을 보완한 정통 삼위일체론을 확정한, 381년의 콘스탄티노플 공의회, 그리고 예수 그리스도의 신성과 인성의 구별과 조화를 규정한, 451년 칼케돈 공희회가 그 예증이고, 비록 교리문제가 아니라 '신앙과 직제', '사람과 봉사', 그리고 '세계선교와 복음전도'를 추구하는, 오늘날 세계교회들의 협의체로서 '세계교회 협의회'(World Council of Churches) 역시 그 예증이라 할 것입니다.[26]

138. 문: 왜 우리는 다른 교파들과의 복음전도와 선교를 위하여 대화하고 연대(連帶)해야 하나요?

답

ㄱ. 가장 큰 이유는, 우리 장로교회는 '하나님 나라의 복음'과 '삼위일체 하나님'을 공유하고 있고, 에베소서 4:4-6을 인정하는, 모든 교파들을 '그리스도의 몸'의 지체들이고, '하나님의 백성'의 구성원이며, '성령의 전'에 속한 자들로 보기 때문이요, 이와 같은 기독교적 사귐을 전제로 하는, 이들과의 대표성을 통한 협의체 구성과 협의과정과 그 결과를 중요시하는 전통을 따르기 때문입니다. 삼위일체 하나님의 이름으로 받는 세례란 교파들의 초월은 물론, 나라와 민족과 인종과 언어와 성별의 다름을 초월하는 공동체 지향적이었으니(갈 3:28), 우리는 삼위일체 하나님의 이름으로 세례를 받은 모든 그리스도인들을 하나님의 백성 공동체로 인정해야 합니다. 바울은 개 교회뿐만 아니라 교파들도 하나의 몸에 속한 다양한 지체들로 보았을 것입니다(고후 12).

---

26 참고: 사실은 대한예수교총회와 노회와 개별 교회의 당회 역시 협의체라고 볼 수 있습니다. 그리고 WCRC(World Communion of Reformed Churches = 세계개혁교회들의 연합)와 LWF(루터교 세계연맹) 등도 역시 협의체입니다.

ㄴ. 하여 우리는 타 교파들과 함께 삼위일체 하나님을 예배하고 그의 선교(missio trinitatis)를 따라서 전도와 선교뿐만 아니라 '공공영역들에서의 공적인 책임'수행에 있어서 대화하고 연대하여야 합니다. 즉 아들이 아버지 하나님으로부터 파송을 받으시고, 아들이 성령을 통하여 우리를 파송하셨으니(요 20:21), 우리는 '하나님 나라의 복음'을 전파하고 선교하는 것이 보편교회에게 주어진 사명과 선교와 직무라고 믿는 것입니다. 그러기에 우리가 예배하고 신뢰하는 삼위일체 하나님은 모든 교파들의 복음전도와 선교, 그리고 공적책임의 원천으로서, 우리는 이 삼위일체 하나님의 선교에 동참하여 이 땅 위에 하나님 나라 구현에 헌신하여야 합니다.

ㄷ. 그러면 복음전도와 선교는 어떻게 다른가요?
하나님 아버지께서는 세상을 이처럼 사랑하시어 그의 아들 예수 그리스도를 이 세상(정치 경제 사회 문화 다 종교의 생명과정)에 파송하시고, 이 아들은 성령을 통하여 교회를 이 세상 속으로 파송하셨습니다(요 20:21). 하여 모든 전도와 선교는 이와 같은 삼위일체 하나님의 선교(파송)에 뿌리를 두고 있고, 하나님 나라를 일구어 가시는 삼위일체 하나님의 선교에 동참하고 있는 것인데, 전도는 선교활동의 일부요, 선교는 'JPIC'(Justice, Peace and Integrity of Creation = 정의 평화 창조세계의 보전)등과 같은 '공공영역들에서의 모든 공적책임'도 포함합니다.

ㄹ. 그러나 좀 더 정확히 복음전도란 무엇일까요?
복음전도란 "아직 그것을 듣지 못한 사람들과, 복음을 나누고 그리스도 안에 있는 생명경험으로 초대하려는 것입니다."(2013년 마닐라 '선교신학 지침서.'제40항)[27] 본 문서는 복음전도와 선교를

---

27 Together Towards Life: Mission and Evangelism in Changing Landscapes: A

구별은 하면서도 이분화하지는 않습니다. 즉 '전도'에 대하여 이렇게 주장하였습니다. "복음전도란 선교의 상이한 차원들을 배제하지 않으면서 '개인들을 그리스도 안에서의 새로운 삶과 '제자의 도'로 초대하는 것'을 포함하는 복음에 대한 명시적이고 의도적인 명확한 표현에 초점을 두는 것입니다."(제81항) 좀 더 구체적으로 말하면, "복음전도는 회개, 신앙과 세례로 인도합니다. … 그것은 인생의 태도와 우선순위와 목표들의 변혁을 포함하는 회심을 촉발합니다. 그 결과는 상실된 자들의 구원이요, 병든 자들의 치유요, 억압당하고 있는 자들과 창조세계 전체의 해방입니다."(제84항)

139. 문: 왜 우리는 장로교파 안에서의 개인적인 신앙생활로 만족하지 않고, 다른 교파들과 대화하고 연대하면서, 공공의 영역들에서 공적인 책임 수행에 힘써야 하나요?

답

물론, '복음전도'를 통하여 성령의 사역으로 개인적 회심과 전인구원이 일어나지만, 그것은 어디 까지나 '그리스도의 몸', '하나님의 백성', 그리고 '성령의 전'이라고 하는 삼위일체 하나님의 공동체 안에서 그리고 그것의 은총의 수단들을 통하여 일어납니다. 공동체와 개인은 상호 불가분리의 유기적 관계 속에 있습니다. 기독교는 결코 개인주의적이 아닙니다. 하여 하나님 나라의 복음과 삼위일체를 공유하는 모든 교파들의 그리스도인들은 '하나님 나라의 복음전도와 선교'를 위하여 대화하고 연대할 뿐만 아니라 공적인 책임 차원에서도 대화하고 연대하여야 합니다.

140. 문: 하면 공공의 영역에서의 공적책임이란 무엇입니까?

답

New WCC Affirmation on Mission and Evangelism, 2013. 보라: 『에큐메니칼 운동』. 마이클 키나몬 외 편저/이형기 옮김(서울: 한들 출판사, 2013). 776 이하.

인류의 역사와 창조세계는 삼위일체 하나님의 일터입니다. 인류와 교회들은 이 하나님의 일터로 파송을 받았습니다. 하여 교회들(교파들)은 이 파송 받은 일터, 곧 '국가와 사회와 문화와 경제와 다 종교와 창조세계(생명들의 공동체)' 속으로 파송 받은 교회들은, 자신들 사이의 사귐과 대화와 연대뿐만 아니라 타자들과도 사귀고 대화하며 연대하여야 하겠습니다. 예컨대, 교회는 빈익빈 부익부의 문제, 인권의 문제, 민주화의 문제, 사회경제적 안전의 문제, 생태환경의 문제, 남북의 평화통일의 문제 등과 같은 공공의 영역들에서의 공적인 책임 수행에 있어서 국가와 시민단체들과 종교단체들과 사귐을 갖고 대화하며 연대해야 하겠습니다. 이 모든 '대화와 연대'의 목적은, 하나님 나라가 이 땅 위에 선취되게 하는 데에 있습니다.

141. 문: "교회의 연합과 일치, 전도와 선교, 그리고 공공의 영역에서의 공적책임"은 하나님 나라와 무슨 관계가 있는가요?

답

ㄱ. 로마서 5:5-11과 고린도후서 5:17-19은 이미 일어난 보편적이고 주우적인 화해사건에 대한 신앙을 고백하고, 에베소서 1:10과 골로새서 1:15-20과 계시록 21장과 22장은 개인적 차원에서 영생을, 역사적 차원에서 하나님 나라를, 그리고 우주적 차원에서 만유의 새 창조에 대한 희망(위르겐 몰트만)을 포함하는 새 창조의 세계에 대한 희망을 보여주고 있습니다. 이 새 창조의 세계는 손으로 짓지 아니한 삼위일체 하나님의 성전입니다. 이곳에선 삼위일체 하나님과 모든 화해된 샬롬의 세계와의 교제(코이노니아)가 일어납니다. 말하자면 그곳은 하나님의 뜻이 하늘에서 이루어진 것처럼 땅에서도 이루어진 시간과 장소입니다. 아마도 그 때 그곳에서는 예수 그리스도의 신성과 인성의 연합이 우주적 차원에서 완성될 것이고, 그의 하늘과 땅의 화해사역이 종말론적으로 완성될 놀라운

세계가 펼쳐질 것입니다.

ㄴ. 하지만 역사와 창조의 지평 속에서 여전히 교회들이 분열하고 있으며, 세상의 수많은 사람들이 '불신앙과 불순종과 절망'(vs. 믿음과 사랑과 희망) 속에서 살고 있으며, '국가와 사회와 문화와 경제와 다종교들과 창조세계'(공공의 영역들)가 여전히 대립·갈등, 부정의와 폭력 속에서 신음하고 있음을 경험하고 있습니다. 그럼에도 불구하고 창조주 아버지 하나님, 그의 아들 예수 그리스도, 그리고 성령께서는 역사와 창조 안에 내주하시면서, 그의 선교(missio trinitatis)를 주도해 가시고, 결국엔 이 인류역사와 창조세계를 그의 나라로 이끌어 가실 것이고, 마지막 때에 그의 나라를 완성하실 것입니다. 하여 우리 믿는 사람들은 인류의 역사와 창조세계 안에서 삼위일체 하나님의 선교에 따른, 하나님 나라의 징표들과 표지판들과 도구들을 분별하면서, 그와 같은 하나님 나라 운동에 참여해야 할 것입니다. 아니, 교회는 하나님 나라의 담보요(엡 1:14) 전위대(avant-garde)로서 전도와 선교에 뿐만 아니라 모든 공공의 영역들에서의 공적인 책임수행에 솔선수범해야 하겠습니다.

142. 문: 오늘날 절실히 요청되는 사회 윤리적 가치는 무엇입니까?
답

ㄱ. 그것은 '정의로운 평화'입니다. 헌데 정의는 평화와 입 맞추어야 합니다(시 85:10). '정의로운 평화'는 예수 그리스도 안에서 체결된 온 세상 및 창조세계와의 보편적인 은혜의 언약에 대한 언약 공동체인 교회의 응답입니다. 또한 이 세상도 '정의로운 평화'의 세계를 추구해야 합니다.

ㄴ. 1. 인류 공동체들 안에 정의로운 평화가 있어야, 모두가 두려움으로부터 자유로울 수 있습니다. "많은 공동체들이 경제적 계층,

인종, 피부색깔, 성, 그리고 종교로 인하여 분열되어 있는 바, 우리는 이와 같은 분열과 불평등의 그늘에서 폭력, 협박, 악용, 그리고 착취를 당하고 있습니다. 2. 시장에도 정의로운 평화가 있어야, 모두가 존엄성을 가지고 살 수 있습니다. '신자유주의의 글로벌화'는 '심각한 사회경제적 부정의'를 야기시키고, 사회적 책임과 환경적 책임을 무시하는 무한 경제성장을 추구하고 있습니다. "이와 같은 불균형으로 정의와 사회적 응집력이 도전을 받고 있으며, 글로벌 인류 공동체의 공동선(the public good)이 근본적인 도전을 받고 있습니다." 3. 우리 인류가 땅과 평화로운 관계를 맺어야, 생명이 지탱됩니다. "인간들은 자연을 존중하고 보호하며 돌봐야 합니다. 하지만 우리의 화석연료에 대한 지나친 소비는 사람들과 지구에게 큰 폭력을 가하고 있습니다." 4. 나라들 사이에 정의로운 평화가 있어야, 인간생명들이 보호받을 수 있습니다. "역사는 인류를 위한 법치와 가타 보호대책들에 있어서 큰 진전을 성취해 왔지만, 현재의 상황에서는 두 가지 방면으로 전례 없는 위협을 받고 있습니다. 하나는 인류가 전례 없이 지구의 많은 부분을 환경적으로 망가트릴 수 가 있다고 하는 것이고, 다른 하나는 단 몇 사람들의 결정으로 전 인류가 핵무기에 의하여 멸절될 수 있다고 하는 문제입니다. 생태파괴와 인종멸종이야 말로 그것에 상응하는 과격한 평화에의 헌신을 요구합니다."[28]

ㄷ. 끝으로 오늘날 세계는 핵전쟁과 테러의 위협 속에 있습니다. 특히, 우리 한국은 남북한의 대치상황에서 위와 같은 네 가지 차원의 정의로운 평화추구의 맥락에서 반핵과 반전을 추구함으로써, 정의로운 평화통일을 이룩하여야 하겠습니다.

---

28 "부산 '정의로운 평화의 길'에 관한 성명서". 『세계교회협의회 제10차 총회백서』(서울: WCC 제10차 총회백서 발간위원회, 2014), 432-435.